U0621755

王云五文集·贰

王云五文论

（上册）

王云五 著

江西教育出版社
JIANGXI EDUCATION PUBLISHING HOUSE

图书在版编目（CIP）数据

王云五文论/王云五著．—南昌：江西教育出版社，2012.12
（王云五文集）
ISBN 978－7－5461－6771－5

Ⅰ．①王… Ⅱ．①王… Ⅲ．①社会科学—文集 Ⅳ．①C53

中国版本图书馆 CIP 数据核字（2012）第 264887 号

书　　名：王云五文论（全二册）
著　　者：王云五
出 品 人：傅伟中
责任编辑：周建森　熊　侃
特约编辑：王晓梵　王瑞智
装帧设计：翁　涌
出版发行：江西教育出版社
社址　南昌市抚河北路 291 号
邮政编码　330008
印　　刷：北京信彩瑞和印刷厂
规　　格：32 开（880mm×1230mm）
印　　张：30
字　　数：800 千字
版　　次：2013 年 3 月第 1 版
印　　次：2013 年 3 月第 1 次印刷
定　　价：109.00 元

赣版权登字－02－2012－272

"十一五"国家重点图书

王云五文集

王云五担任国际货币基金与国际银行大会主席（1948年9月，华盛顿）

王云五先生部分著作

王云五先生与蔡元培先生（1940年2月11日，香港）

王云五在英国国会两院议长欢迎会上致答辞（1943年）

本卷例言

1. 《王云五文集》本卷文献，分别选自王云五先生的《岫庐论教育》（台湾商务印书馆，1965 年 8 月初版本）、《岫庐论学》（台湾商务印书馆，1975 年 12 月增订三版本）、《岫庐论政》（台湾法令月刊杂志社，1964 年 12 月初版本）、《岫庐论世局》（台湾商务印书馆，1966 年 12 月增订二版本）、《岫庐论经济》（台湾商务印书馆，1966 年 6 月初版本）、《岫庐论管理》（台湾华国出版社，1965 年 5 月本）、《岫庐论为人》（台湾商务印书馆，1973 年 9 月二版本）等七种书，并分别以上述所注版本为编辑底据。

2. 上述七书实际形成本卷七个论部。由于王云五先生出版家、教育家的身份及成就，本书“论教育”“论学”“论为人”三部之所选，在全卷中占相当大的比重。

3. 本书七论部编排顺序具有一定的客观性，但不含有评价作者业绩的成分；本书各论部诸文之目次编排，则以其在原本中之先后为序。

4. 王云五先生的论著繁富多彩，编者归纳七书时因本卷册页限制而有所割舍；为方便研究者，兹将各原本中未收篇章编为“存目”

附录卷末。

5. 本书选编各篇之写作或发表时间，一般是在文中述及或在篇下圆括附注；其余原本未曾明注者，本书编者尽量加注，未能加注者有劳读者分析。

6. 本书系由原版竖排繁体字本改作横排简化字本，繁体简化遵照1986年6月24日国务院批准新发《简化字总表》；异体字规范参考1955年12月22日文化部、文字改革委员会发布的《异体字整理表》，及中国社会科学院语言研究所编辑的《现代汉语词典》（商务印书馆，北京，2007年第五版）。

7. 本书对作者援引古籍时之古汉语字词今用情况（包括不具引号的传疏引述），在按照上项“6”繁体异体字先予规范原则下，其所用假字、古字、本字、同字，以及书字、旧字、方字、俗字等等，总体上慎重保留；对于其中属于《现代汉语通用字表》（国家语言文字工作委员会编7000字）之编外字，则予以植字。但提请注意，这不等于现代汉语提倡生僻字，更不是可以使用已废止的异体字（以及异形字）。

8. 对于人名中的异体字，如果“规范”反令人弃熟悉而就生疏，则名中字不予变异。

9. 原本所辑20世纪上半叶文献，其语法修辞伴有于今视为不当者，本书大致原状保留；本书对原本中明显的差错舛误，在不影响资料价值前提下予以取正。

10. 盖因语境变迁，或因作者着意，本卷各原本中每见“异形词”；鉴于当今异形词“推荐”似未法定，同时亦因“推荐词”不尽妥帖，本书尊重原作，对原词一概免于置换。

11. 对原本中姓氏译名、地理译名，本书予以保留；原译变化而形成前后相异的情况，本书亦不求统一。

12. 原本中人物生卒示以公元纪年时，有以阿拉伯数字间加一字线连接号之法，兹合本书版面横排式，故将此类数值范围汉字表述之法，做统一改换，以便阅读。

13. 对原本中的汉字数目，除上项“12”外，本书一般不变用阿拉伯数字；其个别表格中的变用，系照顾版面的处置。又，原本中数字之分节号法，本书编为三位间距法。

14. 原本中图表多为行文式，本书大都改为框线表。

15. 原本述作习惯语“左列”（下列）、“如右”（如上）等等，本书予以版本来源性保留。

16. 原本之中文书名不使用书名号（或偶用引号），英文书名不用斜体，本书一般维持原状。

17. 原本中表示序列的数字、数码、标识、符号等，凡扰及行文内涵与外延层次关系时，本书予以局部性、变通性调整。

18. 原本引文不论由于何方面原因，凡明显疏误的植字、断句，乃至衍字、脱文，本书在析准典籍版本条件下，尽可能做相应的编辑处理；由于编辑人员知识浅薄，挂漏之处在所难免，敬请读者海涵。

19. 原本中“民国”纪年，本书从1949年10月1日起一应改为公元纪年；原本中随从台湾当局仍自称之“中国”“中央”，及其相关政治机构、职位职务等名目，本书均编用引号，请注意。

20. 原本中1928年前“北平”，本书视为作者笔误更正为“北京”；原本中1949年后“北平”，本书视为作者习惯而不予改动。

21. 作为历史人物，作者的政治立场与中国共产党和中国革命有所对立，某些作品或有不合事理之言乃至攻讦不屑之辞。对原本中此类不宜不当字句的删节，本书编辑采用方括号“[　]”随文夹注方法指出位置，同时注明所删字数并缀“编注”字样。

22. 本书上述加工处理，已充分考虑本卷诸篇章固有的学术特质、论辩特点及时世特征。然而由于诸多原因，现存文字之意旨、观点等不仅仍会有政治方面的失妥，即在学术见解上，时代演易，亦绝非珠玑琳琅，相信读者定能甄别明鉴。

目　录

岫庐论教育

我对于民初学制建议的追述

我在所写“蔡孑民先生与我”一文中，一开首有左列的一段话：“我认识蔡先生，始于民国元年一月下旬，但我开始听到他的大名则在临时大总统府成立后一二日。由于报纸刊载各部首长的名字，蔡先生被列为教育总长；其时，我从事教育工作已有六七年，平素对于教育的制度备极关怀，因而对新政府的新教育首长，当然想略知其历史。不久我便探悉蔡先生是一位翰院人物，却又具有革命思想，且曾在上海组织中国教育会。这时候我已承　国父孙先生邀任临时大总统府秘书，不日便要晋京任职，绝无另行求职之意，只是积久欲吐有关教育的意见，现在面对一位可以进言的主管部长，姑且尽我言责……”

于是我便抽出一些工夫，写了一封建议书，寄给蔡先生，能否发生影响，固所不计。想不到此一建议书从上海寄到南京教育部以后，不过十日左右，我便在南京临时大总统府服务中，接到由上海家里转来蔡先生的一封亲笔信，大意说对我所提供的意见认为极中肯，坚邀我来部“相助为理”。

他事且不说，只说我的建议书究竟说些什么，现在事隔半世纪以上，手边又没有存稿，只就尚能记忆的要点追述数项如下：

（一）提高中等学校程度，废止各省所设的高等学堂，在大学校附设一二年的预科，考选中等学校毕业生或相当程度者入学，预科毕业生升入本科。

（二）大学不限于国立，应准许私立；国立者不限于北京原设之一所，全国暂行分区各设一所。那时候我主张，除北京原有所谓京师大学堂外，南京、广州、武汉，应尽先各设一所。

（三）各省得视需要，设专门学校，其修业年期较大学为短，注重实用。

现分别就这三项建议的理由略述于左：

（一）查清末自光绪二十八年首颁钦定学堂章程，次年修正为奏定学堂章程，对于高等教育机关，规定设大学堂，高等学堂，高等实业学堂，法政学堂及优级师范学堂等。其中大学堂设于京师，高等学堂则省设一所，其他酌按各地需要而设立。高等学堂略仿日本的高等学校，招收四年毕业之中学生入而肄业，历时三年，以升入大学堂为其目的，寓有大学预科的性质。然各省高等学堂程度不齐，而可能考升之大学堂仅有京师所设之一所，与日本所设的高等学校对大学有相当比例，程度也能衔接，其毕业生多能升入大学者，迥异其趣。又各省高等学堂虽相当于大学预科，然既多未能达成预科之作用，其实际作用仅成为高等的普通学校，徒增耗费。我认为不如将中等学校程度提高，完成普通教育，其有志深造者，径行考升大学直接附设的预科；预科既由大学附设，其程度自较易与大学本科衔接也。

（二）清末大学堂限于国立，且限设京师一所，殊不足以宏造就。我认为国内私人兴办大学校，在彼时虽微嫌过早，然外国教会之学校，兴办多年，具有规模，因我政府不予承认，不得不依赖外国大学认可者，至少已有一二所，如南京之金陵大学，北通州之协和大学，北京之汇文大学（后来两校合并，构成燕京大学）。假使我国新教育法规，能许其依法立案，纳入我国学校系统，实属两利。又以我国幅员之广，人口之众，新教育随新政体而繁荣，仅北京国立大学一所，殊不足以应付全国中等毕业生经由大学预科而升学，于是略仿分区之意，主张先就全国枢要地点，各设国立大学一所，当时妄拟分设北京、南京、武汉、广州四所。想不到后来发展的结果，除原有之北京大学外，设在南京的中央大学，设在广州的中山大学，与设在武昌的武汉大学，果于一二十年内，成为全国最大规模之国立大学。由今思之，不觉深幸民元一介书生所陈意见，竟能实现也。

（三）在那时候，大学校和专门学校均未大量设置，而设置最普遍者为高等学堂。我既主张废止各省高等学堂，而酌量提高中学校程度，对于高等教育之大学校和专门学校，在主张其扩充设置之初，并建议重视各省需要，凡未设大学校者，固宜酌设专门学校，即已设大学校者，由于大学校与专门学校之性质不同，亦有兼设之必要。为着造就实用的人才，以应社会需要，我认为专门学校不妨多设；然为提高学术水准，大学校却不宜滥设。迄今五十余年，最近教育当局一方面限制大学校之设立，一方面鼓励专科学校之设立，与我彼时主张正同；然经过半世纪有奇，此一目标竟未能满意达成，即因我国人士侧重名称，在有可能时，无不群趋于大学校，以获取学位为荣，至对于切合实用之专科学校，则非万不得已，不愿改就，因而蹉跎至今，专科学校之设置尚有待于鼓励，殊不免令人慨乎言之也。

（一九六五年六月十日作）

卫西琴新教育议序

卫西琴博士撰新教育议成，属云五为之移译；既蒇事，卫君坚请述意为序其端，不获以不文辞，则为之言曰。吾国废科举，兴学校，十有余年矣。全国学子，在理宜多所成就，蔚为国华。顾征之事实，匪独无成绩可言，且有退无进焉。论者訾之，辄曰教育之未普及。是说也，不能无疑。

夫教育之道，非徒具形式，遂能尽其体事也。苟学骛于虚，无裨实用；即幸能普及，于国于己，究何益乎？试取历年兴学成绩观之，专门大学所造就者，大都以官吏为生涯；小学校所设施者，则又不足以餍国人期望，多不肯使其子弟入焉。他如仅受普通教育之学子，既无独立技能，复耻于劳动生活，其结果每成为社会上之一种高等游民。嗟乎！往者如是，来者可知；长此不变，何堪设想？

今对于高等学生之猎官趋向，辄归咎于社会之实业薄弱，不足以容纳人材；而不知社会状况初非固定不可转移者。苟一般专门学子咸有独立精神，实用思想，何尝不可出其所学，兴起种种实业，以为新社会之倡导？使富豪之家，皆直接或间接被实用教育之影响，又何尝不可出其资财，经营种种实业，以利用所有之人材？是则所谓猎官趋向之因由，非实业之不兴，乃教育之未善，盖彰彰矣。

至对于小学教育之未发达，论者几百口一舌，归咎于人民生计困难，与国家之未加强迫。而不知学问本以裕生计，非以妨生计；教育所以应要求，非以待强迫。人情无不爱其子弟者，亦无不望子弟能营生计者。中人以下除令子弟从事于家世相承之生计外，无不使就师学艺者。由是推论，假令有一种良善教育，既足训练其身心，使成健全之人格，更能教授以技能，使为生计之扩充，其有不舍简陋单纯之习艺，而采此完善精密之教育者乎？无如我国积习相沿，歧学问生计而二之。为学问者群趋于虚名；营生计者，遂甘于固陋。降至今日，综全国学校计之，非失之过旧，未合时势之要求，即失诸过新，大悖固有之国情；而去实骛名，则彼此同出一辙。至使国人心理，除爱慕虚名者外，类视学校教育为无补生计之奢侈行为。嗟乎！如是之教育，犹幸国家之未加强迫耳；否则，彼贫苦细民对于子弟之被迫入学，有不视若特别徭役者乎？夫人民至以入学为徭役，则教育本意尽失，其收效尚可望耶？

更就中等教育观察。吾国学制之大误在以旁系学校而代正系学校，故普通学校多，而专科学校少。除国民学校为根本教育不计外，自高等小学以迄大学预科毕业，前后共十年，皆为普通教育。虽高小毕业有甲种实业学校可升，中学毕业有专门学校可入，然甲种实业学校与专门学校皆列旁系，大学预科与中学校独列正系；国家之规定既殊，人民之蕲向自异。加以甲种实业学校未能遍设，不足以应高小毕业生之升学，故其功用更不免为中学校所剥夺。他如专门学校，方诸大学预科，虽设置较广，然同此中学，一方面既以完足普通教育为目的，他方面又为专门学校及大学预科之预备，其不能兼善，势所必然。今兹专门学校大都另设预科，而各地中学毕业生能与大学预科衔接者，颇不多觏。故就实际而论，中学校之预备功用，殆不甚彰，仅成为完足普通教育之独立阶段而已。夫以普通教育而列正系学校中最要之位置，虽得多数之普通人材，而实业教育之被其影响，盖亦不鲜矣。况吾国教育风气，贵虚名而贱力役，甫入学校即已自视甚高，更受中等教育，则数千年流传之士人阶级，遂深印于脑而牢不可破，所谓神圣劳动天职已置诸度外，舍更进而至专门外，殆不复有相当职业以容纳其身。此高等游民所以日见其多于今日之社会也。

夫欧美诸强，普通学校非不多也，然其与实业学校专门学校之比例，则视吾国相去至远。其寻常普通学校毕业者，大都转入各种实业学校，其就学高等普通学校者，亦必以升入专门大学为目的。则其社会之生计发达，物质文明远驾吾国而上之，良有以也。今吾国轻其所重，重其所轻，尚何怪贫弱之不日甚耶！

以上各端，仅就现行教育对于国民生计之有害无利者言之；他如国粹之衰，士风之坏，习尚之浮，道德之薄，种种窳弊，更仆难数，虽未必皆缘现行教育而来，然现行教育之不能矫而正之，固无所庸其讳也。海内明达之士，远观近瞩，未尝不殚精竭智，思有以革新教育，使臻于完善之域；即教育当局亦多不满于目前现状，详征博采，日惟补救是谋，今日建一议，明日下一令，虽不乏善策良规，无如枝节为之，终无关于宏旨，故十年来屡欲改良之教育，卒无异于畴昔，及今而不从事根本改革，则后之视今，又何以异于今之视昔乎？

今卫君所著新教育议，于吾国教育革新之策，独能见其远大；纵其言不必为今日教育家采用，然其主张则固根本之图也。吾国今日教育之大病，在不能骛实：彼小学校未能发达，由于施教之不骛实也；彼专门人才未能独立设施，与中等生徒无所归纳，由于为学之不骛实也。更进之，国粹之衰，士风之坏，习尚之浮，道德之薄，亦莫非不骛实之趋向有以致之。今卫君之言教育，以心灵为里，以力役为表，以国粹为体，以科学为用，以成己为源，以成物为流；何切中时弊之甚耶！

夫心灵者创作之枢纽，力役者实行之践履，国粹者文化之始基，科学者进步之轨道，成己者为人之正则，成物者处世之要图；诚能本此主旨，岂徒骛虚之弊可以祛除，将见学风丕变，国本巩固，而创作之发，且未可量也。观其实施教育所分三级，第一级注重官觉训练，心灵启迪，以养成可教之儿童；第二级注重普通智识，力役操作，以养成有用之国民；第三级别为职业教育与人材教育两途，以期人人各尽所长，各得其所。窃以为如是分类虽未必至当而不可更易，然以较现行学制，其优胜约有数端。如专门学子夙受各级实用教育，必能独立展其所长，不致蹈今日猎官之覆辙，其优胜一也。小学教育注重实用，则观感所致，入学者必日见其多，而无待于行政之强迫，其优胜二也。普通教育年限甚短，预备教育仅施诸第三级之人材教育，既不致因普通而妨碍专门，亦不致徒预备而难期深造；十龄以前同受根本教育，十龄以后则因生徒境地而别为两途，一以应普通国民之要求，一以供优秀学子之研究，既不使半途而废，亦不致学非所用，现行中学教育不良之结果皆可免除，其优胜三也。大学之法，禁于未发之谓预，知之可之谓时，今卫君之第一级教育将于甚稚之年，防恶习之濡染，导心灵之发展，较现行学制之时过而后学者实有进焉，其优胜四也。孟子曰，人性无不善也，水性无不就下也，又曰禹之治水，水之道也；今卫君主张之教法，在顺儿童之善性，以浚启其心灵，盖深得治水之道，视现行教育固有别之，其优胜五也。

抑尤有进者，人类创作之性，赋自生初；浸因习俗不良，教育未善，致戕贼殆尽。今欲恢复而扩张之，当自甚稚之年从事训练，尤当于日常生活随时训练。近世欧洲教育家有蒙的梭里其人者，参以医学生理之经验，创为一种新教育，其目的在恢复人类创作之性而发展之，使内部良能变而为力役良能，以施诸实用，今其法在欧美诸国渐见采行，成效颇著。卫君本其心理学专家之卓识，与蒙氏多所商榷，斟酌蒙说得失，以成独立主张，较蒙氏有进者厥有二端：一则蒙氏之法仅施诸三龄至六龄之儿童，卫君独能以深远眼光扩而充之，使贯彻于全系教育；二则蒙氏之法专为欧洲儿童而设，卫君独能以我孔孟之道变而通之，使适于吾国个性。此则吾所拳拳服膺而不惮为之阐扬者也。虽然，卫君之说甚创，即卫君亦谦冲而云未敢自信也，特其大体主张实切中吾国今日教育界痼疾之良药；世有明达果断之良医取而试之，吾信其容有瘳也。

民国五年三月王云五识。

教育大辞书序

余以民国十年承乏本馆编译所，受事之始，计画出版次第，觉参考书之需要最亟者，无如教育辞书。语其理由，一则国中新建设类多蹇缓不前，惟教育为能猛进；师资之造就，既不足以应学校之需求，任教育者乃多有赖于参考书籍。二则辞书为最经济的参考书籍，在欧美出版发达诸国，教育书籍浩如渊海，辞书之功用，尚居次要；我国则此类书籍寥寥可数，殆不能不以辞书为任教育者之唯一宝库。三则二十世纪以来，各国教育学说日新，其制度亦经重要之演化；我国适当新旧学说之过渡，日美法等国学制更番输入，变革尤多，非有系统分明之辞书，为研究教育者导线，将无以通其统系也。

间尝博览各国出版之教育辞书，其为数亦有限。法国则出版最早者为莱蒙氏之公私教育辞书（Raymond，D. – Dictionnaire d'education publique et privee），以一八六五年出世，内容仅一七一一页。厥后毕维松氏著教育学与初等教育辞书（Buisson. F. – Dictionnaire de pedagogic et d'instruction primaire），以一八八二年出世，分订三册，内容颇精审匀称。德国则最初出版者为斯密特氏之教育学与教授法大辞书（Schmid K. A. – Encyklo pädie der gesammten Erziehungs – und Unterrichtswesen），旧版十一册，以一八五九年印行，新版十册，以一八七六年印行，为举世教育辞书之巨擘，于教育史言之特详。其次为林特那氏之国民教育辞书（Lindner，G. A. – Encyclopädisches Handbuch der Erziehungskunde mit besonderer Berucksichtigung des Volksschul - wesens）以一八八八年出世，内容仅一〇三九页，为教育小辞书之最佳者。最近又有莱因氏之教育辞书（Rein, W. - Encyclopädisches Handbuch der Padagogik）订为四巨册，范围甚完备。英国则最初出版者为森尼震书局之教育辞书（Sonnenschien's Cyclopedia of Education）以一八九二年出世，篇幅仅五百余页，虽编制尚佳，规模殊小。其次为瓦特孙氏之教育辞书（Watson. Eoster - The Encyclopedia and Dictionary of Education）以一九二一年二月始分期印行，都二十九小册，次年三月全书告成，乃合订四巨册，此为教育辞书之最新者。美国则最初出版者为克特尔诸氏之教育辞书（Kiddle and Schem - The Cyclopedia of Education）以一八七七年出世，篇幅仅八百余页，内容限于英美教育，规模亦简陋。及一九一一年乃有大规模之孟罗氏教育辞书（Monroe, Paul - Cyclopedia of Education）出世；是书订为五巨册，执笔人多至千余，且分科各以专家主任，尤为精审。日本则同文馆所编之教育大辞书以明治四十一年出世，初仅一册，嗣迭次扩充为三巨册，内容除论述西洋教育外，于我国古代教育亦言之綦详。总之，上述各辞书，除出版较早者，因时期变迁参考功用递减外，无一不各具特色。即如法国毕维松氏之作以比例匀称胜，德国莱因氏之作以范围完备胜，斯密特氏之作以详尽胜，英国瓦特孙氏之作以新颖胜，美国孟罗氏之作以精审胜，日本同文馆之作，则以包括东方教育胜。

虽然，法德英美日诸国之教育辞书，固各为彼国之教育家或研究教育者而编纂，于我国教育家或研究教育者初未注意也。其体例纵极完善，只对于彼国人为完善，于我国人不能谓为完善也。故我国编纂之教育辞书，当对象于本国教育家或研究教育者，以本国教育问题及状况为中心，采各国教育辞书之特长，而去其缺憾，方适于用也。

本书之编纂，即基于前述之需要与原则，以民国十一年春开始工作。初以唐擘黄君主其事，十五年唐君他去，由朱经农君继任，十六年五月朱君又他去，高觉敷君续竟其功。编辑者范寿康华超陈博文诸君，或致力甚多，或始终其事。华林一陈正谟唐敬杲钱树玉诸君，为本书致力亦在一二年以上。其关系重要之问题，更分约专家特撰专条，盖师孟罗氏教育辞书之例也。经营惨淡，六载于兹，始得与世相见。同人以不佞于本书为倡起者，属为述其原委于上。

民国十七年二月二十五日王云五。

孔孟的教育思潮

第一章 孔孟和人文主义

第一节 孔孟和人文主义

要明孔子的教育学说和人文主义有怎样的关系，必须把人文主义的性质先说一说。原来关于教育一事，虽在智识极幼稚的时代，也没有不知道的；不过那时阶级的区分不很显著，生活极其简单，凡事只求其能满足直接的需要罢了，所以教育上的目的也倾于实利主义。等到后来，文化渐渐发展，人民间渐渐分成治者和被治者两阶级，就是孟子所说“劳心者治人劳力者治于人”的情形。这治者阶级间为维持他们的地位，必预备有相当的智识，所以对于他们的子弟，施行一种修养的教育，就是人文主义的教育；又因他们享有各种特权，衣食无虞，很是闲散，可以随心所欲，从事各种学问，或为文学艺术上的赏玩，所以他们的教育，自然要比那专学一艺一能只图糊口的人更进一步了。所以这人文主义的教育，是文化进步后所必起的，不但西洋有这种主义；东洋也有的。

西洋的人文主义虽说是起于文艺复兴之后，其实最初的起源还远在希腊；东洋的人文主义，其源可远溯于唐虞三代，但集其大成的，却是孔子。我且把孔子的人文主义和西洋比较于后。

第二节 孔孟和希腊的人文主义

先就社会组织上说，希腊的人文主义，兴于雅典。雅典隆盛时，为纯然的民主国，由市民中互选施政者以行政，但市民之下为平民和奴隶，所以仍可看做一种贵族政治。孔子生在周室衰微之时。各地诸侯，俨然成为许多独立国，其间有士大夫和平民两大阶级，情形也和雅典差不多。再就教育的理想说，雅典的人文教育，只施于市民间，他们的主要科目是音乐和体操，另外也教些算术、几何、天文学等。至于实用的科目，却不是市民必修的学问；其实学校中也没有这种科目，大概只由有职业的人实地指导，市民高兴时，或去研究研究，但只当做玩意儿罢了。便是他们所必修的音乐和体操，也不是盼望这两样学问的发达，只是把来做修养品性的工具罢了。受教育的人所最盼望的是内心的坚实、思想的豁达和思虑的周密。所以一般都抱着教育修养的观念。以教育为生活手段，那是平民的事，并非公民的事。总而言之，雅典的平民教育的理想，就个人言，是要修养人性的全体，就社会言，是要修养其维持支配者特权的支配能力，想造成学问艺术进步的文化国。

再看孔子的教育的理想怎样。论语上载："子以四教：文、行、忠、信。"这四项除文外都是品性上的事情。但所谓文是先王的遗文；先王自然是尧舜禹汤文武，孔子生平所最仰慕的有道德的圣王，学他们的文也必为着修养的参考了。孔子又说："从我于陈蔡者皆不及门也。德行，颜渊闵子骞冉伯牛仲弓；言语，宰我子贡；政事，冉有季路；文学，子游子夏。"这四科中文学是指博学言，就是所谓"博学亦艺之文"了；政事是治国之术，言语是出使时所需的才能，德行，不用说是品性上的事情了。这四科，不是属于修养，便是属于治者阶级所必要的才能，都全和生活无关系。孔子又说："弟子入则孝，出则弟，泛爱众，而亲仁；行有余力，则以学文。”必定行有余力才去学文，也可见他的意旨了。孔子又说：“志于道，据于德，依于仁，游于艺。”艺是礼、乐、射、御、书、数六艺，书是认字，数是数学，射御可看做体操，礼也可看做一种体操，乐是音乐。这几种科目也和雅典人所习的差不多，而且把他放在道德仁三种品性之后，也和雅典人把音乐、体操作为修养的工具差不多了。所以孔子又说：“礼云礼云，玉帛云乎哉！乐云乐云，钟鼓云乎哉。”就是说礼乐若不能表现德行，便无价值的。

再看孔子对于职业的见解是怎样，论语上载，樊迟请学稼，孔子答他说，“吾不如老农”；樊迟又请学圃，孔子答他说，“吾不如老圃”。由这一段话看来，孔子是不承认职业教育的。他以为职业该从有职业的人那里去学，用不着学校教育的。这种见解，也和雅典人看轻实用科目差不多。又如论语所载长沮桀溺以及丈人等隐士，自己亲身耕种，都反对孔子的态度和他的政治运动，丈人还讥孔子“四体不勤，五谷不分”，就是说他只知劳动头脑，不知劳动手足；只知在书本上用工夫，不知研究自然，甚至连五谷都分不清楚了。这一班人，并非“不学无术”的寻常百性，可惜他们不肯同孔子辩论，不然，我们定可从其中得到许多和人文主义相反的好见解呢！

此外，孔子对于生活上的实利，也是极端反对的，所以他说：“君子谋道不谋食，耕也馁在其中矣，学也禄在其中矣，君子忧道不忧贫。”又说：“君子食无求饱，居无求安……”又说：“士志于道，而耻恶衣恶食者，未足与议也。”又说：“饭疏食，饮水，曲肱而枕之，乐亦在其中矣；不义而富且贵，于我如浮云。”他称赞颜渊说：“贤哉回也，一箪食，一瓢饮，在陋巷，人不堪其忧，回也不改其乐。”又说：“回也其庶乎？屡空。”又称赞子路说：“衣敝缊袍与衣狐貉者立而不耻者，其由也与？”他反对子贡，说他不知天命而殖财货。但孔子也非绝对排斥财利，他曾经说：“富而可求也，虽执鞭之士，吾亦为之。”又说：“富与贵，是人之所欲也，不以其道得之不处也；贫与贱，是人之所恶也，不以其道得之不去也。”论语乡党篇所载孔子关于衣食之事还很考究，可见上面所述孔子的见解，只是说修养时，不可为生活分心罢。

以上所说，都是关于重修养轻生活的事情，再看孔子对于他所欲造成的君子的内容怎样。孔子说：“君子不器。”器是器具，各有一定的用处，不器是说不限于一种用处；就是说君子兼修众德，不是止于一材一艺便算数的。又说：“君子道者三：仁者不忧，知者不惑，勇者不惧。”就是说君子兼修知情意三育。又子路问君子，孔子答说：“修己以敬。”曰：“如斯而已乎?”曰：“修己以安人。”曰：“如斯而已乎?”曰：“修己以安百姓，修己以安百姓，尧舜其犹病诸!”这一段话的意思，是说君子最大的学问，只在修养自己；修养的工夫深了，便能平治天下了。此外，关于君子的理想所说很多，但没有这几段重要，暂且略去不说。

第三节　孔孟和苏格拉底

苏格拉底是希腊转变期中的一个大界标，他虽然生在贫苦人家，但他的名声，已经永远留存于一切有文化的地方。他的人格很伟大，兼抱着救助国人的大志，他想造成贤人以达他的目的，所以他的名声比那些诡辩派更伟大，可惜他的爱国精神不为国人所谅，竟把他处死。孔子先世虽然贵显，但后来渐渐式微了，所以孔子说：“吾少也贱。”孔子的人格也很伟大，他曾经周流列国，亲自为政治运动，屡屡遭人家谋害和奚落，从不丧气；又亲自为教育家，造就许多子弟。苏格拉底的状貌很丑陋，孔子的面貌也很奇怪。这是两人家世、人格、遭遇，以至状貌等项相同的地方。再则苏格拉底生平遭逢不幸，死后永享大名，孔子也是生不逢辰，死后却垂名百世。这也是他们两人人格伟大学问高深的缘故。现在再把他们的学说来比较一番。

苏格拉底主张激起个人的自动，把问题上的材料变成观念。他喜欢和人家问答，一直问到人家自知错误，还要问下去，直问至得到普遍的真理才止。他这种态度和孟子很像，和孔子稍有不同。孔子曾经说："有鄙夫问于我，空空如也，我叩其两端而竭焉。"他这种态度也和苏格拉底差不多。但是他对于门弟子却不这样。他逢到门弟子问难，往往不肯尽说，或是只略露端倪；或是竟不置答，却对旁的弟子说，让他去传语。这大概有三个原因：一因孔子是主张启发教育的，他恐怕问答得太急，人家没有思索的余地，或是不能深切玩味了；一因孔子认人格的暗示比言语更重要，所以他说："天何言哉，四时行焉，百物生焉！"一因他恐辩论之际，容易流于意气，所以他说，"是故恶夫佞者"，又说："御人以口给，屡憎于人。"但这种不同，只是方法上的不同，其实苏格拉底原反对诡辩派一味对人直说，他才用问答法；他也主张内省法，也主张发达思考力，不在于灌输知识，和孔子的用意也差不多呢！此外，关于他们两人学说同异的地方，可以比较的还很多，但为篇幅所限，只好作罢了。

第四节　孔孟和柏拉图

柏拉图是苏格拉底最诚实最聪明的学生。他的教法和苏格拉底相似，也用问答法。他曾经做一部书，叫做"理想的共和国"，或名"公道问答"，在里头叙述他的教育计划。他以为人有三种性能：一是智慧，其德性为"精细"；二是感情，其德性为"强毅"；三是欲望，其德性为"节制"。所以就个人说，当他的智慧能够强制感情，驾御欲望，以至操纵行动的时候，或是当感情可做智慧的助手，欲望能极端顺从时，那才可以获得适于各项性能的德性，他的生活上便可维持公平。社会上也是这般，假如其中各项人物，都依照各种性能，各尽其适宜的职分，公道便可维持了。社会，依照个人的性能，有三类人物：一是哲人类，专心探讨智识，其德性为智慧；二为军人类，专从事战争，其德性为荣誉；三为实业类，专从事工商，其德性为蓄积。若使哲人当统治之任，军人依他的命令以事防御，工商服从前两种人，供给他们，那末，社会的公道便可永保了。

这是柏拉图对于国家组织上的大计画，其间最可注意的，是谁该为哪一类人，全不由阶级决定，乃由一种教育制度去决定。由这种教育制度，可以发见谁的天性最适于在哪一类，又好好培养起来；于是个人的德性和社会的公道都可维持了。柏拉图这种打破阶级尊重个性的教育理想，确是很进步的，试问我们东洋主张人文主义的教育的孔子有没有这种思想呢，这是一个很有兴味的问题。

孔子虽没有做成专书讨论政治和教育像柏拉图一样，但论语上所记他的言语行动，大都和政治教育有关，把他归纳起来，也可以知道他的理想。他理想中组织国家的分子，大概可别为二类：一是道德高尚的人；一是修养较差的人民。他对于军人，似乎不认为一种专业，所以他说："以不教民战，是谓弃之。"又说："善人教民七年，亦可以即戎矣。"就是说只要有教育，人人可以作战。关于这一端，孔子的见解，似乎较柏拉图进步，但也因中国由来没有遇到大强敌，已经养成右文的习惯，所以古来大思想家都不好战事，孔子也逃不出这个例。

至于孔子对那两种人区分的标准，也和柏拉图差不多。柏拉图想由天性决定治者被治者两阶级的所属，而不由阶级，孔子也是这般。原来中国的阶级，从来不十分严格，无论是天子诸侯的子孙，只限于长子，在数代内，有特别的权利外，其余的都和普通人民没有大区别。即如孔子自身，他本是成汤（商朝的天子）的子孙，后世又曾经为宋大夫，后来便渐渐式微，等到孔子出世，更加微贱，但孔子因有学问，后来又为鲁大夫。公羊学派也说孔子讥世卿，足见他断然不赞成阶级的；既然不赞成阶级，那末，一国中谁该在上位当统治之责，谁该在下位立于被治的地位，自然须依才情德性为断了。

但才情德性是生成的呢，还是由于修养的呢？孔子说："中人以上，可以语上也；中人以下，不可以语上也。"他又说："生而知之上也，学而知之次也，困而知之又其次也，困而不学，民斯为下矣。"由这两段话看，他分明把人的性能分为三等，但其中说到"语"，说到"学"，足见他总不忘修养；他怎样重视教育，也可见了。

大概孔子理想上的国家分子，可分君子和小人两类：君子是可以造就的，使负统治的责任；小人是难以造就的，就是人民。原来孔子所说的小人，并不如后世所想，是生性暴戾的恶人。试看樊迟请学稼，他便斥他"小人哉樊须也！"其实只是说他不知治理，和寻常人一般罢了。又如他说："君子学道则爱人，小人学道则易使也。"尤足见他说小人是指一般人民。此外，如他所说，"君子喻于义，小人喻于利"，又"君子上达，小人下达"，寻常都看做性情上的区分；其实，也无非说求义是在上位者之事，求利是人民之事，只是职分该如此罢了，并没有说一般人都不可求利，小人是应该排斥于人类之外的。假若一国都是不知利的君子，又有谁来养活他呢？所以从理学家看起来，君子和小人有善恶贵贱之别；若从政治家的见地论，此两者正是相反相成，缺一不可的。总而言之，孔子是承认人性差别的，他正想利用这一点，以为分业的标准的，所以他一面说"有教无类”，又说“自行束脩以上，吾未尝无诲焉”；一面又特注重君子的造就。他的见解，正和柏拉图以教育决定地位的思想相同。

而且孔子对于个性，似乎比柏拉图更有心得，他更兼有实验教育家的态度。你看他说：“知者乐水，仁者乐山；知者动，仁者静……”可见他把个性分为动静二型（type）。又说：“不得中行而与之，必也狂狷乎？狂者进取，狷者有所不为。”又可见他把个性分为进取保守二型。至于中行，就是性情极调和之人，那原来很难得的，所以孔子说“不得”。其实动和进取，静和保守，相差很微，可见他分析的细了。他又本于这种标准去实验，所以他能知道“师也过，商也不及”。这过与不及，大概可和进取型保守型相当。又知道“柴也愚，参也鲁，师也辟，由也喭”。愚鲁可入于保守型，辟喭可入于进取型。

现在再把诸人的性情行事来比较推论一番。先说师商，商是子夏，师是子张；“过”是过当，就是过乎中行，“辟”依朱子注，是便辟，就是习于容止，少诚实的样子。大概子张是知者一流，性情好动，所以言语举止往往过当。再看子游说：“吾友张也，为难能也，然而未仁。”就是说子张这个人，性情乖僻，专好做难能的事；“未仁”就是不属于仁者型。又曾子也说：“堂堂乎张也，难与并为仁矣！”堂堂是气宇轩昂很有作为的样子，正是好动和进取者的状态；“难与并为仁矣”和“然而未仁”的意思差不多。此外，还有一段话，也可以看出子张和子夏的性情，我且把他引在下面：“子夏之门人问交于子张，子张曰，‘子夏云何？’对曰，子夏曰，‘可者与之，其不可者拒之！’子张曰，‘异乎吾所闻，君子尊贤而容众，嘉善而矜不能。我之大贤与，于人何所不容；我之不贤与，人将拒我，如之何其拒人也！’”原来子张是进取的，所以他交人，不管他贤不肖；子夏是保守的，他行事交友，惟恐因而丧德累行，所以教子弟谨于择交。其实，他们两人的说话，也各有是处。大概青年鉴别力未精，意志没有坚定，自然该择交；若是年龄既长，鉴别力既精，意志也很坚，就不必那样了。所以孔子说："毋友不如己者。"又说："三人行，必有我师焉，择其善者而从之，其不善者而改之。"正是这个意思。

再说由。由就是子路。他的性情大概可归于进取型，所以说："由也果。"果是果敢，就是说大胆而富于决心。又说："由也好勇过我，无所取材。"又说："由也进……"又说："若由也不得其死然。"后来子路果然死于卫孔悝之难，也可见孔子观察个性的精密了。子路惟是性情粗俗果敢富于进取精神，所以很自信，甚至对于他所师事的孔子也敢怀疑。有一次，孔子到卫国，因为照古礼，该去见国君的夫人，所以孔子去见卫灵公的夫人南子，子路因南子是淫乱的妇人，孔子还要去见他，心中竟大不高兴，迫得孔子只好对他立誓，他才肯信服。

再说参。参就是曾子。曾子性情迟钝，所以凡事好思索，惟恐有失。他自己说："吾日三省吾身：为人谋而不忠乎？与朋友交而不信乎？传不习乎？"他对于与人往来之际，是怎样的谨慎呀！再看他临终时，令他弟子看他的手足，又引诗"战战兢兢，如临深渊，如履薄冰"，以明他平日对于身体保护的怎样小心；最后才对他弟子说，我从今可以免得毁伤身体了。他这样的小心谨慎，一直到了死，才敢自信，他平日做人怎样的拘谨，也可见了。

说到这里，又令我另外注意到一件事。试想孔子所说子路和曾子的个性，后来直影响到他们的终身，孔子对于个性的观察是怎样深刻精密，自然使我们十分佩服；但同时也可使我们感到个性这件东西任是怎样修养镇压，终究不能掩蔽的。饶他孔子那般学问，弟子那般信服他，他又明知"由也不得其死然"，却也没奈何他，终究逃不了那个结果，何况那蔑视个性的模型教育，又怎能得到好结果呢？所以孔子一面想借修养使他子弟性情归于中和，他说“由也进，故退之；求也退，故进之”；一面又利用他们个性，分科施教，使他们各自发挥其所长，如同令颜子等在德行科，令子贡等习言语科，定子路等习政事，令子游子夏学文学的是了。

最后尚有一言。据论语所载孔子论弟子的性情以及各弟子的言语举动，都很一致，足见做论语的人确能知道孔子的教育精神，也知尊重个性的；而朱子的注释，也能处处关顾到，足见朱子也是尊重个性的。西洋人著书，只把他所见到的科举教育做根据，硬说中国教育从来是压制个性的，这不是很冤枉的吗？

孟子的思想比孔子较为激烈，他对于政治和教育上的见解，和卢梭很相似，这且等到后面自然主义中再说；他因不满于当时的政治，想拿一种理想政治来替代他。所以他的主张也有和柏拉图相似的地方。他也主张一国中的分子该分为二类，和孔子的意思相同，不过他说得更分明，他说：“……百工之事，固不可耕且为也，然则治天下，独可耕且为与？有大人之事，有小人之事；且一人之身，而百工之所为备，如必自为而后用之，是率天下而路也。故曰，或劳心，或劳力。劳心者治人，劳力者治于人。治于人者食于人，天下之通义也。”又说：“夫滕壤地褊小，将为君子焉，将为野人焉。无君子莫治野人，无野人莫养君子。”由这两段话看来，我们可以知道孟子显然把全国分为两类：一是治者阶级，凡为头脑劳动者都属于此类；一是被治者阶级，凡为手足劳动者如农工商贾都属于此类。前一类负治理之责，后一类负供养之责。他这种理想完全和柏拉图相同，不过他于治者被治者阶级间独少军人一类。关于这一点，孟子的见解也和孔子相同。不过他的非兵态度，比孔子还要显著。原来兵的作用不出于攻取防御二端。孟子则以为只要行仁政，便可统一天下，防御邻国的。他说："地方百里而可以王。王如施仁政于民：省刑罚，薄税敛，深耕易耨；壮者以暇日，修其孝悌忠信，入以事其父兄，出以事其长上，可使制梃以挞秦楚之坚甲利兵矣。彼夺其民时，使不得耕耨以养其父母。父母冻饿，兄弟妻子离散。彼陷溺其民，王往而征之，夫谁与王敌？故曰，'仁者无敌'，王请勿疑！"试想他既信制梃可以挞秦楚的坚甲利兵，自然不主张国家设常备兵了。又如滕文公问他："滕小国也，竭力以事大国，则不得免焉，如之何则可？"他便把古时太王因狄人侵他，不得已迁避的故事对他说，又说他退去后人民怎样来归他。可见孟子的意思：遇到不得已的时候，虽然暂时退让也可以的。孟子又极端非议战争，他说："……争地以战，杀人盈野；争城以战，杀人盈城。此所谓率土地而食人肉，罪不容于死。故善战者服上刑；连诸侯者，次之；辟草莱，任土地者，次之。"

由以上三段话总观起来，孟子的主张废兵，是显然无疑了。现在再论他对于区分治者被治者的标准是怎样。孟子承认人性皆善，说："人皆可以为尧舜。"又说："舜发于畎亩之中，傅说举于版筑之间，胶鬲举于鱼盐之中，管夷吾举于士，孙叔敖举于海，百里奚举于市。故天将降大任于是人也，必先苦其心志，劳其筋骨，饿其体肤，空乏其身，行拂乱其所为；所以动心忍性，曾益其所不能……"可见他不但不认阶级制度，他还认在上位的人，若能先使他们从民间阅历，可以锻炼身体增进智慧，愈能担当大任。他这种见解确是很高超的了。

但孟子是承认分类的人，他自然不说一般的人都可以做卿相，他说"人皆可以为尧舜"，只就德性上论；他说"天降大任"，分明说那些是天才政治家了。他又说，"得天下英才而教育之，三乐也"，他欲就一般人中选出英才来教育，和柏拉图以教育制度决定阶级所属相同，而和后世尼采的超人说也相类。

我们从上面所说，孟子的承认个性，已足窥见一斑了；但孟子论个性，还不止此。且把孟子引一两段来看，便知分晓。万章问曰："孔子在陈曰：'盍归乎来？吾党之小子狂简，进取，不忘其初。'孔子在陈，何思鲁之狂士？"孟子曰："孔子不得中道而与之，必也狂狷乎，狂者进取，狷者有所不为也。孔子岂不欲中道哉？不可必得，故思其次也。""敢问何如斯可谓狂矣？"曰："如琴张、曾皙、牧皮者，孔子之所谓狂矣。""何以谓之狂也？"曰："其志嘐嘐然，曰'古之人！古之人！'夷考其行而不掩焉者也。狂者又不可得，欲得不屑不洁之士而与之，是狷也，是又其次也。孔子曰：'过我门而不入室，我不憾焉者，其惟乡原乎？'乡原德之贼也。"曰："何如斯可谓之乡原矣？"曰："'何以是嘐嘐也！言不顾行，行不顾言，则曰，古之人！古之人！行何为踽踽凉凉，生斯世也，为斯世也，善斯可矣'，阉然媚于世也者，是乡原也。"

孟子这样解释狂狷，是否合于孔子的原意，虽不可知，但照他的意思，是把"中行"以外的人分为二类。一是逆社会的，是狂狷一流人物，狂者不满于现状，想改造而不得，因此激成反动的行为；狷者也不满于现状，不过自知能力不足以改造他，只是坚持自己的操守，不与同化。这两种人虽性情各有所偏，但都有益于社会的改良，所以可取。二是顺社会的，就是乡原，他对于社会，并无不满之感，而且还要去媚他，这种人最有害社会的进步，所以说"乡原德之贼"。

此外，孟子又就已往的圣人分析他们的个性，他说：伯夷，目不视恶色，耳不听恶声；非其君不事，非其民不使；治则进，乱则退；横政之所出横民之所止，不忍居也；思与乡人处，如以朝衣朝冠坐于涂炭也；当纣之时，居北海之滨以待天下之清也。故闻伯夷之风者，顽夫廉，懦夫有立志。伊尹曰："何事非君，何使非民；治亦进，乱亦进。"曰："予天民之先觉者也。予将以此道觉此民也。"思天下之民匹夫匹妇有不与被尧舜之泽者，若己推而纳之沟中，其自任以天下之重也。柳下惠不羞污君，不辞小官；进不隐贤，必以其道；遗佚而不怨，厄穷而不悯；与乡人处，由由然不忍去也：尔为尔，我为我，虽袒裼裸裎于我侧，尔焉能浼我哉！故闻柳下惠之风者，鄙夫宽，薄夫敦。孔子之去齐，接淅而行；去鲁，曰：'迟迟吾行也，'去父母国之道也。可以速而速，可以久而久，可以处而处，可以仕而仕，孔子也。"又说："伯夷圣之清者也，伊尹圣之任者也，柳下惠圣之和者也，孔子圣之时者也。……"

照孟子的意思推起来，伯夷是狷者，伊尹柳下惠是狂者，所以他曾经说，"伯夷隘，柳下惠不恭"；孔子才是"中道"之人。若用西洋的学理来说，伯夷是精神质，伊尹是胆汁质，柳下惠是多血质，孔子乃兼有三质之长者。

第五节　孔孟与阿里士多德

阿里士多德（Aristotle）生于斯太剧拉（Stagira）（纪元前三八六年）。他家世代做医生，他自己也做马其顿王的医生。他虽生在斯太剧拉，但在雅典柏拉图的学校里受教育。后来又做亚历山大的先生。纪元前三三五年，他又在雅典创立一个学校。亚历山大死后，爱国党告他左袒马其顿，因此，充军到欧白（Euboea）岛后来竟死在那里（纪元前三二二年）。他生平遭遇似乎比苏格拉底好一点，但晚年的命运也差不多。他集希腊思想的大成，又为近代科学家的始祖：他的思想支配西洋思想约二千年。关于这一点，他的地位，也和孔子在东洋的地位差不多。

阿里士多德的政治理想和柏拉图很相似。他在他的"政治学"

中论国家目的在于造成一种道德机关，以统一国民，使之有德。柏拉图把组织国家分子别为三种，阿里士多德只分为二种：就是治者阶级和被治者阶级；但治者阶级又分为定国政的立法者及行其所定的司法者，至被治者阶级乃指从农工商等业者。

关于教育，阿里士多德以教育归于国家的责任，他的见解，和柏拉图相同，可算是后世义务教育根芽。至于他所赞成的教育计画，大都取法于雅典教育，他也相信体操可以陶冶品性，不仅在于发达体力和军人的勇悍；他承认古来的音乐和文学，最适于道德修养和早期的智育。他和柏拉图大概相似。但有一点，他似乎不及柏拉图。柏拉图想以教育制度决定阶级所属，他的根本原理是叫人各尽所长，拓出极大的自由范围让各人发展个性。阿里士多德虽然主张一般市民都须受教育，但不赞成实业家和奴隶受教育。原来希腊的社会建设在奴隶制度上，阿里士多德却很赞成，他以为有一种人是不能以理性自制的，所以他们是天生的奴隶。又他对于一般工人的态度也很不好，他谓度工人生活的人是不配修德的。试想他这种见解是多少鄙陋呀！现在且把孔孟对于政治和教育的理想来和他比较一番。

孔子关于国家的组织，虽然没有明白说起，但依推想，大概是如前面所说，分为君子小人二阶级的。其实中国书如左传等以君子称治者阶级以小人称被治者阶级，其例很多。现在且看论语上屡屡把君子和小人对举，而且其德性职务都有显然的差别，就是第一个证据。再看他所说君子都是治者之事，所说小人都大概是寻常百姓之事，就是第二个证据。

但孔子于君子之上又说圣人，所以他说："圣人吾不得而见之矣，得见君子者斯可矣。"于君子之下又有士，论语上屡见，可不必举例了。圣人大概可相当于周代的天子，是立法者；君子可相当于诸侯，士可相当于大夫：都是行法者。公羊学派说孔子自比素王，托古改制，虽为世所诟病，但他理想上确有一种治世圣人，那是可信的。但这事无什么关系，现在搁过不提，再论孔子治国的见解。

孔子主张以德治国，和柏拉图阿里士多德相同。他说："为政以德，譬如北辰，居其所而众星拱之。"又说："道之以政，齐之以刑，民免而无耻；道之以德，齐之以礼，有耻且格。"北辰是北极星；说北极星不动，在天文学上说，虽然有点错误，但此星的位置，比较少移动，所以古来航海家都以他定方向，也难怪孔子要这样说了。总之不管错不错，他不过拿来做个比喻，借此表达他的意思罢了。

"有耻且格"的"格"字，朱子注为"至"，固然不错，但他又说"则民耻于不善而又有以至于善"，立意未尝不好，但未免太牵强了。其实原文的"格"字，和书经里"帝乃诞敷文德，舞干羽于两阶，七旬有苗格"的格字相同，就是归向的意思。又孔子说："故远人不服，则修文德以来之；既来之，则安之。"那个"来"字，就是使他来格的意思。总之，这几段话，都是说德政的功效。此外，他又说："君子之德风，小人之德草，草上之风必偃。"又说，"上好礼，则民莫敢不敬；上好义，则民莫敢不服；上好信，则民莫敢不用情。夫如是，则四方之民，襁负其子而至矣，焉用稼!"礼、敬、义就是德政的内容。孔子这样反复说明德政的功效，自然因当时有实用主义的倾向（其实孔子自己也带有实用主义的倾向的），恐怕人家以德为迂远，不肯去试验，所以不得不恳切说明。

再说孔子的教育计画。孔子的教育计画，大概也从古代采取。他最重德育。他的德育，最主要的，是教人先从人伦日用上去做工夫，然后使他修习种种学科以为德育的辅助；至于这种种学科，兼含有智育体育在内，那是不待言的。

人伦的细目是孝弟忠信等，日用是洒扫应对等。学科的细目是诗、书、礼、乐、射、御、书、数八科。书数是最浅近的教育；射御是一艺之长，效用不甚普遍；所以他听见达巷党人称他“博学而无所成名”，他便对门弟子说：“吾何执，执御乎？执射乎？”

以上四科，都是初步学科；较高等的科目是礼乐诗书四科。论语上载：“子所雅言：诗书执礼皆雅言也。”雅言就是常言，就是说这诗书礼是孔子常常谈论的。诗书是古代的遗文，孔子拿来做教本，也和希腊人以荷马诗做教本一般。礼乐的范围最大，自寻常日用以至经国大计，都离不了礼乐。礼的功用在节制，乐的功用在和悦。但礼有从容不迫之态，也兼有和的功用，所以说：“礼之用和为贵。”乐有一定的节奏，也兼有节制的功用，所以说：“乐节礼乐。”总之礼乐是兼有节制和悦两种陶冶力的，所以孔子以此用于教育上兼用于政治上。他说：“礼乐不兴，则刑罚不中；刑罚不中，则民无所措手足。”就是想以此用于治国。又说：“兴于诗，立于礼，成于乐。”就是想以此用于教育。

最后所引一段话，程子注得很好，我且把他附录在这里，他说：“天下之英才，不为少矣；特以道学不明，故不得有所成就。夫古人之诗，如今之歌曲，虽闾里童稚，皆习闻之而知其说，故能兴起；今虽老师宿儒，尚不能晓其义，况学者乎？是不得兴于诗也。古人自洒扫应对以至冠昏丧祭，莫不有礼；今皆废坏，是以人伦不明，治家无法，是不得立于礼也。古人之乐，声音所以养其耳，采色所以养其目，歌咏所以养其性情，舞蹈所以养其血脉；今皆无之，是以古之成材也易，今之成材也难。”

孔子于礼乐外，兼重诗，所以他说：“小子何莫学夫诗。诗可以兴，可以观，可以群，可以怨；迩之事父，远之事君；多识于鸟兽草木之名。”这一段话，大概是说明诗最适于形式陶冶。孔子信诗能陶冶悟性，论语上有两个例可举。一，子贡曰：“贫而无谄，富而无骄，何如！”子曰：“可也。未若贫而乐，富而好礼者也。”子贡曰：

“诗云‘如切如磋，如琢如磨’，其斯之谓与！”子曰：“赐也，始可与言诗已矣，告诸往而知来者。”二，子夏问曰：“‘巧笑倩兮，美目盼兮，素以为绚兮’，何谓也？”子曰：“绘事后素。”曰：“礼后乎？”子曰：“起予者商也，始可与言诗已矣！”

除上面普通科目外，又有分科教育，就是前面所说过的德行、言语、政事、文学四科。

但以上所说，都是属于上级社会的人文教育，再看孔子对于下级的教育抱怎样的见解。关于这一端，孔子的见解比阿里士多德高超得多。阿里士多德虽然主张市民的普及教育，但从他的理论上看起来，他是很反对一般奴隶和职工的教育的；孔子一面主张治者阶级的教育，一面也赞成民众的教育。他说“有教无类”，就是说无论什么人都可教，不用分贵贱种类；又说：“自行束脩以上，吾未尝无诲焉。”就是说无论什么人，只要他自己愿学，他没有不教诲的。所以有一次，互乡的童子来见，孔子居然肯见他，门人都很疑惑，以为互乡的人习于为恶，难与言善，孔子见他，不是白费心吗？孔子因对他们说：“人洁己以进，与其洁也，不与其退也。”他这种见解，较诸阿里士多德以奴隶和职工在天性及业务上不适于教育，真要高超几十倍呢！

以上是论孔子从天性和职分上主张普及教育，但孔子也从政治上的见地论普及教育。有一次，他到武城去，适值子游在那里做宰官，以礼乐为政，所以邑中常常弦歌，孔子听得弦歌之声，不觉微笑道：“治这样小邑，又何必装这样排场呢？”子游答道：“我曾经听见你说过，‘在上位的君子学礼乐之道，则爱养下人；在下的小人学礼乐，则和悦而易使’，并没有听见说，施行礼乐的教化须分个地方大小。”孔子听了子游的答话，便对他从者说：“子游的话果然不错，我前头所说，乃是戏言，切不可误会。”又有一次，孔子到卫国去，冉有替他御车，他看见卫国的气象，不觉赞道：“庶矣哉！”冉有问道：“既庶矣，又何加焉？”曰：“富之。”冉有又问道：“既富矣，又何加焉？”曰：“教之。”由这两说看起来，他自然也把教育认做国家的责任，和柏拉图阿里士多德所抱的见解相同。

孔子又承认民众教育对于战争上的效果。他说：“以不教民战，是谓弃之。”就是说以不教之民去战，无异断送他们。又说：“善人教民七年，亦可以即戎矣。”他这种见解，和后世德意志施行普及教育的意思极相似。原来欧美诸邦最初实行普及教育的是德意志，若更溯其源流，最先在理论上提倡的，是文艺复兴后的路德（Luther），他说：“国家的安宁，不单靠他的巨大财富、华严的建筑物和军备，也在有许多光明博学、聪明、诚实有教化的国民。”后来弗莱特列大王公布学校法，令一切公私学校归国家管理，但还不能十分推行，直到一八〇六年，被法国打得大败，才知国力和财富是必须永远靠在民众的智识的，才肯听信菲斯太（Fichte）的诉愿，一心一意地去施行民众教育。岂知中国的大教育家孔子早已看到这一层道理呢！虽然在现今举世希望平和的时候，自然不该把民众教育作为战争的基础，可是拿历史的眼光来看，孔子的见解确是不凡的了。

以下再论孟子对于政治和教育的见解。孟子对于孔子，和阿里士多德对于柏拉图不同。阿里士多德虽曾为柏拉图的弟子，但后来因见解不同，他不承认是柏拉图的弟子，孟子离孔子一百多年，不曾受教于孔子，但他是孔子的孙子思的门人，所以非常崇拜孔子。

孔子主张德治，他主张仁政，仁政就是德治。因为仁是最高之德，所以仁政就是最高的德治。孟子说：“今王发政施仁，使天下仕者，皆欲立于王之朝，耕者皆欲耕于王之野，商贾皆欲藏于王之市，行旅皆欲出于王之涂，天下之欲疾其君者，皆欲赴诉于王。其若是，孰能御之？”他论仁政的功效和孔子论德治之效，完全相同。孟子又主张井田制，计夫授田，和后世社会主义的立意很相似；其实孔子也说："吾闻有国有家者，不患寡而患不均。盖均无贫，和无寡。"又说："百姓足，君孰与不足。"他的意思也和孟子很相近。

但关于兵事方面，孟子的议论更彻底。孔子还说"即戎""足兵"，又称赞王孙贾善治军旅；孟子则对梁惠王说：人民只要财力充裕兼有教养，便可制梃以挞秦楚之坚甲利兵，又痛言善战者之罪。这是孟子的见解较孔子进步的地方，其实，也因战国之际，战争惨祸较春秋时扩大好几倍，所以他痛恶战争，比孔子为甚。

孔子一方面想造成君子，一方又主张普及教育，孟子也一面提倡英才教育，一面又主张民众教育。他说："后稷教民稼穑，树艺五谷；五谷熟而民人育。人之有道也，饱食暖衣，逸居而无教，则近于禽兽。圣人有忧之，使契为司徒，教以人伦：父子有亲，君臣有义，夫妇有别，长幼有序，朋友有信。"他这段说话，很能表出人文主义的教育起源。他的教育主张，也从这个意思出发。他说："无恒产而有恒心者，惟士为能；若民则无恒产，因无恒心。苟无恒心，放辟邪侈，无不为已！及陷于罪，然后从而刑之，是罔民也。焉有仁人在位，罔民而可为也。是故明君制民之产，必使仰足以事父母，俯足以畜妻子；乐岁终身饱，凶年免于死亡，然后驱而之善，故民之从之也轻。今也制民之产，仰不足以事父母，俯不足以畜妻子；乐岁终身苦，凶年不免于死亡。此惟救死而恐不赡，奚暇治礼义哉？王欲行之，则盍反其本矣。五亩之宅，树之以桑，五十者可以衣帛矣，鸡豚狗彘之畜，无失其时，七十者可以食肉矣；百亩之田，勿夺其时，八口之家，可以无饥矣；谨庠序之教，申之以孝弟之义，颁白者不负戴于道路矣。"

从这一段话归纳起来，我们可以得到两个意思：一，宜先使人民生活无虞，才可以兴教化，这和孔子听说"富之""教之"的意义正相同；二，国家除为人民谋生活外，又宜为人民设学校以谋教养，这种见解和柏拉图阿里士多德正相同。但他所说“庠序之教”，是要施于一般人民的。所以他的见解，比之阿里士多德除外奴隶和职工，更胜一筹了。

第六节　孔孟和罗马的人文主义

罗马的人文主义，是纪元前一四六年希腊灭亡后输入的。但罗马人的性格本是倾于实利实用的，所以希腊的哲学文学流入罗马之后，竟成为修辞雄辩的材料，产生一种罗马式的人文主义，其由此影响所造成的人物如细色罗（Cicero）坤铁林（Quintilian）等，均由实用的见地解释文学和教育。其由希腊输入的各项学科，罗马人只看做军人政治家练习才辩的好材料，和希腊人以此图人性修养的见解，正相反对。这种变相的人文主义，原是很奇怪的，但在我们中国主张人文主义的孔孟，也有这种倾向，只是其中原因，一时不及细说，现在只述个大概罢。

先说孔子。前面说过孔子是极端主张德治的，但他论德治时，必兼述及其功效；又如他以诗练悟性，论诗的陶冶力，甚至说学诗可以“多识于草木鸟兽之名”；此外，他又说：“诵诗三百，授之以政，不达；使于四方，不能专对；虽多亦奚以为?”这不是带有实用的倾向吗？又如孔子教他弟子除德行外又有言语、政事、文学三分科，也足见他倾于实用了。

再看佛肸召他，子路想阻止他，说佛肸是个畔人，你怎好前往呢？他便说自己的德性怎样坚定，人家纵然不善，终究不能累他的；他最后又说道：“吾岂匏瓜也哉，焉能系而不食?”更足见他一生学问，无非求一个用字了。

又如子路问他：“桓公杀公子纠，召忽死之，管仲不死，曰未仁乎?”孔子答道:“桓公九合诸侯,不以兵车,管仲之力也,如其仁!如其仁!”此外,子贡也拿此事问他,说管仲不是仁者,他又答道:“管仲相桓公,霸诸侯,一匡天下,民到于今受其赐,微管仲吾其被发左衽矣。岂若匹夫匹妇之为谅也,自经于沟渎而莫之知也。”他这样从功利主义的见地论仁,使后来的人发生许多迷惑,岂知他原有实用主义的倾向呢?

再说孟子。孔子论德治,必兼及其功效,孟子论仁政,也必连说其功效,可见他也有实用倾向了。但孟子开篇便载孟子答梁惠王道:“王,何必曰利,亦有仁义而已矣”;因此,人家都谓孟子是极端反对功利的,岂知他这一章书,正可见他主张功利。他此处所说的利,是说的利己心,并不是说世间一切事物都不可拿功利的目光去看。试看他在后段说利己的结果怎样反而有害,仁义的结果怎样有利,那还不是拿功利的见地去评价利己和仁义吗?

又如孔子论管仲就他的功劳说他的仁,孟子反说他的功烈卑卑不足道,可见他对于功利主义,比孔子还要注重了。

有一次公孙丑问他:“诗曰‘不素餐兮’,君子之不耕而食何也?”孟子答道:“君子居是国也,其君用之,则安富尊荣;其子弟从之,则孝弟忠信。不素餐兮,孰大于是。”又有一次,彭更问他:“……否,士无事而食,不可也。”孟子答道:“子不通功易事,以羡补不足,则农有余粟,女有余布;子如通之,则梓匠轮舆,皆得食于子。于此有人焉,入则孝,出则悌,守先王之道,以待后之学者,而不得食于子。子何尊梓匠轮舆而轻为仁义者哉?”彭更说:“梓匠轮舆,其志将以求食也;君子之为道也,其志亦将以求食与?”孟子答道:“子何以其志为哉?其有功于子,可食而食之矣。且子食志乎,食功乎?”彭更答道:“否!”孟子又说道:“然则子非食志也,食功也。”我们从这两段书论断,孟子的意向更可窥见。

此外，他又曾经说："仕非为贫也，而有时乎为贫。"周霄问古之士人出疆必载质，那是什么理由，他答道："士之仕也，犹农夫之耕也，农夫岂为出疆舍其耒耜哉?"据他这样说，简直把做官看为职业了，他的实利倾向，是多少的著明呀！

第七节　孔孟和近世的人文主义

近世的人文主义，可分为三期述之。

第一期在十五世纪，其时正值东罗马灭亡，其地的古典学者，都避居于西罗马就是意大利，相与图古典的恢复，便是文艺复兴运动，于是古典的研究大盛。所谓古典，就是拉丁希腊的语言文艺。但这种古典的研究，其目的也不仅在语言文字之末，实由仰慕古代的思想和古代的生活，想造成一种希腊罗马的完全人品，因此，又生出一种人文主义的教育理想。这人文主义的名词出现于教育史上，实始于此时。

第二期在十八世纪，古典研究自十六世纪以后，已渐渐流于形式，加以实科逐渐发展，到了十八世纪，人文主义愈为衰落，于是另有一派新人文主义起来以与实科主义对抗。此派中有牛托亨迈耳，曾经列举共和派爱院派（实科主义的代表）的异点，颇为确切，现在把他写在下面：一，此派想教化人的精神全体，彼派以实利为目的；二，此派在锻炼精神力，彼派惟务博识；三，此派想用少数学科教人，彼派强以多数的学科；四，此派想用古人的高尚思想教化儿童，彼派用卑近的事物；五，此派以真善美为修养精神的要素，彼派以物质的；六，此派欲以过去之宗教化人，彼派以现在者；七，此派视学问为真事业，彼派视为一种游戏；八，此派欲令其完全理解定数的事情；彼派但令其浅尝甚多的事情；九，此派练记忆力，彼派则怠于此等事。

第三期在十九世纪以后，其时自然科学愈加发达，实科主义愈加得有坚牢的根据，于是以古典研究为主的人文主义，遂不得不采形式陶冶论以为武器。怎样叫形式陶冶论？就是说，一切科学各有陶冶的价值，一方所练的能力，他方也有裨于其他心力的发达，譬如拉丁希腊语的形式甚合论理，发表亦甚精确，所以能使学者得到此种精神。更有谓古典的教育与科学教育不同，因其不但涉及人的智识和思想方面，也兼涉及其情意，所以有练成完全人格的价值。

以上所述，都是近代西洋人文主义的大概，现在把孔孟当时的地位及其思想和他们来比较一番，究竟有没有相同的地方，能不能及到他们。

先就第一期比较。欧洲的文艺复兴的动机，始于东罗马灭亡，孔子的文艺复兴运动，却始于周室东迁，所差只是时间的远近。孔子距幽王遭犬戎之难，京师残破，虽然有二百多年，但平王东迁后，尚拥有名义上的主权，和东罗马灭亡后学者竞奔避于一地不同，中央的文化只是逐渐流于各国，所以到孔子时还如文艺复兴初期的情形一般。他眼见当时政教风俗日趋腐败，同时因中央文化流入四方，与他接触的机会愈多，因此，发生一种搜集遗亡追求古代精神的热情，他亲自为种种运动的主人翁，一面从政治上着手，一面又广求师友，结果遂产生一种人文主义的教育。我且分述在下面。

一关于搜集遗亡的方面。其间可分为二种：一古代的礼乐和其他典章制度；二古代的遗文。试看他说：“夏礼吾能言之，杞不足征也；殷礼吾能言之，宋不足征也。文献不足故也；足，则吾能征之矣！”足见他探求古礼之勤。他又说：“殷因于夏礼，所损益可知也；周因于殷礼，所损益可知也；其或继周者，虽百世可知也。”就是说礼虽千头万绪，但原则却大概相同，这也可见他对于古礼的心得了。至关于乐的方面，据他自己说：“吾自卫反鲁，然后乐正，雅颂各得其所。”此外，他又从齐太师习韶乐，经过三个月，快乐非常，甚至忘了肉味。他又和鲁太师论奏乐程序，均足证明他对于古乐的热忱与心得。至关于典章制度方面，据他所说：“行夏之时，乘殷之辂，服周之冕，乐则韶舞”，足见他对于古代制度确曾仔细研究过，所以能这样斟酌取舍。关于古代遗文，经过他编订的，为诗、书、易、礼、春秋等书。后来被秦始皇焚毁，到汉朝又把他搜寻出来，已经颇有散逸，书经遗失较多；一直传到近代。就这一点说，他对于后世的影响的伟大，断然不让文艺复兴期诸学者的。

再论他怎样仰慕古代精神。他说：“我非生而知之者，好古敏以求之者也。”他所求的什么？孔子曾经就德性，把人的资质分为生知、学知、困学三等，此处以“敏求”和“生知”对举，足见其所求是古代的精神修养了。试想他以为研究古代的精神修养，足抵生知，他是多少欣慕古代呀！他又说：“述而不作，信而好古，窃比于我老彭。”“述而不作”是说创作固然重要，但当学术存亡绝续之际，述古较为重要。“信而好古”是说把古代精神忠实地表现出来。“窃比于我老彭”是说老彭曾抱过这态度，由这一点说，可见复古运动原非始于孔子的。

再看他说：“古之学者为己，今之学者为人。”又说：“古者民有三疾，今也或是之亡也：古之狂也肆，今之狂也荡；古之矜也廉，今之矜也忿戾；古之愚也直，今之愚也诈而已矣！”有一次，子路问他怎样可算成人，他答说：“若臧武仲之知，公绰之不欲，卞庄子之勇，冉求之艺，文之以礼乐，亦可以为成人矣。”他又接说道：“今之成人者何必然，见利思义，见危授命，久要不忘平生之言，亦可以为成人矣。”由以上所说，均足证明他怎样希慕古代精神，而由此最后一段书看，也可见古代的成人，必须兼修知情意以造成完全人性为宗旨的了。

以下再论孟子。孟子对于考订礼乐，虽然不及孔子热心，但他对于古代制度及其精神，确是很有兴味的。所以他一开口便说尧舜三代。他极端尊崇孔子，也因孔子集古代学术的大成。他也研究古代文字学，他引书“洚水警予”一句，为之解释道：“洚水者洪水也”；又解释庠序校的意义道：“庠者养也；校者教也；序者射也。”原来中国文字也随时代变其意义，不过没有希腊拉丁文和后世欧洲的文字那般差得远罢了，所以孟子不得不研究古代文字学。他对于诗书春秋等书，也很有研究，所以孟子中屡有引用，他又说鲁的春秋，如同晋的乘，楚的梼杌，足见他对于古代遗文的搜探，也很勤的了。但孟子去古较远，遗集没有孔子时那般多，而且经过孔子及诸弟子做过一番工夫后，到了孟子自然要容易一点，所以他对这一方面的努力可以少一些，因此，他有余闲向于创造方面。他对于古书也有怀疑的余地，对于古制往往参加己意。他所主张的仁政井田等制度，一大半是他的理想政治。他这种态度，正和文艺复兴期带有近世精神相同。

至于第二期的新人文主义特点及第三期的形式陶冶论，和孔子的思想及主张，也很相似；但把前面所述各节阅读一过，便可明了，所以现在不多赘了。

第二章　孔孟和理想主义

第一节　孔孟和理想主义

理想主义和前章所述人文主义很有关联，都非近代的产物，但其间也有差异。人文主义希望人性的平均发达；理想主义不免偏重理性，而以此为人和宇宙的根本，故主张服从理性以完成其道德的品性，建设智德俱高的文化国。这种主义也出于希腊，现在还很有势力。至于我们中国的理想主义，自然该推宋明为最盛，但其最远的源流还要推孔孟；而且本书的范围原限于孔孟的教育思潮，所以后面所论，却把宋明略去，只提孔孟的学说。

第二节　孔孟和希腊的理想主义

希腊的理想主义，也当以苏格拉底柏拉图阿里士多德三人为代表。他们的学说和方法，也有较近于孔子的，也有较近于孟子的，若是逐项的说明，未免没有意味；若照前章的方法，一个个提出来比，也怕令人生厌，所以现在只把他们的要点提出来比。其实，无论怎样的学说，都不免要受个性和环境的影响，而个性又有个人的和团体的区别，环境又含有精神的和物质的差异，范围非常广阔，所以中国的学者固然不能与外国的学者十分相同，便是国籍相同，时代相同，例如孔子和孟子，颜子和子贡，也不能完全同的。但微细之点，虽然难同，大致是不至于全差的。原来宇宙间，是不是如理想主义所想，真有种种绝对的普遍真理，虽然难于断定，但至少总有较普遍的真理，为一切文化达到相当程度的人民所公认。孔子说得好："言忠信，行笃敬，虽蛮貊之邦行矣。"便是说忠信笃敬等德性，虽然野蛮的人也承认为美德的了。

以上我已经把这一章书的编法说明了，现在且把他们的要点比较于后：

一、关于德性的存在——他们都承认人是有理性的，都能知道真理。真理是绝对的，不是相对的。所以苏格拉底说智识便是道德，又承认他是智识的收生婆（intellectual midwife）。柏拉图说人性中有聪明、勇敢、节制三德，由此三德更生公道之德；人的精神没有和身体相合之前，住在观念界，得见真美。阿里士多德以为人之所以异于禽兽草木，是由其能从于理性而行动。孔子说“性相近”就是说人类的生性总不大相远的，此处朱子注为近于善，确是不错。又说：“鸟兽不可与同群，吾非斯人之徒与而谁与。”就是说人和鸟兽不同，是可与为善的。他又说：“仁远乎哉？我欲仁，斯仁至矣！”这个“我”是指普遍的我，就是说仁是人性中所固有的，所以不远，我要他，他就来了。仁既为人性中所固有，其余的德性可见了。孟子更分明说：“性无有不善。”又说：“仁义礼智，非由外铄我也，我固有之也。”又说：“心之所同然者何也？谓理也，义也。”

二、关于知行的方面——由上面所述，可知他们都承认德性是人所固有的了；但德性既为人所固有，何以有的人行善，有的人又行恶呢？我们若把他们的意思归纳起来，大概有两个缘由：一是关于知行的，二是关于苦乐的。

知行二端是宋明理学家聚讼的焦点，但关于希腊诸人和孔孟的学说，也可以此二端去推求。大概苏格拉底、柏拉图、孟子是偏于知的；阿里士多德、孔子是兼重行的。

苏格拉底以为智识就是道德。人若知勇敢、公道、节制是什么性质，他没有不能去行的。人的为恶，完全由无智识所使然。他甚至说与其昧然行恶，还不如“明知故犯”；他这种议论似乎有点奇怪，其实确是有理由的。因为“明知故犯”，还有改悔的机会；至于“习非成是”，那才不得了呢！例如现在还有一种野蛮人，他们的风俗，凡父母年老，必须把来杀了，才算孝顺。又如从前皇帝死，使臣下殉葬，那不是“习非成是”的恶结果么？所以苏格拉底一面使人“求是”，一面又使人“知非”。他以为愚是知的先导。他的胜人的地方，只在他自己知道他的愚。他常用对话法，使人家知道自己的错误，然后再去求得普遍的真理。

他怎样使人知道错误？例如他和某人对答。他先在一边写个甲字，但凡公正的行为，都归在这一边，又在别一边写个乙字，但凡不正的行为，都归于那一边。他然后对某人说：“欺骗、掠夺、造谎，该归在哪一边呢?”其实某人自然说该归在乙字下了。但苏格拉底又问他：“假若欺骗敌国掠夺其财产，也可说不正当么?”如其说不是，那末原来的定义必须改变了。又如一位司令官造一个谎去鼓励他的兵队，一个父亲用诈术骗他生病的儿子吃药，一个人看见他的朋友要自杀，把他的刀夺去，都能说是不正当么？苏格拉底这样的问下去，于是某人终究不得不承认他原先的意思是错了。这个法子叫做反驳法（irony）。其实孟子也常常用这种法子，但等到后面再说。现在且说苏格拉底从正面去求普遍的真理。

怎叫普遍的真理，就是甲以为是的，乙也以为是；若是甲以为是，乙以为非，那便不是普遍的真理了。苏格拉底从正面去求普遍的真理，是因他先假定人是有智识的可能性的；假使意见之下没有智识的要素存在，那就没有标准可以改变从前的错误了。所以他和人家问答，只是把那已经含在内面的智识引导出来，他自己称为智识的收生婆。

柏拉图也承认智识就是道德，他说人有三种德性：一理性之德，为聪明；二情感之德，为勇敢；三欲念之德，为节制，此三种之德各得其职，乃有第四种之德，就是公道。三种之德怎样才算得职?他以为须使理性居指挥的地位，使感情为之辅佐，使欲念处于服从的地位，才算各得其职，那才有公道。他的怎样重知，由他这种见解里头，也可想见了。

柏拉图又把世界分为观念的和现象的。观念的世界乃真实的世界，现象的世界不过观念界的写照。平常的人不能达到理想世界，只因他为感觉所误，不能训练那达到观念的机关，就是做成概念的机关，也就是理性，所以他安于较低的世界，以世俗之美自满。哲人就不这样，他借世俗的美做阶梯，逐渐达到真美，先从种种好形式达到种种好行动，再达到种种好观念，再达到绝对美，最后乃知美的本质。

但观念感觉所能把握的，我们又怎样能够达到他们呢？据柏拉图的意思，这是由于回忆。因为精神没有和身体相联之前，原是位在真实世里头的，那时他却能用无所蔽障的眼光去看各种不变的观念。这种旧景在精神合于体之后，还有时出现；而使这种景象出现于意识界的作用，就是我们所说的思想了。凭着思想总可达到观念界。他这样重视思想，自然要把行看做等闲了。

孟子和苏格拉底柏拉图的见解很相似，也偏于知的一面，前面已经说过，他是承认善为人性所固有的。但他怎样知道这事呢？第一个方法属于主观的，就是“思”，就是苏格拉底柏拉图的反省法；第二个方法是客观的，这个方法又分为三种，一是就事实上去观察，二是研究古代专家的见解，三是和当代人辩论。

现在先说他的客观方法。他以仁义礼智四德为最根本的德性。他说：“所以谓人皆有不忍人之心者，今人乍见孺子将入于井，皆有怵惕恻隐之心，非所以内交于孺子之父母也，非所以要誉于乡党朋友也，非恶其声而然也。由是观之，无恻隐之心，非人也；无羞恶之心，非人也；无辞让之心，非人也；无是非之心，非人也。恻隐之心，仁之端也；羞恶之心，义之端也；辞让之心，礼之端也；是非之心，智之端也。人之有是四端也，犹其有四体也。……扩而充之，足以保四海；苟不充之，不足以事父母。”他这一段话里头只有恻隐之心有实例，其余都没有实例，便一概下断定语，这必是因“由是观之”以上有脱简；若说由一件事看出四种德性来，他的意义就太晦了。见孺子入井，便生恻隐之心，只是一瞬间之事，确是来不及打算的，以此推恻隐之心根于天性，确是很自然的方法。此外，他又说："人之所不学而能者，其良能也；所不虑而知者，其良知也，孩提之童，无不知爱其亲也，及其长也，无不知敬其兄也。亲亲，仁也；敬长，义也。无他，达之天下也。"后世王阳明提倡良知说，主张知行合一，所用"良知"二字，就出于此。此处孟子从儿童的行为上去观察其天性，这是因孟子一面重视禀赋，一面也很重环境的影响；儿童所受环境的影响最少，所以最适观察。他这个方法也是很有意味的。

以上都是孟子从事实方面探求德性；再看他研究古人见解的方面。他说："恻隐之心，人皆有之；羞恶之心，人皆有之；恭敬之心，人皆有之；是非之心，人皆有之；恻隐之心，仁也；羞恶之心，义也；恭敬之心，礼也；是非之心，智也。仁义礼智，非由外铄我也，我固有之也，弗思耳矣，故曰'求则得之，舍则失之'，或相倍蓰而无算者，不能尽其才者也。诗曰：'天生蒸民，有物有则，民之秉彝，好是懿德。'孔子曰：'为此诗者，其知道乎？'故有物必有则，民之秉彝也，故好是懿德。"前面他引客观的实例，证明仁义礼智四德根于人心，此处又引古代专家之言，证明他的方法似乎比苏格拉底柏拉图还要高超。

但孟子也用反逆法。有一次，任人问屋庐子道："礼与食孰重？"曰："礼重。""色与礼孰重？"曰："礼重。"曰："以礼食，则饥而死；不以礼食，则得食，必以礼乎？亲迎，则不得妻；不亲迎，则得妻，必亲迎乎？"屋庐子不能对，明日之邹，以告孟子。孟子曰："于答是也何有？不揣其本而齐其末，方寸之木，可使高于岑楼。金重于羽者，岂谓一钩金与一舆羽之谓哉？取食之重者，与礼之轻者而比之，奚翅食重；取色之重者，与礼之轻者而比之，奚翅色重？"往应之曰："纱兄之臂而夺之食，则得食；不纱，则不得食，则将纱之乎？逾东家墙而搂其处子，则得妻；不搂则不得妻，则将搂之乎?”此处任人用反逆法难倒屋庐子，孟子也教屋庐子用反逆法去难任人，煞是有趣！此外还有一段书，第一章已经引过，但也为孟子用反逆法的明证，现在再把他引在下面。有一次，彭更问曰：“后车数十乘，从者数百人，以传食于诸侯，不以泰乎?”孟子曰：“非其道，则一箪食，不可受于人；如其道，则舜受尧之天下，不以为泰。子以为泰乎?”曰：“否；士无事而食，不可也。”曰：“子不通功易事，以羡补不足，则农有余粟，女有余布；子如通之，则梓匠轮舆，皆得食于子。于此有人焉，入则孝出则悌，守先王之道，以待后之学者，而不得食于子，子何尊梓匠轮舆而轻为仁义者哉!”曰：“梓匠轮舆，其志将以求食也，君子之为道也，其志亦将以求食与?”曰：“子何以其志为哉？其有功于子，可食而食之矣。且子食志乎，食功乎?”曰：“食志。”曰：“有人于此，毁瓦画墁，其志将以求食也，则子食之乎?”曰：“否。”“然则子非食志也，食功也。”

原来孟子所处的地位，和苏格拉底差不多。苏格拉底当诡辩学派横行之际，要想立自己的地位，自然不得不讲辩术；孟子时异派纷起，其间杨墨两派最占势力。墨子的书，直流传到现在，其人很长于名学，其徒派也必善于雄辩；杨子的书虽不传于今，但孟子认他为一强敌，其流派想也不弱。孟子那时要攻击他们，一面为自己占地位，自然也不得不讲辩术了。所以他说：“予岂好辩哉？予不得已也。……圣王不作，诸侯放恣，处士横议，杨朱墨翟之言盈天下。天下之言，不归杨，则归墨。……杨墨之道不息孔子之道不著，是邪说诬民，充塞仁义也。仁义充塞，则率兽食人，人将相食。吾为此惧，闲先圣之道，距杨墨，放淫辞，邪说者不得作。……”

以上所论，都说的孟子从客观方面探讨人性，再看他对于主观方面的态度。柏拉图区别观念界和现象界，而着重于思想，谓人不可为感觉所欺，宜借思想之力由现象界以达于观念界。孟子虽然没有把观念界和现象界划成鸿沟，但他确是重思想而轻感觉，以此定圣凡之别的。公都子问他："钧是人也，或为大人，或为小人，何也?"孟子曰："从其大体为大人，从其小体为小人。"曰："钧是人也，或从其大体，或从其小体，何也?"曰："耳目之官，不思，而蔽于物。物交物，则引之而已矣！心之官则思，思则得之，不思则不得也。此天之所与我者。先立乎其大者，则其小者，不能夺也，此为大人而已矣!""心之官"、"耳目之官"，就是心的功用和耳目的功用；心的功用为思想，耳目的功用为感觉。心如不思想，便失其功用，终为感觉所支配，成为小人；心能思索，积久功用愈大，便能支配感觉，成为大人。孟子这种说法，和后世拉马克（Lamarck）的用不用说很相似。

但孟子这样说法，并非说感觉是绝对不可要的，他说"耳目之官，不思，而蔽于物。物交物，则引之而已矣"，就是说耳的职分在于介绍外物。外物不一定恶，他说伯夷"目不视恶色，耳不听恶声"，既有恶声恶色，便有善声善色了；此外，一切物都可这样看。孔子教颜子也说："非礼勿视，非礼勿听。"有"非礼"便有"礼"了，可见孔孟都不是说外物全不可接触的。不过孔子的意思，似乎想使感觉惯于排斥非礼，积久便不知足之蹈之，手之舞之，不待心之运用，而无不合于礼了。孟子却最重心的运用，他的意思是想使耳目所介绍的物，一一受心的审判。积久心的功能愈加发达，便无论什么，都逃不过心的洞鉴，所以他又说："尽其心者知其性也；知其性，则知天矣。"又说："学问之道无他，求其放心而已矣。"这就是后世王阳明良知说所本，也就是他和孔子相异，而和柏拉图相近之处。

前面曾经说过，柏拉图分人世为观念界和现象界；以观念界为真实在，现象界为观念界的写照；人要达到观念界，还须借径于现象界。所以他只说不为感觉所欺，并非绝对排斥感觉。但又以为观念不是可由感觉得来的，也不是从出生时便存在人心中的，惟借思想可以把那预先存在精神中的遗迹再现出来。所以人若能由于思想十分发挥其理性而实现公道之德，便能由现象界之我入于观念界之我，达到至善之观念。但是人若没有向上的修养，虽然暂时入于观念界，终究还堕落于世，再度下贱的生活，甚或度牛马的生活。柏拉图这种思想，未免和轮回说相类，但若把他看做一种喻言，那就和孟子的思想相近了。

孟子以为能尽心的功用，便为大人；不能尽心的功用，便为小人，甚至与禽兽无异。他的意思正和柏拉图说人可由修养而入观念界，由无修养而再堕于现象界的意思相同。

此外，孟子又有一种夜气说，他说："虽存乎人者，岂无仁义之心哉？其所以放其良心者，亦犹斧斤之于木也，旦旦而伐之，可以为美乎？其日夜之所息，平旦之气，其好恶与人相近也者几希。则其旦昼之所为，有梏亡之矣。梏之反覆，则其夜气不足以存。夜气不足以存，则其违禽兽不远矣！人见其禽兽也，而以为未尝有才焉者，是岂人之情也哉？故苟得其养，无物不长；苟失其养，无物不消。"这夜气的意思，也和柏拉图的回想说相似。

总之柏拉图分人的精神为三种要素：就是理性、情感、欲念，应于此三要素有聪明、勇气、节制三德。但柏拉图说智识就是道德，未免混理性与意志，又以为勇气可助理性行道德，又未免混同意志与情感。孟子却把人的精神分为四种要素，就是心、志、气、欲。心就是理性，仁义礼智都由此出，其中又含有志，志就是意志，气就是情感，欲就是欲念。孟子怎样重视心（理性）的作用，已经论过，现在再看他论意志和气的作用，我先把孟子里头一大段书引来，便见分晓。公孙丑问曰："夫子加齐之卿相，得行道焉，虽由此霸王不异矣。如此，则动心否乎？”孟子曰：“否，我四十不动心。”曰：“若是，则夫子过孟贲远矣！”曰：“是不难，告子先我不动心。”曰：“不动心有道乎？”曰：“有。北宫黝之养勇也，不肤挠，不目逃，思以一毫挫于人，若挞之于市朝；不受于褐宽博，亦不受于万乘之君，视刺万乘之君，若刺褐夫；无严诸侯，恶声至，必反之。孟施舍之所养勇也，曰，‘视不胜犹胜也，量敌而后进，虑胜而后会，是畏三军者也。舍岂能为必胜哉？能无惧而已矣！’孟施舍似曾子，北宫黝似子夏。夫二子之勇，未知其孰贤，然而孟施舍守约也。昔者曾子谓子襄曰：‘子好勇乎？吾尝闻大勇于夫子矣。自反而不缩，虽褐宽博，吾不惴焉；自反而缩，虽千万人，吾往矣。’孟施舍之守气，又不如曾子之守约也。”曰：“敢问夫子之不动心，与告子之不动心，可得闻与？”“告子曰：‘不得于言，勿求于心；不得于心，勿求于气。’不得于心，勿求于气，可；不得于言，勿求于心，不可。夫志，气之帅也；气，体之充也。夫志至焉；气次焉。故曰，持其志，无暴其气。”“既曰‘志至焉，气次焉’，又曰‘持其志，无暴其气’者，何也？”曰：“志壹则动气，气壹则动志也。今夫蹶者趋者，是气也，而反动其心。”“敢问夫子恶乎长？”曰：“我知言，我善养吾浩然之气。”“敢问何谓浩然之气？”曰：“难言也！其为气也，至大至刚，以直养而无害，则塞于天地之间。其为气也，配义与道，无是馁也。”

孟子这段话，说得很分明。朱子注这段书的后面两句道：“言人能养成此气，则其气合乎道义而为之助，使其行之勇决，无所疑惮；若无此气，则其一时所为，虽未必不出于道义，然其体有所不充，必不免于疑惧，而不足以有为矣。”可见孟子虽极端重心，亦未尝不借助于气；柏拉图以理为主，又以情感有勇气之德，可以为理性之助，正和孟子同意。其实柏拉图所说的情感，和孟子所说的气，都含有冲动在内。柏拉图所说智识就是道德，孟子所说的心，各含有理性和意志在内。不过柏拉图没有特别提出，所以只说理性指挥情感；孟子却从心中分出意志来，所以以心和意志同居于指挥的地位，其说更完满。

现在我再举一段书来，证明他的着重意志，他说："今夫弈之为数，小数也，不专心致志，则不得也。弈秋通国之善弈者也，使弈秋诲二人弈，其一人专心致志，惟弈秋之为听；一人虽听之，一心以为有鸿鹄将至，思援弓缴而射之，虽与之俱学，弗若之矣。为是其智弗若与？曰：非然也。"一人思射鸿鹄，是由于心不专，但也由不致志于弈，心才不专，所以学不会，所以意志也是个很重要的部分。

以下论阿里士多德和孔子。

阿里士多德虽也重知，但兼重行。苏格拉底柏拉图以为智识就是道德，阿里士多德以为但有智识不能便算是道德，必须有坚决的意志，常常为理性的活动，才能达到最高善。道德不全由于天赋，也是行为的结果。天只赋人以道德的可能性；这可能性惟由习惯，可使其完全。譬如要成建筑家，必须去建筑；要成琴师，必须去弹琴；要做有道德的人，必须去做公正的行为。在奥林比竞技（Olympian Games）中获胜的人，不是那最美最强的人，必是那加入斗争的人。徒然思索而不实行，犹如只听医生说话而不吃药，又有什么益处呢？总之，苏格拉底和柏拉图不免混同意志和意识，所以只重知；阿里士多德更于意识外提出意志，所以尤重行。

但行有过与不及，都非道德，必须取其中庸之道，常常行去，使成为第二天性，才可成德。譬如饮食是能增进健康的，但若过与不足，便有害于健康了。畏事的人是懦夫，但无论什么事都去管，又是泼夫了。又如一味求乐，自然是贪人败类，但无论什么乐事，甚至性命之乐，都一概排斥，又是鄙夫了。

阿里士多德这种学说，和孔子很相近。孔子也认人性非全善，他只说："性相近也，习相远也。"又说："惟上智与下愚不移。"又说："生而知之者，上也；学而知之者，次也；困而学之，又其次也；困而不学，民斯为下矣。"上智就是生知的人，下愚就是不能困学的人。惟有这两种人都不为习惯所左右，但这种人是实际所少有的，实际一般的人性都很相近，都有为善的可能性，但为习惯所左右，或善或恶，终至相远了。

孔子对于人性抱着这样的见解，所以他于理性外又重一个意志。他说："三军可夺帅也，匹夫不可夺志也。"试想他把志看做多少有力呀！又屡屡说："志于学"，"志于仁"，"志于道"。"学"、"仁"、"道"都须理性辨明，但必须有志去做，所以必须重行；但每事所以必须用意，未免还要怠惰，他又极重习惯。先说他对于知行的见解。他说："盖有不知而作之者，我无是也；多闻，择其善者而从之，多见而识之，知之次也。"又说："知之者不如好之者，好之者不如乐之者。"可见他明认知行的分别而尤重行。再论他重习惯，他说："若圣与仁，则吾岂敢；抑为之不厌，诲人不倦，则可谓云尔已矣。""不厌""不倦"正是养成习惯的要着。他又称南人之言："人而无恒，不可以作巫医"；又惜人不能玩索易经所说"不恒其德，或承之羞"。"恒"也是养成习惯的要德；无恒，虽如巫医一技一艺之事，都学不会，何况修德呢！又说："圣人，吾不得而见之矣；得见君子者，斯可矣！善人，吾不得而见之矣，得见有恒者，斯可矣！"这段书张敬夫注道："圣人君子以学言，善人有恒者以质言。"圣人君子以学言，诚然不错，但善人有恒者也以学言，并非以质言，只是工夫有浅深罢了。朱子说："有恒者之与圣人，高下固悬绝矣，然未有不自有恒而能至于圣者也。"确是不错。孔子又说："据于德，依于仁。”“据”是据守的意思，“依”是凭依的意思，其实，也就是有恒，就是反复练习，使成为习惯的意思了。又说：“回也，其心三月不违仁，其余则日月至焉而已矣。”这也就修养言。因为颜子修养的工夫较深，渐成习惯，所以能三月不违仁；其余的人修养工夫较浅，没有形成习惯，所以不能长久不违仁。但孔子又说：“君子无终食之间违仁，造次必于是，颠沛必于是。”难道颜子学问还够不上君子么？这却不然。大概“回也，其心三月不违仁”，是以结果言；“君子无终食之间违仁”，是以方法说。其实，就方法论，无论什么德性，都该时时刻刻反复练习着，积久才能够为习惯，才靠得住。

他惟重习惯，所以又重礼乐。礼乐虽可陶冶性情，其实还以关于动作方面的居多。就最初步的言之，如小子当洒扫应对进退，十三学乐诵诗舞勺，十五成童舞象等类，也无非关于动作上的练习。再进一步说，如颜渊问仁，孔子教他复礼，说道：“非礼勿视，非礼勿听，非礼勿言，非礼勿动。”由视听言动的练习，便可达到最难的仁德，可见行动和习惯的教育，孔子早经主张，阿里士多德还不是唯一无二的创始人了。虽然古礼太繁，而且大都是死形式，迂儒想一切依着古礼事，必使人成为木偶，非人情所能堪，但这是后人的过处；孔子的原则又何尝不是呢？

以上已经把孔子兼重知行和阿里士多德相似的地方论过了，现在再说孔子也主张中庸之德。孔子说：“师也过，商也不及。”就是说这两人性情各有所偏，行事必难合于中庸。又说“过犹不及”，就是说两者都不合中庸，所以不能分出高低。再看他说：“好仁不好学，其蔽也愚；好知不好学，其蔽也荡；好信不好学，其蔽也贼；好直不好学，其蔽也绞；好勇不好学，其蔽也乱；好刚不好学，其蔽也狂。”也可见他取中庸之德，和阿里士多德的意思差不多。原来仁、知、信、直、勇、刚的对面为忍、拙、诈、曲、懦、柔，各为其一极端，这是谁都知道的了。但孔子又举出愚、荡、贼、绞、乱、狂，为其另一极端，可见孔子也主张德常在两极端之中了。

第三节 孔孟和罗马的理想主义

罗马的理想主义，本由希腊所输入，其创始者为希腊的柴奴(Zeno)，就是斯透阿派自从输入罗马后，竟成一种有力的学派，其代表为塞内加（Seneca）和爱匹克太托斯（Epictetus)。此派的思想，大致也和前述希腊诸贤相似，但有数点和孔孟更近。

（一）柏拉图主张以理性统御情欲，阿里士多德主张以理性调整情欲，此派则主张以理性克灭情欲。孔子说："刚毅木讷近仁"；又说："枨也欲，焉得刚"，又说"克、伐、怨、欲不行焉"，可谓仁矣。颜渊问仁，他说："克己复礼为仁。""克"是战胜的意思，"己"是私欲之我，"克己"就是战胜私欲。可见他承认欲和仁不能两立的了。孟子说："养心莫善于寡欲。"既说"寡欲"，自然也希望去欲了。

（二）前述希腊诸贤虽排斥快乐，但他们所斥的是世俗之乐，并非性命之乐。苏格拉底尝惜人只知广积名利而不知修养其心，柏拉图以为智慧外的快乐，不能不与痛苦相伴，故智者求快乐，只问质的纯杂，不问量的多寡；但快乐到底不能和至善相并，算做人生目的。阿里士多德的见解却和柏拉图相反，他以为人生目的在求至善；达到至善，便得至乐。至乐乃和至善一致者。此派则不惟排斥一切快乐，并以为人于性分所有就是他人所不能夺的东西外别无所需。这种见解，和孟子很相似，和孔子稍有不同。

孔子的见解却和阿里士多德相近。他说："贤哉回也，一箪食，一瓢饮，在陋巷，人不堪其忧，回也不改其乐。"又说："饭疏食，饮水，曲肱而枕之，乐亦在其中矣。不义而富且贵，于我如浮云。"

所谓“不改”“在其中”，就是说不以饮食居处之苦易其道义之乐了。但孔子除道义之乐以外，也承认世俗之乐，不过要合于道义，所以他说：“富与贵，是人之所欲也，不以其道得之，不处也。”此外，孔子也承认自然之乐，但这等到第三章自然主义中再说，以免重复。

孟子对于快乐有两种见解。一是世俗之乐，孟子也不极端排斥，但须使普及。苟能普及，虽宫室、田猎以至好货好色，均无不可。孟子这种见解，和斯透阿派很相似。斯透阿派以世界为一全体，所以部分的恶可化为普遍的善。孟子自己并不欲世俗之乐，但以为能与民同乐就好，就是说这种世俗之乐，就其独立的状态言，虽然不好，但在统一的状态之下，便不算坏了。他的见解正和斯透阿派相同。

二是道义之乐，自然也为孟子所主张，所以他说：“反身而诚，乐莫大焉。”又说：“古之贤士……乐其道而忘人之势。”又说：“君子有三乐，而王天下不与存焉。”

但孟子并不以快乐为人生目的，推到极致，性分中并无快乐可言，所以他说：“广土众民，君子欲之，所乐不存焉，中天下而立，定四海之民，君子乐之，所性不存焉；君子所性，虽大行不加焉，虽穷居不损焉，分定故也。”又说：“口之于味也，目之于色也，耳之于声也，鼻之于臭也，四肢之于安佚也，性也，有命焉，君子不谓性也。”又说：“人之所贵者，非良贵也，赵孟之所贵，赵孟能贱之。”又说：“求则得之，舍则失之，是求有益于得也，求在我者也；求之有道，得之有命，是求无益于得也，求在外者也。”总括以上所说，可见孟子已经把性分为两种了，一是普通的性，例如声、色、臭、味、安佚，就是宋儒所说气质之性了，孟子叫做命；二是最根本的性，就是宋儒所说义理之性，也就是理性了，孟子叫他为性。

命中的得失，其权全操于人，性中的得失，其权却全操于己。斯透阿派以为凡人除由自己招惹，无从受害；除他人所不能的东西，别无所需，意思正和孟子相同。

（三）斯透阿派不惟轻一切快乐，又主张凡人遇有害理性之际不妨自杀。孔子也说："志士仁人，无求生以害仁，有杀身以成仁。"孟子说："生亦我所欲也，义亦我所欲也；二者不可得兼，舍生而取义者也。"

第四节 孔孟和近世的理想主义

近世倡理想主义的教育者，有可莫尼斯（Commenius）、卢梭（Rousseau）、派斯他劳奚（Pestalozzi）、福禄培尔（Froebel）、康德（Kant）等人。但这一班人，大概是自然主义的健将，所以现在把可莫尼斯来和孔孟比较，其余的都在自然主义章再论。又孔子虽然也有自然主义的倾向，但其色彩不如孟子浓厚，所以也略去不提。

可莫尼斯以为人性中具有理想的要素，足以发展为似神之人格：人是小宇宙，此小宇宙中有充塞天地的各种要素；人心如同植物的种子，虽未成形，但有成草木的能力存在里面，一旦播种于地，便能生根、抽叶、开花、结实。所以人的教育，只须把他含在里面的各种理想要素开发，原不必加以外部之力的。

孟子也说人心中有仁、义、礼、智四端，扩充起来，便可成为大人物。他也以人为小宇宙，他说："万物皆备于我矣，反身而诚，乐莫大焉。"他也常常拿植物和人心相比较，他以牛山之木比人性，又说："拱把之桐梓，人苟欲生之，皆知所以养之者；至于身，而不知所以养之者，岂爱身不若桐梓哉？弗思甚也！"又说："五谷者种之美者也，苟为不熟，不如荑稗，夫仁亦在乎熟之而已矣！"但怎样能使他成熟呢？他说："必有事焉而勿正，心勿忘，勿助长也。无若宋人然。宋人有闵其苗之不长而揠之者，芒芒然归，谓其人曰：‘今日病矣！予助苗长矣！’其子趋而往视之，苗则槁矣！天下之不助苗长者寡矣。以为无益而舍之者，不耘苗者也；助之长者，揠苗者也，非徒无益，而又害之。”他说“勿忘”“勿长”，他对于教育主张顺自然的发展，不必以外力干涉，很是分明。

新理想主义乃德国倭铿（Eucken）所创，最着重行动，所以和孔子的学说最相似，现在先把他的学说述个大概，再论孔子。

倭铿以为世间有普遍的精神生活，我们若能达到精神生活的水平线，便可和世界融合。精神生活离人而独立，同时又现于人的活动中；而此事惟可由经验所直觉，所以离经验而不伴以实行之思想，乃倭铿所不取。倭铿以为人不是自然的奴隶，也不是思考的奴隶，是有个性的，有人格的。人想由个性的存在进于人格的存在，惟有依于努力与活动。人惟由行为使自己参加于精神生活，乃可发挥其人格。自然界为物理学上的惯性定律所支配，就是说一切状态，没有遇到外界的势力，必永久不变。但精神界却不能应用这惯性定律，必须时时刻刻依赖努力去支持着。古今所已经得到的一切精神努力，只是一种可能性，要实现此可能，必借新努力：稍有懈怠间断，必把所已得的一同失去。精神生活，不是摸墙扶壁可以安安稳稳达到的。总而言之，精神生活，乃是不断的努力和创造了。精神生活不是生活，不是依于真理去活动，乃是依于活动去觉真理。真理非由知识所能理解，惟可由行为中直觉而得。

倭铿重行动，孔子也重行动。孔子的重行动和习惯，已经在第三节中论过。关于这习惯一端，似乎与倭铿所说不断之创造有点矛盾，其实不然。孔子所重的，并不是种种死习惯，他说：“性相近也，习相远也。”就是说人都有度精神生活的可能，但有一种人，因养成努力精进的习惯，便日近于精神生活；又有一种人，因为养成怠惰无恒的习惯，便日远于精神生活。而这一近一远之间，相差更不知多少！所以说“习相远也”。譬如颜子能“三月不违仁”，其余子弟但能“日月至焉而已”，并不是其余的子弟天资没有一个赶得上颜子，只因颜子能“好学”能“不惰”罢了。总之，孔子所最重视的，还不是习惯，乃是学。

孔子关于进德的方法，大概不出于知、行、言、学、思五端。知、言、思三端，属于知的方面，行、学二端，属于行的方面。孔子虽不废知，但尤重行，所以常常以知行、言行、学思对举，而偏重学、行。关于知行，已经在第三节论过了，现在再论言行。言究竟是什么？原来孔子对举言行时所指的“言”，并非“言而有信”的意思，乃是“概念”，就是抽象的“定义”的意思，也就是理想了。他说：“有德者必有言，有言者不必有德”，意义最为分明。德有“获得”的意思，含有经验行动在内，所以又说“据于德”；如是抽象的东西，怎好说“据”呢？“有德者必有言”，就是说由于行动经验，必能获得可靠的理想，若是离开实行凭空设想，便不可靠了。所以他又说：“君子欲讷于言而敏于行。”“讷于言”，就是不肯轻易发言；“敏于行”，就是不断的努力。又说：“仁者其言也讱”，“为之难，言之得无讱乎！”“讱”和“讷”的用意差不多；“为之难”，就是说须时时刻刻向精神生活努力，自然不容易了。又说：“君子耻其言而过其行”，“古者言之不出，耻躬之不逮也”，就是超越行动的理想，乃君子所耻。此外，他又说：“天何言哉！四时行焉，百物生焉，天何言哉！”就是说天未尝先悬一个理想，立一个法则，由外面促迫他去行动，他只是自由自在的自己行动着罢了。由这一层推去，孔子自然也抱有“人非自然的奴隶”的意思了。

总之，孔子所说的言，原有种种的意思。一是指辞令，例如他所设的言语科，乃是养成“专对”之才；二是指谄谀，例如“巧言令色”之类；三是指强辩，孔子叫做“佞”；四是指应承，例如“言而有信”之类；五是抽象的理想，上面所举各例是了。此外，如“一言而可以兴邦”，“一言而丧邦”以及“一言而可以终身行之者”，也都指“概念”或“理想”。

又如孟子，也曾以言指概念和理想，例如他所说“不得于言勿求于心”的是了，所以他在下面又说：“诐辞知其所蔽，淫辞知其所陷，邪辞知其所离，遁辞知其所穷，生于其心，害于其政；发于其政，害于其事。圣人复起，必从吾言矣。”诐淫辞等，就是误谬的理想；知言就是辨别理想的得失。他此处把言的关系看得这样重要，不指理想而言，又指什么？不过孟子以言知对举，孔子以言行对举，稍有不同，但这是因立脚点不同，原不足怪的；又孟子此处以利害判断真理的得失，也有实用主义的倾向。

再论学思。孔子的学字有两种意义，他说：“行有余力，则以学文。”“小子何莫学夫诗。”乃指智识上的学问。又如他称颜回好学，他所举的内容只是“不迁怒，不贰过”，“不迁怒”是责自己的不努力，“不贰过”是时时刻刻的创造；此处所说“学”，乃是行动，就是以行动去直觉真理。

孔子于学思对举的时候，大概偏重学，他和孟子的见解大不相同。孟子极重思索，以为由思索便可成为大人物，孔子只以思为学的补助。他说：“学而不思，则罔；思而不学，则殆。”他已经把思看做与学同等了。又说：“吾尝终日不食，终夜不寝，以思；无益，不如学也。”又把思降在平等以下的地位了。外此，单论学思的地方，也可看出他的态度，季文子三思而后行，他便说道：“再思可矣。”足见他承认多思的无谓。但他对于学却极有兴味，他说：“学如不及，犹恐失之。”又说：“默而识之，学而不厌，诲人不倦，何有于我哉？”又说：“若圣与仁，则吾岂敢，抑为之不厌，诲人不倦，则可谓云尔已矣。”这后一段书，曾为孟子所引，他的全文是“圣则吾不能，我学不厌而教不倦也”。“为之不厌”一句，已经改作“我学不厌”，也可见学就是行为了。孔子又述自己的经验道：“吾十有五而志于学，三十而立，四十而不惑，五十而知天命，六十而耳顺，七十而从心所欲”，可见他逐年的进步。但这种种进步是从哪里来的呢？自然是由于学了。可见他无时不学，无时不进步；也可说他从十五岁到七十岁，只是不断的努力和不断的创造了。再看他又自说：“其为人也，发愤忘食，乐以忘忧，不知老之将至云尔。”他的意思，也只是不断的努力和不断的创造了。总而言之，孔子惟信由行动可以直觉真理，惟信由努力与创造可以使精神生活的内容丰富，所以又信年龄和学问的关系，他说，“四十五十而无闻焉，斯亦不足畏也已”，又痛惜颜子短命，因叹道，“惜乎，吾见其进也，未见其止也”，原本是一个意思。

但人的年龄无论怎样长久，在这无穷尽的宇宙中，终觉为时有限，要想脱却这种自然限制，确是很难的。但孔子以为精神是不受这种自然限制的。孔子以为精神生活是可打成一个全体的，所以古人未尽的德业，可待今人完成，今人未尽的德业，可待后人完成；甲未尽的德业，可待乙来完成，乙未尽的德业，可待丙来完成。所以孔子又说：“我非生而知之者，好古敏以求之者也。”就是想以今人完成古人的德业。他汲汲于行道，汲汲于传授，就是要使大多数人共同努力，想使后人完成今人的德业了。孔子既抱着这种见解，所以一面重学问和年龄的关系，一面又说：“朝闻道，夕死可矣。”又说，“志士仁人，无求生以害仁，有杀身以成仁”，他又分明承认精神生活的超越生死。

他想把精神打成一个全体，所以对子贡曾子说，“吾道一以贯之”，又申明他并非“多学而识之者”。“多学而识之”，是零零碎碎的智识，“一以贯之”才是一个全体。一贯之道是什么？就是仁。但由来关于仁的解释，太属纷歧，最易使人迷惑，黄百家有求仁篇，方法最好，我且把他引在下面：

“孔门之学，莫大于求仁；求仁之外，无余事矣。顾未知仁之奚若，于何求之。……夫天下沿流而不获者，则当溯其源，求仁之言出于孔子，则当还自孔子之言仁者以求之。颜渊问仁，子曰：‘克己复礼为仁。’礼天则也，摄心之规矩也，心不逾乎距而有不仁者乎？此以礼求仁也。仲弓问仁，子曰：‘出门如见大宾，使民如承大祭；己所不欲，勿施于人。’朱子曰：‘敬以持己，恕以及物，则私意无所容而心德全矣。’此以敬恕求仁也。司马牛问仁，子曰：‘仁者其言也讱。’此‘言顾行，行顾言’，‘心存乎慥慥’而不自知其缄默以求仁也。樊迟问仁，子曰：‘爱人。’曰：‘先难而后获。’曰：‘居处恭，执事敬，与人忠。’此以仁者之心，胞与为怀，自强远利，无在而不存以求仁也。子贡问为仁，子曰：‘事其大夫之贤者，友其士之仁者。’此求仁于友辅者也。子张问仁，子曰：‘能行五者于天下为仁矣。’此求仁于感应者也。其在人而直与之以仁者，于微、箕、比干则曰‘殷有三人’；于伯夷、叔齐则曰‘求仁而得仁’。盖五人迹虽不同，俱能以此恻怛之苦心，恳挚婉转于伦类间，而克全其至性者也。于颜子曰‘三月不违’，与其‘不迁’、‘不贰’、‘复礼’而庶几也；于管仲曰‘如其仁’，就其功亦可称也。至于仲弓可使南面矣，子路可使治赋矣，冉有可使为宰矣，子华可使掌朝会矣：皆曰‘不知其仁’，不欲以才混德也。子文之忠，文子之清，曰‘未知焉得仁’，不可以一节概生平也。宰我之食稻衣锦，季氏之舞佾歌雍，直斥之为‘不仁’，恶忘亲，严犯分也。慨‘好仁’‘恶不仁’之未见，中心安仁者天下一人，言夫全德之难其人也。一日用力，力无不足；我欲仁，仁斯至，言夫奋往之当决其机也。其他如‘仁者不忧'，'仁者有勇'，'观过知仁'，'杀身成仁'，'仁者静'，仁'能守''立人''达人''能好人''能恶人'，'无终食之间违仁'，'力行''刚毅木讷'近仁，亦既详矣。……圣人之言，如诏入室，学者得门，八面皆可入。"

试想孔子就人论仁，就事论仁，何止几十处，处处各不相同，几乎把各种美德都包括在内；而且还有互相矛盾的地方，例如论语上载孔子言仁的地方既这样多，但又载"子罕言利与命与仁"；孔子言"仁远乎哉？我欲仁，斯仁至矣"，又说："若圣与仁，则吾岂敢？"又如孔子以仁为最高的德性，他对于弟子也无非教其求仁，但其结果，只有颜子能"三月不违仁"，其余的只说他们"日月至焉而已"。所以要求一个统一的定义，真是不容易的了。惟百家说："学者得门，八面可入"，确是有意味的。其实孔子既着重行动，教人由行动去直觉道体，他自然不能立一个抽象的定义，使人无自己创造的余地。所以他只把仁看做一个无所不包的大全体；惟其是一个大全体，所以无论古人今人某甲某丙，都可努力，都可增加其内容，不论什么处所，都可适用。

倭铿以为精神生活乃一全体，无人我之别，无主客观之分；也非寻常所谓智力意志等心理作用；乃从真实体内应于必要而出现，有强制、支配、统率一切可见不可见的世界的力量。吾人惟由此可于人类生活上施一种根本的革新，立一新基础。他所说的精神生活，正和孔子所说的"仁"相同。

第五节　孔孟和人格的教育

现代的人格教育派，大概本于倭铿的新理想主义，他们对于人格的内容，见解各有不同，因此，各人主张也相差异；不过就教育目的教授训练上而论，却有一致之点，我现在且提出勃泰和林特两人的主张说个大概，其余的也不难推想而知了。

勃泰认为，社会教育学以社会为目的，势必压迫个人，个人的教育学又不免混同个性和人格，两者都不可取；我们必须建立人格教育学而以精神的伦理的人格为目的。至于教授上，人格的教育学必不专重知识，必兼图知情意与一切全人格的发达。例如修文法古代语，固非但谋其知的修养，还以其作物中所含知的，伦理的、美的陶冶为必要；其余诸科学，也当照此办理。关于训练上，虽不反对服从，但必取自由的服从，故尤奖励自治。又人格的教育学，最重个性的禀赋，故又主张中等学校的上级，必须任诸个性的自由选择。

林特也反对主知主义而重视各科的陶冶价值。关于知情意三方面尤重感情，以为知和意志都由感情而活动，教授的中心乃是同情；教授的本质，乃师生间精神生活的对立，就是教师和生徒的人格的交涉。故教授上必依于热诚与特有之个性，教材必依自己的精神加以改造和创作，使完全受自己的支配。而欲养成生徒的人格，必须使其生活于直观界，凡抽象的事项，必须使其具体化直观化。感情上所得，虽不能明白发表，但其价值极大，极能感动人。又如使生徒常持悦乐的心情，行自由的生活，使自由发问及发表等，也是人格教育上必要的条件。

至于孔孟虽没有明说重人格教育，但他们确是最重人格的。孔孟所说的圣人君子，依朱子说，“圣人君子以学言”，“君子乃成德之称”，就是指的人格。但孔子所说的“名”，也指人格言，他说：“君子疾没世而名不称焉。”可见孔子也是主张人格不灭的；他所说的“名”，并非寻常的名性，和班固人物表上所载的一般，乃是有内容的。他这句话的意思，就是说君子惟恐不能养成伟大的人格，不能垂范于后世。孟子说：“圣人百世之师也，伯夷柳下惠是也。故闻伯夷之风者，顽夫廉，懦夫有立志；闻柳下惠之风者，薄夫敦，鄙夫宽。奋乎百世之上，百世之下，闻者莫不兴起也。非圣人而能若是乎？而况于亲炙之者乎？”此处所说的“风”字和孔子所说的“名”字相同，都指人格言。孔子又说：“君子去仁，恶乎成名。”仁就是精神生活，就是人格的内容，所以他这句话的意思是说没有精神，便不成人格了。孟子说伯夷是“圣之清”，柳下惠是“圣之和”，就是以“清”“和”两字表他们人格的内容。

试想孔孟既这样重视人格，他在教育上的主张，自然也和现代人格教育学相似了，我现在且把他分作三项讨论于后：

一，关于教育目的者。孔子在教育上的立脚点，虽不忘国家和社会，但他所尤重的是精神的人格。有一次子路、冉有、公西华、曾皙四个人一齐聚在他面前。他问他们各人的志向怎样，子路便说他将来怎样治国，怎样使百姓“有勇知方”；冉有便说他将来怎样治国，怎样“足民”。孔子都不置可否。最后曾皙说道：“莫春者春服既成，冠者五六人，童子六七人，浴乎沂，风乎舞雩，咏而归。”孔子不觉极端赞成，这是什么缘故呢？原来子路所说“有勇知方”，虽有关于内部的精神修养，但还不是重要的部分，冉有所说“足民”，只关于外部的经济条件，所以不合孔子的意思；惟曾皙所说，采用直观方法，着重于感情的陶冶，最合于人格教育的本旨，所以他极端称许。孔子对于教育上的态度，我们也可由此推知了。

至于孟子他曾说：“君子有三乐，而王天下不与存焉。……得天下英才而教育之，三乐也。”可见他承认人格教育是超越国家的了。孟子又曾说：“耳目之官不思，而蔽于物，物交物，则引之而已矣。心之官则思，思则得之；不思，则不得也。此天之所以与我者。先立乎其大者，则其小者不能夺也。”耳目之官就是感觉，他既轻感觉，自然也不赞成以感觉的个性为目的的个人教育了。

二，关于教授训练方面。孔子也反对主知主义，第一章人文主义中已经说过，他所教各项科目，并不是单想拿那些智识教人，也重视其陶冶力。他关于修养，也用例话，常常举历史上的名人和当时贤士和弟子讨论；这个方法，孟子也采用。他也使弟子从实际生活上去直觉，譬如阙党童子，他见他有躐等的意思，他并不是用言语教导他不该这样做，他只使他去任传达之事，使他自己知道。又如各弟子问孝问仁，他所答总不相同，必随着各人性情和境遇立言，可见他对于抽象的事项，常常想使其具体化直观化了。至孔子的重视个性主张分科，也在第一章说过了；但孔子虽一面主张分科，一面似乎又有个普通科。譬如颜子既选习德行科，他又说："夫子循循然善诱人，博我以文，约我以礼。"孔子自己也说："君子博学于文，约之以礼，亦可以弗畔矣夫?"可见"文"是一种普通科了。此外，孔子又说："弟子入则孝，出则弟，谨而信，泛爱众，而亲仁，行有余力，则以学文。"由这一段话，可见孔子的教法是要使生徒习于道德的生活，智识只做修养的辅助；但也可见他把"文"当作为儿童的普通教科了。此外，孔子也喜欢使学生自由发问及发表，但须听教师指导。他说："侍于君子有三愆：言未及之而言，谓之躁；言及之而不言，谓之隐；未见颜色而言，谓之瞽。"就是说没有教他发表，他便发表，教他发表，他却不发表：两者都不好。又如教师想要发表了，他不看他的态度，偏要任意发问或发表，那更不好了。所以子路、曾皙、冉有、公西华侍坐，他想教他们发表意见，必先说："以吾一日长乎尔，毋吾以也。"可见未经教师指导，生徒不许轻易发表的。但孔子虽于教授时取这种形式，而自其重视学生发表，也由此可见了。而且孔子也不愿以形式拘束个性，所以论语上又载："闵子侍侧，訚訚如也；子路，行行如也；冉有、子贡，侃侃如也，子乐。"

孟子关于教科上虽然没有论到，但他说："君子之所以教者五：有如时雨化之者，有成德者，有达才者，有答问者，有私淑艾者。"可见他也是主张个性的陶冶的。又说："君子深造之以道，欲其自得之也；自得之，则居之安；居之安，则资之深；资之深，则取之左右逢其原。故君子欲其自得之也。"既说"自得之"，那末，一味从外面输入智识的主知主义，他自然也反对了。

再论孔孟对于教师的见解。他们最重人格影响，所以又重教师的人格。孔子说："其身正，不令而行；其身不正，虽令不从。"又说："二三子以我为隐乎？吾无隐乎尔！吾无行而不与二三子者，是丘也。"至于孟子，前面已经说过，他说伯夷、柳下惠的人格能影响百世之下，何况在当时亲受熏陶的人呢？又如公孙丑问他："君子之不教子何也？"他答道："势不行也。教者必以正；以正不行，继之以怒；继之以怒，则反夷矣。'夫子教我以正，夫子未出于正也'，则是父子相夷也。父子相夷则恶矣。古者易子而教之，父子之间不责善；责善则离，离则不祥莫大焉。"这一段说话和孔子所说"其身不正，虽令不从"的意思相同。此外，他又说："羿之教人射，必志于彀，学者亦必志于彀。大匠诲人必以规矩，学者亦必以规矩。"规矩是什么？孟子曾经说："规矩方圆之至也，圣人人伦之至也。"可见学者的规矩是圣人，就是人格。又如公孙丑问他："道则高矣！美矣！宜若登天然，似不可及也；何不使为可几及而日孳孳也？"孟子答他说："大匠不为拙工改废绳墨，羿不为拙射变其彀率，君子引而不发，跃如也，中道而立，能者从之。"就是说教师以身作则，不能因学生程度不及降低了人格去教他；若是降低了人格去教他，不但违反教育目的，且先把自己贬损了。自己人格贬损了，又何以能教人呢？此外，孟子又有一个很好的比喻。他说："昔者赵简子使王良与嬖奚乘，终日而不获一禽，嬖奚反命曰：'天下之贱工也。'或以告王良，良曰：‘请复之。’强而后可，一朝而获十禽，嬖奚反命曰：‘天下之良工也。’简子曰：‘我使掌与女乘。’谓王良，良不可，曰：‘吾为之范我驰驱，终日不获一；为之诡遇，一朝而获十。……我不贯与小人乘，请辞。’御者且羞与射者比。……如枉道而从彼，何也？且子过矣，枉己者，未有能直人者也。”他这一段话，虽就出处言，但立意也和前面所说一致。

以上所论，是说孔孟最着重教师的人格的感化，其次，教师又须有创造力。所以孔子说：“温故而知新，可以为师矣。”“温故”是搜集教材，“知新”是把教材加以改造，或是由自己创造。又说：“道听而涂说，德之弃也。”“道听而涂说”，只是一边听来，一边向人家说，毫不经自己精神的改造，徒有抽象的智识，所以没有益处。孟子说：“人之患在好为人师。”立意也和孔子相同。

最后再把孔孟的人格内容说个大概，以为本章的结论。他们的人格内容可分为四项：

一、温情，感动力。温情为感动人的要素，没有温情，必不能使人心服，就是不能感动人。子贡说：“夫子温、良、恭、俭、让以得之。”孔子自己对微生亩说道：“非敢为佞也，疾固也。”都可见他的温情。孟子说：“以力服人者，非心服也，力不赡也；以德服人者，中心悦而诚服也，如七十子之服孔子也。”他以力与德对举而取德，可见他也主张温情的了。

二、自由。孔子说：“仁远乎哉？我欲仁，斯仁至矣！”孟子说：“求则得之，舍则失之，是求有益于得也，求在我者也。”那是学问上的自由。孔子说：“士志于道，而耻恶衣恶食者，未足与议也。”又说：“士而怀居，不足以为士矣。”孟子说：“口之于味也，目之于色也，耳之于声也，鼻之于臭也，四肢之于安佚也，性也；有命焉，君子不谓性也。”这是生活上的自由。“仁者不忧，智者不惑，勇者不惧，”是说精神上的自由。孔子说“用之则行，舍之则藏”，孟子说“合则留，不合则去”，是说出处的自由。

三、责任心。孔子所说忠信，就是责任心。他说：“自古皆有死，民无信不立。”“无信”就是无责任心。曾子说：“为人谋而不忠乎？”“不忠”也是无责任心。所以孔子以忠信为最根本之德，他说：“言忠信，行笃敬，虽蛮貊之邦行矣。”“言忠信”，就是有责任之言。又说：“居处恭，执事敬，与人忠，虽之夷狄，不可弃也。”“与人忠”就是为尽责任。再看他自己一生栖栖皇皇，不知遭遇着几多困厄羞辱！他却毫不灰心，还说“鸟兽不可与同群，吾非斯人之徒与而谁与？天下有道，某不与易也”，也可见他的责任心。孟子说：“夫天未欲平治天下也；如欲平治天下，当今之世，舍我其谁也？吾何为不豫哉？”他这句说话意思和孔子所说完全相同。此外，他又称赞伊尹。说他“思天下之民，匹夫匹妇，有不被尧舜之泽者，若己推而内之沟中，其自任以天下之重如此，故就汤而说之，以伐夏救民”……但孟子虽重责任心，也重责任的范围，他说：“禹稷当平世，三过其门而不入，孔子贤之；颜子当乱世，居于陋巷，一箪食一瓢饮，人不堪其忧，颜子不改其乐，孔子贤之。”又说：“禹稷颜回同道。……禹稷颜子易地则皆然。”所说“地”就是责任的范围。孔子说：“君子思不出其位。”“不在其位，不谋其政。”那个“位”字和此处“地”字同意。其实要人尽责任，必须定出范围；否则人家必无从措手。所以孔孟的定责任范围，正是其重视责任心的地方。

四、创造，改造，努力。孔子所说的“温故而知新”，子夏所说的“日知其所亡，月无忘其所能”，就是创造；孔孟所说的权，就是改造。孔子所说“不厌”、“不倦”、“有恒”、“有能一日用力于仁矣乎”，都指努力而言。孟子与齐宣王辨别“不为与不能”，又说“颜渊曰‘舜何人也？予何人也？有为者亦若是’”，“有为”就是努力。

五、抵抗力。孔子对子路说：“不曰坚乎，磨而不磷；不曰白乎，涅而不缁。”这“不磷”、“不缁”，就是抵抗力。孟子说：“富贵不能淫，贫贱不能移，威武不能屈。”也是抵抗力。

总而言之，孔孟的人格内容，原不止此，但我以为这五项内容最为重要，确不背于团结（solidarity）和进化（evolution）原则，所以把他提出来。至于孔子该不该尊崇，他的好处在哪里，却不是此处所应讨论，用不着饶舌了。

第三章　孔孟和自然主义

第一节　自然主义和人文主义、理想主义

自然主义，就表面看起来，似乎和人文主义理想主义大相矛盾；其实他们的矛盾，只属于形式和材料上面，至于教育目的上面，是没有大差的。即如自然主义的代表卢梭以及派司他劳奚，亦都含有一种理想主义；又如取理想主义的可莫尼斯，若就其教育方法论，也可算做自然主义中的一人；又如阿里士多德，在第一章及第二章已经论过，他原属于人文主义和理想主义，但他也说：儿童的生活，乃合动植物和人类的生活而成的，所以须照其自然发达施以教育，可见他也有自然主义的倾向了。所以孔孟虽然分明主张人文主义和理想主义的教育，一面也有自然主义的倾向。

原来欧洲的自然主义，虽可看做人文主义的反动；但促起这种反动的原动力，并不是人文主义的本身，乃是人文主义的末流。近世人文主义，因中世流于形式，想研究古代人的精神和生活，不得

不研究古典，不料后来渐渐趋重文字，竟忘记本来面目，连自己也流于形式，因此，又使自然主义得了机会，起来和他对抗。这正和中国人所谓“琴瑟不调之甚者，必改弦而更张之”“物极必反”，同其意义，并不能说这两种主义乃根本上绝对不相容的。

而且从来所谓人文科和自然科的区别，只就其对于人生的关系而言；其实，人文科诚然有关于人生，有陶冶性情的价值，自然科又何尝和人生没有关系，没有陶冶性情的价值呢？

再就古人论，他们也非完全是自然的奴隶，太古时且不论，譬如孟子他也很着重自然。我且举出他的一段书来，替他下个解释，自然明白了。他说：

“当尧之时，天下犹未平。洪水横流，泛滥于天下：草木畅茂，禽兽繁殖，五谷不登，禽兽逼人；兽蹄鸟迹之道，交于中国。尧独忧之，举舜而敷治焉。舜使益掌火，益烈山泽而焚之，禽兽逃匿。禹疏九河，瀹济漯，而注诸海；决汝汉，排淮泗，而注之江，然后中国可得而食也。当是时也，禹八年于外，三过其门而不入，虽欲耕得乎？后稷教民稼穑，树艺五谷；五谷熟而民人育。人之有道也，饱食暖衣，逸居而无教，则近于禽兽。圣人有忧之，使契为司徒，教以人伦：父子有亲，君臣有义，夫妇有别，长幼有序，朋友有信。放勳曰：‘劳之来之，匡之直之，辅之翼之，使自得之，又从而振德之。’圣人之忧民如此，而暇耕乎？”

试看他所举尧、舜、禹、稷的功劳，无非关于征服自然和利用自然之事，而教育又须在这些功劳成就之后才可施行，也可见他承认自然和人生关系的重要了。至于他把所说五事，叫做“人伦”，认是人性中固有的东西，虽然不能无误，但他认教育必从人性上着想，正和自然主义的见解相同；他举放勳所说“使自得之”一句，也和自然主义所说顺其自然发达的意思相似。

又如孔子常常说礼。礼虽是死形式，但其本原也多取法于自然。孔子又说：“礼云礼云，玉帛云乎哉?”“人而不仁如礼何?”“礼之用，和为贵。”可见他并非绝端重礼，只重其陶冶价值罢了。

总而言之，孔孟一面采人文主义和理想主义，一面又带自然主义的倾向，就为这三种主义，根本上原有相共通之点的缘故，原不足怪的。

第二节 自然主义的区分

自然主义所说“自然”，有两种意义：一是自然性，谓自然性本来伟大，其发展有一定的法则，决不能违反；二是客观的，谓自然环境的影响及其材料大有陶冶的价值。因此，自然主义又可分为主观的客观的两种。但这种区分还不是绝对的，譬如可莫尼斯主张取法于自然，明取客观的自然主义，一面又谓人具有理想的要素，承认儿童的自能发达，也有主观的倾向；卢梭谓自然之物无不善，承认儿童有自然发达的性质，一面又欲使爱密尔接近自然，借此获得必要的智识，却有客观的倾向。孟子说：“人无有不善。”又说：“乃若其情则可以为善矣，乃所谓善也；若夫为不善，非才之罪也。”又说：“人见其禽兽也，而以为未尝有才焉者，是岂人之情也哉?”又说：“富岁子弟多赖，凶岁子弟多暴，非天之降才尔殊也，其所以陷溺其心者然也。”他说才、情、性三者没有不善，可见他承认主观性的真价值了。孔子虽没有明说自然性的善，但他观察诸弟子情性各有所偏，他并不说某人可教某人不可教，即如子路性情粗暴，最富于感情，他也说：“由也升堂矣，未入于室也。”可见他也是很尊重自然性的了。不过孔孟一面尊重自然性，一面也尊重客观的自然，想取法于自然。所以孔子又说：“知者乐水，仁者乐山；知者动，仁者静。”就是说知者接近水，可以助活动性的发达；仁者接近山，可以助其镇静性的发达。又说："天何言哉！四时行焉，百物生焉，天何言哉！"又说："苗而不秀者，有矣夫？秀而不实者，有矣夫！"以上都可说是取法于自然了。此外，还有一处，比得最有意味。有一次孔子经过川上看见那水滔滔流个不了，他不觉赞叹道："逝者如斯夫！不舍昼夜！"这段书程子注道："此道体也。天运而不已，日往则月来，寒往则暑来，水流而不息，物生而不穷，皆与道为体：运乎昼夜，未尝已也。是以君子法之，自强不息；及其至也，纯亦不已焉。"所谓"君子法之"，就是取法于自然的意思了。又如曾皙对孔子言志道："莫春者，春服既成，冠者五六人，童子六七人，浴乎沂，风乎舞雩，咏而归。"这番说话，看去本极平常，孔子却极赞他，想也是卢梭接近自然的意思了。

孟子对于水又有一种解释。有一次，徐子问他："仲尼亟称于水曰：'水哉！水哉！'何取于水也？"孟子答道："原泉混混，不舍昼夜，盈科而后进，放乎四海，有本者如是，是之取尔。苟为无本，七八月之间雨集，沟浍皆盈；其涸也，可立而待也。故声闻过情，君子耻之。"他的这种解释，和孔子稍有不同。孔子只重其"不舍昼夜"，孟子更重其本，以为惟有本才能不舍昼夜，否则一时盈满，顷刻又没有了。林氏说"徐子之为人，必有躐等干誉之病，故孟子以是答之"，这话确是不错。因为躐等就是违背自然性的发展定律，必不能得到好结果的；所以学者必须从根本，就是自然性上做去，才靠得住。其实，孟子这样解法，已经把孔子的客观解释变为主观解释了。

但孟子也主张取法于自然，所以他说："天下之言性也，则故而已矣。故者以利为本。所恶于智者，为其凿也；如智者若禹之行水也，则无恶于智矣。禹之行水也，行其所无事也，如智者亦行其所无事，则智亦大矣。天之高也，星辰之远也，苟求其故，千岁之日至，可坐而致也。”他这段说话很是分明透辟，他的取自然主义是毫无疑义了。原来孟子的意思是说：水、天、星、辰，其发展都有一定的法则，就是他所说的“故”：顺着自然的法则，没有不好，逆着自然的法则，便没有不坏。所以他又说：“故者以利为本”，“利”就是顺其自然之势了。即如禹的治水，虽然不知费去几多气力，用了几多方法，但其根本原理只是一个，就是顺其自然之性。这“顺其自然之性”一个要诀，便是禹的大智；其余所用种种方法，乃是小智。必先有了大智，那些小智才有；如其没有那种大智，纵有许多小智，只能图得一时或是一段的好看，结果必定靠不住。至于自己修养以及教人，又何尝不是这样呢？所以他又说：“如智者亦行其无所事！则智亦大矣。”

可莫尼斯说欲导人于其自然的发达，须以大自然间的自然法为标准。正和此处所说孟子的意思相同，可见他也兼采客观的自然主义了。

第三节　时期的区分

可莫尼斯和卢梭都承认儿童精神上的发达有一定时期，教育须依照这种自然次序。

可莫尼斯依照儿童的发展时期，把学校分为四等。第一幼儿期，从婴孩到六岁，进母亲学校，在养成道德和恭敬的习惯；第二儿童期，从六岁到十二岁，进国语学校，计画大概和第一期相同，但又兼重实用的性质；第三成人期，从十二岁到十八岁；第四青年期，进拉丁学校，除七大人文科外，又有自然科学伦理宗教等；从十八岁到二十四岁，进大学或旅行，这期不但须探求各科的奥旨，兼须培养发明和发现的能力。

卢梭也依儿童的自然发达的次序，分成四期。第一期从出生到五岁，只注重体育；第二期从五岁到十二岁，只注重官觉教育，例如量度长短，权衡轻重等事；第三期从十二岁到十五岁，仍旧注重身体的发达；第四期从十五岁到二十一岁，这期才有许多智识的训练，但以带有自然和实用性质的为限，此期也可读一本鲁宾孙飘流记，又学一种木匠的行业，又使他自爱推到爱人，提醒他的这德性宗教性，加以训练。

教育应该依照儿童的发达次序，这是教育史上一个大进步，中国大概在周朝已经有这种观念了。孔子着重学问和年龄的关系，已经在第二章论过了。此外，他又从消极方面论年龄和修养的关系，他说："君子有三戒：少之时，血气未定，戒之在色；及其壮也，血气方刚，戒之在斗；及其老也，血气既衰，戒之在得。"所谓"血气未定"，大概指的青年期。其实，孔子既重青年期以上的生理和心理的关系，青年期以前的关系，他自然也必注重的了。他曾经说："吾十有五而志于学。"可见他把十五岁以后划成一个时期，他的区分法正和卢梭相似。而且我们看他所说十五以后的进步都属于道德方面，可见他所说的"学"是道德上的学问；更看他说十五岁才志于道德上的学问，可见十五以前还没有专于道德的训练了。关于这一点，他的主意也和卢梭相同。

此外，孔子重视儿童的时期，还有一个明证。孔子所说"学而时习之，不亦说乎"这一句书，据朱子注，也无非反复练习的意思，原和时期没有关系，但"学"字若解作学记中"学不躐等"的"学"字，"时"字解作"当其可之谓时"的"时"字，那么，"学而时习之"，也就是教育该依时期的意思了。

说到这里，我觉得礼记内则中一段文字，关于儿童时期说得很详细；虽然礼记为汉儒所编，但无非承袭儒家思想，和孔孟总有关系，所以我现在趁便把他引在后面：

“子能食食，教以右手；能言，男唯、女俞，男鞶革、女鞶丝。六年教之数与方名。七年男女不同席，不共食。八年出入门户及即席饮食，必后长者，始教之让。九年教之数日。十年出就外傅，居宿于外，学书计，衣不帛，襦袴，礼帅初，朝夕学幼仪，请肄简谅。十有三年，学乐，诵诗，舞勺。成童，舞象，学射御。二十而冠，始学礼，可以衣裘帛，舞大夏，惇行孝弟，博学不教，内而不出。三十而有室，始理男事，博学无方，孙友视志。”

据这段书看，儿童的教育大概分为六个时期：第一期从出生到六岁，只就饮食言语之事施以教育。第二期从六岁到十岁，教以数目方向日期等。以上是家庭教育期。第三期从十岁到十五岁就是成童，略有智育，但最重的，还是体育。第四期从成童到二十岁，此期，仍继续前期的体育。第五期从二十岁到三十岁，此期才专重智育。

这种区分法，不管他好歹，中国古代教育已经注重到儿童的发达时期，总可由此证明了。虽说礼记是汉儒所编，但汉儒并不是自己凭空创造出来，大概有所本的，即如学记，本是一篇极有价值的教育论文，其中却屡屡引证说命，也可见一斑了。所以我们由此推想，也可知秦汉以前的学者，必然注重儿童的发达时期的，至于孔孟那般大学问家，更不用说了。

孔子承认教育该依时期，有学而一章可证，已经在前面说过了；此外，如论语所载阙党童子将命一章，也可为证。那段书说孔子使阙党童子掌宾客之事，门人疑心孔子宠他，因问道：“益者与?”孔子答道：“吾见其居于位也，见其与先生并行也，非求益者也，欲速成者也。”“居位”以及“与先生并行”，就是以儿童而学成人的行为；“速成”就是躐等，就是违背发达时期而求进步，结果必不能得到益处。所以说他“非求益者也，欲速成者也”。由此一端，孔子的赞成儿童时期，也可见了。至于孟子，他虽没有明说教育时期，但他笑宋人揠苗助长，又常常以植物比人性，又说“欲速则不达”，均足见他重视自然发达的倾向。

第四节 消极教育

消极教育是卢梭所提倡的。卢梭以前的人以为人性是恶的，所以须用教育和宗教去革除他。别用一种人为的去替代他。这种思想和我们的荀子很像。卢梭却不这样想。他以为人性是善的，所以最初的教育须全然属于消极，不必用种种道德原则去教人，只须保护着不去为恶或是陷于误谬。卢梭所说的消极教育，并不是全然不用教育的意思，他曾经说：“我所谓积极教育，是那一种求速成和以大人责任去教儿童的教育；我所谓消极教育，是那一种不汲汲于给智识而惟练习官觉以达到理性修养的教育。”

卢梭所说的消极教育，似乎很新奇，其实，孔孟也有这种思想。孔子虽不像孟子那样极端言性善，也不像荀子那样明言性恶；他虽常常说礼，然而又说“礼之用和为贵”，又说“礼云礼云，玉帛云乎哉?”可见他所重是礼的作用，并不像荀子把礼看做神圣，把凡先王所做的礼一条条去教人。孔子曾对颜子说：“非礼勿视，非礼勿听，非礼勿言，非礼勿动。”此处所说的“礼”，并非一条条的规则，“非礼”就是不合天理的行动。不为“非礼”就是全其自然性。此处四个“勿”字确可代表消极教育的意义。再就视听言动说，也可见孔子是兼重官觉教育的。孔子又曾说：“君子有九思：视思明，听思聪，色思温，貌思恭，言思忠，事思敬，疑思问，忿思难，见得思义。”所说视听色貌，都属于官觉方面；所说“思明”“思聪”“思温”“思忠”，就是官觉的练习。他这种主张，也和卢梭所说消极教育相合。又如前面所述，孔子不赞成阙党童子“居于位”及

“与先生并行”，以小孩而学大人，斥他“非求益”而“欲速成”，也和卢梭同意。

至于孟子，他的见解更和卢梭相似。孟子主张性善，前面已经论过好几次，但还有一端须讨论。卢梭说一切自然性都好，孟子说“性无有不善”，立意原极相合；等到宋儒又别提出一种气质之性以和义理之性相对立，以为凡人做恶事是因有气质之性，若能把这种性渐渐克去，便没有不善。宋儒这种说法却不是孟子的本意。大概宋儒所说义理是指理性言，气质之性是指感情冲动言；说气质之性不好，就是说感情冲动不好了。其实，感情冲动又何尝全不好呢？譬如孟子所说见孺子将入井而生恻隐之心，便是冲动；“恶其气”和“纳交于孺子之父母”以及“要誉于乡党朋友”，才是理性。但孟子偏说此恻隐之心乃仁之端，可见他分明认冲动为道德的基础了。但在种种冲动之间，须有个选择，却不得不用理性。譬如想吃鱼想吃熊掌，是两种相类的冲动，不能同时并吃，必须舍一样取一样，那就是理性作用了。总之，孟子虽重视理性同时却不轻视感情冲动，其实，还以为是必要的东西呢！等到宋儒才单重理性一端而轻视其他种种自然性，所以他们解孟子往往自出主张。譬如孟子说性情才都善，他们偏说性情才都有不善的地方，戴震所著的孟子字义疏证驳得很好。总之，孟子承认一切自然性都好，主意确和卢梭相同的。

孟子承认一切自然性都善，所以也主张消极教育。他说：“如智者行其所无事，则智亦大矣。”又说：“必有事焉而勿正，心勿忘，勿助长也。”又说：“予不屑教诲也者，是亦教诲之而已矣。”所谓“行其所无事”、“勿助长”、“不屑教诲”，均可认他主张消极教育。

第五节 环 境

主观的自然主义以一切自然性都善，人的为恶，是由社会上的恶影响，所以又重视环境。卢梭说："凡从神手来时没有不好，到了人手乃堕落。"所以他主张教育须在田舍施行；若在都会，将使儿童蒙恶影响，日趋腐败。又主张儿童不必用书本去教他，但使他去观察自然就好了；因为自然乃是顶好的书本。虽然他也准许爱密儿在青年期中读一本鲁宾孙飘流记，但那本所描写的是一个孤客在无人岛中的生活，他所接触的无非自然的东西。看卢梭这种主张，简直把社会看做蛇蝎一般了！其实他不是主张人人都须孤立到底，只是重视环境的影响罢了。他说爱密儿年纪稍长，可从自爱推到爱人，最后又可和社会接触。他的主张似乎有点前后矛盾，其实不然。他的意思只是说没有达到一定年龄，须避社会的恶影响，若是年纪既大，自然发达已经完成，便不怕了。

关于此点，孔子也有相同的见解。第一章曾经论过，孔子一面说"毋友不如已者"，一面又说"三人行必有我师焉，择其善者而从之，其不善者而改之"；又如子夏对门人说须择交，子游却说不必择交，其间各有矛盾。其实，并非矛盾，其关系只在年龄和修养上。譬如年龄大了，有了修养，自然不必择交，若没有达到相当的年龄修养，那就不得不择交了。又如孔子一面说"亲于其身为不善者，君子不入也"；一面又说："不曰坚乎，磨而不磷；不曰白乎，涅而不缁。"立意也与前面所说相同。

不过孔子对于环境的影响，总没有卢梭和孟子那般看得重要。卢梭的见解，前面已经大略述过了，现在再说孟子。孟子所说的环境，大概可分四种，各引例在后面：

一、社会的，他说："牛山之木尝美矣，以其郊于大国也；斧斤伐之，可以为美乎？是其日夜之所息，雨露之所润，非无萌蘖之生焉，牛羊又从而牧之，是以若彼濯濯也。人见其濯濯也，以为未尝有材焉，此岂山之性也哉！虽存乎人者，岂无仁义之心哉？其所以放其良心者，亦犹斧斤之于木也，旦旦而伐之，可以为美乎？其日夜之所息，平旦之气，其好恶与人相近也者几希，则其旦昼之所为，有梏亡之矣。梏之反覆，则其夜气不足以存。夜气不足以存，则其违禽兽不远矣。人见其禽兽也，而以为未尝有才焉者，是岂人之情也哉？”

二、经济的，他说：“富岁子弟多赖，凶岁子弟多暴，非天之降才尔殊也，其所以陷溺其心者然也。今夫麰麦，播种而耰之，其地同，树之时又同，浡然而生，至于日至之时，皆熟矣；虽有不同，则地有肥硗，雨露之养，人事之不齐也。”又说：“无恒产而有恒心者，惟士为能；若民，则无恒产，因无恒心。苟无恒心，放辟邪侈，无不为已。……是故明君制民之产，必使仰足以事父母，俯足以畜妻子，乐岁终身饱，凶年免于死亡，然后事而之善，故民之从之也轻。今也制民之产，仰不足以事父母，俯不足以畜妻子，乐岁终身苦，凶年不免于死亡。此惟救死而恐不赡，奚暇治礼义哉！”

三、地位的，例如孟子有一次到齐国，他看见齐王之子叹道：“居移气，养移体，大哉居乎！夫非尽人之子焉？王子宫室车马衣服，多与人同；而王子若彼者，其居使之然也，况居天下之广居者乎？鲁君之宋，呼于垤泽之门，守者曰：‘此非吾君也，何其声之似我君也！’此无他，居相似也。”

四、人格的，例如他所说：“无或乎王之不智也，虽有天下易生之物也，一日暴之，十日寒之，未有能生者也：吾见亦罕矣，吾退而寒之者至矣，吾如有萌焉何哉！”又如他对戴不胜说：“子欲子之王善与？我明告子。有楚大夫于此，欲其子之齐语也，则使齐人傅诸？使楚人傅诸？”曰：“使齐人傅之。”曰：“一齐人傅之，众楚人咻之，虽日挞而求其齐也，不可得矣；引而置之庄岳之间数年，虽日挞而求其楚，亦不可得矣！子谓薛居州，善士也，使之居于王所。

在于王所者，长幼卑尊，皆薛居州也，王谁与为不善？在王所者，长幼卑尊，皆非薛居州也，王谁与为善？一薛居州，独如宋王何？”

以上所举四项环境，惟第四项最为儒家所重视。其实，社会的状态，虽然千差万别，但语其要，无非为人对人的关系，儒家重视此点，确是有意味的。即如卢梭主张爱密儿在青年期以前不与他人相接，只用一个年龄和他相若的人辅助他，主意也和儒家相仿佛。至于施行教育的地方，以都会为宜，还是以田舍为宜，就孟子上看，虽没有显明表示，却不难推测而得。孟子曾经说：“舜之居深山之中，与木石居，与鹿豕游，其所以异于深山之野人者几希；及其闻一善言，见一善行，若决江河，沛然莫之能御也。”此外，他又说“伊尹耕于有莘之野”，“伯夷避纣，居北海之滨”，又说舜是“东夷之人”，文王是“西夷之人”，又说“傅说举于版筑之间”，“孙叔敖举于海”。试想他所举的圣君贤相，没有出仕之前，都在山海田野之间，足证他承认田野宜于修养，他对于教育地的意向也可见了。又由以上各例，可看出孟子尊重职业，和卢梭主张令爱密儿学木匠的意思也相合。

第四章　国家主义的教育

第一节　国家主义的教育

这一章论孔孟的国家主义的思想。我先把孔孟以前的中国教育略说一说，便可知他们含有这种思想的原因了。

原来古代教育，大概采取国家主义。西洋如斯巴达雅典等都市国家，东洋如波斯印度等国，都采国家主义的教育。至于中国差不多在虞舜的时候，已经施行国家主义的教育；那时设有司徒的官专管民众的教育，又设有典乐的官专管贵族的教育。虽然这种事实只见于尚书，不十分可靠，但孟子也说舜使契为司徒教民人伦，想来总有几分根据的。况且教育这桩事，虽然极野蛮的人种也有的，不过越野蛮越简单罢了。中国自舜以前早由游牧进于耕稼，已有相当的文化，想也有若干教育；再由其时传到虞舜，自然更进步了。

自此以后，历夏商周三代，都有国立学校。等到孔孟的时候，他们才自己创立学校，教授子弟；又如前面所述，他们各有理想主义和自然主义的思想，渐由国家主义趋于个人主义。我们由这种事实和理想两方面推察，当孔孟时代，国家主义的教育，确是很废弛的了。但虽说“废弛”，却不能说其时全无国家主义的教育。譬如左传诗经这两部书，一部是孔子弟子编的，一部是孔子自己删订过的，离孔子的时代较近，而且比其他的古书更可信，所以很可以供参考。这两部书都不大说起学校的事，虽一半由于体裁，但也可见国立学校的不发达了。又如孟僖子因不习礼，吩咐他两个儿子将来必须到孔子那里去求学（昭七年传）。试想孟氏为鲁三家之一，乃是握有政权的贵族，还要求教于私人教授，国立学校的不振，可见一斑了。但左传有司徒之官，又载郑人游于乡校以议执政，可见普通的学校还没有全废的；诗经国风有刺学校废之诗，既刺其废，可见其废还不久，而且有不废的了。

再就孔孟的本身来说。孔子原是做过大夫的。所以他在当教授的时候，曾经对他门人道：“以吾从大夫之后不可徒行也。”又如他在陈国，因不得志，叹道：“归与！归与！吾党之小子，狂简，斐然成章，不知所以裁之。”他忽然又由做官想到教授了。至于孟子，忽梁忽齐，也未尝没有相当的政治经验。我们由他们的政治经验和教育经验相关联的一端来说，也可见教育的难以超越于国家主义了。

再就孔孟以后来说。大概把国家主义的教育表现得最分明的要算大学。大学这部书大概科举时代的学者，没有不读过的。这大学开头便说："大学之道，在明明德，在新民，在止于至善。"朱子的注说道："大学者，大人之学也，古者十五入大学。"以下又说道："身修而后家齐，家齐而后国治，国治而后天下平。"可见学问只为修身，修身只在治国。反转来说，要治国才修身，要修身才受教育。这不是从国家的见地看教育么？再看他把"止于至善"列在"新民"之后，可见他承认至善不是一个人所能表现，必须合全国来表现，和柏拉图的哲人治国的思想很相似。试想他是多少着重国家呀！

虽说这大学是不是曾子所做，还成问题，但他承袭孔孟的思想，是无疑的。孔子尝说："书云，孝乎，惟孝友于兄弟，是亦为政，奚其为为政？"这分明是说齐家乃是治国的初步了。又如子路问君子。孔子答说："修己以安百姓。"也不外这个意思。孟子也曾引诗道："刑于寡妻，至于兄弟，以御于家邦。"家邦便是国，可见齐家治国的思想，确是孔孟所固有的了。

总而言之，孔孟的时代，国立学校已渐渐废弛，思想得了解放，所以他们能有理想主义和自然主义等倾于个人本位的教育思想；但在他们以前，国家主义的思想，确是盛行过的，所以他们还带着这种思想的浓厚色彩。至他们对于这种思想，不是完全承受，曾经加以改变，那也是无可疑的。

第二节　孔孟和希腊的国家主义

希腊的国家主义的代表，要推柏拉图和阿里士多德。他们两人所以全抱国家主义的教育思想，其原因也和孔孟相似。因为希腊各都市国家，大概施行国家主义的教育。斯巴达行军国主义，对于人民的教育，尤其采极端干涉主义。雅典虽略认个人的自由，但亦行一种文化的国家主义。所以有人说：柏拉图的"理想国"，乃以斯巴达的军国主义为基础而建立雅典的文化国家主义者。这样说来，他的思想渊源也可见了。阿里士多德的态度虽缓和一点，但大致是差不多的，我现在分为三项，把他们的学说和孔孟的学说比较于左，但本书目的是要表彰孔孟的学说，自然对于孔孟要详细一点的。

一、关于分功的原则。柏拉图主张一国中的人民须依资质分为三类。既经分定之后，各类宜守本分，各自发挥其所能，才能谋国家的发达，否则国家安宁必不能保。所以他很重视范围；阿里士多德的思想大概相同，但他主张分为二类罢了。

孔子虽然没有明说国家的分子该怎样区分，但综合他的思想，大约如第一章所论，是主张分为治者（君子）和被治者（小人）两大阶级的。这两大阶级既然分定之后，也不可逾越范围，须各尽所能，才能谋天下治平。关于这一端，孔子采取一种名位说。这种名位说和法家的责任说很相似，其实，也和柏拉图所谓各守范围的意思相类。试看子路问他怎样治卫国，他答说必先“正名”，这“正名”就是明定各级人的责任了；责任既定，各人依着分内做主，国事自然会好，否则必不能维持安宁的。定责任和守责任虽然是两事，但最要是先定责任；责任不先“定”，又何能谈到“守”呢？所以他说：“名不正，则言不顺；言不顺，则事不成；事不成，则礼乐不兴；礼乐不兴，则刑罚不中；刑罚不中，则民无所措手足。”这段说话，他已经把不明定责任的害处说得很是透彻了。此外，对哀公说“君君臣臣”，也就是正名的意思；又说“君不君，臣不臣”，就是不能正名的意思了。又如说，“不在其位，不谋其政”，“君子思不出其位”，那却是说的“守责任”的意思。

由以上所说，孔子的重视责任，很是分明了，但他对于君民（治者被治者）间的责任抱着怎样的见解，还须略加讨论。

孔子尝说“民可使由之，不可使知之”，又说“天下有道，则庶人不议”，可见他认人民对于政治是没有发言权的。再由上面所引“言不正……”一段，也可知在上的责任是立法，在下的责任是守法；在上的人不能尽其立法的责任，在下的人必至无所适从，其结果必至发生横议，于是上下的责任混淆，势非至于大乱不止的。孔子这种见解，虽然不合近代的民治潮流，但和柏拉图的思想确是很相近的了——其实，也都不背分功的原则。

孟子对于一国中该分为两种阶级意思很分明。他说：“有大人之事，有小人之事。”“劳心者治人，劳力者治于人；治于人者食人，治人者食于人。”又说：“无君子，莫治小人；无小人，莫养君子。”他分明承认在上者负统治之责，在下者负供给之责，立意完全和柏拉图相同。但孟子所说人君不能兼为耕稼之事，孔子也说过的，试看孔子对樊迟请学稼一章书便知。又如孔子说“天下有道，则庶人不议”，孟子也排斥“处士横议”之事，庶人和处士虽不同，其实孔子所说庶人只指一般不在位者而言，并没有指说庶人是一般愚民，所以“庶人”也可说就是处士了。

但孟子虽认人民的责任只在供给，一面又兼重民意。他认民意所在可以决定君主的命运；又极重舆论，以为治国须以舆论为标准，无论是任命官吏或是听断罪犯，都须视舆论为从违。关于此事，他说得很有趣，齐宣王问他怎样辨别贤否，他说：“国君进贤，如不得已，将使卑逾尊，疏逾戚，可不慎与？左右皆曰贤，未可也；诸大夫皆曰贤，未可也；国人皆曰贤，然后察之；见贤焉，然后用之。左右皆曰不可，勿听；诸大夫皆曰不可，勿听；国人皆曰不可，然后察之；见不可焉，然后去之。左右皆曰可杀，勿听，诸大夫皆曰可杀，勿听；国人皆曰可杀，然后察之；见可杀焉，然后杀之，故曰国人杀之也。如此，然后可以为民父母。”关于这一点；孔子的见解却和孟子相反。子贡问他“乡人皆好之，何如？”他说，“未可也。”又问他“乡人皆恶之，何如?”他说，“未可也；不如乡人之善者好之，其不善者恶之。”此处的“乡人”和“皆”字应加注意。原来古时的乡，乃是含有一万二千五百家的大地方，退一步说，至少不是寻常乡村，所以“乡人”的意义和“国人”差不多；至于“皆”字，至少是指其中的大部分了，孔子偏说不能作为辨别贤否的标准，他的态度的强硬也可想见了。

总而言之，孔孟都信治国须采分功原则，都和柏拉图一致；但孔子信绝对的贤人政治，孟子却含有民主的倾向，所以孔子的思想要近柏拉图一点。

二、关于国和人民的概念。孔孟等四人都采取国家主义，一般都重视国家。柏拉图态度尤为严肃，他以为真人类便是真国民，没有国家便没有完全的人类。阿里士多德也认个人离国家便不能实现自己；又说人类乃政治的动物，非但为一身而生存，所以国家实先于个人而存在。但阿里士多德虽如此说，他的态度却较柏拉图缓和，他说国家绝对无强迫个人的权利；他反对柏拉图以个人供国家牺牲的思想而采国家有机体说，认国家和个人的幸福一致，关于这一点，孟子却更近于阿里士多德。

原来雅典的政体和中国古代不同，但柏拉图的采极端国家主义，是要矫正当时的极端个人主义，孔子的采取国家主义，或者也出于这种动机。

孔子当时是否流行个人主义，我们先把四书上所载来看，便可知道。孔子因眼见当时局势的混乱，人民的痛苦，便奔走列国，想从政治上去做工夫，挽回劫运，虽然没有收到效果，他却不因此灰心，仍然抱着国家主义的理想，认个人是不能和国家分离的。于是荷蒉者讥他不知进退，他便说这种人忘国家的心太坚决了，做人岂有这种容易！楚狂讽他退隐，他便去和他辩论；他感于长沮桀溺的言语，叹道："鸟兽不可与同群，吾非斯人之徒与而谁与？"这两句说话，他分明承认个人是不可独自生活的。后来子路也了解孔子的理想，他因丈人拒绝见孔子，便说道："不仕无义；长幼之节，不可废也，君臣之义，如之何其废之！欲洁其身而乱大伦！"就是说有智识的人，受过相当的教育，便须出仕，去担当治者阶级的责任；否则便是不尽责任，便是不知国家和个人的关系了。子路这番说话，确是能表现孔子的精神的，但孔子想应公山弗扰和佛肸的召请，又有一次想去见卫灵公夫人南子，子路便不高兴，发生怀疑孔子的心思；难道他终究不能了解孔子的真精神么？这大概别有原因，或许是在遇丈人以前的事情，也未可知。总而言之，单就四书所载无意中和孔子遇到的隐士，已经有荷蒉者、楚狂、长沮、桀溺、丈人等五人，又有微生亩、晨门丈人等人，其余书上没有记到或是没有会过孔子，想更不少。这种人大概是抱个人主义的，所以看见孔子专门在国家上面做工夫，便笑他不知进退，怜他劳而无功了。孔子却毫不感动，还想去感化他们，也可见他对于国家主义的信念来得坚决了。

再说孟子。欲知孟子对于国家和个人间的见解，也可从他自己的出处和他的议论去推求。孟子曾经说："穷则独善其身，达则兼善天下。"他似乎对于出处很是自由。不过孔子也曾说过，"用之则行，舍之则藏"；子张学干禄，孔子也不以为然。这都别有用意，和他们对于国家的根本思想无关。现在再引一段书来看：周霄问曰："仕如此其急也，君子之难仕，何也？"曰："丈夫生而愿为之有室，女子生而愿为之有家，父母之心，人皆有之；不待父母之命，媒妁之言，钻穴隙相窥，逾墙相从，则父母国人皆贱之。古之人未尝不欲仕也，又恶不由其道；不由其道而往者，与钻穴隙之类也。"他把求仕之情和男女的婚嫁相比，和子路以"长幼之节"比"君臣之义"相似，而他说得更恳切。因为婚嫁之情显然出于人的本能，若仕宦和婚嫁相似，那末，也是出于本能的了。所以孟子确有“人为政治动物”的思想的。此外，孟子又说：“仕非为贫也，而有时乎为贫；娶妻非为养也，而有时乎为养。”尤足见他认仕宦为直接本能，并非出于口腹的本能，意义更为分明。

总而言之，孟子的国家主义，确较孔子来得彻底，其中却有个原由。因为战国时的国家，就种种方面，都比前代发达，所以国家主义的理想也较前代发展。试看孟子也和孔子一般的周流列国，虽然遇到许多反对，却鲜有遇到长沮桀溺一流人物讥他不知进退的。

再说孔孟对于国家人民间的利益关系。关于这一端，孔孟都无牺牲个人以全国家的思想，都认人民国家间的幸福一致。试看孔子说“百姓足，君孰与不足!”便可窥见其意了。至于孟子说得更透彻。所说“民为贵，社稷次之，君为轻”；又说“行一不义，杀一不辜而得天下，勿为也”；又说伊尹“思天下之民，匹夫匹妇，有不被尧舜之泽者，若己推而内之沟中”，他是多少重视人民利益呀！他惟其这样重视人民利益，所以他主张用人杀人，都须以民意为依归。此外，他又主张好货、田猎等等，都须和人民共同，也足见他重视人民的幸福。

三、教育为国家事业。柏拉图本于分功原则，主张依国民资性分为三种阶级，这已经在前面说过了。但他们的资性怎样才能区分呢，他以为须由教育去决择，所以他又主张以教育属于国家的管理经营。阿里士多德也极重视教育和国家的关系，他以为政体的好坏，由于国民本质而定，所以必有改良国民本质的教育，才能造善良的政体；教育必须定为国家事业，其目的和方法都须以国家主义为本位。他们两人实是欧洲提倡国家教育的先导，所以后来谈教育制度的人，都要追溯他们两人。其实，孔孟也曾在二千多年前承认国家应负教育人民的责任，这在第一章已经大略说过，不过关于这一端，孟子比孔子说得更具体，此处须再为他略加解释。

总括孟子对于国家教育的计划，约有二端：一须设立专管教育行政的长官，二须立公共学校。他对陈相说："后稷教民稼穑，树艺五谷；五谷熟而民人育。人之有道也，饱食暖衣，逸居而无教，则近于禽兽。圣人有忧之，使契为司徒，教以人伦。"可见他认国家的责任，不单在使人民丰衣足食，兼须施以教育。他的立意和孔子所说"富之教之"相同，但他又引古代有教育长官为证，所以我得说他比孔子更具体。

孟子又对滕文公说："设为庠序学校以教之。庠者养也，校者教也，序者射也；夏曰校，殷曰序，周曰庠，学则三代共之。皆所以明人伦也。人伦明于上，小民亲于下，有王者起，必来取法，是为王者师也。"试看他历举三代的学校制度，又说"可以为王者师"，可见他承认学校应归国家办理了。此外，他又屡屡说起"谨庠序之教"，也可窥见他的主张。总之，不管虞舜三代有没有那种事业，孟子对于国家主义的思想，却很可由这些议论具体的表示出来了。再则我们也可以由此推见战国时代国家教育制度的废弛了，所以孟子虽对一国君主或是一时学者谈论，尚且有称引古制的必要。

第三节　孔孟和近代的国家主义

近代的国家主义，应推路德为先导，菲太和菲爱为代表。路德虽兼采个人主义，但他又主张国家可超越于教会而独立，却含有国家主义。总而言之，他们虽同采国家主义，见地却各自不同，大概有两种特色：一是排除阶级而主张民众教育，二是从富国强兵的见地去看教育。这两种特色，和西洋古代的国家主义虽异，却和孔孟的主张相似，但关于这两点，都在第一章大略说过了，惟关于第一项关系较大，现在尚须再加一番讨论。

原来古代东西洋诸国，虽说都采取国家主义，其实，所谓国家教育，也无非阶级教育罢了。印度、波斯、犹太、埃及诸国，不用说了，便是希腊的雅典斯巴达，也难免偏重于特种阶级；又如柏拉图阿里士多德，他们的思想那般超越等伦，但终究不能摆脱现状，也说实业阶级不配受教育呢！所以西洋的阶级教育的思想，直到近世才打破。

中国古代的情形，都不这样。中国本来没有强固的阶级制度，后来又因君主制度发达很快，兼以有势力的学者如孔孟等人的反对，所以就全历史论，几乎没有阶级可言；其实，就一时代论，却也不是全然没有阶级的。

现在先就孟子的议论来看。孟子曾经说：“舜自耕稼陶渔以至于为天子。”又说：“舜发于畎亩之中，傅说举于版筑之间，胶鬲举于鱼盐之中，管夷吾举于士，孙叔敖举于海，百里奚举于市。”他的不承认阶级制度，很是分明。虽然据史记上舜是黄帝的子孙，但帝王的后裔，可降而为平民，平民又可升而为天子，更足见阶级制度的不存在了。

又从舜到孙叔敖，其间相去一千多年，若是孟子的说话可信，那末，中国是从来没有阶级的了；但事实上却不尽然。即如管夷吾，他相桓公，霸诸侯，论功劳，齐国的臣子再没有比得他上了，但他的爵位终不能超过国高二氏（见僖十二年传），也可见阶级的限制了。而且管子上主张工之子恒为工，农之子恒为农，士之子恒为士，虽然管子是不是他自己所撰，还成疑问，但国语上也载管子有这种主张。所以我们至少可以说管夷吾是承认阶级制度的。

此外，春秋时的贵族阶级，周室有尹单刘诸氏；齐国除高国二氏外，又有陈氏；鲁自桓公以后有三孙；晋自献文二公后，六卿的权势日渐强大，而赵盾执政，恢复公族，又添设馀子公行（宣二年传），更足为春秋时逐渐造成贵族的明证。

总而言之，阶级发生，有因于种族的，有因于宗教的，有因于政治的，大概不出于此三种。印度、犹太、埃及的阶级大概出于前二种的，所以最为严厉，不可移易；中国的阶级，大概由于政治，即如中国古代的姓氏，本可为阶级的表示，但其发生的原因，也由于政治，不由于种族。试看众仲所说，“天子建德，因生以赐姓，胙之土而命之氏；诸侯以字为谥，因以为族；官有世功，则有官族，邑亦如之”，便很分明了。惟其由于政治，所以势力迭有兴衰，一般人民不至永远受阶级支配；纵然有生而富贵的贵族，却没有天生贫贱到底的平民。管子虽有“工之子恒为工，士之子恒为士”的主张，但只是理论，没有见诸事实，试看齐景公欲更晏子之宅一事（昭三年传），便可知了。又观郑子产拒绝韩宣子贾环一事（昭十六年传），可见郑有商人一阶级，从郑桓公以来，经过二百多年，依然保存。但这种阶级，虽然受国家特别保护，一方面亦不必受什么限制。试看郑商人弦高诈退秦师一事（僖三十三年传），使知郑国的商人在政治教育方面都不受什么限制，所以有那般才识。总而言之，中国在春秋以前，虽不能说全无阶级，但那种阶级大概不能妨害人民的个性的，而且到了战国时，又因君主制逐渐发达，贵族制又大衰了。所以孔孟的思想，自然比柏拉图等容易超越阶级一点。但孔子除主张一般人都可受教育外，他又说：“言忠信，行笃谨，虽之夷狄，不可弃也”，他承认野蛮民族都有德义，比阿里士多德说职工奴隶不配受道德训练，识见究竟要高出一级了。

（民国十八年四月作，曾以王一鸿之笔名汇刊为中国古代教育思潮）

荀卿的教育思潮

绪论

荀卿是孟子以后的大儒，他对于秦以后的政治和学术，都极有关系。辅秦始皇成帝业的李斯，便是他的弟子；汉初诸大师的经说，也都出于荀卿所传（参看清王容甫荀卿子通论）。他确是一个承先启后的大学问家，所以董仲舒刘向辈都很尊重他。至唐韩愈始专尊孟子，以为独得孔子之传，以荀卿和扬子云等观，谓："荀与扬也，择焉而不精，语焉而不详。"又说："孟子纯乎者也，荀与扬大纯而小疵。"至宋儒又极端推崇孟子，于是荀卿在学术上的权威，竟随儒家以外诸子一同衰落。其实，荀子学问的伟大，断然非扬子云一流学者所能及，他确可和孟子并驾齐驱的，而且就儒家言，他是尤其能守孔子家法的。后儒所以非他，大概因他有性恶一篇。关于这一端，乃是汉以后学者聚讼的焦点，现在且替他下一个大略的解释，详细等到后来再说。其实，孔子虽没有明言性恶，却也没有明言性善，何以见得孟子言性善就合孔子，荀子言性恶就不合孔子呢？况且荀子所说性恶，并非指人性全体，他于性外又说情欲心意等，他又有"化性"之说，性而可化，便不是绝对恶了。又如孟子虽然主张性善，但他把食色一类的性除外，立说虽巧，而其承认这一类的性不善，见解正和荀子相同。但孟子和荀子的不同点究竟在何处呢？就现代的目光看，孟子和卢梭一派的自然主义相似，他承认一切自然性都善，只须使其不为外面的物欲所障碍，便自然会发达起来，用不着由外面加工，所以他是主张开发的教育的。荀子和海尔巴托一派的机械主义相似，他以为使人为善须从外面加工，他说“积礼义而成君子”，乃是主张外部构成的教育的。

总而言之，他们两人的出发点和主张，各不相同，完全是由于他们各人的个性和时代不同，若以此判断其优劣，那是不公道的。

第一章 荀子和人文主义

荀子是最能遵守孔子家法的，他于诸经无所不通，所以他对于教育除自己创立机械主义外，对于孔子所采的人文主义国家主义，也完全采取，现在且论他的人文主义。

他承认国家须注意一般民众的生活和教育，立意完全和孔孟相同，但他尤注意于君子的教育，立意也与孔孟相同。他所要造成的君子是怎样的呢?

他在儒效篇说：“故君子务修其内而让之于外，务积德于身而处之以遵道。”又说：“人积耨耕而为农夫，积斲削而为工匠，积反（贩）货而为商贾，积礼义而为君子。”又在劝学篇说：“君子博学而日参省乎己，则知明而行无过矣。故不登高山，不知天之高也；不临深溪，不知地之厚也；不闻先王之遗言，不知学问之大也。”又在修身篇说：“志意修，则骄富贵矣；道义重，则轻王公矣；内省，则外物轻矣。”

他说“内省”，“参省乎己”，“修其内”，可见他注重内心的修养了；他说“志意修”，此外又说“化性”“治情”“道欲”，“治气养心”，所说志意性情欲心气等，大概智情意三方面都包括在内，可见他认学问是在全人性的修养的了。至所说礼义道德，就是内心修养所要达到的内容；先王之遗言，是指有关于礼义的，他认礼义是先王所造的，他说，“不闻先生之遗言，不知学问之大。”换句话，就是说最大的学问只是礼义。因此，他认其余的事，是和学问没有大关系的。

他在儒效篇说：“君子之所谓贤者，非能遍能人之所能之谓也；君子之所谓知者，非能遍知人之所知之谓也；君子之所谓辨者，非能遍辨人之所辨之谓也；君子之所谓察者，非能遍察人之所察之谓也：有所正矣。相高下，视垸肥，序五种，君子不如农人；通货财，相美恶，辨贵贱，君子不如贾人；设规矩，陈绳墨，便备用，君子不如工人。”

“有所正”，或曰，正当作止，谓止于礼义也，可见凡礼义以外的知能辨察以及农工商贾的生活技能，都非君子所必要，都和君子的学问无关系。

所说礼义以外的知能辨察，是指非儒家的惠施一派人，但儒家中有一派俗儒，也是荀子所反对。他在儒效篇说：“故有俗人者，有俗儒者，有雅儒者，有大儒者……逢衣浅带，解果其冠，略法先王而足乱世术，缪学杂举，不知法后王而一制度，不知隆礼义而杀诗书……呼先王以欺愚者而求衣食焉，得委积足以掩其口，则扬扬如也。随其长子，事其便辟，举其上客，億然若终身之虏而不敢有他志，是俗儒者也。”

原来荀子以为君子不但不必兼具农工等生活技能，便是借学问以为生活也不对。其实，儒家借学术以谋生活，在墨子时就有的，所以墨子非儒篇说：“夫夏乞麦禾，五谷既收，大丧是随，子姓皆从，得厌饮食，毕治数丧，足以至矣。因人之家以为肥，恃人之野以为尊，富人有丧，乃大说喜曰，此衣食之端也。”墨子所非的儒者，便是荀子所说俗儒了。俗儒高一点是做诸侯食客，低一点便是因丧谋食，也就是墨子所非的儒者了。孟子斥乐正子道："子之从于子敖来，徒铺啜也。我不意子学古之道而以铺啜也。"孔子说："君子谋道不谋食。"立意正和荀子相同。希腊人因诡辩学者收受学费，以为有损学问的尊严，便群起非议，可见东西洋人文学者对于学问和生活的区别，一样的严格。学者既不得为农工商贾，又不得借学术以营生，他在国家社会上究竟占什么地位？

荀子对于学者在国家社会上的活动范围，可由下引几段文字看出来。儒效篇说："儒者法先王，隆礼义，谨乎臣子而致贵其上者也；人主用之，则势在本朝而宜；不用，则退编百姓而悫，必为顺下矣。虽穷困冻馁，必不以邪道为贪；无置锥之地而明于持社稷之大义，呜呼而莫之能应，然而通乎财万物养百姓之经纪。势在人上，则王公之材也；在人下，则社稷之臣，国君之宝也，虽隐于穷阎漏屋，人莫不贵之，道诚存也。仲尼将为鲁司寇，沈犹氏不敢朝饮其羊；公慎氏出其妻，慎溃氏逾境而徙；鲁之粥牛马者不豫贾，必蚤正以待之也；居于阙党，阙党之子弟罔不分，有亲者取多，孝弟以化之也。儒者在本朝则美政，在下位则美俗。"又宥坐篇载："孔子曰，吾有耻也……幼不能强学，老无所教之，吾耻之。"又法行篇载："君子有三思而不可不思也：少而不学，长无能也；老而不教，死无思也……是故君子少思长则学，老思死则教。"

由以上所引，可知儒家认学者在国家社会上的地位，不为政治家便当为教育家。为政治家则在美政，为教育家则在美俗传道。政治家和教育家所需要的本领，乃是可共通的，就是道德。孟子说"禹稷颜回同道，易地则皆然"，就是这个意思。荀子也信政治家只须有德，不必有专门的技能。他在解蔽篇说："农精于田而不可以为田师；贾精于市而不可以为市师；工精于器而不可以为器师。有人也，不能此三技，而可使治三官，曰精于道者也，精于物者也。”这农贾工三种事务官也不必精通此三端技能，只须有道德便可以做，可见事务官以上的王公卿相尤其须要有德的人来做了。荀子这种主张，和孔子所主张的德治，孟子的仁政，柏拉图的哲人治国，立意完全相同。

次论荀子的教育科目和教本。大概孔子所用的诗书礼乐，荀子都采用，又加入孔子的春秋。他在劝学篇说：“学恶乎始，恶乎终？曰，其数则始乎诵经，终乎读礼；其义则始乎为士，终乎为圣人。真积力久则入，学至乎没而后止也。故学数有终，若其义则不可须臾舍也。为之，人也；舍之，禽兽也。故书者，政事之纪也；诗者，中声之所止也；礼者，法之大分，群类之纲纪也，故学至乎礼而止矣，夫是之谓道德之极。礼之敬文也，乐之中和也，诗书之博也，春秋之微也，在天地之间者毕矣。”

上面所引例子，可分做两段看，前段说明“诵经”“读礼”乃所以助修养；后段乃称赞礼乐诗书的好处。

儒效篇也有一段说明诗书礼乐的好处：“诗言是其志也，书言是其事也，礼言是其行也，乐言是其和也，春秋言是其微也。故风之所以为不逐者，取是以节之也；小雅之所以为小者，取是而文之也；大雅之所以为大者，取是而光之也；颂之所以为至者，取是而通之也。天下之道毕是矣。乡是者臧，倍是者亡；乡是如不臧，倍是如不亡者，自古及今未尝有也。”

由以上所引两个例子，他对于诗书礼乐也可说极端佩服了，本例又特别称赞诗，但在别处又有抑诗书之语，他在劝学篇说：“将原先王，本仁义，则礼正其经纬蹊径也……不道礼宪，以诗书为之，譬之犹以指测河也，以戈舂黍也，以锥餐壶也，不可以得之矣。”他又说俗儒不知隆礼义而杀诗书。他的立论未免前后矛盾，其实，他此处所说礼，所说隆礼义，与所说礼言礼经有别，乃指修养而言，不重修养而徒读诗书，自然是无益的，所以他的意思，并不是诗书本质不好，乃是不知读诗的方法不好；孔子说："诵诗三百，使于四方，不能专对，虽多亦奚以为?"也是说的不善读书的坏处。孔子也常常和门弟子讨论读诗的方法，可见儒家对于读书方法，也很讲求的。大概他们读书的方法，是想由许多材料中得出有益修养的简要原则来。孔子说："诗三百，一言以蔽之曰，思无邪。"荀子说，"诗言是其志也。"所说"思无邪"所说"志"，就是诗的原则。又如荀子说，"礼以顺人心为本，故亡于礼经而顺人心者，皆礼也。"顺人心便是礼经的原则，有了这种原则，便是礼经所不载的，也可由自己变通增订了。他这种读书方法，确是很有意味的。他所说"杀诗书"大概就是由繁趋简的一个方法了。

其次，再论关于孔子的六艺，荀卿是否也完全用作教科。关于礼乐，上面已经说过了，关于书数两项，荀子认学者须知先王之遗言，须诵经读礼，自然不能不作为基本科。惟关于射御两项，荀子是否列入教科，颇为疑问。大概就孔墨孟荀四家论，其直接论到射御和学者的关系的，只有孔子。孔子曾说："君子无所争，必也射乎?"而孔子的弟子如樊迟、冉有，都曾亲自替他御车。到了墨子，就说："学者不能成学又成射"了，又曾说及"国家欲众其射御之士"，可知他已认射御乃是专门的技能，是和学问无关系的。至于孟荀，都没有直接论到射御，偶然说起，也不过作为比喻的资料。所以我们可推想孔子以后，这射御二端，已渐渐职业化，和学问界脱离关系了。

最后再论荀子对艺术抱怎样的见解，以为本章的结论。大概儒家取人文主义，主张全人性的陶冶，他们对于有关情育的文学和艺术，自然也有相当的注意。所以孔孟荀三家好诗，孔子更明说"诗可以兴”，这“兴”字就是激发情绪，也就是他从感情方面论诗的一个好例。再就儒家所倡导的礼乐论。谈到礼，必然要究古今的衣裳冠冕车旗宫室等项，而这些东西，在古时，却都有绘画刺绣雕刻等美术在其中。孔子说“臧文仲居蔡，山节藻棁”，已经论到雕刻。他又说“乘殷之辂，服周之冕”，他必然又考虑到金木工刺绣等端了。至于乐，除声音一端，又有舞容和干羽等物的美术问题包括在内。譬如希腊的美术都由宗教发生，中国的礼乐有一大半和祭天神地祇人鬼有关系。总之，采人文主义的儒家容许艺术，和采实用主义的墨家，见解完全不同，只由他们对于礼乐的赞否，便可知道。现在再举墨子和荀子正相反的议论来看。

墨子在节用篇道：“圣王为政，其发令兴事，便民用财也，无不加用而为者……其为衣裘何？以为冬以圉寒，夏以圉暑；凡为衣裳之道，冬加温，夏加清者，芊䱉（鲜明貌）不加者去之。其为宫室何？以为冬以圉风寒，夏以圉暑雨；有盗贼加固者，芊䱉不加者去之。其为甲盾五兵何？以为以圉寇乱盗贼。若有寇乱盗贼，有甲盾五兵者胜，无者不胜，是故圣人作为甲盾五兵；凡为甲盾五兵；加轻以利坚而难折者，芊䱉不加者去之。其为舟车何？以为车以行陵陆，舟以行川谷，以通四方之利；凡为舟车之道，加轻以利者，芊䱉不加者去之。凡其为此物也，无不加用而为者。”

又在非乐篇上说：“且夫仁者之为天下度也，非为其目之所美，耳之所乐，口之所甘，体之所安。以此亏夺民衣食之财，仁者弗为也。是故子墨子之所以非乐者，非以大钟鸣鼓、琴瑟竽笙之声以为不乐也，非以刻镂华文章之色以为不美也，非以犓豢煎炙之味以为不甘也，非以高台厚榭邃野之居以为不安也。虽身知其安也，口知其甘也，目知其美也，耳知其乐也，然上考之，不中圣王之事，下度之，不中万民之利；是故子墨子曰，为乐非也。”

荀子在富国篇说："我以墨子之非乐也，则使天下乱；墨子之节用也，则使天下贫；非将堕之也，说不免焉。墨子大有天下，小有一国，将蹙然衣粗食恶，忧戚而非乐；若是则瘠，瘠则不足欲，不足欲则赏不行……天下敖然若烧若焦，墨子虽为之衣褐带索，啜菽饮水，恶能足之乎？既以伐其本，竭其原，而焦天下矣！故先王圣人为之不然，知夫为人主上者，不美不饰之不足以一民也……故必将撞大钟，击鸣鼓，吹竽笙，弹琴瑟，以塞其耳；必将雕琢刻镂黼黻文章，以塞其目；必将刍豢稻粱五味芬芳，以塞其口……使天下生民之属皆知己之所愿欲之举在是于也，故其赏行。"

又在王霸篇上说道："重色而衣之，重味而食之，重财物而制之，合天下而君之；饮食甚厚，声乐甚大，台榭甚高，园囿甚广，臣使诸侯，一天下，是人情之所同欲也，而天子之礼制如是者也……故人之情，口好味，而臭味莫美焉；耳好声，而声乐莫大焉；目好色，而文章致繁，妇女莫众焉；形体好佚，而安重闲静莫愉焉；心好利，而谷禄莫厚焉。合天下之所同愿兼而有之，睪牢天下而制之，若制子孙。人苟不狂惑戆陋者，其谁能睹是而不乐也哉？"

由以上四例看，墨子反对声色，自然不赞成艺术，荀子赞成声色之好，自然也承认艺术的价值了。但荀子对于墨子的辨论，还不免倾于经济的见地，其实，他也本于心理的见地论声色。

试看正论篇所载："子宋子曰，人之情欲寡，而皆以己之情为欲多，是过也……应之曰，然则亦以人之情为欲（此字衍）目不欲綦（极）色，耳不欲綦声，口不欲綦味，鼻不欲綦臭，形不欲綦佚；此五綦者，亦以人之情为不欲乎？曰，人之情欲是已。曰，若是，则说必不行矣。以人之情为欲此五綦者而不欲多，譬之是犹以人之情为欲富贵而不欲货也，好美而恶西施也。古之人为之不然。以人之情为欲多而不欲寡，故赏以富厚而罚以杀损也……今子宋子以是之情为欲寡而不欲多也，然则先王以人之不欲者赏，而以人之所欲者罚邪？乱莫大焉。”

由上例可证他从心理的见地赞成艺术。总而言之，荀子从心理的经济的两种见地去看艺术，确是合于古今的艺术思潮的。原来艺术本身虽不含有实用性，但近代多于工业品上应用美术以图推销，也是从经济的见地看美术了。

第二章　荀子和国家主义

荀子的教育理想，是在于使人有礼义，而他又以为人之所以能群，国之所以成立，是因有分别差等；所以能有分别差等，就为有礼义。故荀子的教育理想，当然也是立于国家主义的见地的。

所以他在王制篇说：“水火有气而无生，草木有生而无知，禽兽有知而无义，人有气有生有知亦且有义，故最为天下贵也。力不若牛，走不若马，而牛马为用，何也？曰，人能群，彼不能群也。人何以能群？曰分。分何以能行？曰以义。故义以分则和，和则一，一则多力，多力则强，强则胜物，故宫室可得而居也。故序四时，裁万物，兼利天下，无它故焉，得之分义也。故人生不能无群，群而无分则争。争则乱，乱则离，离则弱，弱不能胜物，故宫室不可得而居也，不可少顷舍礼义之谓也。”

又在非相篇说：“人之所以为人者何已（以）也？曰，以其有辨也。饥而欲食，寒而欲暖，劳而欲息，好利而恶害，是人之所生而有也，是无待而然者也，是禹桀之所同也；然则人之所以为人者，非特以二足而无毛也，以其有辨也。今夫狌狌形笑，亦二足而毛也，然而君子啜其羹，食其胾，故人之所以为人者，非特以其二足而无毛也，以其有辨也。夫禽兽有父子而无父子之亲，有牝牡而无男女之别，故人道莫不有辨；辨莫大于分，分莫大于礼，礼莫大于圣王。”

上举二例，是说人之所以异于禽兽而战胜他们，是因其能群，能群是因有分辨，分辨是因有礼义。

他又在礼论篇说：“礼起于何也？曰，人生而有欲，欲而不得，则不能无求；求而无度量分界，则不能不争；争则乱，乱则穷。先王恶其乱也，故制礼义以分之，以养人之欲，给人之求，使欲必不穷乎物，物必不屈于欲。两者相持而长，是礼之所以起也。……故礼者养也。君子既得其养，又好其别。曷谓别？曰，贵贱有等，长幼有差，贫富轻重皆有称者也。”

又在王制篇说：“分均则不偏，势齐则不壹，众齐则不使。有天有地而上下有差，明王始立而处国有制。夫两贵之不能相事，两贱之不能相使，是天数也。势位齐而欲恶同，物不能澹（赡）则必争，争则必乱，乱则穷矣。先王恶其乱也，故制礼义以分之，使有贫富贵贱之等，足以相兼临者，是养天下之本也。书曰，“维齐非齐”，此之谓也。”

上举二例是言人群中（就是一国中）没有差等，结果必乱，故圣王制礼义以分之。观此处所说“明王始立而国家有制”，“圣王制礼”，此外他又在王制篇上说“礼义治之始也”，可见他认礼义乃是与国并存的，无礼义便无国，人不可须臾舍礼义，也就是不可须臾离国而独立了。

由以上诸例看，可知荀子承认国家必借礼义以为分别的理由了。以下再论他怎样分别阶级。

他在王霸篇说：“大有天下，小有一国，必自为之然后可，则劳苦秏顇莫甚焉。如是，则虽臧获不肯与天子易势业。以是县天下，一四海，何故必自为之？为之者，役夫之道也，墨子之说也。卒论德使能而官施之者，圣王之道也，儒之所谨守也。传曰，农分田而耕，贾分货而贩，百工分事而劝，士大夫分职而听，建国诸侯之君分土而守，三公总方而议，则天子共己而已。出若入若，天下莫不平均，莫不治辨，是百王之所同也，而礼法之大分也。”

又荣辱篇说：“夫天生蒸民，有所以取之。志意致修，德行致厚，智虑致明，是天子之所以取天下也。政令法，举措时，听断公，上则能顺天子之命，下则能保百姓，是诸侯之所以取国家也。志行修，临官治，上则能顺上，下则能保其职，是士大夫之所以取田邑也；循法则，度量，刑辟，图籍不知其义，谨守其数，慎不敢损益也，父子相传以持王公，是故三代虽亡，治法犹存，是官人百吏之所以取禄秩也；孝弟原悫，軥录疾力，以敦比其事业而不敢怠傲，是庶人之所以取暖衣饱食，长生久视，以免于刑戮也。”

又在同篇说：“夫贵为天子，富有天下，是人情之所同欲也。然则从人之欲，则势不能容，物不能赡也。故先王案为之制礼义以分之，使有贵贱之等，长幼之差，知贤愚能不能之分，皆使人载其事而各得其宜，然后使谷禄多少厚薄之称，是夫群居和一之道也。故仁人在上，则农以力尽田，贾以察尽财，百工以巧尽械器，士大夫以上至于公侯，莫不以仁厚知能尽官职，夫是之谓至平。故或禄天下而不自以为多，故监门御旅、抱关击柝而不自以为寡。故曰，斩而齐，枉而顺，不同而一，夫是之谓人伦。”

上举三例，第一例是论分职的必要，第二例是主张以志行的厚薄定阶级的高低，第三例是说以性能定差等，却极公道；故人各尽力而无怨恨。但由这些例也可看出他对于阶级的分类。大概荀子的意思，一国中的阶级可分为两大类。一为统治阶级，其中含有天子、三公、士、大夫、官人、百吏；二为庶民阶级，其中包含农工商贾——军人自然也在内。他这种分类法，和孔孟并无所异。

原来儒家这种主张，并不是凭空结撰出来的。事实上，中国自三代以降，一国中的阶级，大概是这样分配的；自周初以来，更加显明固定。所以许行倡并耕说，必远溯至神农以前；孟子言必称尧舜，但谈到井田，就只能溯至三代而止。三代是否确有井田制，虽不可知，但至少可以认定农人一阶级是发生于那个时代，不久又有工商阶级随之发生。于是历夏、商、周初以迄儒家时代，经过很长久的年岁，这农工商贾三者竟变成固定的分业，这是进化上一定的过程。不过其间也有若干学者，例如樊迟、长沮、桀溺、许行等，远慕上古，想恢复并耕的制度，所以儒家不得不在学理上替种种社会趋势找出根据来。

此外，还有一事，可乘便说明于此。原来墨子之分业的主张，实在和儒家没有什么不同，这已经在墨子的教育思潮中说过了，但荀子往往把他看作许行一派，说他“上功劳苦，与百姓均事业，齐功劳”，又说他“上功用，大俭约而僈差等”，未免有点奇怪。这大概有两种原因：一或者荀子所说墨子与百姓“均事业”“僈差等”，乃是由其主张上功俭约诸点所得出来的结论；二或者墨子虽那样主张，但他和他的门徒，因急于为社会服务，不得不兼学许多技能，以致引起误会，也未可知。不过第一原因较有根据，试看他说“我以墨子之非乐也，则使天下乱；墨子之节用也，则使天下贫；非将堕之也，说不免焉”，这“说不免焉”一语，就是说其结果必出于此，可见他对于墨子学说的批评，往往好用推论，所以易起误会。

以下论荀子对于阶级的决定抱何种见解。由前面所举的例看，他除一种事务，叫做官人百吏的，承认他可依门阀决定外，其余各种阶级，都须依志行的厚薄，或是性能所宜决定的。但他在王制篇开端说得更为分明：

“请问为政，曰，贤能，不待次而举；罢不能，不待须而废；元恶，不待教而诛；中庸杂民，不待政而化。分未定也，则有昭穆也，虽王公士大夫之子孙也，不能属于礼义，则归之庶人；虽庶人之子孙也，积文学，正身行，能属于礼义，则归之卿相士大夫。故奸言、奸说、奸事、奸能、遁逃反侧之民，职而教之，须而待之，勉之以庆赏，惩之以刑罚；安职则畜，不安职则弃。五疾，上收而养之，材而事之，官施而衣食之，兼覆无遗；才行反时者死无赦。夫是之谓天德，王者之政也。”

他所说“虽王公士大夫之子孙，不能属于礼义，则归之庶人；庶人之子孙也，积文学，正身行，能属于礼义，则归之卿相士大夫”，可见他认统治庶民两阶级，都不由门阀决定，须由礼义来决定，就是应由教育来决定了——因为礼义是他的教育理想。再则由本例看，他于一般的道德教育外，承认国家更须对于凡不依正轨的无业游民施以职业教育，对于有废疾的人民施以特殊教育，他的卓识，确是可佩服的。

以上论荀子对于阶级决定的标准，其次再论荀子对两大阶级间应守的范围。他在大略篇说：“故天子不言多少，诸侯不言利害，大夫不言得丧，士不通货财，有国之君不息牛羊，错质之臣不息鸡豚，家卿不修币，大夫不为场圃，从士以上皆羞利而不与民争业，乐分施而耻积藏，故民不困财，贫窭者有所窜其手。”

此外，还有两个例，可以证明荀子是赞成以教育为国家的职务的。

他在大略篇说：“不富，无以养民情；不教，无以理民性。故家五亩宅，百亩田，务其业而勿夺其时，所以富之也；立大学，设庠序，修六礼，明十教，所以道之也。诗曰，饮之食之，教之诲之。王事具矣。”

又在王制篇说：“顺州里，定廛宅，养六畜，闲树艺，劝教化，趋孝弟，以时顺修，使百姓顺命，安乐处乡，乡师之事也。”又说：“论礼乐，正身行，广教化，美风俗，兼覆而调一之，辟公之事也。”

前举二例，第一例是论国家应为人民设立学校；第二例是论国家立教育专官，乡师是地方教育官，辟公是中央教育官。

第三章 荀子和机械主义

我们在诸论中曾经说，孟子承认性善，主张内部开发的教育，和卢梭的自然主义相似；荀子承认性恶，主张外部构成的教育，和海尔巴托一派的机械主义相似。这两主义各有相当的理由和功用，不认清他们的立足点，骤然断定谁是谁非，是太不公道的，韩愈和宋儒伸孟抑荀，就犯了这种毛病，所以我们须替他们再下一个公平的判断。再则人性的善恶，乃是教育基础的问题，确是值得讨论的，故专设本章来研究，以下把他分作一款款的论列，以清眉目。

（一）孟荀的不同点。孟子极言性善，荀子极言性恶，我们初看见，必然认他们乃是正相反对的议论，其实，荀子所说的性和孟子截然不同。孟子认可以自主的性为性，大概是就理性言，荀子认自然的性欲为性，大概是就本能欲望言；所以孟子把官觉的欲望划出性外，荀子却认定这些欲望正是性。其实，荀子自然认这种性为恶，孟子也没有说他好，所以孟子所说的性善，荀子所说的性恶，绝对是两件事。那末，孟子何以会和荀子不同呢？

因为孟子高视理性，他认理性乃是最高的指导者，依理性指导，自然合于道德，不必加以外部的助力；这理性，如果没有外物障碍，反有自己发展的能力，所以我们只须把他的障碍除去，不必去助长他。荀子似乎也认理性可以节制情欲，但不能独立于指导的地位，必须依据外部的礼义做标准，所以须使习于礼义，积久也可达于完全之境。

（二）孟荀的相同点。总之，孟荀的种种不同，其起源只在高视理性与不高视理性的一点。其实孟荀也有相同之处，就其重要的言，约有三端：

（1）孟子一面言性善，一面又承认个性；荀子一面言恶，一面也承认个性。关于孟子的个性说，已经在孔孟的教育思潮中论过了，现在且说荀子的个性论。

试看他在修身篇说，“治气养心之术：血气刚强，则柔之以调和；知虑渐深，则一之以易良；勇胆猛戾，则辅之以道顺；齐给便利，则节之以动止；狭隘褊小，则廓之以广大；卑湿重迟贪利，则抗之以高志；庸重驽散，则劫之以师友；怠慢僄弃，则炤之以祸灾；愚款端悫，则合之以礼乐，通之以思索。凡治气养心之术，莫径由礼，莫要得师，莫神一好，夫是之谓治气养心之术也。”

所说“血气刚强”“知虑渐深”等，就是个性上种种之型。但这种种个性的短处，可借修养来矫正。

又在性恶篇说：“有圣人之知者，有士君子之知者，有小人之知者，有役夫之知者。多言则文而类，终日议其所以，言之千举万变，其统类一也，是圣人之知也。少言则径而省，论而法，若扶之以绳，是士君子之知也。其言也谄，其行也悖，其举事多悔，是小人之知也。齐给便敏而无类，杂能旁魄而无用，析速粹孰而不急，不恤是非，不论曲直，以期胜人为意，是役夫之知也。有上勇者，有中勇者，有下勇者。天下有中，敢直其身；先王有道，敢行其意；上不循于乱世之君，下不俗于乱世之民；仁之所在无贫穷，仁之所亡无富贵；天下知之，则欲与天下同苦乐之；天下不知之，则傀然独立天地之间而不畏，是上勇也。礼恭而意俭，大齐信焉，而轻货财；贤者，敢推而上之。不肖者，敢援而废之，是中勇也。轻身而重货，恬祸而广解，苟免不恤是非，然不然之情，以期胜人为意，是下勇也。”

所说三种知三种勇，乃是就知勇两大型中各分出三类来。原来以知仁勇分别个性，乃是儒家通用的法则。我们在孔孟的教育思潮中曾经说过，孔子有知仁两型——其实，孔子说，“由也好勇过我，无所取材”，他原有勇者一型的；又如中庸所说“知仁勇三达德”，达是通达的意思，就是说一般的型了。不过荀子更就知勇分别，方法略有不同。而荀子所说三种知，大概是就言语方面观察；所说三种勇，乃是就行为方面——为意志所决定——观察。总之，荀子的承认个性，由此可见了。

此外，他又常举骐骥驽马为喻，可见他信才智确有不同的了。他又在性恶篇明说“夫人虽有性质美而心辩知”，是于众人中认有特别优秀之质了。又在正论篇，“世俗之为说者曰，尧舜不能教化。是何也？曰，朱象不化，是不然也。尧舜者至天下之善教化者也，南面而听天下，生民之属，莫不振动从服以化顺之，然而朱象独不化，是非尧舜之过，朱象之罪也。尧舜者，天下之英也，朱象者，天下之嵬，一时之琐也。今世俗之为说者，不怪朱象而非尧舜也，岂不过甚矣哉？夫是之谓嵬说。”孟子也说：“丹朱之不肖，舜之子亦不肖。”他们两人一则主性善，一则主性恶，都认有例外，与孔子所说“性相近也，习相远也，惟上知与下愚不移”，大意相同。

（2）孟子说“人皆可以为尧舜”，以为人之不为善，乃由自暴自弃。荀子也承认“涂之人可以为禹”，至于不能为，乃是他不肯去做。性恶篇中说：“圣可积而致，然而皆不可积，何也？曰，可以而不可使也。故小人可以为君子，而不肯为君子；君子可以为小人，而不肯为小人。小人君子者，未尝不可以相为也，然而不相为者，可以而不可使也。故涂之人可以为禹，然则涂之人能为禹，未必然也。虽不能为禹，无害可以为禹。足以遍行天下，然而未尝有能遍行天下者也。夫工匠农贾，未尝不可以相为事也，然而未尝能相为事也。用此观之，然则可以为，未必能也；虽不能，无害可以为。然则能不能之与可不可，其不同远矣，其不可以相为明矣。”所说“可不可”，乃是本质的问题；能不能，乃是努力的问题，所以孟荀都注重努力。

（3）孟子主张性善，荀子对于教育，亦绝对抱乐观。由前例已可推知。但他在同例前段更分明说道：“然而涂之人也，皆有可以知仁义法正之质，皆有可以能仁义法正之具。”质是本质，大概指人的性质言；具是工具，大概是指礼法师友等。其实，就是学，也就是教育了。

以上是孟荀的相同点，但就大体论，孟子总近于自然主义，荀子总近于机械主义。关于孟子的学说，已经说过了，以下专就荀子说，也可分做几点论列。

（1）机械主义对于教育抱极乐观的态度，他们认人的心意，全如白纸，可任意由外面去变化；海尔巴托认儿童的心意，可任教师自由裁量。如前面所说，荀子对于教育的可能性亦很抱乐观；他所以抱乐观，也因他承认人的心意是可由外面任意变化的，所以他在性恶篇中说：“问者曰，礼义积伪者，是人之性，故圣人能生之也。应之曰，是不然。夫陶人埏埴而生瓦，然则瓦埴岂陶人之性也哉？工人斲木而生器，然则器木岂工人之性也哉？夫圣人之于礼义也，辟（譬）亦陶埏而生之也，然则礼义积伪者，岂人之本性也哉？凡人之性者，尧舜之与桀跖，其性一也；君子之与小人，其性一也。今将以礼义积伪为人之性邪？然则有（又）曷贵尧禹，曷贵君子哉？凡所贵尧禹君子者，能化性，能起伪，伪起而生礼义。然则圣人之于礼义积伪也，亦犹陶埏而生之也。用此观之，然则礼义积伪者，岂人之性也哉?”

他认君子的“化性”“起伪”“生礼义”，和陶人做瓦工人做器一般，他自然也认人性如同泥土木料一般，可任意由外面加工的了，所以说他和机械主义相似。但荀子这种思想，也有前导。告子也曾说过“以人性为仁义，犹以杞柳为杯棬”，又说，“性犹湍水也，决诸东方则东流，决诸西方则西流”；又如告子说，“生之谓性”。荀子也说，“生之所以然谓之性”，所以荀子的人性观，或者本于告子，也未可知。不过告子所说杞柳，是较有生活力的；所说湍水是较有活动力的，故告子的人性观，似乎比荀子更妥当。

（2）机械主义认人的心意可由外面干涉，因此，又极重教师，谓教师乃左右儿童之命运者。荀子的教育工具，大概不出教师礼义教本三者，但他所尤重视的是教师。

他在劝学篇上说：“故曰学莫便乎近其人。学之经，莫速乎好其人，隆礼次之。上不能好其人，下不能隆礼，安特将学杂识志（识志二字衍一字）顺诗书而已尔，则末世穷年，不免为陋儒而已。”其人就是贤人，也就是师了。又在修身篇说：“礼者所以正身也，师者所以正礼也。无礼，何以正身？无师，吾安知礼之为是也?”又在大略篇说：“故礼之生，为贤人以下至庶民也，非为成圣也，然而亦所以成圣人也。不学不成，尧学于君畴，舜学于务成昭，禹学于西王国。”

由以上三例，荀子是怎样重视教师的关系，可以推知。关于这一点，孟子的见解，却和荀子不同。孟子说：“人之患在好为人师。”又说：“夫道若大路然？子归而求之，有余师。”他对于教师的关系，看做很平淡。卢梭在他的教育小说上主张爱密儿的教师，须与他年龄相近，免得用成人的智识去妨害他。所以卢梭也是轻视教师的关系的。孔子说：“三人行，必有我师焉，择其善者而从之，其不善者而改之。”又说：“见贤思齐焉，见不贤而内自省焉。”他这样解说师的性质，把教师和教育的关系，看得比孟子卢梭还更平淡了。

（3）机械主义思以心理学为教育学的基础，荀子亦重心理，他的教育方法，也本于心理。现在且把他的心理学说略说一说，再论到他的方法。

荀子的心理分析——荀子对于人的心理作用，大概可分为三项，就是性、情、心（虑）三项。他在正名篇说这三项的定义道：“生之所以然者谓之性；性之和所生，精合感应，不事而自然谓之性；性之好恶喜怒哀乐谓之情；情然而心为之择，谓之虑；心虑而能（态）为之动，谓之伪。”又说：“性者天之就也，情者性之质也，欲者情之应也。”可见他认性情欲三者关系的密接，但这些作用都出于自然，其间并无选择作用，故关于此方面，无论尧舜桀纣，全无区别。选择作用在于心，最为重要；教育上所应处置，所能处置的就是心。现在且引几个例来，看这性情欲究竟是怎样的，随后再论心性的关系。

他在荣辱篇说：“凡人有所一同。饥而欲食，寒而欲暖，劳而欲息，好利而恶害，是人之所生而有也，是无待而然者也，是禹桀之所同也。目辨白黑美恶，耳辨音声清浊、口辨酸咸甘苦，鼻辨芬芳腥臊，骨体肤理辨寒暑疾养（痒），是又人之所常生而有也，是无待而然者也，是禹桀之所同也。”又说：“人之情，食欲有刍豢，衣欲有文绣，行欲有舆马，又欲夫余财蓄积之富也，然而穷年累世不知不足，是人之情也。”

又在王霸篇说：“夫人之情，目欲綦色，耳欲綦声，口欲綦味，鼻欲綦臭，心欲綦佚：此五綦者，人情之所必不免也。”又在性恶篇说：“今人之性，生而有好利焉，顺是，故争夺生而辞让亡焉，生而有疾恶焉，顺是，故残贼生而忠信亡焉；生而有耳目之欲，有好声色焉，顺是，故淫乱生而礼义文理亡焉。”

又在性恶篇载：“尧问于舜曰，人情何如？舜对曰，人情甚不美，又何问焉？妻子具而孝衰于亲，嗜欲得而信衰于友，爵禄盈而忠衰于君。人之情乎，人之情乎，甚不美，又何问焉？”

以上诸例，往往以情性并举，把他分析出来，大概含本能、冲动、感觉、感情、情绪、欲望等作用。这种种作用，都出于自然的感应，乃是低等的心理作用；其较高等作用的是心，其中含有理性意志等作用。他在解蔽篇说：“心者形之君也，而神明之主也，出令而无所受令。自禁也，自使也，自夺也，自取也，自行也，自止也。故口可劫而使墨云，形可劫而使诎申，心不可劫而使易意；是之则受，非之则辞，故曰心容。”他这段议论所说的心，是指意志，可见他也认意志自由。关于此点，他和海尔巴托很相似。以下论心和各种心理作用的关系。

（一）心和感觉的关系。荀子说心和感觉的关系，很是分明。他在天论篇说：“耳目鼻口形，能各有接而不相能也，夫是之谓天官；心居中虚以治五官，夫是之谓天君。”他认心和五官的关系，如同君臣，确是很有意味。

他又在正名篇说：“凡同类同情者，其天官之意物也同，故比方之，疑似而通，是所以共其约名以相期也。形体色理以目异，声音清浊调竽奇声以耳异，甘苦咸淡辛酸奇味以口异，香臭芬郁腥臊洒（漏）酸奇臭以鼻异，疾养沧热滑铍（钑，与涩同）轻重以形体异，说故喜怒哀乐爱恶欲以心异。心有征知。征知则缘耳而知声可也，缘目而知形可也。然而征知必将待天官之当薄其类然后可也。五官薄之而不知，心征之而无说，则人莫不然谓之不知，此所缘而以同异也。”

他所说“以目异”是视觉，“以耳异”是听觉，“以口异”是味觉，“以鼻异”是嗅觉，“以形体异”是触觉。征知是表象。表象比感觉复杂，往往有合数种感觉而成的，例如所说苹果一个表象，其中实含有色香味形等感觉。所以他说“征知则缘耳而知声可也，缘目而知形可也”，就是说有了表象，就可使用各种机关去辨别其对不对了。至于所说“五官薄之而不知，心征之而无说”，就是说单有感觉而不能构成表象，或是单有表象，不为他取名，都不能使人知道的了。但无论是感觉或是表象，都离不了心和五官的作用，所以他在王霸篇说：“国危则无乐君，国安则无忧民，乱则国危，治则国安，今君人者急逐乐而缓治国，岂不过甚矣哉！譬之是由（犹）好声色而恬无耳目也。”这末后一句就说感觉机关的必要。又在解蔽篇说：“心不使焉，则白黑在前而目不见，雷鼓在侧而耳不闻。”又在正名篇说：“心忧恐则口衔刍豢而不知其味，耳听钟鼓而不知其声，目视黼黻而不知其状，轻暖平簟而体不知其安。”就是说没有心知，也不能起感觉。既不能起感觉，自然更不能构成表象了。

（二）心知情性的关系。荀子认情性俱恶，已在前面说过了。但情性虽恶，却不可把他们磨灭，磨灭情性，在个人将不成其为人，在国家也不成其为治。因为情性乃是盲目的、受动的、不能自主的，所以不应该使他们负责任；应该负责任的乃是心。所以他在正名篇说：“故欲过之，而动不及，心止之也。心之所可中理，则欲虽多，奚伤于治？欲不及而动过之，心使之也。心之所可失理，则欲虽寡，奚止于乱？故治乱在于心之所可，亡于情之所欲。不求之其所在而求之其所亡，虽曰我得之，失之矣！性者，天之就也，情者，性之质也；欲者，情之应也，以所欲为可得而求之，情之所必不免也；以为可而道之，知所必出也。”

本例“失之矣”以上是说治乱应由心负责任，心的指导得当，情欲并不为害；以下是说性情欲心四者的自然的感应，就是说，心虽立于指导的地位，但终脱不了自然感应，所以名为天君——就是自然的主宰。他既是自然的主宰，那末，要使他辨别人为的善恶，当然不得不用外面的标准去帮助他了。

这外面的标准叫做“术”“道”“礼义”，其实，只是一物，就是圣王所做的礼义。但圣王很多，该怎样去取法呢？他曾在非相篇说过：“圣王有百，吾孰法焉！故曰文久而息，节族久而绝，守法数之有司，极礼而褫。故曰，欲观圣王之迹，则于其粲然者矣，后王是也。”他承认古代圣王之迹都遗留于后王的制度中，犹如孔子说：“周监于二代，郁郁乎文哉，吾从周。”可见他也是取进化主义的。以下再论他对于道术礼义的见解。

关于术，他曾在非相篇说：“故相形不如论心，论心不如择术。形不胜心，心不胜术，术正而心顺之。”可见他承认术比心更为重要了。

关于礼义，他在性恶篇说：“故枸木必将待队檃栝烝矫然后直，钝金必将待砻厉然后利，今人之性恶，必将待师法然后正，得礼义然后治。今人无师法，则偏险而不正；无礼义，则悖乱而不治。古者圣王以人之性恶，以为偏险而不正，悖乱而不治，是以为之起礼义，制法度，以矫饰人之情性而正之，以扰化人之情性而导之也，使皆出于治，合于道者也。今之人，化师法，积文学，道礼义者，为君子；纵情性，安恣睢，而达礼义者，为小人。用此观之，然则人之性恶明矣，其善者伪也。”

关于道，他在正名篇说：“凡人之取也，所欲未尝粹而来也；其去也，所恶未尝粹而往也，故人无动而不可以不与权俱。衡不正，则重县于仰而人以为轻，轻县于俯而人以为重，此人所以惑于轻重也。权不正，则祸托于欲而人以为福，福托于恶而人以为祸，此亦人所以惑于祸福也。道者古今之正权，离道而内自择，则不知祸福之所托。”

“内自择”就是任心自择，任心自择不用道来帮助，必不能调节情欲以趋福避祸，所以他虽说心是自由自主的，但不承认他是最高的指导者。他的主义，和宋儒性即理之说正相反对，和孟子的立说也不同。孟子说：“学问之道无他，求其放心而已矣。”他是承认心为最高指导的。总之，孟子的美恶分界，是从动机着眼；荀子对于善恶的分别，是以结果为标准的；所以立论互异。若论到心志的自由自主，他们的见解，乃是一致的。至荀子以结果为善恶标准，性恶篇有一个例。他说：“今当试去君上之势，无礼义之化，去法正之治，无刑罚之禁，倚而观天下民人之相与也。若是，则夫强者害弱而夺之，众者暴寡而哗之，天下之悖乱而相亡，不待顷矣。用此观之，然则人之性恶明矣，其善者伪也。”他认任人性，天下必乱，可见他说性恶，只重其结果。

荀子又在正名篇举例说明道与欲的关系：“性者天之就也。情者性之质也。欲者情之应也，以所欲为可得而求之，情之所必不免也；以为可而道之，知所必出也。故虽为守门，欲不可去，性之具也；虽为天子，欲不可尽。欲虽不可尽，可以近尽也；欲虽不可去，求可节也。所欲虽不可尽，求者犹近尽；欲虽不可去，所求不得，虑者欲节求也。道者进则近尽，退则节求，天下莫之若也。”

守门与天子欲望相同，守门未尝不欲天子之所欲，天子亦未尝以其所享为满足，而其情又皆以为可得而求之，其心以为可而道达之，势非大乱不止。若使知得道，那末，以道佐心，以心制情，可使贱者节其求，贵者知所求已近尽，这就是道的妙用了。

他又在解蔽篇很分明的说心与道的关系：“故心不可以不知道。心不知道，则不可道而可非道。人孰欲得恣而守其所不可，以禁其所可？以其不可道之心取人，则必合于不道人，而不知合于道人；

以其不可道之心与不可道之人论道人，乱之本也。夫何以知？曰心知道然后可道，可道然后能守道以禁非道。以其可道之心取人，则合于道人，而不合于不道之人矣；以其可道之心与道人论非道，治之要也，何患不知？故治之要，在于知道人。”

但道是道，心是心，心何以能知道，这却是一个很重要的问题。这个问题得了解答，那末，他所说“皆有可以知仁义法正之质，皆有可以能仁义法正之具”，也可同时解决了。

他于是继续说道：“何以知道？曰心。心何以知？曰虚壹而静。心未尝不藏也，然而有所谓虚；心未尝不满（两）也，然而有所谓一；心未尝不动也，然而有所谓静。人生而有知，知而有志，志也者藏也；然而有所谓虚，不以已所藏害所将受，谓之虚。心生而有知，知而有异，异也者，同时兼知之；同时兼知之，两也；然而有所谓一，不以夫一害此一谓之壹。心卧则梦，偷则自行，使之则谋；故心未尝不动也，然而有所谓静。不以梦剧乱知谓之静。未得道而求道者，谓之虚壹而静。”

本例是释心的自然作用，立意和海尔巴托很相似。所说“人生而有知”，就是所说“心有征知”，也就是表象了。“不以已所藏害所将受”，就是说新旧表象可以互相结合。“异”是相反对的表象，“壹”就是专心，静是集中注意，就是致思。荀子承认由这虚壹而静的方面，可以使人知道，也如海尔巴托认儿童的心意，可由教师任意造成或改变之，以达其目的了。所以海尔巴托重视教师，荀子也最重师。他在本例论心的本体，在上文就论“治之要在知道人”；“道人”，就是使人知道了。

关于专心他又在劝学篇说：“蚯蟥无爪牙之利，筋骨之强，上食埃土，下饮黄泉，用心一也。蟹六跪而二螯，非蛇蟮之穴无可托者，用心躁也。是故无冥冥之志者，无昭昭之明；无惛惛之事者，无赫赫之功；行衢道者不至，事两君者不容；目不能两视而明，耳不能两听而聪，螣蛇无足而飞，梧鼠五技而穷。诗曰，尸鸠在桑，其子七兮，淑人君子，其仪一兮；其仪一兮，心如结兮。故君子结于一也。”本例中所说“冥冥”“惛惛”就是专心的样子。

又如不苟篇说：“君子养心莫善于诚，致诚则无他事矣。唯仁之为守，唯义之为行。诚心守仁则形，形则神，神则能化矣；诚心行义则理，理则明，明则能变矣。变化代兴，谓之天德。”诚就是专心，“致诚”“诚心”也是专心；守仁乃是专心于仁的观念，其结果便能体现，便能神化了。杨倞注“则下尊之如神”，他把神当做鬼神解，乃是大谬。试看原文以形理、神明、变化对举，显然都是抽象词了，岂可把神字解作鬼神之神？又如“天德”，他解作“德同于天”，也不对。试看天论篇以心名为“天君”，以五官名为“天官”，便知所说“天”只是“自然”的意义，天德乃是自然之德，就是心的德了。总之，杨倞的荀子注，确是有工夫的，但显著的误谬，往往不免，本段的就是其中一个例子。

关于致思，荀子也很重视。他在劝学篇说：“君子知夫不全不粹之不足以为美也，故诵数以贯之，思索以通之”；又在修身篇说：“愚款端悫，则合之以礼乐，通之以思索。”他以“思索”和“诵数”“礼乐”等并列，也可见他认思索是一个重要方法了。其实，孔子也以思和学并列，孟子尤其重思，我们已在第一编论过，足见致思乃是儒家共通的法门了。

荀子于专心致思外，又重贯彻，就是有恒。因为专心致思乃是比较短期的，贯彻乃是长期的。他在劝学篇说：“学也者，固学一之也。一出焉，一入焉，涂巷之人也；其善者少，不善者多，桀纣盗跖也；全之尽之，然后学者也。君子知夫不全不粹之不足以为美也，故诵数以贯之，思索以通之，为其人以处之，除其害者以持养之，使目非是无欲见也，使耳非是无欲闻也，使口非是无欲言也，使心非是无欲虑也；及至其致好之也。目好之五色，耳好之五声，口好之五味，心利之有天下。是故权利不能倾也，群众不能移也，天下不能荡也；生乎由是，死乎由是，夫是之谓德操。”

本段“目好之五色”云云，犹言如目之好五色云云；杨注亦谬。又由本例看，荀子似乎亦兼注意于官觉教育的。

又在修身篇说：“故蹞步而不休，跛鳖千里；累土而不辍，丘山崇成；厌其源，开其渎，江河可竭。一进一退，一左一右，六骥不致；彼人之才性相县也，岂若跛鳖之与六骥足哉？然而跛鳖致之，六骥不致，是无他故焉，或为之，或不为尔。道虽迩，不行不至；事虽小，不为不成；其为人也，多暇日者，其出入不远矣。”

荀子因为重视贯彻，所以又重习惯——积，和环境——渐与靡。关于习惯，如前例所说“使自非是无欲见也”等语，就是养成心和五官的习惯。他又在荣辱篇说：“材性知能，君子小人一也。好荣恶辱，好利恶害，是君子小人之所同也。若其所以求之之道则异矣……则君子注错之当而小人注错之过也。故孰察小人之知能，足以知其有余，可以为君子之所为也。譬之越人安越，楚人安楚，君子安雅，是非知能材性然也，是注错习俗之节异也。”本例说君子小人之分，不在材性而在习俗，正和孔子说“性相近也，习相远也”极其相似。

又在儒效篇说：“人无师法，则隆情矣；有师法，则隆性矣。而师法者，所得乎情（当作积字，下同），非所受乎性，性（依王念孙说补）不足以独立而治。性也者，吾所不能为也，然而可化也；情（积）也者，非吾所有也，然而可为也。注错习俗，所以化性也；并一而不二，所以成积也。习俗移志，安久移质。并一而不二，则通于神明，参于天地矣。故积土而为山，积水而为海。旦暮积谓之岁……涂之人百姓积善而全尽，谓之圣人。……人积耨耕而为农夫，积斲削而为工匠，积反（贩）货而为商贾，积礼义而为君子。工匠之子莫不继事，而都国之民安习其服，居楚而楚，居越而越，居夏而夏，是非天性也，积靡使然也。故人知谨注错，慎习俗，大积靡，则为君子矣；纵性情而不足问学，则为小人矣。”本例所论，大概属于积习方面，但所云“居楚而楚，居越而越”等语，亦含有环境的影响；又所云“谨注错”，乃属于行动，行动为习惯之始基，故要“慎习俗”，不得不先“谨注错”。关于慎习一事，他又曾在大略篇说：“乘舆之轮，太山之木也，示诸檃栝，三月五月，为帱菜敝而不反其常。君子之檃栝，不可不谨也，慎之。”这“不反其常”一语，很可注意，因为习惯不论好坏，一经养成，便不容易改变，所以荀子一面主张习惯教育，一面又说“不可不谨”。自然主义的卢梭惟恐养成恶习；孟子也说“故习不可不慎也”，他所说的“习”表面虽指职业而言，其实，也含有慎习惯之意。

上面所论，除习惯一端外，又有一个积字。关于积和习的分别，须约略说几句。大概积是属于心的方面的，习是属于行为的方面的。所以正名篇说：“心虑而能（态）为之动，谓之伪；虑积焉，能（态）习焉，而后成，谓之伪。”性恶篇说：“圣人积思虑，习伪故，以生礼义而起法度。”

其次，关于环境，荀子名为“渐”，或名为“靡”。因为习惯属于主观的方面，乃是积极的，所以名为积或名为习；环境属于客观的方面，乃是消极的，所以名为渐或靡。关于环境的影响，他在劝学篇说：“蓬生麻中，不扶而直；白沙在涅，与之俱黑。兰槐之根是为芷，其渐之滫，君子不近，庶人不服。其质非不美也，所渐者然也。故君子居必择乡，游必就士，所以防邪僻而近中正也。”

又在性恶篇说：“夫人虽有性质美而心辨知，必将求贤师而事之，择良友而友之。得贤师而事之，则所闻者尧舜禹汤之道也；得良友而友之，则所见者忠信敬让之行也；身日进于仁义而不自知者也，靡使然也。今与不善人处，则所闻者欺诬作伪也，所见者污漫淫邪贪利之行也；身且加于刑戮而不自知者，靡使然也。传曰，不知其子，视其友；不知其君，视其左右。靡而已矣，靡而已矣。”

总而言之，荀子的教育目的，是要使人有礼义；至于怎样使人有礼义，他的方法可分两大项：一为内部的，例如心意官觉的修养；二为外部的，例如诗书礼乐以至师友等。关于内部的修养，完全要靠外面的教育来帮助，以达其输入外面材料的目的；所以说，荀子乃是主张外面构成的教育的。

（民国十八年七月作，曾汇刊为中国古代教育思潮）

庄子的教育思潮

绪论

要述庄子的教育思想，关于他的时代以及他的学说来源和特点，须先说几句。

庄子的时代，差不多和孟子相同，他的生地又和孟子故乡很相近，两人又都好辩，但他们的书上都彼此没有提起过，这原很奇怪。其实，孟子上所称诸学者，大都是直接间接辩论过的，庄子或者没有亲自遇到孟子，或者他的年龄较孟子为幼，他们的门徒间也没有相遇过，所以孟子上不及载庄子的议论。至于庄子上所载诸学者，大概属于假托，所以没有孟子的名姓。但孟子称道尧、舜，提倡仁义，他却轻视尧舜排斥仁义。又如孟子说，“离娄之明，公输子之巧”，对于技巧有相当的敬意。庄子偏说，“胶离朱之目，攦工倕之指”，极端排斥技巧，可见他虽反对各派，而尤注意于孟子的学说了。史记称庄子“善属书离辞，指事类情，用剽窃儒墨，虽当世宿学，不能自解免也”，所谓当世宿学，大概就是指孟子一流人物了。

至于庄子和各派不同之处，却有二点。原来儒、墨、权、谋、名、法诸家，大都采取国家主义和主知主义，庄子却取个人主义自然主义。他所以会取这两种主义，和当时流行的时髦学派立于显然相反的地位，自然可认为他是由于时代的反动，但于天下篇看，他的学说，确是有所本的。再则关于个人主义，我们在前几编曾经说过，自孔子、墨子以迄孟子的时代，都有这种学派。至于这种学派是否和庄子相同，还有讨论的必要。由来都把他们看做一种自食其力的隐士。其实，他们决不是毫无主张的。我们现在把孔子、孟子、墨子对于他们的辩论总括起来，也可得到一个大概。试看孔子所说："鸟兽不可与同群，吾非斯人之徒与而谁与？"子路说："君臣之义，胡可废也？"孟子对许行之徒说尧、舜怎样驱除猛兽，怎样教育，怎样必须分别治人与治于人的阶级，又说通工易事的怎样必要，又斥他变于夷狄。墨子对吴虑说教人耕胜于自耕，教人为义胜于独为义。我们由这些议论看起来，可以推定他们是反对人治、文化、教育（积极教育）、工商等事，而重农耕倡个人主义的。关于这几点，和庄子的思想很是吻合。庄子在马蹄篇说："彼民有常性，织而衣，耕而食，是谓同德。一而不党，命曰天放。故至德之世，其行填填，其视颠颠。当是时也，山无蹊隧，泽无舟梁；万物群生，连属其乡；禽兽成群，草木遂长。是故，禽兽可系羁而游；鸟鹊之窠，可攀援而窥。夫至德之世，同与禽兽居，族与万物并，恶乎知君子小人哉？同乎无知，其德不离；同乎无欲，是谓素朴。素朴而民性得矣。"所说"山无蹊隧，泽无舟梁"，自然没有工商了；与"禽兽居"，就是鸟兽同群，"禽兽逼人"了；不知君子小人，就是没有治者被治者的分别了；素朴就是反对文化了。至于庄子反对积极教育，且等到后面再说。我们由以上诸端看，可见庄子确是和孔子以来的个人主义有关系的了。

再以庄子和欧洲的学者比较，在教育方面，他的思想大概和卢梭、托尔斯泰相似；在哲学上，则和叔本华相似。若论到文学方面，他也不下于他们，后代学者虽然极端崇拜孔孟，但一方也从文学的见地去研究庄子，因此，他对于后代的学者，确有极大的潜势力。

总之，庄子这个人，一方确可为中国古代一大思想的代表，一方对于后代学界的影响也极大，所以他对于教育上的见解，确是值得研究的。

[此后“第一章”原题《庄子和自然主义》，下覆六节。兹因本篇只设此“一章”，而下设一至六节皆属篇题范畴，故取消原一章之题，而将原一至六节之题排序为第一至第六章。——编注]

第一章　庄子和客观的自然主义

教育上的自然主义，原有主观的和客观的分别，但两者间并非绝对不可通融。譬如卢梭承认一切自然性都好，原是采主观的自然主义的，同时又以自然为一大书籍，又说爱密儿宜时时接近自然，亦兼采客观的自然主义。庄子也是兼取两种自然主义的。

至于庄子所谓“自然”的命意，也很和卢梭相似。试看他在秋水篇说得很分明：“‘何谓天？何谓人？’北海若曰：‘牛马四足，是谓天；落（络）马首，穿牛鼻，是谓人。故曰，无以人灭天，无以故灭命，无以得殉名，谨守而勿失，是谓反其真。’”又在渔父篇说：“礼者世俗之所为也，真者所以受于天也，自然不可易也。故圣人法天贵真，不拘于俗；愚者反此，不能法天而恤于人，不知贵真，禄禄而受变于俗，故不足。惜哉，子之蚤湛于伪而晚闻大道也。”他所说“天”“真”等，就是自然；所说“人”“礼”“俗”“伪”等，就是社会的人为习惯。所说“法天”，就是客观的自然主义，“贵真”就是主观的自然主义。以下论客观的自然主义。

庄子的客观自然主义，可分为两种：一是取法于大自然，一是和自然界接近。

关于第一点，凡庄子所说的“道德”“自然”“无为”“不言之教”，都本于自然，所以他在知北游篇说：“天地有大美而不言，四时有明法而不议，万物有成理而不说。圣人者，原天地之美，而达万物之理，是故至人无为，大圣不作，观于天地之谓也。”又说：“天不得不高，地不得不广，日月不得不行，万物不得不昌，此其道与?”又在天道篇说：“天道运而无所积，故万物成；帝道运而无所积，故天下归；圣道运而无所积，故海内服，明于天，通于圣，六通四辟于帝王之德者，其自为也，昧然无不静者矣。”又说：“夫帝王之德，以天地为宗，以道德为主，以无为为常。”又说：“天不产而万物化，地不长而万物育，帝王无为而天下功；故曰，莫神于天，莫富于地，莫大于帝王；故曰，帝王之德配天地。”又说：“夫天地者，古之所大也，而黄帝、尧、舜之所共美也，故古之王天下者，奚为哉？天地而已矣。”又说：“夫子若欲使天下无失其牧乎，则天地固有常矣，日月固有明矣，星辰固有列矣，禽兽固有群矣，树木固有立矣。”

上举诸例中所谓“不言”“不议”“不说”，就是“不言之教”的根据；所谓“不得不”乃是以天地万物明道之自然；所谓“固有”乃是以天地日月星辰禽兽树木明德无不宜。卢梭说：“但凡从造物主手里传下来的东西，样样都好；但来到人手里后，就渐渐不好了。”庄子的意思也是如此，所以他常常从自然界中去求他的立说根据；因为自然界是没有经过人工的。

至关于第二点，庄子既然反对人为而主自然，他必然也赞成田野生活而厌弃都会的；更看他所描写的至德之世（参看绪论所举马蹄篇的例子），亦可证明他是极端赞成和自然接近的。但现在还有两个例，第一他在徐无鬼篇说：“徐无鬼因女商见魏武侯，武侯劳之曰：‘先生病矣，苦于山林之劳，故乃肯见于寡人。’徐无鬼曰：‘我则劳于君，君有何劳于我？君将盈耆欲，长好恶，则性命之情病矣；

君将黜耆欲，掔好恶，则耳目病矣。我将劳于君，君有何劳于我?'”他分明认宫中生活极不适性情。第二他又在描写一个故事道：“子綦有八子陈诸前，召九方歅曰，为我相诸子孰祥！九方歅曰，梱也为祥，子綦瞿然喜曰，奚若?曰，梱也将与国君同食以终其身。子綦索然出涕曰，吾子何为以至于是极也?九方歅曰，夫与国君同食，泽及三族，而况于父母乎?今夫子闻之而泣，是御福也，子则祥矣！父则不祥。子綦曰，歅，汝何足以识之而梱祥耶?尽于酒肉，入于鼻口矣，而何足以知其所自来?吾未尝为牧，而牂生于奥；未尝好田，而鹑生于宎，若勿怪何耶?吾所与吾子游者，游于天地。吾与之邀乐于天，吾与之邀食于地。吾不与之为事，不与之为谋，不与之为怪。吾与之乘天地之诚，而不以物与之相撄；吾与之一委蛇而不与之为事所宜。今也然有世俗之偿焉。凡有怪征者，必有怪行。殆乎！非我与吾子之罪，几天与之也。吾是以泣也。无几何而使捆之于燕，盗得之于道，全而鬻之则难，不若刖之则易。于是刖而鬻之于齐，适当渠公之街，然身食肉而终。”

他这段故事，是说子綦以自然教育教养儿子，所说：“邀乐于天”“邀食于地”，就是使他接近自然，所说“不与之为事”“为谋”“为怪”，“不以物与之相撄”，就是不以成人的知识去教他，使他隔绝社会了。

第二章　庄子和主观的自然主义

庄子和孟子，虽然同采主观的自然主义，但庄子的人性解释，却和告子荀子相同，和孟子相反。孟子于人性中虽亦注意到本能冲动感情等，但尤其重视的是理性；庄子却注重本能冲动情绪等方面。所以孟子反驳“生之谓性”的定义道：“然则犬之性犹牛之性，牛之性犹人之性与?”他认人性和兽性不同，就是说人兽相同之点是本能，不同之点是理性，人所以能有道德，就为有理性，所以他要严人禽之辨。他说：“人之所以异于禽兽者几希。”所谓“几希”，就是说只在有无理性的一端了。所以他又说，“逸居而无教，则近于禽兽”，他亦相对的承认教权的重要。庄子却不然，他偏说：“性者生之质。”他并不严人禽之辨，他甚至说道在蝼蚁、稊稗、瓦甓、屎溺等等（见知北游篇）。他论到性情道德以及政治教育等方面，往往举牛马鱼鸟猿狙等物为例。他并不认道德是人类的专有物，因为他认道德就在任其自然之性，就是说依本能做去；若参以思虑人工，便不是道德。所以他最羡慕太古时代的人类生活，屡屡说：“返真”“复其性情”。孟子所说仁义礼知四端，以为“人之有是四端犹其有是四体”，他以为并不重要。他在知北游篇说：“道不可致，德不可至，仁可为也，义可亏也，礼相伪也。故曰，失道而后德，失德而后仁，失仁而后义，失义而后礼。礼者道之华而乱之首也。”所谓“不可致”“不可至”，便是说出乎性之自然不待他求的；所谓“可为”“可亏”“相伪”，便是人力所致；出乎自然，乃能如天之无不覆，地之无不载，不求其普遍而自然普遍，断然非人力所及。故他又在马蹄篇说：“道德不废，安取仁义；性情不离，安用礼乐?……夫残朴以为器，工匠之罪也；毁道德以为仁义，圣人之过也。”他关于道与仁的功用广狭，有一个很好的比喻，他在天运篇载老聃之言道：“泉涸，鱼相与处于陆，相呴以湿，相濡以沫，不若相忘于江湖。”又在大宗师篇引孔子之言道：“鱼相造乎水，人相造乎道。相造乎水者，穿池而养给；相造乎道者，无事而生定。故曰，鱼相忘乎江湖，人相忘乎道术。”总括这两段议论，就是说仁不如道了。

他又在天道篇设为孔子和老聃相问答之辞：“老聃曰，请问仁义，人之性耶?孔子曰，然。君子不仁则不成，不义则不生，仁义，真人之性也，又将奚为矣？老聃曰，请问何谓仁义？孔子曰，中心物恺，兼爱无私，此仁义之情也。老聃曰，意，几乎后言，夫兼爱，不亦迂乎？无私焉，乃私也。夫子若欲使天下无失其牧乎？则天地固有常矣，日月固有明矣，星辰固有列矣，禽兽固有群矣，树木固有立矣。夫子亦放德而行，循道而趋，已至矣，又何偈偈乎揭仁义，若击鼓而求亡子焉。意，夫子乱人之性也。”这击鼓以求亡子的比喻最妙。亡子是失道之人，苟不使失道，何必击鼓去求，犹言人苟不失其性情，合乎至道，何必用仁义。总之，仁义所以不如道德，就因道德是任性情行事，仁义是拂性情行事，任性情行事，故无在而不自得；拂性情行事，便有过与不及之弊。以下就庄子对于仁义的见解，分三项说明。

其一是性和仁义的关系。试看他在骈拇篇说：“故此皆多骈旁枝之道，非天下之至正也。彼正正者，不失其性命之情。故合者不为骈，而枝者不为跂；长者不为有余，短者不为不足。是故凫胫虽短，续之则忧；鹤胫虽长，断之则悲。故性长非所断，性短非所续，无所去忧也。意仁义其非人情乎？彼仁人何其多忧也。且夫骈于拇者，决之则泣；枝于手者，龁之则啼。二者，或有余于数，或不足于数，其于忧一也。今世之仁人，蒿目而忧世之患；不仁之人，决性命之情而饕富贵，故意仁义其非人情乎？自三代以下者，天下何其嚣嚣也。且夫待钩绳规矩而正者，是削其性也；待绳约胶漆而固者，是侵其德也；屈折礼乐，呴俞仁义，以慰天下之心者，此失其常然也。天下有常然。常然者，曲者不以钩，直者不以绳，圆者不以规，方者不以矩，附离不以胶漆，约束不以纆索。故天下诱然皆生，而不知其所以生；同焉皆得，而不知其所以得。故古今不二，不可亏也，则仁义又奚连连如胶漆纆索，而游乎道德之间为哉，使天下惑也？夫小惑易方，大惑易性。何以知其然邪？自虞氏招仁义以挠天下也，天下莫不奔命于仁义，是非以仁义易其性与?”

他又在马蹄篇说：“陶者曰，我善治埴，圆者中规，方者中矩；匠人曰，我善治木，曲者中钩，直者应绳。夫埴木之性，岂欲中规矩钩绳哉？然且世世称之曰，伯乐善治马，而陶匠善治埴木，此亦治天下者之过也。”

他论仁义和人性的关系，和荀子极相似，但他信自然性最好，“易性”是大坏事；荀子却认自然性本恶，正须用仁义去化性起伪，所以两人的主张截然不同。荀子以为灭却礼义，天下必然大乱；庄子则以为天下之乱，乃由于失性，并不关于礼义。

所以他在在宥篇论：“闻在宥天下，不闻治天下也。在之也者，恐天下之淫其性也；宥之也者，恐天下之迁其德也。天下不淫其性，不迁其德，有治天下者哉?”又说：“自三代以下者，匈匈焉终以赏罚为事，彼何暇安其性命之情哉？而且说明耶，是淫于色也；说聪耶，是淫于声也；说仁耶，是乱于德也；说义耶，是悖于理也；说礼耶，是相于技也；说乐耶，是相于淫也；说圣耶，是相于艺也；说知耶，是相于疵也。天下将安其性命之情，之八者，存可也，亡可也；天下将不安其性命之情，之八者，乃始脔卷怆囊而乱天下也。而天下乃始尊之惜之，甚矣天下之惑也。”

原来庄子承认凡可以“易性”“失性”“淫其性”的都不好。但失性的不仅关于心的方面，关于官觉的方面，也可使人失性。他在天地篇说：“百年之木，破为牺尊，青黄而文之，其断在沟中；比牺尊于沟中之断，则美恶有间矣，其于失性一也。跖与曾史，行义有间矣，然其失性均也。且夫失性有五：一曰，五色乱目，使目不明；二曰，五声乱耳，使耳不聪；三曰，五臭熏鼻，困惾中颡；四曰，五味浊口，使口厉爽；五曰，趣舍滑心，使性飞扬。此五者皆生之害也。”

以上所引诸例，大概关于性的方面，其二再就情的方面说。庄子曾在庚桑楚篇说，“欲恶喜怒哀乐，六者累德也”；又在刻意篇说：“悲乐者德之邪，喜怒者道（应作德）之过，好恶者德之失。”这欲恶喜怒哀乐等心象，荀子叫做情，其实，就是感情和情绪等作用。庄子似乎是认感情情绪不好的。其实，庄子所说感情情绪不好，只是说他们为外物所乱之后才不好，并不是说他们本来不好。他在马蹄篇说：“夫马陆居则食草饮水，喜则交颈相靡，怒则分背相踶，马知已此矣。夫加之以衡扼，齐之以月题，而马知介倪，闉扼，鸷曼，诡衔，窃辔，故马之知而态至盗者，伯乐之罪也。”原来马在没有受衡扼月题之前，他的喜怒并没有不当；受了衡扼月题的人为束缚，他的喜怒才不当。可见庄子原不说自然的感情情绪不对了。再看他在渔父篇载：“孔子愀然曰，请问何谓真？客曰，真者精诚之至也。不精不诚，不能动人。故强哭者虽悲不哀，强怒者虽严不威，强亲者虽笑不和。真悲无声而哀，真怒未发而威，真亲未笑而和。真在内者神动于外，是所以贵真也。其用于人理也，事亲则孝慈，事君则忠贞，饮酒则欢乐，处丧则悲哀。忠贞以功为主，饮酒以乐为主，处丧以哀为主，事亲以适为主。功成之美，无一其迹矣；事亲以适，不论所以矣；饮食以乐，不选其具矣；处丧以哀，无问其礼矣。……惜哉！子之蚤湛于伪而晚闻大道也。”这一段议论，大概驳斥礼俗而重天真。所谓“真悲”“真怒”“真亲”，就是说自然的情绪了。

总之，庄子常以性情并列，又屡屡说“反其性情”，他并非说性好而情不对。他所说“复其性情”，也如卢梭所说“返到自然”了。

以下其三，就庄子对于仁义等事的别种害处略说几句。

仁义既属人为，也容易为奸人所假借，其害处更大。所以他在徐无鬼篇说：“啮缺遇许由曰，子将奚之？曰，将逃尧。曰，奚谓耶？曰，夫尧畜畜然仁，吾恐其为天下笑，后世其人与人相食与？

夫民不难聚也，爱之则亲，利之则至，誉之则劝，致其所恶则散。爱利出乎仁义，捐仁义者寡，利仁义者众。夫仁义之行，唯且无诚，且假夫禽贪者器，是以一人之断制利天下。譬之犹一觇也。”

最后，再论庄子以为知的害处也有二项：

（一）知能使人乱性，他在胠箧篇说：“上诚好知而无道则天下大乱矣。何以知其然邪？夫弓弩毕弋机变之知多，则鸟乱于上矣；钩饵网罟罾笱之知多，则鱼乱于水矣；削格罗落罝罘之知多，则兽乱于泽矣；知诈渐毒、颉滑坚白、解垢同异之变多，则俗惑于辩矣。故天下每每大乱，罪在于好知。故天下皆知求其所不知，而莫知求其所已知者，皆知非其所不善，而莫知非其所已善者，是以大乱。故上悖日月之明，下烁山川之精，中堕四时之施。惴软之虫，肖翘之物，莫不失其性，甚矣夫好知之乱天下也！”人类好知，其害足以乱及动物之性，又焉能不自乱其性。所以他又在天地篇述一故事道：“子贡南游于楚，反于晋，过汉阴，见一丈人方将为圃畦，凿隧而入井，抱瓮而出灌，搰搰然用力甚多而见功寡。子贡曰，有械于此，一日浸百畦，用力甚寡而见功多，夫子不欲乎？为圃者卬而视之曰，奈何？曰，凿木为基，后重前轻，挈水若抽，数如泆汤，其名为槔。为圃者忿然作色而笑曰，吾闻之吾师，有机械者必有机事，有机事者必有机心。机心存于胸中，则纯白不备；纯白不备，则神生不定；神生不定者，道之所不载也。吾非不知，羞而不为也。”机心能使纯白不备，就是说“好知足以乱性”，“羞而不为”就是所谓“而天下始人含其知”了。

（二）知足以引起争夺，也容易为奸人所假借，所以他认知为凶器又认为利器，他在人间世篇说：“且若亦知夫德之所荡，而知之所为出乎哉？德荡乎名，知出乎争。名也者相轧也，知也者争之器也。二者凶器，非所以尽行也。”又在胠箧篇说：“将为胠箧探囊发匮之盗而为守备，则必摄缄縢，固扃鐍，此世俗之所谓知也；然而巨盗至，则负匮揭箧担囊而趋，唯恐缄縢扃鐍之不固也。然则乡之所谓知者，不乃为大盗积者也？故尝试论之，世俗所谓知者，有不为大盗积者乎？所谓圣者，有不为大盗守者乎？何以知其然耶？昔者齐国，邻邑相望，鸡狗之音相闻，罔罟之所布，耒耨之所刺，方二千余里，阖四境之内，所以立宗庙社稷，治邑屋州闾乡曲者，曷尝不法圣人哉？然而田成子一旦杀齐君而盗其国，所盗者岂独其国耶？并与其圣知之法而盗之……故跖之徒问于跖曰，盗亦有道乎？跖曰，何适而无有道邪？夫妄意室中之藏，圣也；入先，勇也；出后，义也；知可否，知也；分均，仁也。五者不备而能成大盗者，天下未之有也。由是观之，善人不得圣人之道不立，跖不得圣人之道不行。天下之善人少而不善人多，则圣人之利天下也少，而害天下也多。”又在同篇说：“故曰，鱼不可脱于渊，国之利器不可以示人；彼圣人者天下之利器也，非所以明天下也。故绝圣弃知，大盗乃止。”

第三章　庄子与消极教育

庄子的消极教育，可从他关于道学知言心五项的见解中看出来。道是庄子的理想，但他以为道是不可受约；知学言三项，乃是积极教育上所共同的目标，所必要的工具，但他偏说“不言之教”，偏说“绝圣弃知”，又说孔子“绝学捐书，弟子无挹于其前，其爱益加进”。至于心，他亦只从消极方面认其价值。关于积极方面，他以为有害而无利的。现且就叙述的便利，把他分作三款论列：

一，关于道，他在大宗师篇说：“夫道有情有信，无为无形，可传而不可受，可得而不可见。”又天运篇载：“孔子行年五十有一而不闻道，乃南之沛，见老聃，老聃曰，子来乎？吾闻子北方之贤者也，子亦得道乎？孔子曰，未得也。老子曰，子恶乎求之哉？曰，吾求之于度数，五年而未得也。老子曰，子又恶乎求之哉？曰，吾求之于阴阳，十有二年而未得。老子曰，然，使道而可献，则人莫不献之于其君；使道而可进，则人莫不进之于其亲；使道而可以告人，则人莫不告其兄弟；使道而可以与人，则人莫不以与其子孙。”

上举二例，乃明道之不可受与不可教。度数乃是各项具体的智识，就是学问；阴阳是心性的修养，不可从度数阴阳求，便是消极的教育了。

此外，他又在知北游篇说：“知北游于玄水之上，登隐弅之丘，而适遭无为谓焉。知谓无为谓曰，予欲有问乎若，何思何虑则知道？何处何服则安道？何从何道则得道？三问而无为谓不答也。非不答，不知答也。知不得问，反于白水之南，登狐阕之上，而睹狂屈焉。知以之言也问乎狂屈，狂屈曰，唉！予知之，将语若，中欲言而忘其所欲言。知不得问，反于帝宫，见黄帝而问焉。黄帝曰，无思无虑始知道，无处无服始安道，无从无道始得道。知问黄帝曰，我与若知之，彼与彼不知也，其孰是邪？黄帝曰，彼无为谓真是也，狂屈似之，我与汝终不近也。夫知者不言，言者不知，故圣人行不言之教。”又说：“知谓黄帝曰，吾问无为谓，无为谓不应我；非不我应，不知应我也。吾问狂屈，狂屈中欲告我而不我告；非不我告，中欲告而忘之也。今予问乎若，若知之，奚故不近？黄帝曰，彼其真是也，以其不知也，此其似之也，以其忘之也；予与若终不近也，以其知之也。狂屈闻之，以黄帝为知言。”

又同篇说：“妸荷甘与神农同学于老龙吉，神农隐几阖户昼瞑，妸荷甘日中奓户而入曰，老龙死矣。神农隐几拥杖而起，嚗然放杖而笑曰，天知予僻陋慢訑，故弃予而死，已矣夫子，无所发予之狂言而死矣夫？弇堈吊闻之曰，夫体道者，天下之君子所系焉。今于道秋毫之端，万分未得处一焉，而犹知藏其狂言而死，又况夫体道者乎？视之无形，听之无声，于人之论者谓之冥冥，所以论道而非道也。

“于是泰清问乎无穷曰，子知道乎？无穷曰，吾不知。又问乎无为，无为曰，吾知道。曰，子之知道，亦有数乎？曰，有。曰，其数若何？无为曰，吾知道之可以贵，可以贱，可以约，可以散，此吾所以知道之数也。泰清以之言也问乎无始曰，若是，则无穷之弗知，与无为之知，孰是而孰非乎？无始曰，不知深矣，知之浅矣；弗知内矣，知之外矣。于是泰清中而叹曰，弗知乃知乎？知乃不知乎？孰知不知之知？无始曰，道不可闻，闻而非也；道不可见，见而非也；道不可言，言而非也。知形形之不形乎？道不当名。无始曰，有问道而应之者，不知道也，虽问道者，亦未闻道。道无问，问无应。无问问之，是问穷也；无应应之，是无内也。以无内待问穷，若是者，外不观乎宇宙，内不知乎太初；是以不过乎昆仑，不游乎太虚。”

以上三例，明道之不可以知与言求，对于消极教育的精义，阐发极透辟。

次关于知（智识）与仁义礼乐诸端，虽在前节论过，但就其与学道方面的关系，还可再举两个例来看：

他在大宗师篇说：“意而子见许由，许由曰，尧何以资汝？意而子曰，尧谓我：汝必躬服仁义，而明言是非。许由曰，而奚为来轵？夫尧既已黥汝以仁义，而劓汝以是非矣，汝将何以游夫遥荡恣睢转徙之涂乎？意而子曰，虽然，吾愿游于其藩。许由曰，不然。夫盲者无以与乎眉目颜色之好，瞽者无以与乎青黄黼黻之观。意而子曰，夫无庄之失其美，据梁之失其力，黄帝之亡其知，皆在炉捶之间耳。庸讵知夫造物者之不息我黥而补我劓，使我乘成以随先生耶？许由曰，噫，未可知也，我为汝言其大略。”

又说：“颜回曰，回益矣。仲尼曰，何谓也？曰，回忘仁义矣。曰，可矣，犹未也。他日复见曰，回益矣。曰，何谓也？曰，回忘礼乐矣。曰，可矣，犹未也。他日复见，曰，回益矣。曰，何谓也？曰，回坐忘矣。仲尼蹴然曰，何谓坐忘？颜回曰，堕肢体，黜聪明，离形去知，同于大通，此谓坐忘。仲尼曰，同则无好也，化则无常也，而果其贤乎？丘也请从而后也。”

以上二例，前例是言受过仁义的教育，比没有受过仁义教育的人更难进乎道，他认仁义的害人，如同黥劓，又以盲者瞽者相喻，也可算是极端否认仁义了。后例言颜回每称进益一次，却是忘了若干。可见损之功用，正和益相等；老子说，“为道日损，为学日益”，也就是这个意思了。其实，有忘必先有益，终不如不益不忘的好，这真是消极教育的妙谛。卢梭主张不用使爱密分别善恶，但常常保护着使他避开一切恶事，只使他不受一切恶影响，立意也是如此。

又其次，关于心，庄子亦只于消极方面认其价值，而于积极方面认为有害。

试看他在齐物论说：“夫随其成心而师之，谁独且无师乎？奚必知代而心自取者有之，愚者与有焉。未成乎心而有是非，是今日适越而昔至也。”

又如人间世篇载颜回将使卫，孔子问他怎样对付卫君，他答道：“我内直而外曲，成而上比。内直者，与天为徒。与天为徒者，知天子之与己，皆天之所子，而独以己言蕲乎而人善之，蕲乎而人不善之邪？若然者，人谓之童子，是之谓与天为徒。外曲者，与人之为徒也，擎跽曲拳，人臣之礼也，人皆为之，吾敢不为邪？为人之所为者，人亦无疵焉，是之谓与人为徒。成而上比者，与古为徒，其言虽教，谪之实也，古之有也，非吾有也。若然者，虽直不为病，是之谓与古为徒。若是则可乎？仲尼曰，恶！恶可！大多政法而不谍，虽固亦无罪；虽然，止是耳矣，夫胡可以及化，犹师心者也。颜回曰，吾无以进矣，敢问其方？仲尼曰，斋，吾将语若。……颜回曰，回之家贫，唯不饮酒不茹荤者数月矣，若此则可以为斋乎？曰，是祭祀之斋，非心斋也。回曰，敢问心斋？仲尼曰，一若志；无听之以耳，而听之以心；无听之以心，而听之以气。听止于耳，心止于符。气也者，虚而待物者也。唯道集虚，虚者心斋也。……瞻彼阕者，虚室生白，吉祥止止；夫且不止，是之谓坐驰。夫徇耳目内通而外于心知，鬼神将来舍，而况人乎？”

再看他在山木篇说：“方舟而济于河，有虚船来触舟，虽有惼心之人不怒；有一人在其上，则呼张歙之。一呼而不闻，再呼而不闻，于是三呼耶，则必以恶声随之。向也不怒而今也怒；向也虚而今也实。人能虚己以游世，其孰能害之？”

以上三例，是言成心之害与虚心之利；但心怎样能虚？要一要静。

他在刻意篇说：“悲乐者德之邪，喜怒者道（德）之过。好恶者德之失。故心不忧乐，德之至也；一而不变，静之至也；无所于忤，虚之至也。”又在庚桑楚篇说：“彻志之勃，解心之谬，去德之累，达道之塞。贵富显严名利，六者勃志也；容动色理气意，六者谬心也；恶欲喜怒哀乐，六者累德也；去就取与知能，六者塞道也。此四六者不荡胸中则正，正则静，静则明，明则虚，虚则无为而无不为也。”胸中便是心，心须虚壹而静，其说乃后来荀子所本，但荀子以心之“虚壹而静”为入道之不二法门，乃积极的，以为必如此乃可输入礼义，正如机械主义者认教育只在处置心意，庄子所谓虚壹而静，乃消极的，所以说：“无为而无不为也。”

荀子重心而轻性，庄子则重性而斥心；所以他在缮性篇说：“德又下衰，及唐虞始为天下，兴治化之流，澡淳散朴，离道以善，险德以行，然后去性而从于心。心与心识，知而不足以定天下，然后附之以文，益之以博。文灭质，博溺心，然后民始惑乱，无以反其性情而复其初。”

又庄子虽说心之虚壹而静，但他同时又认心是最难对付的，他的立意也和荀子不同，所以在在宥篇说：“崔瞿问于老聃曰，不治天下，安藏人心？老聃曰，汝慎无撄人心。人心排下而进上，上下囚杀，淖约柔乎刚强，廉刿雕琢，其热焦火，其寒凝冰，其疾俯仰之间，而再抚四海之外；其居也渊而静，其动也县而天。偾骄而不可系者，其唯人心乎？”他把心看做最难驾御不可积极处置的东西，与儒家心意为惟一受道之具，见解大不相同。

最后，还有两点，为行文便利上，也附说在本节中。庄子虽没有明说不可以成人的智识教儿童，兼须注重儿童的时期，但他反对主知主义，他又重视自然性而排斥人为的礼俗，他自然也不赞成用成人的智识教儿童的了。再就第二节所举子綦教子一端论，他说：“吾不与之为事，不与之为谋，不与之为怪。”这“事”“谋”“怪”三者，便是关于成人的智识了。

总之，庄子是不主张强人从我的定型教育的，所以他在达生篇中举一个很有趣的故事道：“有孙休者踵门而诧子扁庆子曰，休居乡不见谓不修，临难不见谓不勇，然而田原不遇岁，事君不遇世，宾于乡里，逐于州部，则胡罪乎天哉？休恶遇此命也！扁子曰，子独不闻夫至人之自行邪？忘其肝胆，遗其耳目，芒然彷徨乎尘垢之外，逍遥乎无事之业，是谓为而不恃，长而不宰。今汝饰知以惊愚，修身以明污，昭昭乎若揭日月而行也，汝得全而形躯，具而九窍，无中道夭于聋盲跛蹇，而比于人数，亦幸矣，又何暇乎天之怨哉？子往矣。”

“孙子出，扁子入，坐有间，仰天而叹，弟子问曰，先生何为叹乎？扁子曰，向者休来，吾告之以至人之德，吾恐其惊而遂至于惑也。弟子曰，不然，孙子之所言是耶？先生之所言非耶？非固不能惑是；孙子所言非耶？先生所言是耶？彼固惑而来矣，又奚罪焉？扁子曰，不然。昔者有鸟止于鲁郊，鲁君说之，为具太牢以飨之，奏九韶以乐之，鸟乃始忧悲眩视，不敢饮食，此之谓以己养养鸟也；若夫以鸟养养鸟者，宜栖之深林，浮之江湖！食之以委蛇，则平陆而已矣。今休，款启寡闻之民也，吾告以至人之德，譬之若载鼷以车马，乐鴳以钟鼓也，彼又恶能无惊乎哉？”

本例他认款启寡闻之民，不可告以至人之德，他自然也不赞成以成人的智识教儿童了。

他又在田子方篇描写一段故事道：“温伯雪子适齐，舍于鲁，鲁人有请见之者。温伯雪子曰，不可。吾闻中国之君子，明乎礼义而陋于知人心，吾不欲见也。至于齐，反舍于鲁，是人又请见。温伯雪子曰，往也蕲见我，今也又蕲见我，是必有以振我也。出而见客，入而叹；明日见客，又入而叹。其仆曰，每见之（是）客也，必入而叹。何耶？曰，吾固告子矣，中国之民，明乎礼义而陋乎知人心。昔之见我者，进退一成规，一成矩；从容一若龙，一若虎；其谏我也似子，其道我也似父，是以叹也。”

“明于礼义而陋于知人心”，所以不论什么人，一概想施以礼义的教育，这就是定型的教育了。

至于庄子的反对速化，也有两个例：

一、他在天运篇说：“尧之治天下，使民心竞，民孕妇十月生子，子生五月而能言，不至乎孩而始谁？则人始有夭矣。”“子生五月而能言”，乃是生理上不可能的事；但庄子每多寓言，不可泥拘。

二、他在应帝王篇有一个很妙的比喻道：“南海之帝为倏，北海之帝为忽，中央之帝为浑沌。倏与忽相与遇于浑沌之地，浑沌待之甚善，倏与忽谋报浑沌之德，曰，人皆有七窍，以视听食息，此独无有，尝试凿之。日凿一窍，七日而浑沌死。”

倏忽乃是急速的意思，急速之间，想用人力凿开浑沌，违背自然的发达时期，所以有大害。

第四章　庄子与书本

庄子往往称引传记，他书中所说“故曰”“故谓”以下之语，亦是述古人之辞。他又在天下篇说：“诗以道志，书以道事，礼以道行，乐以道和，易以道阴阳，春秋以道名分，其数散于天下，而设于中国者，百家之学，时或称而道之。”可见他对于诗、书、礼、乐、易、春秋以及百家之学，都有相当的研究。他乃一个很博学的人，但他对于教育上却不重视书本，与卢梭宣言他恨书之旨相合。原来他们二人都反对主知主义，而主张消极教育，所以一般不重视书本了。

试看他在天道篇说：“孔子西藏书于周室，子路谋曰，由闻周之征藏史有老聃者，免而归居，夫子欲藏书则试往因焉。孔子曰，善，往见老聃，而老聃不许，于是翻十二经以说，老聃中其说曰，大谩，愿闻其要。”

又在同篇说：“世之所贵道者书也。书不过语，语有贵也；语之所贵者意也，意有所随，意之所随者，不可以言传也，而世因贵言传书。世虽贵之，我犹不足贵也，为其贵非其贵也。”

又同篇载：“桓公读书于堂上，轮扁斲轮于堂下，释椎凿而上，问桓公曰，敢问公之所读为何言耶？公曰，圣人之言也。曰，圣人在乎？公曰，已死矣。曰，然则君之所读者，古人之糟魄已矣？桓公曰，寡人读书，轮人安得议乎？有说则可，无说则死。轮扁曰，臣也以臣之事观之，斲轮徐则甘而不固，疾则苦而不入，不徐不疾，得之于手而应于心，口不能言，有数存焉于其间，臣不能以喻臣之子，臣之子亦不能受之于臣，是以行年七十而老斲轮。古之人与，其不可传也，死矣，然则君之所读者，古人之糟魄已夫？”

又天运篇载：“孔子谓老聃曰，丘治诗、书、礼、乐、易、春秋六经，自以为久矣，孰知其故矣，以奸七十二君，论先王之道而明周召之迹，一君无所钩用，甚矣夫，人之难说也！道之难明耶？老子曰，幸矣，子之不遇治世之君也。夫六经先王之陈迹也，岂其所以迹哉？”

又在骈拇篇说：“臧与縠二人相与牧羊，而俱亡其羊。问臧奚事，则挟策读书；问縠奚事，则博塞以游。二人者，事业不同，其于亡羊均也。”

以上所举四例，大概前二例明书本散漫难稽，不但不足以载道，便是技艺，也须借手和心的练习，非书本所能达。第三例言书本所载只是古人的陈迹，陈迹原是不足取的，何况书本。第四例亡羊喻失性，同为失性，读书未必贤于博塞，可见他认书本是与性情无关的。总而言之，他是认书本对于道艺性情都无关的。

其实，庄子不但认书本无关于人性的修养，他并且以为书本是不合人性的。关于这一点，他有一个很有趣的故事，也附带引在下面。他在徐无鬼篇说：“徐无鬼因女商见魏武候……徐无鬼曰，尝语君吾相狗也。下之质，执饱而止，是狸德也；中之质，若视日。上之质，若亡其一。吾相狗，又不若吾相马也。吾相马，直者中绳，曲者中钩，方者中矩，圆者中规，是国马也；而未若天下马也。天下马有成材，若恤若失，若丧其一。若是者，超轶绝尘，不知其所，武侯大说而笑。徐无鬼出，女商曰，先生独何以说吾君乎？吾所以说吾君者，横说之则以诗、书、礼、乐，从说之则以金板六韬，奉事而大有功者，不可为数，而吾君未尝启齿。今先生何以说吾君，使吾君说若此乎？徐无鬼曰，吾直告之吾相狗马耳。女商曰，若是乎？曰，子不闻夫越之流人乎？去国数日，见其所知而喜；去国旬月，见其所尝见于国中者喜；及期年也，见似人者而喜矣。不亦去人滋久思人滋深乎？夫逃空虚者，藜藋柱乎鼪鼬之径，踉位其空，闻人足音跫然而喜矣，而况乎昆弟亲戚之謦欬其侧者乎？久矣夫莫以真人之言，謦欬吾君之侧乎？”本例乃明诗、书、礼、乐、金板、六韬之教，还不如说狗马之能悦人性。

又关于庄子的反对先王陈迹，他也有一个很妙的比喻，也附带引在下面，以为本节的结束。他在天运篇说：“孔子西游于卫，颜渊问乎师金曰，以夫子之行为奚如？师金曰，惜乎而夫子其穷哉！颜渊曰，何也？师金曰，夫刍狗之未陈也，盛以箧衍，巾以文绣，尸祝斋戒以将之；及其陈也，行者践其首脊，苏者取而爨之而已，将复取而盛以箧衍，巾以文绣，游居寝卧其下，彼不得梦，必且数眯焉。今而夫子亦取先王已陈刍狗，聚弟子游居寝卧其下；故伐树于宋，削迹于卫，穷于商周，是非其梦耶？围于陈蔡之间，七日不火食，死生相与邻，是非其眯耶？夫水行莫如用舟，而陆行莫如用车。以舟之可行于水也，而求推之于陆，则没世不行寻常。古今非水陆与？周鲁非舟车与？今蕲行周于鲁，是犹推舟于陆也，劳而无功，身必有殃。彼未知夫无方之传，应物而不穷者也。且子独不见夫桔槔者乎？引之则俯，舍之则仰。彼人之所引，非引人也，故俯仰而不得罪于人。故夫三皇五帝之礼义法度，不矜于同而矜于治。故譬三皇五帝之礼义法度，其犹柤梨橘柚邪？其味相反，而皆可于口。故礼义法度应时而变者也。今取猿狙而衣以周公之服，彼必龁啮挽裂，尽去而后慊。观古今之异，犹猿狙之异乎周公也。故西施病心而矉其里，其里之丑人见而美之，归亦捧心而矉其里；其里之富人见之，坚闭门而不出，贫人见之，挈妻子而去之走。彼知美矉，而不知矉之所以美。惜乎，而夫子其穷哉！

本段议论，用许多比喻，乃是一篇极有趣的文字，但其主旨只在表明古今异宜而已。又所说："三皇五帝之礼义法度"，颇可疑。他曾说"黄帝以仁义撄人之心"；又说"故意仁义其非人情乎，自三代以下者，天下何其嚣嚣也"；又说"失道而后德，失德而后仁，失仁而后义，失义而后礼"，三皇远在黄帝以前，似乎三皇五帝不得有礼义法度。或者此处所说礼义法度，乃是泛言，犹言先王之陈迹罢了。

第五章　学问与技艺

庄子对于艺术与学问，似乎比较重视技艺。因为他认学问是道的反对方，技艺比较近道，是也可以进于道的了。

试看他在达生篇说："仲尼适楚，出于林中，见痀偻者承蜩，犹掇之也。仲尼曰，子巧乎？有道邪？曰，我有道也。五六月累丸二而不坠，则失者锱铢；累三而不坠，则失者十一；累五而不坠，犹掇之也。吾处身也，若厥株拘；吾执臂也，若槁木之枝。虽天地之大，万物之多，而唯蜩翼之知。吾不反不侧，不以万物易蜩之翼，何为而不得？孔子顾谓弟子曰，用志不分，乃凝于神，其痀偻丈人之谓乎？"

又同篇载："孔子观于吕梁，县水三十仞，流沫四十里，鼋鼍鱼鳖之所不能游也，见一丈夫游之；以为有苦而欲死也，使弟子并流而拯之，数百步而出，被发行歌而游于塘下。孔子从而问焉，曰，吾以子为鬼，察子则人也。请问蹈水有道乎？曰，亡，吾无道。吾始乎故，长乎性，成乎命，与齐俱入，与汩偕出，从水之道而不为私焉，此吾之所以蹈之也。孔子曰，何谓始乎故，长乎性，成乎命？曰，吾生于陵而安于陵，故也；长于水而安于水，性也；不知吾所以然而然，命也。

“梓庆削木为鐻，鐻成，见者惊犹鬼神，鲁侯见而问焉，曰，子何术以为焉？对曰，臣工人，何术之有？虽然，有一焉。臣将为鐻，未尝敢以耗气也，必斋以静心。斋三日而不敢怀庆赏爵禄，斋五日不敢怀非誉巧拙，斋七日辄然忘吾有四枝形体也。当是时也，无公朝，其巧专而外骨消，然后入山林，观天性，形躯至矣，然后成见鐻，然后加手焉；不然则已。则以天合天，器之所以疑神者其是与？”

他又在养生主为引一故事道：“庖丁为文惠君解牛，手之所触，肩之所倚，足之所履，膝之所踦，砉然响然，奏刀騞然，莫不中音，合于桑林之舞，乃中经首之会。文惠君曰，嘻，善哉，技盖至此乎？庖丁释刀对曰，臣之所好者，道也，进乎技矣。始臣之解牛之时，所见无非全牛者；三年之后，未尝见全牛也。方今之时，臣以神遇而不以目视，官知止而神欲行，依乎天理，批大郤，导大窾，因其固然；技经肯綮之未尝，而况大軱乎？良庖岁更刀，割也；族庖月更刀，折也。今臣之刀十九年矣，所解数千牛矣，而刀刃若新发于硎。彼节者有间，而刀刃者无厚；以无厚入有间，恢恢乎其于游刃，必有余地矣，是以十九年而刀刃若新发于硎。虽然，每至于族，吾见其难为，怵然为戒，视为止，行为迟，动刀甚微，謋然已解，如土委地。提刀而立，为之四顾，为之踌躇满志，善刀而藏之。文惠君曰，善哉，吾闻庖丁之言，得养生焉。”

又徐无鬼篇载一个故事道：“庄子送葬，过惠子之墓，顾谓从者曰，郢人垩慢其鼻端，若蝇翼，使匠石斫之，匠石运斤成风，听而斫之，尽垩而鼻不伤，郢人立不失容。宋元君闻之，召匠石曰，尝试为寡人为之。匠石曰，臣则尝能斫之，虽然，臣之质死久矣；自夫子之死也，吾无以为质矣，吾无与言之矣。”

以上所举诸例，虽然各有寓意所在，但观诸种技艺所以能精进，总因他能壹志凝神，那便是入道之门了；至于学问，他只许他有一时之用，并不许他可为人道之基，他曾经称说：“孔子绝学捐书。”所以说庄子对学技二者，是尤其重技的。此外，还有一端须注意，上举诸技，除吕梁丈人外，其余都属手上的工夫，足见他于头脑和心（关于心的训练可参观前节）的教育外，特提出手的教育。我们知道近代教育中的手工一项，也源于自然主义的教育家；其实，自然主义反对主知主义，必然要趋向于手的练习，原也不足怪的。

以下再由积极方面看庄子对于学问的见解是怎样。庄子虽然以个人主义为主，以道德为理想，但他亦非主张全废学问。他以道为君上所必要，以学为臣下所必要。道为本，学为末，道须先于学，学须统于道。他原认学问各有一时之用的。但他既相对的承认学问，何以又说“绝圣弃知”“绝学捐书”呢？那大概因他见当时学者一味殉物过于重视智识，反把本源的道德忘了，所以不得不提出一种消极教育来救济。我们知道卢梭也因见当时习俗腐败，学者皆倾向于主知主义，他想求助于自然，才建立他的自然主义而主张消极教育，但同时他对于爱密儿，也不全废智识的训练，不过他的方法和旧教育不同。例如旧教育想用文学藏真理，凭符号去研究而不用观察；卢梭却主张学地理只须看丘陵、高山、沟渠、大河，不可用图画，学言语须和一个本土人会话，不必用文规。总而言之，庄子和卢梭的自然主义，一般可看做时代的反动的。以下再论庄子对于学问的见解：

一、庄子关于学问在人群间的位置，他在天道篇说：“天不产而万物化，地不长而万物育，帝王无为而天下功。故曰，莫神于天，莫富于地，莫大于帝王；故曰，帝王之德配天地。此乘天地，驰万物，而用人群之道也。本在于上，末在于下；要在于主，详在于臣。三军五兵之运，德之末也；赏罚利害，五刑之辟，教之末也；礼法度数，刑名比详，治之末也；钟鼓之音，羽旌之容，乐之末也；哭泣衰绖，降杀之服，哀之末也。此五末者，须精神之运，心术之动，然后从之者也。末学者，古人有之，而非所以先也。”

又说：“是故古之明大道者，先明天而道德次之，道德已明而仁义次之，仁义已明而分守次之，分守已明而形名次之，形名已明而因任次之，因任已明而原省次之，原省已明而是非次之，是非已明而赏罚次之；赏罚已明而愚知处宜，贵贱履位，仁贤不肖袭情，必分其能，必由其名。以此事上，以此畜下，以此治物，以此修身，知谋不用，必归其天。此之谓太平，治之至也。故书曰，有形有名。形名者，古人有之，而非所以先也。古之语大道者，五变而形名可举，九变而赏罚可言也。骤而语形名，不知其本也；骤而语赏罚，不知其始也。倒道而言，迕道而说者，人之所治也，安能治人？”

本例言道为本学为末，道在先学在后，道是君道，学是臣道。

其次，关于学问之用，他在徐无鬼篇说：“知士无思虑之变则不乐，辩士无谈说之序则不乐，察士无凌谇之事则不乐，皆囿于物者也。招世之士兴朝，中民之士荣官，筋力之士矜难，勇敢之士奋患，兵革之士乐战，枯槁之士宿名，法律之士广治，礼乐之士敬容，仁义之士贵际。农夫无草莱之事则不比，商贾无市井之事则不比，庶人有旦暮之业则劝，百工有器械之巧则壮。钱财不积，则贪者忧；权势不尤，则夸者悲。势物之徒乐变。遭时有所用，不能无为也。此皆顺比于岁，不物于易者也。驰其形性，潜之万物，终身不反，悲夫！”

本例言百家之学，未尝无一时之用，但其末流，往往趋于极端，一味殉物，不知反于性情之本，所以他又在骈拇篇说：“自三代以下者，天下莫不以物易其性矣：小人则以身殉利，士则以身殉名，大夫则以身殉家，圣人则以身殉天下……天下尽殉也。”又在天下篇说：“悲夫，百家往而不反、必不合矣。”总之，庄子虽想望太古时代，但他又承认“时不可止”，又说“礼义法度者应时而变者也”；他又承认道德仁义以至是非赏罚诸端，诚能不失其先后之序，也是至治，他何尝完全废弃学问。总而言之，庄子虽以道为理想而主张消极教育，同时亦不完全排斥积极教育；不过他认由道至学，乃是顺路，由学至道乃是逆行，所以说孔子由数度阴阳不能得道，惟许神于技者可进于道。他的教育工具，确是重技而轻学的。

第六章　庄子的不可知论

以上各节，已经把庄子的教育思想大概说过了；但他的为人，往往为后世人所误会，多有认他是一个极神秘的人物的，所以关于他的哲学，须略说几句。他曾在刻意篇说过山谷非世之人和道引之士的所为，以为不若天地之道，圣人之德，可见他和后世的隐士道家并无关系。至于他的哲学上更毫无迷信。他虽说“人不胜天”，但他所说的“天”，乃是自然，并不是造物主，他在齐物论叙述万有的状态，而其断语是“若有真宰而特不得其眹”，所说“若有”“不得其眹”就是怀疑的态度。又说：“六合之外，圣人存而不论；六合之内，圣人论而不议；春秋经世先王之志，圣人议而不辩。”这“存而不论”，也可代表他的不可知论。

再看他在天运篇说：“天其运乎？地其处乎？日月其争于所乎？孰主张是？孰维纲是？孰居无事，推而行是？意者其有机缄而不得已耶？意者其运转而不能自止耶？云者为雨乎？雨者为云乎？孰隆施是？孰居无事淫乐而劝是？风起北方，一西一东，有上彷徨，孰嘘吸是？孰居无事而披拂是？敢问何故？巫咸袑曰，来，吾语汝，天有六极五常，帝王顺之则治，逆之则凶；九洛之事，治成德备，监照下土，天下戴之，此谓上皇。”本例所设种种疑问，若使迷信家对答，至少要说有羲和飞廉等等神祇主持其间；但巫咸袑只说天有六极五帝。这“六极五帝”，大概是指天地间的自然原则。庄子的不取神怪说，很是分明。

至于至乐篇所载髑髅能谈话，乃是寓言，试看那段文字：“庄子之楚，见空髑髅，髐然有形，撽以马捶，因而问之曰，夫子贪生失理而为此乎？将子有亡国之事，斧钺之诛而为此乎？将子有不善之行，愧遗父母妻子之丑，而为此乎？将子有冻馁之忧，而为此乎？将子之春秋故及此乎？于是语卒，援髑髅枕而卧。夜半，髑髅见梦曰，子之谈者似辩士；视子所言，皆生人之累也，死则无此矣。子欲闻死之说乎？庄子曰，然。髑髅曰，死无君于上，无臣于下，亦无四时之事，从然以天地为春秋，虽南面王乐，不能过也。庄子不信，曰，吾使司命复生子形，为子骨肉肌肤，反子父母妻子闾里知识，子欲之乎？髑髅深瞑蹙頞曰，吾安能弃南面王乐，而复为人间之劳乎？”所说“生人之累”，“死则无有”，又以为死人无知识，又说“死无君于上，无臣于下”，又焉有地府之说。我们知道叔本华说：“但丁描写地狱，除开人世，又从何处觅取材料？他惟其用人世的材料，所以写得很好。至于他描写天堂，那便不能从人世取得适当材料了。”庄子的髑髅问答，立意正和他相同。所以不能看做神话。

至于他所说司命，也不是指的神道；因为他认人的忽生忽死，只是物质的变化。他在本篇末段又载一段故事道：“列子行食于道从，见百岁髑髅，攓蓬而指之曰，唯予与汝知，而未尝死，未尝生也。若果养乎？予果欢乎？种有几……万物皆出于机，皆入于机。”胡适之以为机便是原子，确是不错。

庄子又在知北游篇说：“故万物一也，是其所美者为神奇，其所恶者为臭腐。臭腐复化为神奇，神奇复化为臭腐，故曰，通天下一气耳。”所说“气”，也就是原子；臭腐而神奇，神奇而臭腐，也不过是原子的变化。他对于人的生命，专取物质说，又焉有灵魂之迷信。

以下再看他对于人的知识限度是怎样。且先引几个例来看。

他在齐物论说：“故知止其所不知，至矣。”又说：“啮缺问乎王倪曰，子知物之所同是乎？曰，吾恶乎知之？子知子之所不知耶？曰，吾恶乎知之？然则物无知耶？曰，吾恶乎知之？虽然，尝试言之：庸讵知吾所谓知之非不知耶？庸讵知吾所谓不知之非知耶？”

又在养生主篇说：“吾生也有涯，而知也无涯，以有涯随无涯，殆已；已而为知者，殆而已矣。”

又在秋水篇说：“计人之所知，不若其所不知；其生之时，不若未生之时。以其至小求穷其至大之域，是故迷乱而不能自得也。由此观之，又何以知毫末之足以定至细之倪？又何以知天地之足以穷至大之域？”又说：“可以言论者，物之粗也；可以意致者，物之精也。言之所不能论，意之所不能察致者，不期精粗焉。”

以上诸例，所谓“知止其所不知，至矣”，“计人之所知，不若其所不知”，足以代表他的不可知论。所说恶知其所不知，“意之所不能察致”，足以代表他的怀疑论。

（民国十八年十月作，曾汇刊为中国古代教育思潮）

墨子的教育思潮

绪论

墨子博通名学、哲学、政治学、雄辩学、军事学、建筑学；他又能发挥他的主张，乃是一个最热心的社会运动家；他的门徒极盛，自然他也是一个大教育家了。他在战国时占有极大的势力，因此，孟子不得不出全力和他对抗。他确是最完全无缺的古代大学者，所以他对于教育上的见解，必然也可珍贵的。虽然现在墨子上直接论到教育的地方没有论语孟子上多——那却有两种原因：一或者因当时教授之际，他的主张，门弟子没有把他记载下来，例如近代大教育家派斯他劳奚的教育学理，也只有寥寥几条，为他的门徒友人记下来；二因墨子一书，脱误很多，也许把那些直接关于教育的议论连同脱去了不少，例如徐广所引墨子有“年逾五十则聪明心虑不徇通矣”等语，今本已经没有了——但许多有关教育的大问题，还可就这书上求出他的意见来。这就是我编墨子的教育思潮的立意了。

第一章　墨子和人文主义

春秋战国之际的学者，差不多有一个共通之点，就是各家都带有复古的色彩，孔孟不用说了，荀子也法后王——就是文武，便是思想最激烈的庄子，也常常称道黄帝等，所以那个时期，也是中国学术上的一个文艺复兴期。墨子也是这期中的一个巨子。又如近代欧洲文艺复兴，起初只注意古代的罗马，后来又注意到希腊；春秋战国之际的学派，对于古代文化也有所偏重，譬如孔子常称三代，孟子屡道尧舜，荀卿取法文武，庄子好引黄帝，墨子常常举尧、舜、禹、汤、文、武的故事，尤其偏重夏禹，这其中原因很复杂，但大概是因古代文化原各有特色，所以各家只就其最合于自己的时代和自己的个性的取了来，现在不暇一一研究，且就墨子论。

论到墨子，有一个要点不可不注意。孔子说："述而不作，信而好古。"墨子却反对"述而不作"，非儒篇载他驳儒家的学说道："又曰君子循（述）而不作，应之曰，古者羿作弓，伃作甲，奚仲作车，巧垂作舟，然则今之鲍函车匠，皆君子也，而羿、伃、奚仲、巧垂，皆小人邪？且其所循，人必或作之，然则其所循皆小人道也。"又耕柱篇载："公孟子曰：'君子不作，术（述）而已。'子墨子曰：'不然。人之其（甚）不君子者，古之善者不诛（述），今也（之）善者不作。其次不君子者，古之善者不遂（述），已有善则作之，欲善之自己出也；今诛而不作，是无所异于不好遂而作者矣。吾以为古之善者则诛之，今之善者则作之，欲善之益多也。"由这两段记载看，可见墨子一面想维持古代文化，一面又想创造文化；他所要造成的君子，不是单能模仿的，乃是兼有创造性的。他的立意确较儒家进步，所以他一面取古代的人文主义，一面又建立实用主义，现在且先说他的人文主义。

墨子理想中的人物是士君子义士，这士君子义士怎样造成呢？自然要学问，但最要的乃是品行；所以他于修身篇说："君子战虽有阵而勇为本焉，丧虽有礼而哀为本焉，士虽有学而行为本焉。"他又于尚贤篇上说："譬若欲众其国之善射御之士者，必将富之贵之，敬之誉之，然后国之善射御之士，将可得而众也，况又有贤良之士，厚乎德行，辩乎言谈，博乎道术者乎？”他以行为学问的内容，以德行冠于言谈道术，均足见他极端重视品行。惟其重视品行，所以他常取先王之书有益修养的来教人，所以他对吴虑说：“翟以为不若诵先王之道而求其说，通圣人之言而察其辞，上说王公大人，次匹夫徒步之士。王公大人用吾言，国必治；匹夫徒步之士用吾言，行必修。”

但墨子用先王之道教人，是否也用六艺教人和孔子一般呢？

现在墨子书上有非乐篇，专论音乐的害处；又有三辩篇，他承认古代圣王如汤、武、成王等的作乐，但终不信乐可以治天下。他的主意正和孔子相反，想来他也必不赞成以音乐做教科了。至于礼，他虽然不十分反对，却也不甚提倡。再取非儒篇一段文章来看：“晏子曰……孔某盛容修饰以蛊世，弦歌鼓舞以聚徒，繁登降之礼以示仪，务趋翔之节以观众；博学不可使议世，劳思不可以补民，累寿不能尽其学，当年不能行其礼，积财不能赡其乐……其道不可以期世，其学不可以导众。”试想墨子既然称引晏子的议论，他自然也反对孔子所采的繁礼了。总而言之，墨子对于礼乐，并不是根本反对？只因他们愈趋愈繁，反而有害，所以他说：“其乐愈繁，其治愈寡。”他反对儒家所采的丧礼，但他又主张桐棺三寸，服丧三日（月），可见简单的礼乐不妨害他务的，他也采取。

由这一端论，墨子的复古是由周转到夏的。他所以由周转到夏，是因最初起的复古运动偏重于周。孔子说：“周监于二代，郁郁乎文哉，吾从周。”——周代的文物，本较前代复杂，再加以儒家的增益附会，自然愈趋愈繁，完全流于形式，所以墨家起来反对，想从周转到夏；这种情形，极似欧洲文艺复兴起初只注意罗马，后来又转而上溯于希腊了。

至于射御，墨子似乎以为应与学问分离的。他曾说欲众其国射御之士，必须用富贵来奖励，何况有德行才能之士，可见他认德行重于射御了。又公孟篇载："二三子有复于子墨子学射者，子墨子曰，'不可，夫知者必量其力所能至而从事焉，国士战且扶人，犹不可及（兼）也，今子非国士也，岂能成学又成射哉？'"一更足见墨子认射与学为两事。但此处所云"射"，乃指军事上的射，所以墨子说不可兼学，至于墨子是否也以射锻炼身体陶冶品行，还不能因此断定。而且便就军事上的射术论，墨子必然自己知射，弟子才会请学。又如公输篇墨子对公输般说，"然臣之弟子禽滑厘等三百人，已持臣守圉（国）之器，在宋城上而待楚寇矣"，可见墨子弟子亦有习战者。此处所说二三子他不许其习射，只因力不能及罢了。

再论书，试看今墨子书上多古字，墨子又深通古代学术，诵先王之道以教人，他必然精于字学，自然也用以教弟子的。至于数，今墨子经上下往往有几何学定义等在内，其中最显著的如云："圜，一中，同长也。"就是圜只有一个中心，由中心至圆周距离相等了。而且这类定义必然是墨子自作的，才会列入经说。试想墨子既然能创造几何学，他对于古代数学也必精通，他自然也用以教弟子的了。

再论诗书，孔子用为教本的，墨子是否也用为教本，颇有讨论的价值。墨子对书本教育有相当的注意是不成问题的。原来以古代事实为左证，乃是墨子哲学中的一个重要方法，要知古代事实，自然惟有求于书本了。又如鲁问篇载，墨子说自己诵先王之道以说匹夫徒步之士，匹夫徒步之士用吾言行必修，那也是书本教育的一种了。又贵义篇载："子墨子南游使卫，关中载书甚多，弦唐子见而怪之曰，吾夫子教公尚过曰，'揣曲直而已。'今夫子载书甚多何有也？子墨子曰：'昔者周公旦朝读书百篇，夕见漆（七）十士，故周公旦佐相天子，其修至于今。翟上无君上之事，下无耕农之难，吾安敢废此！翟闻之，同归之物，信有误者，然而民听不钧（均），是以书多也。今若过之心者，数逆于精微，同归之物，既已知其要矣，是以不教以书也，而子何怪焉！'" 可见凡于同归之物不能知要的，他必教以书本了。

至于"同归之物"，大概是同类的材料，"要"是其中纲要或是原理，经上下就是各项纲要或是原理罢。

墨子既然采用书本教育，而现在墨子书所援引的古书，要算诗书为多，可见诗书乃是尤其常用的教本了。

但墨子采用诗书，和孔子的命意却有不同。墨子自然也以诗书为修身之助，但就他所援引各端，大概只用为事实或理论上的证据，至于孔子所认诗经的陶冶价值，墨子似乎不甚注意。原来墨子是颇倾于实用的，所以他于古代学问，只注意其实用的科学的方面；孔子是倾于文艺的，所以他于古代学术，颇注意于其涵养的陶冶的方面，这不但关于诗书为然，关于礼乐射御书数诸端也是这样。所以孔子的人文主义近于希腊，墨子的人文主义则近于罗马。

第二章　墨子与国家主义

我们在孔孟的教育思潮中曾经说过：古代诸文明邦大都施行国家主义的教育，中国古代也不能超越此例。春秋以后，国家主义的教育，已渐渐废弛，但孔孟因历史和时代的关系，仍然采取国家主义，他们忽而做官，忽而做教授，便是国家主义的教育尚在流行的明证；墨子也是这样。墨子的时代大约在孔孟之间，他的门徒极盛，他也曾为大夫，曾周游列国以游说当道，由他的生平经历看，也足表见他是承认教育和国家的关系的。以下论他对于国家的观念。

世人以墨子主张兼爱，又因孟子以墨者为爱无差等，往往误会墨子是主张一切平等。其实关于国政的分配他也主张分功，立意和儒家并没有大差。孟子主张一国须分为治者被治者两阶级，墨子也主张一国分为在上者和贱人两阶级，在上者包含王公大人（君王）士君子（官吏、学者）等，责任在治事听政；贱人阶级包含农工商贾，责任在供给。这两阶级能各尽其责则国治，不能尽则国必乱。

非乐篇有一段文字，关于此点最说得分明。那段文字道："然即姑尝数天下分事而观乐之害。王公大人蚤朝晏退，听狱治政，此其分事也；士君子竭股肱之力，亶其思虑之智，内治官府，外收敛关市山林泽梁之利，以实仓廪府库，此其分事也；农夫蚤出暮入，耕稼树艺，多聚叔（菽）粟，此其分事也；妇人夙兴夜寐，纺绩织纴，多治麻丝葛绪捆布縿（缲），此其分事也。今惟毋（二字语词）在乎王公大人说乐而听之，即必不能蚤朝晏退听狱治政，是故国家乱而社稷危矣；今惟毋在乎士君子说乐而听之，即必不能竭股肱之力，亶其思虑之智，内治官府外收敛关市山林泽梁之利，以实仓廪府库，是故廪府不实；今惟毋在乎农夫说乐而听之，即必不能蚤出暮入耕稼树艺多聚叔粟，是故叔粟不足；今惟毋在乎妇人说乐而听之，即必不能夙兴夜寐，纺绩织纴，多治麻丝葛绪捆布縿，是故縿不足。"原来墨子因为乐有妨害于各项分事，所以反对它，由此推论，但凡有妨害各分事的事物，墨子自然也反对的了。更推而至于使王公大人兼务农事如许行一派所主张，结果必使王公大人不能蚤朝晏退听狱治政，是故国家乱而社稷危矣；使农夫兼理国事，结果亦必不能蚤出暮入耕稼树艺多聚叔粟，是故叔粟不足了。这样，墨子自然也反对的了。关于这一点，墨子和孟子的见解完全相同。

又墨子此处所举四种分事，乃就大略而论，其实还有学者（也是教育家）阶级，墨子也认为有分立的必要的。例如前举弦唐子怪他载书甚多，他对他说："昔者周公旦朝读书百篇，夕见漆十士，故周公旦佐相天子，其修至于今，吾上无君上之事，下无耕农之难，吾安敢废此?”可见他认读书教士乃是学者的分事。

又在鲁问篇载：“鲁之南鄙人有吴虑者，冬陶夏耕，自比于舜，子墨子闻而见之。吴虑谓子墨子：‘义耳义耳，焉用言之哉?’子墨子曰：‘子之所谓义者，亦有力以劳人，有财以分人乎?’吴虑曰：‘有。’子墨子曰：‘翟尝计之矣，翟虑耕而食天下之人矣，盛，然后当一农之耕，分诸天下，不能人得一升粟；籍而以为得一升粟，其不能饱天下之饥者，既可睹矣。翟虑织而衣天下之人矣，盛，然后当一妇人之织，分诸天下，不能人得尺布；籍而以为得尺布，其不能暖天下之寒者，既可睹矣。翟虑被坚持锐救诸侯之患，盛，然后当一夫之战；一夫之战，其不御三军，既可睹矣。翟以为不若诵先王之道而求其说，通圣人之言而察其辞，上说王公大人，次匹夫徒步之士。王公大人用吾言，国必治；匹夫徒步之士用吾言，行必修。故翟以为虽不耕而食饥，不织而衣寒，功贤于耕而食之、织而衣之者也。故翟以为虽不耕织乎，而功贤于耕织也。’”

“吴虑谓子墨子曰：‘义耳义耳，焉用言之哉!’子墨子曰：‘籍设而天下不知耕，教人耕，与不教人耕而独耕者，其功孰多?’吴虑曰：‘教人耕者其功多。’子墨子曰：‘籍设而攻不义之国，鼓而使众进战，与不鼓而使众进战而独进战者，其功孰多?’吴虑曰：‘鼓而使众进战者其功多。’子墨子曰：‘天下匹夫徒步之士少知义，而教天下以义者功亦多，何故弗言也?若得鼓而进于义，则吾义岂不益进哉?’”

这两段议论极有意味。原来吴虑主张与民并耕，乃是许行一流人物，他以为只要个人自己合于义，不必向人多言，所以先对他说明学者的功贤于衣食人者，再对他说教人行义其功贤于独自行义。我们由此可见墨子承认德义是借群众而愈能表见的，国家的群聚的愈众，所以愈能表见最高的义；他又承认一国中研究学问教育民众的阶级，其要重过于耕农，就是说，墨子也是采取国家主义的教育的。

再则也可见墨子和孟子之际，确有吴虑许行一流主张并耕采取个人主义的学者——这一派，或者在孔子时已有相当势力，长沮桀溺是其代表——所以主张分功采取国家主义的儒墨，都曾和他们辩论过。又关于一国中学者的位置比农夫重要，孟子的意思完全和墨子相同，现在且从孟子上引一段文字来证："公孙丑问曰：诗曰'不素餐兮！'君子之不耕而食何也？孟子对曰，君子居是国也，其君用之，则安富尊荣；其子弟从之，则孝弟忠信，不素餐兮，孰大于是？"

由以上所述，可知墨子是赞成一个国中分为数种阶级的了，但这种种阶级该怎样决定呢？什么人该在什么阶级呢？关于这一点，墨子也不赞成用一种固定的（世袭的）阶级制度来决定，他的意思以为须由教育和个性来决定。他很反对固定的阶级制度，他以为古代原没有阶级。他在尚贤篇中说："故古者圣王甚尊尚贤而任使能，不党父兄，不偏富贵，不嬖颜色。贤者举而上之，富而贵之，以为官长；不肖者，抑而废之，贫而贱之，以为徒役。是以民皆劝其赏，畏其罚，相率而为贤者；以贤者众而不肖者寡，此谓进贤。然后圣人听其言，迹其行，察其所能而慎予官，此谓事能。故可使治国者使治国，可使长官者使长官，可使治邑者使治邑。"

又在尚贤篇上说："故古者圣王之为政，列德而尚贤，虽在农与工肆之人，有能则与举之，高予之爵，重予之禄，任之以事，断予之令……故当是时，以德就列，以官服事，以劳殿（定）赏，量功而分禄，故官无常贵，而民无终贱，有能则举之，无能则下之。……故古者尧举舜于服泽之阳，授之政，天下平；禹举益于阴方之中，授之政，九州成；汤举伊尹于庖厨之中，授之政，其谋得；文王举闳夭、泰颠于罝罔之中，授之政，西土服。故当是时，虽在于尊位厚禄之臣，莫不敬惧而施；虽在农与工肆之人，莫不竞劝而尚意（德）。”

他所说“官无常贵而民无终贱”，把古代没有阶级制度的情形记得很透彻。但他反对阶级的理由又在何处呢？他又在尚贤篇说：“亲戚则使之，无故富贵面目佼好则使之；夫无故富贵面目佼好则使之，岂必智且慧哉？若使之治国家，则此使不智慧者治国家也，国家之乱既可得而知已。”可见墨子的立意，阶级的决定应以是否贤能为断的。

但人怎样可以贤良，墨子的意思，那是由于教育和个性的。墨子曾经说过欲众其国射御之士必须富之贵之，欲众其国贤良之士尤须富之贵之。他认贤良之士既可由国家奖励而增多，可见他认贤良可由人力而致了。他又说：“故古者圣王之为政也。言曰，不义，不富；不义，不贵；不义，不亲；不义，不近。”义就是贤良所应有的修养，我们前面论过墨子于教育上也就是要使人有修养，所以说墨子的意思，贤否是属于教育的。

贤不肖既然判定了，于是又须由圣王加以进退。进退既定之后，又须由圣人择其所能以定其服务范围，所以他说：“此谓进贤。然后圣人听其言，迹其行，察其所能而慎予官。此谓事能。故可使治国者使治国，可使长官者使长官，可使治邑者使治邑。凡所使治国家官府邑里，此皆国之贤者也。”同是一般贤者，却须分别所能以定其官守，可见墨子对于个性的长短是十分重视了。

以上所论，乃墨子对于培养贤才及其进用上的见解，至于一国政权该怎样分配呢？墨子以为一国政权须完全由贤人操持，不可由人民干涉。关于这一点，他的立意完全和孔子相同。孔子说：“民可使由之，不可使知之”；“天下有道，则庶人不议”；“天下有道，则礼乐征伐自天子出。”墨子也在天志篇中说：“义不从愚且贱者出，必自贵且知者出。何以知义之不从愚且贱者出而必从贵且知者出也？曰，义者善政也。何以知义之为善政也？曰，天下有义则治，无义则乱，是以知义之为善政也。夫愚且贱者不得为政乎贵且知者，然后得为政乎愚且贱者，此吾所以知义之不从愚且贱者出，而必自贵且知者出也。”

又在天志篇下说：“然而正者无自下正上者，必自上正下。是故庶人不得次（恣）己而为正，有士正之；士不得次己而为正，有大夫正之；大夫不得次己而为正，有诸侯正之；诸侯不得次己而为正，有三公正之；三公不得次己而为正，有天子正之。”

但他在尚同篇中论得更彻底。他在那篇中先论古者没有正长（尚同篇上作刑政二字）的时候人各异义，互相非议，以致不能互助，天下大乱。次论天下之乱由于无正长，所以建天子三公诸侯庶官以一同天下之义。第三论尚同的次第，最是分明。那段文字道：“是故里长顺天子政而一同其里之义。里长既同其里之义，率其里之万民以尚同乎乡长，曰，凡里之万民，皆尚同乎乡长而不敢下比：乡长之所是，亦必是之；乡长之所非，亦必非之；去而不善言，学乡长之善言；去而不善行，学乡长之善行。乡长固乡之贤者也，举乡人以法乡长，夫乡何说而不治哉？察乡长之所以治乡者，何故之以也？曰，唯以其能一同其乡之义，是以乡治。乡长治其乡而乡既已治矣，有（又）率其乡万民以尚同乎国君……国君固国之贤者也，举国人以法国君，夫国何说而不治哉？察国君之所以治国而国治者，何故之以也？曰，唯以其能同一其国之义，是以国治。国君治其国而国既已治矣，有率其国之万民以尚同乎天子……天子者固天下之仁人也，举天下之万民以法天子，夫天下何说而不治哉？察天子之所以治天下者，何故之以也？曰，唯以其能一同天下之义，是以天下治。”

由以上各项议论，墨子的主张自然是很专制的了，但墨子并不是说凡在上位者必然不错，他常常以桀、纣、幽、厉、汤、文、武对举，他确也承认君主原有不对的。他又在法仪篇说：“然则奚以为治法而可？皆当法其父母奚若？天下之为父母者众而仁者寡，若皆法其父母，此法不仁也；法不仁，不可以为法。当皆法其学（就是师）奚若？天下之为学者众而仁者寡，若皆法其学，此法不仁也；法不仁，不可以为法。当皆法其君奚若？天下之为君者众而仁者寡，若皆法其君，此法不仁也；法不仁，不可以为法。故父母、学、君三者，莫可以为治法。”墨子这种议论，在后代一般中国学者看起来，乃是很放肆的；其实，他在伦理上不取不平等的父子关系，在教育上不取教权万能说，在政治上却没有韩愈羑里操上所谓“天王圣明，臣罪当诛”的思想，却由此可见。那末，他何以又有前述种种很专制的思想呢？我们总括说一句话，可以断定那是他的乌托邦中的政治理想。就是说，国家必须由圣贤施行专断的政治才好。这种理想正和柏拉图的“理想邦”相似。

第三章　墨子和实用主义

前面曾经述过墨子赞成一国中须有一种专求学问不必谋生的闲暇阶级，这种阶级的职务，是在以先王之道教人修行，他原也倾于人文主义的；但就他的思想全体论，宁可说他是采实用主义的。而且他的实用主义较罗马还更彻底。他的学说和孔德（Conte）、詹姆士（James）、杜威（Dewey）相似。

他曾在非命篇上称他的学问方法道：“故言必有三表。何谓三表？子墨子言曰：有本之者，有原之者，有用之者。于何本之？上本之于古者圣王之事。于何原之？下原察百姓耳目之实。于何用之？废（发）以为刑政，观其中国家百姓人民之利。此之谓言有三表也。”

墨子此处所论，很可注意，我们现在看墨子的书，差不多篇篇都用这个方法，可见这是他的根本方法，并不是某事某时偶然应用的。也可见他的学说乃是基于事实的智识全体，和徒然思索的学问完全不同。

孔德以为须用“实”和“利”二根本标准决定一切价值：所谓“实”，乃是实际可证明的；所谓“利”，乃是可生实际上的效果的。墨子也说：“我所以知命之有与亡者，以众人耳目之情知有与亡，有闻之见之谓之有，莫之闻莫之见谓之亡。自古以及今，生民以来，亦尝见命之物闻命之声乎？则未尝有也。”他以耳目可得闻见为实，就是以实际可证明为实了。又如他所说“发以为刑政，观其中国家百姓人民之利”，就是以能发生实际利益为利了。

但“实”是客观的，“利”是主观的，不能常常一致，所以孔德的实证哲学，后来终分裂为实在论和实用论二派。墨子也不免有矛盾的地方，譬如一面非命，一面又主张鬼神，岂知鬼神也和命一般不能实证呢！那末，他为什么非命而明鬼？就因有命说将使人怠惰，有鬼说可惩恶劝善了。所以名墨子的学说为实证哲学，还不如名他为实用主义更为妥当。

詹姆士、杜威以为真理乃是满足人生的手段；真理须由人生实用为断；须使真理和一切智识成为各人生活的手段和方法。墨子也说“而义可以利人，故曰义天下之大宝也”（耕柱篇）。又说：“用而不可，虽我亦将非之；且焉有善而不可用者！”（兼爱下）又说：“故所为功利于人谓之巧，不利于人谓之拙。”（鲁问篇）以下更就墨子所赞成和反对的各端观察，便可见他的立意所在。

墨子最信天，他立天志以量度一切。他在天志篇中说："是故子墨子之有天之（志），辟人无以异乎轮人之有规，匠人之有矩也。今夫轮人操其规，将以量度天下之圜与不圜也，曰，中吾规者谓之圜，不中吾规者谓之不圜；是以圜与不圜，皆可得而知也。此其故何？则圜法明也。匠人亦操其矩，将以量度天下之方与不方也，曰，中吾矩者谓之方，不中吾矩者谓之不方；是以方与不方，皆可得而知之。此其故何？则方法明也。故子墨子之有天之意（王引之云天之意本作天之，天之即天志，古志字通作之）也，上将以度天下之王公大人为刑政也，下将以量天下之万民为文学出言谈也。……观其言谈，顺天之意，谓之善言谈；反天之意，谓之不善言谈。观其刑政，顺天之意，谓之善刑政；反天之意，谓之不善刑政。故置此以为法，立此以为仪，将以量度天下之王公大人卿大夫之仁与不仁，譬之犹分黑白也。"

墨子立天志以量度一切政教的得失，已足征他不尚空论而务实际的精神了，但天志究竟是什么呢？他又说："然则天之将何欲何憎？子墨子曰：天之意，不欲大国之攻小国也，强之暴寡，诈之谋愚，贵之傲贱，此天之所不欲也；不止此而已，欲人之有力相营，有道相教，有财相分也。"总而言之，墨子以为天志是恶物竞而喜互助的。

但天志何以恶物竞而喜互助呢？他又在天志下说："顺天之意者兼也，反天之意者别也。兼之为道也义正，别之为道也力正。曰，义正者何若？曰，大不攻小也，强不侮弱也，众不贼寡也，诈不欺愚也，贵不傲贱也，富不骄贫也，壮不夺老也，是以天下之庶国，莫以水火毒药兵刃以相害也。若事上利天，中利鬼，下利人，三利而无所不利，是谓天德。故凡从事此者，圣知也，仁义也，忠惠也，慈孝也，是故聚敛天下之善名而加之。是其故何也？则顺天之意也。曰，力正者何若？曰，大则攻小也，强则侮弱也，众则贼寡也，诈则欺愚也，贵则傲贱也，富则骄贫也，壮则夺老也，是以天下之庶国，方以水火毒药兵刃以相贼害也。若事上不利天，中不利鬼，下不利人，三不利而无所利，是之谓贼。故凡从事此者，寇乱也，盗贼也，不仁、不义、不忠、不惠、不慈、不孝，是故聚天下之恶名而加之。是其故何也？则反天之意也。”

这一段议论，总括起来，就是说，竞争是三不利而无所利的，所以反天志。互助是三利而无所不利的，所以顺天志。可见得以天志量度一切，也无异于以利不利量度一切了。

次就墨子的非乐一端论。墨子对于音乐的见地，完全和孔子不同。孔子主张用音乐治国和教人，是因其能陶冶德性；他反对郑声，是因其淫靡有害德性。所以他对音乐的赞否，是全然立于道德的见地的。墨子的反对音乐，却完全立于实利的见地。非乐篇上说：“非以大钟鸣鼓琴瑟竽笙之声以为不乐也……然上考之，不中圣王之事；下度之，不中万民之利。是故子墨子曰，为乐非也。”又说：“舟用之水，车用之陆，君子息其足焉，小人休其肩背焉，故万民出财赍而予之，不敢以为戚恨者何也？以其反中民之利也。然则乐器反中民之利亦若此，即我弗敢非也。然则当用乐器，譬之若圣王之为舟车也，即我弗敢非也。”可见墨子的非乐，只因他不中万民之利，所以反对；若是反中万民之利和舟车一般，他也必赞成了。至于乐的本身他并不反对。

其实，不但不反对，他也承认是有相当价值的，他在此处明说“非以大钟鸣鼓琴瑟竽笙之声以为不乐也”，又三辩篇载：“程繁问于子墨子曰，夫子曰圣王不为乐，昔诸侯倦于听治，息于钟鼓之乐；士大夫倦于听治，息于竽瑟之乐；农夫春耕、夏耘、秋敛、冬藏，息于聆（瓴）缶之乐。今夫子曰圣王不为乐，此譬之犹马驾而不税，弓张而不弛，无乃有血气者之所不能至耶?”他对于这番议论，并没有直接驳斥，他只说古代圣王其乐愈繁者其治愈寡，所以乐不足治天下。可见他也认乐有相当价值，只因其“非所以治天下”，所以非它的。

再就兼爱一端论。这一端也是墨子的重要主张，其实也出于功利的打算，所以他说：“姑尝本原若众利之所自生，此胡自生？此自恶人贼人生与？即必曰非然也，必曰从爱人利人生分名乎？天下爱人而利人者，别与兼与？即必曰兼也，然即（则）之交兼者，果生天下之大利与？是故子墨子曰兼是也。且乡吾本言曰，‘仁人之事者，必务求兴天下之利。除天下之害，’今吾本原兼之所生天下之大利者也，吾本原别之所生天下之大害者也，是故子墨子曰别非而兼是者，出乎若方也。”原来这“仁人之事者，必务求兴天下之利，除天下之害”几句话，差不多墨子上每篇都有，可见这就是墨子的实用主义的纲领，他在此处明说他断定“别非而兼是”便是由这个纲领出发的，可见其余各项重要主张和他所最反对的方面，也是由这个见地出发的了。以下为避免重赘，不再为他一篇篇的分疏，只提出几个重要问题和几个例子以为本章的结论。

（一）墨子并不信有一定的真理，可以“放诸四海而准，百世以俟圣人而不惑”的，他对于自己所主张的各点，只认其于或时或地有效，所以他说：“凡入国必择务而从事焉。国家昏乱，则语之尚贤，尚同；国家贫，则语之节用，节葬；国家憙音湛湎，则语之非乐，非命；国家淫僻无礼，则语之尊天，事鬼；国家务夺侵凌，即语之兼爱，非攻。故曰择务而从事焉。”（鲁问篇）

（二）墨子虽不信世间有永久的真理，但人类有适应环境的本能，那是已往未来一例的。鲁问篇载，“彭轻生子曰：‘往者可知，来者不可知。’子墨子曰：‘籍设而亲在百里之外，则遇难焉，期以一日也，及之，则生；不及，则死。今有固车良马于此，又有奴（驽的古字）马四隅之轮。使子择焉，子将何乘？’对曰：‘乘固车良马，可以速至。’子墨子曰，焉在矣（不知）来？”

（三）墨子好称道先王，只是注意其关于生活的方面，试看耕柱篇所载：“巫马子谓子墨子曰，舍今之人而誉先王，是誉槁木也，譬若匠人然，智槁木也，而不智生木。子墨子曰，天下之所以生者，以先王之道教也，今誉先王，是誉天下之所以生也，可誉而不誉，非仁也。”

（四）墨子当复古潮流最盛的时候，目睹当时复古家过重形式，例如儒家载章甫，衣逢掖之衣；又如孟子对曹交所说“子服尧之服，诵尧之言，行尧之行，是尧而已矣”。可见春秋战国之际，确有模仿古代衣冠言语的。关于这一端，他很反对。所以公孟子说“君子必古言服然后仁”，他答道：“昔者商王纣卿士费仲为天下之暴人，箕子微子为天下之圣人，此同言而或仁或不仁也；周公旦为天下之圣人，关叔（管叔）为天下之暴人，此同服或仁或不仁，然则不在古服与古言矣。”

第四章　墨子和社会主义

墨子的学说，是完全立于社会的见地的。第一先就他的方法论。他的方法和儒家不同。儒家的方法是演绎的、理想的、主观的、个人的，他的方法是归纳的、实验的、客观的、社会的。他先就广泛的古今社会事实施以严密的观察，然后以客观的标准来决定其得失。他说：“言有三表，有本之者，有原之者，有用之者。”这“本之者”“原之者”，就是古今来对于社会的共同观察；因为他恐自己个人的观察有不周，所以必须加入一般人的观察，但一般人的智识有限，他们的观察还靠不住，他因此又加入古代圣王的观察。古代圣王乃是社会中活动最多的分子，他们的经验智识都高出于一般人，自然他们的观察也比较可信了。这两般观察集合之后，又须观察其应用方面怎样：有利于社会全体是善，不利于社会全体便不善。这应用方面便是客观的标准，便是他所说“有用之者”一个方法了。所以我说墨子的方法乃是归纳的、实验的、客观的、社会的。

但墨子对于社会的观察，又施于文化较低的蛮族中去。节葬篇载：“今执厚葬久丧者言曰，厚葬久丧，果非圣王之道，夫胡说中国之君子为而不已，操而不择（释）哉？子墨子曰，此所谓便其习而义其俗者也。昔者越之东有輆沭之国者，其长子生，则解而食之，谓之宜弟；其大父死，负其大母而弃之，以为鬼妻，不可与居处。此上以为政，下以为俗，为而不已，操而不择，则此岂实仁义之道哉？此所谓便其习而义其俗者也。楚之南，有炎人国者，其亲戚（谓父母）死，朽其肉而弃之，然后埋其骨，乃成为孝子。秦之西，有仪渠之国者，其亲戚死，聚柴薪而焚之，熏上，谓之登遐，然后成为孝子。此上以为政，下以为俗，为而不已，操而不择，则此岂实仁义之道哉？此所谓便其习而义其俗者也。”

由以上诸例看，可见墨子观察的广博，他确是勤于社会调查的；更可见他主张进化而反对便其习义其俗的。

又关于墨子的实验的精神，他自己也曾分明说过。试看非攻中一段议论便知：“饰攻战者言曰，南则荆吴之王，北则齐晋之君，始封于天下之时，其土地之方未至有数百里也，人徒之众未至有数十万人也；以攻战之故，土地之博至有数千里也，人徒之众至有数百万人。故当攻战而不可（不）为也。子墨子曰，虽四五国则得利焉，犹谓之非行道也。譬若医之药人之有病者然。今有医于此，和合其祝药之于天下之有病者而药之，万人食此，若医四五人得利焉，犹谓之非行药也。”原来实验的精密程度，是以例子的多少为比例的。现在有一万个例子，若是只有四五例子属于甲方，其余的例子都属于乙方，自然以乙方为确实了。中国古代号称万国，现在只有四五国有利，可见其余的都不利了。但这样的推论还靠不住，所以他又历举东南西北方许多因战亡国的反证来，例如莒、陈、蔡、且，不一著何等——墨子当时所举必不止此数，大概记载人为免累赘，把他略去了。

次论墨子对于社会组织上的见解。他以为人类的根性是能互助的。这互助有三个最重要的方面，就是有力者须以力助人，有财者须以财助人，有道术者须以道术助人。这三种互助，乃是劳动、经济、教化三种社会成立的主因；没有这三种主因，人类社会便要分崩，和禽兽一般，天下必然大乱的。所以他在天志中说：“然则天之将何欲憎？曰，欲人之有力相营也，有道相教，有财相分也。”又在尚同篇说：“古者民始生未有刑政之时……其人兹众，其所谓义者亦兹众……至有余力不能以相劳，腐朽余财不以相分，隐匿良道不以相教，天下之乱若禽兽然。”

在三项互助中，墨子最重的是教化。如第二章所引的例子，他在耕柱篇和吴虑的辩论，他便承认以道教人，胜于以力劳人以财分人。他更以为若是天下不知耕，那末，教人耕者，其功必然多于不教人耕而独耕者，因为教人耕者，乃是有道相教，可以造成无数以力相劳的人；独耕者只是以力相劳，其力终属有根，所以他主张教人胜于以力劳人。再如本章所引的例，他叹世俗之君子视义士不若负粟者；因为负粟者只是以力相劳，义士乃是以道相教者，所以负粟者不若义士。

再就墨子所主张各点来看。墨子对于政治、经济、教育等方面，都是立于社会的见地的。关于政治、经济两方面，可参看第二章，现在专就他对于教育的方面论。

他的教育目的是怎样的呢？公孟篇载："有游于子墨子之门者，身体强良，思虑徇通，欲使随而学。子墨子曰，姑学乎，吾将仕子，劝于善言而学其（期）年，而责仕于子墨子。子墨子曰，不仕子，'子亦闻夫鲁语乎？鲁有昆弟五人者，其父死，其长子嗜酒而不葬，其四弟曰，子与我葬，当为子沽酒。劝于善言而葬，已葬而责酒于其四弟。四弟曰，吾未予子酒矣。子葬子父，我葬吾父，岂独吾父哉？子不葬，则人将笑子，故劝子葬也。今子为义，我亦为义，岂独我义也哉？子不学，则人将笑子，故劝子于学。'有游于子墨子之门者，子墨子曰，盍学乎？对曰，吾族人无学者。子墨子曰，不然。夫好美者，岂曰吾族人莫之好，故不好哉？夫欲富贵者，岂曰吾族人莫之欲，故不欲哉？好美欲富贵者，不视人犹强为之，夫义天下之大器也，何以视人必强为之？"

由上述二段看，可见学问只为一个义字。这义又是什么呢？义就是社会服务了。耕柱篇载："治徒娱、县子硕问于子墨子曰，为义孰为大务？子墨子曰，譬若筑墙然，能筑者筑，能实壤者实壤，能欣（睎）者欣，然后墙成也。为义犹是也，能谈辩者谈辩，能说书者说书，能从事者从事，然后义成也。"他以为义须合众力而成，也和筑墙须合众力而成一般，可见他所说的义是社会的道德，不是个人的道德，他所举谈辩、说书、从事三项，就是他的内容了。但社会所需的众力比筑墙所需的众力不知要增加多少倍，墨子只举谈辩、说书、从事三者，乃是择其最重要的而言。其实，这三项有广狭二义。就广义言，谈辩说书属于教化方面，是指学者而言；从事属于政治经济等方面，凡农工商贾等都须从事。就狭义言，谈辩说书乃是宣传上所必要的技能，从事乃是当世最急的事务。

关于言谈一端，墨子的见解完全和儒家不同。孔子曾说："是故恶夫佞者"；"御人以口给，屡憎于人"；"天何言哉！四时行焉，百物生焉，天何言哉！"他这样反对谈辩，所以有人疑他不言不笑。孟子虽好辩，但他偏说是不得已，可见他原不主张谈辩的。墨子却不然，他是很重视谈辩的。他在上文所举的例，认谈辩为成义的要务。他又在尚贤篇中说："况又有贤良之士，厚乎德行，辩乎言谈，博乎道术者乎。"他以言谈与德行道术并列，认为贤人所必修的科目，也可见他的重视言谈了。孔子虽有言语科，但和墨子所指谈辩绝不同。孔子的言语是指小子的应对，傧相的传语，以及使臣的辞令，他所研究的是言语怎样才可合礼。墨子既然反对儒家所提倡的礼，那末，关于礼上所用的言辞，他自然反对的，所以说墨子所指的言谈，绝对和孔子的言语科不同。那末，墨子的言谈是什么呢？自然是雄辩学了。

墨子何以重视雄辩学呢？我且引两个例来便知。贵义篇载："子墨子自鲁即齐，过故人，谓子墨子曰，今天下莫为义，子独自苦而为义，子不若已。子墨子曰，今有人于此，有子十人，一人耕而九人处，则耕者不可以不益急矣。何故？则食者众而耕者寡也。今天下莫为义，则子如（宜）劝我者也，何故止我？"

又公孟篇载："公孟子谓子墨子曰，实为善，人孰不知。譬若良玉（巫），处而不出，有余糈；譬若美女，处而不出，人争求之，行而自炫，人莫之取也。今子偏从人而说之，何其劳也！子墨子曰，今夫世乱，求美女者众，美女虽不出，人多求之；今求善者寡，不强说人，人莫之知也。且有二生于此，善筮，一行为人筮者，一处而不出者，处而不出者与行为人筮者，其糈孰多？公孟子曰，行为人筮者其糈多。子墨子曰，仁义钧，行说者其功善亦多，何故不行说人也。"

由以上二例看，可见墨子认义为当世急务，要使人知义，不得不“强说”，“强说”就是雄辩了。

次论狭义的急务。譬如墨子身处战国之际，眼见当时诸侯好战，他心里很反对，他想尽种种方法止战，他甚至研究兵事学，替人家布置防御工程，也是从事的一端了。现在且举两个例来看。

公输篇：“公输盘（班）为楚造云梯之械成，将以攻宋。子墨子闻之，起于齐，行十日十夜而至于郢……子墨子见王……王曰，善哉！虽然，公输盘为我为云梯，必取宋。于是见公输盘，子墨子解带为城，以牒为械。公输盘九设攻城之机变，子墨子九距之。公输盘之攻械尽，子墨子之守圉有余，公输盘诎而曰，吾知所以距子矣，吾不言。子墨子亦曰，吾知子之所以距我，吾不言。楚王问其故，子墨子曰，公输子之意不过欲杀臣，杀臣宋莫能守，可攻也，然臣之弟子禽滑厘等三百人，已持臣守圉之器，在宋城上而待楚寇矣，虽杀臣，不能绝也。楚王曰，善哉！吾请无攻宋矣。子墨子归，过宋，守闾者不内也，故曰治于神者，众人不知其功；争于明者，众人知之。”

又鲁问篇载：“鲁人有因子墨子而学其子者，其子战而死，其父让子墨子。子墨子曰，子欲学子之子，今学成矣，战而死，而子愠，是犹欲粜，籴雠（粜售）则愠也，岂不费（悖）哉！”

由以上二例看，可见墨子的弟子是兼习战术的。为学的目的在成义，就是社会服务；为社会服务而死，正所以达其目的，不当怨恨的。总而言之，墨子认为义，乃是共同生活中所应该做的事。

但这种服务的精神，是一般人所不易知道的，所以他又说：“世俗之君子，视义士不若负粟者。今有人于此，负粟息于路侧，欲起而不能，君子见之，无长少贵贱，必起之，何故也？曰，义也。今为义之君子，奉承先王之道以语之，纵不说而行，又从而非毁之，则是世俗之君子之视义士也，不若视负粟者也。”这一番议论的立意，和前引“治于神者，众人不知其功；争于明者，众人知之”相同。

此外，还有一端须注意。墨子常常说：“世俗之君子明于小而不明于大。”此处更以“世俗之君子”和“义士”或是“为义之君子”相对举，可见他不满于当时非社会的教育所造成的学者，他想以社会的教育养成义士，他确有改造向来教育的思想的。他所要造成的义士，精神上，是能耐劳苦，肯牺牲，富于自信力的；实质上，是能谈辩，说书，从事——例如服兵役等。

墨子的教育目的中何以含有兵役呢？原来墨子虽然非攻，但他并不主张废兵，并不赞成不抵抗主义，他是提倡武装自卫的。他不但提倡而已，还亲自实行着。他对吴虑说：“翟虑被坚执锐救诸侯之患，盛，然后当一夫之战；一夫之战，其不御三军，既可睹矣。”他以一夫之战和耕织学者等并列，可见他承认国中须有担任国防的一阶级，其重要和担负供给的农人相同。又如他的弟子禽滑厘等三百人，都能使用他的防御之器，可见他不但提倡，他并且亲自组织武装自卫军的。关于这一端，儒家的思想是怎样呢？

孔子主张“足食足兵”，又说“善人教民七年，亦可以即戎矣”。他当然赞成自卫的。孟子引太王避狄一事，似乎采无抵抗主义，但他又说“可使制梃以挞秦楚之坚甲利兵矣”，他亦未尝不赞成国民自卫。不过孟子以善战善阵为罪人；孔子对卫灵公说“军旅之事未之学也”，一面又赞美王孙贾治军旅。他们都不赞成学者兼治兵事，他们的态度似乎和墨子相反。其实，墨子在根本上原也不赞成学者兼治兵的，所以他轻视一夫之战，他又从个性上不许门徒学射；那末，他何以又偕同弟子助宋防楚呢？原来墨子是采实用主义的，重视社会服务的。他根本上虽反对学者治兵，但眼见当时社会有武装自卫的必要，他又不得不亲自去提倡了。

以上论墨子重视社会服务，现在再论墨子承认教育便是生活，不是只学生活形式。公孟篇载："公孟子曰，无鬼神，又曰，君子必学祭礼，子墨子曰，执无鬼而学祭礼，是无客而学客礼也，是犹无鱼而为鱼罟也。"墨子这种主意，完全和儒家不同。儒家所盛道的礼，一大半是已死的古代生活形式，孔子偏常常和门徒演习，想把他们恢复起来，正是"无客而学客礼"，离生活而谈学问，也难怪世主要说他们迂阔了。但后代学者，受了他们的暗示，往往以"礼乐可兴"为政治的极轨，真不知误却多少苍生！

以下再把儒墨两家的教育科目开列出来。

一　儒家的教育科目

礼　乐　射　御　书　数　诗经　书经　德行——就是伦理　言语——就是修辞学　政事　文学

二　墨家的教育科目

书　数——含有几何学物理学在内　诗经　书经　列国春秋　德行修身　谈辩——就是雄辩学　兵事学——含有建筑学等

（民国十八年十二月作，曾汇刊为中国古代教育思潮）

随便想起的几个教育问题

教育杂志因一二八的事变，停刊了将近三年；现在开始复刊，我处发行人的地位，似乎不得不说几句话。但是本志今后的使命和方针，已由主编者何柏丞先生叙述得很详明，用不着我再说；而发挥教育原理，商量教育计画也不是我所长。且把近年常常感觉又为现在随便想起的几个教育问题，拉杂写出来，以求国内教育专家的解答，并借此充实本志以后各期的篇幅。

（一）学校教学本来只教人以治学的门径，要成为继续上进的人材，端赖离校后循此门径而进行：但是我国学生大多数一出校门便抛弃书本，这种现象不仅为一般人所承认，且可从出版物的数量而证实。查日本人口不过九千万，而昭和七年全国出版物共二万四千种；我国人口不下五万万，而最近一年间的出版物，据我们在出版家地位的推算，至多不过二千四百种，以种数论，约当日本十分之一。又查日本每种出版物平均印数，至少五倍于我国，因此以实际印售册数论，我国一年间的出版物，仅及日本五十分之一，但我国人口虽比日本五倍而强，而曾受教育的人数在人口中所占成分，至多仅及日本九分之一，如此一增一减，则我国曾受教育的人其喜欢读书的程度，实等于日本三十分之一。离开学校的人不喜欢读书，不只是不能上进，甚至要把已得的门径渐渐迷失；这无疑地是教育上的大失败。究竟怎样才能于学校中养成读书的兴趣，实在是教育界当前的一个重大问题。

（二）政府每年花费许多金钱在国内国外造就专门人材，但是造就以后往往没有把他们利用，听他们抛弃了专门的学问技能，改就绝不相干的职业，或是许久找不到职业，像最近北平各大学毕业生“毕业即失业”的呼吁是其明证；同时政府在各种事业上所用的人却不尽是专门人材。这固然是政府的不是，但也有人以为专门人材在求学时期已由政府为他们花费不少的金钱，学成以后，似乎不必再倚赖政府，应该利用专长，自谋出路才对。究竟专门人材不能得到相当职业，其责任应由哪一方面负担呢？

（三）农村衰落，原因颇多，人材缺乏却是其中最大关键。旧日的农村尚有绅士阶级的人做他的灵魂，所以在政府无为政治之下，还有几分地方自治。现在高等教育大都集中于都市，农村优秀分子一到都市求学，往往不愿再回农村，所以高等教育愈发达，农村人材愈缺乏，农村的全部也就愈衰落。我们要使为农村造就的人材，大多数仍为农村服务，在教育的设施上究应有怎样的改革呢？

（四）学生由家庭到学校，换了一个环境，由学校到社会，又换了一个环境。学校的环境大多数优于家庭，所以离家就学的人，渐忘其离家的苦，而感觉就学的乐，这固然是好处，而且借学校的环境去提高生活标准，也未尝无理由；但是由环境较优和生活标准较高的学校，而转到环境较劣和生活标准较低的社会，将使刚出校门的青年，对社会感觉种种不满足，或使社会对于他们也感觉不满足，这却是不良的结果。我们要使家庭学校和社会打成一片，能够彼此顺适的过渡，在教育的设施上究应有什么改革呢？

（五）做学生的时代，每星期有星期假，每年有几个月的暑假年假。但是毕业后担任职业，除充教师外，大都没有暑假，年假最多不过几日，甚至有好些职业并没有星期假。在学时期愈久，这种年暑星期假的习惯愈深，就业后愈感不满足。而且学校假期中，尤其是长期的暑假中，年龄较稚的学生，最易荒疏了他们初得门径的功课，年龄较长的学生，最易濡染了社会流行的不良习惯。究竟学校中的年暑星期假，尤其是长期的暑假和年假，在目前的中国是否绝对必要，假使年暑概不休假，是否可借此缩短各级学校的修业年限；如果认为年暑假有绝对的必要，应该怎样利用年暑假的时光，才是有利无害呢？

（六）现在政府规定非经中学毕业不得入大学；同时又规定官吏的考试资格和专门职业的登记资格，都需要相当学校和相当学科的修了。这似乎可以限制滥造和幸进，自然是其优点。但是照这样严格办下去，又没有其他救济方法，则贫苦而有天才肯努力的青年，将永无任官吏和专门职业的希望，同时那些有钱而不肯努力或缺乏天才的子弟，都可以修毕学年，取得任官吏和专门职业的资格。这不只是大大的不平，而且要埋没了许多有希望的青年。究竟这种制度有没有从根本上改革的必要，或者是不妨维持这制度，而另筹救济的方法；如可另筹救济方法，究竟有什么方法呢？

（七）根据教育部第一次中国教育年鉴，民国二十年份准给留学证书的公费自费生共七百二十八人，内计留日者三百零三人，留欧美各国者四百二十五人，以欧美每人每年平均需国币四千元（往返川资分年摊派在内），日本需国币一千元计算，总共约二百万元。假定每人留学年限平均四年，则我国政府人民为这一年所派留学生而担负的费用不下八百万元，假定接连十年都照这样情形，则十年之内，我国政府人民用于留学外国的金钱当为八千万元。又假定民国二十年份已在外国的留学生五倍于二十年度新派的人数，其留学国别也和二十年度新派的同一比例；此项已在外国留学者假定每人继续留学年限为二年，则我国政府人民为这一项留学生担负的费用，至少为二千万元。两项合并，从二十年份起，十年之内计共需用留学费壹万万元。这推算而得的数字，实际上必有增无减；因为人数方面，必定还有许多未领留学证书而实际留学的人。如果能够把留学人数减少一半，则十年内可节省五千万元，每年可节省五百万元，用来提高本国高等教育的程度，是否收效更大？现在国内各大学设有研究所者极少，间有设立者，也因经费不多，而设备过于简陋。因此，国内一般大学毕业生有志深造者，只得出洋留学；而热心于虚荣和资格者，也得到外国去“镀金”。其实理工方面，因设备较难，目下尚有到外国求深造的必要；其他如文哲法政经济教育历史等，其研究的对象既以本国为较重要，其研究所需的设备，也需费较少，为什么定要到外国研究呢？

（民国二十四年某月为教育杂志二十四卷一号作）

图书与儿童

固然，儿童的教育不当专靠图书，但是，要使儿童获得人类过去累积的经验，来适应现代社会和解决人生问题，图书的阅读仍是最重要而最经济的方法，这是一般教育家所承认，并且事实是如此的。

我常常听到许多家长们的谈话，“我们的孩子镇日只知玩耍，不愿和书本亲近。”有的说，“我家的孩子是喜欢看书的，可惜专看些神仙鬼怪的故事和小说。”有时候，我听到许多小学教师的言论，他们努力实行自动教育，但他们总不免遇着这几个难题，就是怎样引起儿童自动读书的兴趣，怎样培养儿童自动读书的能力和怎样供给儿童优良的补充读物。

的确，一般家长和小学教师所感觉的困难，是当前急待解决的问题，就我国已有的儿童图书说，委实是太贫乏了，儿童们没有阅读的兴趣，或阅读不适宜的图书，这些过失，无疑的，完全该归责于我们成人，我们现在对于儿童图书的编印，在量的方面固有积极提倡的必要，在质的方面尤非特别注意不可，因为人们幼小时候所阅读的图书，最足以影响一生的志向和行为。

大家都知道，儿童的食物须含有种种营养料，才能使身体健全的发育，那末，儿童精神上的食粮——图书，也须包括种种有益而必需的资料，才能使知情与德性并进。

现今我国文化的不振和经济的衰落，已无可讳言，我觉得要收发扬文化的速效，只有采用比较最经济而最有效率的方法，从前我主编万有文库为中等学校及一般图书馆作整个的贡献，结果因这文库而成立的图书馆，多至数千，我的努力总算没有落空。近年来我鉴于儿童图书的贫乏与其需要的迫切，又积极从事小学生文库的编辑，经了多时的准备，小学生文库第一集最近已在商务印书馆付印，今年十月底第一批书便可出版了。

晨报为儿童谋幸福，举行“国庆儿童比赛”，另出特刊，使我能和国内外的晨报读者讨论儿童图书，觉得很荣幸，现在乘这机会把小学生文库向各位约略介绍。

小学生文库是以人类全智识的雏形为范围，明显的说，其目的在供给整个的儿童图书馆用书，和系统的小学生补充读物。第一集共五百册，括有十四五个门类，如果从图书分类说起来，总类方面，有图书馆学和读书指南等；社会科学方面，有社会、政治、国际、经济、实业、法律、童子军等；自然科学方面，有算术、天文、地文、物理、化学、矿物、地质、生物、植物、动物等；应用技术方面，有农业、工业、工程、生理卫生等；艺术方面，有劳作、美术、音乐、游戏等；语文文学方面，有国语文、童话寓言、故事、谚语、谜语、诗歌、歌剧、剧本、笑话、短篇小说、长篇小说等；史地方面，有史地、地理、传记、历史等。总之，除了程度和范围比万有文库较浅较狭，以期适应于小学生的需要外，这部小学生文库的性质，可说是和万有文库很相近，因此他实在是一般儿童的万有文库。

如果小学生文库能够对一般家长和小学教师有些帮助，这当然是我所企求，如果全国儿童能够从小学生文库获得或增进其必须具有的智识和经验，成为身心健全的儿童，那尤其是我热烈盼望的。

（民国二十四年十月为晨报国庆儿童特刊作）

现代中国高等教育之演进

中国文化渊源最古，高等教育自亦发达最早。即类似现代欧美式之高等教育，中国唐代已有设施，例如中央所设之六学二馆中，所谓律学实等于现代之大学校法律系或法律专门学校，所谓数学实等于现代之大学校算学系，所谓书学实等于现代之艺术与文字学专科学校。又如旁系学校之国立医学，更与现代之大学医学院或医学专门学校相似。查彼时之医学分为四门，一曰医学，二曰针学，三曰按摩学，四曰咒禁学，其中医学门又分为（一）体疗，（二）疮肿，（三）少小，（四）耳目口齿和（五）角法之五科；每门各设博士助教若干人。照这样的分科设教，和现代专科以上学校的设施，简直没有多大区别。

我今日所讲的，却不是我国古代和固有的高等教育；而是在海通以后，受了西洋洗礼的高等教育，就是所谓现代高等教育。这种高等教育，虽然在（一）中学为体，西学为用，（二）尽量接受西学，和（三）学术独立三种大原则之下，经过了许多转变，但其实质和形式总是倾向于世界化一方面，和闭关自守时代自然演进的倾向，根本上是不同的。

现代中国的高等教育，一般人认为始于清末钦定及奏定学堂章程颁布后所设之京师大学堂，又有人以为始于同治元年即公元一八六二年奏设之同文馆。其实同文馆仅为教授外国语文之官学堂，视为中国新教育之萌芽则可，视为中国现代高等教育之开始则不可。京师大学堂固然是我国新教育之最高学府，但初办之时实际仅设预科，并以仕学进士二馆为已入仕及科举及第人员补习新学，尚未能视为世界化之高等教育。就实际而论，光绪十九年即公元一八九三年李鸿章于天津奏设之医学堂，后来称为北洋医学堂；与光绪廿一年即公元一八九五年盛宣怀于天津奏设之中西学堂，后来发展为北洋大学堂的，却真是现代中国最早设施高等教育之机关。查中西学堂分设头等学堂及二等学堂各一所，其中头等学堂分设工程电学矿务机器律例五科，由香港上海等地招收已习西文之学生入学，其开始之时，已略具现代专门学校雏形。因此，天津中西学堂和医学堂之设立，实为现代中国高等教育之萌芽时期。

京师大学堂之设立，始于光绪廿二年即公元一八九六年五月李端棻疏请于京师建立大学堂，同年七月总理衙门议复请饬下管理官书局大臣妥筹办理，随即由该大臣孙家鼐议复开办京师大学堂办法六项；但迟至光绪廿四年即公元一八九八年四月，才在施行新政之纲领下，令军机大臣总理各国事务王大臣等会议举办京师大学堂，以为各省设立学堂之倡，同年五月命孙家鼐管理大学堂事务，六月派余诚格为总办，美教士丁韪良为总教习，并置仕学馆。这时候才算是京师大学堂的创办。同年八月慈禧太后推翻新政后，大学堂虽因此不能发展，却仍保留着，直至光绪廿七年，即公元一九〇一年八月，因义和团失败，辛丑和约缔结之结果，清朝政府重申兴学政策，颁布上谕，中有“除京师已设大学堂应行切实整顿外，着将各省所有书院，于省城均改设大学堂，各府厅直隶州均设立中学堂”，于是除京师大学堂继续进行外，各省也于光绪廿七八两年中纷纷设立大学堂。但是光绪廿九年即公元一九〇三年张之洞等奏进之学堂章程颁布后，各省所设之大学堂除山西大学堂及天津之北洋大学堂因有特殊情形继续存在外，均照章改称高等学堂。同时京师大学堂也更积极进行，直至民国成立，然后改组。因此，自光绪廿四年迄民国元年间，实为现代中国高等教育之创制时期。

民国成立，凡百更新。蔡元培先生任教育总长，我承招助理专门教育行政，就主管方面，曾提出三种意见。（一）各省高等学堂既系大学预科性质，而各校程度高下相差甚远，升入大学时，严格考试，势必多数淘汰，一律录取，程度又嫌不齐；且当时师资缺乏，各省设高等学堂一所，人材难免滥竽，程度不易提高。故主张废止高等学堂，于各大学附设预科，俾人材集中，程度衔接。（二）各省高等学堂既废止，使全国有志高等教育之学子咸集首都，亦殊不便；故主张除原有京师大学改组为北京大学外，更于武昌南京及广州三地各设国立大学一所，以树楷模，并附设预科，俾各省中学毕业生，就近升学。（三）正式承认私立大学，以补国立大学之不逮。我这三种建议均经蔡先生采纳，第一种和第三种建议已订入民国元年大学校令之内，第二种建议亦经决定施行，但同年七月蔡先生去职，我也不久脱离教育部，一时虽未能实施，然其后数年间教育部迭有分区设置国立大学之议，而且南京的国立东南大学（就是国立中央大学的前身），广州的国立中山大学和武昌的国立武汉大学都先后见诸实施，并成为全国国立大学之翘楚。至于民元大学令，对于私立大学之正式承认，在我国高等教育史中实有极重大之关系。二三十年来我国私立大学之蔚起，而其成绩优良足与国立大学颉颃者亦甚多，一方面补国立大学之不逮，使高等教育益臻普遍，他方面与国立大学并行，因互相比较而各有进步。较诸前清奏定学堂章程大学堂仅许官办者，其利害得失至为显明，其后民国六年之修正大学令与民国十三年之国立大学条例，虽细节与民元大学令略有不同，根本实无二致。因此，自民国元年迄民国十五年间，可称为现代中国高等教育之改制时期。

民国十六年，国民政府定都南京以后，同年十月设大学院，兼掌学术研究与教育行政，其主旨在不愿重蹈北京教育部官僚支配教育之覆辙，期于学术教育并重。在此原则之下，高等教育之设施遂起重大变更，即将各省或重要城市之国立大学校与教育厅或其他教育行政机关打成一片，成为所谓大学区制度。大学区设大学校长一人，一方面主持大学校，他方面综理区内一切学术与教育行政事宜，下设评议会，秘书处，研究院，及高等教育普通教育扩充教育三部。此项大学区制度，虽规定先从江苏浙江两省及北平市试行，然于其他各省亦鼓励其设立大学校。后来大学区制度虽因试行颇有窒碍，不久即予取消，然自彼时起，三数年间，各省新设之国立省立大学校不下十所，迄于二十六年抗战以前，此种趋势，进行不已，高等教育益形普遍。查此时师资渐多，而待升学之中学毕业生亦数倍于民国元年，实际上固有多设大学校之可能与必要。因此，自民国十七迄二十六年间，可称为现代中国高等教育之扩充时期。

七七战事以来，我国沿海土地迭告沦陷，设置于各该地或邻近各该地之国立省立私立大学专校，均于千辛万苦中，迁入西南内地，继续进行，其教授学生竟有步行数千里，而达新校址者。虽物质方面损失不赀，而精神方面，至为奋发。查目前专科以上学校，计有国立者三十五所，省立者二十所，私立者四十六所，三项共一百零一所；而除仍在上海租界开学者二十一所，迁至香港者二所，仍留北平者六所，留天津者一所外，其余七十一所现均设在西南数省，而大多数皆自沦陷区或接近沦陷区之地迁来。三年以来，每届招生，应考者辄多至一二万人，其中自上海租界及香港应考者，亦多至数千人。青年学子，宁舍上海香港物质之享受，与目前之安全，而不远数千里，长途劳苦，并甘冒空袭之危险，与甘受物质之限制，以求精神之安慰与学问之上进，真足与西南各省大学专校之教职员，不避艰危，再接再厉，以为国家在抗建期内继续造就人材者，互相比美。因此，抗战以来的几年间自应称为现代中国高等教育之奋斗时期。

（民国二十八年某月为香港广播电台播讲）

中小学教科书及补充读物问题

本题拟分四段讲：（一）中小学教科书编印之经过；（二）中小学教科书之改进；（三）中小学补充读物编印之经过；（四）中小学补充读物之利用。

（一）我国编印中小学教科书最早者，一般人都以为是商务印书馆。不错，最早编印教科书而继续其事业至今不坠者，的确是商务印书馆；不过我国最早印行的教科书却还在商务印书馆成立以前，这一件事实或为许多人所未知，值得我说明一下。在我国许多革新的事业，都由天主教或基督教士所倡导；教科书当然不是例外。一八七七年，即民国前三十五年，基督教徒举行传教士大会，并组织学校教科书委员会；一八九〇年，即民国前二十二年，基督教会创办中国教育会于上海，编译出版各种教科书或讨论解决中国一般教育问题。这便是基督教传教士对于我国教科书的前驱工作。虽然他们的工作因种种关系，没有具体化，然一八九五年即民国前十七年华亭钟天纬氏在上海开办三等学堂，以语体文编教本，为国语教科书之先声，不能不说是受了基督教士倡导之影响。但这种教科书恐怕因为没有印刷发行，社会尚无所见。及至一八九七年即民国前十五年，亦即商务印书馆创立之一年，上海南洋公学师范院陈颂平等三人编辑蒙学课本三册，印刷发行，这便是我国最早出版的一部教科书。越一年，即一八九八年，俞复等创办无锡三等公学堂，自编蒙学读本，给学生抄读，闻内容分国文修身算学三种；其高级之蒙学读本，更加入历史地理二种。又越一年，即一八九九年陆基等创办崇辨蒙学于苏州，编辑启蒙图说启蒙问答等为教科书。这是当时江苏省的新教育家对于教科书的努力。同时，南方的广东省，本来得风气之先，其先驱的新教育家也当然不肯让人。我曾在香港见过新会陈子褒氏在澳门编印的许多种妇孺课本，其印行时期且在南洋公学的蒙学课本之前一二年；只以僻在海隅，流行不广，知道的人也较少，以致最早印行的教科书，一般人都认为产生于我国的中部。但无论如何，这些教科书只可认为是先驱，不能认为是正宗：一因仅占教科书之一部分，还没有按照整个系统；二因仅备一校之用，流行未能普遍。一九〇二年，即民国前十年，商务印书馆，由印刷业进为出版业，自设编译所，编译中小学师范及女子学校各科用书，是年先出版最新初等小学国文教科书，其后分别编印初等小学高等小学两套共十六种，又编中学校用书十三种，而忘却前此尚有先驱的教科书，也就是因其规模之大，流行不广所致。自此时起，迄民国元年，十年之间，该馆几乎独家供应全国所需的中小学教科书。虽一九〇七年即民国前五年清学部有奉命编辑精要课本之举，一九〇八年即民国前四年十二月学部奏报部编国民必读课本简易识字课本大概情形，然仍待次年即民国前三年底始编完，且仅供简易识字学塾之用，并非适应中小学正式课程。一九一二年即民国元年教育部先后公布小学校令及中学校令后，商务印书馆即依新规定改编共和国教科书，计国民学校用十一种，高级小学用六种，中学用二十三种；同年中华书局创立，又出版中华教科书，与商务印书馆共同供应教育界之需要。其后二三十年间，随着教科书的需要增加，编印教科书的出版家也就续有增加；又因自民国初元迄抗战以前，学制课程变更和修正多次，每次各出版家均按着新学制课程重编一套的教科书。其间较为重要的，如民国九年国语运动尖锐时期，商务印书馆用语体文编印的新法教科书，与民国十一年新学制课程系统表公布，采用六三三制，该馆随而编印的新学制教科书；十四年国民革命军北伐成功，该馆编印的新时代教科书；二十一年教育部公布中学新课程标准，该馆适于二八劫后复业，遂编印复兴教科书。其他各大出版家亦有相类的出版，以适应课程之改订与时代之要求。以上是书业供应教科书的经过。至于公家编印之教科书，则中央方面，除上述清学部所编的国民必读课本与简易识字课本仅供简易识字学塾之用，且流行不广外，一九三三年即民国二十二年教育部有短期小学课本之编印，同年五月又设部编中小学教科书编审委员会，十二月编成初小国语、算术、社会、自然四种稿本，交国立编译馆审查。次年先以国语之数册交各书局印行，因全书未竟，流行尚不甚广。其后因课程又有修订，教育部另编初小国语常识合订本，前四册最近已排印完成，先发各中心小学试用；闻初中各册不日亦将完成。至地方方面，则山西及广西两省，先后曾由省教育厅编印小学教科书，供本省之用；因种种关系，甫经一二年即行取消。以上是公家编印教科书的经过。

（二）中小学教科书之编印，自开始至今，以商务印书馆而论，恰满四十年，其间出版的教科书许多套，然按其质素言，尚不能认为有长足的进步。从许多公正无私的批评归纳起来，小学方面较优者似乎是最初编印的最新教科书和最后编印的复兴教科书两套；中学方面较优者似乎是民国四五年编印的民国教科书及最后编印的复兴教科书两套。四十年前所编的最新小学国文教科书，虽然毫无凭借，独立创作，然编者如张菊生、高梦旦、蒋维乔诸氏或为旧学名宿，或于新教育有独到之见，数人共聚一室，一课之成，字斟句酌，不肯苟且，故于教科书方面放一异彩。迄今数十年学制课程迭有更改，内容形式亦有不同，然其选材配置与用字命意之适当，尚鲜有能超越之者。盖其后编印各套之小学教科书皆因学制乍改，赶紧适应需求，没有充分时间能如编印最新教科书之从容讨论。例如共和国教科书之编印，系在共和政体建立后一年以内；因清末所编之教科书，已随国体改变而不适于用，不得不从速改编，结果虽能如期供应学校之需求，内容质素自难期完满。其后小学改用语体文教学，明令骤颁，同业竞相率先改编教科书，其仓卒成书与共和初建时无异。及国民革命告成，前编教科书亦因内容多不适用，而有亟须改编之必要，也就不能免于仓卒。至于复兴教科书之能差强人意，则因新课程标准之草拟讨论，早已公开，商务印书馆彼时力量丰富，得以及早筹备，并尽量利用旧有经验与采取各套教科书之优点；二十一年初虽经巨劫，准备之稿幸存，劫后复兴，编辑同人益加奋勉，其结果较民国以来所编各套教科书有进步。至于中学方面，民国四五年编印的民国教科书与民国二十一年后编印的复兴教科书内容较佳，则以前者系因该馆鉴于民国元二年间，随政体变更而仓卒编印的共和国教科书未尽洽意，故于事后分约各科专家另编一部较为满意之教科书；编撰者皆系国内各该科之专家，故其内容特佳，虽学制迭有变更，该书在理本已失效，而教育界仍多沿用不改，可为明证。又复兴教科书之中学部分，内容较好，理由也与小学部分相同。总之，编辑教科书关系重大，必须有充分时间，悉心商讨，始能有良好成绩。查各国教科书，因学制课程久无变更，得就流行之本，按各方意见与教学经验，随时修订改进，无须重新编印，故能保持原有之长，而补其缺憾。英美优良之教科书，往往有流行至数十年而逐渐改订至十数次者。我国则因学制课程不时变更，而变更之后，仓卒发布，仓卒实行；于是出版家为适应需求，又不得不仓卒重编新书。编书者只求新颖，不愿多采旧有之优良资料，遂至前一套教科书试验结果所发见的缺点，未及改进便须根本改作，而根本改作之结果，往往又生出另一种的缺点，长此下去，只见书本形式革新，未见内容之改善。我屡曾对教育当局进言，要想教科书完善，至少一二十年不改课程，三四年改进课本内容一次。如此始可逐渐有进步，至万不得已而有改订课程之必要，必须宽以时日，使出版家可从容重编新的教科书，勿蹈已往仓卒公布，立即实施之覆辙。现在我国已进于抗战建国的大时代，课程不得不修订，自属当然。然抗战期内，人材四散，参考资料缺乏，印制工作困难，须较平时予以更充分之时间，始能望有圆满之结果，否则所改订者仅为形式，内容或更视前此不逮，此即不可不特别注意者也。就我对于编辑教科书十几年的经验，最难着手者莫如小学的国语教科书；因为这一部书要同时顾到三个要素，一是内容的资料，二是文字的形式，三是所收的字与词。一个小学教育专家，可以知道哪一种资料适合于儿童，而文字或非其所长。一个文学专家，可以作成优美可诵的文字，而对资料之选择或亦非所长。因此小学国语教科书的编撰，有赖于许多人的合作。此外还有各阶段幼童须认识之单字和词语，许多教育家认为很关重要，因此在取材和行文上又增加了一种束缚。我对于编撰小学国语教科书的意见，以为最好在平时由富有小学教育经验者预把儿童应读之教材收集和分析，哪一种有流弊应严行剔除，哪一种不易了解应分别其程度，然后按单元类别，由长于文字者撰成课文，长于教育心理者，判其形式与支配之是否适当。此外还需要总其成之人，通读全部，严加批评，视其有无缺憾。所以这件工作，非一二人或短时期所能有满意之收获。至于同级学生之其他科目，亦有互相联系与避免之必要；一书之成，还须与同级其他科目之教科书联合审查。而且前一阶段之准备情形与后一阶段之设施教育亦有重大关系，故审查之范围，不能以同级各科目为限，还须就以前以后之教材通盘观察，方能作精审鉴衡。故高小国语教科书之编著者，在理应同为初小国语教科书之编著者；换言之，要使程度能衔接，初小高小虽划分两阶段，然同一科目之教科书，在高小方面应以初小为基础，不宜独立编辑。以前各出版家均因时间所迫，不能不分段同时编辑，不仅文字深浅之衔接攸关，甚至材料之重复冲突亦有问题。我所以主张编辑教科书必须有富裕之时间，并由各种学识经验之人合作，就是这个缘故。至于中学教科书之编著，形式上自较小学教科书，尤其是初小国语等容易得多，但关于内容的正确和配置，一方面固需要各该科的专门人材，他方面也有赖教学上的经验。各科的专家只能编著各该科很好的参考书而未必能成为教科书，教育专家只能编著合于形式的教科书，而未必即为各该科的适当教科书；这也是我们应当注意之点。就以上所说，教科书之不容易完善，已为不可掩饰之事实。要使其达到比较完善的境地，究应采何办法？查各国对于教科书之编印，除中学均由出版家担任外，小学教科书则有国定制、自由制及示范制三种。国定制由国家担任；自由制由国民担任；示范制由国家与国民并任。国定制可收统一之效，是其所长，然弊在杜绝竞争，难有进步。自由制有竞争改善之利，而弊在未必能贯澈国家的主张。示范制则由国家编定范本，以示标准，仍准民间依此编辑；此则利多弊少。我国过去数十年间，小学教科书均采自由制，听民间编辑，但经政府审定，于自由之中仍寓限制与统一之意。此在平时尚无何流弊，供给亦能充分。惟自抗战以来，交通梗阻，教科书运输支配极为困难，而各出版家亦皆因战争而遭遇重大损失，无力放帐以大量之书籍分配于各地方之贩卖者，因而在距离出版重心较远之处，供给难免短缺。闻教育当局有将小学教科书改为国定制之决议，此在贯澈国家主张上，自有其效果；惟有两点似须特别注意。一则出版家编印供给时，有自由竞争之便利，设能保持适当之利润，将不致供给不继；改为国家编印后，如由政府自行印刷供给，是否可以不赖各出版家之助力，如须赖出版家之助力，如何始能作适当的利用？二则出版家编印供给时，一方面有政府之审定纠正，他方面有教育界之督责，优胜劣败，可资改进；改由政府独自编印后，既无比较，又无纠正督责之人，是否能使所编之书胜于许多出版家所编者？我以为在实行国定之前，为慎重起见，似宜先从示范制下手，即一方面由国家编辑印行，他方面暂准出版家在若干时期之内仍得编印，但须经过严格的审定，如此则行之有效，固可永久滞留于示范制，既达统一施教之目的，又得供应无缺之便利；行之无效，再改为纯粹之国定制，则时间充裕，国家所编之教科书，一方面可与民间同时所编者比较，他方面可徐图改进，不致因操切而难免缺憾也。

（三）补充读物，所以补教科书之不足，因为教科书只能示人以纲领，对于细目的研究，不能不赖补充读物；所以欧美各国的中小学校，于正课之外，多指定学生自己阅读补充读物，视为功课之一部分。我国中小学的补充读物，编印最早者，当推商务印书馆出版的少年丛书，每种三四千字，或为中外一名人之传记，或为自然科学之一专题；虽叙述系用文言，在目前小学生读之，或不易了解，然在小学尚用文言教学之时期，以该丛书叙述之明白，与所用文言之浅易，彼时小学生读之，当无大困难，故流行甚广。该丛书之编印，远在清末及民国初年。其后编印愈多，范围也愈广。在我主持商务印书馆编译所之时期，即民国十年迄十九年间，初则对于小学中学均编有分科的补充读物，例如小学方面有儿童理科丛书，儿童史地丛书，儿童文学丛书等，各多至百种以上；中学方面有学生国学丛书，少年史地丛书，少年自然科学丛书及医农工商算学各科丛书等，合计多至五六百种。继则编印概括性的大规模丛书。中学以上者有万有文库初集，汇集一千种二千册之中学以上青年当读之书于一处，使成为中等以上学校及各地方新办图书馆的基础。虽万有文库所收书籍一部分程度较高，不尽合中学生之补充读物，然其中可为中学补充读物者亦复不少。故民国二十一年十二月国立编译馆奉教育部令就商务印书馆出版之万有文库中选取四百二十种，作为中等学校第一辑补充用书，呈送教育部通令各省市采用。小学方面，则有先后编印之小学生文库幼童文库及小学生分年补充读物。此外各出版家，于商务印书馆率先创行之后，亦多当仁不让，虽尚无大规模之概括性丛书如万有文库等，然于分科丛书及小学读物，则出版亦颇不少。以上所述，就是我国补充读物编印之经过。

（四）我以为教育之目的，在养成学生自动研究之能力与兴趣者，较灌输知识于学生远为重要。依此点论断，则补充教科书之不足的效用，关系尚少，其赖以养成学生自动研究之兴趣者，则所关尤大。本来人类具有好奇的天性，读书可以满足此项好奇性，在理人人都喜欢读书，都应能自动读书。只因向来设施教育的方法不免错误，或者对学生修学加以强迫，或者尽力灌注知识，使学生感觉功课的繁重和压迫；前者使学生对读书而厌恶，后者至少也使学生对读书不感兴趣。厌恶固不能期望学问之有成，即不感兴趣亦足使学生不肯自动读书。大抵正式的教科书编制都难免呆板，教者如不得法，很易使学生感觉读书不过是尽了一种职责，而不是寻求兴趣。至于补充读物，编制上因没有定式的束缚，自较轻松而易了解，于是学生多喜自动阅读，其最足引人入胜者莫如出至名手的文学书，如小说戏剧等类往往使人废寝忘餐，一口气读下去。有价值的小说本来也可视为一种补充读物；小说既能如此吸引人，假使其他的补充读物也能同样吸引人，岂不是会发生很大的效果吗？科学的或史地的补充读物，如果编著得好，也不难与文学的补充读物具有同等的吸引力。假使一般学生读了科学或史地的补充读物，能和读小说一般感到兴趣，则其对于科学之能自动研究便已毫无问题，但是仅仅引起一时的兴趣还不够，必须要能坚强其兴趣；坚强之法，莫如造成一种需求之目的，使抱着一种目的而阅读补充读物，读时既格外有兴趣，而且能够继续不已的阅读，随着这种继续的阅读，便可以养成阅读的习惯，而益坚强阅读的兴趣。我以为大学校高年生做毕业论文的方法，很可以适用于中小学生，因为大中小学程度虽有不同，而对于自动研究的兴趣则与能力之养成同属必要。做毕业论文之方法，就是在一个中心题目之下，受教员之指导，自行就书本或其他方面，搜集种种有关之资料，得之固如淘沙见金，其高兴可知，不得则如饥思食渴思饮，其需求之殷又可知。大学生的中心题目固较专门；中小学生的中心题目，自可按照其程度而选择浅易者。中小学校如能利用此方法，以鼓动学生自动研究的兴趣，并借此渐渐养成其自动研究之能力，其收获必大。中小学生依此方法而阅读补充读物，则对于编制特佳而富有兴趣之读物，必益感兴趣之浓厚；即对干燥乏味之补充读物，因其中容有可以解除饥渴之精神的食料和饮料，亦必感有兴趣。这正如饥者得食，不必求精；渴者得饮，不必求洁一般。不过补充读物之编著，能够对于引起兴趣方面特别注意，则其收效必更大。外国中小学补充读物编制之佳，足资我国取法的，就我所知以房龙氏 Van Loon 的各种著作，如人类的故事等为最。

总之，教科书没有补充读物相辅并行，无论教科书编著如何之佳，不仅内容贫乏，不足以餍学生之需求，而且全赖灌注，亦无以养成自动研究的习惯。我国补充读物编印较迟，最近虽有多量之出版，然就出版业之营业数字观之，则中小学补充读物种类虽多，其流通之册数，不过等于教科书十分之一二；可见各方面还没有对于补充读物相当的注意。为使教育发生充分的效力，此点实有特别重视之必要，否则纵有良好的教科书亦无用也。

（民国三十一年十二月二十一日为中央训练团党政训练班讲）

战时英国教育

英国教育有三种特色：一为责任与管理之不集中，二为志愿机构所担负之重要职责，三为教育对于课程课目与教法之自由。此三种特色弥漫于大中小三级之学校，并普及于英伦与威尔士、苏格伦、北爱尔伦各地，然此种特色之深浅程度，则各级学校与各地微有不同。英国教育所以异于他国者，一则其教育肇始于大学，而中小学基础之奠立远在其后；二则英伦与威尔士及苏格伦、北爱尔伦三区各有其不同之教育法，内容既多殊异，制定之先后亦不一致。兹分区加以说明，以英伦与威尔士为主，而略及苏格伦与北爱尔伦之异点。

第一节　英伦与威尔士教育

先略述其教育发展之历史。远在公元一一六八年牛津（Orford）之名已被指称为学生集合听著名大师讲学之地；而剑桥（Cambridge）之名最初被称道者即为公元一二〇九年若干牛津学生迁来该地之时。自时厥后，牛津剑桥二地相继创设许多学院。其第二步骤即为一三八二年间文齐士达主教（William of Wykeham）不仅在牛津创设一学院，并于文齐士达设一文典学校（Grammar School），以养成入学院研究之学生。一四四〇年英王亨利六世亦作同一举动，于剑桥设立英王学院外，同时并于温沙地方设一伊登学院，而后一学院实为中学性质，以养成入前一学院之学生为主旨。十六及十七世纪中英伦各地分设许多之文典学校，而十六世纪所设者有五所至今仍存在，且皆成为著名之中学校，此种中等学校虽间亦为贫苦学生谋特别出路，然不能视为国民教育之起点；盖其目的仅在养成精通拉丁文之学生，升入大学校深造，俾成学术专材以为教会及国家致力。故在苏格伦虽于一六九六年已通过一法案，规定每一教区应以地方款项设一学校，在爱尔伦则政治的理由虽使国家于一七三三年干涉教育，在德意志若干部分虽于十七世纪已行义务教育，在法兰西虽于一七七五年由土尔格（Turgot）氏计划国民教育之全系统，然在英伦则迟至十九世纪初叶，教育上之国民兴趣始作大规模之表示；此举一如英国其他之习惯，出自志愿的努力。彼时创设所谓日学校，星期学校，贫苦学校及孤儿学校等之热心人士，皆为反奴隶制度之领袖 Wilberforce 监狱改良先驱者 John Howard 与 Elizabeth Fry，以及童工保护者 Lord Shaftesbury 之同志。其中最重要之二人为倍尔（Andrew Bell）与兰卡斯大（Joseph Lancaster）；彼等之动机乃慈善的与宗教的。倍尔代表国家教会，兰卡斯大则代表非国教团体。由于倍尔之努力，一八一一年遂成立所谓“国家教育推进贫民教育全国协会”；而由于兰卡斯大之努力所组织者则为“英国与外国学校协会”，其所设施之宗教教育以一般的基督教原则为限。此两协会成立后，英伦之大众教育遂继续发展。因国家教会财力雄厚，故其所设立之学校自远较非国教协会所设者为多。一八三三年，国家始参与教育，每年拨款二万镑，以补助为设施较贫阶级教育之校舍建筑募款，然亦仅限于补助建筑而已。至一八七〇年又有一重大转机，则英国舆论卒承认教育为国家之职责。一八六七年之改革法案（Reform Bill），使许多不能读书识字之人获有国会选举之投票权，政府遂深觉有“教育其主人”之必要。一八七〇年之教育法，确立国家教育制度，以弥补志愿教育制度之缺憾。在凡缺乏学校之地方，由新设立之学校委员会（School Board）借学校捐之收入，设立足供需要之学校而教育当地之儿童；此种学校即名为委员会学校（Board School）。因此，英伦自一八七〇年起，始具有国家性的小学教育；及至十九世纪之末，小学教育已为任何儿童所能享有，自一八八〇年起且定为强迫的教育；入二十世纪以来，首先发布之一九〇二年教育法迄今仍视为英伦与威尔士国家教育制度之基础，其要点如左：

（一）取消学校委员会，以郡议会及郡市议会（即具有人口五万以上之市）为地方教育当局。

（二）授权地方教育当局设备或补助小学以外之教育（即中学校及职业学校）。

（三）地方教育当局应扶助志愿的（几全为教会的）学校，解决其财政上之困难，而以管理其教科（除宗教外）为条件。惟志愿学校之主持人，对其校舍之设备与维持仍照常负责。自此以后，小学教育除关于宗教教育之部分外已形成统一的制度。

上述之教育法，经过三次之修正，一为一九一八年教育法，二为一九二一年教育法，三为一九三六年教育法。其中最后一次之修正法将义务教育年龄由十四岁延至十五岁，并规定自一九三九年九月起实行，因战事适于是年九月三日发生，致未如期实行。

英国管理教育之机构有三：一为国会，二为教育部，三为各地方教育当局。国会管理教育之道有二：一为立法，例如以迭次之教育法，规定教育部地方教育当局或学校主持人应为与不应为之事，并使为父母者对其儿女之教育负有一种不可避免之义务；二为拨款，例如教育部补助各地学校之款概经国会通过，教育部即按通过之数分别拨助各地方教育当局，以偿还其对各该地学校补助费之半数。总计国会在战前每年补助教育之款约共一百兆镑，其中约半数系由国会就国家税收提拨，而另一半数则由各地方教育当局就地方税提拨之。

教育部之历史甚短，于一九〇〇年由国会通过组织之，将前此分配于若干政府机构之职权归单一之机构执掌。依法律所规定，该部负有监督英伦与威尔士所有关系教育事宜之责。该部并不设立学校或制定课程或委任教员；凡此皆系地方教育当局之责任。该部亦无监督私立学校或大学校之职权。其主要职务在监督教育法所规定者之实施并分配国会所拨之学校补助费。国会经由教育法而表示其对学校所需要之条件；此种种条件概由地方教育当局执行，教育部仅指导并监督其执行之方法，虽对于未能履行条件之地方教育当局得拒绝给予补助费，然此种权力鲜有实施者。又教育部具有按照教育法之规定颁布种种施行细则之权，其所以指导各地方教育当局者多赖于此；因是，各地方教育当局对于所辖区域设施教育之计划皆应呈送教育部审查其是否适当。该部为执行任务起见，除于部中设置员司外，特注重视察人员之选派。视察人员分为小学中学及职业学校三类，各有一定之负责区域；此外尚有特别视察，专对家政、体育、音乐、艺术等科目从事视察。视察员除以视察结果报告教育部外，随时与学校校长教员商榷教授方法，并对地方教育当局贡献行政意见。

地方教育当局分为两级，甲级系指郡议会，或郡市议会而言，其主管范围包括小学中学及职校；乙级指人口在一万以上之普通市议会，或人口在二万以上之乡区议会而言，其主管范围只限于小学。现在英伦与威尔士共有甲级地方教育当局三二八与乙级地方教育当局一六〇，较前此所设之学校委员会（School Board）共有二 五二七者，则现在之地方教育当局管辖之区域较广矣。各地方议会依法应组织教育委员会，其委员以一部分之议员及一部分非议员之教育专家及其他专家组织之。委员皆为义务职，而另设有给职，其主任或称教育主任（Director of Education），或称主任教育官（Chief Education Officer），或称教育秘书（Secretary for Education），随地而异。

上所述者为英伦与威尔士之教育发展史略与教育主管机构概况。现请分述各级学校。

（甲）公共小学校　此种学校包括地方教育当局设立之议会学校（Council Schools）及受补助与管理之志愿学校（Voluntary Schools）而言。在英伦及威尔士共有志愿学校一一 一一八所，议会学校一一七〇七所，而英伦本部则有志愿学校一〇 五五三所，议会学校一〇三六三所。志愿的学校因教育条件标准之提高，往往迫令主持人将学校停办，或移交地方教育当局接办，因是此类学校每年减少约一百所。志愿学校中括有英伦教会所办者九 四八〇所，天主教会所办者一 三二三所，其平均所有之学生远较议会学校为少；而受教育于此类学校之儿童总数不及议会学校之半数。所有公共小学校皆不收学费。据教育部在一九三九年五月发表之统计，五至十一岁之儿童在公共小学校肄业者约占百分之九十；十一岁以后，则成分大减，可见许多儿童已转入中学校。

英国中小学校之界限颇为复杂。小学校之全期间原包括五至十四岁。在前期二至五岁得入所谓哺育学校（Nursery School）或哺育班（Nursery Class），但非强迫的；而小学校中又分为三时期，第一期教育五至七岁者，称为幼儿学校（Infant School，小规模者常与低级学校同一校舍），第二期教育七至十一岁者，称为低级学校（Junior School），第三期教育十一至十四岁者，称为高级学校（Senior School）。至于中学校之全时期乃由十一二至十七八岁。其前三年之程度实与小学校后三年相等；只因小学校目的在养成国民，中学校目的则在养成考升大学之人材。故肄业小学校至十一二岁，则可作三种之考虑：一则继续读完小学校课程，达十四岁为止；二则考入中学校，继续修业至其五六年级，即十六至十八岁间，投考大学；三则于十一十二或十三岁投考职业学校，肄业一二三四年不等，俾养成从事工商职业之技能。总之，在五至十四之学龄中，儿童必须入学，其在五至十一岁者，除极少数入预备学校外，几以全入小学校肄业为主，而在十至十四岁间，则肄业于小学校中学校或职业学校者皆有之。查英伦与威尔士在一九三八年之统计，学龄儿童未入小学校者计占全部学龄儿童百分之十二，即六五〇 〇〇〇人，其中有一部改入地方教育当局为体力或精神有缺憾之儿童所特设之学校，或入内政部所管理之改过与习艺学校。

（乙）中等学校　英伦与威尔士政府对于小学教育之设施固已迟至一八三三年以后，然其对于中等教育之关系则更迟至一九〇〇年前后。不过中等学校纵未受政府之补助，其历史却已有数百年之久。因此，中等学校名称远不如小学校之一致。在讨论中等学校之际，吾人常闻公共学校（Public Schools），文典学校（Grammar Schools），郡立学校（County Schools），私立学校（Private Schools），寄宿及走读学校（Boarding and Day Schools）种种名称。

所谓公共学校，多数系寄宿性质，故其学生不限于一地方；其中鲜有接受公众补助者，所收学费恒较其他中等学校昂贵，所收学生亦较其他中等学校年龄为大（通常在十三岁以上）。中有若干所创立甚早（如伊登、文齐斯达、哈罗 Harrow，鲁璧 Rugby 等）；然大多数实为百年来所设立（例如韦灵顿 Wellington，马尔波洛 Marlborough，勃拉菲特 Bradfield，士多维 Stowe 等）。凡欲入此等公共学校之学生，通常须在私立的预备寄宿学校受预备教育约四年。

文典学校多为古代所设立；然大致皆系走读学校，故学生多来自一地方。此等学校中颇多受公家之补助。

郡立学校即如其名称所示，系郡议会所设立与维持。私立学校则为私人所设立，而绝无接受公家补助者。目前英伦与威尔士所有各种之中等学校共一 八〇五所，其中女子中等学校不及半数。若干中等学校附设预科，八九岁之儿童即可入学于此。但亦有独立的预备学校，其所收学生以自八九岁迄十三四岁为度；此种学校大多数系私立，其寄宿者殆以养成入公共学校之学生为专务。预备学校亦可受教育部之视察，对其优良者加以承认，惟不加补助。

中等学校之受有公家补助者在一九三二年以前，收费并无规定，且有完全免收学费者。自一九三二年四月一日新章程颁布后，此类中等学校一律得收学费，虽学费之额尚未作划一之规定，然平均每年约十一或十二镑，等于学校维持费约三分之一。威尔士中等学校所收学费则较英伦为低，每一中等学校每年各设特待生额（Special Places）若干，供公共小学校学生之考取，间亦有兼为其他学校学生增设特待生额者。所谓特待生额系按学生父母乏资力而分别全免或局部减免其学费。目前所有受公家补助之中等学校学生，缴纳全部学费者不及半数。

私立学校，包括中等学校及预备学校而言，多不受教育部之视察，合计不下九 〇〇〇所，其所收学生超过三〇〇 〇〇〇人。然间有最著名之此类学校，经教育部视察而承认为优良者，则其所处之地位又较一般议会学校或受补助之中等学校为高。

以课程及考试而论，凡受有补助之中等学校，须遵守教育部对于课程上所规定之若干条件，此种学校通常须设置英语及英文学、一种外国语文、地理、历史、算学、科学、绘图、唱歌、男子之手工或女子之家事，以及体育与组织的游戏等课程。然实际上对于教材之设计皆系各学校之自由，而若干学校并设置特殊科目，以适合将来从事工商事业诸生之需要。在此类学校中，学生多留校肄业至超过十六岁之年龄，且有攻读较深之科目而多留二年以上者。通常中等学校之学生约在十六岁左右，即应所谓“学校证书试验”(School Certificate Examination)，或称为“第一试验”。其留校研读较久者，更受所谓“高级证书试验”（Higher Certificate Examination)，或称“第二试验”，此种试验系由教育部认可之八大学团体所主持；所有英伦与威尔士各大学皆于种种条件之下，接受此种试验之结果，以代其入学试验。若干大学不允专靠学校证书试验而免除入学试验，而需于学校证书试验之外，以高等证书试验之特定标准补充之；但亦有若干大学仅据学校证书试验或高等证书试验之一种而完全免除入学试验者。又高等证书往往为若干大学所据以免除学位中期试验之全部或一部。

总之，英伦之中等学校制度只有四十年上下历史，威尔士则依一八八九年之威尔士中期学校法之规定，其制度较英伦略早。

（丙）大学校　目前英伦与威尔士有权授与学位之大学校共十二所，其名称为伯明罕（Birmingham)、勃里士托尔（Bristol)、剑桥(Cambridge)、都尔林（Durham)、里特士（Leeds)、利物普尔(Liverpool)、伦敦（London)、曼齐斯达（Manchester)、牛津（Oxford)、里登（Reading)、塞菲尔（Sheffield）及威尔士（Wales)。此外尚有不能授与学位之独立学院（University College）三所，即爱克斯脱（Exter)、那登罕（Nottingham）及苏罕顿（Sonthampton)。

牛津与剑桥两大学，各括有许多学院，创设最早，其学生皆有强制住校之义务。其余各大学皆系一八〇四年以后所设立，除一二例外，虽亦有寄宿之设备，却皆无强制学生住校之规定。在战前之一九三九年间，全部时间在校肄业之学生总数为四〇 四〇〇人，其中百分之二十三为女学生。牛津剑桥二校共有学生一〇 七〇〇人，伦敦大学有一二 九〇〇人，各省大学共有一三 四〇〇人，威尔士大

学则有三 四〇〇人。

英伦与威尔士之大学多括有许多学院，所有设施教育及行政皆由各学院自主，其大学本部仅为考试及授与学位之机构，同时各学院之教授亦皆为大学之职员，大学副校长一职（在英国大学校长多为名誉职，由贵族或官人兼任，而实际负责者为副校长）亦为各学院院长所轮流兼任。

所有各大学皆不受政府教育部或地方教育当局管理。虽国会每年通过补助各大学之款不下二百万镑，而地方教育当局对其本区域内之大学亦多有拨款补助者，然皆一任各大学自由处分，绝未加以约束之条件。盖学术独立之风气，在英国固视同神圣不可侵犯也。关于大学生之补助，则教育部每年设置若干名之名誉学位奖助额，在战前之一年为三百六十名，系根据中等学校获有高等证书者之成绩而考虑授与之；此外复有伦敦大学之帝国科学技术学院每年各设三十名之王室奖助额。然大多数之奖助额实由各大学或学院就其自身之款项而设置，至于私人或公益机关所设者亦不少。总计在英国全部大学生中，约有百分之四五十获得一种或他种之奖助金额。

第二节　苏格伦教育

苏格伦教育所异于英伦与威尔士者，则苏人无时不坚信教育为改进人生之方法与目的。彼等向不认中等教育为一阶级之特权，而认为凡具有适当能力之任一儿童应享之神圣的权利。彼等屡世相沿之理想咸认中等教育并非与小学教育为二事，乃为小学教育当然的演进。

苏格伦教区学校远在一六九六年业已肇端于国会通过之法案。依该法案规定，此等学校之教师虽由教会所委任，而学校经费则由地方税支给之。又其市邑（Burgh）学校约与英伦之文典学校相当。但教区学校对于聪颖学生亦得与以较高之教育。故由此二种学校中，任何阶级之儿童皆得升大学。

一八七二年之苏格伦教育法规定设立学校委员会，但其地位与英伦不同。在英伦之学校委员会只能设施小学教育，且无权管理志愿学校。在苏格伦则市邑及教区学校皆移转于学校委员会，使督促其办理而有成效。一九〇五年教会并将师范学校移归国家，仅保留其管理宗教教育之权而已。一九一八年此种学校委员会代以各郡及四大城市之教育当局，于是不属于国教之天主教及圣公会学校一律移归教育当局管理，惟保留其各自设施宗教教育之权利。因此，苏格伦全部之学校，几尽归国家管辖，地方教育当局负有充分设备初级中期及中学教育而免收学费之责。其小学教育初级与高级之分野，在英伦为十一岁，而在苏格伦为十二岁。苏格伦中等学校之特色为混合的走读学校，读毕五年课程之学生，经苏格伦教育署（Scottish Education Department）试验及格者，即由该署发给离校证书（Leaving Certificates），与英伦由八大学试验委员会考试发给者不同。自十九世纪英伦先后成立许多公共学校以来，苏格伦亦受其影响，设有四所英伦式之公共学校；惟七至十二岁儿童之肄业于私立预备学校者不满百分之二。

苏格伦有大学四所，即圣安特鲁（St. Andrews），一四一一年设立，格拉士哥（Glasgow），一四五一年设立，亚拔颠（Aberdeen），一四九四年设立，及爱丁堡（Edinburgh），一五八三年设立。此数大学与美国新式大学同设于大城市中，各该大学之行政会议亦有城市议会之代表加入。且与英伦之新式大学及欧洲大学相同，其学生皆无住校之义务，收费亦较牛津剑桥为廉。其大学校长通常为著名之政治家或文学家，每三年一任，由注册之学生所选举，此系根据最古的理论谓大学生得自选其教授也。苏格伦大学生入校之年龄平均较英伦为早，其人数对全人口之比例约等于英伦之倍数。

第三节　爱尔伦教育

自一九二一年北爱尔伦成为联合王国自治单位之一以来，其国会即通过一九二二年之教育法，大体与英伦之教育法相同。此举使北爱尔伦之教育发生重大之改革，即因前此中小学教育均未受国家管理之故。现设有地方教育当局者计八处。原有之志愿学校依法应移归各该地方教育当局；新教所设各校多已照办，惟旧教所设者虽牺牲资财自行维持，仍愿保留其管理权。

由于其教育机构之新设，北爱尔伦之教育部长与其常任之职员对各学校之管理较英伦为更密；同时各地教育当局对于不适宜之校舍积极重新建筑，成绩亦甚著。

第四节　战时英国教育

战争开始后，首先发生学校毁损及适应环境与迁徙问题；次则由于动员关系，发生学生人数消长问题；他如战时多数人从军，复引起学龄儿童种种保育问题。兹分别略述于后。

（甲）关于学校迁徙及适应环境者　此特指大城市中之中小学校而言。战事起后，一由于事前之戒备，一由于学校之遭轰炸而毁损，致有须自重要城市，尤其是伦敦与其附近，迁徙于较安全地带之必要。查英伦与威尔士境内被全毁或遭遇重大损害者计有公共小学校九百七十所，中等学校一百三十三所，于是学校迁徙遂成为彼时极重要之一问题。以爱色司（Essex）一郡而言，一万四千以上之小学生及中等学校十六所迁移于该郡以外，又有一万一千左右之小学生及中等学校八所自该郡境外之危险地带迁入该郡之边远部分；其他有遭受敌机轰炸危险之郡亦大致相若。于是由此引起之校舍问题亟待解决，其办法大致与迁入地点原有之学校合用同一校舍。然若合班上课，则人数太多，不合教育之原则。查德国平时学校每班人数平均为四十二人，战时因教师缺乏，增至八十人；英国小学校平时每班人数不超过三十人，虽在战时，仍极力维持此数，故惟有采取轮流上课之办法。查德国小学校在战时每周仅上课十八小时，其目的在使儿童腾出一部分时间，从事于作战有关之工作。英国则不然，战时动员虽极澈底，然据教育部在一九四三年三月六日之报告，学龄儿童在校修学时间每周仍不少于二十七小时。英国所以能如是者，一则小学教师从军者虽有二万五千余人，然因已婚妇女依动员法之规定，得不服兵役者，尽量担任小学教员，以补充男子之缺额。目前全国教员，由教育部最后负有维持之责者，不下二十万人，此中绝大多数当然为小学教员，但亦括有哺育学校特殊学校及职业学校之教员在内。二则校舍方面，除照上述合校上课外，复尽量征用贵族富人之余屋，尤以乡间之别墅为最，以补充被毁之校舍，并应迁徙学校之需要。因是，虽经巨劫并遭遇种种困难，而小学卒能维持与战前无异，即中等学校亦不致因战事而有重大影响。至大学校则在伦敦者，因战事初期备受轰炸之威胁，亦不得不迁徙疏散，而其校舍亦有为军事上之目的而征用者，例如伦敦大学本部之暂供英国宣传部使用是；惟距伦敦稍远之大学校如剑桥牛津等以及各省大学校多仍在原址继续进行。

（乙）关于学生人数消长者　查英国国民服役法令，男女年龄十八岁即须为国服役，而教育法所规定之义务教育年龄现仍维持至十四岁。因之，十四岁以下之儿童当与战前无异，一律就学；十八岁以上之男女则除有特别情形外，亦一律须为国家服役；而介于其间之年龄，即十四岁已满十八岁未足者，法律上虽可自由，事实上亦由于工业动员之积极，多从事于生产事业。查英伦与威尔士（苏格伦及北爱尔伦除外）在战前一九三八年之教育统计，其全人口四一 二一五 〇〇〇人中，在公共小学校毕肄业者共五 〇三五 〇〇〇人，其中肄业于地方议会设立之学校者三 五一三 〇〇〇人，肄业于志愿设立之学校者一 五二二 〇〇〇人；在中等学校肄业者五六九 〇〇〇人，其中肄业于受公家补助之学校者四七〇 〇〇〇人，肄业于其他合格学校者（包括预备学校）九九 〇〇〇人；在职业学校及补习学校肄业者一 三〇九 〇〇〇人，其中肄业于全时间初级学校者三一 〇〇〇人，肄业于全时间高级学校者一九 〇〇〇人，肄业于局部时间日校者五九 〇〇〇人，肄业于局部时间夜校者约一 二〇〇 〇〇〇人；在师范学校肄业者共一五 七〇〇人，其中肄业于独立师范学院者九 六〇〇人，肄业于大学校师范科者四 八〇〇人，肄业于家事师范学校者一 三〇〇人；在大学校肄业者四九 〇〇〇人，其中肄业于有权授与学位之十二大学者四〇 四〇〇人，肄业于其他三大学者八 六〇〇人。战事发生以来，小学校学生既有照战前规定就学之义务，政府又能极力维持学校之进行，故其最近在学之人数较战前约增百分之十；中学校则其学生虽未届服役年龄，然以入大学之机会较少，而工业动员复使十四至十八岁间之男子百分之七十七与女子百分之六十七从事于国防的生产，因是各学校虽照常维持，而在学人数不能如小学校增进之多，实际上仅较战前增加不及百分之三。职业学校则战前人数本以局部时间之学生占大多数，战时人数，由工厂中之童工大增，而此类童工依法皆须受局部时间之职业教育，故其人数较战前大增，自系当然之事，惟以人数流转甚速，尚难有正确之统计。师范学院则因政府极力维持中小学教育，并拟于最近之将来延长义务教育年龄，所需之师范人数较战前大增，因而实际肄业师范之人数亦必较战前大增，惟英国师范制度颇为复杂，大部分师资仍多取材于大学各科毕业生，而尤以战时各大学校文学院之肄业生多数以从事教育为志愿，故其人数亦不易统计。大学校则因入学年龄虽亦有早至十六七岁者，然大多数皆在十八岁；彼时适届服役年龄，依法只有残废而不能服役者方能入学，即女子亦因与男子同有服役之义务，而不克自由入学。英政府为维持战时必需人材之增进，俾得应付局势，同时亦不致妨碍国民服役之规定，因是特定变通办法，凡志愿入理工农等学院者，无论男女概特许其肄业二年，授与战时学位，即令离校服役，俟战事终止愿回校续修一年者经正常试验及格者，另授平时之学位。至志愿入文学院或其他学院者，除依法得免役之残废男子外，女生则以志愿于毕业后从事教育者为限。因是，大学校之学生人数大减；连同许多外国学生及受短期训练之公务军事人员在内，表面上仅当战前数量百分之八十，若专就正式学生而论，至多仅及战前百分之五十而已。

（丙）关于学制修正者　一九四三年七月二十九日及三十日英国下议院中曾热烈讨论关于教育改造之所谓白皮建议书（White Paper Proposals）；其建议内容大致如左。

（一）对义务教育年龄以下之幼儿增设哺育学校，俾此项幼儿有受教育之更多机会。

（二）义务教育年龄之终止期由十四岁延长至十五岁，绝对不设例外；且预筹更延至十六岁之计划。

（三）现有之公共小学校须完成其整顿工作，俾十一岁以下之儿童皆有设备完善之学校可入；现有之中等学校亦须完成其改进工作，俾超过十一岁之儿童皆有更适当之学校以从事进一步之学业。

（四）中等教育将成为普遍的，现行之特待生额试验应予废止；凡由地方教育当局设立或受其补助之中等学校概不收取学费。

（五）今后中等学校将归并为三类，即文典学校，现代学校与职业学校。文典学校侧重学术之训练；现代学校注重人生之一般知识，包括实习工作在内；职业学校即如其名称所示。对于每一学生应受何种教育，以该生之学业纪录为准，并注重其父母之愿望；学生届十三岁时当有从一种学校转入他种学校之便利。

（六）自由设立之学校应登记并受视察，如办理有缺点经政府通知而不于特定时期内改善者，得勒令停办，但此种学校之主持人有向特设之裁判委员会提出异议之权。

（七）凡受补助之学校中，卫生服务，包括检验与治疗，均应免费（目前小学校得免费治疗，中学校则否）。地方教育当局应供应学生午膳与牛乳。

（八）地方教育当局设立之学校亦以宗教教育为必需之科目。

（九）少年皆应受强制的局部时间教育，直至十八岁为止。

（十）初级小学校各班之人数应逐渐减少。

（十一）中等学校课程应予改造。

（十二）使贫苦学生更有机会可入大学肄业。

（十三）加紧训练师资，并计划战后复员短期集中训练之师资。

以上建议极为下院赞许。于是进一步于一九四三年十二月由教育部长提出改革英伦与威尔士之教育法案，将上述建议大致采入其中，并规定按年实施之程序。当此案提出下议院讨论时，在初读中工党议员对原案将义务教育年龄延长至十五岁，并于教育部长认为可能时续延长至十六岁一项，主张无条件延长至十六岁，是则国会之主张延长教育年龄与注重国民教育且较政府更进一步矣。

（丁）关于其他者　英国对于战时之儿童教育，不仅澈底办到

“教”字，并同样注重“育”字。据一九四三年二月十六日枢密院长报告，英政府免费供给学校儿童之膳食，由一九四〇年之三十五万人，增至一九四二年十月份之一百万人，而最近之数且较此日增。政府拟于一九四三年内增加免费膳食之供给至七十五万人；是则在政府补助小学校肄业之五百五十万儿童中，目前受政府免费供膳者将不下一百万人。其由政府免费或减价供给牛乳者，此五百五十万之儿童中且多至四百万人。

又据一九四三年二月十一日教育部长报告，有若干地方之教育当局在战时继续计量儿童之体长与体重，并依科学的调查，就若干中立或安全地域的儿童体格增长率寻求其标准，业已证明各该地方的儿童战时体格之增长皆能维持满意的标准。又查格拉士哥学校卫生服务处报告，该地在一九四二年中，较诸战前五年间之平均数，十三岁之男童体重增两磅半，十三岁之女童则增两磅。

（民国三十三年六月作，曾汇刊为战时英国）

漫谈高等教育

高等教育的范围，依我国现行的法令，系包括专科以上学校。所谓专科以上学校，大别为大学校、独立学院及专科学校三类。其中大学校和独立学院仅为组织上之不同，程度原无二致。故实际上只有大学校和专科学校两级。查大学校依其组织法第一条之规定，以研究高深学术养成专门人才为主旨；专科学校依其组织法第一条之规定，则以教授应用科学养成技术人才为主旨。专门人才与技术人才名义虽有不同，实际殊难区别；而较易区别者莫如研究高深学术及教授应用科学二语。此二语中差别最大者，又莫如“研究”与“教授”两名词。

在英国，一般人咸认大学校之主要目的有二，一为研究，一为讲授。里特士（Leeds）大学的特许状，称其目的为“提高与传布学术”（The advancement and dissemination of knowledge）；提高当然寓有研究之意，而传布则有赖于讲授。饶伯逊·查尔爵士（Sir Charles Grant Robertson）于其所著“英国之大学校”一书中有言：“一所纯粹讲授的大学校，或是一所单纯的研究所，都不能算是真正的大学校。”这句话纵然有些语病，因为纯粹采取讲授式的学校根本上便不当称为大学校；不过此却可代表公众对于大学校所承认之定义，即专从事研究而不参入讲授方式者只可称为研究所，而不当称为大学校，反之，专从事讲授而不提倡研究者只可称为专科以下的学校，而不当称为大学校。易言之，大学校不仅在毕业学院中当使学生积极从事研究，即在本科修业时期亦当充分提倡研究的精神，而在讲授任何科目时，处处应引导学生作自动的研究。

大学校既然有此特殊之目的，于是我国大学校组织法所下“研究高深学术”一句的定义，便不当等闲视之，致使大学校实际上与专科学校无别。此一句之定义至少含有下开的意义：（一）有提高学术之责任；（二）充分利用研究方法以达提高学术之目的；（三）以最适于研究之人充任，尤不可使适于研究之人望门而不得入。易言之，大学校应以选择的方法，招致一切适于研究之优秀分子，在适当的学者指导之下从事于学术之研究，俾达提高学术之目的。

假使我的推论为不谬，则选择优秀分子实为大学校开宗明义之一事。所谓优秀分子系指有研究高深学术之学力与其意志之人。不合此条件者，无论如何富于资财，不当容许其在大学校中滥竽一席；而合此条件者，无论如何贫苦，当予以入学进修之机会。如果大学校的入学学力不重实际，只须读毕中学课程即可升入大学，而入大学后只须读毕若干年的课程又可毕业，则富家子女皆优为之，于是大学毕业殆成为富家子女之专利；此不仅对于大学校提高学术之使命背道而驰，且因社会地位恒随形式上之学校资格为转移，将使社会的上层地位永为富家子女所独占，其不平孰甚？在另一方面，如果大学校的入学资格必须经过中学毕业，则聪颖而有志之贫家子女，借半工半读或刻苦自修，而最后欲升入大学研究高深学术者，将不免望洋而兴叹。此不仅使大学校丧失极有希望之分子，且值此社会上侧重学历之时代，将使此等优秀分子极难攀登社会的上层；以视科举的旧时代，所谓“朝为田舍郎，暮登天子堂”者尚远不逮，其不平又孰甚？

一个民主立宪的国家，当使全民在法律上、政治上与经济上平等；然而受高等教育的机会苟不能平等，则至少在政治上与经济上之平等等于空言。我国五五宪草第一三二条规定中华民国人民受教育机会一律平等，可谓知所本矣；然此处所指之教育不免空泛，在一般解释上或将视为国民教育，未必推及于中等乃至高等教育也。又同宪草第一三六条规定国立大学及国立专科学校之设立应注重地区之需要，以维持各地区人民享受高等教育之机会均等，而促进文化之平衡发展；此于各地区文化之平衡发展可谓注重矣，然同一地区之各阶层人民享受高等教育之机会均等，尚无明确规定也。因此，我在宪政实施协进会讨论宪草之小组会议中，力主“国家为维持人民受中等以上教育之平等机会，对于无力升学之优秀学生应予以扶助及便利”。所谓扶助当然指多设奖学额，俾聪颖而有志之贫家子女不因财力之不堪负担，而丧失其升学之机会。所谓便利，则涵义较广，凡足以阻碍聪颖而有志之贫家子女升学之种种人为的限制，例如以中学毕业为升入大学之条件，皆当尽可能消除之。且大学校既按学分，又需具备“毕年”之条件，皆为聪颖而有志之贫家子女升入及毕业于大学的重大阻碍。我国近年对于中学毕业同等学力考升大学之限额，虽陆续放宽，然因限额犹存，则各大学招生时对于同等学力者之录取不免过分慎重，而于中学毕业而谋升学者较予从宽。实际上利用同等学力之规定而升学者为数极微，于是中学毕业几仍为升入大学之惟一条件。然使中学校无须按年递升，则半工半读或刻苦自修者犹可越级考入高中三年级，经一年之修业便可考升大学。无如中学阶段现仍严格规定按年递升，尤其是插班者不得插高中三年级，甚至未经初中毕业者不得考入高中。凡此种种，皆使富家子女不论学力与意志如何，皆有升入大学之便利；而贫家子女，亦无论学力与意志如何，将被剥夺其升入大学之便利。又已考入大学者中，资质与努力过人者纵以三年读毕应修之学分，而仍须满足四年之条件始许毕业；此种限制不仅毫无理由，且使财力薄弱者无故多耗一年之费用，或因无力多负担一年之费用而丧失其毕业之资格。此亦徒增贫家子女之不便利而已。英国高等教育特别认真，成绩斐然，然其入学资格绝不限于中学毕业；入学以后，亦无修毕若干年即可毕业，与未修毕若干年将不许毕业之呆板办法。甚至以中学毕业为升入大学之必要条件如德国者，其中学亦不若我国之必须按年递升，故聪颖而有志之贫家子女仍得借半工半读或刻苦自修，而越级插入中学之高年级，经短期之修学即可毕业：故升学虽未能获得便利，而在中学肄业时固已获得许多便利矣。但我认为英国之办法实更适于我国之仿效：大学校之入学以严格考试之成绩为主，大学校之毕业亦以严格考试之成绩为主；只须再有充分之奖学额，则享受高等教育之机会不难平等矣。

大学校苟能严格注重考试，同时并以研究为主要原则，则一方面富家子女不致幸进，贫家子女不致见拒，纯粹以能力为标准，自较公允；他方面则程度可以提高，不致与研究高深学术之旨相违。至于社会大量需要之应用人才，或以职业学校，或以专科学校，或以工商业半工半读之学徒制度养成之，既不必因迫切与大量的需要，而使大学校的程度降低，亦不使应用的人才因而短缺。

试举英国为例，英国工商业发达，其所需要技术的干部人才，与其谓由于大学校所造就，无宁谓由工商业自身及职业学校所造就。其大学校以深造为主，所造就之人才在精而不在多；因工商业所需之首脑人才实居最少数，与其粗制滥造，有名无实，不足以负主持之责，无宁经严密之选择与精深之训练，务使名实相符也。至于干部的人才如副工程师以下之技术人员，以及工场主任，甚至工厂厂长，既有需于大量之养成，则训练方法，或于受职业学校之教育后再入工商业实习，或于完毕义务教育后，自十五岁即入工商业为学徒，并同时受补习教育。我去年访英，参观许多工厂，目击我国大学毕业生派往英国工厂实习者与英国仅受义务教育之学徒，担任同样工作；其不同者，则我国大学毕业之实习生无须受补习教育，而实习年限缩为二年，英国仅受义务教育之学徒，则须在工余受补习教育，其实习年限亦延长为五年而已。

我国战后工业建设需要技术人才极多，诚有如“中国的命运”一书所指示者。然而此种人才若专赖大学校养成，无论不易有如许之大学校与夫适当的教授与设备，即勉强完成其形式，结果将使大学校之程度低落，影响于高深学术之研究者至巨。我国目前可供实习之工商业固远不如英国，则英国工商业之学徒制一时或尚不适于我国；但专科学校之扩充，实为过渡时期最有效之办法。查目前我国专科学校，学生人数仅及大学校学生人数十分之一，与提高大学程度及大量训练技术人才之两种目标均有未合。专科学校为近年之产品，且大量设置亦有实际的困难；故最便利之方法莫如于原有大学内一律附设专修科，利用原有之设备与教师，从事于此项应用人才之大量训练，而对于大学本科学生则从严选择，认真训练。如此，则同一学校，一方面可提高学术程度，他方面亦可养成大量之应用人才。查日本前此之国立大学多附设实科，其入学程度较大学本科为低，修业年限亦较大学本科为短，而特重应用技术方面，盖即我所主张大学校附设专修科之意也。惟是专科学校的入学资格必须不限于初中毕业；实际上凡对文字算学及普通科学有相当程度而经考试及格者，应一律准许入学。又查苏联在厉行工业化之初期，感于技术人才之缺乏，就工人中选择有相当程度者分别进入工程学院或技术学校肄业。虽苏联彼时之目的在从工人中养成干部人才，而他国主张不尽同；然其所采方法与所收效果均尚满意，实亦有足资仿效者。盖使由学徒出身之人受专门技术与智识之教育，与使受专门技术与智识之教育者，同时或事后有实习工作之机会，其结果殊途而同归，均于技术人才之养成为必要也。

上述主张，对于大量技术人才之养成既易收效，而于高深学术之研究亦不致有损。前者在量多而实用，故选择宜从宽，训练宜重实际；后者在质美而能提高，故选择宜从严，训练宜重研究。

现请就大学的训练略述我的一点意见。我以为训练大学生，首须培养一种学术的风气，次则实现研究的精神；二者果能办到，一切自趋于正轨矣。学术风气最典型的表现，莫如在英国住校的大学，如牛津、剑桥者之中。此等大学供养全国第一流之学者，尊之为教授或讲师；又罗致最适于研究的典型人物，称为研究员（Fellow）。前者任教科的时间无多，得以休闲的时间，作精益求精之研究；后者无须担任教科，亦无固定之日常工作，得以全部时间，度其舒适之研究生活。此两种人，尤其是后一种，对于学生的直接影响似不甚大，实则其所给予学生间接的影响至大。此种学术的偶像与研究学术的典型，借其具体的表现而示范，其给予学生之激励，实较忙个不了的讲堂功课为更深切。名教授不常举行的讲演与研究员偶一为之的讲演，无不寓有心得的表现；在精神上给予学生的启发，较形式上的知识灌注，效力特宏。同时导师定期的（通常每周一次）与学生个别讨论，对其阅读与撰论的检讨批评，又给予学生修学上的直接指导。此外，因图书仪器之充实，读书环境之优美，而在学诸生亦皆经过严格的考选者，于是各种条件便联合形成一种浓厚的学术风气。

研究精神最有效的表现，在大学校中，莫如毕业论文之撰作。毕业论文，在欧洲大陆与英国，较美国尤为重视。往往费时一二年始克完成，或在实验室长期试验，或在图书馆镇日探索，或在校外作深刻的调查与研究，而以其所得结果或资料，分析推考，附以一己的评断而成。经过此种工作，则对于资料的探索，思考的运用，实验的系统化，组织的条理化等，无不获有良好的训练。于是赞赏毕业论文之功用者，辄谓此举对方法上所得之训练，远胜对其内容所得的结果。此种论定固有其相当理由。然仅知注重方法，则流弊所至，不免有使论文题目过分琐细或奇僻，于研究之本体将不能获得若何效用者，则又美中不足矣。英国学者 Bruce Truscot 于所著新式的大学（Redbrick University）一书中，批评美国大学之毕业论文有过分奇僻之处，例如研究某文学大家作品，不从其他价值着手研究，只将作品中所用字汇归纳统计，而以该文学大家最善用某某等字为其结论；此即不免侧重方法，而漠视内容矣。我以为毕业论文能兼重内容与方法固属最佳，即或内容方面诚有如上述之奇僻者，然经过一番归纳与统计的工作，亦可培养研究的习惯与鼓起研究的兴趣。就此一篇论文而言，于内容之研究虽无何贡献，然因此而能使其人下苦功并维持其兴趣，则来日方长，继起之研究或亦可以此为出发点，终胜于全赖教师灌注知识，纯然为被动的学习也。

本文顺笔写来，无异随便的谈话。结束以前，请概括我对于高等教育的几点意见：（一）大学校务须提高程度，不可因一时的急需，而粗制滥造；（二）专科学校为供应目前及急需之机构，宜积极推广，并尽量附设于原有之大学校内；（三）大学校及专科学校均应取消入学资格之限制，而以入学考试定去取，对于大学校之入学考试应特别严格；（四）大学校及专科学校均应多设奖学额，俾聪颖而有志之贫家子女得以入学，全国人民有享受高等教育之平等机会；（五）大学校应以成绩学分为毕业之条件，绝对取消“毕年”之制；（六）大学校应培养学术的风气与实现研究的精神。

（民国三十四年七月为学生杂志作）

漫谈中等教育

假使有人要我对本世纪以来我国各级教育的成绩作一评定，我敢大胆地说，初等教育最好，中等教育最坏，高等教育有好有坏。初等教育的成绩良好，全赖语体文的教学。自从采行语体文以来，小学生很容易明白他们读的是什么，写的是什么。明白读的是什么，便可在课外靠自己的力量，获得较广泛的知识，因而对于国民意识世界知识都较上一两代的小学生进步不少。明白写的是什么，便可以自由表达意思，纵然不会修辞，或是免不了写白字；可是从前一个流行的笑话，说三家村的学究替人写信吊唁死了父亲的人家，误抄尺牍上关于死了母亲的文字，后来给人家发现了，告诉了他，他还说书上是没有错的，恐怕那家死错了人罢。

中等教育的成绩不好，原因可就复杂了。归纳起来，至少有这几点。第一而且是关系最大的就是目标不明。中等教育的目标本来大别为二：第一是升学阶梯，第二是就业准备。所谓升学阶梯，就是使曾受初等教育者，经过了这段阶梯才能升达高等教育的门域，换句话说，就是高等教育的预备阶段。所谓就业准备，就是使曾受初等教育者，经过了这里所授以的职业准备课程，然后分别从事于各种职业，换句话说，就是各种职业的训练机构。任何国家要把中等教育办得好，这两个目标必须分得很明确。试举英国为例，其目前的义务教育年龄至满十四岁为止，故所谓小学校的课程亦设施至十四岁，但肄业小学校至十一或十二岁则须作三种的考虑：一则继续读完小学校课程，达十四岁为止；二则考入中学校，继续修业至其五六年级，即十六至十八岁间，再行投考大学；三则于十一十二或十三岁投考职业学校，肄业一二三四年不等，俾养成从事工商职业之技能，间亦有于读毕小学校课程再入职业学校一二年者。除职业学校的训练目标绝对明确外，中学校纯为考升大学之预备，目标亦无丝毫之含混，故其最初三年之程度虽与小学校最后三年相等，然注重之点，则有不同：小学校最后三年仅在提高国民教育之水准，其课程以普通为主，中学校最初三年只以升学为目标，其课程自亦侧重升学。甚至若干中学校还附设预科，八九岁之儿童亦可入学；同时亦有独立的预备学校，所收学生以自八九岁迄十三四岁为度，则又为升学预备之预备也。其分工如此之早，故升学阶梯就业准备，得以及早分途进行，不至学非所用，更无须兼修并习，以致枉费精力。返观我国，则修毕完全小学课程已是十一二岁，除无力继续修学者外，其升入之学校十之九以上无不为初级中学；而初级中学所设施之课程无不全国一致，如此继续至十四五岁，除无力继续修学者及极少数升入职业学校，或师范学校，或专科学校者外，余皆一律升入高级中学；而所谓高级中学之课程，表面上虽有文实与职业之分，实际上分设者占极少数，即分设而内容亦无重大差别。

第二是课程繁重，缺乏重心。这当然是目标不明所引致的结果。先就外国语而论，我国文字本来就不易学习，可是一入中学校，除了不易学习的本国文字外，还加习一种与本国文字根原绝对不同的外国语文，较英美人之习德法文，或德法人之习英文，其难数倍。因此发生的结果，不外四种：一是本国文和外国文没有一种读得好；二是两种文字都还读得好，可是其他学科却因此而牺牲；三是读了几年的外国语文等于没有读过；四是两种文字和其他学科都读得好，可是身体精神都吃了亏，一个本来生气勃勃的儿童却变成肺病患者，或是神经衰弱者。其能于两种文字及各种科学无一不好而保持健康者，真有如凤毛麟角。次就其他学科而论，初级中学的全时期和高级中学的初年，不问学生将来的志愿如何，所修习者实际上殆属一律。公民史地算术及自然科学不仅人人一律修习，而且连床叠架先后重复修习。但就其结果而论，从小学而迄高中既然无人与无时不修习公民科，可是开起会来有多少高中毕业生对于民权初步的集会方式能够明白，只须实际的检讨一下，便不难断定此种普遍的与连环的设施科目有无改革的必要。此外史地课程将外国史地与本国史地并重，此在决心进受高等教育，尤其是升入大学校者，固有其必要，至半途转入职业方面，甚至转入职业学校或专科学校者，将不免感觉史地课程，尤其是外国史地课程，超过必要的程度。此外各科目亦应同样的重加考虑，按照学生升学或就业之目标分别为适当的设施，俾精力不致虚耗，而必需注重之科目亦不致因此而不克为切实的注意也。

第三是有些科目有名无实，形同虚设。这一项缺憾一方面是由于设备不善，他方面也是由于课程过分繁重之结果。这些科目，特别是关于自然科学如生物学物理学化学等，如果没有实验，其功用至少损失了过半，而实验一方面要有适当设备，他方面也要有充分时间。现在我国中等学校，对于仪器标本等项有适当设备者，真是少得可怜，但是只有设备，而没有充分时间从事于实验，其效用也就不彰。除物理学化学等需有许多时间消费于实验室外，生物学之研究还须有户外采集标本的时间。试问以我国目前中等学校功课的繁重，顾了讲堂的功课，哪里会有充分时间从事于实验和采集。因此，此等必须实验的科目，便等于有名无实：实则其他科目，自习尚较易，正惟自然科学之各科目，因需要实验，故自习较难，而有赖于学校教育者亦较切；今若此，岂不是有悖学校教育要旨之一吗？

第四是有些科目不能普遍设施，只有极少数学生因其兴趣关系而略窥门径。这就是体育和艺术两项。这些科目本来是人人该学的。没有强健的身体以及强健身体的习惯，则一切知识将无所用，且终久亦不能维持其探求知识的精力。德智体三育并重，原是老生常谈；唯其为老生常谈，却寓有不易的真理。除德育不能靠功课而达到，应随时随地陶冶与示范外，体育则可以课业与习行而达到，与关于智育各科目之设施无二。我国中等学校虽设有体育科目，然练习的时间无多，设备亦多未适当，或竟毫无设备。加以学校当局每视此为不足轻重之科目，平时学生注意与否漠不关心；学期试验时，只须其他科目及格，纵使体育毫无成绩亦予通过。于是学生方面既因学校当局不甚重视，又因其他功课繁重，不易腾出时间从事体育，故除对体育特别有兴趣之少数人得垄断几等于零的体育设备，或自行设法练习体育外，余皆等闲视之。至艺术科目与人的精神生活及业余消遣均有重大关系。我常常说，在三八制度之下，八小时的睡觉无须训练，尽人皆能；八小时的工作则学校教育时间百分之九十以上，尽为其所需之智能而加以训练；八小时的休息与消遣，则学校教育几乎没有为之注意。本来休息与消遣的时间，可有三种的利用方法，就是读书体育和欣赏艺术；读书的兴趣应如何养成系另一问题，稍后当另述我的意见，至体育和欣赏艺术苟能于学校教育中，与其他科目同样认真地与普遍地设施，则于离校就业后，自不难利用此二者以消遣第三个的八小时。独惜我国学校皆不重视，于是学生离校就业后，对其第三个八小时的处置，便只好随着社会上的不良习惯而消遣之，这不仅无益地消费了这第三个的八小时，而且往往要使八小时的工作和八小时的睡觉，都受其恶劣的影响了。

第五是纯采灌注式的教育，而不知鼓起自动的研究。这是我国各级教育的通病，甚至高等教育亦不能免，更无怪中等教育了。可是中等教育至少已达到了自动研究的起点，如果到了中等教育的阶段还不知注重自动的研究，或从此开始自动的研究，则进至高等教育，也就不能如水到渠成般实现自动研究了。提倡自动研究的方法很多，补充读物之采用与图书馆之利用实为最普遍之方法。我国现在一般中等学校的教学，只是靠着教科书，教师据此而教，学生从此而学，最好的学生只是把教科书熟读而能记忆，就算尽其能事。只知记诵教科书，不仅资料贫乏，知识的领域不能扩充，而且养成依赖之习惯，不知独立研究；况且被动的灌注，往往也不如自动探索而得者之兴趣浓厚。欧美教育发达的国家，自小学即已提倡补充读物，故讲堂功课虽较我国为少，然常识丰富辄有过之；其尤关重要者即自动研究之习惯自小养成，对于一生治学做事都有莫大的影响。目前我国中等学校之促进自动研究，其阻力约有数端。一则适于补充读物之出版物尚属不多；二则各校图书馆藏书过少，不足以供学生之需求，而由学生一一自备，需费亦过巨；三则讲堂功课过多，应付已感不易，更增自动研究之补充读物，学生时间或不容许。此皆有待于分别对症下药者也。我认为除采用补充读物外，还有一种极有效的方法，可以促进学生自动研究的习性。这就是使中等学生分别作专题的研究，有如大学校学生将近毕业时撰作毕业论文的办法。我这主张，似乎有些奇特，表面看起来似乎不可能；因为国内大学对于毕业论文已经不很重视，今若推广到中等学校，不仅在国内恐难行，即世界各国亦无此先例。我以为专题论文的撰作，本来可按作者程度之深浅而分别，大学有大学程度的论文专题，高中初中也各有高中初中程度的论文专题。专题固有深浅之不同，内容亦可有详略的分别，但其撰作的方法与其意义及效果，则大学高中初中各级原无不同之处；因为要写这种专题，当先在教员指导之下订定大纲，然后靠自己的时力向各种书刊中选取资料，间或作实地的调查和研究，照此办法，一来可以多读书，二来可以组织思想，三来可以练习文字。从前读书人主张做劄记，固然也是很好的方法，但劄记的性质是杂乱的，虽可帮助记忆和练习作文，却因没有中心的问题，又乏系统的组织，未能养成自动搜罗资料和组织其资料的习惯。但如能择定一个中心题目，写一篇有系统的论文，则读书选材既有目标，自然而然的会翻检有关系的图书杂志；如果得到相当材料，正如淘沙得金，其快乐可想而知，如果得不到相当材料，正如饥思食，渴思饮，其欲望之浓厚又可想而知。经过这一次或几次认真训练，则读书的兴趣哪有不油然而起之理？

以上所说，是就个人观察我国中等教育办得不好之许多原因中的几个原因而发。病原知道了，从事于原因治疗当然是最有效的方法，只看我们有没有治疗的决心而已。至于高等教育是以中等教育为基础，中等教育办得好，则高等教育事半而功倍；反之，中等教育办得不好，则高等教育事倍而功半。我在本文开首，说我国高等教育有好有坏，所谓好的就是老资格而负盛名的大学校，可以从每年一万几千名的投考者中，严格拔取其十分或二十分之一，入学后第一年还加以严格的甄别，程度赶不上者还勒令留级或退学，借此人为的与勉强的办法而维持其程度的水准。所谓坏的，就是一般的大学校，既不能从投考的中等学校毕业生选取相当数目的人，以维持其学额，而一般中等学校毕业生的程度，就我所见闻者，数十年来，几有每况愈下之势。以如此程度的入学生，仍维持按年毕业的办法，则大学校之不能办得好，实非大学校本身之过；为正本清源计，中等教育的积极改善，实为当务之急。

（民国三十四年八月为学生杂志作）

谈教育机会均等问题

“中华民国宪法”第一五九条规定“国民受教育之机会一律平等”。这是一条极有意义的规定。但这一规定只有寥寥数言，有须解释以明其涵义之必要。

要解释这一条规定的涵义，自应参看“宪法”中“基本国策章”第五节关于教育文化其他各条之规定。

查紧接第一五九条后之第一六〇条，第一六一条，与第一六三条，皆与国民之教育机会攸关。第一六〇条规定六岁至十二岁之儿童一律受基本教育，免纳学费，其贫苦者由政府供给书籍；第一六一条规定政府应广设奖学金名额，以扶助学行俱优无力升学之学生；第一六三条规定国家应注重各地区教育之均衡发展。这三条规定显然是解释第一五九条的涵义。第一六〇条说明全国国民受基本教育之机会均等；第一六一条说明借奖学金协助某些国民受中等及高等教育，以达成各级教育之机会均等；第一六三条说明各地区人民有受教育之均等机会。照这样看起来。教育之机会均等应包括各级教育与各地区教育，而不以基本教育为限。至于地区教育之均衡发展，是否遍及于基本教育、中等教育及高等教育之全范围，“宪法”第一六三条没有明白规定；但从“宪法”的前身，即民国二十五年五月五日公布之五五宪草一为比较，便可知“制宪国民大会”的真意所在。查该草案第一三六条规定“国立大学及国立专科学校之设立，应注重地区之需要，以维持各地区人民享受高等教育之机会均等，而促进全国文化之平衡发展”。此一条文的规定很具体；如果“中华民国宪法”括入了这条的原文，自然是各地区对于各级教育的设施都要均等。但是“宪法”并未把这条文括入，却改为第一六三条“国家应注重各地区教育之均衡发展”，而删去五五宪草原来的规定。由此推想“制宪者”的意思，或者因为“国立”大学的设置需费与教授人材都不是随便办得到，如果作了这样硬性的规定，将来或不易实行，转致“违宪”，故只作概括的规定。

假使上开的解释为不误，则所谓教育机会均等便会有三个问题。一是基本教育之机会均等，那是毫无疑义，毋待讨论的。二是各地区的教育机会均等，则“宪法”第一六三条下半段“边远及贫瘠地区之教育文化经费由‘国库’补助之；其重要之教育文化事业得由‘中央’办理或补助之”，便是“中央政府”应有的责任。至于“国立”大学及“国立”专科学校之设置，除专科学校设置较易，即无“宪法”之规定亦有注意地区需要而设置之必要外，“国立”大学为最高学府，不宜作有名无实之滥设，且目前交通便利，边远省区学生纵然离开本地区，前往他地区之大学肄业，当不致有何窒碍；于是重点便集注于第三问题，即中等教育与高等教育，特别是大学校之就学机会均等问题。关于中等教育，今后如能以职业教育为主，普通的与升学的教育为副，则由于职业教育之修业时期伸缩甚大，且工商企业亦得附设职业学校，可以半工半读，于是有志修业者当不致不得其门而入；师范教育复一律为公费，愿入学者亦不难达成其志愿。他如提高普通教育之部分，在国家既负担了基本教育的义务，似无负责使国民对此一阶段的教育具有均等机会之必要。因此，在中等教育中，只有关于升学准备之部分因与高等教育，特别是大学教育有联带关系，当留待与高等教育之均等机会共同讨论。

大学教育之均等机会实在是最关重要的部分。当然此项均等机会不是使人人皆进大学校，而是使凡具有适当能力与意志者皆有受大学教育之均等机会。换言之，凡不具有适当能力与意志者不当使其滥竽大学教育，但是具有适当能力与意志者也不当被摈于大学之门。

十八世纪法国百科全书派对于教育理论最有力的一种贡献，就是当一七七六年俄国女皇喀德罗邻请狄德罗氏 Diderot 为俄国筹拟一个大学计画，而狄德罗氏的前言，对于大学的性质，强调称：

“一个大学是一个教育机关，对于全国任何阶级的青年都是开放着的，这里的教师是由国家给薪，要使学生知道各种学科的常识。这学校应当对于任何阶级都是开放的，因为茅舍和其他平民的居屋与大厦比较起来，约为万与一之比，而天才和有好德性的人则为千与一之比，但这种人多半出于茅舍，而不出于大厦。”

这一段话，在西欧方面可算是高等教育机会均等最早而最明确的主张。为什么高等教育的机会均等这般重要呢？因为国家与社会如果真正用人惟才，则国家的社会的上层地位当然都由最有学识者担任；又如果大学教育确能切实收效，则最有学识的人都出自大学之门。假使大学之门对于具有意志与能力的青年关闭了，那就对于个人是怎样的不公平，与对于国家是怎样重大的损失呢？

我们试检讨了一下，现在保障高等教育机会均等的只有“宪法第一六一条”“政府”应广设奖学金名额，以扶助学行俱优无力升学之学生的规定，这是否能发生充分的效力呢？我以为此一规定固然有一些效力，却还未达到充分的效力。因为奖学金至多只能解决学生本人在学校的学膳宿问题；至于小学毕业以后，大学入学以前，这一段的程途照章为六年，在这段程途中，对于有志而无力升学者将如何协助？政府的奖学金固未必都能推及于一切中学，特别是中学大多数为私立的或地方立的：对于私立的中学校政府固无法强其设立奖学金，即对于地方立的中学校，“中央政府”亦不易一一助其设立奖学金；即使有些中学确也设了一些奖学金，然对于家贫而必须提前就业之十余岁儿童，仍无法使其享受奖学金的利益。况且许多毕业小学的儿童，或因家庭环境所迫，或因自己意志未定，经过一段长期就业，或半工半读的时候，然后决定升学，研究专门学问者，无论“我国”与任何国家均大有人在。试举美国现任总统杜鲁门为例。杜氏生于一八八四年，中学似未修毕，即已出而就业，当过铁路计时员、银行书记、记帐员，后来回到他父亲的农场，一住十年，种植玉蜀黍。第一次世界大战在法国从军，升至炮兵上尉。停战回国后创设一家服装杂货店于堪萨斯，其营业的结果只为他留下了十四年才偿清的一万元以上债务。那时候，就在一九二三至一九二五年间他以夜间余暇，入堪萨斯市一所法律学校攻读，入学时已是三十九岁，毕业时四十一岁；幸而有这一门新的本领，遂于营业失败之余，在一九二六至一九四三之八年间担任直克森郡法院的推事与首席推事，从此以后，一帆风顺，被选为参议员，副总统和总统。假使美国大学校的入学资格像“我国”现在一般的严格，非经中学校毕业，或者至少要读毕高中两年，并在校外补习一年，才能援同等学力的规定投考大学专校，而且像杜鲁门这般离开了中学校廿多年，做了廿多年的事，再行投考夜大学，那在“我国”现制度之下是万万不容许的。如此，则证以杜鲁门最初廿余年服务的经验，岂不是要以一个营业失败负债累累的商人，而别谋一项可以糊口和偿债的职业而自足，哪里能梦想经由法官的阶梯，而逐级上升至一国元首的高位呢？可是杜氏的例子在美国和英国都极常见。据美国林肯总统的传记，他幼年在学校所受正式教育为期极短，在廿二岁至廿八岁之间，于工作之余研究法律，从廿八岁至卅二岁便取得资格与人合伙从事于律师业务，奠下了他以后被选为参议员与总统之大任。

美国这样的例子在英国尤为常见，特别是英国的教育制度最便于贫苦子弟之考升大学，甚至不入大学亦可获得学位与从事于专家事业的机会。英国的中等教育虽然算不得不发达，但是没有入过或毕业于本学校的青年都一样可以投考大学。记得在两个多月以前，香港工商日报登载伦敦大学在香港举行的入学试验，计及格的人数出自中学校者约占三分之二弱，而由于自修者竟占三分之一强。不仅伦敦大学如此，任何其他大学无不把大门敞开，让没有经过中学校的自修生，凭考试及格而获得与中学校毕业生同等之待遇。甚至还有某些大学学科，准许经过入学试验及格之校外自修生参加考试，考试及格者授予学位。此外英国对于学徒的制度异常盛行，尽管他们的大学校很发达，但仍准许若干种专门的自由职业者招收学徒，半工半读，经过若干年后，由各该专业的公会考试及格，此项学徒则一跃而具有从事各该专门自由职业之资格，而无需经过大学毕业。例如律师的学徒习业满十六年，经过公会或政府考试，即可充当律师，他如建筑师、牙医师、药剂师等并得以较短的习业年限，经考试而分别取得建筑师、牙医师与药剂师的资格。

战前之德国和法国，入大学时必需有中学毕业证书，这是人所周知的事实。但因德国和法国之中学校程度，要较美国的中学校高一年或二年：美国大学校最初的二年还教授普通学科，德法二国大学校所教的完全是专门科目，而将美国大学最初两年的功课大部分括入中学之内，因此他们把中学和大学分为截然的两阶段，教学方法也完全不同；中学课程很严格，大学修学则很自由。大学生不一定要上课堂的功课，只要按期考试及格，论文获得接受，便可毕业。至于中学校的功课固很严格，但也不是呆板限定修毕的时期，因此天才的青年尽可缩短修业的年限，而入了大学之后，只要按期在学校注册和应考，对于自己的时间很能自由处置，不难达到半工半读的原则。因此，贫苦而聪颖力学者，在中学固可减少其在学时期，在大学更可半工半读。

现请略述我国科举时代的教育。除此种教育的内容不适于今日，姑置勿论外，其制度则颇值我们今日的考虑。明清两朝学校与科举并行，大体相等。学校在中央为国子学，有如今日之京师大学或中央大学；在地方为府州县学，颇似今日之中学；而小学一段的教育则听任私人自由办理。彼时的小学生称为童生，但凡未考入府州县学的，无论其年龄已达四五十，仍称为童生。童生的就学，或在家庭，或在私塾，其程度较高者或改入所谓经馆。童生修业无年限，只要先后经过州县试、府试和学台的考试，均认为合格，即升入府州县的儒学，那好像是今日的中学校。初入府州县学者称为附生，经过一年一度的考试，成绩列最优等者升为廪生；其次为增生。廪生由国家供给膳廪费，犹如现今的奖学生；增生是按照廪生的额增广若干名。以上两种都是正式生，而附生则颇似试读生。这三种生员我国向来一律通称为“秀才”。所有府州县学生员不一定都要住在儒学内读书；他们只要按期应三种的考试，就是月考、岁考和科考。月考每月举行一次，岁考每年一次，等于现在的中期和学年考试，成绩好的，附生可升为廪生或增生，增生可升为廪生；成绩太坏的可以降级或惩戒。至于科考便是今日的毕业考试，成绩好的便可供应乡试。这是走向科举之一道。在科举中乡试及格的为举人，举人便有入京应会试的资格。会试及格的还要经过所谓殿试，仿佛是皇帝亲自主持的。殿试的结果按照成绩分为三等：一等的称为一甲，自然是进士出身；二等的称为二甲，赐进士出身；三等的称为三甲，赐同进士出身。所有进士，赐进士及赐同进士出身的人皆授官。一甲一名的俗称状元，当然授翰林院修撰；其他按其等第高下，分别授翰林院编修，庶吉士，各部主事或外省知县等官。翰林院庶吉士还是研究生的性质，表面上要在翰林院继续研究，等到研究期满，就是所谓散馆，再行授官，优等的授翰林院编修，较次的分别授京外官职。以上是由学校而转入科举之途径。

至于由府州县儒学而继续升学的，便是经由贡生的资格，贡入国子监读书，这好像是今日由中学毕业升入大学一般。所谓贡生分为五种，通称五贡，那就是拔贡、优贡、副贡、岁贡、恩贡，而在明朝还有一种称为选贡的。拔贡在清朝是每十二年考选一次，凡各学生员于岁科考试中得有两次优等而文行兼优者，方有应选资格。优贡是廪增生于岁科考试列最优等者。副贡是乡试时取列副榜，就是举人的备取者。岁贡大体每年选送一次，于府州县学员生资格最老者依次送补。恩贡的选取没有一定时期，凡国家遇有庆典特发恩旨，即以本年的岁贡作为恩贡。至于明朝的选贡，系于各府州县的岁贡以外，另选年富力强屡试优等的生员，不拘其为廪膳生或增广生，每三年或五年间选取一人。以上五种或六种的贡生，表面上都是贡入国子监，就是升入大学肄业，但除明初入监读书颇认真外，以后大都视同一种资格，只须履行在监的最低期限，至于实际读书与考试毕业，愈至晚近愈成具文。且国子监的学生亦不以五六种的贡生为限，在明朝的监生凡四种：一为举监，二为贡监，三为荫监，四为例监。举监是由举人充当，凡在京会试不第的，由翰林院择其优者送入国子监读书，这一种监生，一面读书，一面还领教官的俸给，到了下次会试时仍可应试，仿佛是一种特别研究生，如英美现今的 Fellowship 一般。明代大学者陈白沙（献章）先生便以举人而游于大学，祭酒（即大学校长）邢让试以和杨时此日不再得诗一篇，惊曰，龟山不如也；扬言于朝，以为真儒复出，由是名震京师，给事中贺钦听其议论，至执弟子礼，足见彼时学者之重视太学，与太学学生之可以见重于朝野如此。但举监毕竟是例外的高材生，贡监实为监生之主体。至于荫监是高等官或勋戚的子弟特准入监读书者。例监是明朝末叶以后的特例，因国家多事，人民捐资于政府者特推他们的子弟入监读书。至于监生的待遇，在明代颇优，除了膳食衣服由国家供给外，每逢季节还有节钱赏给，已婚者养及其妻子，回籍省视也给川资。清朝待遇较明为逊，仅供膳宿。又监生的出身，则明朝在肄业时期分为三级，只通四书未通五经的编入初级，在初级肄业一年半以上如文理条畅则升入中级，在中级肄业一年半以上，如经史兼通，文理优长者则升入高级。到了高级则有积分，积分系每次月考的成绩，文理俱优者给予一分，理优文劣者给予半分；在一年之间积满八分即为及格，准予毕业，可以派充相当的职官。大抵荫监例监多从初级起，而贡监至少是从中级起，举监当然从高级起。但如天资特异学术超群的监生，亦可不拘年限，由国子监奏请破格录用。明初因政府注重学校，监生在监毕业后直接授职的很多，其地位往往有高于进士出身者，例如明靖难中的忠臣铁铉便于洪武中由国子生授礼科给事中。明初此例甚多，不胜枚举。然数传以后社会倾向于科举，不仅监生多应乡试，借科举为出路，甚至真正入监读书者亦无多。清制国子监分坐监及在外修学两时期。所谓坐监指必须住在国子监内的时期，视原来资格而异，例如恩贡坐监六个月，岁贡坐监八个月等，至连同在外自修的时期，大致以积满三十六月为毕业；但贡生积满十四个月，其他监生积满二十四个月，如愿就儒学的教职及州县的佐贰者，准由监移送吏部，分班考选。而修满三十六个月以后，经过一度试验取中前列者，即可保荐录用，其列次等者册送吏部候补；如未修毕三十六个月，而又不愿就教职者，遇乡试之年可在顺天府应乡试。因此，清朝晚年捐纳之风盛起，凡捐监生者其主要目的只在越级参加顺天府的乡试。

以上为明清两朝的学校和科举并行制。总括一下，学校方面则小学自由，中学必须经过考试方可升入，大学则入与不入均无碍于出路。科举方面，则乡试必须经过一段的学校修业，就是所谓考入府州县学，但明清两朝的荫监，与明清后期的例监捐监，都给予某些人以径赴乡试的捷径；及乡试中式后，便无须经过任何学校，可以径赴会试和殿试，而达到登庸之目的。由于学校之日渐有名无实，于是群趋于科举之一途；然而人材之养成与拔擢，实际上也没有多大依赖于学校，倒是一种近乎补习学校和自由研究所的书院，对于人材之养成贡献不少，而严格的考试制度也是拔擢人材的门路。

从教育机会均等而检讨，则明清两朝的荫监和例监或捐监，固然是贵官与富人的特殊权利，但府州县学的入学与举监贡监的选拔完全以学力为根据，自不能不承认其为平等。而且同时还有科举制度，除人人必须经过府州县学的一段学校肄业时期外，简直全赖考试而逐级递升，甚至在府州县学的一段肄业时期也无需住在学里，只要按期应月考、岁考与科考，因此进了府州县学的人，尽管种田教书，自营生计，而无碍于学业。

有些西洋学者认为中国旧日的考试制度，除所考科目的内容不论外，确是选拔平民使参与政治的最公平而有效的方法。纵然政府的最高层有一个专制的君主可以为所欲为，但除了特别强有力的君主与不恤人言者外，其他对于施政与治民无不经由选自民间的官吏，或听取此项官吏的意见。因此，中国旧日的政体固然是专制的，而统治阶级的人物大都是来自民间。在此一意义之下，中国旧日的政治也就具有一些平民政治的因素。

现在的教育制度和选拔人材的制度却是怎样呢？小学六年，中学六年，大学四年或四年以上的修业，为期很长。除小学校可以免费，而小学生的年龄，亦不能就业谋生外，其他的十年或十年以上的教育皆非钱不行，而且从十二三以至廿二三的年龄，在贫苦人家的子女势非就业谋生不可，于是这一阶段的教育必为有钱人家，至少是小康之家所垄断，贫苦人家的子女只好眼巴巴望着中学大学的门墙而不得入。纵然“宪法”第一六一条有政府应广设奖学金额之规定，但是贫苦的人太多，固难适应需要，更不能解决许多中学及大学就学年龄者必须就业赡家的困难，于是大学校修业之权利不免为富家子女，至少是小康之家子女所独占。同时社会和国家的上层位置，在用人惟才之原则上，亦唯有就曾受大学教育之人加以选拔；结果将不仅受高等教育的机会不能均等，甚至担任国家与社会上层位置的机会也随而不能均等。

为政之道，切不可矫枉过直。明清两代学校与科举并行，而由于科举为登庸的捷径，学校逐渐变为有名无实，致群趋于科举之途。现在我国制度，登庸考试以必须具有学校毕业资格为条件，遂又群趋于学校，而使考试的效用不克尽量发挥，此一缺点也因趋于极端之故。中庸的办法，当以学校为养成人才之正轨，而以考试济其穷。英国现行制度实有足资模仿者。英国的小学大学两阶段纯以学校为主；中学一阶段则较自由。小康之家子女为扩充其普通教育，可入中学校进修；富家子女，为达成高等教育，亦可在中学校准备。但是还有数倍或十数倍的不幸运者，于完成其必须接受的基本教育后，不得不先行就业，半工半读，或于就业若干年后，经济能力有改进，乃加紧补习，以期考升大学；这一类的人，如果因为没有经过中学校的正规教育，致被摈于大学之门，不许参加考试，则不仅使其人一番热情变成冰冷，而且这一类的人经过了社会相当时期的磨练，仍能有志于学，比诸借家庭余荫，按部就班，循例读书，而不知读书之可贵者，其动机与热情既不同，则其努力的程度也就相异。室息了这样的良好动机与求学热情，不仅在个人为重大损失，在国家也是重大损失，而对于社会上的不平等，也莫此为甚。

或者以为自修者可以考升大学，则中学校入学者势将大减，致开幸进之门。其实国家不是为某种学校拉学生，而当为青年谋出路。如果中学校办得好，则有力入中学校者断无不入，否则硬把中学校作为考升大学的独占权利，使无量数贫家子女，与半工半读而迟了若干年才决定受高等教育者，失去均等的机会，那岂不是本末倒置吗？至恐凭一时的考试，可使自修生幸进，则对于自修生欲考升大学者不妨先举行一种预备试验，由地方教育当局统一举行，就中学校各种科目尽量考试，合格者始给予大学投考证，然后与中学毕业生共同参加大学的入学考试。换言之，则未经中学毕业者，必须多受一次的预备试验，则凡有力入中学修毕其课程之人，断不愿多找麻烦；而无力入中学修毕其课程之人，也就不患无出路。

总之，只要在原则上确定自修生可以考大学，则一切枝节上的防弊措施，皆可从详考虑，而不难一一解决；英国所广行之而不见其弊者，在我国也未尝不可收其利而免其弊也。

末了，我还要复述一下：真正的教育机会均等不在小学，也不在中学，而在大学；因为大学是教育的终极目的，对于这一阶段的机会不均等，则一切仍是不均等。

（一九五一年七月为自由中国五卷三期作）

从小学生赤足上课谈起

我初到台北市时，偶然在街上见到许多小学生赤着足去上课。我对于台湾省小学教育立即发生一个很好印象。这现象在内地的大都市是不会见到的。小学教育是国民教育，本来是在国家的方针下按照国民的生活而施以教育的。各级学校虽然都要与社会打成一片，而小学校更有其必要。当然理想的国民生活是以不要赤足走路为好；但在国民生活尚不免赤足走路之时，则未能超出国民生活之上的儿童，自不必如内地大都市的儿童非鞋袜完全者不能入小学校修业。台省教育当局，对于此一小节上，能配合国民的生活，推而广之，则教材之适应，时间之配置，以及其他种种，自不难一一符合教育的理想。我虽未尝参观任何小学校，但听了某些内地来此之人士，因其子女入此间小学校须协助洒扫及整理教室而颇表不满者，我的见解却适相反，认为这正是此间小学教育的特长，而万万不可非议者。

或者谓此间各小学校的建筑异常宏伟，往往为上海某一时期的野鸡大学望尘莫及，既然说国民教育应配合国民生活，那就何贵乎有此宏伟的建筑。我对此说却愿为此间过去和现在的教育当局作义务的辩护。我的理由有二。一则公共建筑须为许多人谋公共的安全，如防火、如坚固、如适合卫生，皆为必要条件，只要不因美观上浪费过多的金钱，自无可訾议。二则校舍建筑费出自公家负担，与衣履等须由学生家庭负担者不同。但说到这里，我不能不提出一些保留的话。那就是一个学校不是专靠堂皇的校舍便已尽其能事。除了人的条件外，物的条件至少括有标本仪器图书等设备。如果这些设备都能与建筑配合，那就公家能为教育花钱，真是多多益善；如其不然，则那个学校好像是一个躯体庞大，而头部手足都很短小之人，不只是怪样难看得很，而且身心定然不会很健全。此项事实我还没有机会考查比较，只想趁便提出，请教育当局注意一下。

假使我要贡献一点关于小学校设备的意见，则除了标本仪器及体育器械等为一般教育家认识其重要性者外，我强调建议任何小学校都应有一个图书馆，其中收罗的图书除供小学生补充阅读及参考者外，对于小学教师之进修亦极关重要。今世界的学识与日俱新，而国际与国家的局势亦时有演变，小学教师如不能利用学校图书馆以呼收新学识与新资料，仅凭几本教科书而机械地设教，则教育将丧失其活力，距离教育的理想未免太远了。我在廿余年前国民政府召集的第一次全国教育会议中，曾提议中小学校的经费均应拨出一定的成分，以供建立并充实图书馆之用。到了今日，仍觉此议有重提之必要。在过去，一般人多认为在各级学校中只有大学校应注意图书馆之充实。近年以来，对于中学校图书馆之充实，亦颇有注意者。我在廿余年前创编之万有文库一二集，对于内地各中等学校图书馆亦不无贡献。但是小学校图书馆迄今仍乏人注意，无非以为小学生尚不能自动阅读，而可供小学生阅读之图书亦不多。关于前一理由，则自语体文盛行以来，不仅小学中级与高级学生皆有阅读文字浅易与内容简单的图书之能力，即初级学生亦未尝无可供自行阅览的图书；目前连环图画盛行，其中一个相当重要部分的主顾，恐怕就是小学生。儿童无不富于求知欲；不把健全的读物供给他们，他们不免要随意乱找不健全的读物。因此，优良的儿童读物有充分供应之必要，而学校图书馆便是最好的供应机构。关于后一理由，则供给与需求在经济的原则上自然互相配合，如果各小学校都有普遍购备优良儿童读物的需求，则按照目前台湾境内出版界情形，度无不有竞相编印此项读物，以为供应者。至于小学教师之进修与参考用图书，本无特别编印之必要，只须就此间已能供应之图书加以选择，便无问题。

末了，请在本稿篇幅限度内再提供一点意见，即语言统一实为国民教育一大原则。南洋各地华侨，原籍多属闽粤两省，其语言均与国语相去至远，然其子女曾经入校修业者，操国语皆甚流利。反之，香港侨校学生则大多数不能操国语。两相比较，足见事在人为。台省小学校闻亦多能注重国语教学，惟乡区僻壤是否一律如是；百尺竿头进一步，尤所望也。

（一九五二年四月十二日为台北新生日报作）

教育与职业

目前“教育部长”程天放君发表“我们今日所需要的教育”一文，颇多精辟之见。余对其养成生产分子之目标尤为赞同，愿为短文，以申吾说。

程君揭示“我国”职业教育之弊，在和一般学校一样，只教学生用脑，而不教学生用手，故职业学校造就之人才多不切实用。同时，他又主张在一个健全的社会中，职业学校应该比中学要发达。这两点我都认为确是事实。

但是怎样才能使这消极的事实得以消泯，积极的事实得以实现，程君文中或因限于篇幅，未及详述。现在且把我的意见略述一下，以就正于程君及“我国”教育界。

没有人能否认英国是职业教育的先进国家，而其工商业之发达也多得力于职业教育。英国中等以下学校的制度颇复杂。小学校之全时期括有五至十四岁，而其中又分为三期，第一期教育五至七岁者，称为幼儿学校，第二期教育七至十一岁者，称为低级学校，第三期教育十一至十四岁者，称为高级学校。至于中学校之全时期乃由十一二岁至十七八岁。其前三年之程度实与小学校后三年相等，只因小学校目的在养成一般国民，中学校目的则在养成考升大学之人材，故肄业小学校至十一二岁，即可作三种之考虑：一则继续读完小学校课程，达十四岁为止；二则考入中学校，继续修业至五六年级，即十六至十八岁间，然后投考大学；三则于十一、十二或十三岁转入职业学校，肄业一二三四年不等，俾养成从事工商业之技能。总之，在五至十四岁之学龄中，儿童必须入学。其在五至十一岁者，除极少数入所谓预备学校，以备于十一岁以后径升中学者外，皆以入小学校肄业为主，而在十一至十四岁间则肄业于小学校、中学校或职业学校者皆有之。至于在小学校修业满十四岁者，如欲出而就业，其在工商业中为学徒者，于习业以外，在十八岁以前每星期须由雇主给予若干小时之补习教育，此项补习教育或由雇主自办，或由雇主资助学徒，俾在外间补习。

由于上文之所举述，英国儿童开始受职业教育之时期有四：一是从十一岁离开小学校，入职业学校至少三年，以完成其受义务教育之期限；二是从十二岁离开小学校，入职业学校至少二年；三是从十三岁离开小学校，入职业学校至少一年；四是从十四岁入工商业，半工半读至十八岁。此与“我国”现制，儿童开始受职业教育之时期只有两个，即高小毕业后入初级职业学校三年，及初中毕业后入高级职业学校三年者，是英国儿童受职业教育的机会较“我国”加倍。

至以升入大学而言，则英国的小学校与中学校并非衔接，小学校设置至十四岁的全课程系以养成健全的国民为目的，而非为中学校的准备，故欲经由中学校而准备入大学校者，辄在读毕小学校低级课程之十一岁时，考虑应否及能否为入大学的准备，其不作此特殊考虑者，自以继续修毕小学校全课程，或转入职业学校为当然的途径。因此，英国的小学校并不是中学校的准备（英国中学校的真正准备便是预备学校），更不是大学校的早期准备，而是以养成健全国民为主，以在适当阶段转受职业教育为副。反之，在“我国”则六年小学毕业后，虽同时有中学校及初级职业学校可入，但因中学校列于学校的正系，职业学校只列于旁系，有了这样的差别，于是“我国”一般入校修业之人，便以能升大学校为正则，而以转入职业学校为例外，此正与英国入校修业之儿童，于履行其应受教育的义务年限时，或提前或于届满后，以接受职业教育或从事职业为正则，以准备考升大学为例外者适相反。

以上为制度上“我国”职业学校不能比中学校发达的主要理由，至于职业学校只教学生用脑，而不教学生用手，更使此少数的职业学校毕业生不克尽其应有的效用。我以为挽救之道，除对症发药，对于职业学校的教学加以根本的改革外，英国半工半读的学徒制实有值得“我国”仿效之必要。就我两度访英的见闻，以英国高等教育之发达，而其工业中的厂长多数为出身于学徒而未经正式大学毕业之人，即其工程师亦经过学徒阶段，从事补习，益以夜间大学专校之进修者占不少的成分，而此种人材且更适于实用。英国的大学校一方面不使按部就班之人幸进或滥进，他方面却又为有志力学之人大开方便之门。凡未曾在中学校毕业或肄业之人，只要有充分的志愿与相当的学力，经过大学校入学试验及格后，都可以入校攻读专门学科；于是在工商业充当学徒半工半读，或已升为职工而获有相当学力者，皆可于业余入大学专校的夜班，或者简直辍业修学，而于脱离小学校许多年之后再度入学，而且是一跃而升入大学。这样的人，既已先有实际的工作经验，早已能用手，则其在大学校所获得的学识当然与其经验相配合，成就尤为可观。但这样的机会在“我国”是绝不可能获得的，因为“我国”大学之门对于按部就班而修学的青年固然很开放，而对于刻苦自学之有志者却紧紧关闭着，甚至所谓以同等学力考升大学者，也严限于修毕高中二年而辍学自修一年之人，其他概不能援例。有些人说，真有学问之人，不一定要获得一张大学文凭，自不患无出路。此说实似是而非。在研究社会科学及文学之人，固无需考升大学，仍能始终自修，以完成学业；但理工医等实科，则由于设备实习种种关系，非经过大学校则无从养成。若照“我国”现在的学校制度，一方面固归咎于只教学生用脑而不教学生用手，他方面却使能用手者不得入大学之门而尽量发挥其脑的功用，此则不能不盼望教育当局作更进一步之考虑者也。

（一九五二年八月六日为台北新生报作）

国民学校字汇之研究

我国字书最古者为汉代之说文解字，收九千三百五十三单字（大徐本作九千四百三十一单字）；最富者为宋代之集韵，收五万三千五百二十五单字；最流行于清代者为康熙字典，收四万零五百四十五单字。然而四五万单字之中固以不常用者占绝大多数，即说文之九千余字，在今日已有许多不常见；而今日常见之字，间亦有未见于说文者。半世纪以来，新出之字书，除中华大字典所收单字多至四万余外，其他多者不过万余字，少者仅八九千字。

近二三十年间，研究一般人识字范围，而连带及于字书应收之单字者，辄注重当代常用之字。晏阳初氏为民众识字教育，创编平民千字课，其所收单字仅一千零数十。此正如英人近年所提倡之基本英文，选定最常见之八百余字，欲借此以简化识字之过程，便于识字教育，非所谓真正之常用字汇也。

究竟我国现在实际上已有之常用字为若干，则近人主张不一。其仿美国桑戴克氏之分级字汇，就若干种一般的与通俗的读物，分析其所含单字若干与其常用程度者，则有陈鹤琴、敖弘德、王文新诸氏。陈氏之语体应用字汇，计收四千二百六十三字。敖氏之语体文字汇研究报告，计收四千三百三十九字。王氏则研究较详，分析较细，其法就小学生作文三千篇，教科书三十六册，分析的结果认为小学六年的识字范围共三千八百二十三字。其中第一年级为五百四十二字，第二年级为五百六十字，第三年级为六百六十六字，第四年级为七百九十一字，第五年级为六百二十五字，第六年级为六百三十九字。若分别就小学初级及高级而言，则初级之一、二、三、四年共二千五百五十九字，高级之五、六年共一千二百六十四字。以上为就小学生读物及其用字范围而言。

至于一般人的常用字汇，当不出排印所需全副铅字的范围。查全副五号铅字向为七千零十四字，对于一般书本之排版，大致尚无不足，虽间有生僻之字须另行刻字补充，然除排印古书及专科书籍外，待刻之字毕竟无多，足见此七千零十四字当系常用字的最高额，而非其较低额。我在民十四年至民十八年间，曾作我国常用字之研究，所根据的资料除六年小学的各科教科书全部外，括入若干儿童补充读物、一般人经常读物及两种日报。其分析的资料与统计的结果尽毁于二十一年一二八之役，其后遂无暇继续为之，惟就记忆所及，彼时初步认定六年小学阶段约为三千五百字左右，连同初中阶段，则为五千八九百字。

及民国三十二年，我在重庆，曾研究中文排字的改革，经过约莫半年工夫，将五号铅字之七千零十四字，于剔除两歧之一及俗体古体等数百字后，再按其常用程度分为四级，计第一级为五百四十六字，最常用；第二级一千九百六十三字次之；第三级二千九百八十九字，又次之；第四级一千一百八十八字，多系冷僻而不常用。此四级又并为两类。甲类包括一、二两级，共二千五百零九字，即一般常用字；乙类包括三、四两级，共四千一百七十七字，为普通字。此项字表最近幸而觅得一分。

以我的中文排字各级字汇和王文新氏之小学六年分级字汇一为比较，则我的一、二两级共二 五〇九字，王氏的一二三四年级共二 五五九字，相差仅五十字，大体极近似，而殊途同归，殆可互相支持。至于王氏之小学一二三四年级字汇外，再加上五六两年级的字汇一 二六四字，合为三 八二三字，与我的排字字汇一二两级，再加第三级之字，共得五 四九八字者相较，计短一 六七五字，则因彼此对象不同。盖王氏所收集之资料以小学国语方面之读物及用字范围为限，故总字汇仅占三千八百余字；我所根据的资料则为一般人包括初中学生的读物，程度既较六年小学为深，范围亦兼及国语以外各方面，故有此一千七百字之差别也。

一部字典所收单字的多少，当以其对象为准。供大学生以上所用的字典，固当以万字左右为准，其供中学生以上所用者则七千字左右当无不足，至供小学生所用者少则三四千字，多至五千字已甚适用。盖字数过多的字典，对于使用者将有一大部分一辈子用不着，如此则徒占篇幅，徒增负担，对于使用者方面实为一种耗费。

（一九五三年一月廿日作）

美国民主生活序

本书原系美国高级中学的公民教科书；然其范围实远过“我国”之高中公民科。全书分为七部，第一部，“你的机会”，其主旨在使学生利用在学校的机会，以养成良好的习惯。第二部，“你的学校生活”，其要点在指导学生如何利用环境，如何集中注意力与增进记忆力，以及如何预备功课与应付考试等。第三部，“你的个性和你的朋友”，要点在指导学生如何能与人相处得好，一方面要清除自卑感，他方面能尊重他人。第四部，“你的公民本分”，内容括有政府制度、舆论与民主政治，就业与用钱之道，而强调“人人为我、我为人人”。第五部，“你的健康”，括有营养、体力及如何保护身体各章，旨在灌输卫生的常识与养成卫生的习惯。第六部，“你的思想和感情”，旨在指导学生多用思想、抑制感情，强调民主国家的公民应能利用科学的方法，即以客观克服主观。第七部，“你的将来”，旨在鼓励青年们放大眼界，展望将来，早日确立一个努力的目标，而勇往向此目标迈进。

总观本书的内容，实包括（1）学校、（2）社会、（3）政治、（4）伦理、（5）心理、（6）卫生六部门的教材，较诸“我国”高中公民科教材所分的六部门：（1）社会、（2）政治、（3）法律、（4）经济、（5）伦理、（6）文化，则彼此共同者只有社会、政治及伦理三部门；此外“我国”课程特具者为法律、经济与文化三部门，该书特具者为学校、心理与卫生三部门。此种差异有值得我们比较研究之必要。

“我国”高中公民科的文化教材，在美国课程中当已并入历史科目。文化本来随历史而演进，如与历史合并教授，因有实例为证，定然较易了解。若并入公民科目，则叙述过简，不免失诸空虚；叙述过详，不仅反客为主，且与历史重复。至于法律教材所开细目，计有（1）“中华民国宪法大纲”，（2）民法与刑法总则，（3）法院组织，（4）民刑诉讼之程序，（5）法治精神五项。除“宪法大纲”与法治精神两项并入政治部门讲授，当更便利外，其他三项简直是大学法律系的法学通论与诉讼法两科的雏形，未免涉及专门。而且叙述得太简单，中学生断难明了，学了等于不学；叙述得太详细，更非该科目的时间所容许。又经济教材，简单一点叙述，当可并入社会部门；如充分叙述，尤其是在金融与财政及“我国”经济建设两子目，也有与法学通论及诉讼法同样的情形。

至本书特具之三部门而为“我国”高中公民科所欠缺者，却对于高中学生最切实用。例如关于学校生活之一部门，是青年从事社会生活的第一步骤。如何指导学生适应学习与研究的环境，并如何指导其以最有效的方法从事于当前的工作，实在是最重要的一件事。但查“我国”高中公民科目的教材，大而至于国家与世界的措施，应有尽有，小而至于自己切身之事却缺而不讲。或以为学校生活有训育人员与教师随时指导，无须列入教材；这实在是一句空话。我敢大胆说，本书第一至第七各章与第七部的教材，在高中的公民教师已有繁重的其他教材待讲授，哪里还有余暇作此补充课业的设施，而且纵想设施，也苦于无一定的教材标准。假使教师都能出于自动，按高中学生应有的教材自行设施，那就何贵有教育部制定的课程标准？又何贵有教科书之编著与审定？因此对于课程细目所不具之教材而期望教师自动予以设施，定然是不能实现的事。至期望训育人员随时以口头补充指导，尤其是不可能。又关于心理部门的教材，

“我国”高中现在无此科目；但心理学与做人处世均有重大关系，把简要的心理知识并入公民科设教，正有助做人处世之道。此外还有卫生部门，我国课程在初级中学虽有生理卫生科目，系对第二年级所设施，其时学生的正常年龄仅十四岁，距高中毕业还有四年，此四年间不仅无复习卫生学识的机会，而且十四岁和初中二年级的学生程度，与通常在十八岁毕业高中的程度相差至远。卫生学识关系国民的健康，影响至大，能利用较高的知识水准授予较高水准的卫生学识，实亦有其必要。

以上所举，只是教材分配的比较。至于编制方法也与“我国”教科书有重大的差别。由于这是一本教科书，当然不能放弃讲述的方式，但它所讲述的资料，多半是有关现实的问题和事例，很容易使学生们产生深切的印象。英美人常说，足球场是法治精神的养成所，正如学校生活是社会生活的训练处一般。从教育心理学而言，现实的和具体的定然较理想的和抽象的更引人注意，更易理解，而且更有助于记忆。

“我国”鉴于美国致富强之速，遇事多所取法，即现行学制之初高级中学，亦取法于美国大多数州的制度。美国的高级中学课程，都是初级中学的一个较大圆周，实与“我国国情”不尽适宜，我已别有论列。其他措施，由于“国情”之不同，亦有不尽可能取法者。惟美国的公民教育，也就是它的民主生活，实在是“我国”最当取法之一事。王世宪先生与华国出版社译印此书，一方面固欲为一般人认识美国之一助，他方面尤盼“我国”教育界就此一部具体的公民课本，审察其内容与编制方式，详加考虑，从而进一步考虑“我国”中学校公民科教材之修订，与教科书编制之革新，则其后一作用且较前一作用为远大矣。排版既成，谨书所见以代序。

（一九五三年十二月二十八日作）

谈体育

我对于体育绝少研究，但对于体育的重要性却认识很深。体育在德智体群美五育中占其一位。我最近在青年讲座中对青年们接连谈了好几次关于读书，就是智育的方法。今日觉得有换换口味，对青年们略谈体育之必要。我所要谈的有两方面，一是体育的历史，二是体育的效用。

现在先谈体育的历史。许多人都说体育是西洋的产物。甚至有些西洋教育家以中国旧日读书人的长指甲与妇女的缠足为例，证明我国向来不知道体育。其实，我国周代以前的教育，小学设教的六艺，即礼乐射御书数六种科目，其中至少有两种，即射御两种是属于体育范围的。秦以后因专制帝王图便统治，重文轻武，射御科目随而撤消，体育遂亦不复注重。虽仍有武术一项流传于民间，只因政府不加提倡，也就未能普遍发达。直至清末废科举，兴学校，才模仿西洋式教育，于学校课程中加入体育科目，社会上也渐知提倡体育，借以强种强国。因此，我国的体育只可说是二千年来由中落而渐复兴，却不能说是向来没有体育。

西洋的体育发达最早者在希腊。远自荷马时代已知注重体育，表现高度的运动家风度，以体育上的竞技和宗教上的仪式联系，并将竞技的故事在史诗与民歌中充分描写。在希腊的各城国中，斯巴达对体育尤重视，其儿童教育一以体育为主，以锻炼坚强的体格，并养成胆力、自制及应变之才能，甚至对儿童体质柔弱者，不惜弃而不育，此实因其所处的特殊环境，以少数公民驾驭大多数奴隶，且处于很多城国之中，为竞存与图强之故，不得不侧重武力。然而同时期以文化著称的城国雅典，也为男性儿童设有体育学校，并组织许多的公共体育场，以供各种年龄的人民从事于体育运动。其哲学家与医学家都力言体育有助于身心的健全、形体的美观以及抵抗疾病加强国防的效用。其人民之运动家风度亦可从其所定的竞技规律及所撰对于竞技获胜者的赞美歌等而得其梗概，又观于四年一度举行的奥林比竞技会，其目的在崇敬其主神 Zeus，是则体育与宗教发生密切的联系已有明证。

罗马继希腊而起，初时将体育、军训与道德训练密切联系，其共同目标则在争取战果与巩固国防。及帝国衰落之时，简朴的风俗变为侈靡，自由的工作代以奴隶的劳力，爱国情绪与纪律也沦于松懈，原供民众运动竞技的场所一变而为马戏场及专业的比武场。其体育的衰退也就与其国运成正比例。

自基督教传入欧洲，初期信教者皆蔑视尘世的快乐，并宣传肉体属于恶魔，灵魂才属于上帝，一时以贬抑肉体，从事于苦修得救为风尚；于是体育、健康与卫生也受到不利的影响。及文艺复兴时代来临，对于未来世界的重要性减轻，而在这个尘世的生存期内，也就比例增加其享乐与努力的成分。于是游戏、游泳、运动、剑术、驰马等重新获得重视。法国哲人卢骚的爱弥儿 Emil 一书出世，顿使其时的教育家认识儿童在体格上正常发展的重要性，其程度高出于任何其他部门的教育。其后数十年间，德国之提倡体育者有古特穆斯 Johann Guts－Muths 认为体操、运动竞赛与游泳皆应成为学校课程之一部分；福禄伯尔 Friedrich W. Froebel 则以游戏的本能为普通教育应当注重之事；杨安 Friedrich Ludwig Jahn 则深信普鲁士复兴的希望寄托于少年的智育德育与体育三者。杨安的体育计划包括关于身体技巧与耐力的充分发展，而其达成此目标的课业则括有竞走、跳高、角力、撑高、投掷、游泳以及使用器械和团体游戏等项目。由于杨安之提倡，德国境内遂纷纷组织体育会，其任务在提倡体育与游戏。其后施比士 Adolf Spiess 更就瑞士及德国境内和他有关系的男女学校，正式设置体育课程。从此以后德意志民族便对于体育发生普遍的兴趣。

其在斯干德尼维亚半岛各国，则在十八与十九世纪间开始像德国一样，承认公民体格的矫健与其对于防卫国家的志愿及能力有密切关系。丹麦受了那特哥尔 Franz Nachtegall 的影响，于一八一四年把体育作为学校的必修科目，遂为最初施行体育的一个现代国家。其在瑞典，则林格 Per Henrik Ling 以解剖学及生理学者的地位，完成一系的体操方式，后来便发展而为瑞典式的体操。该国的王家中央体育学校遂于一八一四年在首都斯德哥尔摩开幕，由林格担任校长，成为传授瑞典式体操的主要师范学校。

体育的理论与实施，有如上述，从德国、丹麦和瑞典传至荷兰、比利时、波兰、波希米亚和瑞士；但法国、意大利及西班牙则因领导乏人，受此影响较少。在十九世纪中，法国虽企图以体育课程强制施行于各学校，但因此项新法案不适用于教会学校，故其效用仅达于一小部分的儿童。其在军队中，则法国和意大利所采取的体操方式系参酌德国式与瑞典式而变通之。体育运动之传入英国，却成为不尽相同的形式。英国的体育与欧洲大陆上的兵式体操略异，却侧重于户外运动、游戏与团体活动。在十九世纪四十年代间，其军队虽间亦采取瑞典式体操，然在学校方面则迟至一九〇〇年，由于对学校儿童健康调查的结果，透露一般体格上的缺点，其政府才决定在学校中实施有系统的体育训练。

美国的体育设施，则始于十九世纪二十年代的早期，其时有两位德国体育会会员毕克 Charles Beck 与霍伦 Charles Follen 因政治关系而亡命于美国。霍伦担任哈佛大学的第一任体育指导，毕克则担任一所中学校的首任体育教师。其后美国若干大城市的德籍移民纷纷组织体育会，美国的体育风气遂渐盛。及十九世纪的五十年代，许多城市的学校都纷纷设施体育课程。到了一八九五年一般教育领袖公认体育课程已成为必要。第一次大战后，全国对于学校体育益重视，到了一九三二年，全国已有三十五州制定法律，把体育作为小学校的强制课程。

现代教育家常把各国所行的体育分为三大系。一为德国式，以培养刚气、练习劳苦、锻炼体力及充实国防为主要目的，其所注重者为器械操；二为瑞典式，以身体的正常发育为主要目的，故注重于身体的和谐运动；三为英国式，以自然发展、培养德性为主要目的，而注重于团体竞赛。其实德国的兵式体操与瑞典的健康体操各有其特点，为各该国所创作，并为许多国家所采行，其构成两个独立的体系自属当然；至于英国式之竞技运动与运动家风度在希腊早已实施，英国仅仿其意而发扬之，纵然在团体精神上表现得很优良，却不能认为独树一帜。

其次，我们当讨论体育的效用。

我在上面已经讲过，体育是五育之一。除体育本身的效用已就历代和各国提倡体育的出发点陆续阐述，现在归纳一下，至少括有加强体力、保持健康、活泼手足、鼓舞精神各项功用。但是体育的效用还不止此。它对于其他四育，即德育、智育、群育和美育都有密切的关系，和重大的辅助，而这些辅助的效用却往往不为世人所注意，现在就我的见解分别说明于下：

（一）对于德育。大学有“心广体胖”之语。朱注谓“心无愧怍，则广大宽平，而体常舒泰”，这是说“心安则体健”，固然不错。然从另一方面观察，尤其是从现代医学家的观察，体健也可使心安，是则两者至少是互为因果的。一个人的身体强健，则精神定然积极，积极则遇事多能以乐观态度处之。反之，身体荏弱多病，则精神不免消极，消极便易陷于悲观与烦躁厌世。我国对于容易发怒之人往往称为肝火旺，肝火虽然是中医的名词，然西医对于忧郁也公认为可以发生忧郁病，即西文所谓“歇私的里亚”Hysteria。患着忧郁病的原因，多半是身弱久病之人，而患此病之结果往往怨天尤人，不易与他人和善相处。人类的道德责任视乎人与人间能否和善相处。身体强健而精神愉快之人多富于自制力，遇事镇静，不易发生冲突；反之身体多病而性情乖僻之人，则大都不能自制，一有冲动，辄因刺激而惹起冲突。我们既然公认体育可使身体强健，是则体育之有功于德育自不难推想而知。

（二）对于智育。谁都知道，研究学问需要精力。习行体育而身体强健者，记忆既较坚强，思想也较灵活；其于学术之接受与创造当然更有可能。况且多病之人纵有研究学问的热情，终因病魔所缠，难免时作时辍，即或聪颖过人，勤学逾恒，虽以孱弱之躯仍能学有心得者，然而为学终须致用；在未老先衰者，其学问之致用时期殊短促，且学问恒随年齿而增长，未老先衰者便不免半途而废。古今中外许多的学者克享遐龄，其造诣老而益深，贡献亦老而益大。一个人的学问成功至早要在三十岁以上，如果其人身体衰弱，只活到四十或五十岁，则其致用或深造之时期只有一二十年；但如能活到八九十岁，至老仍然精神健旺者，则其致用与深造之时间多至五六十年，不仅一位学者抵得上三位以上的效用，而且愈老则经验愈富，研究愈精，其对于社会的贡献还要大上许多倍。美国科学家爱迪生在六七十岁以后的发明愈多而愈精，英国文豪萧伯纳及威尔斯在八九十岁的著作也愈老而愈工。从这两个例子不难推及其他无量数的例子。我国旧日的学者因不注重体育，或不能享高年，即或能享高年，其晚年因身体多数衰弱，虽久享盛名，然在学问上未必能继续上进不已。是则体育之有助于智育，亦至显然。

（三）关于群育。群育之目的在维持社会的良好秩序，这便是有关于公民对国家与社会的教育。社会秩序的维持在我国旧日有赖于礼让，在今日的世界则端视乎法治。运动家的风度 Sportsmanship 不以争胜而犯规或施诈，不以见败而出卑劣手段；胜固足荣，败亦不辱，均仍依正当途径奋斗到底。又竞技运动中所谓“团体精神”Teamwork 系指为团体争名誉，不为一己较得失；对于队长之分派任务与裁判员之宣告胜负赏罚，绝对服从。一个人从小在学校养成此种良好风度，则他日长大成人，享受并行使公民权利时，自然而然会充分表现此种礼让和法治的精神。英国人民夙以能守法著称于世，论者每谓其从小时竞技运动所习行的运动家风度与全队精神所演进，殊非无因。

（四）关于美育。美育是蔡孑民先生所提倡，其主旨在养成超物质与宁静的习性。当此物质文明充分发展的时代，如果没有一服特效的清凉散，则人类的头脑将被物质的火熏灼而致晕眩。美育就是可以解脱物质的火之一服清凉散，具有超物质的特殊功效。如看名人的绘画使人神移，听高尚的音乐可使人忘现实，都是常见的例子。所谓神移，所谓忘现实，便是超物质的别称。又处此纷扰的世界，一个人如果没有宁静的头脑，遇着意外的事，必然方寸大乱，无所措手足；但是有了美育涵养的人，从容恬淡，超利害之计较，泯人我的界限，即在战事紧张之时，羽扇纶巾，轻裘缓带，胜既不骄，败亦不馁；这是何等的宁静。体育在表面上似乎与美育无大关系，但就超物质与宁静两要旨而言，实殊途而同归。以宁静而言，则斯巴达对于儿童所设施的体育训练，除锻炼坚强的体格外，并养成胆力与自制，故斯巴达人民视死如归，毫无畏惧，甚至儿童因犯规而受鞭挞者，绝不哭泣，由于保持英雄的姿态，而强忍身体的痛楚。夫对死尚无所畏惧，其胆力当然极强，对痛楚皆能忍耐，其自制当然充分。有胆力而能自制，遇事自然宁静，故与美育的结果相同。至以超物质而言，则由于习行体育而发展之团体精神，不惜牺牲一己，以为团体争取名誉，完全是高尚精神的表现，而超出于己身利害攸关的物质以上。任何人在从事竞技运动达于高潮之际，往往只知争取胜利与荣誉，置己身之劳逸与安危于不计，其为超物质亦甚显明。此外，体育可以充分发展人体美，与美育的性质亦有密切关系，自不待言。

总之，体育除其本身的功效外，还有这许多的副作用，其重要性自可想见。在结束本讲以前，我想还有补述体育在服务上的补助效用。简言之，擅长体育者，其手足敏捷，对于用手足的工作定较一般人迅速而机巧；又其思想活泼，对于用脑的工作也较一般人为灵敏；加以体力顽强而耐劳苦，则其所感觉工作上的疲劳也较一般人为轻，其工作效率自然较一般人为高；而且在业余的休闲时间中，在嗜好体育之人，定能以体育为消遣，而此种消遣之有益于身心，正不下于以读书为消遣，可使业余的时间获得有益的利用。

（一九五四年一月为青年讲座播讲）

文化的发展

我国现今流行“文化”一语，当系译自西文Civilization。此字源出于拉丁语Civilis，含有城市之意义；盖谓文化起于人民之聚居。乡居之人虽亦非离群索居者，然其聚居之集群毕竟较城市居民为小。故在城市未发达之时，虽亦有文化，毕竟不如城市发达后之显著。因此，文化实为人与人相处而共同发展之进步的生活方式。

稽诸古籍，我国固有之“文化”一词，始见于易贲卦彖传“文明以止，人文也。……观乎人文，以化成天下”。孔颖达正义：“观乎人文以化成天下，言圣人观察人文，则诗书礼乐之谓，当法此教而化成天下也。”程伊川正义曰：“人文，人伦之伦序；观乎人文以教化天下，天下成其礼俗。”观我国的旧说，可知所谓文化，即指诗书礼乐，人伦之伦序，与其成为礼俗者也。清人彭申甫谓，“大而言之，则国家之礼乐制度，小而言之，即一身之车服，一家之宫室”，其言颇与西文之Civilization相合。盖文化指一民族之进化，无所不包蕴，非一端一节所能标示也。

诚然，文化为生活的方式，而无所不包蕴；然欲以三数事为其象征，则莫如以文字、纸张及印刷三者为之代表。抑此三者不仅为文化的代表，且转而为文化的推动力。盖文化既为一民族共同积累的进化与成就，若没有文字，将不能行远而传久；然若仅仅有文字，而无使文字流布久远的工具，如纸张者，则文字之效用也不免受有限制。既有纸张，则文字不仅便于书写，而且可以复制许多份，以供广远及长久的传布，那就是印刷。因此，文字、纸张与印刷，便成为积累与传布文化的三部曲。

由于上述的理由，文化发展最早之民族，其文字之形成也最早：同一理由，制纸与印刷术发明最早之民族，不仅表示其文化发展最早；而且象征其早期文化发展得最高。就此一观点，无疑可以断定世界上文化发展最早者有三个民族，一是巴比伦，二是埃及，三是中华。请从文字征之。我曾经到过巴比伦的故址和埃及。现今在巴比伦故址建国者为伊拉克，其国土即为耶教旧约所称底格里士 Tigris 及幼发拉底 Euphratis 二河所穿过，而其首都巴达 Bagdad 即在底格里士河岸。民国三十三年我有一个机会在那里受其政府招待了两日，我在参观其国立博物院时，亲见其古器物刻有森马利亚象形文字者很多，据其专家之考据，最古者远在纪元前四千五百年，即距今六千四百余年。我承他们政府赠与一枚火石的圆筒形印章，据其博物院长所出的证书，说明系纪元前四十一世纪，即距今六千年之物。至于埃及，我也曾往返停留数次，其最古的苏各拉 Sokora 金字塔中留有石刻的象形文字，该金字塔之建筑在纪元前约四千年，则此项象形文字之形成当在距今六千年以上。返观我国，则殷墟出土之甲骨文系在殷盘庚以后，约当公元前十四五世纪，距今约三千四百年，但殷代也有金文，就出土之铜器观之，在商殷之初已有之；则又更前三世纪以上，即距今约三千七百年。金文完全象形，甲骨文业已简化，往往用线点代替图形，此与箭头形文字，系由巴比伦的象形文字简化者相近似。是则我国最初的象形文字，当可远溯至夏代，纵不如巴比伦与埃及之古，至少亦在距今四千年以上。有些西方学者把我国金文和甲骨文之象形文字和埃及的象形字相较，颇有武断其出自一元者。其实，既同为象形文字，尽管不是出自一元，其模仿自然的结果，总不免互相近似。这不仅在埃及象形文字之对于我国象形字为然，即巴比伦的象形文字中，就我亲自见到的，也有与我国相似者，例如他们的“田”字，系于一个圆圈内插入一个“十”字便是。不过有几个字很可以证明我国的象形字和埃及的象形字并非出自一元，例如“月”字，我国作“[illegible]”，埃及作“[illegible]”；“弓”字我国作“[illegible]”，埃及作“[illegible]”；“矢”字我国作“[illegible]”，埃及作“[illegible]”；“天”字我国作“[illegible]”，埃及作“[illegible]”。在这几个例子中，我国的象形均仿其直立之象，而埃及的象形，则仿其横置之象。此可为非出一元之证据。现在欧洲流行的字母，原系由森马利亚象形文字简化为箭形文字后衍变而成。经由菲尼基人远航贸易之媒介，这些箭形文字便渐渐传入希腊，于是希腊的字母便于公元前约十五世纪产生，而由于希腊与罗马的交通，希腊的字母也就为罗马字母所模仿而逐渐形成。据史学家考据的结果，罗马字母在公元前四世纪只有二十一个，逐渐演进至于中古时代才构成现今的形式，而为欧洲大多数国家所采用。

关于写字的工具，世界最早的纸，当是埃及的纸草 Papyrus，那是产生于尼罗河浅水处的一种草，其最宽的部分由四英寸至十八英寸不等，埃及人截去其狭窄的上下两段，而以最宽的部分，于晒干后，用一种含有颜色的树汁写在其上，初时系一片一片地书写，后来把许多片粘合起来，滚压后，用象牙或贝壳将其一面磨光。现在不列颠博物院藏着最长的一卷纸草纸，长至一百三十三英尺，所写都是埃及的象形文字。据说，最古用以写字的纸草系在纪元前三千五百年，即距今五千四百年左右。但是这样的纸草，系利用自然的物产，仅加以物理上的处理，和我国的竹简没有多大分别。埃及人利用的是天然的草，我国古代利用的是天然的竹。我国古代利用竹的方法有所谓杀青，便是除去竹的青色的皮；又有所谓汗简，便是除去竹的汁，无非要使所写的字更能持久。因为要在竹简上作字能持久，便以刀笔刻在竹简上，这与埃及因利用的材料是一种草，草上作字当然以颜料书写为便，而在利用各该材料以前，须加以一番物理上的处理，原则也正相同。我国以竹简作书，由来很古，殷代也有少数发见，可见其远在公元前十五世纪，距今三千四百年以前，迄于西汉尚沿用。风俗通义称："刘向校书籍，先书竹，改易写定，可缮写者以上素。"所谓上素，便是写在缣帛之上，足见汉初书写的材料是竹与帛并用的。我国古书的分部，称之为篇、册或卷：篇和册都指若干竹简连缀一起，卷则指缣帛卷成一束。后汉宦官蔡伦，因竹简太重，缣帛太贵，遂改以木屑、麻头、破布、鱼网制纸，其时在公元后一〇五年。这样所制的纸，和竹简、纸草之仅利用自然物产，略加处理而不变其形式者大异。现在造纸工业是化学工业之一。我国最初所造之纸虽未完全适合化学制造的过程，但把麻、木、破布等的纤维利用为纸浆，然后造纸，实已超过物理上的处理，而使之变为另一形式的制品，堪称为现代造纸之祖。其实人类造纸还是以小动物为师。最早的造纸者并不是人，而是一种的昆虫，就是蜜蜂。这些勤劳而聪明的小昆虫，经常用纸质来建造它们的巢，母蜂在建造其家宅时，先去找到一些已经被剥了皮的树木，就用锋利的牙齿啮下一些木质，再把它嚼成浆状，在其准备建巢之处，把嚼成浆状的木质吐出来，和上一些胶状的唾沫，摊成薄薄的片，黏在树上，一层一层加上去，一间一间隔开来，终至完成一所避风雨的小房屋。我们试想一下，现代造纸的大原则，是不是与此相同呢？

由于纸张远比竹简为轻便，比缣帛为廉贱，按着优胜劣败的原则，自然而然地便取竹简缣帛而代之，而且推而广之，远至国外，成为欧美今日大规模现代造纸工业所师承。我国造纸术的西传，大致是唐代在西域与阿剌伯人的接触，阿剌伯人从中国人学会了造纸的方法，公元七九三年，第一所的阿剌伯人造纸厂便成立于现今伊拉克首都的巴达城。后来阿剌伯人攻入北非洲，造纸术也就传入埃及和地中海沿岸。又后来摩尔人，就是现今摩洛哥人，攻入西班牙，在公元约莫一一〇〇年便在托兰图成立了一所造纸厂。那就是中国造纸术初次进入欧洲的大门，其后便由西班牙先后传入意大利、法兰西、荷兰、德意志和英吉利。据史家的考究，意大利的造纸始于公元一一五〇年，法兰西始于一一八九年，德国则始于一三九〇年，英国更稍后一些。

现在该一谈第三项的文化象征印刷术了。毫无疑义地，印刷术是与造纸术有极密切关系的。没有纸张不能产生印刷的需要，也就用不着发明印刷术。一个最显明的事例，便是德国于一三九〇年开始造纸后，甫经五六十年，便继之以印刷术的采行。欧洲第一本的印刷成品，是一四五〇到五五年间德意志人谷腾堡 Johann Gutenburg 所印制的拉丁文耶教圣经；其时适当我国明景帝之景泰元年至六年。但是我国印刷术的发明则远在谷腾堡以前九百余年。我国现尚流传最古的印刷本，虽为北宋板，然印刷术实非始自北宋。世称书籍始于五代时之冯道（公元 861—954）。实则监本之印刷乃始于冯道，真正雕版却远肇于隋代。据陆深河汾燕闲录：“隋文帝开皇十三年（公元五九三）十二月，敕废像遗经悉令雕造。”又查敦煌石室书录所载：“大隋永陀罗尼本经上面，左有施主李和顺一行，右有王文沼雕版一行。宋太平兴国五年（公元九八〇）翻雕隋版。”是则我国雕版印刷实始于隋，至其前之汉熹平四年（公元一七五）蔡邕奉命写刻之石经，树之鸿都门者，虽摹拓者众，究不属于印刷也。惟隋唐雕印书籍，经五代兵戈之后，至宋代已鲜有存者。清末江陵杨氏藏开元杂板七叶，云系唐人雕本，说者谓为国内唐本之仅存者。但我却曾在伦敦博物院目击其所藏唐懿宗咸通九年（公元八六八）

四月十五日刊印之金刚般若波罗蜜经，则为斯坦因氏于一九〇七年（清光绪三十三年）在敦煌石室所发见而携往欧洲者，实最足传信也。

五代时，后唐明宗长兴三年（公元九三二），宰相冯道李愚请令判国子监事田敏校正九经，刻板印卖；是为官家印刷所谓监本之始。及后周广顺三年（公元九五三）六月，尚书左丞兼判国子监事田敏进印板九经及五经字样各二部，都一百三十册，盖历四朝七主，二十一年乃成。其后历代续有新刊监本，或就旧监本残缺漫漶者加以修补，例如今世尚存之宋雕明修、元雕明修等监本皆是。至清代所刻官书以武英殿本为主，称为殿本。

监本殿本以外，官刻书籍尚有为地方官署所刊行者。据倪灿宋史艺文志补志序："郡邑儒生之著述，多由本路进呈，下翰林看详，可传者，命江浙行省或所在各路儒学刊行，故何王金许之书多赖以传；鄱阳马氏通考，且出于羽流之推荐。"又明代分封诸王各赐宋板书帖：诸王亦能校刊古籍，模印甚精。如沈、唐、潞、晋、徽、益诸藩皆有传刻，世称藩府本，与地方官署所刻又有别也。

至于私人刻书，旧有所谓家塾本与坊刻本之分。家塾本为私人所刻，初意或用以教其子弟，故云。五代史和凝传，"集百余卷，自镂板行世"，盖载籍所记家塾本之最早者。坊刻本为书肆所印行之书籍，据高文虎蓼花洲闲录所记，"宋初已有书肆印卖新状元赋"，坊刻本之多已可知，是则雕刻印售书籍，在宋前之唐代或五代时当已有之。宋代书肆刻书精而多，且操业最久者，莫如建安余氏之勤有堂，盖创业于唐，而历宋元明三代者也。

以上所说的都是关于雕板印刷，至于活字印刷，则在我国之发展较雕板为迟。然而远在宋代业已肇其端倪。据沈括梦溪笔谈称，庆历间（公元一〇四一至一〇四八），"有布衣毕昇为活板，其法用胶泥刻字，薄如钱唇，每字为一印，火烧令坚，先取一铁板，其上以松脂腊和纸灰之类冒之。欲印，则以铁范置铁板上，乃密布字印，满铁范为一板，持火炀之，药稍熔，以一平板按其面，则字平如砥。若止印一二本，未为简易；若印数十百本，则极神速。”然而宋代活字是否确已印刷成书，由于印本之失传，尚无法证实。只有天禄琳琅称“宋本毛诗唐风内，‘自’字横置，可证为活字板”而已。但到了元代，丰城县尹王祯又别创活板印书法，附载于其所著农书之后，据言：“余前任宣州旌德县尹时，方撰农书，因字数甚多，难于刊印，故用己意命匠创活字，二年而工毕，试印本县志书，计得六万余字，不一月而百部齐成，一如刊板，始知其可用。后二年，余迁任信州永丰县，挈而之官。是时农书方成，欲以活字嵌印；今知江西现行命工刊板，故且收贮以待别用，然古今此法未见所传，故编录于此，以待世之好事者，为印书尚便之法，传于永久。本为农书而作，因附于后。”现今这部元代所印旌德县志活字板本虽也已失传，然农书具在，记述得这般确凿，定然可靠。降至明代，则其时所印活字本流传至今者甚多。所用活字，以铜制为最精，其著称于世者有无锡之兰雪堂华氏及无锡桂坡馆安氏。据无锡县志：“华埕。字汝德，以贡授大官署丞……所制活板甚精密。每得秘书，不数日而印出矣。”其所印活字本今传而最精者，如白氏长庆集，蔡中郎集等皆是。至安氏所印铜活字本虽不若华氏之多，尚有传世者。常州府志称：“安国，字泰明，无锡人，尝以活字铜板印吴中水利考。”我前此藏有初学记，板心上标安桂坡刻，每本标题下又称“锡山安国校刊”，亦铜活字本也。

然而活字板之用于大规模印刷书籍者，在利用西式印刷以前，莫如清代之武英殿聚珍板，据武英殿聚珍板程式所载：“乾隆三十八年（一七七三）十月二十八日，金简奏谓……详细思考，莫若刻枣木活字套板一分，刷印各地书籍，比较刊板，工料省简悬殊。谨按御定佩文诗韵详加选择，除生僻字不常见于经传者不收集外，计应刊刻约六千数百字；此内虚字以及常用之熟字，每一字加至十字或百字不等，约共需十万字。又预备小注应刊之字，亦照大字每一字加刻十字或百字不等，约需五万余字，大小合计，不过十五万余字……因以武英殿现存书籍校刻，即如史记一部，计板二千六百七十五块……仅此一部已费工料银一千四百余两。今刻枣木活字套板一分，通计不过用银一千四百余两，而各种书籍皆可资用。”由此可见活板印刷之经济便捷，远非雕板印刷所及。无怪乎乾隆三十九年五月十二日金简又奏：“请将四库全书内应刻各书改为活板，摆刷通行……将来四库全书处交到各书按序排印完竣后，请将此项活版木字移交武英殿收贮，遇有应刊通行书籍，即用聚珍板排印通行。”但是民间与地方印刷之书籍，以活字板之设备未能普遍，且狃于故习，大多数仍雕板，直至十九世纪之初，欧洲传教士因刊印中文圣经，创刻铜质字模，可以短时浇成无数之铅质活字，同时并以印书机器输入我国，于是活字印刷始渐渐取雕板而代之。

活板排字在欧洲各国本无问题者，在我国虽较雕板简便经济，却仍不免有一问题，那就是使用字母的国家，因字母不过数十个，只要每一字母有充分活字的准备，排板便无何问题；我国即最常用的单字，也多至数千，不仅检字困难，且全副字架占地殊广，从事于排字工作之人，左右奔走，上下检寻，其辛劳与迟缓远非使用字母者可与比拟，元代王祯在其提倡活字印刷之时，业于农书中规定所谓造轮法，其所谓“轮”，犹现今的排字架，但以一副活字分装两个轮转的架，一人中坐，左右俱可推转摘字；盖以人寻字则难，以字就人则易。以此轮转之法，不劳力而坐致字数，取讫，又可铺还分韵排列的字架原地位，是则较诸我国今日的中文排字架，必须由排字人站立走取者尤有进步。至于检字方法，则轮架上系按监韵排列，一面另写一检字表，编成字数，每面各行各字，俱计号数，与轮上门类相同；一人执韵，依号数唱字，一人于轮上原布轮字板内，取摘字只嵌于印书板内。武英殿聚珍板农书中，并附有轮架图，可资考证。

我因为多年从事出版事业，对于活字排板之困难，深觉其足以影响出版物之成本，转而妨碍文化的推进。对于排字的改革，曾经作过两次的尝试。第一次的尝试在民国十八年。那时候我正主持商务印书馆编译所，创作了四角号码检字法未久，和商务书馆一位同人贺君合作研究中文字架的改良，除采用四角检字法，以代部首排列法外，把字架缩小为一张写字桌子的宽度，放在特制的写字桌子上，字架上每一字均装入一个自动输字管内，每管能装同样的铅字四十个，利用倾斜度，使沿字自动溜下来，一个工人可以坐在前面工作，不必像老式字架那样，工人须要站着工作，而且要跑来跑去，耗费时力。这个字架在种种方面试验都还满意，只是由于输字管是以手工作成，内面不甚平滑，铅字便不能自动溜下，是其缺点。不久，该字架毁一二八之役，我因为后来太忙，贺君也不幸去世，便没有继续研究下去。第二次的尝试，是在抗战时大后方的重庆，那时候我的改良字架目标，端在节省人力物力，所谓节省人力便是把从前学习排字，非三年不能成功者缩为二三个月；所谓节省物力，即把所需用的铅料节省过半。这两项目标，总算都相当达成；但不久因战事结束，复员东下，我应邀参加政府，不能兼顾出版事业，商务书馆的继任者也未遑注意及此，终随复员而放弃。

上文所讲，详略不一，在比例上不很相称，尤其是关于我国印刷术之末段，叙述近于琐细。只以前段所述皆荦荦大者，当为许多人所知，不妨从简，而末段所述，知者尚鲜，为抛砖引玉，不能不趁此机会，畅所欲言。至欧洲印刷术，因原系使用字母之国家，排板毫无困难，可省雕板之劳；故一有了纸张，便迎刃而解。其后又因机器，摄影、蒸汽、电力陆续发明、印刷益臻便捷精美，浸成后来居上之势。详述其演进既非篇幅所许，姑从略。

（一九五五年四月十三日在“考试院”学术讲演会讲）

孔子与教育

在教师节而谈孔子的学说，最好是专谈孔子与教育的关系。孔子是多方面的大人物；他是政治家、著述家、哲学家和教育家，而且在任何一方面都影响于后世很大。一般人称他为万世师表；的确，他所倡的学说，不仅适合于二千五百年前，即在今日与长久的将来也同样的适用。崔东壁在洙泗考信录中称，圣门中知圣人者莫如颜渊、子贡；七十子以后，知圣人者莫如孟子。论语子罕篇：“颜渊喟然叹曰：‘仰之弥高，钻之弥坚，瞻之在前，忽焉在后；夫子循循然善诱人，博我以文，约我以礼，欲罢不能。’……”孟子万章篇下：“伯夷，圣之清者也；伊尹，圣之任者也；柳下惠，圣之和者也；孔子，圣之时者也，孔子之谓集大成……”由颜渊之言可知孔子对教育贡献之梗概；由孟子之言，可知孔子为多方面之完人。即专就教育而言，孔子也是多方面的。兹请从教育的各方面略述孔子的主张。

教育的目的
兼顾知识行为品德

一、目的——孔子设施教育之目的，首在发展生徒的优良天性，俾形成其完美的人格，使适于处世。这样的教育，有如现代之所谓人格教育。论语述而篇：“子以四教，文、行、忠、信。”大戴礼卫将军文子篇中有“吾闻夫子之施教也，先以诗世，导者孝悌，说之以义，而观诸体”，此殆为孔子四教的注脚，四教之第一字“文”指诗书，第二字“行”谓孝悌顺礼，第三四字“忠”与“信”则属于义，盖诗是古人歌咏心境之句，书是汇集前代的诏勅誓诰，由此可以获得古圣的教言与古人陶冶性情的资料，故孔子以为生徒的教科书。但古诗纯驳不一，为使其成为纯粹的优良读物，实有删订之必要。故孔子有删订古诗为三百零五篇之举。第二字“行”，据大戴礼的说明，含有孝悌，也就是顺礼之意，这就是说，一举一动要当于礼。此外，则“忠”字从“中”从“心”，“信”字从“人”从“言”，指人履行其对人的诺言，寓有不欺罔之意。这正如曾子所说：“吾日三省吾身：为人谋而不忠乎？与朋友交而不信乎？”同时，论语学而篇称：“弟子入则孝，出则弟，谨而信，泛爱众，而亲仁，行有余力，则以学文”，也就是文行忠信四教的解说。一言以蔽之，“文”指知识；“行”指行为；“忠信”指品德。是则孔子设教之目的，实兼顾知识、行为与品德三者。

教学的分析
有六艺与四科之别

二、教科——孔子本此目的，所设科目有六艺与四科之别。六艺为普通科目，即礼、乐、射、御、书、数六项课程。这并不是孔子所创制，而是因循彼时传统上的设施。其中“礼”为行为的规律，“乐”备性情的陶冶，属于精神方面，“射”为武术，“御”为技能，属于技术方面，同时兼寓体育的作用，“书、数”为求知之工具，则属于知识方面。

四科为专修科目。论语先进篇：“德行：颜渊、闵子骞、冉伯牛、仲弓；言语：宰我、子贡；政事：冉有、季路；文学：子游、子夏。”其中德行、言语、政事、文学四种专科，皆就孔门身通六艺之人而以其专长分科者。孔子之学在做人，所以德行列第一；言语列第二者，以孔子之时，列国并立，做官的人常要出国办理外交，故言语极受重视；政事指具有政治学识而能从政的人才；文学则指精读诗书，擅长典则之人。因此，这四种仿佛是现在大学校的哲学、外交、政治和文学四系。

教育的主义
人格公民教育兼顾

三、主义——本来古代的教育都是个人主义的，无论中外，莫不如此。荀卿说“君子之学也，以美其身”。西洋自古希腊苏格拉底等三哲以迄十七世纪末之教育家如洛克（John Locke）等，殆皆以个人主义为教育基础。至十八九世纪之交，裴斯塔洛齐（Pestalozzi）与赫尔巴特（Johann Herbart）等始转向于社会性。美国杜威教授（John Dewey）更强调教育之社会化。然而远在西元前六世纪之孔子，其所设施之教育，除以完成个人人格为主外，竟能兼顾社会化之公民教育。论语：“善人教民七年，亦可以即戎矣。”朱注：“所教之事，不仅战术，尚有孝悌忠信之行，务农之法，使民知亲其上，死其长，故能力战。”又论语为政篇：“举直错诸枉，则民服；举枉错诸直，则民不服。”程子曰：“举错得宜，则人心服。”凡此皆超出个人人格的教育，而与国家的兴替攸关，自属公民教育之范围，而孔子在二千五百年前已考虑及之。

教育的通则
机会均等有教无类

四、教育通则——孔子之设教，在使人人皆有受教育的均等机会，论语卫灵公篇："子曰'有教无类'"，就是说不分贫富，不分贵贱，不分智愚、贤不肖，凡来学者，无不使有受教的机会。论语述而篇："自行束脩以上，吾未尝无诲焉。"其意是说，"有人以己为师，只要送过拜师的礼物，纵使他的礼物微薄至一束的肉条，总是一样的教诲。"因此，贫如颜渊亦得及门受业。

孔子一方面要推广教育，使人人有受教育的机会，另一方面却要从事教育的人生活简朴。论语述而篇："饭蔬食饮水，曲肱而枕之，乐亦在其中矣。"

他为着避免分心，也不赞同从事于学问或教育之人兼治其他的生计，故论语先进篇："回也，其庶乎，屡空。赐不受命，而货殖焉，亿则屡中。"这一段赞扬颜回的乐道安贫，而对于子贡之不能听天由命，做生意发财，则有微词。

孔子对于教师的资格，注重教学相长。论语述而篇，子曰："默而识之，学而不厌，诲人不倦，何有于我哉！"又：'若圣与仁，则吾岂敢；抑为之不厌，诲人不倦，则可谓云尔已矣。'两说实互相发明。

为学的道理
不自欺，有兴趣

五、为学——孔子对于为学，首在不自欺。论语为政篇：“由！诲女，知之乎？知之为知之，不知为不知，是知也。”次言为学之目的，在完成自己的人格，而不见知于人。论语宪问篇：“古之学者为己，今之学者为人。”对于为学之道，首须鼓起其兴趣。论语雍也篇：“知之者不如好之者，好之者不如乐之者。”又论语述而篇：“叶公问孔子于子路，子路不对。子曰：‘女奚不曰，其为人也，发愤忘食，乐以忘忧，不知老之将至云尔。’”由于为学感觉兴趣，自然可以忘食忘忧，而且做到老，学到老。又由于为学有了兴趣，则于为学之外，温饱安乐均所不计。论语学而篇：“君子食无求饱，居无求安，敏于事而慎于言，就有道而正焉，可谓好学也已。”又论语雍也篇：“子曰：‘贤哉回也，一箪食，一瓢饮，在陋巷，人不堪其忧，回也不改其乐，贤哉回也！’”

为学的方法
注重怀疑符合科学

孔子对于为学的方法，注重怀疑。论语卫灵公篇：“子曰：‘不曰如之何，如之何者，吾末如之何也已矣！’”那就是说，遇事不肯考虑其“怎样办呢，怎样办呢！”而谋改进之道，则虽圣人也无法使之有进步。其次，便是利用思考和学习。论语为政篇：“学而不思则罔，思而不学则殆。”又论语卫灵公篇，子曰：“吾尝终日不食，终夜不寝，以思无益，不如学也。”这是为思而不学者之戒。盖孔子主张思考与学习必须并行也。

孔子主张为学的方法还有与现代西洋所称科学方法奇合之处。中庸：“博学之，审问之，慎思之，明辨之，笃行之。”除笃行一步骤属于实行，而不是研究的方法外，其他博学、审问、慎思、明辨四步骤均切合现代的科学方法。博学是把有关资料尽量收集，为科学方法的初步。审问如用现代的言词来解释，便是科学方法中的观察或试验步骤。明辨则包括有科学方法中的分析、综合、比较等步骤。

为学的态度
学如不及犹恐失之

次言为学态度，论语泰伯篇：“子曰：‘学如不及，犹恐失之。”如不及，故“日知其所亡”；犹恐失之，故“月无忘其所能”。有了这种态度，故论语学而篇有“学而时习之，不亦说乎”之语，而论语为政篇也有“温故而知新，可以为师矣”之句。最后孔子强调为学须勤，不可过分依赖聪明。论语述而篇：“子曰：‘我非生而知之者，好古敏以求之者也。’”又季氏篇：“生而知之者上也；学而知之者次也；困而学之又次也；困而不学，民斯为下矣。”此与中庸所称，“或生而知之，或学而知之，或困而知之，及其知之一也”可以互相发明。

孔子在阐述为学之益以后，还补述不好学之蔽。论语阳货篇：“子曰：‘由也，女闻六言六蔽矣乎？”对曰：‘未也。’‘居！吾语女！好仁不好学，其蔽也愚；好知不好学，其蔽也荡；好信不好学，其蔽也贼；好直不好学，其蔽也绞；好勇不好学，其蔽也乱；好刚不好学，其蔽也狂。'" 以上所说仁、知、信、直、勇、刚六言皆系美德，然徒好之而不学以明其理，则各有所障蔽而不能通明，而发生愚、荡、贼、绞、乱、狂诸恶果。

教学的原则
性相近也习相远也

六、教学——孔子对于教学之出发点，如论语雍也篇所称"己欲立而立人，己欲达而达人"，系出自仁者推己及人之意。其教学原则可从论语阳货篇"性，相近也；习，相远也"二语得其大要。孔子说人性是彼此相近的，不像后来孟子所主张人性是善的，或荀子所主张人性是恶的。他认为天生性质，善恶相差不远，只是处在某种环境里便不免染了某种习惯，例如在善良的环境里长成，就有善的习惯；在恶浊的环境里长成，就有恶的习惯。因此，人性便因习惯之不同而渐渐相远。他的意思是要借优良的环境，养成优良的习惯，这样改善习惯的方法，便是教育。因此，负教学之责任者，就是教师，首先要实施现代之所谓身教。换句话说，就是以身作则的示范教育。论语子路篇，"其身正，不令而行，其身不正，虽令不从"便是此意。又阳货篇："子曰：'予欲无言。'子贡曰：'子如不言，则小子何述焉？'子曰：'天何言哉？四时行焉，百物生焉。天何言哉！'" 这表示孔子注重身教，恐弟子徒于言语求之，故曰，予欲无言。盖圣人一动一静，莫非妙道精义之发，正由天道之无为而成物也。又论语述而篇："二三子以我为隐乎？吾无隐乎尔！吾无行而不与二三子者，是丘也。"以与"予欲无言"一章可以相互发明。盖注重身教者，言不在多，在孔子认为已足以表达者，其门弟子尚有认为未足，故以此言告之。欲其于言辞之外，兼注意于示范之教也。但孔子虽重身教，要使弟子于日常言行中领会至理，其引导弟子为学之方，殊能依序渐进。此正如上文颜渊所述的“循循然善诱人”，与庄子田子方篇颜渊曰：“夫子步亦步，夫子趋亦趋，夫子驰亦驰，夫子奔逸绝尘，而回瞠若乎后矣”，两说亦可互相发明。

教学的方法
因材施教强调自助

孔子之教学，注重因材施教，论语雍也篇：“子曰：‘中人以上，可以语上也；中人以下，不可以语上也。’”他不仅因材施教，而且还针对其门弟子的个性，而予以不同的教导。论语先进篇：“子路问：‘闻斯行诸?’子曰：‘有父兄在，如之何其闻斯行之?’冉有问：‘闻斯行诸?’子曰：‘闻斯行之。’公西华曰：‘由也问闻斯行诸，子曰，有父兄在，求也问闻斯行诸，子曰，闻斯行之；赤也惑，敢问。’子曰：‘求也退，故进之；由也兼人，故退之。’”上文子路所问与冉有相同，而孔子答子路则说：“有父兄在，应当先请示于父兄，然后去做，哪里可以一听见就去做呢?”答冉有，则说：“听见了，就去做罢。”原来是冉有做事有些畏缩，所以教他上紧一些；子路勇往直前，故教他退一步，先请教父兄，然后去做。孔子教人不仅因材施教与因个性而异，而且对于下愚之人，简直不懂得如何发问者，竟不惮加以反问，以尽其教导的最大能力。论语子罕篇：“有鄙夫问于我，空空如也，我叩其两端而竭焉。”其意即谓就事之正反两面从事于反问，以启发之。

孔子的教法是要使生徒质疑问难，互相启发。这样不仅对生徒有益，对教师也有助。论语先进篇：“子曰：‘回也，非助我者也，于吾言无所不说。’”盖颜回对孔子之言，均能默识心通，无所疑问，也就是无不悦服。这样一位特别优异的学生，孔子在平时称许备至者，此时若有憾焉；其意是说这样的学生固然很好，却不能使教师因学生之质疑问难而收教学相长之益。孔子的教法还要使生徒能自助，以收触类旁通之效。论语述而篇：“举一隅，不以三隅反，则不复也。”意谓物之四边相同者，举其一，应即知其三，如果生徒不能就此已知之一边和其他相同的三边相印证，那就用不着再教他。这与孔子诲人不倦之精神并无冲突；但对于能用心思之生徒固然诲之不倦，若毫不用心，专赖教师说一即一，说二即二者，正如学记所谓：“语之而不知，虽舍之可也。”

伟大的孔子
教育思想中外同尊

孔子对于青年之期望至大，因他们年富力强，进德修业，未可限量，大有后来居上的希望，但如青年们不能及时努力，到了四五十岁，仍无学问道德上的声誉，那就不见得有何希望了。论语子罕篇：“子曰：‘后生可畏，焉知来者之不如今也；四十五十而无闻焉，斯亦不足畏也矣。’”在另一方面，他对于借词怠惰的弟子却不稍宽假，论语雍也篇：“冉求曰：‘非不悦子之道，力不足也。’子曰：‘力不足者，中道而废，今女画。’”其意思是说，尽了最大的努力而力不足者，不得已而中途停止，尚可原谅，但未作最大努力而自认力不足者，那就是自己画了一个界限，是要不得的。

总之，孔子为我国最早的教育家和教育思想家，而且是东方最伟大的教育家和教育思想家。以成就言，他以一身而造就门人七十二，弟子三千，其门人在各方面皆有重大的表现，他仿佛是首先在中国史上开创了一所最成功的私立大学校。以影响言，他的教育思想，一脉相传，迄今约二千五百年，仍与现代教育思想不悖，而且不仅适合于现代的中国，事实上久已为东方国家如日、韩、越南等国所奉行，而自东西交通以来，孔子之教育思想亦渐传于西方国家，而博得广大的尊崇。

（一九五五年九月廿七日在“总统府”孔诞记念会讲）

初中可以废止外国语文的教学吗？

有些制度因习行既久，一般人辄视为当然的，不愿就其利弊重新估价。纵然有人对其效用不免有些怀疑，终因大家公认为当然的，也就不肯作较深刻的研究，习惯成自然，人情大抵如此。

两年前，我在高雄市对教育界所作的一次讲演，讲题为科学方法与教育，其间讨论到课程问题，曾举述为使中等学校课程适当，实应利用科学方法中的试验、比校、评价等步骤，以从事于根本上的研究；随即提出初中应否继续教授外国语文一问题。我以为假使初中不教授外国语文，使其学生得以更多时间就本国语文及其他科目奠定较坚强的基础，俟进至高中才开始修习外国语文，那时候以本国语文或他科所减的时间增加外国语文的时间，如能在高中三年内认真修习外国语文，以其成绩与过去初高中六年均习外国语文之成绩一为比较，孰优孰劣，尚不可知。当时我对于本问题未作详细的研讨，仅认为可能构成一个问题，促请听讲者的注意而已。

事经两年，中间亦未续加考虑。直至上月杪因事赴台中，承中市教育会邀约讲演，偶忆旧事，认为既然又有一个商榷的机会，乃于事前作较深切的考虑，专就此一问题陈述所见。

首先将“我国”初级中学的设置目标分析为三项：一、为升学准备；二、为就业准备；三、为延续基本教育。以升学而言，查一九五四年第二学期的统计，台湾区初中在学生为一〇〇 二四六人，应届毕业生为二三 七二八人；高中在学生为二三 九二一人。假使暂时留在静止的状态中，班数人数均没有增减，同时按照可供升学之各级学校修业年数，三年者每年招收新生等于在学生人数三分之一，如此则高级中学可招新生七 九七四人，是初中毕业生每三人中只有一人能够升学。以就业准备，即考入师范学校或高级职业学校者而言，查一九五四年第二学期的统计，师范学校在学生为六 三五二人，高级职业学校在学生为一七 八八〇人，两共二四 二三二人，假使师范及高职所招新生之数亦如高级中学，每年只招在学生数三分之一，即八 〇二九人，是则初中毕业生亦大约为每三人中只有一人能够加入这些就业准备的学校。以延续基本教育而言，由于开学准备与就业准备合占初中毕业生三分之二，则其他三分之一的初中毕业生定然是辍学径行就业。查"我国宪法"规定义务教育年限为六年，是一般完成义务教育之儿童大致为十二岁，其本人对于升学准备与就业准备尚鲜抉择的能力，而其家庭稍有资力足以支持子女继续修学若干年者，当无不愿延续其数年之教育。像这样方针未定的学生，当然以延续基本教育为主。查各国设施义务教育，年限长短不一，有长至九年以上者。我国幅员辽阔，各省经济能力与文化水准相差至远；"宪法"一律硬性规定义务教育六年，在若干地区固有认为太长者，在其他地区又不免嫌其太短。我的意见，将来倘有修正"宪法"之机会，似宜改定为人民自满若干岁起应受义务教育，其年限由各省以其省"自治法"规定之。如此似较有伸缩余地。然在现行"宪法"之规定下，只好借初级中学为之调剂。换言之，即凡修毕义务教育后，有力延长其教育年限者，不妨对于初级中学与初级职业学校之间，选择初级中学为延续基本教育之途径。如此，则初级中学之教育目标三项中，除确信可经初中而高中而大学之少数人，得以升学准备为鹄的外，其大多数，至少在三分之二以上，似均可以延续基本教育为主，盖初中毕业后无论从事于就业准备，或径行辍学就业，对于延续基本教育均无不适应也。

假使初级中学目标的分析为不谬，则综合其研讨之结果，对于初中课程的编制，自可获得相当坚强的根据。其他且不论，姑就外国语文一科之设置，考虑其有无必要。如上所述，初级中学学生从事于升学准备者至多只有三分之一。外国语文之学习系以推广阅读范围进究高深学问为主，除于作升学准备者有相当效用外，其对初中毕业后辍学径行就业之人，固无何用处，即对于加入高级职业学校，从事于就业准备之人亦为用不多；盖中学阶段之职业学校，无论课本与参考书籍皆取材于本国文字，其教师亦无聘用外国人士之必要也。纵有少数从事于对外贸易之人，其所需学习之外国语文，亦尽可于高级职业学校中视同专修科目而加强训练，固不必在初级中学预为准备也。因此，初级中学之设置外国语文，充其量只对于三分之一之升学准备者有些效用；而对于三分之二的多数学生，既无何效用，便成为对精神与时间的一种耗费。

现请缩小范围，专就三分之一之升学准备者，进一步研究初中外国语文课程是否真正有用。查我国教育部三十七年颁布之修正中学课程标准与一九五五年减轻学生课业负担实施方案，修正中学教学科目及每周授课时数表，并参考坊间流行之高初中英语读本，在六年间所教授之英文字汇为五六千字，就中初中三年所教授者不及百分之三十，大率为一千六七百字，而高中三年所教授者不下四千字；专就初中而论，以三年工夫，仅读千六七百个生字，为用本不甚宏，而消费初中三年内的教学时间至四百余小时之多。为升学计，假使初中废止外国语文课程，而于高中原设的外国语文教学时间增加百分之三四十，则初中所读之千六七百个生字自不难在高中予以补授。是则对于三分之一升学准备者不致有何损失，而对于三分之二之非升学准备者却可免除四百余教学小时的耗费。或谓学习外国语文以年纪较小者为较易，无论此说未必有坚强的根据，即或有多少根据，然初中高中学生同属少年，相差只有三岁，亦何至因此而发生困难?

抑初中之教授外国语文不仅无何效用，且有许多不利。第一，我国文字本来不很容易学习，初中学生的本国语文根柢尚未巩固，却同时兼习一种外国语文，其结果不是本国语文与外国语文同样没有多大进步，便是顾此失彼，不免有一种牺牲。如求两种语文均有相当进步，则对其他科目自难同样认真，甚或身体健康受到影响。第二，初级中学设置甚广，外国语文之教师很难有充分的供应，其滥竽充数者，自身的外国语文程度过低，以讹传讹，影响于学生之前途不浅。姑以读音一项而论，在未曾受过良好训练之教师，将使初学外国语的儿童，于开始时失之毫厘，终至谬以千里。

假使外国语文之教学改从高中开始，则较佳之师资较易获得，上述错误的开始当可避免其大半，于是第二种的不利可以消除。同时，按照 Do one thing well at a time（一时做好一事）的原则，把初中所节省的外国语文教学时间全部移供本国语文教学，则本国语文在初中阶段定然较目前有更大的进步。本国语文的基础巩固以后，则对于凡用本国语文教学的科目都有相当便利。及升入高级中学，自可将本国语文教学时间酌减，而以之增加外国语文的时间。正如上文所说，初中阶段所撤销的外国语文教材，自不难于高中阶段迅予补足。又因本国语文之基础已于初中奠定，将不致因侧重外国语文而使之受影响。于是上述第一种的不利也消泯于无形。

初学一种外国语文，最好是连续不断的练习；惟能如此，才可以把一种陌生的语文由习用而渐成自然。因此，在开始时，断断续续的学习，其收效是很微薄的。初中阶段学习外国语文，由于时间无多，练习的机会也无多，故远不如在高中阶段把外国语文的教学时间加重，同时有训练较佳的教师，程度较佳的同学，足以诱导砥砺者之收效较易。学习外国语文，最好要有外国语文的环境，因此，在外国学习外国语文定然较在国内容易。即同在国内，在一个练习外国语文机会较多的社会中，也定然比这种机会较少的社会中更易学习。高中学习外国语文所以较初中容易，也由于此。

现且就美国中等学校对于外国语文的课程设置，与我国中等学校一为比较。查美国中小学校之划分，原非全国一致。有采八年小学制，而继以四年中学制者；有以一至六年级称小学，七八年级称初中，九至十二年级称中学者，亦有以七八九年级称初中，十十一十二年级称高中者。其中古典式之小学虽间有教授拉丁文者，但对于现代外国语文之教授殆等于零。惟设有初级中学者则于拉丁文与现代外国语文多有列为选修科目者。据戴维斯 C. O. Davis 教授的调查，中北部各州小学校之七八年级改组为初级中学后，其所设选修科目中，拉丁文占百分之二七・六，现代外国语文占百分之二七・三，以视家事学之占百分之八八・四，绘图占百分之七五・四，音乐占百分之七一・七，瞠乎后矣。即就公立的中学校（九至十二年级）所设选修课程而言，据教育署发布的报告，一九三四年在四 四九六 五一四名的中学生中，选修拉丁文者仅占百分之一六・〇四，法兰西语文百分之一〇・八七，德意志语文百分之二・三七，西班牙语文之六・二三；以视选修英国文学者之占百分之九〇・五四，体育百分之五〇・六六，代数学百分之三〇・四一，音乐百分之二五・五四，混合自然科学百分之一七・七五，美国史百分之一七・三四，家事百分之一六・七二，打字百分之一六・六六，亦皆望尘莫及。

美国中等学校外国语文课程之设置，根本上与我国相异者，在彼为选修科目，在我则为必修科目。至于外国语文之选修年限，则据波星 Nelson L. Bossing 教授于其近著之中等教育原理一书中，就调查与研究所得，建议一个四年制中学的典型课程，其中每年级各列有必修科目与选修科目两部分。必修之部，第一年（即第九年级）为五科目，第二年为四科目，第三四年各为三科目。选修之部，第一年为一科目，第二年为二科目，第三四年各为三科目。所有外国语文，无论为古典的或现代的均列为选修科目。外国语文之选修得从第一年（即第九年级）或第二年开始。其继续修习之年限，少则一年或二年，多至三年或四年，平均以二年居多。我国现行制度，外国语文之教学合初高中共为六年；而在清末，则高等小学已开始修习外国语文，为期二年，继以中学堂四年，高等学堂三年，合共九年。如照我的建议，取消初中的外国语文教学时间，则仅留高中三年。由于外国语文成绩之优劣，在乎教学的加强与切实，而不在时期的延长，故清末九年之教学显然未优于现在六年之教学；安知今后三年之教学定然不及现在六年之教学乎？

或谓英美学生之修习其所谓外国语文，如德、法、西、意等，毕竟较我国学生之修习英法德文为易；然彼以二年者我以三年，且每周教学时间亦将较英美学生之学习外国语文者加多，是则不止是三与二之比，实际上且为四与二之比，纵使学习稍难，然能以加倍时间应付之，其收效亦未必相差过甚。即退一步言，高中三年之加强学习，尚未能阅读外国书籍而不感困难，则大学一年级亦不妨一律以第一外国语为必修科。大学校师资得人更易，且随读外国语文随有参考之机会，其进步亦较高中为速。外国语文之实际需要大都自大学校开始，与其从初中起作过早之准备，准备后因需要不多或毫无需要，以致荒废，则何如俟接近需要之时期积极准备，准备后即有应用机会，愈应用愈熟练，其收效自亦愈宏也。

或又谓初中如废止外国语文之教学，则升学准备者尚可于高中开始修习，至就业准备者与其他将因此丧失其修习外国语文之机会。则将应之曰：初中所习外国语文，其字汇不过千六七百字，殊不敷应用，且应用之机会极少，根蒂不深者更易遗忘，结果经过数年之后，将等于未尝学习；如能于职业学校中增设外国语文专修科，使有志研习外国语文者参加或选修，则于速成与应用定然远胜于初中。不久以前“中西文化经济协会”曾设西班牙语文专修科，由于每日修习之时间较长，甫经半年，已能阅读会话，应“教育部”留学考试及格后，大多数已赴西班牙，入学听讲，尚无困难。此可为专修效用之明证。

现今教授外国语文之方法，已较前大有改进，诚能依新方法切实训练外国语文之师资，使之遍布于各高级中学，并酌量加入于职业学校之外文专修科，从事教学，其收效自不可与旧日并论。然以此类师资分配于各高级中学及专修科尚有可能，若欲推广至一切初级中学则事实上显然不可能。初中之不宜教授外国语文，此亦许多理由中之一也。

我对于外国语文之教学，远在半世纪以前，那时候应用的还是传统的旧法，但总觉得在加强的教学下，一年的成绩要胜过断断续续的二三年。即以自己学习外国语文而言，一年的专攻，也胜过学生们在科目繁多的学校中二三年的修学。鉴于目前中等学校外国语文成绩之未能满意，尤其是初级中学一阶段的教学，成绩更属几微而时间消耗可惜，且影响到本国语文的进步，因自忘其固陋，特以此问题提供教育界的考虑。

（一九五七年八月为“反攻”半月刊作）

中华图书馆学会年会致词

今天贵图书馆学会年会，兄弟奉邀列席，并承嘱讲话。诸位都是图书馆学专家，兄弟只是一个图书馆的短期客串，但是半生工作实际上却与图书馆有密切关系。所谓短期的客串，是指在约莫四十年前，主持商务印书编译所时，把该馆原供编译员参考之所谓涵芬楼的大量而名贵的藏书，以东方图书馆名义公开于读书界。从筹备开放，以至建馆实行开放，迄于民国二十一年一二八之役，藏书六七十万册完全被毁于日军的炮火时为止。我在筹备东方图书馆之时，曾撰有中外图书统一分类法，用以应付该馆所藏数十万册中外图书之分类。这都是兄弟对图书馆直接关系的一个短时期，在今日兄弟在图书馆业务上，无异退伍了三十多年的一名老兵。

至于对图书馆的间接关系，则始于民国十八年编印万有文库第一集。那时候兄弟发了一个愿，想把东方图书馆的藏书，化身为万千个的小型图书馆，使其散在于全国各地方、各学校、各机关，且可能散在于许多家庭，换言之，我的理想在协助各地方、各学校、各机关，甚至许多家庭，用那时候几百元国币的代价，创办具体而微的小型图书馆。我认为除了专科的图书馆外，一个普通的图书馆，好像是供给精神食料的一所百货店，最好能具备形形色色的营养品使种种不同兴趣的顾客，都获其供应。在四十年前，我国的图书馆甫在萌芽，为数甚少，且除少数中的少数稍具规模外，其他所藏图书，或偏重古书，缺乏新著或译作，或虽兼藏新旧著，然门类多未能具备，许多基本要籍或世界名著，多嫌缺乏，至于各科入门之作，为进读基本要籍与名著的先导，也因没有系统化的编著，遂亦无法购藏。

我在筹备东方图书馆之初，一方面凭借那时候国内藏书最富的图书馆，他方面利用全国最大的出版事业，想把两机构密切配合，除慎选每个小型图书馆必备的国学基本丛书以便按照适当的版式重印，又从无量数的世界名著中精选每个小型图书馆必须存备者，分别委托各科专家汉译，以便印行外，更就各科入门必备之图书，分别聘请专家，以深入浅出之内容，简明扼要之方法，广为撰著。到了民国十八年，这些准备工作，经过了四五年的努力，总算大致就绪，于是综合编成万有文库第一集，计一千种，二千册；每书均按拙作中外图书统一分类法分类，除在书脊上印有分类号码外，还印成图书馆所有的各种书目片，随同文库全书供应，使凭借文库兴办之小型图书馆，无需延聘图书馆学专材从事分类编目，便可供人检查借阅，照这样全部的供应品，那时候我们仅以法币三百元，约当美金一百元的代价，售给于读书界。结果，该文库第一集先后推销了八千部，除为原有图书馆及许多藏书家所收购外，还借此一部书而新成立了不下二千所的小型图书馆。其后到了民国二十三年，我又编印万有文库第二集，也是二千册，连同第一集，共四千册，其中括有国学基本丛书四百种，汉译世界名著二百五十种，其他各科小丛书共一千零五十种，合为一千七百种，四千册。稍后我又选印丛书百部，计四千一百余种，合四千册。我本来打算续编万有文库第三集，亦二千册，这样连同丛书集成，便得一万册，中外新旧的要籍，殆无所不包，无论在数量上和种类上，均可独自构成一个中型的图书馆。如果没有抗战发生，我深信在民国三十年以前，便已达成此一目的。可惜得很，自民国二十六年下半年全面抗战开始，商务印书馆的总机构已不能发生作用，我独自带领少数干部辗转迁入内地，最后在重庆奠定基础，物力已丧失殆尽，但我并不灰心，一切从头做起，短时期内，便在重庆恢复出版新书，所谓每日新书，蝉联不断，迄于抗战胜利之日，复员东返后，我因受政府征调从政，不得已辞去主持了二十五年的商务印书馆，其后共［删 1 字。——编注］搆乱，商务印书馆，陷入共［删 1 字。——编注］掌握，便不复发生作用，自三十七年迄今，我遂与商务印书馆脱离关系十六七年。直至本年，我既退出了政坛，商务印书馆又依新颁条例，得在台湾举行股东会，并选举董监事，我当选了董事长，固辞不获，因思在大陆时先后曾为商务印书馆苦斗，挽回了三次的厄运，现在虽已届垂老之年，辞卸公职后，原拟专心写作教学，惟鉴于台湾商务印书馆，多年来因经理人无所秉承，对于出版业务遂未能发展。我不愿商务印书馆稍懈其为文化贡献之职责，只得勉暂担任。每日平均以三四分之一工作时间为该馆尽义务，首先考虑将原编万有文库四千册，择其精要而适于在台图书馆需要者，经过了三四个月努力，编为万有文库荟要一千二百册，正在印刷与预约中；荟要在数量上与在大陆时刊行之万有文库简篇相同，实际上则内容变更过半。深信对于在台之公私图书馆，及机关与私人藏书均可有相当贡献。继万有文库荟要之后，我打算于最近两年内，就商务印书馆在大陆上已印行之重要著作，分别精选，陆续重印。但这件工作，在目前的商务印书馆办起来，还是不很容易。因为这里的商务印书馆，原是台湾光复后，才来设立的一个分馆，对于商务印书馆历年出版的书籍多未存备，近年虽曾向香港访购，但所得仍不多。我相信台湾的各大图书馆藏有商务印书馆从前出版之图书，当不在少数，然亦未必能集中于一二馆。我打算次一步骤，便是派人向各大图书馆调查所藏商务印书馆旧日出版的重要图籍，经我们陆续制定整理重版的计划，除商务印书馆业已藏有者外，不得不向各图书馆借出影印。使向为一馆所藏者可以借整理影印而遍及于各图书馆和读书界。我所以在最近一二年内集中精神于整理重印商务书馆在大陆上出版较优良而有用的书籍，一来因为商务印书馆原出版最有用的书籍，多在我主持该馆之二十五年期间，即从民国十年迄三十五年；由于这些书籍大都由我主持编印，对于较重要的著作，于其撰人背境以及编辑经过，我还能大概记忆，在今日应否重版与有无增订之必要，我至少知其轮廓。选定后，如须增订我也较易委托适当的人为之，比诸不甚知其内情之他人，定然方便得多。因此，趁我还能为商务印书馆尽些义务之时，尽先从事于此，自较方便。二则商务印书馆目前纵有译印新刊名著之必要，亦须分别委托专家从事，需时不会太短，所以在准备译印新书之前，还是先从整理旧有出版物，重行制版付印，较为方便。且旧日著译，多能好整以暇，事事较易认真，优良著译多出于彼时，亦自有故。至于目前新著新译，在详拟计划，选定书名以后，尚须选择著译之人，宽以时日，预计非有充分期间不为功；而利用此犹豫期间，以整理重印旧有出版物，使商务印书馆对于文化之供应不断，亦最适当。

犹忆商务印书馆在大陆时，除大部丛书如万有文库，丛书集成，四部丛刊，四库珍本及大学丛书等外，其他各种出版物亦占国内各图书馆购藏的重要地位。就抗战前一年的民国二十五年统计，国内全年出版新书九千余册中，商务印书馆一家占其五千二百余册，在全国同年新出版者占百分之五十以上。因之，国内各图书馆每年新购之图书，除外国文字及古本书籍外，当以商务印书馆出版者占其半数以上。迁台以后，商务印书馆，有如我在上文所述，出版物寥寥无几，未能尽其应尽之责任，至为愧歉。我此次重主商务印书馆，虽系完全尽义务，但对于应尽之力，绝不放弃。由于图书馆与出版家有深切的关系，极盼彼此密切合作，并望图书馆界能不吝指教，使今后商务印书馆的贡献，得以配合图书馆界的需要。兄弟对此任务，不敢稍懈，独惜在台的商务印书馆资力微薄，往往有志难逮，尤望图书馆界予以协助。

很对不起，贵会要我作专题讲演，我却以商务印书馆的立场，向贵会诸君提供有关商务印书馆的报告，和吁请指教。文不对题，尚祈原谅。

（一九六四年十二月廿日讲）

知识就是道德；健康也是道德

英儒倍根氏有过一句名言，认为“知识就是权力”（Knowledge is Power）。我愿套他这句话，认为“知识就是道德”（Knowledge is Morality），并且认为“健康就是道德”（Health is Morality）。请分别说明其理由。

我国古圣先贤都认为要提高品德，须赖修身，大学经文：“古之欲明明德于天下者，先治其国；欲治其国者，先齐其家；欲齐其家者，先修其身；欲修其身者，先正其心；欲正其心者，先诚其意；欲诚其意者，先致其知；致知在格物。”这一段话，用白话翻译出来，便是说：“古人要想表彰自己天赋的光明德性，使其推行于世界，首先要从自己所属的政治单位着手推行；要想在自己所属的政治单位推行成功，先要从自己的家族实施有效；要想在自己的家族实施有效，先要整饬自己的言行；要想整饬自己的言行，先要以理性制服感情；要想以理性制服感情，对于动机先要忠实；要动机忠实，先要明了其目标和关系的重大；要明了其目标和关系的重大，先要对事事都能就已知之理而深究之。”由此看来，所谓修身不是徒然遵守教条的，应该是出于自发的；不要只知其然，必需要知其所以然。因此，修身是基于知识的，换句话说，道德也是基于知识的。或谓古往今来，不少知识人士违反道德，这又作何解说呢？我认为“致知在格物”一语，表明所谓知识必须是澈底的，不是一知半解而是真知灼见。一知半解，则见理不清，易为情欲所动摇蒙蔽；真知灼见，则是非了然，不容假借。我所谓“知识就是道德”当然是指经过详加研究，即所谓“格物”而言。人之所以异于禽兽者，以其理智足以制服情感与私欲之故。

然而虽有真知灼见，即充分的理智，而有时或不能抵抗诱惑者，即因一时感情冲动，不易镇压，或则意志薄弱，无力抗拒之故。上文说过，“修身”之前，还需“正心”，而所谓正心，依照大学经文第七章所说：“心有所忿懥，则不得其正；有所恐惧，则不得其正；有所好乐，则不得其正；有所忧患，则不得其正。”这一段传文，算得是“正心”一语的正确解释。所谓忿懥、恐惧、好乐、忧患，都是人的感情；一个人受了感情的冲动，往往不易以理性制服感情。不过凡是不能以理性制服感情的人，依照现代精神分析学者研究的结果，多是由于身体健康不正常的关系。盖健康的人具有制服感情的更大能力；而患病的人，尤其是精神衰弱者，其以理性制服感情力量比较薄弱，所以容易发怒、容易恐惧、容易喜乐、容易忧愁，都是身体健康不正常的现象；所以我认为不只是知识就是道德，而且健康也是道德呢！

概括一句话，道德是修身的目标，而知识与健康却为求达此目标之必要手段。

（摘自一九六四年十二月对政工干校讲词）

领导阶层中的专材与通材

某年暑假前，本人曾为某独立学院的毕业式讲演，系以专材与通材为题。我的结论有两句话，说是“为学当如群山式，一峰突起众峰环”。这两句话和我的一位老朋友胡适之先生所说的“为学当如金字塔，要它广博要它高”，好像是相反，实际是相成的。胡先生的意旨是指由中学至大学的一个阶段做学问的道理，金字塔的底好像是中学时所受的普通教育，就是说所获得的普通知识，愈是广博，则进至大学校所修的专门学问，也可能达到愈高的程度。我所主张的是各专科的学问多具有连带关系，例如专攻法律的人，不能不旁通政治、经济、财政、工商业等，有时还须懂得国际私法；专攻政治的人，不能不旁通法律、经济、财政、工商业以及国际关系等；专攻商业的人，不能不旁通政治、法律、经济、财政以及国际市场等。因为这些都属于社会科学，其相互间之密切关系，识者多能了解。甚至专攻理工科，或其他自然科学的人，也不能不有所旁通，不过表面上不如社会科学的明显而已。由于这些需要旁通的学科，不只是普通的知识，至少是等于大学程度的副修科目，还需要加上一些实际的经验，才算得是实际上有效。因此，我把它视同一群的山峰，最高出的算是专攻的学科，但环绕着这个最高峰的群峰，好比是那些需要旁通的学科。我认为做学问的人，既要其专，还要其广；而这一种的广，因为不是普通的知识，所以不能视同金字塔的基底，而应视同环绕一个主峰的群峰。

有人说，处于现在分工的时代，各科各业都应需要专材，才可各就主管范围充分发生作用。不错，这是指一般从业人员而言，其在政府机关内，则指事务官而言。至于领导阶层的人物，无论是在工商界，或是在政府的高级机关，却不能不有赖于通材。英国政治学者恒认为政府各部的首长，最好是通材，而不是专材，即使原是专材，也不必用以主持其专长的部分。因为一位纯粹的专家不免有多少偏好。如一位卫生部长，不一定要一位医学专家来担任，因为医学专家各有所长，小儿科专家和妇女科精神科等专家，可能各有所偏重，倒不如一位明白事理的通材，在听取其所属各单位专家的意见以后，利用他自己的常识和判断力，作适当的决策。尤其是英美等国的国防部部长，不仅需以文人承乏，而且多半是以企业界成功的人物充任。因为行政上的管理督导与企业界的管理督导，原则上多可相通。我国夙有“学而优则仕”的成语，在现今世界上，“商而优则仕，工而优则仕”也定然可以相通。

总而言之，在学术上、政治上和企业上的领导人物，除各有专长外，还须能够旁通有关的学科。这便是我所指的通材。这样的通材并非是仅具普通知识的人物，最好是能够贯通与其所习专科有关专科的人物。

由于各学科，尤其是社会科学有使其各部门密切联系的必要，我常有一种理想。要解决各种有关社会科学的问题，应该设立一个社会科学综合研究所，罗致专攻社会科学各部门，如政治、经济、财政、法津、教育、商业、国际关系等等的学者，对于有关自己专攻的问题，都与有关各部门的专家联合研究，俾从各有关方面提出问题，提供意见。举例言之，要研究一个有关经济的问题，专赖一个经济研究所的研究员去研究，似乎尚难澈底。因为经济研究所的研究员大都限于专攻经济的人，其实一个经济问题往往涉及政治、法律及国际关系等等，如果漠视了那些涉及的关系，则这个经济问题的解决，殆难澈底，又即使能够注意其所涉及的关系，则专攻经济学的专家，除能旁通那些涉及关系的学科外，惟有集合各有关学科的专家综合研究。如此则任一中心问题都能从每一角度上发掘其得失之因素，才能补偏，才能澈底。区区之见，不知诸位以为如何。

（一九六五年二月十三日为台北狮子会讲）

孔门学说与现代思潮

亚洲是世界文化的摇篮，不只是世界上三大宗教，佛、耶、回的发源地，而其中的中国且为古往今来最伟大的哲人孔子所由诞生。三大宗教固然控制了全世界绝大多数人的心灵。但，孔子之教不仅支配了二千余年的中华民族，而且亚洲许多国家也大受其影响，而自中西交通以来，孔子之学说也逐渐传播于世界其他各地而获得尊崇。有人不免怀疑孔子生于二千五百年前，其所主张，是否适合于现代。我想乘今日机会对诸位略谈孔子与现代思潮的关系。

我常常觉得，整个人类，无时不受四个字的支配，那就是“情”“礼”“法”“力”。我现在想就这四个字略述孔子的主张。

情是人与人间直觉的关系。最初导源于家庭之中，父母子女兄弟姊妹间之亲爱，为情之开始。男女间之恋爱为情的初步发展，朋友间的好感，为情的再进一步的发展。仇敌间之忿恨，为情的逆转。情的表现，统括起来，不外喜怒哀乐几种。孔子对于情的发抒，强调发乎情，止乎礼，换句话说，就是要以理智抑制感情。

阐扬孔子思想的大学，以正心修身齐家治国，为正常发展的体系，而对于此体系的起点正心，则强调心有所忿懥，则不得其正；有所恐惧，则不得其正，有所好乐，则不得其正；有所忧患，则不得其正。故当一个人冲动时候，必须抑制其过怒、过虑、过喜、过忧的感情。始能心平气和，恢复理智，因此身体与精神的健康，便是维持理智，抑制情感的枢纽。现代的德育、智育和体育三者并重，已造端于孔子二千余年前的主张。

礼是社会的善良风尚，就是人与人间相处的规律，而此种规律之能够实现，有赖于节制。节制为防范冲突之有效方法。人与人间如能相互节制其一时冲动的情感，便可消泯许多不必要的冲突。

孔门对于礼字曾提出一个极有效的教言，就是恕字，他答复他的弟子的询问，即以有一言而终身行之者其恕乎！恕的意义是："己所不欲，勿施诸人"，这种推己及人，将人比己的教言，如能普遍实行，则人与人之冲突，大部分可以免除。这与基督教所谓"惟己所欲，则施诸人"之教条，毫无二致，而孔子之主张，则前于耶稣基督五百余年。

因此，所谓礼字的定义，当可称为社会的规律，亦即导致社会繁荣的善良习惯，如果人人能遵行社会的规律，则国家的法律，很少用得着；前者是自律，后者是制裁。

推而广之，在国际上，国与国间如能遵循国际上的优良习惯，时时保持着己所不欲勿施诸人的观念，则许多纠纷都不难和平解决，消灭于无形，不致发生武力的冲突。春秋战国时代，由于周室衰微，诸侯国对峙，俨然构成国际的局势，其时国际间的善良习惯，如不重伤不禽二毛，便是战时国际法的例子，夹谷之会便是平时国际法的例子。记得曾有人写过春秋时代的国际法。

因此，儒家之所谓礼，不只是现代所谓社会上的规律，还无异世界上之所谓国际法也。

法是具有制裁力的国家规律。在中国本来另有一派所谓法家。法家的目的，在维护国家的秩序，而增进国家富强，凡统治者颁布的规律，不论其是否合乎人情与能否实行，总要以国家的权力，强令执行。

但孔子所领导的儒家，却也不漠视法律，不过其所主张实施的法律必须合乎人情。这与现代国家的立法权，操自国会一样。换言之，则经过人民代表通过的法律自然是合乎民意而可以实行的。

现在举一个儒家守法的例子，就是孔门的孟子与他的学生关于守法的一段对话。这段对话，便是说：上古一位大孝子舜做皇帝，用了一位执法无私的皋陶做法官。舜的父亲瞽瞍犯了杀人罪，孟子的学生问，这便怎样呢？孟子毫无疑义的说：把犯罪的瞽瞍逮捕就是了。他的学生又问：难道以大孝见称的舜就不禁阻此项逮捕吗？孟子说：舜已经授权给这位法官了，他又怎能禁阻呢？所以为舜打算，只有偷偷地背负他的父亲逃到海边没有人知道的地方，一面牺牲了皇帝的地位，一面保全他的孝道。这一项法与情兼顾的办法，便是儒家与法家不同的地方，而儒家之尊重法律，是不下于法家的。

力指武力；在个人与个人间，因为不能以礼制止冲突，或径行诉诸武力，或经过法律诉讼仍未得公平的解决，最后仍诉诸武力。在国家与国家间，如果不能依国际的优良习惯和平解决纠纷，不能在国际法庭上获得公平而双方满意的判决，可能便要诉诸武力。动武是孔门所反对的，“子不语怪力乱神”一句话，是以表明孔门是和平主义者，不愿谈动武与战争之事。

这虽然是他的原则，但从他答复子贡问政时，他曾举“足食，足兵，民信之矣”一语作答，可见他并不废兵，不过他主张养兵是为保卫国土，而不主张用兵以事侵略。

又孔子对于道德的观念，曾说：志士仁人，无求生以害仁，有杀身以成仁。足见孔门对于侵略虽极力反对，而对于自卫，则丝毫不肯放松，为忠于国家，不惜杀身以成仁。后代二千余年，中华民族忠义之士史不绝书，皆受孔门的薰陶。故不得已而用武力，依孔子之教言，实有其必要也。

按照上面的简单分析，孔门学说是否与现代思潮符合，用不着我作何结论了。

（一九六五年四月为中国青年亚洲关系研究会讲）

中华字源序

字书之为用，不外从形声义三方作适当之铨释。旧日对字形之研究，不出小篆与钟鼎文；自殷墟发掘后，始悉更古者尚有甲骨文。声之研究，旧日学者常斤斤于今古之别，然为实用计，自以统一今日之读音为主。政府采行注音符号以来，远在东南亚之华侨，来自粤闽而向操方音者，其接受新教育之子女，无不擅长于标准之国音。义之研究，则演变至今，去古既远；浅言之，固重今义，穷究之，则不能不追溯原始。英国牛津大字典，依史则之铨释，原委遂得分明。

我国文字，起于象形，与世界采象形文字之古国多有相通者。埃及与巴比伦之象形文，世知其然。余曩尝访伊拉克，于其国立博物院中，目击一古印章，作⊗形，与我国之田字正同，东西巧合有如是者。

我国古音，传至南方者多尚保存。余对印度 Hindu 唐代译为天竺，初颇怪之。及悉我粤台山（今开平县）之方音，读若 Hoishan，其他凡属 T 音者，皆读 H，始恍然于唐音“天”字所含之 T 读若 H，故译印度为天竺，足见台山保存唐音，经千百年而不变。

形声两项，追溯源流，固极关重要；惟线索一经寻绎，尚不难为正确之处理。字义如仅就流行之今义铨释，自无困难；然若追溯原始，则须遍检诸书，从最初以迄最近，卷帙既繁，且古代图书往往伪托撰人，号称最早之作，实际未必如是，加以我国古书浩如渊海，首须选定必要之作，次则确定其写定之时，然后分就其中检取待铨释之字，认定其意义，贯通其脉络，鉴定其演进。余前主编中山大词典，对于释义方面，即采此方式；以抗战乍起，十数年搜集之资料八十余万片悉陷于大陆，仅得以其中“一”字所属各条编印为中山大词典一字长篇，不下一百万言。

余来台以后，屡闻李敬斋先生以多年之力，编著中华字源，今岁始杀青，余获读其例言与举例，认为在形声义三方面皆有极精当之作述。仅就释“马”字之例而言，则形的方面，篆隶而外，远及卜辞鼎器，使读者一望而知其本原；声的方面，则古音今音并列，极便比对；义的方面，则据以铨释者，由易说卦而论语，亦合于史则。所附词语，凡有来源可考者，无不举而出之。是则不仅符合书名所示，堪称中华字源而无愧，实亦兼具一般词典之用。余以敬斋之锲而不舍，卒竟全功，大有助于我国字学之研究也，故乐为之序。

一九六五年五月十五日王云五。

毕业即始业

毕业这个名词，无论就其名称含义以至事实上，都表示学业，至少是某一阶段学业的完成。我为什么要说毕业即始业呢？这个业字有两种意义，一指事业，二指学业。如谓学业完成，事业开始，那是毫无疑义的；但如指学业，则学业方完成，除了国校毕业升初中，初中毕业升高中，高中毕业升大专，在我国一般人多存此想外，在大专甫毕业，却又说学业正开始，固然还有研究所可升，但这不是很普遍的现象，总不好肯定地说毕业即始业罢。

我的理由很简单，首先一句话就是“学问无穷”，而且在我国把“学”字和“问”字联为一起，特别有意义。“孔子入太庙，每事问”，有人怀疑不像他老人家这样博学多闻的人所应为。但是百闻不如一见；孔子所以多问，并不是他不懂，而是他要求证。各位同学在学校内虽然学了很多，但是从学校走进社会，真是遇事要加以研究，首先是要把知识和经验打成一片，以求切实可行；如果再进一步，便是利用所获得的知识，以谋改善向来习行的处务方法，英美人称大学毕业典礼为 Commencement。这个名词的原意是指“开始”，毕业典礼所以用此称谓，当然是指在学校学业告一段落，便开始进入社会从业。但是我还有一点意见，是就我国所谓“学无止境”的立场，是要人人“做到老，学到老”，换句话说，离开了有形的学校，还要一辈子加入无形的学校。

所谓无形的学校，因为它是采取自由而自学的方式，所以并没有什么课程，但也并不是茫然无头绪的。大概说起来，依我个人的悬揣，似应括有三项。其一是就在校时所学到的东西，按自己特别有兴趣者，广就各该门类的新书刊阅览，以期获取一切有关的新知识，为学如逆水行舟，不进则退。况处现今科学昌明的时代，任何方面的知识技术都有新的发见和发明，尽管你现在是一位专家，但如十年不读各该专科的新书刊，你的知识和技术定然免不了要落伍。其二是在学校所未必注意的技术，到了社会服务，却有普遍或相当需要者，宜设法补修，以求适应。就商业专科而言，在学校所学习和练习的，似乎只有英文打字，却鲜有中文打字。实际上工商界需要中文打字，较英文打字为更普遍。如果不懂中文打字，则中文的书法不能不讲究些。要是不懂中文打字，而中文书法又非所长，则除一开首便担任高级职位者外，对于中文打字或中文书法，二者必须擅长一种，否则尽管写得很好的文章，却不易见长。我国学校，特别是大专学校，皆普遍应用钢笔或铅笔写字，愈写愈快，愈快愈不像样。我有一个时候，日日用钢笔写行书，简直把“王云五”三字的签名，变成“天云之”三字。最近因为所撰写的文稿，非托人重抄一遍，不能发交印刷所排版。我因事忙，无暇练习楷书，才花了几个月工夫学习草书，草书是有其标准的，不像行书可以任意乱写；虽然许多人不认得，但是认得草书的人终不会误认。诸位同学，我不劝你们做书法专家，我只劝你们能用毛笔写得一手看得清楚而不使人讨厌的中国字。假如不能的话，那就须靠自己一面撰稿，一面打字，有如利用英文一般。其三是希望各同学在离校以后，利用余暇，对于自己专修的科目以外，研究一些与有关系的专门性科目。本来在现代百事分工的世界，应该是人专一科，为什么还要兼通有关系的专门性科目呢？其理由是任何专科不能不与若干其他专科连带有关系。举例言之，一位工程师，不能不旁通经济学；一位农学家，不能不旁通水利工程学；一位外交家，不能不旁通政治学；而由于目前国际和国内政治均与经济攸关，均不能不旁通经济学；一位政治学者，不能不旁通法律学、社会和经济学；一位法学家，不能不旁通社会学和国际私法；一位商学家不能不旁通法律学和心理学。

各位同学都是研究商业专科的。学校中的课程或括有法学通论或普通心理学等科目；但这样还不够。姑就法律一项言之，凡有关商业的种种商事法规，有关权利义务的民事法规，有关国际贸易的国际公法和国际私法，这里所要旁通的科目，都不是中等程度的普通知识，而是要大专程度的专门知识。我的老友胡适之先生有过关于治学的两句话，就是“为学正如金字塔，要它广博要它高”。所谓金字塔的基底是指普通程度的知识；而所谓金字塔的尖顶，则指专门的学识，这自然是不易之言，我也当然赞同。但我现在却有进一步的见解，也用两句话来描述于左：

“为学当如群山式，一峰突起众峰环。”

大家定必知道，山往往是相连的，一群的山也定不止一个峰；这些峰有高有低，最高的称为主峰，其他为众峰，主峰譬如是主修的专科，众峰譬如是副修的相关专科。由于诸峰虽高低不同，毕竟都是专科，与金字塔的基底只能算是普通的科目不同。诸位同学毕业以后，除了就主修的专科继续深造外，还需利用余暇，就副修的相关专科，继续加深和加广，换句话说，就是从一科的专材，进达为有关各科的通材。

（一九六五年六月二十日为铭传女子商业专科学校毕业式致词）

岫庐论学

漫谈读书

我从小便靠着自己在“工余”偷暇读书，初时只是由于不甘落后的动机而读书，继而愈读愈有兴趣，至今六十余年，渐渐养成一种习惯，宁可一日不吃饭，不肯一日不读书；不管现在已到了七十多岁，偶然听到一种新的学问或理论为自己向所不知者，总是多方搜求有关这一问题的书籍期刊，涉猎一下，然后甘心。由于这样的缘故，我的读书方法，在初期的二三十年，完全属于“试验与错误”的性质，后来毕竟因为路走得多，便求捷径，同时又不自揣，大胆尝试，在最近三四十年间总算获得一两条入门的捷径；但是说来话长，且待他日。现在对于一般青年略谈有关读书的几个问题，那就是：（一）为什么读书？（二）读什么书？（三）怎样读书？（四）何时读书？（五）怎样读而不厌？

（一）为什么读书：人类力量不如狮虎，敏捷不如鸟蛇，皮肤不足以御寒暑，胃脏不足以耐饥饿；而卒能制胜万物，支配自然。这固然是由于脑部之发达，能运用思考。但是个人的思考力毕竟有限，尤其是最初运用思考者收获也很微薄。其足以增强个人思考的效用者，实为语言与文字，语言可将一人思考之所得传诸他人，于是不仅集思广益，而且可以利用他人的思考所得为出发点，而由此更进一步，无需人人从头做起，这便是语言对于人类进步的一大贡献。但是语言的传布，在空间与时间上均不能达到远而久。于是人类的思考力渐渐造成一个新的产物，一方面是思考的儿女，他方面却成为思考的父母。这一个产物便是文字。文字的发展便成为可以传至远方与后世的书籍，书籍也就成为人类思考结果的库藏。读书者可从此无尽的库藏予取予求，任意与尽量满足其欲望。手执一卷可以上对邃古的哲人，远对绝域的学者，而仿佛亲聆其以言词吐露毕生思考的心得。这样的收获，真可谓便宜之至。他人借手工或机械造成的物质产品，我们必须以相当代价始能获取；他人借其思考造成的精神产品，我们除支付其物质部分的书籍代价外，都可无条件尽情享用。物质产品的效用有限，精神产品的效用无穷；前者需要代价，后者却可自由取回。许多人对于需付代价的物质产品，往往只恨财力所限，不能尽量购取；但对于不需代价的精神产品转不知尽情享用，这真是一件怪事。想到这里，为什么读书之问题便不难解答，一言以蔽之，只是把上下数千年，纵横数万里中，人类无量数优秀分子，穷年累月，殚精竭虑所造成的精神产品，丝毫不付代价，而尽情享用罢了。

（二）读什么书：我们入了一所规模较大的百货公司，如果不按照各部门的招牌或就自己原定的需要，或就临时在此所得的引导，而选购适当的物品，则将感到茫然无所措手。现在我们面对一个万千倍于世界最大百货公司的规模之人类精神产品库藏，如果不按照各部门的招牌去选取自己的需要，或获得临时的引导，其彷徨无措尤不堪形状。这些精神产品库藏的各部门招牌就是目录学，而目录学的构成，实基于图书的分类法。图书浩如渊海，端赖分类法为之区别，以助选择。我国图书的分类法，始之于汉刘向之七略，继之则为自唐迄清代之四部；而由于图书之愈出愈多，七略四部的分类较粗疏，已渐感不敷容纳。

及清末西学东渐，新学术的出版品在我国图书中迅即占有重要地位，这些有关新学术的出版物更非原有的四部分类法所能容纳，于是数十年来，国内图书馆专家迭有新分类法的输入或创制，其为用互有短长。我在三十余年前因主持彼时全国藏书最富的东方图书馆，为适应需要计，遂以美国的十进分类法为基础，斟酌损益，创为中外图书统一分类法，一方面使全世界的知识宝库得保持普遍的类别，且不因转辗翻译而使原本与译本隔离；他方面则中国无量数的图书，由于古来分类的粗疏，使人闻其类别之名而不知其内容何属者，一律使之获有明确之类别。关于后者，试举一二例以明之。例如“镜镜诊痴”一书，旧分类法列入子部杂家类，其书名与类别均未能揭示其内容性质，我因此为清初醉心西学者所著关于光学之书，遂按其性质列于新分类法之自然科学类物理学门光学之下；又如“见物”一书，旧分类法亦列于子部杂家类，我以其为明人所著关于动物学之书，乃改列于新分类法自然科学类动物学门之下，于是一观类别，即知其内容性质，与旧分类法性质模糊者大异其趣。总之，图书分类法无异全知识之分类，而据以分类的图书即可揭示属于全知识之何部门。因此，要想知道应读什么书，首先要对全知识的类别作鸟瞰的观察，然后就自己所需求的知识类别，或针对取求，或触类旁通。从事于自修者固需明了全知识的类别与各图书的性质，俾不至读非所当读，其在学校修业者，亦不当墨守若干本教科书而自满，必需选读有关的补充读物，以补教科书之不足，而增进其了解与应用；凡此都需要对于图书分类法基本的认识。

至于所谓目录，则为根据图书分类法按照种种不同之目的，将有关系的图书编为总表。此类编成之目录较普遍者，有一般书目，专科书目，收藏书目，出版书目，知见书目等；其中入门书目为对研究某一门类知识之人特编的必读图书目录，例如清末张之洞所编的书目答问，为当时一般士子读书治学的指南，影响当时的读书界颇大。入民国后关于研究国学入门书目，有梁启超胡适之诸氏之作，为用颇著。民国二十一年间国立编译馆曾奉教育部令就我所主编的万有文库选取其中四百二十余种，作为中等学校第一辑补充用书，编为目录，也就是入门书目之一例。

（三）怎样读书：我国向来读书的方法，就速度而言，可分为两种。一种为“一目十行”的读书法，就是只得大意，不求甚解的方法，也就是今所谓“略读”的方法；又一种为“读之千遍”的读书法，就是反复阅读，务期体会入神的方法，也就是现今所谓“精读”的方法。这两种读书法，在西洋亦早有之。英国哲人培根氏在其所著“谈读书”之一文内，亦分书籍为两类，一为细嚼慢吞的，一为囫囵吞噬的；前者指精读，后者指略读。哪一种书应精读，哪一种书应略读，是读什么书的问题，这里不赘述。至于怎样精读和怎样略读的方法，正是“怎样读书”一问题所统辖。我认为凡要精读的书，最低限度必须履行两项手续：一是检查字典词典，二是编制卡片。关于第一项手续，由于字典可使人知悉字的正确音义，词典可使人明了词的正确应用……故对于精读的书，为澈底了解其所含蓄的意义与理想，首须对于每一字每一词均有确切的认识。我国的字，十之九为形声字，从其偏旁很易获知其读音与意义的大概，但是这种大概的读音与意义，往往不是正确的读音与意义，如果为着节省检查字典的工夫，误认大概的读音与意义为正确的读音与意义，结果难免有若干分之一的大讹误。此项讹误的习惯一经养成，势必很难矫正。又我国的语词，由于沿用之久，往往两字以上联合产生的意义，与每字各别意义的总和相差很远，试举一二显著的例子。如“不轨”一词，分开解释之，则轨为轨道，不轨只是说不合正轨，换句话说，就是不正，但是两字联合产生的意义，不轨恒指叛逆而言，正如所谓“谋为不轨”之意。又如“高义薄云”一词，始见于宋书谢灵运传，原意指陈义甚高，但后世不明其来源者，往往用以称述人之有义气。因此，对于词语之望文生义，实际上很易陷于讹误。要避免上述两项的讹误，对于未能澈底了解的单字词语，必须时时检查字典词典性质，以明其真正的读音与意义。此外还有包含实质的词语，如地名人名以及各科术语，为要深切了解其内容对于地名的位置广袤及政治经济军事的关系，对于人名的爵里时代与其事功著作，对于术语的原理作用及其他种种性质，必需能知其概要，俾有助于对全文之理解。但是检查我国字典词典，由于向来排列的顺序或按部首，或按笔画；前者难检，甚至检不出，后者虽较易检，却因同笔数的单字词语太多，检查尤为迟缓。因此之故，我国一般青年于其阅读外国书籍时遇有疑义辄查字典者，对于本国书籍之阅读往往不愿多查字典词典；此无他，即由于外国文的字典词典系按二十六字母排列，具有一定的顺序，一检即得，至为便捷，与我国的部首难检而费时，及笔画之检查费时更多者迥不相同，故对于勉能揣测其大意者，辄不愿多费时间以检查字典词典，结果往往以讹传讹，习非成是，终身不改。我因要使我国字典词典能如外国字典词典同样容易检查，以消除上述之弊，曾经消磨了两三年的光阴，创作一种新的检字法，称为四角号码检字法。经过许多次及许多人的实验证明，凡用该法检字者，每字最速只需时十秒点九，比诸按部首法及笔画法检查，每字平均可省时一分三十秒；如果我国一切的工具书皆能按此方法排列检查，则人之一生约可节省时间两年。其合乎速检的条件，至今似尚无他法可以比拟。至于学习之容易，也远非旧日的部首法所及。其详细方法见于我所著的各种字典词典，兹不赘。

关于利用卡片的方法，凡就所读的书，对其内容某一段落认为足供将来参考者，可以卡片列其标题及所见书籍的页数，再将累积的卡片分类排列，则于应用时一检有关的标题，便可以在已经读过许多书籍的某些页中同时搜集许多有关的资料。英国学者斯宾塞尔氏生平读书治学的方法，极善利用卡片。及其去世，遗下十数万张的卡片皆为心血之所集中，而按科学的方法为之编次，随时一检即得无量数的资料。这方法比之我国旧日习惯把读过书籍的重要部分各加密圈，或另行抄录者，其省时便捷实远胜之。

以上所述系属于精读的方法，其对于略读的书籍，即我国所谓可以一目十行者，实因读书已有经验之人对于书本所载，一瞥之下便可知其大意，但此非尽人办得到。然而书籍既有精读与略读之分，在读书的经验不深者，其对于应行略读之书未必能一目十行。因此，其所采的方法，在我国向来只是尽速阅读，得其大意，则不必细细推敲。然在外国文的书本与其忠实的译本中，如果是叙述性的著作，其每段的首句往往为全段的主脑，读此居首一句，便不难略知全段的大意；于是要达到一目十行之目的，这却是方法之一。此外欧美出版的书籍与现今国内的若干新书多附有详细的索引；因此，对某一书只要参考其中一部分者尽可随时先检索引，对其中足供参考的资料始予阅读，其无需参考者不妨缺略，这也是略读之一方法，转较一目十行更为迅速了。

（四）何时读书：假使能如理想，则读书固要有适宜的环境，还需要充分的时间。因此，许多人便以为只有学校或研究所中才能够读书，才有充分的时间读书，其实并不如是。就我个人的经验，除小时候在学校读书只有几年，少壮之年在学校教书六七年，中年在中央研究院任研究员不满一年以外，其他的时期无论担任何种职务，在百忙中或忧患中，几乎无日不腾出一些时间来读书，数十年来如一日。我因此深深体会，一个人只要志愿读书，断没有腾不出时间的，于一日二十四小时之中，除去睡眠饮食等时间至多不过十小时，工作时间至多也不过十时小时外，每日最低限度当有四小时可以读书。星期休假尚不在内，以在学校每日读书的时间计，平均不过十小时；如此则出校以后，愿继续读书，两年半的时光当可等于在学校中之一年，何况学问之道，愈走愈熟，进步也愈速呢？至于一年之中，在学校向有暑假与寒假，尤其是暑假为期特长，似乎在夏季特别不宜于用脑读书。假使寒暑假可利用以供实习观察或其他有用的作业，那还罢了；否则年龄较稚的学生最易荒疏了他们初得门径的功课，年龄较长的学生，最易濡染了社会流行的不良习惯。我远在三十年前经曾发现我对于暑假寒假制度的怀疑，而以为在目前的中国是否有其必要，假使暑假寒假概行取消，是否可借此缩短学校的修业年限，以减轻国民的负担。即或暑假寒假为着其他的理由，仍有其必要，究竟如何始能维持学生在此期内的适当自修，实亦值得教育界的特别注意。依我的经验，暑期读书实无碍于健康，但如假期另有适当的利用，同时也不使学生完全放弃读书，我也并不反对。

（五）怎样读而不厌：读书能由有恒而达于有成，莫如使其人读而不厌，那就是时时维持读书的兴趣。书籍是知识的宝库，以人类好奇之性出自天然，本来是没有不喜欢读书的，只是由于开始读书之不得其法，由自动而变为强迫，于是原有的兴趣随而大减，甚且因兴趣之日减而致生厌。我以为要维持或恢复读书的兴趣，惟有鼓起学生自动读书的心情。依我的见解，首须使学生发生对于读书的需求，而这种需求要能持久，尤其要有一个中心的需求，譬如在中等以上学校的学生都可使其各自认定一个专题，自行研究，有如大学生将近毕业时操作毕业论文一般。因为要写一个专题的论文，当先在教员指导之下订定大纲，然后靠自己的时力向各种书刊中选取资料，间或作实地的调查和研究。照此办法，一来可以多读书，二来可以组织思想，三来可以练习文字，而多读书的习惯能由此养成特关重大，尤其是针对着一个专题，则读书选材既有一定目标，自然的会翻检一切有关系的图书杂志，以求充实其资料。如果得不到相当资料，正如饥思食，渴思饮，其欲望之浓厚可想而知；如果得到相当资料，如淘沙得金，其愉快可想而知。经过这样一番的训练，则读书的兴趣，定必油然而生。或者谓我国大学生作毕业论文尚多敷衍塞责，今更推广至中等学生，其程度既较低，自必更感困难。我则以为专题有深有浅，大学生有大学程度的专题，中学生亦可有中学程度的专题，各按其程度而就专题的范围尽量搜集资料，本没有办不到的事。至于资料如何组织，自可由教师指导；其撰为论文，可各按其对于文字上之程度而发挥之。在理凡能写数百字之一篇论文而通顺达意者，将不难写数千字或数万字之一篇论文，只要其资料能充足，组织能适当耳。

然而组织固可由教师为之指导，资料则当由各本人自动搜集，而搜集资料的过程即可养成读书的浓厚兴趣，其效用殆远胜于任何其他方法，即以其抱着固定之目的而读书，对于所读之书格外感觉可贵，而书中资料得之愈难，尤觉其愈可贵也。

（一九五一年十一月为学生半月刊作）

读书十四法

在讨论读书的方法以前，我们可不要忘却所读的书因其性质的不同，也有分别采取不同方法之必要。通常把所读的书分为精读、略读两种。我以为这还不能概括人们所读书籍的全范围。依我的见解，似可分为四种：（一）闲读；（二）精读；（三）略读或速读；（四）摘读。兹各别说明如下：

（一）闲读

闲读是指为消遣而读书。英国文豪蓝浦·查尔 Charles Lamb 曾说过："人生的笑，是与灯火同时起的。"其意是说无所用心的闲谈，是以晚上为最适宜的时间。然而借灯火助兴的闲谈，必须有可与闲谈之人，而此种人或未必随时可以获得；于是灯下把卷阅读，倒可随心所欲，远较闲谈为便利。

这样的闲读，在我国可以陶渊明的五柳先生传里所称，"好读书，不求甚解，每有会意，便欣然忘食"为注脚。这样读书，完全出于消遣，自无讲求读书方法的必要。

另一种阅读，则如美国的老罗斯福总统公余辄阅读侦探小说。据他说，由此种小说之巧妙的作者，故布疑局，使读者在一页一页的读下去时，对于谁是真正的罪犯，不免因好奇而作种种的臆测，致把日常萦怀的政务暂置脑后，而获得短时间的休息。

（二）精读

这是指要精细阅读的书而言，宋朱熹说："大抵所读经史，切要反复精详，方能渐见旨趣，诵之宜舒缓不迫，字字分明，更须端庄正坐，如对圣贤，则心定而义理易究，不可贪多务广，涉猎卤莽，看过了便谓已通；小有疑问，即便思索，思索不通，即置小册子逐日抄记，以时省阅，俟归日逐一会理，切不可含糊护短，耻于咨问，而终身受此黯暗以自欺也。”此语可为这一类书写照。英国哲学家倍根 Francis Bacon 也曾说：“有些书可以囫囵吞下；有些书却要细嚼慢吞。”这里所谓细嚼慢吞者，也就是这一类书。

（三）速读

这便是倍根所称“可以囫囵吞下的书”。精读的长处固可使读者澈底领会书的内容与含义，而其短处则使人不能多读，而有陷于寡陋之虞。因此，善于读书之人，应按书籍之性质与其对所研究题目关系之轻重，而分别为精读与速读。属于速读的范围者，只要得一书之大意；故如有可能，尽管用一目十行之方法而读之。其有精读之必要者，当然不宜速读，致陷于“欲速则不达”之弊。因此，何者宜速读，何者宜精读，其区别不仅在性质方面，而且同一书亦可因不同之读者与其各别之目的而异。

（四）摘读

此指不仅无需精读，甚至无需迅速读全部的书而言。此类书尽可摘读其中之若干部分。要行摘读的方法，大抵该书的导言或序文足以觇全书的梗概者不可不读，其次便是阅看目录或细目，以决定某章某节当读；最后并参看索引，检得某节或某段当读。

上述四种书籍确定后，除闲读一种无需研讨读书方法外，其他三种皆有赖于读书方法之善用。现在我把读书方法归纳为十四项：（一）立志，（二）奠基，（三）选题，（四）循序，（五）明体，（六）提纲，（七）析疑，（八）比较，（九）专志，（十）旁参，（十一）耐苦，（十二）持恒，（十三）钩元，（十四）备忘；并逐项说明如下。

（一）立志

任何事必须立志，始能有成；读书岂能例外？曾国藩曾论读书之当立志，其言曰："苟能发愤读书，则家塾可读书，即旷野之地、热闹之场亦可读书；负薪牧豕，均无不可读书。苟不能发愤自立，则家塾不宜读书，即清净之乡、神仙之境皆不能读书。何必择地？何必择时？但自问立志之真不真耳！"这只是说立志的效用；但立志读书的动机如何而起，曾氏还没有举述。然而旧日的读书人，上焉者不是以圣贤自期，便是以天下为己任；下焉者辄以"书中自有黄金屋，书中自有颜如玉"为鹄的，而借以激励自己。像这样高的太高，低的太低，都不是一般读书人能够或应该作为立志读书之动机的。我以为读书之动机应以充实人生为主；盖书籍为学问的宝藏，先民努力的成果与时贤研究的结晶，均借此而保存、而流布。读书便是利用此种宝藏，并由此而促进读者自己思考与努力之成就；凡此对于人生皆有充实之效用。我们试一回溯，古人之生活确较吾人今日所享用者远为简陋，其偶有发明或发见足以改进生活者，大都作始也简，如果没有书籍为之流传于后世，使后人就其已获得的成就，陆续有更进步的发明与发见，则任何发明与发见皆将及身而消灭，既未能流传光大，更无法行远推进。因此，读书者如立志借此以充实人生，则小之对己身，大之对社会与国家世界，皆无不适用。以视上述立志太高则蹈于空虚，太低则沦于卑下者，当更能切合实际也。

（二）奠基

建筑须奠基础，读书何莫不然？读书的基础，第一项是语文；第二项是各该科书籍的基本学科。语文是读书之必要工具，其中包括识字，辨名与文法三事。关于识字，则我国康熙字典所载之单字多至四万余，而宋代的集韵更多至五万余，其中绝大多数不常用；而常用之单字，在中等以下之读物中不过四千余，在大学程度的普通读物中不过七千余。现在排印书籍的全副铅字，所含单字不过八千余。至于读国学的古籍，则间有一些为普通刊物不常用之字，充其量亦不过千余。好在我国文字，以形声字居大多数，许多这类的字，在速读的书籍，都不妨由此而推知其大意，惟精读之书却是一字都不应苟且，而有详加考究之必要。故要读应精读的古书时，多识字也是一个重要基础，遇有不识之字，字典之利用是不可少的。因此，阅读便不免迟缓。关于辨名者，则宫室、服制、草木、鱼虫等，古今异名，对于读古书者，如采精读，均有考辨之必要。尔雅一书之所以列入十三经，亦即以读经须能辨名之故。关于文法者，则古今文法亦有不同，精读古书者尤有研究古文法之必要。困学纪闻称："东坡得文法于檀弓，后山得文法于伯夷传。"盖谓从若干篇古文中精究其文法文体与结构，即由此而可推及其他也。此外还有修习外国文而阅读其书报者，由于中外句法之不同，欲能了解其意义者，必须注重文法与析句，否则对于长至数十字以上之句，仅就字面译解，难免要生错误；且法律条文等一句之长往往有达数百字者，更易误会。近人往往过分重视直接教学法，而以为文法不足重者，不知直接法纵有助于会话，然西人以其本国语言会话，其直接殆无以复加矣，但如不习文法与析句，仍不免误解长句；况我国人岂可因直接法便利会话，遂谓可以轻视文法乎？

关于读书准备之基本学科，则随所读书之门类而异。举例言之，则研究心理学，须有生理学、神经学与统计学为基础；研究社会学，须有生物学、心理学、人类学、历史、地理为基础；研究政治学，须有历史、地理、经济学、社会学为基础；研究法律学，须有政治学、经济学、社会学、心理学为基础；研究统计学，须有高等数学为基础；研究生物学，须有化学、物理学、数学、地质学、地理学为基础；研究历史，须有政治学、社会学、地理学为基础；研究医学，须有生理学、心理学、化学为基础。如果基础没有奠立，而遽然进读各主科的书籍，自不免有事倍功半之虞。

（三）选题

选题包括选择问题与书籍两项。读书要能提高兴趣，莫如集中一个问题以从事研究。有人说，这是专家的事，或非中等以下程度之人所能为。我以为问题有深浅难易之别，专家有专门的问题，中等以下的程度者亦有浅易的问题，甚至同一问题往往亦可有深浅不同的解答。一个人如能在一个时期内集中研究一个问题，以谋解答，则除借观察实验或访问以外，定必从书报杂志上搜集种种有关资料；这样一来，他的阅读书籍总是有所为而为之，除与闲读者无关外，对于精读、速读与摘读三种书籍势必遍尝。大抵先从书目上检寻相关的书志，检得认为当读之书志后，往往先从事摘读；如发现全书值得速读，则利用速读；如认为有精读之必要，便实行精读。阅读时，如发现有可供解答所研究问题的资料，定必欢喜万分；若证明无可取材，则将如饥思食、渴思饮，另行穷搜其他的资料。这样的习惯，经过几次的培养：渐渐成为自然，则毕生对于读书选材自必饶有兴趣。至已具有确定之目标，然后选择当读之书，则除利用分类法与图书提要外，最好能于各该科的学术流别与各该书的作者立场知其梗概。此事当于读书方法之第五项明体下论述之，兹不赘。

（四）循序

宋朱熹说："杂然进之而不由其序，譬如以枵然之腹，入酒食之肆，见其肥羹大胾，饼饵脍脯，杂然于前，遂欲左拿右攫，尽纳于口，快嚼而亟吞之，岂不撑肠拄腹，而果然一饱哉！然未尝一知其味，则不知向之所食者何物也。"此指读书不循序而求速之弊。此与论语所谓“欲速则不达”，孟子所谓“其进锐者其退速”同一道理。今世界任何事皆重计划，有计划即可循序进行，有条不紊，表面似缓进，实际则系稳进。读书亦如是也。元程端礼有读书分年日程，本朱子读书法而推广之，并订定每年月日读书程限。虽今昔读书性质范围不同，而其意固足师也。

（五）明体

读一书须先明其大体。书的大体包括：（一）学术流别，（二）作者立场，（三）时代背景。所谓学术流别，例如读中国的经书，首须知道其有今文与古文两派，故读十三经注疏所收之尚书正义，因系古文传本，不少学者谓为伪本；明乎此，便须兼读汉伏胜所传之今文尚书大传，以资比较。所谓作者立场，则如经济学书籍有特予区别之必要，例如亚丹斯密之国富论，其中理论乃自资本主义之立场发挥，而马克斯的资本论，则以社会主义者之立场而论列。所谓时代背景，例如美人凯雷之地租学说甚著名，但凯氏生息之时代，美国人少地多，其学说固甚合当时事实；但时至今日，地少人多，则其理论已失去时代性了。关于经济问题，学者主张不一，甚难有一致的结论，故读经济学之著作，不宜盲从一家的结论。而须旁征博采，互为比较，庶可获一公允之结论。此与数学之具有一定的公理者迥不相同，此又与明体有关者也。

（六）提纲

提纲是指利用书籍之提要而言。我国自从宋代陈振孙编著直斋书录解题以来，迄今关于书籍提要之作不下百数十种。其规模大者莫如清代的四库全书总目提要，把四库著录之书三千四百七十部，连同存目各书六千八百一十九部，一一撰著提要；读此一书，可知清代乾隆以前一万种以上图书的概要。

外国这一类的书籍提要也很多。英文中像凯勒氏 Keller 的读者书籍提要等最常用。近来许多种文摘期刊，除为各杂志的论文作节本外，每期辄附有书籍的长篇提要。大抵十万字以上的书本节为万字以内，使读者得此可以十分之一乃至二十分之一的时间，对一种当代名著获得整个的鸟瞰。对于忙里偷闲读书之人最为便利。

与图书提要有同等或较大的效用者，为图书的序跋。我国有命名为“读书引”之一部书，即收集数百种要籍的序跋，以为读书的引导者。此书可谓名实相符。盖图书序跋往往荟萃全书菁华于一文，且多出自名手，其文章议论亦可诵而可贵，其引导读者以进读原书的效用，实较图书提要有过之。我在三十年前购得一部抄本，内容约莫三千部图书的序跋，计共三千九百余篇，可谓集序跋的大成，其规模七八倍于读书引。现在业以“四部要籍序跋大全”的名称印刷为二十册而问世，对于研读古籍的引导，当有相同的效用。而且序跋文字之可贵，不仅在我国为然，即在欧美亦无不重视。美国哈佛大学前校长伊理爱·查尔博士于其主编之哈佛古典丛书五十巨册中，以序跋名作占其一册。惟欧美序文多属自序；而我国序跋，则他人所作与撰人自序同属常见。伊理爱博士称述自序之可贵，谓：“作者于其长期工作告成时，无异步下讲坛，置身于听众之间，为面对面之恳切谈话，揭示其所怀希望与恐惧，为己身所经历之困难博取同情，并为预期可遭遇之批评提供辩护。在冗长篇幅之全书中，作者的人格间为其郑重的态度掩蔽者，骤然于自序中露其真面目。即此一端，纵无其他理由，自序文已值得在此古典丛书中占一重要地位。”此特就自序的效用而言，至若他人的序跋，则往往合书评与议论而一之，殆别具一种重要性矣。

（七）析疑

析疑就是剖释疑义之意。要剖释疑义，则读书时须先能怀疑。若对书中所说的理论和方法毫无条件地接受，既没有怀疑，那就用不着析疑了。孟子说得好："尽信书则不如无书。"宋程颐说："学者先要会疑。"可见古圣先贤，对于读书皆主张能怀疑。不过怀疑的意思，绝不可误解为事事须加挑剔，如此则对于所读的书首先已没有信仰，更何能因重视与兴趣而深切研究。清代李光地对此点说得很公允，他说："要通一经，须将那一经注疏细看，再将大全细看。莫先存驳他的心，亦莫存一向他的心。虚公其心，就文论理，觉得那一说是；或两说都不是，我不妨另有一意。看来看去，务求稳当。磨到熟后，便可名此一经。"他又说："人须要用心。但用过心，不独悟过好，只疑过亦好；不但记得好，就不记得也好。中有个根子，有时会发动。"由此可见所谓怀疑，实在是用心的别称。换句话说，就是对所读的书，就其所提倡的理论与方法，认真思考，不是无条件接受。如认为不当，也不要轻易武断。须知著书立说之人，固然不是超人，至少也下过一番苦工，尤其是古人著书视同名山事业，不像近人之轻易着笔。如果从表面上看来有不妥当处，读者须一考虑作者所处的时代与背景，并悬想假使作者生于现代，处于现在的环境，是否亦同此主张。如此用过一番心思，才可作公允的评断也。苏格兰学者嘉勒尔 Thomas Carlyle 曾说过："我若像他人读那么多的书，我也要像他一样无学问。"这就是说读书而不用心思考，虽多无益。又英国文豪马可黎 Macauley 的记忆力极强，过目成诵，因此能够写作许多堂皇的历史和传记，但是后人也有说他的优点便是他的缺点，即由于记忆力太好，很容易掇拾他人的言论，自己思考的习惯不免有所疏忽，以致缺乏创造力，故虽成为一位卓越的历史家与文学家，却不能以他的聪明才智发展而为一位思想家。这又是说不多用心之弊。以上是说怀疑的意义，至于真个发见书中有可疑之处，则析疑的工作万不可少。析疑之道，除利用种种工具书外，尤须旁征博考同类的著作，互相印证。例如关于史书中所记某一史事发生的年月，如确有可疑，则当参考其他史书笔记，设此一史事的关系人有年谱，或其同时代之人有年谱者，能取以对照，倘公私记载皆同，则疑团可释；若有不同，再以旁证较多而更合逻辑者为定。

这是利用比较的方法，详下文比较项。

（八）比较

比较是就同一书之各种版本比较其内容，或就同类书若干种比较其主张、叙述或文体等。这是读书方法最有效者之一。关于同书各种版本之比较，最显著者莫如经书之所谓今文本与古文本，已于本编（五）明体项下有所说明，并可参看下编（甲）经部，兹不复述。关于同类书若干种比较其主张者，尤莫切于经济一类的书籍。由于学者对许多经济问题的意见纷歧，迄无定论，即有趋于一致的结论，亦为暂时的，而非永久的，故宜同时参考不同派别者的主张。例如研究关税问题时，甲书详于保护政策，乙书阐发自由贸易政策较精，彼此各有其重点，均有同时阅读以资比较之必要。

至关于叙述之事实，试举历史为例，由于我国正史多为后一朝代的政府为前一朝代而修撰，凡不利于修史之朝代之处，自必为之隐讳，甚至变更其事实，故读正史以外，不能不兼读有关之稗史、野史、笔记及其他私家著述，以资比较。又一部历史大半是许多重要人物所构成，这些重要人物自己记述，当然最可靠。就是和这些重要人物接近的人所记述，毕竟见闻较切，也较公家的一般记述，或私人借辗转传闻而记述者，自然可靠得多；即或未必更可靠，至少也可利用以为旁证。我国对于这些重要人物事迹的记述，大都包括在各种年谱之中。由本人自己记述的，称为自撰年谱，即等于现代所谓自传；由他人记述的，就是一般的年谱，等于今日所谓传记。

这些年谱不仅按年记述谱主的事迹，而且把和谱主有关系的人，或其同时的主要人物的事迹，甚至同时发生重大事件，都附带记述，比诸西洋式的传记，对参考史实的价值尤多。我在战前为被毁后的东方图书馆搜罗了年谱一千二百余种，在全国公私藏书中，算得最完备。我常常把这些年谱所记的史实，和正史、稗史等所记比较一下，觉得有很多的出入，因此拟定了一个计划，打算把这些年谱汇集印行，而另编一部详尽索引，把这许多年谱所记的重要史事和重要人物事迹，一一分别标题，自索引检得标题，即可就各谱分别参考，然后把各谱所记述的异同与正史、稗史等所记者互相比较，或从多数为断，或从记述时的情形为断；一方面固可纠正正史等记述之错误，他方面亦可证明正史等记述的正确。深信此举对于研究历史者将有重大的协助。可惜不久战事发生，此议遂搁置，今则连这些年谱的命运也在不可知之数了。

关于文体的比较一项，我小时候借自修而读书，在读外国文名著时，认为某一章段有精读而仿作的必要者，于熟读数次以后，往往将该章段文字译为中文，经过了一星期左右，则就所译中文重译为英文，译时绝不阅英文原文，译毕始与原文比对，于文法有错误者固查照原文修正；于文法无误而用字遣词不如原文精练者亦参酌修正。我当时之目的是在无师自改作文，但由于如此彻底的比较，无形中对于某些名著的文体也就沉潜颇深。

（九）专志

专志犹言专心致志。孟子说：“今夫弈之为数，小数也；不专心致志，则不得也。弈秋，通国之善弈者也，使弈秋诲二人弈，其一人专心致志，唯弈秋之为听；一人虽听之，一心以为有鸿鹄将至，思援弓缴而射之，虽与之俱学，弗若之矣。为是其智弗若与？曰，非然也。”此谓任何事非专心致志不能有成，读书更属当然。宋苏轼说：“书富如入海，百货皆有，人之精力不能兼收尽取，但得其所欲求者耳。故愿学者每次作一意求之。如欲求古今兴亡治乱，圣贤作用，但作此意求之，勿生余念；又别作一次，求事迹故实，典章文物之类，亦如之。他皆仿此。此虽迂钝，而他日学成，八面受敌，与涉猎者不可同日而语也。”此即西人所谓一时专做一事，亦即分工之意。清李光地说：“须用精熟一部书之法，不拘大书小书，能将这部烂熟，字字解得，道理透明，诸家说俱能辨其是非高下，此一部便是根，可以触悟他书。如领兵十万，一样看待，便不得一兵之力；如交朋友，全无亲疏厚薄，便不得一友之助。领兵必有几百亲兵死士，交友必有一二意气肝胆，便此外皆可得用。何也？我所亲者又有所亲，因类相感，无不通彻。只是这部书却要实是丹头，方可通得去。倘若一部没要紧的书，便没用。如领兵却亲待一伙极作奸犯科的兵，交友却结交一班无赖的友，如何联属得来。”此即谓专志精读之书，须抉择得宜，否则所努力者不免落空。

（十）旁参

旁参是指从侧面加以参证之意。宋王安石说：“读经而已，则不足以知经。故自百家诸子之书，至于难经、素问、本草、诸小说无所不读，农夫、女工无所不问，然后于经为能知其大体而无疑难。盖后世学者与先王之时异矣，不如是，不足以尽圣人故也。”这便是旁参之一重要理由。李光地说：“出门之功甚大，闭户用功何尝不好；到底出门闻见广，使某不见顾宁人、梅定九，如何得知音韵历算之详。佛门中遍参历扣，最是妙义；岂必高明人，就是寻常人亦有一知半解。”这是主张借游学与下问而收旁参之益者。

（十一）耐苦

古今来许多读书成名之人都是从穷苦中力学。而且有愈穷愈工之可能。汉司马迁报任少卿书中称：“盖文王拘而演周易；仲尼厄而作春秋；屈原放逐，乃赋离骚；左丘失明，厥有国语；孙子膑脚，兵法修列；不韦迁蜀，世传吕览；韩非囚秦，说难孤愤；诗三百篇，大抵圣贤发愤之所为作也。”清陆陇其云：“自古豪杰往往从艰贞之时，倍加精进；苏子瞻之文章，愈穷愈工；程伊川之学问，弥困弥粹；一番否剥，焉知非造物有意玉成大君子耶?”这两说虽指著作而言，然著作与读书殆不可分，适于前者，无不适于后者，李光地也说过：“人于书有一见便晓者，天下之弃材也。须是积累而进，温故知新，方能牢固。如富贵家儿生来便有得用，他看钱物天然不爱惜。惟辛勤成家，便一草一木，爱之护之。读书从勤苦中得些滋味，自然不肯放下。往往见人家子弟，一见便晓，多无成就。”此与我自己所体会者，得之易失之亦易，得之难失之亦难，同一主张，尤足为富家与早慧之子弟当头一棒也。

（十二）持恒

曾国藩说“有恒则断无不成之事，无恒则终身一无所成”。这确是一针见血的话，郑畊老劝学篇称：“今取六经及论语、孟子、孝经以字数计之，毛诗三万九千一百二十四字，尚书二万五千七百字，周礼四万五千八百六字，礼记九万九千二十字，周易二万四千二百七字，春秋左氏传一十九万六千八百四十五字，论语一万二千七百字，孟子三万四千六百八十五字，孝经一千九百三字；大小九经字数合四十八万四千九十五（这当然指正文而言，所有注疏均未括入）；且以中才为率，若日诵三百字，不过四年半可毕……里谚曰，积丝成寸，积寸成尺；尺寸不已，遂成丈匹。此语虽小，可以喻大。”可见有恒则无不可按日程功者。否则正如一日暴之，十日寒之，初时纵能猛进，又有何益。

（十三）钩元

唐韩愈自言其读书事，有“口不绝吟于六艺之文，手不停披于百家之编；记事者必提其要，纂言者必钩其玄；贪多务得，细大不捐；焚膏油以继晷，恒兀兀以穷年”等语；而其中要诀在记事纂言两句。是则读书目过，口过，总不如手过，盖手动则心必随之：虽览诵十遍，不如抄撮一次之功深也。况必提其要，则阅事不容不详；必钩其元，则思理不容不精也。这里所用钩元一语，即本于此。前辈读书，常作劄记，亦即此意。我早年读书，却采用划线及圈点为记号，于辅助记忆之中，略带批评之意。记号以红蓝两色铅笔为之，对于意思最好的部分划一红线、文章最好的部分划一蓝线。次之，则改用虚线；再次，用圆圈；再次，用小三角。总计四种符号，每种各有两色，实际上为八个符号。间有意见，则于书边天地头空白处酌注数语。这可以说是我读书时的钩元方法，但对于科学书籍，我则常就其内容随读随编表式，使繁杂的内容得以简单化与系统化。这些表式无异全书的提要，全书读毕，全份表式亦构成。不仅在事后翻阅，全书鸟瞰复现于眼前；其尤关重大者，即在自编表式之时，对全书内容既可加深印象，又能纲举目张。

（十四）备忘

我在中年以后读书，却变更方法，不复如早年的在书本上划线圈点。这或者是由于对图书馆学已发生兴趣，并有所创制之故，于是读书时遇有某章某节，读杂志时遇有某文认为有值得将来参考，以备不忘者，辄就其原有标题或自拟标题一一分记于小卡片上，附志书志名与其所见页数及卷数期数。这些卡片，各按标题的顺序排列，如此，则许多书志中同性质、同标题的资料都借卡片的作用而贯串起来。以后随时有需参考，只须一检卡片，则凡经涉猎过的资料毫无遗漏。日积月累，这些卡片多至数万张，无异构成一种最完备而切实用的百科全书。可惜这副卡片现已随我的数万册的私人藏书而陷于不可知的命运了。自迁居台湾以来，生活复趋安定，仅存的藏书数千册，与新添之少数外国书籍及数十种的杂志，于阅读之余，亦仿此旧习，随手重编一副卡片，迄今已有万余片，虽比诸旧日所有者远逊，然此项新编卡片之资料皆在手边，可以随时利用。因此，偶有撰作或参考，一检卡片，数分钟内可以一览而知所有的资料；二三十分钟内，所有资料可以集于书桌左右，予取予求，殊为便利。我现在的记忆力虽未大损，已不如青年及壮年，赖有此项备忘方法，较诸任何优良之记忆力固有过之而无不及也。

（一九五二年十一月作，曾刊入读书常识）

我怎样自修

许多人因为我没有受过正式的学校教育，却也略窥学术之门，认为我定有什么自修的妙法，所以往往要求我发表怎样自修的经过，特别是有关自修的方法。其实自修对于我只是一种家常便饭，不仅没有什么惊人妙法，甚至经过也很平凡。最近被迫到仿佛无可逃债一般，只好坦率报告一下。

我首先要说明，就是自修必先有动机，如果没有强烈的动机，纵然肯自修，也难免一暴十寒，未必能够持久。我以为——而且是我亲自体会的——自修的动机不外两种。其一是求知欲；其二是由不能顺利发展求知欲的反应。求知欲是人类有生以来无不具有的。儿童之喜欢玩具，喜欢听故事，便是求知欲的初期表现。稍长，喜欢看电影，喜欢读怪诞小说，以及喜欢闻见任何新奇的事物，也就是求知欲进一步的表现。求知欲既出于人性，秉诸天赋，本来用不着怎样提撕，只要不加以压抑便自然而然会发展不已。但是凡百学科无不含有新奇的内容，毫无疑义适应于求知欲，其兴趣本来不减于看电影，或读怪诞小说，或见闻任何新奇事物者，为什么读历史者对于上接古人的兴趣，读地理者对于纵观大地的兴趣，读自然科学者对于探索宇宙秘奥的兴趣，读社会科学者对于研究人群关系的兴趣，以及攻读其他种种学科者对于诉诸想像感情理智种种的兴趣，多不能如看电影或读怪诞小说等同样深切，甚至有时还会感觉厌恶呢？无他，这并不是由于求知欲的缺乏，只是由于求知欲觉到压抑罢了。究竟谁压抑求知欲呢？

说也奇怪，压抑求知欲最力者不是别人，却正是提撕求知欲最力之人。这些提撕求知欲最力之人无疑是学校的教师；他们的目的是要学生们多识多知，其动机原甚纯良，可惜他们所采用的方法未必同样纯良，甚至还会引起不良的结果。这些动机纯良而方法不免错误的负责人多半是小学的教师，其次便是中等学校的教师和教育行政当局；大学校的教师可说是负此责任最少者，但教育行政当局不免也要负部分责任。

小学校是求知欲发展的初基，而在这里受压抑也最易，其压抑的影响也最远大。小学校的功课不能算是太繁重，如果施教的方法配合得当，则儿童求知欲在这阶段能够健全发展，只要升入中等学校后不致遭遇特殊压抑，那真是一生受用不尽。可惜有不少的小学教师，由于对他们的学生期望过殷，督责课业往往不免过严。固然体罚现已不适用，但辞色之严，告诫之切，往往使小学生误认读书不是自己的乐趣，而是他人的好处一般。善良而安分的学生虽或能遵从督责，认真攻读，但其心目中已渐视读书不在满足求知欲，而以尽其应尽的责任为主。至其他学生对于督责的反感，将由不感兴趣而进至厌恶的程度，视其反抗性的弱与强而差别。

到了中学，则除施教方法的关系外，还有课程的繁重，往往使中材的学生顾此失彼，望而生畏。如果教师不严，则不少的功课读了等于不读，特别是外国语文。结果不是养成有名无实的习惯，便是经过了若干次的期考后，由于成绩低劣而感觉灰心，当然更说不上兴趣了。但如教师督责过严，强中材学生以其所难，则求知乐定必变为尽责苦。于是许多极饶兴趣的中学课程而有合于求知欲者，却因过分繁重以致丧失兴趣。因此在中等学校阶段内求知欲所遭遇的压抑，由于课程繁重者，殆较教师之督责过严尤甚，而教育当局，对于课程标准之订定也就不免要负一些责任。

大学校设教之有碍于求知欲者，当然以课程繁重为主因。然而学生经过了小学校与中学校两阶段对于求知欲的压抑，到了大学校，除极少数人外，习于求学为尽责之感者比比皆是。

假使求知欲转变为责任感，则在学校以内能够百分之百尽责之人，在其毕业离校以后，既不再负有继续研究的责任，自然而然会把研究松懈，或竟放弃了。这本来是不足怪的。反之，如果求知欲能在各阶段的学校中一贯维持与发展，则不仅毕业后，甚至毕生将继续发展不已，正如饥思食，渴思饮，一息尚存，不会中止。

求知欲既然是自动研究，换句话说就是自修，有如此的重大关系；因此一方面固绝对不宜压抑，他方面还要加以培养。培养之道莫如顺其性而导之以自动。教育之道有如领导儿童走一条新路，尤其是曲折崎岖的路径。如果每次走这条路都由领导者在前走，或由领导者与儿童并肩而行，使儿童亦步亦趋，那就虽经多次的领导，一旦失却领导恐仍不易认识路径。反之在领导了一次以后，则使儿童在前走，领导者尾随于后，到了三叉路口，让儿童就其记忆与常识自行抉择，如有错误始予矫正；或对于年事较长，于所走的路已有多少经验者，甚至一次的领导也可以省却，只于出发之前予以一纸地图，或临时草一简图，经指示后，让其径自按图探索。如此则一次之领导，甚至不加领导，亦可使不致迷途，较诸使儿童依赖成性，不作自动抉择与探索者，其认识途径之难易，诚不可并论。本此原则，以实施教育，则教者费力小而学者得益多。盖人性无不愿为自我表现，若强令像盲从一般，事事依赖他人，定然不感兴趣，也就不会努力。反之，如能鼓励自动，则由于自力之结果，苟有所得，当然高兴万分；纵然不免有错误，然一经矫正互为比较，则差别的印象加深，理性的判断亦显。

此一原则若采用于学校教育上，则教师对学生的任务不外几项。一是提示范式，使之触类旁通，举一反三；二是说明原则，使之循此原则而走向于具体；三是解释疑惑，有疑问者予以启发；四是观察自动作业，随时加以矫正。至于灌注知识之传统方法，如非必要，当以尽量少用为宜。

以上所说皆有关于自修之第一动机，至于第二动机，即由于不能顺利发展求知欲而起的反应，我亲自体会特多。我在学校内修业一共不满五年，而且这五年的学业是断断续续的，大致分为五个片段，其中最长者不超过一年半，最短者只七八个月，而片段之间相隔都在半年以上。在这样的修业情形中，上一段之所学，到了下一段续学时难免不被荒疏；但我在事实上并不如是。我在这五片段的学校课业中，除第一二两段之间没有什么进步外，每次辍学不仅没有荒疏学业，而且获有相当进步。因此到了下一片段我的程度转较上一片段辍学时提高一些。侥幸得很，我那时候所进的学校，并不是正式学校，没有受现在我国学校不许躐等升级的拘束，不致因中断学业而大吃亏。这固然是那时不正式学校给我不少的便利，但如我在辍学时期中抛下书本，不肯自动进修，则纵然有此便利，我也无从利用。

我在辍学期间能够自修，实在是对于不能顺利发展求知欲的反应。我的反应有二，一是自己的求知欲颇强烈，而在各片段的学校生活中总算侥幸没有遭遇教师的压抑。然于修业兴趣正浓之际，突然失学自非所愿，故辍学中无时不作再入学校的准备。二是我平素颇好胜，认为他人所能者我亦未尝不能；在学校中我的成绩向不下于同学，一旦不能继续学业，遂努力对逆境奋斗。这便是我对于自修的出发点；及经一二度的自修而收效，得了鼓励，信心益坚，久而久之，更养成一种不可破的习惯。但我究竟用什么方法而获得自修的效果呢?

我对于自修的方法，由于乏人指导，实际上所经过者多是试验与错误的阶段。假使要我提出我所习用的一些方法，只好作如左的概述。

一是时时利用字典词典——我对于自修外国文，稍有怀疑，总不肯轻轻放过，必取字典词典检查一下，方才放心。这样，在初时不免多费一些时间，但为长久打算，不仅没有多费时间，反而节省不少时间。在开始时多翻字典词典，把向来不认识的某些单字词语认识清楚了，下次见着同样的单字词语便不再有怀疑，在阅读上定然快得多。而且同样的单字词语屡见不一见，只有第一次翻阅字典词典时略费工夫，以后每次便都节省时间。但在中国文字方面，则因旧日按部首法排列的字典词典，检查上费时颇多，且有不易检得者。我在自修时，对于意义不明了者虽也不肯轻轻放过，然对于形声字的读音，认为大致可以推想而得，往往为节省时间，不向字典检查，后来发觉我的读音不免因此偶有错误。由于自己深感中国文字之检查困难，故推己及人，后来在民国十四五年间有四角号码检字法之发明，其目的即在使检查中文字典词典能如检查西文字典词典同样便捷。

二是自己设法修改作文——我读外国文名著时，认为某一段有精读而仿作之必要者，于熟读数次以后，往往将该段文字译为中文，经过了一星期左右，则就所译中文重译英文，译时绝对不阅英文原文，译毕始与原文比对，于文法有错误者即查照原文修正，于文法无误而用字遣辞不如原文精练者亦参酌修正。这样一来，我对于英文作文便无异获得一位无形的良教师。后来我自修中文，除了认为必须熟读背诵者外，对于某些用不着背诵的，我间亦把它译为英文。

放置若干日，再从英文重译为中文，然后仿照英作文的方法，待与原文比对修正。又那时候白话文还未盛行，但我偶然也仿中英对译的原则，把若干篇古文译为接近白话的浅近文言，过了些时，再重译为古文辞，以资比较。

三是读英文时特别注重文法——在我初读英文时即已对文法甚感兴趣，后来辍学自修，也极注重文法。我认为中国人学外国文之目的，首在阅读其名著。由于中外文体与结构之差别很大，如果不注重文法的研究，则阅读时将不易彻底了解文义。在我的少年时期，所谓直接教学法尚未流行，但到了现在我仍觉得直接法虽较便于会话与写作，然若漠视文法，结果不免使人知其然而不知所以然。我靠着文法的研究，对于冗长而曲折的句读颇能剖析清楚，不致有何误解；反之，我虽然没有机会接受直接教学法，但也不致妨碍我对于会话写作的运用。

四是用比较的方法来读外国文书籍——我初读英文的学术名著，如赫斯黎的天演论，孟德斯鸠的法意，斯宾塞尔的社会通铨，穆勒约翰的群己权界论，都曾取严又陵氏的汉译本，对照阅读其中之若干部分。这样一来，对于原意更能深切认识。又我读英文之目的，早就怀有翻译介绍的志愿，故取他人所译与原文比较，自为应有的举措。但我对于国文开始自修，却由读了典雅的严氏译本而激发，已另详“我的图书馆生活”一文，兹不赘。后来我研究法文和德文，从略能阅读之时起，便设法购取已有英译本的法文及德文名著，初时系比较阅读，稍后则先阅法文或德文原本，遇有不很明白的文义才取英语本比较，记得我按这方法比较阅读的第一本法文名著便是嚣俄氏所著的 Les Miserables，由于法文与英文近似处颇多，这本法文名著在很短时期内我便读完了。至于第一部德文名著与其英译本比较阅读者，记得是席拉氏的 Die Jungfrau Von Orleans。

五是阅读科学书籍自编表式，以明系统——在我自修各种科学时，辄就课本内容，随读随编表式，使极繁杂的内容借此而简化与系统化。这些表式无异全书的提要。全书读毕，全份表式亦构成。不仅在事后翻阅，全书鸟瞰复现于眼前，其尤关重大者即在自编表式之时，对全书内容即可加深印象，又能纲举目张。

六是自修数理，特别注重演算与解答——在我购读这一类书籍时，首先以习题最多而附有答案者为准。由于数理的定义简括，自修较难明了，故往往同一科目同时并用两种同程度的课本，以期互相发明。书中所附习题不仅逐一演算解答，甚至两种课本的习题我也不因其程度相同而稍忽略。我还有一种习惯，就是在明了课本中所示的原则后，对其演算的方法，并不过分注重，却喜欢按此原则，就自已认为适当的方法，而逐题演算解答；最后持与书末所附的答案比对，如果不符，再从课文所示方法，以找出我所用方法的错误。在我自修解析几何的时候，记得所用课本是美国温德华氏的英文原本。某日无意中在旧书店购得一本该书的演算详草，这原是专供教员用的，不知怎样会流入旧书店里。我获得此书，固如获至宝，但我在演算时，绝对不先参阅，纵然自修者能先参阅当然会更易了解的。反之，我在演算后查对课本所附答案，而发见有何错误，仍不立即检阅详草，必须经过数次演算仍与答案不符，才不得已而利用详草。我常常认为凡事非经过自己最大的努力，是不应遽行借助于外力的。这可以说是我对于自修的一个最大原则。

七是充分利用索引——我读毕一书，其书末附有索引者，我无不逐项检阅。对于特别重要的题材，常按索引所示复检一过。如此则每一题材分见于若干处者，可借索引的指示而获得前后贯串。

八是时时编制资料卡片——我平时读书所得要点，辄就其原有标题或自拟标题，一一分记于小卡片上，附注书名与其所见页数。

这些卡片各按标题的顺序排列，如此则许多书籍中同样标题的资料，都借卡片的作用而连串起来。以后随时有需参考，只须一检卡片，则凡经涉猎过的资料毫无遗漏。日积月累，这卡片多至数万张，无异构成一种最完备而切于实用的百科全书。可惜这副卡片现已随我的藏书而陷于不可知的命运了。

此外我用过的方法，一时也记不清楚，姑举此数者为例。但在结束本文以前，我不能不一提函授学校对于我的自修的帮助。我在二十至三十岁之间，曾经先后加入两所美国的函授学校。一是万国函授学校，又一是喇沙尔函授学校。在前者我所研究的是土木工程全科。我对于普通以上程度的物理学与算学知识多半是从此一种函授课程而获得；关于工程方面的课程，特别是属于基本方面的，我也修习了不少。但进至实用方面，该校因我仍在教书，力劝我改业，向铁路或其他工程机构找一个可供实习的职位。那时候我教书颇孚学生之望，既然不能离开教席，也不愿托人找事，只好在读了全课程约三分之二后便放弃了。因为已付过的学费还有三分之一可利用，我便借此改选了关于应用化学的几个学程。在后一学校我所读的是法律全科，总算读完了，而各科的成绩分数都很高，本来我已具有应考该校所给法学士学位的资格，但按照规定须得美国驻华两名法官或律师监考，而由该校把最后试验的题目寄给他们。我因那时候居住北平，找美国法官或律师不很容易，而且化费不少。又此种学位获得后，在我国固不能发生任何作用，而我之为学，系以满足求知欲为出发点，既不为名，也不为利；经过考虑以后，便自动放弃此项权利。但此一全科的课程对于我以后的为学与治事，确实发生不少的作用，并且借此基础，自己进而阅读了不少关于法理与政治学的名著。

我向来对于自己所遭遇的困难与获得解决困难的方法，往往会联想到与我处境相同的无量数他人，因此，一有机会辄推己及人，想助他人解决与我同样遭遇的困难。举例来说，由于自己在少年自修时检查中文字典的困难，后来便化了几年工夫发明四角号码检字法；由于自己在青年时期不易获得图书馆的便利，只好靠自己辛苦所得，日积月累地建立一所私人图书馆，于是后来用种种方法助人广设图书馆，有如“我的图书馆生活”文中所述；由于自己从前不认识古体字，后来也费了好几年工夫，创作一种新法，编成一部古体大字典，正拟问世而原稿与制版皆毁于炮火，资料亦多散佚，虽幸存影印清样全份，而战后六七年间尚未获得出版的机会；由于自己曾受函授学校之益，后来主持商务印书馆编译所时，因该所原已开办一英文函授科，乃扩而充之，增设国文、算学及商业函授各种，最后更利用我所主编的大学丛书数百种，增设大学程度的许多函授学科，以开办未久，对日战事发生，致不能有相当发展，战后我即脱离商务印书馆，也就无从重整旧业了。

（一九五二年七月为读书半月刊作）

识字问题

文字是学问的媒介，故要研究学问，必先识字。汉代把有关文字学的书籍都称为小学。汉书艺文志将小学分为十家，所收的书都是字书训诂之属，故说文等书都称为小学书。清代四库全书的小学类分为训诂之属，字书之属及韵书之属。由于这样演进的结果，所谓小学已经变成文字学的意义，但其来源仍出于周代的小学校。查周制八岁入小学，十五岁入大学；小学教以六艺，故礼乐射御书数便是小学校的全科目，其中之“书”，便是文字，便是识字的教育。

我国字书之最古而仍流传至今者，当推汉代许慎的说文解字，计收九 三五三个单字，分为五百四十部。但说文解字的取材实远溯于秦代的三仓。秦始皇并六国以前，各国的“言语异声，文字异形”。及秦统一中国，丞相李斯奏同之，乃作仓颉篇七章，中车府令赵高则作爰历篇六章，太史胡毋敬作博学篇七章；皆合古籀为之，或颇省改者，曰小篆。此三篇世所谓三仓，凡收三千三百字。入汉以后，司马相如作凡将篇，史游作急就篇，李长作元尚篇，扬雄博采天下字作训纂篇；此四者谓之续三仓，凡收二千四十字。以上七篇都五 三四〇字，今尚存者只急就篇。后汉之世，许慎就七篇之字五千余，益以贾鲂所作滂喜篇、班固所作太甲篇等所收之字，更以自己的力量收集，合得九 三五三字，编为说文解字。传至梁，有顾野王者，就说文解字大加增补，著为玉篇，收二二 五六一字，并将说文解字之小篆改为楷书，仿说文分部例，删十一部增十三部，计为五四二部。

传至明代，有梅膺祚者，编为字汇，又有张自烈者，编为正字通；皆就说文及玉篇之部首删繁就简，各为二百余部，其所收之字，较玉篇又略有增益。清代入主中国，康熙间诏编康熙字典，其部首仿正字通，得二百十四部，惟所收字多至四万零五百四十五。民国初年，中华书局编中华大字典，除将康熙字典原有之单字全数收入外，另增清末民初所流行之新字，据说不下二千，那就该字典所收之字当在四万二千之数。

以上是按字形或部首排列的字数。至于按音韵排列者则始于三国魏李登所编声类，计收一一 五二〇字。其后隋开皇初陆法言偕颜之推等八人讨论音韵，十余年后乃自定为切韵五卷，分二百六部，凡一二 一五八字。又百五十年后，唐仪凤二年长孙纳言为之笺注。天宝十年孙愐复刊切韵五卷，别名唐韵，所收字较切韵略增。自仪凤越二百五十余年为宋景德四年，诏陈彭年等校定切韵，其明年大中祥符元年赐名曰广韵。收二六 一七四字。又三十二年诏修广韵为集韵，令丁度等校定之。宝元二年书成，得五三 五五二字。

由于这样以数万计的单字，谈教育者遂辄谓我国教育之不易发达，乃为文字过多所作梗。其实四五万的单字算不得过多，因为他国文字多于我国者比比皆是。试举英国的牛津大字典为例，其所收入的单字多至五十万，即普通应用的美国韦斯达字典，所收之字亦动在十万以上。其中多者十倍于我国的集韵，少者也两三倍于康熙字典。顾何以英美等国人民不以文字过多为苦，我国却认为文字过多成为教育的障碍呢？

说一句公道话，英文字数之多，实因包括了无量数的专门术语，这些术语一来不是人人所当懂。医学专家只要认识有关医学的术语，机械专家只要认识机械工程的术语，其他专家亦复相同。至于一般人便用不着认识各专科的术语。这样一来，普通人的字汇便打了一个大大的折扣。我国的专门术语，却系由若干单字所构成，与英文之另外一字者不同，而与德文之大量采用复合字者相近。试举一例。英文之Vapour，德文作为Wassergas，我国作水气。Vapour成为牛津大字典五十万字中的一个字，水气一词则康熙字典和集韵的四五万字中都没有把它作为一个单字，而是分为“水”与“气”两个字，括入于原有四五万字之内，其作用与德文之Wasser“水”及Gas“气”相同。不过也有一些差别，就是德文把Wassergas，视同一个单字；中文却把水气不作为一个单字，而作为词语。此外，德文的Gurgel（咽喉）Wasser（水），即含漱药水，系由两个单字复合而成。英文即为Gargle一个单一的字，中文即由“含漱药水”四个单字，或“含漱剂”三个单字所构成。因此。我国的单字如果与其所构成的词语，仿牛津大字典之例合编为一部字典，或者不会在三十万以下。若连各种词藻，即所谓文学的词语在内，定然会比牛津大字典所收的条目为多。我在战前有过一个计划：编辑一部中山大辞典，所收词语约六十万，单字除旧有者尽量收入外，更加入许多的新字，合计不下六万。这个计划因中日之战发生而中止，但我曾把我所收集的资料，以“一”字开头者，编印一部名为“中山大词典一字长编”，计收词语四千余条，连同解释在内，合计不下一百万字，是则我国文字中单字词语之丰富可以想见。

但是话又说回头了。尽管我国单字这样多，词语词藻这样丰富，一般人所必需认识的单字却甚有限。试以现在排印书报的五号铅字而论，其所收的单字合共七千零十四个，除同一字两样写法，如“羣”和“群”与“裏”和“裡”，字汇中应该剔除其一，以及俗体、古体等字另有正体者应予剔除计共三百二十六字外，实在只有六千六百八十六字。这副五号铅字固然在排印古时书偶然感觉缺字，必须临时刻字补充外，其中至少有一千多字是日常读物中见不到的。因此，如以排印所用的铅字为标准，则日常应用之字，也就是一般人所当认识的字，不过五千左右。即以字数多于我国许多倍的英文，其为一般人所认识而常用者总不出一万之数。但是哪些字是一般人所当认识而应用，则有待于教育家的研究。这种研究称为常用字汇研究。在欧美研究得最彻底者莫如美国的桑戴克教授。他的方法是从一百廿种青年读物中，统计其中各单字的出现次数，而与他合作的罗基博士 Dr. lrving Lorge，则从流行的杂志中统计在四百五十万字以上读物所含单字出现次数。他们初期统计的字数为一千万，其后逐渐增加至二千五百万，将其中的单字分别查明在每百万字的读物中所见次数，其出现五十次以上者为常用字，各以 A 字为记，其中最常见者，则以 AA 为记；其出现四十九次以下者，分别记明其次数。他从经过这样统计各书志所见的单字中，选出较常见之二万五千字编为一本桑戴克初级字典。每字除加解说外，分别以 AA、A、49、25、8、3、1 等符号注明其常见的程度。于是编辑教科书及儿童读物者有所依据。

我国人士仿照桑戴克办法，就若干种一般的通俗的读物，分析其所含单字与其常用程度而将其结果发表者，有陈鹤琴、敖宏德、王文新诸氏。陈氏之语体文应用字汇，计收四千三百六十三字；敖氏之语体文字汇研究报告，收四千三百三十九字。王氏则研究较详，分析较细，其法系就小学生作文三千篇，教科书三十六册分析。分析的结果，认为小学六年的识字范围共三千八百二十三字，其中第一年级为五百四十二字，第二年级为五百六十字，第三年级为六百六十六字，第四年级为七百九十一字，第五年级为六百二十五字，第六年级为六百三十九字；若分别就小学初级及高级而言，则初级之一二三四年共二千五百五十九字，高级之五六两年共一千二百六十四字。以上是专就小学读物及其用字范围而言。

至于一般人的常用字汇，我在民国十四至十八年间曾作研究，所根据资料除六年小学各科教科书全部外，括入若干儿童补充读物，一般人经常读物及日报两种，其分析的资料与统计结果尽毁于二十一年一二八之役，其后遂无暇继续为之，惟就记忆所及，彼时初步认定六年小学阶段约为三千五百字左右，初中程度的一般人则为五千八九百字。

及民国三十二年，我在重庆研究中文排字的改革，经过约莫半年功夫，将五号铅字之七千零十四字，于剔除一字两样写法之一及古体俗体三百余个外，再按其常用程度分为四级，第一级为五百四十六字，最常用；第二级一千九百六十三字，次之；第三级二千九百八十九字，又次之；第四级一千一百八十八字，多系冷僻不常用者。此四级之字中剔除冷僻字一千一百八十八字外，所余常用之字计得五千四百九十八。这较诸陈鹤琴之语体文应用字汇四千二百六十三字，计增一千二百三十五字；较王文新之小学分级字汇之三千八百二十三字，计增一千六百七十五字，则因王氏字汇仅限于小学六年。陈氏字汇虽程度略为提高，而专限于语体；我的研究则针对于初中程度的一般人，而取材范围亦不限于语体文，故字汇有此增加之数也。

我最近编印的四角号码王云五国民字汇，其目的为供小学生参考，故王文新之小学六年最低限度之三千八百余字当然全部收入。但字典之为用，不限于范围内已识或当识之字，并须略为推广，使小学生之自学而谋上进者亦有参考之资，故将所收之单字扩充为五千有奇，对于六年小学肄业生用以参考者，固绰绰有余，即对于六年小学毕业后继续进修者亦无不足。

假使我在上文所估计的不错，则我国一般人需要认识的字数和英美两国一般人需要认识的相差不远，或者还要少一些。但是他们却没有发生重大的问题，这究竟是什么缘故呢？许多人说，英文是拼音文字，对于读音经过了短期训练便没有一个生字不能读，这不是我国文字所能办到的。不错，拼音文字对于读音确甚便利，但英文的读音往往不循正轨，为特别慎重起见，对于自己阅读而于读音不甚有把握的字，仍需要检查一下字典，俾根据字典上的注音诵读。反之，在我国文字方面，说文的六书，形声字实占其百分之九十以上，例如“桐”、“铜”两字，均读“同”，而以“木”旁及“金”旁示其义；“潼”、“僮”二字均读“童”而以“水”旁“人”旁示其义。在常用之字中，至少有大半可从字面上得其音义的大概，这比诸读英文时，仅欲知其一般的读音而不求甚解者，不见得困难大增。但如要明确其真正的意义，则彼此都不免要检查一下字典。于是检查字典的难易便成为识字的难易的关键。这一点当另行讨论。

（一九五三年九月为幼狮月刊作）

怎样精读

对于应当精读的书采取精读的方法，不仅要一字不苟，一词不苟，而且对于其书的体制与背境都不可轻易放过。这样的读书方法，自然要比略读慢得多。不过持之以恒，正如里谚所谓："积丝成寸，积寸成尺，尺寸不已，遂成丈匹。"郑畊老的劝学篇称："今取六经及论语、孟子、孝经以字数计之，毛诗三万九千一百二十四字，尚书二万五千七百字，周礼四万五千八百六字，礼记九万九千二十字，周易二万四千二百七字，春秋左氏传一十九万六千八百四十五字，论语一万二千七百字，孟子三万四千六百八十五字，孝经一千九百三字；大小九经字数合四十八万四千九十五字（这当然指正文而言，所有注疏皆未括入），且以中才为率，若日诵三百字，不过四年半可毕……"这些经书在旧日的读书人当然皆要精读，乍看起来，似乎庞大不易卒读，今照上开估计，只要持之以恒，四年半便可毕读。经书因注疏较正文尤多，故读时稍缓；若为其他科类的书，无如许注疏者，精读之速度至少三四倍于此，是则四年之间，经过精读之书不会少过二百万言，亦不可谓少矣。

精读的书籍，如照上段开端所示，至少须有六项方法应当注意，这就是：（一）奠基，（二）循序，（三）明体，（四）析疑，（五）比较，（六）专志。兹逐项说明如下：

（一）奠基　建筑须奠基础，读书何莫不然。读书的基础就是语文。语文是读书的必要工具，其中包括识字、辨名与文法三事。关于识字者，必须对于字音、字义与数字连用时的变义澈底了解。我国文字的六书中，虽以形声字占百分之八九十，因此大多数的常用字皆可从字面上一看而知其读音和字义的大概，但是读音既多例外，字义的真相也未必尽能一望而知；加以数字连用时往往产生新的意义，不一定是可以望文生义的。因此，在精读时，必须时时对于不能彻底了解的字与词检查字典与词典。关于辨名者，则宫室、服制、草木、鱼虫等，古今异名；对于读古书者，如采精读，均有考辨之必要。尔雅一书之所以列入十三经，亦即以读经须能辨名之故。至于现代的科学名词及地名、人名等，要知其真正的内容皆非检查百科或分科词典不可。关于文法者，则古今文法亦有不同，精读古书者尤有研究古文法之必要。困学纪闻称："东坡得文法于檀弓，后山得文法于伯夷传。"盖谓从若干篇古文中精研其文法、文体与结构，即由此而可推及其他也。此外还有修习外国文而阅读其书报者，由于中外句法之不同，欲能了解其意义者，必须注重文法与析句，否则对于长至数十字之句，仅就字面解释，难免要生错误；且法律条文等一句之长往往有达数百字者，更易误会。近人往往过分重视直接教学法，而以为文法不足重者，不知直接教学纵有助于会话，然西人以其本国语言会话，其直接殆无以复加，但如不习文法与析句，仍不免误解长句，况我国人岂可因直接法便利会话，遂谓可以轻视文法乎？

（二）循序　宋朱熹说："杂然进之而不由其序，譬如枵然之腹，入酒食之肆，见其肥羹大胾、饼饵脍脯，杂然于前，遂欲左拿右攫，尽纳于口，快嚼而亟吞之，岂不撑肠拄腹，而果然一饱哉！然未尝一知其味，则不知向之所食者何物也。"此指读书不循序而求速之弊。此与论语所谓"欲速则不达"，孟子所谓"其进锐者其退速"

同一道理。今世界任何事皆重计画，有计画则可循序进行，有条不紊，表面似乎缓进，实际即系稳进。读书亦如是，而精读之书，因有深浅之分，必须由浅入深，循序渐进，始能收切实了解之效。

（三）明体　凡精读之书，须先明其体制。书的大体包括：（1）学术流别，（2）作者立场，（3）时代背景。所谓学术流别，例如读中国的经书，首须知道其有今文与古文两派，故读十三经注疏所收的尚书正义，因系古文传本，不少学者谓为伪本；明乎此，便须兼读汉伏胜所传的今文尚书大传，以资比较。所谓作者立场，则如经济学的书籍有特予区别之必要。例如亚丹斯密之国富论，其中理论乃自资本主义之立场发挥，而马克思的资本论则以社会主义之立场而论列。所谓时代背景，例如美人凯雷之地租学说甚著名，但凯氏生息之时代，美国人少地多，其学说固甚合当时事实，但时至今日，地少人多，则其理论已失去时代性了。

（四）析疑　就是剖释疑义之意。要剖释疑义，则读书须先能怀疑。孟子说得好："尽信书则不如无书。"宋程颐说："学者先要会疑。"可见古圣先贤对于读书皆主张能怀疑。不过怀疑的意思，绝不可误解为事事须加挑剔；如此则对所读的书首先没有信仰，更何能因重视与兴趣而深切研究。清代李光地对此点说得很公允。他说："要通一经，须将那一经注疏细看，再将大全细看。莫先存驳它的心，亦莫存一向它的心。虚公其心，就文论理，觉得那一说是，或两说都不是，我不妨另有一意。看来看去，务求稳当，磨到熟后，便可名此一经。"由此可见所谓怀疑实在是用心的别称。换句话说，就是对所读的书，就其所提倡的理论与方法认真思考，不可无条件接受；如认为不当也不要轻易武断，须再考虑作者所处的时代与背景，并悬想假使作者生于现代，处于现在环境，是否亦同此主张。如此用过一番心思，才可以作公允的评断也。

（五）比较 是就同类书若干种比较其主张与叙述；这是精读方法最有效之一。关于比较其主张者，尤莫切于经济一类的书籍。由于学者对许多经济问题的意见纷歧，迄无定论，即有趋于一致的结论，也是暂时的，而非永久的，故宜同时参考不同派别者的主张。例如研究关税问题时，甲书详于保护政策，乙书阐发自由贸易较精，彼此各有其重点，故有同时阅读以资比较之必要。至关于叙述之事实，试举历史为例。由于我国正史多是后一朝代的政府为前一朝代而修撰，凡不利于修史的朝代之处，自必为之隐讳，甚至变更其事实，故读正史之外，不能不兼读有关之稗史、野史、笔记、年谱及其他私家著述，以资比较。

（六）专志 犹言专心致志。孟子说："今夫弈之为数，小数也，不专心致志则不得也。"这是说任何事非专心致志不能有成；读书，尤其是应当精读之书，更属当然。宋苏轼说："书富如入海，百货皆有，凡人之精力不能兼收尽取，但得其欲求者耳。故愿学者每次作一意求之。如欲求古人兴亡治乱，圣贤作用，但作此意求之，勿生余念。又别一次求事迹故实、典章文物之类亦如之。他皆仿此。此虽迂钝，而他日学成，八面受敌，与涉猎者不可同日而语也。"此即西人所谓一时专做一事，亦即分工之意。如以此法用于精读之书，则读时当不止一遍，盖依分工之旨，每遍之目标不同，遂能专精，也就能够深刻。

（一九五三年十月为青年讲座播讲）

怎样略读和摘读

如果精读的方法以“专”为主，那就略读和摘读当以“博”为主。但是“博”也应该有个范围。在无量数的图书中，尽管要博览，也断不能一一都念过，因此还需要有个线索，才可使略读或摘读的工夫不致落空。

我国旧学向称浩如渊海，西洋新学更是博大无边。于是要想博览各科名著者往往望洋兴叹。其实海洋虽大，汽船岂不是航行自如，甚至天空中，上下前后，一片茫茫，飞机亦得航行无阻。无他，赖有指南针之发见而已。因此，图书尽管浩瀚无涯，倘然亦能发见与利用一种特殊的指南针，何尝不能如汽船飞机之畅游而不致迷途呢?

图书的指南针非他，我国的目录学和西洋的图书分类法是也，其实目录学与图书分类法只是名称上的不同，内容固不是两事。其区别只可说目录学是关于图书类别的全知识，图书分类则是其中的最重要部门而已。图书的类别，无论在我国与在西洋，都是以人类知识的类别为出发点。我国图书的分类始于汉代刘歆的七略，就是把所有图书按其在知识上的性质分为辑略、六艺略、诸子略、诗赋略、兵法略、术数略、方技略七大类。西洋图书之分类始于希腊大哲亚里士多德所分的历史、文学、哲学三大类。由于学识的类别日繁，图书所分的类也日多。我国的书籍到了清代的四库全书总目，将其分为经史子集四部后，每部之下再分若干类，类之下间亦分为若干属，总计共分六十五属。西洋图书的分类现在最流行者为美国的十进法，由百而十，由十而个，个以下以小数若干位分别表示，通常在小数点之前有三个数字，小数点之后也有三个数字，充其量可达十万类。由于现今已有详尽的分类法，凡对分类法有过涉猎的人便对于全知识的类别与其关联都不难知其梗概。

我以为做学问的人一方面固要从细处着眼，他方面也要从高处俯瞰。所谓高处俯瞰，便是认识学问的轮廓，然后择定应涉猎的书籍从事于略读或摘读，譬如到了一个新的城市，最好先乘飞机，在其上空环游俯视；如此则整个城市好像一幅极大的地图展现于眼前。在这样鸟瞰的观察中，东南西北各方的特点，以及城内城外的要区，冈陵湖川的名称，都不难辨其大概。着陆以后，大体既已认识，自不难按图索骥。

这方法比诸终日在大街小巷散步，走了不少路，仍不脱一个小区域，纵然对此区域十分熟习，而于其他区域与整个地方形势仍茫然无知者，孰优孰劣，尽人而知。我以为对于新旧学识的图书从事博览，即采取略读或摘读的方法，以期用少数的时光，获得广博的学术者，首先要对学问的全貌从高处俯瞰。具体言之，就是从目录学，即图书分类法下手，这一项做到了，方可以言略读或摘读；至于略读或摘读所当采行的读书法，应当注意“备忘”与“索引”两项，兹分别说明之。

（一）备忘　由于略读或摘读之书籍都以很短的时间读其全部或一部，因此自然很易忘记，为备不忘，于略读或摘读之某章某节或某段，认为有值得将来参考者，当就原有标题或自拟标题一一分记于小卡片上，附注书志名称与其所见页数；这些卡片各按标题顺序排列。如此则许多书志中同性质同标题的资料都可借卡片的作用而贯串之。嗣后随时有需参考，只须一检卡片，则凡经过涉猎的资料毫无遗漏。我在过去数十年来略读或摘读过的书籍杂志曾用此法编制卡片，日积月累，多至数万张，仿佛构成一种最完备而切实的大百科全书。可惜这副卡片现已随我的数万册私人藏书陷于不可知的命运。十余年前迁居台湾，仅存的藏书数千册与新添置之少数外国文书籍，连同数十种的中外杂志，于阅读之余亦仿旧习，随手重编一副卡片，现在已不在少数。偶有撰作或参考，一检卡片，数分钟内便可以一览而知所有的资料，十数分钟内所有资料都可以集于书桌左右，予取予求，便利无比。这方法特别适用于略读或摘读的书志，但精读的书籍，为备忘计，亦未尝不可同样处理也。

（二）索引 这是在一书之末将书中要点依序列举，并指示其见于书中的某一页，效用可补各该书目录之不备；而且目录是按照全书的顺序排列，索引则按照各该要点的方面排列，可从不同的角度而检得书中的资料，不仅较诸任何详细的目录更详细而已。外国书籍，为便于利用，无不编有索引，我国古书向无索引，但近世的各科专著多仿外国例子，附编索引。又出版家也有就其复印的古代巨著编详细的索引，以便参考者，其中规模最大者莫如商务书馆所印的“十通”，于书末所附的全书索引，以及开明书店的缩印二十五史后，就其中有传或附入他人传记的人物合编一部二十五史人名索引。这两书的索引各多至四五万条，均按照四角号码排列，对于研究学问最为方便。凡从事摘读之人对于所读之书要摘取其当读的若干段或若干点者，因书中目录多未能详举内容，最好是翻阅索引，发见某些要点当读，即就其所示的页数检阅。

除上述为两项方法外，对于要略读或摘读的书籍，在开始阅读以前，或选择书本之初，如能兼采所谓为“提纲”的方法，定然会增加不少的便利。所谓提纲系指利用书籍的提要而言。我国自宋代陈振孙编著直斋书录解题以来，迄今关于书籍提要之作不下百数十种。其规模最大者莫如清代的四库全书总目提要，把四库著录之书三千四百七十部，连同存目各书六千八百一十九部，一一撰著提要。读此一书可知清代乾嘉以前一万种以上的图书概要。

外国这一类的书籍也很多。英文中像凯勒氏 Keller 的“读者书籍提要”最为常用。近来许多种文摘期刊，除为各杂志的论文作节本外，每期辄附有书籍的长篇提要。大抵十万字以上的书本节为万字以内，使读者得以十分之一乃至二十分之一的时间，对一种当代名著获得整个的鸟瞰，对于忙里偷闲读书之人尤为便利。

与图书提要有同等或较大的效用者，为图书序跋。我国旧日有命名“读书引”的一部书，即收集数百种要籍为序跋，以为读书者的引导，可谓名实相符。因为图书序跋往往荟萃全书精华于一文，且多出自名手。其文章议论可诵可传，其引导读者进读原书的效用实较图书提要有过之。我在三十年前购得一部抄本，内容约莫三千部图书的序跋，计共有三千九百余篇，可谓集序跋的大成，其规模七八倍于读书引。现在业以“四部要籍序跋大全”的名称印刷为二十巨册以问世，对于研读古籍的引导当有更大的效用。序跋文之可贵，不仅在我国为然，即在欧美无不重视。美国哈佛大学前校长伊里爱·查尔博士于其主编之哈佛古典丛书五十巨册中，以序跋名作占其一册，可见序跋对于读者之关系重大，古今中外无不相同。尤其是从事于略读或摘读者，对书之其他部分固可迅速一读过去，或仅选读其有关部分，但因书中序跋有概括全书大意之效用，如其为他人所作序跋，更常合书评与议论而一之，故不可不对此一篇特别以精读的方法而读之。

（一九五三年十月为青年讲座播讲）

旧学新探

我国旧学向称浩如渊海，因此正想研究者往往望洋兴叹，已有相当研究者益神秘其说，使徘徊岸畔者不敢问津。其实海洋虽大，汽船岂不是航行自如，甚至天空中，上下前后，一片茫茫，飞机亦得航行无阻；无他，赖有指南针之发见而已。所以旧学尽管浩瀚无涯，倘也能发见与利用一种特殊的指南针，何尝不能如汽船飞机之畅游而不致迷途呢?

今日要和各位讨论的，就是关于这种特殊的指南针；有了这指南针，便不难用新的方法来探访旧学的神秘领域。“旧学新探”这个讲题，就是因此而定的。

我对于旧学研究很浅，而且是独个儿的在黑暗中摸索，走了不少的冤枉路途，毕竟因为失败过多，也就得了一点经验，同时因为没有按照国人向来所走的大路，没有拘于成见，所以自然而然的会酌采外国的方法而变通之，结果虽不敢自认为识途的老马，至少也因为迷途过多，而偶尔发见一些捷径。

我对于研究旧学的新方法：归纳其较重要者，计得六项，就是：（一）高处俯瞰，（二）细处着眼，（三）淘沙见金，（四）贯珠成串，（五）研究真相，（六）开辟新路。现在分项叙述一下：

（一）高处俯瞰　任何人到了一个新地方，最好先乘飞机，在这新地方的空中环游俯视，如此即整个城市或区域，好像一幅极大的地图展现于眼前。在这鸟瞰的观察中，东南西北各方的特点，以及城内城外的要区，冈陵湖川的名称，都不难识其概略。着陆以后，大处既已认识，细处自不难按图索骥。这方法比诸终日在大街小巷散步，走了不少路，仍不脱一个小区域，纵使对此区域十分熟习，而于其他区域与整个地方的形势，仍茫然无知者，孰优孰劣，尽人而知。我以为研究旧学也当照此方法，对于旧学的全貌先从高处俯瞰，具体言之，就是从目录学入手，因为目录可以助人认识学术的全貌。我国旧日治学问者，也知注重目录学；张之洞的书目答问几乎支配了读书界几十年。但是我国的目录学分类粗疏，且多模糊，没有明确的界限，尚未能有充分的效用。现在世界各国对于目录学研究日精，其收效最宏者，莫如美国。民国十九年我曾赴欧美研究科学管理，在美国华盛顿国会图书馆逗留了十一日，参考过科学管理及其相关的书籍期刊九百余册。这件事乍听起来，似乎绝对不可能，可是并无半点虚饰。因为美国对于目录学研究最精，其编目方法至为周密便利；国会图书馆尤为全国之冠，所以藏书虽然多至几百万册，但是按类检查，触类旁通，不消片刻，全馆所藏虽富，居然予取予求。再显明一点说，一个已知图书分类梗概之人，就该馆所编之完备精详的各种目片：无论从类别方面，从著者方面，从书名方面，从丛书方面，或从相关的类别方面，都可检得所欲检的书名片，而书名片上对于书的内容，著者的履历等，都有扼要的叙述，因此一片，可知该书梗概和著者的身分，对于名不副实之书与同类著作中资格较逊或思想过旧之著者，便可于检阅书名片时，不待借到原书，已先淘汰。经此初步淘汰的，假定占十分之三四。其他各书于检片时，即依定式填一书号，因陈列秩序井然，运输复借机械，一刹那间便可借得。到手以后，因书末多附详细索引，先将所欲参考之问题，就索引中检查，不得则舍去，因而淘汰者假定又有十分之一二。得之则就指定页数阅读，一来因为一书关于一特定的问题可供参考者仅一小部分，二来因为科学的文字每段起句恒为全段之主，往往仅读第一句，便知全段应否毕读，为此而经淘汰者，其分量在选定之书中，平均占百分之九十五以上，必须毕读者不过百分之五，换句话说，必须毕读者，除去三次之淘汰，仅占全部百分之二三。故全部目录中，科学管理与其有关之书籍期刊虽多至九百余册，实际必须毕读之总量不过其中百分之二三，仅等于二十册上下；以十一日之全部时间阅读之，平均每日所读不过等于二册上下之分量而已。

我因此联想到我国所谓浩如渊海的书籍，倘能仿此原则处理，断不致因数量之多，而苦于不易参考与研究。当此中外新旧学术有须沟通，以资比较研究之时，我觉得我国旧日目录学之分类法，不仅有粗疏含混之嫌，且苦不能与新学术或世界共同之学术沟通，因于民国十四年间有中外图书统一分类法之创作，以美国杜威氏之十进分类法为底本，而将我国旧学书籍按照性质，分别归入其中，其为我国所独有者，则创作几个特殊符号，分别插于相当的地位。如此，则中外图书同性质者可同列一处，性质相近者，亦列于相近之处，中外学术即可借此沟通。我的第一次大规模实验，系于二十几年前将那时候全国藏书最多之东方图书馆所藏中外新旧图书，一律按该法分类编目与陈列。结果，尚能相当满意。我的第二次大规模实验，系于十六七年前独自将旧学丛书一百部所收古籍四千余种，一一按照该法分类编目，结果共分五百四十一类，较旧有分类既详细得多，且旧日四部分类法中之子部杂家及小说家和史部的杂史等，性质模糊，包罗颇广，我均按其实际内容，一一依新分类法分类。例如镜镜诊痴一书，原入子部杂家类，乍视书名实无法断其内容，及读其内容，始知为清初醉心西学者所著关于物理学之书，我把他归入新分类法的物理学类，性质便显然。又如见物系明代李苏所著关于动物学之书，钮匪石遗文系清代钮树玉所著关于版本学之书等，或从名称上不易知其内容，或因旧分类法归入于模糊影响之类目；类似之其他书籍，不胜枚举。我为这百部丛书所收四千余种书籍一一分类，费了一年的业余工夫。在我开始工作之时，曾和商务印书馆的前辈张菊生先生谈及，他认为这是一种勇敢的举动，而不敢必其有成，及至全部工作完成，持以就正于张先生，他也承认新分类法确能支配旧学的一切书籍。后来我把这一百部丛书汇刊为丛书集成初编，计分四千册；另附目录一册，将其中所收之书籍四千余种一一列入其所属的新类目。

现在读丛书集成之人，有了这本目录，可以一览而知这四千多种书籍的真性质，丝毫不费工夫。所以个人虽费了一些心思，创作中外图书统一分类法于前，更费了许多工夫，把这四千多种书籍一一分类于后；然因此而能节省无量数读书人的时间，那是十分值得的。

以上是关于目录学中分类的效用。除了适当的分类以外，还要靠着书籍的提要。我国旧日关于提要之书，自宋代郡斋读书志等以迄清代之四库全书总目提要，其间大约一千年间的公私著作有关书籍提要者，不下数百种。我曾把这些提要分别剪贴或抄录于卡片上，按书名依四角号码排比，使同一书之各种提要归于一处，可借互相比较而订正补充，于目录学之研究极有裨益。本想把这几十万张的书籍提要卡片，加以整理排印，成为我国旧学书籍的一部大辞书，后来因丁福保先生也有同样的工作，也是汇集各种提要，编成一部四部总录，已经自行排版三千余页，尚有二三千页未排，结果丁先生把未完的工作交给商务印书馆继续排完出版。他那部书的正文排比仍按四部分类，惟书末则拟按书名编成四角号码详细索引，后来知道我对于丛书集成按新法分类成功，还想在书末增一新分类法索引，如此则正文虽按旧分类法，但从索引上无论按书名或按新分类都可以检得各该书的各家提要总录，这的确是对于研究国学极有用之工具书，可惜目前还没有全部排成，而上海租界已沦入敌手，商务印书馆设在上海租界的工作场所备受敌人蹂躏，究竟所排书版及原稿能否幸存，尚不可知；至何时可以出版，更不能预定了。

各位试想，一方面有了沟通中外学术的新分类法，他方面又有汇集千年来各书各家提要的大辞书，事前对于新分类法略加研究，知道学术的领域如何广大，与其境界如何；临时应用，能从大图书馆中得读各原书，固然最好，否则先就图书提要大辞典中略得各该书的梗概，也就不致茫无所知。目前此项汇集各家的提要虽尚未能出版，然公私各家关于图书提要之作，皆可暂供参考，尤其是四库全书总目提要因较后出，所收旧籍也较富，虽其中任意取舍者颇多，然足供参考的价值仍不少。商务印书馆所印该书的版本，末附四角号码书名索引，检查上也较便利；而且该书较易得，各图书馆想皆藏有，在这后方书荒的时候，似可备一般研究国学者之用。独惜四库未收之书与纂修四库全书以后刊行各书，均无法就此检查，则不能不令人渴望丁先生的四部总录早日出世了。

（二）细处着眼　研究国学，一方面固须从大处入手，他方面还须在细处着眼；否则所得者仅为国学的轮廓，而不能获得精微的学识。细处着眼的方法，莫如编制和利用书籍索引。外国出版有关科学或其他学术之书，书末无不附有详尽之索引。按着这些索引去参考，可不致有所遗漏；按着许多相关的书籍的索引去研究一个专题，也可收综合之效。至于节省时间，像上文所说我在美国国会图书馆读书的故事，犹其余事。我国图书，除新近出版的书籍间有索引外，所有旧日刊行的书籍皆无索引。近十几年来，对于旧日刊行的工具书和国学书籍增刊索引的，商务印书馆倡之于前，燕京大学引得社及其他出版家继之于后。商务印书馆所编的索引均按四角号码检字法，其已编印此等索引的大部书有辞源，中国人地名大辞典，四库总目提要，及十通、佩文韵府等。其他出版家所编之索引亦多按四角检字法，其已编印出版规模较大之作有开明书店之二十五史人名索引等。燕京大学引得社则采用洪业氏之检字法，编印索引之种类颇多，但皆与原书脱离，不若商务印书馆之附于原书之后可以立时检阅所拟参考之资料。然无论如何，既有索引，则全书内容一览无遗，便利研究，实非浅鲜。我希望今后一方面由出版家努力提倡，把新版重版各书凡有编制索引之必要者，尽量编制，附于书末；同时读书研究之人，于原书未备索引，而认为有摘记其内容之必要者，与其摘录原文，多费工夫，不如利用一种小卡片，将足备将来参考之资料各定一标题，书于片上，附注书名及页数，作为活叶的索引。其有为一种标题所未能包括者，不妨分定二三标题，各别制一索引片，随读随编，既省抄录全段文字之劳，而遇有需要之时，便可按索引片分检各原书。日积月累，所读之书愈多，所得之资料愈富，而各项资料之索引，按照字体或笔画排列，一旦有所应用，则过去若干年读书所得之资料均荟萃于一处，比诸专靠记忆，易致模糊，或临时检书，茫无头绪者，其功效不是大有增进吗?

（三）淘沙见金 我国古籍多非有系统的著作。除经史两部之大部分及子部一部分之性质尚分明外，他如子部中之杂家小说家类，与集部中之别集类，内容复杂细碎，殆无所不包，如欲就其中选取需要之参考资料，殆如淘沙见金。且不仅一书之内容如此，即一部丛书所收之各书除专科丛书外，性质亦相去甚远。欲就其中选读所当读之书，亦须经过同样的淘金手续。关于后者，我编印丛书集成就以此为主要目的，而谋有助于读书界。按我国丛书之名，始于唐代陆天随的笠泽丛书；但这不过是个人的笔记，其自序称为丛脞细碎之书，虽有丛书之名，实在并不是丛书。自从宋嘉泰间俞鼎孙的儒学警悟和宋咸淳间左禹锡百川学海先后刊行，才开始有现代意义的丛书，但还不用丛书的名称。明代著名的丛书，如古今说海，今献汇言，百陵学山，古今逸史，子汇，两京遗编，夷门广牍，秘册汇函，纪录汇编，稗海、稗乘，宝颜堂秘笈等，也都没有用丛书的名称。直至明程荣辑刊的汉魏丛书出世，才开始有了名实兼备的丛书。降及清代，丛书之刻愈多。精者如黄氏的士礼居，孙氏的岱南阁，皆仿刻宋元旧椠；博者如鲍氏之知不足斋，伍氏之粤雅堂，子目逾百，卷数及千；其泛滥群流者，如张氏之学津讨原，吴氏之艺海珠尘等；其雠校最精者，如卢氏之抱经堂，胡氏之琳琅秘室等；其书求罕见今古俱备者，如蒋氏之别下斋，钱氏之指海等，皆蔚为大观。至于官刻丛书，则武英殿聚珍版实为巨擘；郡邑丛书，则明代之盐邑志林开其先路，清代之泾川岭南金华畿辅等继之而起。又专科丛书之最古者，当推南宋何去非校刊之武经七书，盖为一部纯粹的军学丛书。他如医学丛书则有元杜思敬辑刊之济生拔萃，明王肯堂辑之古今医统正脉全书等；经学丛书，则有清钱氏之经苑，阮氏之皇清经解，钟氏之古经解汇函等；文字学丛书则有明郎奎金之五雅全书，清钟氏之小学汇函，张氏之许学汇函等；史学丛书则有清广雅书局之史学丛书，清胡氏之向影楼舆地丛书等；艺术丛书则有明沈津辑刊之欣赏编等；目录学丛书则有清张氏之八史经籍志等。迄于今日，就顾朱傅罗诸氏的丛书目录与杨李二氏的丛书举要所著录者，总计部数多至三千余；然大多数名实不符，删改琐杂尤甚；其有相当价值者至多不过三四百部。六七年前我从这几千部丛书中，选取其内容丰富，而合于实用或罕见两种标准之一者，凡一百部，编为丛书集成初编。此百部之丛书，以各类具备为原则，别为普通丛书专科丛书地方丛书三类：普通丛书中，宋代占二部，明代二十一部，清代五十七部；专科丛书中，经学文学史地目录学医学艺术军事学合十三部；地方丛书中，省区郡邑各二部。表面上在三千余部之丛书中，仅占微小之部分，实际上对于三千余部丛书所收之书籍，殆占其三四分之一；则以各丛书内容，除芜杂不足取或毫无价值者外，彼此重见实居多数。即如丛书集成初编之百部丛书，本来括有六千余种之书籍，然去其重见者，仅存四千一百余种，可知重见之数至少占三分之一；其他丛书自亦相同，且或更甚。而且汰除重复后之四千一百余种中，至少还有一部分没有多大的参考价值，由此推算，三四千部之丛书淘汰为三四百部，此三四百部丛书因容有许多规模较小之丛书在内，其分量约等于丛书集成所选百部之倍数，换言之，即括有书籍约一万二千种。按丛书集成之重见程度推算，此一万二千种书籍，汰其重复，至多尚有八千种；而此八千种中无多大价值者，假定占四分之一再加淘汰，所余仅六千种；又此六千种书范围至广，以一专家就一专题研究参考，至多能利用其十分之一，即六百种。这便是淘沙见金之一例。又上文已经说过，子部中之杂家及小说家类，与集部中之别集类，因内容复杂细碎，如以专家就一专题研究参考，实无自头至尾毕读之必要，如能一一编为详细之索引，便可节省许多时间，对于非必需之部分可略而不读；假定略去之部分占原书三分之二，则上文所说能利用之书籍六百种，经此淘汰，实际当读之分量仅等于二百种，这又是淘沙见金之一例。

（四）贯珠成串　我国古籍的内容，既如上述，大多数复杂细碎，欲就其中搜罗一系的资料，自非采取贯珠成串的方法不可。换句话说，仿佛按上述淘沙见金的方法，将淘得的金沙，变为有眼的珠子，而把一条线将他们贯串起来。我的朋友许地山先生，在他去世以前，费了两三年工夫，从一百多种的笔记中，搜罗关于扶箕的资料，著有一部扶箕迷信的研究，把这些丰富的资料归纳起来，加以论断；这正是贯珠成串的最好例子。本来前人尚无关于扶箕的专著，要搜罗有关扶箕的资料，只有就许多的来源，就是一百多种的笔记中去探检；由此种探检而得的资料固如珠子之可贵，但是没有一条线，还不是像一堆散沙无法贯串起来？这一条线就是归纳和论断的工作，其价值实不下于这许多的珠子。我近年也曾做过一种类似的工作。就是从四百多种的清人文集，搜罗关于考据之文，计得一千三百多篇；再把他们分类归纳，就各家之说互为比较，假以时日，再加论断，本可成为一部考据的考据，即不然，至少也可成为一部考据汇编。现在这些资料都留在香港，沦于敌手，实在可惜。总之，我国无量数的文集笔记之中，所含的宝贵资料实甚丰富，只以散漫无条理，不下一番工夫，将无从发见；但如肯下工夫，又能利用适当的方法，则任何小题目都不难成一有根据的巨著，而如扶箕这样一个小题目，许先生竟写成将及十万言的一部书，而且处处都有根据，非言之无物者可比。由此推想，则对于任何其他题目，都可获得同样的结果。至应行利用的方法，第一步当如我所说的高处俯瞰，从目录学中认定可供取材的门类和书类；第二步当如我所说的细处着眼，利用已有的索引或自己随时编制的索引，不要放过了细微的资料；第三步则实施贯珠成串的手段。

（五）研究真相　孟子说，“尽信书则不如无书”，这的确是关于研究上一句最古的名言。因为著书的人，一来为见闻所限，不免有遗漏或错误，二来因不免带些主观，论断上未必充分公允，所以专靠一部书所说，无论关于何种史实，都未可遽信为十分正确；欲免此弊，最好是从各方面的记述来作比较。以历史的记载而论，读了正史还须旁参稗史野史和各种私家著述，以资证明。我以为一部历史大半是许多重要人物所造成，这些重要人物自己的记述，当然最可靠；就是和这些重要人物接近的人所记述，毕竟见闻较切，也较公家的一般记述，或私人借转辗传闻而记述，自然可靠得多，即或未必更可靠，至少也可利用以为旁证。我国对于这些重要人物事迹的记述，大都包括在各种年谱之中：由本人自己记述的，称为自撰年谱，即等于现代所谓自传；由他人记述的，就是一般的年谱。这些年谱，不仅按年记述谱主的事迹，而且把和谱主有关系的人，或其同时的主要人物的事迹，甚且同时发生的重大事件，都附带记述，比诸西洋式的传记，对于参考史实的价值尤多。我近年为复兴中的东方图书馆搜罗了年谱一千二百余种，在全国公私所藏中，算得最完备。我常常把这些年谱所记的史实，和正史稗史等所记比较一下，觉得有很多的出入；因此，拟了一个计划，想把这些年谱汇集刊行，而另编一部详尽的索引。把这许多年谱所记的重要史事，和重要人物的事迹，一一分别标题，自索引检得标题，即可就各谱分别参考。然后把各谱间所记述的异同，与正史稗史等所记者互相比较，或从多数为断，或从记述时之情形为断，一方面固可纠正正史等记述之错误，他方面亦可证明正史等记述之正确。我深信这于研究历史者，实有重大的补助。可惜港沪沦陷以后，所藏年谱是否安全尚不可知，而个人转徙频繁，不遑宁处，一时实亦无从促成此举。但我很劝研究历史者，能多读有关人物的年谱，以资比较，实甚有益；即以最近之史实而论，本来去今未远，故老相传，耳闻目击，都可为证，然个中人或与其接近者之记述，毕竟更为透彻。我觉得近人梁燕荪的年谱，于民国初年之政治内幕及洪宪帝制之经过，其记述大可供研究者之参考；又近人徐雨之之愚斋自叙年谱，于清末公营实业及一般工商实况，参考资料亦甚可贵。近人之年谱尚有如许可供参考之价值，则去今甚远之年谱，足为公私史籍之旁证，更为显明。

（六）开辟新路 研究学问的人，应如探险者一般，不当死守着一条老路，必须时时开辟新路，才有发见或是获得捷径的希望。试举检查字书一事为例。按说文部首检查，久已不适于用；按康熙字典部首检查，既不正确，又甚迟缓；按声韵检查，非人人所能，即能之亦甚迟缓；按笔画检查，固甚易学，却因同笔字数过多，检查之迟缓为一切方法之最。因此对于检查字书辞书常苦困难，而编制大规模之索引，更有所不能，以致治学工具不能充分利用，更不能积极扩充。此为治学之障碍，许多人知之，然知之却仍拘于习惯，不得不仍用旧法。我在十几年前费了几年工夫，开辟一条关于检查字书辞书所编制索引的新路，就是发明了四角号码检字法。在初时颇有些人反对，但十几年来，至少已有五百万人利用此法检查字书辞书和索引，而感觉其易学速检。最近五六年来，我又作了一件类此之事，就是在助人速检楷体文字的四角号码检字法之外，又发见和开辟了另一条新路，使对于甲骨金石大小篆等字体向视为神秘而不敢问津者，现在可于经过一星期的训练后，对这些古体字没有一个不认识了。我本来对于古体字不很认识，但近年来却发了一个宏愿，或者说是起了一个奢望，就是想以一个不很认识古体字之人使人人都能认识古体字，经过了五六年的业余工作，在我去年十一月离开香港之日，已经把刚刚完成的一部千页以上的古体字典影印清样，无意中带到这里，而且无意中从敌人魔掌中救了出来。我的方法大致是将甲骨文大篆古文奇字和小篆缪篆等所有字体一一附注释文，按照我最近发明的另一种检查方法，使费了几日工夫学会这方法的人，都能够一检而得其字，同时借释文而认识其为何字。这方法虽也应用号码，却和四角号码完全不同；因为四角号码适用于方形而常具四角的楷书，古体字的形体特殊复杂，与楷书大不相同，自须另采一种方法。但因字体复杂之故，这方法之要想满意的适用，我的确费了不少工夫，易稿至十几次，并将六七万个古体字，一一实验满意，然后按照此法编排为字典。去年十一月全部一千余页均经影成清样，假使不因香港战事发生，该书早已出版，使一般见了古体字而不认识者借此认识其为何字。可惜原稿和已制之版全部毁损，虽手边尚有清样一分，可作原稿之副本，但按照内地的印刷条件一时实无法重新印行。上述的两个例子，其目的在说明研究旧学不可墨守旧法，必须随时按需要开辟新路。

以上六种方法，仅是方法之一部分；我相信还有许多的方法是我没有想到的，而且我所想到的实也不限于此六种，不过举此六种，以示梗概。触类旁通，实有望于一般富有前进思想而研究旧学的青年。

（民国三十六年六月为中央大学讲）

读书为什么要注意索引

索引这个名词，在我国旧日的用法，含有牵引的意义。易林有“爱我婴女，索引不得”一语，意即指此。现在所谓索引系日人就英文 Index 的译文，虽与牵引不尽同，意义却有一些相似。查英文 Index 一字，原出拉丁文之 Indicare，寓有指示或指引之意。又我国另有“索隐”一个名词，始见于周易系辞“探赜索隐，钩深致远”，寓有探索隐秘之意，故旧籍中有所谓史记索隐等，即属此义。二者固不可混淆也。

在现今应用中的“索引”，由于其功用之所表示，自当以英文 Index 为其意义之正则，与“牵引”及“探索隐秘”的意义均有别，纵然也含有多少牵引及探索隐秘的意义。依索引的正当意义，是指书籍中所含有的资料，未将其标题列入于目录中者，尽量收集依序排列于各该书之末，而注明所见的页数。索引在外国书籍中，特别是有关学识及报道的书籍中，极为常见，简直以具有索引为原则，不具索引为例外。举其效用，约有数项。一是在全书读完之时，把书末的索引翻阅一下，对于同一标题的资料散见于本书各章各节者，读时，特别是读得太快时，往往没有把它们联贯起来。翻阅索引后，如觉某一章节或某一页所记载的资料不很记得清楚，即可按其指示页数，再度参阅一下，不仅可以加强记忆，且有助于融会贯通。二则在全书读完经过若干时日后，如需参考其中某一项资料，当然用不着将全书重读，也不当毫无秩序地任便翻检。通常都从目录上检查此项资料之所在，但目录所列只是主要的资料，至于次要与详细的资料不列入目录者，在有索引的书，便可从索引上检取，如是则全书所含该项之资料，都可以一网无遗，无异以极短的时间将旧日所读者重温一过。三则对于可以摘读一部分而无需全读之书，只须按照所欲读之特定标题，先检目录，再检索引，分别就其指示之页数而选读，则可以很短的时间尽读该书所含此一特定标题的资料。四则书中目录皆按章节排列，如欲从另一形式检阅资料，则此另一形式之标题自可列为索引。索引之对于目录，并不是细节和大体之分，而是纵与横之别。举例言之，一本有关书籍提要之书，其正文常将各书依其类别叙述，目录所载亦与此相同；但如从各该书之著者而检其提要，则有赖于一种著者索引。此外索引的功用还多，然大别之不外两类：一则以细目补一书的目录之不足；二则以纵横之方式，与一书的目录交互为用。

我国书籍向无索引之制。就我记忆所及，最初采用索引者似乎是广学会所译某一部关于宗教的著作，大抵系将西文原本的索引加以汉译，而注明其所见汉译本的页数，此当系十九世纪之末或二十世纪初头之出版物。此外则中文书本鲜有附以索引者。及民国十六年我发明四角号码检字法以后，才开始就辞源，中国人名大辞典，地名大辞典，动植矿物学辞典及教育大辞书等，与十通，佩文韵府等类书及各省通志等，按照各该书所列条文编制四角号码索引，以便检查。其中各种辞书索引之编制系因部首检字法难学，笔画检字法迟缓，对于同部首同笔画条数还很多的辞典如中国人名大辞典者，其中“王”字的条文多至数千，而王字下的名字同一笔画者间多至二三百，则无法再行划分，以致检查上纵然幸免错误，仍须多费时间，不若四角号码检字法，每一字每一词各有一定号码之易学易检。我为谋检字的便捷，故于原书正文之按部首排列者，改以四角号码排列其索引；此为纵横索引之一类。至于十通等书的索引，则就各该书内容采取其细目之为原目录所未列入者，更按四角号码排列，是则此种索引已兼具两类之用途，即一方面补目录之不足，他方面又收交互为用之效。其后开明书局影印二十五史，旋即编印二十五史人名索引，将诸史所见之五六万人名，无论见于本纪、世家、列传、载记，或没有专载而附入他人传记者，一律收入其中，而按四角号码检字法排列，其功用则亦兼具补目录之不足与对正文排列之交互作用。稍后，燕京大学复就许多古书编制“引得”多种，皆脱离本书而独立刊行。其所谓引得，则英文 Index 之音译，亦即索引也。自时厥后，国内出版物附有索引者渐多，渐成为一种风气。

索引既有上述种种之功用，读书者对于已有索引之书不可不尽量利用，固属当然；编印书籍者，为便利读者起见，自亦有尽可能于各该书末附编索引之必要也。

（一九五三年二月为读书月刊作）

创编万有文库的动机与经过

我创编万有文库的动机，一言以蔽之，不外是推己及人，就是顾念自己所遭历的困难，想为他人解决同样的困难。我少年失去入校读书的充分机会，可是不甘失学，以努力自学补其缺憾。读书，爱书与聚书之癖也就与日俱增。久而久之，几于无书不读；因爱书而聚书，既漫无限制，精力物力也就不免有许多非必要的浪费。中年以后，渐有觉悟。适主持商务印书馆编译所，兼长东方图书馆。后者以数十万册的私藏图书公开于读书界，前者又有以优良读物供应读书界的可能。自从东方图书馆以专供商务印书馆编译所同人参考的涵芬楼为基础，而改组公开以后，我的次一步骤，便想把整个的大规模东方图书馆化身为千万个小图书馆，使散在于全国各地方、各学校、各机关，而且可能还散在许多的家庭，我的理想便是协助各地方、各学校、各机关，甚至许多家庭，以极低的代价，创办具体而微的图书馆，并使这些图书馆的分类编目及其他管理工作极度简单化；得以微小的开办费，成立一个小规模的图书馆后，其管理费可以降至于零。这一事经过了约莫两年的筹备，卒于民国十八年四月具体化，而开始供应于全国。这便是万有文库的印行。

在那时候，我国的图书馆为数不多。除了极少数稍具规模者外，其他所藏的图书多偏重古籍，缺乏新著，间有兼藏新书者，门类亦多未备，许多基本的图籍每赋阙如。尤其是分类编目均赖专材，而由于图书馆人材之短缺，得人既非易事，即幸而得之，其经常开支势必占据了购书费的重要部分。但是虽有图书而无适当的分类编目，图书的效用也就不免要打一个大折扣。

我自从民国十年主持商务印书馆编译所以来，五六年间，广延专家，选译世界名著颇多，并编印各种治学门径的书籍，如百科小丛书、国学小丛书、学生国学丛书、新时代史地丛书，以及农工商师范算学医学体育各科小丛书等，陆续刊行者也不下三四百种。有了这样的基础，我便可以进一步推广其组织，作更有系统的编辑出版，除就汉译世界名著及上开各丛书整理扩充外，并插入国学基本丛书，初拟凑足一千种，都二千册，命名为千种丛书。嗣思千种之数犹有未足，乃定名为万有文库，分集编印，以一万册为最后目标，平均每册以六万字计，全书出齐，当括有六亿字之优良读物，等于四库全书著录全部字数三分之二，我认为如能以当时一千余元的代价，使已设的图书馆增加一万册包括新旧学识的有用图书，或使尚未设有图书馆的所在，借此而建立一个小型图书馆的基础，当是极有意义之事。由于该文库每书都按照我的中外图书统一分类法一一分类，并供给各种互见的书名片，那就未曾受过图书馆专业训练的大都可以担任管理。我很希望借此种种便利，得以很短的时期建立万千所的新图书馆，使穷乡僻壤中有志读书之士，皆获有图书馆服务的便利，把我少年以迄中年的读书全靠自己花钱聚书的困难，扫除其大半。

此一计划自民国十八年开始印行万有文库第一集二千册，因中经一二八事变，商务印书馆濒于危亡，其未竟之功，迟至民国二十二年终，始告完成，而初印的五千部已悉数分配于国内各图书馆或私藏之中，其借本文库而新办之小图书馆不下二千所。民国二十三年，我又从事于万有文库第二集之印行。该集内容虽与第一集同为二千册，而第一集所由组成的丛书为数十三，第二集所由组成者只有四部丛书，其重大区别，即一方面加重国学基本丛书与汉译世界名著的分量：前者由一百种增至三百种，后者由一百种增至一百五十种，且范围与程度均较第一集加重与加深；他方面更以自然科学小丛书二百种及现代问题丛书五十种，而代替第一集所收农工商医等十一种小丛书。此其大较也。越一年，我又辑印丛书集成初编，其中括有最精要之丛书百部，所收古籍原约六千种，去其重出约二千种，实存四千一百种，原为三万七千余卷，去其重出者后，减为约三万卷，当四库全书著录者三分之一，亦仿万有文库版式，分订四千册，连同万有文库一二两集，合为八千册。设非抗战突起，我将续编万有文库第三集，亦为二千册，如此则万册之目标当不难于民国三十年以前达成矣。

兹将我所撰印行万有文库第二集缘起附后。

一

图书馆有裨文化，夫人而知，比年国内图书馆运动盛起，而成绩不多觏。究其故，一由于经费支绌，一由于人材缺乏，而相当图书之难致，亦其一端也。以言旧书，则精刻本为值綦昂，缩印本或竟模糊不可卒读；以言新书，则种类既驳杂不纯，系统亦残阙难完备。因是，以数千元巨资设置小规模之图书馆，而基本图籍往往犹多未备。抑图书馆目的在使图书发生极大之效用，故分类与索引之工作洵为必要。当此图书馆人材缺乏之时，得人已非易易，幸而得之，然因是不免增加经常费用，或使经常消耗于管理方面者，反在添置图书之上。凡斯种种，皆图书馆发达之障碍。亦即文化发达之障碍也。

不佞近主商务印书馆编译所，踵张菊生高梦旦二公之后，见曩印四部丛刊，阐扬国粹，影响至深且巨，思自别一方面植普通图书馆之基。数岁以还，广延专家，选世界名著多种而汉译之。并编印各种治学门径之书，如百科小丛书，国学小丛书，新时代史地丛书，与夫农，工，商，师范，算学，医学，体育各科小丛书等，陆续刊行者，既三四百种，今拟广其组织，谋为更有系统之贡献：除就汉译之世界名著及上述各丛书整理扩充外，并括入国学基本丛书及种种重要图籍，成为万有文库，冀以两年有半之期间，刊行第一集一千有十种，都一万一千五百万言，订为二千册，另附参考书［上三字原本脱失，兹补。——编注］十巨册；果时力容许，后此且继续刊行，迄于五千种，则四库旧藏，百科新著，或将咸备于是。本文库之目的，一方在以整个的普通图书馆用书供献于社会，一方则采用最经济与适用之排印方法，俾前此一二千元所不能致之图书，今可三四百元致之。更按拙作中外图书统一分类法，刊类号于书脊；每种复附书名片，依拙作四角号码检字法注明号码，故由本文库而成立之小图书馆，只须以认识号码之一人管理之，已觉措置裕如，其节省管理之费不下十之七八。前述三种之障碍，或可由是解除乎？

虽然，选择书籍，至难之事也。吾今所计画者，非以一地方一图书馆为对象，乃以全国全体之图书馆为对象，非以一学科为范围，乃以全智识为范围；其困难尤异夫寻常。即如国学书籍，浩如烟海，本文库第一集所采，仅限百种，骤视实甚简陋，然欲使久陷饥渴之读书界，获糗粮以果腹，此中所选皆人人当读之书，并依适当进程，先其所急。又如世界名著，浩博逾乎国学，其间选择分配，尤为困难。一方既谋各科各类之粗备，他方复求各派学说之并存。总期读书界得就此狭小范围，对于世界之万有学术，各尝其一脔，此外新编各科小丛书，亦一一按其重要之程度而有相当之著述。又千种之中，比例力求均匀，只有互相发明，绝无彼此重复。此即私心所悬为鹄的，而企图达到者也。

二

民国十八年，余创编万有文库第一集，尝揭橥其缘起数事如左：

（一）比年国内图书馆运动盛起，而成绩不多觏，究其故一由于经费支绌，一由于人材缺乏，而相当图书之难致，亦其一端。

（二）万有文库之目的，一方在以整个的普通图书馆用书供献于社会，一方则采用最经济与适用之排印方法，更按中外图书统一分类法，刊类号于书脊，每种复附书名片。除解决图书供给之问题外，将使购书费节省十之七八；管理困难，亦因而减少。

（三）国学书籍浩如烟海，世界名著广博尤甚。万有文库第一集千种中，治学门径之书占八百种，国学基本丛书与汉译世界名著仅各占百种；故所选只限于最切要之书。果时力容许，后此当继续刊行第二集三集，以迄于四五千种，则四库旧藏，百科新著，或将咸备于是。

今距本文库第一集创编时五年矣。中经一二八之变，商务印书馆濒于危亡；文库未竟之功，不绝如缕。同人备尝艰苦，锲而不舍；及二十二年终，全集竟得与世相见，而初印五千部亦已分配于国内外图书馆或私藏之中。余幸能始终其事，殊自慰也。考文库第一集之购藏者固以图书馆占多数，而借文库第一集以树其基础之图书馆，尤比比皆是。朋侪及教育界人士来自各省内地者，辄称道本文库对于新兴图书馆之贡献，谓为始意不及料，而以编印第二集相勉。乃就五年前所悬疑者切实计划，惨淡经营，半载于兹；而本文库第二集之目录始粗定。发行有日，除述其与第一集之关系外，于彼此异同之点，亦不可无一言。

本集与第一集既为一贯之计划，则组织上有其相同者，自不能无相异者。相同者原以竟未竟之功，相异者自可弥以往之阙。国学基本书籍与世界名著为数极繁，第一集仅各占百种，第二集而后自宜逐渐扩充范围；此组织上所以不得不相同者也。农工商医师范百科各小丛书为治学门径之作，第一集规模粗具，第二集自可别辟门径；此组织上所以不妨相异者也。余本此原则，从事编制；于是第一集与本集虽同为二千册，而第一集所由组成之丛书为数十有三，本集所由组成者为数仅四。其重要区别，即在一方面加重国学基本丛书与汉译世界名著之数量，前者由百种增至三百种，后者由百种增至百五十种；又一方面以自然科学小丛书及现代问题丛书二种而代第一集之农工商医等小丛书十一种。夫自然科学之亟待提倡，尽人而知；顾非有广泛而通俗之作，将无以通其门径，本集内容自然科学小丛书二百种，即所以导读者达于此秘奥之府也。又现代问题千变万化，备极复杂；吾人日处现社会中，苟昧于当前问题之进展与各专家对于解决各问题之意见，将不免有后时代之嫌。本集内容现代问题丛书五十种，即所以导读者随时代之转轮而俱进也。

本集书目，在草拟时最感困难者，莫如国学基本丛书。盖国学书籍既多，当读者亦不少，而本文库目的在依适当进程，先其所急。本集所收虽多至三百种，究属有限；选择标准既不敢凭少数人之主观，亦不宜据片时之判断。故于易稿三四次后，更取近人关于国学入门书目十三种作客观的衡量，斟酌损益，至再至三；结果三百种中未见于各家入门书目者，只十四种，此即为求各科各类之具备，而不得不补充诸家所漏列者也。他如汉译世界名著，因各国关于书评及选书之作多而备，选择之难虽稍逊于国学，然我国读书界之需要，未必尽同他国；彼之所需者，或非我所必需。故除以各国书评或选书之作为一部分根据外，不能不参酌本国之特殊需要；取舍之间，亦尝经长期间之探讨也。

本集各书，在编纂上最觉复杂者，莫如现代问题丛书。此类创作，在国内外出版物中尚鲜其例。本丛书目的在尽量搜集关于各问题之资料与意见，而为提要钩玄之编述；俾研究一问题者，得一书，不仅获鸟瞰的印象，并可依其导引，渐进于本问题之全领域。

惟编纂时对于资料之搜集与意见之分析，均需要长时间；专家既恐未暇及此，非专家又不易窥全豹。为解决此困难起见，经与若干著名大学合作，每一问题均由深切研究之教授一人领导研究生一二人合力担任；俾得以其专供研究之长时间搜集所当研究之资料，且在专家领导之下从事工作，自不难有满意之结果也。

总之，万有文库第一集之编印，对于读书界虽微有贡献，同人固不敢以过去之成就而稍自满也。今当第二集发行之始，余益感责任之重，愿与编辑同人益加奋勉。惟是学识浅陋，计划容有未周；国内学者能不吝教正，使第二集将来之成就，视第一集尤有进，岂惟同人之幸，读书界实利赖之。

（民国三十三年十月作。——编注）

辑印丛书集成序（附丛书百部提要）

昔李莼客有言：“士夫有志于古而稍有力者，无不网罗散逸，掇拾丛残，几于无隐之不搜，无微之不续；而其事遂为天壤间学术之所系，前哲之心力，其一二存者得以不坠，著述之未成者，荟萃而可传。凡遗经佚史，流风善政，嘉言懿行，瑰迹异闻，皆得考见其略；而后之人即其所聚之书，门分类别，各因其才质之所近，以得其学之所归。于是丛书之功，在天下为最巨。”王丹麓亦言：“丛者聚也，或支分于盈尺之部，或散见于片楮之间，裒而聚也；又丛者杂也，或述经史，或辨礼仪，或备劝戒，或资考订，事类纷纶，杂而列之也。”两氏之言，其足为我国丛书之定义乎？

钱竹汀云：“荟蕞古人之书，并为一部，而以己意名之者，始于左禹锡之百川学海。”按学海之辑，在宋咸淳癸酉，而俞鼎孙之儒学警悟刻于宋嘉泰间，前学海又数十年，是真丛书之祖。然二者虽有丛书之实，尚无丛书之名，其更前之笠泽丛书，则为唐陆天随个人之笔记，其自序称为丛脞细碎之书，虽有丛书之名，而实亦非丛书也。至若名实兼备者，实始于明程荣之汉魏，而继以格致丛书、唐宋丛书等。

降及清代，丛书之刻，愈多而愈精。精者如黄氏之士礼居，孙氏之岱南阁，皆仿刻宋元旧椠，人无间言。博者如歙县鲍氏之知不足斋，南海伍氏之粤雅堂；子目逾百，卷数及千，自是丛书之范围益广。其泛滥群流，多文为富者，有张氏之学津讨原，吴氏之艺海珠尘等；其传布古籍，雠校最精者，有卢氏之抱经堂，胡氏之琳琅秘室等；其书求罕见，今古俱备者，有蒋氏之别下斋，钱氏之指海等；其专辑近著，搜亡抱缺者，有潘氏之功顺堂，赵氏之仰视千七百二十九鹤斋等；其羼入泰西政俗游历诸篇，新旧兼收者，有潘氏之海山仙馆，江氏之灵鹣阁等。他如官刻丛书，则武英殿聚珍版实为巨擘。郡邑丛书，则明代之盐邑志林导其先路，而泾川岭南金华畿辅接踵而起。

于是孔壁汲冢之余，石渠东观之秘，咸登梨枣。张香涛云："人自问功德著作不足以传世，则莫如刊刻丛书以垂不朽。"可见学者之重视其事矣。

迄于今，综顾朱傅罗诸氏之丛书目录，与杨李二氏之丛书举要所著录者，部数多至数千；诚大观矣。然一考内容，则名实不符，十居五六；削改琐杂，比比皆然。张香涛谓"丛书最便学者，为其一部之中可该群籍；欲多读古书，非买丛书不可"。夫以种类若是纷繁，内容若是庞杂，苟不抉择，多购既糜金钱，滥读尤耗精力。

余近年先后编印万有文库初二集，于国学基本丛书之取材印刷，考虑再三，一以购读者精力与金钱之经济为主要条件，文库二集计画甫就，张菊生君勉余以同一意旨，进而整理此无量数之丛书，并出示其未竟之功以为楷式。余受而读之，退而思之，确认是举为必要。半载以还，搜求探讨，朝斯夕斯，选定丛书百部，去取之际，以实用与罕见二者为标准，而以各类具备为范围。别为普通丛书专科丛书地方丛书三类，类各区为若干目。普通丛书中，宋代占二部，明代二十一部，清代五十七部。专科丛书中，经学小学史地目录医学艺术军学诸目合十二部。地方丛书中，省区郡邑二目各四部。其间罕见者如元刊之济生拔萃；明刊之范氏奇书，今献汇言，百陵学山，两京遗编，三代遗书，夷门广牍，纪录汇编，天都阁藏书等。

清刊之学海名编，学津讨原等；虽其中间有删节，微留缺憾，要皆为海内仅存之本，残圭断璧，世知宝贵，今各图书馆藏书家斥巨资求之而不可得者也。至若清代巨制，如武英殿聚珍版，知不足斋，粤雅堂，海山仙馆，墨海金壶，借月山房，史学，畿辅，金华等，原刻本每部多至数百册，内容丰富精审，皆研究国学者当读之书，所谓合乎实用者，其信然矣。

综计所选丛书百部，原约六千种，今去其重出者千数百种，实存约四千一百种。原二万七千卷，今减为约二万卷；以种数言，多于四库全书著录者十分之二；以字数言，约当四库全书著录者三分之一。命名丛书集成，纪其实也。

方今文化衰落，介绍新知与流传古籍，其重要相等。是书之出，将使向所不能致或不易致之古籍，尽人得而致之，且得以原值二十分之一之价致之。又诸丛书经董理后，取精去冗，依类排比；复按万有文库之式印刷，分订袖珍本约四千册，以便检阅，亦犹是编印万有文库之原意云尔。

附丛书百部提要

萃群书为一书，故名曰丛；少者数种，多者数百种，大抵随得随刊，故先后无定序，刊者又各有所好，故彼此多复出。丛书集成初编选此百部，所涵书名，数逾四千。今依中外图书统一分类法，重加编订，以类相从，则浑者画；复统于一，则散者聚。除每书注明所属丛书之名，遇各部累见之书，则历记所属丛书于下，循流以溯源，固有条而不紊也。然原分为百，今合为一，恐读者不获见原书真面，因各撰提要一首，略识梗概，以次列左。

（甲）普通丛书八十部

（一）宋代二部

儒学警悟　七种四十一卷　宋俞鼎孙俞经同编

据序，书成于宋宁宗嘉泰元年。前人以百川学海为丛书之鼻祖；然学海刻于度宗咸淳九年，后于是书者，已七十二年。是书首石林燕语辨，次演繁露，次懒真子录，次考古编，次扪虱新语，分为上下，而殿以萤雪丛说。凡四十卷。是书见宋史艺文志类书类，卷数同。总目后嘉泰建安俞成海跋，称为七集四十有一卷者，则以萤雪丛说又为分上下二卷也。原为嘉靖王良栋抄本，缪荃孙得之，雠校一过，武进陶氏为之刊行。

百川学海　一百种一百七十七卷　宋咸淳左圭辑刊

圭字禹锡，自称古鄮山人。其刻是书，自序题昭阳作噩；昔人定为宋度宗咸淳九年。书凡十集，集七八种至十余种不等。所收以唐宋人著述为多，间有晋代及六朝者。圭自序：“余旧裒杂说数十种，日积月累，殆逾百家；虽编纂各殊，醇疵相半，大要足以识言行，裨见闻，其不悖于圣贤之指归则一。”又云：“人能由众说之流派，溯学海之渊源，则是书之成，夫岂小补?”丛书之辑，虽有儒学警悟在其前，而寥寥数集，以彼方此，实不啻行潦之于河海，洵可谓名副其实矣。

（二）明代二十一部

阳山顾氏文房　四十种四十七卷　明正德顾元庆辑刊

元庆字大有，长洲人，家于阳山大石下。藏书万卷，择刊善本，署曰阳山顾氏文房。其梓行纪年岁者，前为正德丁丑，后为嘉靖壬辰，多以宋本翻雕。或记夷白斋，或记十友斋，凡十一种。黄荛圃得其开元天宝遗事，跋其后曰：“书仅明刻耳，在汲古毛氏时已珍之，宜此时视为罕秘矣。”又曰：“唐朝小说尚有太真外传、梅妃传、高力士传，皆刊入顾氏文房小说。向藏梅妃传亦顾本，太真外传别一钞本，高力士传竟无此书。安得尽有顾刻之四十种耶?”如黄氏言，当时已极罕秘，今更百年，愈可珍已。

古今说海　一百三十五种一百四十二卷　明嘉靖陆楫等辑刊

楫字思豫，上海人。同时纂辑是书者，卷首嘉靖甲辰唐锦序，尚有黄良玉、姚如晦、顾应夫、唐世具诸人。序言：“凡古今野史外记、丛说脞语、艺书怪录、虞初稗官之流，靡不品骘抉择。区别汇分，勒成一书，刊为四部，总而名之曰古今说海，计一百四十二卷，凡一百三十五种。”卷首总目：一说选部，小录家三卷，偏记家二十卷。二说渊部，别传家六十四卷。三说略部，杂记家三十二卷。四说纂部，逸事家六卷，散录家六卷，杂纂家十一卷。四库著录入杂家类。亦称其删削浮文，存其始末，视曾慥类说、陶宗仪说郛为详赡。参互比较，各有所长；搜罗之力，不可没云。

范氏二十一种奇书　六十五卷　明范钦校刊

钦字尧卿，一字安卿，号东明，鄞县人。嘉靖进士，累官兵部左侍郎。钦喜购书，筑天一阁以藏之。此集为钦所手订，世知宝贵。在全部中，周易及元包潜虚等书居其九，而乾坤凿度又析出为乾凿度坤凿度，故二十种亦称为二十一种也。内如吴陆绩注之京氏易传，唐郭京之周易举正，唐赵蕤注之关氏易传，皆不易得之书，正不能以其偏重而少之耳。十余年前，涵芬楼曾收得两同书二卷，亦天一阁刊本，版式与二十一种同。然是编既无总目，诸家书目亦均不载，故未并入。

今献汇言　三十九种三十九卷　明高鸣凤辑刊

明史艺文志杂史类，高鸣凤今献汇言二十八卷；四库杂家类存目仅八卷。提要云："据其目录所刊，凡为书二十五种，乃首尾完具，不似有阙。"北平图书馆所藏，与通行汇刻书目，均二十五种；而书名异者乃十之四五。是编多至三十九种，较明史四库及见在仅存之本均有增益。其中拘虚晤言、江海歼渠记、医闾漫记、平定交南录、平吴录，版心上有献会二字；比事摘录、菽园杂记，有会字；守溪长语，有献言二字。存者均不过一二叶；然可见书名原作会言，不知何时改会为汇。此无刊书序跋，又无总目，是否完璧，未敢断也。

历代小史　一百六种一百六卷　明李栻辑刊

栻字孟敬，丰城人。嘉靖乙丑进士，官浙江按察副使。所著有困学纂言，四库著录；凡一百五种。是本增大业杂记一种，博采野史，以时为次，自路史汉武故事起，至明中叶之复辟录止。每种一卷。遗闻逸事为稗史类钞等书中所未收者颇夥。各书虽多删节，不无遗憾，但重要节目，悉加甄录。序称中丞赵公所刊，四库馆臣不能考知为谁。察其版式，当刊于隆万间也。

百陵学山　一百种一百十二卷　明隆庆王文禄辑刊

文禄字世廉，海盐人，嘉靖辛卯举人。著有廉矩、竹下寤言、海沂子等书；收入四库。是编乃其汇刻诸书以拟宋左圭百川学海者，故以百陵学山为名。四库存目作丘陵学山。原书目录后文禄短跋，有原丘陵改百陵对百川、丘宣圣讳改百尊圣之语。盖馆臣所见为初刊未全本也。目录以千字文编次。自天字至罪字，凡百号。其中钱子法语巽语二种，原名语测，实为一书。四库提要则谓自天字至师字，凡七十四种。卷首王完序亦言以千字文为编，凡数十种。序作于隆庆戊辰，文禄短跋作于万历甲申；相距十有七年。是定名百陵，实在刻成百种之后也。

古今逸史　四十二种一百八十二卷　明吴琯校刊

琯新安人，明隆庆进士。是编分逸志逸记。志分为二：曰合志，凡九种；曰分志，凡十三种。记分为三：曰纪，凡六种；曰世家，凡五种；曰列传，凡九种。凡例有言："其人则一时巨公，其文则千载鸿笔，入正史则可补其阙，出正史则可拾其遗。"又言："六朝之上，不厌其多；六朝之下，更严其选。"又言："是编所书，不列学官，不收秘阁，山镵冢出，几亡仅存；毋论善本，即全本亦希，毋论刻本，即抄本多误。故今所集，幸使流传，少加订证，何从伐异党同，愿以抱残守阙云耳。"在明刻丛书中，此可称为善本。

子汇　二十四种三十四卷　明万历周子义等辑刊

儒家七种：一、鬻子，二、晏子，三、孔丛子，四、陆子，即新语，五、贾子，即新书，六、小荀子，即申鉴，七、鹿门子。道家九种：一、文子，二、关尹子，三、亢仓子，四、鹖冠子，五、黄石子，即素书，六、天隐子，七、元真子，八、无能子，九、齐丘子。名家三种：一、邓析子，二、尹文子，三、公孙龙子。法家一种，慎子。纵横家一种，鬼谷子。墨家一种，墨子。杂家二种：一、子华子，二、刘子。原书前后无刊版序跋，仅鬻子、晏子、孔丛子、文子、慎子、墨子有本书前后序，均题潜庵志。归安陆心源定为周子义别字；其人于隆庆万历间官南京国子监司业。按南监本史记、梁书、新五代史，均余有丁与子义二人联名校刊；是书或同时镌版。黄虞稷千顷堂书目子部杂家类有余有丁子汇三十三卷；此为三十四卷，疑黄目传写偶误，否则所见或非足本也。

两京遗编　十二种六十五卷　明万历胡维新辑刊

维新浙江余姚人，嘉靖己未进士，官广西右参议。万历间，维新任大名道兵备副使，以其地为古赵魏之邦，文学素盛，因辑是编。值洹水令原君兴学好文，遂命鸠工聚材，即其县刻之。所刻者，新语二卷，贾子十卷，春秋繁露八卷，盐铁论十卷，白虎通二卷，潜夫论二卷，仲长统一卷，风俗通十卷，中论二卷，人物志三卷，申鉴五卷，文心雕龙十卷；总称之曰两京遗编。按序凡十二种；惟四库全书总目仅有十一种，无春秋繁露。所据为内府藏本，或有残缺；此无足论。是编以所采皆汉文，故以两京名其书，然著人物志之刘邵为魏人，著文心雕龙之刘勰为梁人，而亦列入者，即序中固自言以其文似汉而进之也。

三代遗书　七种二十九卷　明万历赵标辑刊

标山西解州人，万历丙戌进士；越八年，巡按畿南，辑印是书。自序："取前所契六种之书，稍加订改，因名之曰三代遗书；付大名守涂君，为之锓梓；盖书俱三代所遗者，而梓之今日，则三代之存，即余志也。"书六种：曰竹书纪年，曰汲冢周书，曰穆天子传，曰批点檀弓孟子，曰考工记，曰六韬；其后又增入三坟。万历戊寅贾三近刻版题词云："古有三坟，顾其书堇堇不多传；余在奉常署中，太原王公希克有藏本出示余，谓于长安道上败籍中得之。考其序旨，盖宋元丰间毛正仲氏见于泌阳旅人家，亦奇矣。余爱而手录，将谋锓梓，未遑也。会有友人滕王氏伯子守大名，因出付之。"此书实为后人伪撰，据此所言，则伪之由来亦已古矣。

夷门广牍　一百七种一百五十八卷　明万历周履靖辑刊

履靖字逸之，嘉兴人。好金石，专力为古文辞。编篱引流，杂植梅竹，读书其中，自号梅颠道人。性嗜书，间从博雅诸公游，多发沉秘。是编广集历代稗官野记，并裒集平生吟咏暨诸家投赠之作，号曰夷门，自寓隐居之意。刊成自序，则万历丁酉岁也。序称所辑有艺苑牍，博雅牍，尊生牍，书法牍，画薮牍，食品牍，娱志牍，杂占牍，禽兽草木牍，招隐牍；终以别传，寓闲适觞咏二类于其中。凡一百有七种。四库存目称尊生书法画薮三牍皆未列入。是本所载，一一俱存。盖馆臣仅见残本，故误为八十六种耳。

稗海　七十四种四百八十卷　明商濬校刊

濬字初阳，浙江会稽人。是书自序："吾乡黄门钮石溪先生，锐情稽古，广购穷搜；藏书世学楼者，积至数千函百万卷。余为先生长公馆甥，故时得纵观焉。每苦卷帙浩繁，又书皆手录，不无鱼鲁之讹；因于暇日撮其纪载有体议论的确者，重加订正；更旁收缙绅家遗书，校付剞劂，以永其传，以终先生惓惓之心。凡若干卷，总而名之曰稗海。"所录唐宋诸家笔记，鉴别颇为精审，几于应有尽有。明史艺文志列入小说家类，凡三百六十八卷。千顷堂书目则入类书类，凡四十六种。续二十七种，无卷数。是编卷首刊有总目，种数增一，卷数增八十；疑前人所记误也。

秘册汇函　二十二种一百四十一卷　万历胡震亨等校刊

震亨海盐人，万历丁酉举人，官兵部郎中。明史艺文志类书类，胡震亨秘册汇函二十卷。千顷堂书目，增撰人姚士粦，卷数同。是编凡一百四十一卷，卷首有武原胡震亨孝辕、绣水沈士龙海纳、新都孙震卿百里，同题短引云："抄书旧有百函，今刻其论序已定者，导夫先路，续而广之，未见其止。书应分四部，而本少未须伦别，略以撰人年代为次而已。中更转写，雠校乏功，虽巧悟间合，而阙疑居多。"是随刻随续，此二十二种者必非同时刊成。明史所记，疑仅初刻甫竣数种之本，故卷数特少。后未刊竟，遽毁于火。残版归常熟毛氏，孝辕等复为之纂辑，遂成津逮秘书。

纪录汇编　一百二十三种二百十六卷

明万历沈节甫辑陈于廷刊

节甫字以安，号锦宇，乌程人。嘉靖己未进士，官至工部左侍郎；天启初追谥端靖。明史艺文志杂家类，沈节甫纪录汇编二百十六卷，与此合。是书刊于万历丁巳，卷首阳羡陈于廷序云："顷余按部之暇，得睹沈司空所裒辑纪录汇编若干种；虽稗官野史之流，然要皆识大识小之事，因亟登梓以广同好。”按是编均采嘉靖以前明代君臣杂记。卷一至九，为明太祖至世宗之御制诗文；卷十至十五，记君臣问对及恩遇诸事；卷十六至二十三，英宗北狩景帝监国之事也；卷二十四五，世宗南巡往还之纪也；卷二十六至三十四，则太祖成祖平定诸方之录；卷三十五至五十六，即中叶以来绥定四夷之绩；卷五十七至六十六，则巡视诸藩国者之见闻；卷六十七至九十六，则明代诸帝政治之纪载；卷九十七至一百二十三，则名臣贤士科第人物之传记；至卷一百二十四以下，或时贤之笔记，或朝野之遗闻，或游赏之日记，或摘抄，或漫录，或志怪异，或垂格言，要皆足以广见闻而怡心目也。

稗乘　四十二种四十七卷　明万历孙幼安校刊

千顷堂书目类书类有此书名，无纂辑人姓氏。是本卷首李维桢序云：“有集小说四十二种，分为四类：曰史略，曰训诂，曰说家，曰二氏者，而孙生持以请余为之目。”又云：“小说虽不甚佳，可依杯酒谈谐之助……醒人耳目，益人意智，胜于庾信所谓犬吠驴鸣，颜延之所谓委巷间歌谣矣。是书编葺不得主名，孙幼安得之，校正以传，亦可纪也。”全书四十二种，中惟因话录分三卷，蚁谈、三十国记，各分二卷，积善录正续共二卷，馀均不分卷。以每种一卷计之，当共得四十七卷。千顷堂书目乃曰四十五卷，殆偶误欤？

宝颜堂秘笈　二百二十六种四百五十七卷　明万历陈继儒辑刊

继儒字仲醇，号眉公，松江华亭人。幼颖悟，诸生时与董其昌齐名，王锡爵王世贞辈皆重之。年二十九，取儒衣冠焚之，隐居于昆山之阳，后筑室东佘山，杜门著述，名重一时，间刺琐言僻事，诠次成书，远近争相购写。其所居曰宝颜堂者，以得颜鲁公书朱巨川告身，故以名其堂也。按千顷堂书目类书类：“陈继儒宝颜堂二十卷，又续秘笈五十卷，又广秘笈五十卷，又普秘笈四十六卷（原列书目四十九卷，六字疑误），又汇秘笈四十一卷。”是本普集减一种，汇集增一种，著录之书亦略有差池。又此为种数，彼则称卷，稍有不同耳。千顷堂书目又云：“正集前篇，有见闻录八卷，珍珠船四卷，妮古录四卷，群碎录一卷，偃曝馀谈二卷，岩栖幽事一卷，枕谭一卷，太平清话四卷，书蕉二卷，笔记二卷，书画史一卷，长者言一卷，狂夫之言三卷，续狂夫之言二卷，香案牍一卷，读书镜十卷。”此即是本之眉公杂著也。继儒自言：“余得古书，校过付抄，抄后复校；校过付刻，刻后复校；校过即印，印后复校。”所刊之书，虽多删节，不免为通人所斥，然名篇秘册，所在皆有，况至今又数百年，安得不珍为断圭残璧乎？

汉魏丛书　八十六种四百四十八卷　明程荣何允中清王谟辑刊

汉魏丛书先后三刻：首程荣本，次何允中，又次王谟；此即王本。按王序：“是书辑自括苍何镗，旧目原有百种；新安程氏版行，仅梓三十七种（按程本实三十八种，王本总目缺商子，故误）。武林何氏允中又损益其半，合七十六种，而前序则东海屠隆撰。按何氏原跋云：“往见纬真别本，分典雅奇古闳肆藻艳四家，以类相从，殊为巨观。纬真即隆字也，则似纬真又自有丛书行世。明史艺文志类书门载有屠隆汉魏丛书六十卷，必即何氏所见纬真别本，但不应何本又冠以屠序也。”屠本今不可见。王氏增订凡例，亦言：“二百余年，何本原书亦仅有存者；坊间所鬻，多以建阳书林所刻汉魏名文乘冒充。”今惟程本尚存，其前亦有屠序。总目经籍十一种，史籍四种，子籍二十三种；独集籍仅存一行，下无书名，颇疑程氏即复刻屠本。改其所谓典雅奇古闳肆藻艳四家，易为经籍史籍子籍等类。其集籍一门，尚未付刊，戛然中止，故行世者仅存三十八种。虽迭经何王二氏增补，然以视何镗原编尚缺十四种。其目不存，无可考矣。何镗字振卿，号宾岩，处州卫人；嘉靖二十六年进士，官至江西提学佥事。屠隆字长卿，一字纬真，鄞县人；万历五年进士，官至礼部主事。程荣字伯仁，歙县人。何允中，仁和人，天启二年进士。王谟字仁甫，一字汝上，金溪人；乾隆四十三年进士。

唐宋丛书 九十一种一百四十九卷 明钟人杰辑刊

人杰字瑞先，钱塘人。是编刊目，分经翼七种，别史十四种，子余二十种，载籍四十八种，又有书无目者二种。其中分卷者二十二种，不分卷者六十九种；每种以一卷计，共得一百四十九卷。书以唐宋名，然实不限于唐宋。载籍内有元人著述二种。剡上戴澳序已申言之，曰："五代故唐之残局，而辽金元皆宋之遗疹，故统之唐宋。"至推而上之，有先秦六朝人之著作，则原目末行亦已记明"右补汉魏丛刻二十种"云。

天都阁藏书 十五种二十六卷 明天启程好之校刊

四库全书总目提要云："明程允兆编。允兆字天民，歙县人，故取天都山以名其阁。是书序称丁卯长至，不著年号。相其版式，全仿闵景贤快书，确为万历以后之本。所谓丁卯，盖天启七年也。"然程胤兆序："家弟好之慨之，暇日出其所藏钟仲伟诗品，杨用修词品，庾肩吾书品，李方叔书品，以及杂著种种，悉合而梓之。其搜揽未备者，随得续刻焉。题之曰天都阁藏书，而索序于予；予何以序之，不过就其所谓品者辨之而已。"是刊此书者，实好之而非胤兆。胤避清世宗讳，故改作允。是编所录，凡十五种，分诗词书画四品。中惟钟嵘诗品三卷，杨慎词品七卷，书断列传四卷，余均不分卷；以每种一卷计，当共得二十六卷。而四库存目，则定为二十五卷云。

津逮秘书 一百四十四种七百五十二卷 明崇祯毛晋校刊

晋字子晋，又号潜在，原名凤苞；江苏常熟人，世居虞山东湖。

家富图籍，喜刻古书。晋既得胡震亨所刻秘册汇函残版、增为此编。四库总目云："版心书名在鱼尾下，用宋本旧式者，皆震亨之旧。书名在鱼尾上而下刻汲古阁字者，皆晋所增。分十五集，凡一百三十九种；中金石录墨池编有录无书，实一百三十七种。"是本一百四十四种，目录中亦无金石录墨池编二书，盖其后重加编订，续有增入也。提要又云："晋家有藏书，又所与游者多博雅之士；故较他家丛书去取颇有条理。"卷首胡震亨序云："郦氏之经云，积石之石室有积卷焉，世上罕津逮者；今而后问津不远，当不怪入其窟按其简者之为唐述矣。"之数语者，可谓是书定评。

诗词杂俎　十一种二十一卷　明毛晋辑刊

汲古阁当明清之际刊书最多，津逮秘书而外，所刊巨帙十三经注疏、十七史，尤见重于时。钱受之言，毛氏之书走天下，洵不诬也。所刊历代诗词，亦数十集；此特其小品耳。所录凡十一种，首众妙集，宋赵师秀编；以风度流丽为宗，多近中唐之格，直斋书录不载其名，盖失传已久。四库总目称其去取之间确有法度，不似明人所依托。观其有近体而无古体，多五言而少七言，确为四灵门径云。末女红余志二卷，题龙辅撰，序称乃武康常阳之妻。阳序称外父为兰陵守元度公后，家多异书；辅择其当意者，编成四十卷，手录其最佳者一卷，是为上卷。下卷皆辅所作小诗。龙辅何时人，不可考，书亦罕见。

（三）清代五十七部

学海类编　四百四十种八百十卷

清曹溶辑陶越增订六安晁氏排印

溶字洁躬，一字鉴躬，号秋岳，嘉兴人。崇祯丁丑进士，擢御史；入清，官至少司农。陶越字艾村，其门人也。曹氏辑成是书，初仅有抄本。卷首有辑书大意，分别四部，以类相从。一曰经翼，二曰史参，三曰子类，四曰集余。集余中又区为八类：一曰行诣，二曰事功，三曰文词，四曰记述，五曰考据，六曰艺能，七曰保摄，八曰游览。次又述其选录之旨，曰：“一，二氏之书专说元虚及成仙作佛之事不录；一，诬妄之书不录；一，志怪之书不录；一，因果报应之书不录；一，荒诞不经之书不录；一，秽亵谑詈及一切游戏之书不录；一，不全之书不录；一，诗不系事者不录；一，杂抄旧著成编，不出自手笔者不录；一，汉魏丛书、津逮秘书，及说海、谈丛等书所载者不录；一，部帙浩繁者不录；一，近日新刻之书及旧版流传尚多者不录；一，明末说部书不录；一，茶经酒谱书不录。”后又殿以杂言，详叙各书排次及抄写格式，而又拳拳于抄手之正讹，良朋之校勘，及同志之续成巨帙。曹陶二氏之苦心，可谓至矣。是书编定，迄未刊印；迨道光辛卯，娄县张允垂官杭州知府，得汲古阁毛氏所藏抄本，以畀六安晁氏活版排印，而其书始得行于世焉。

秘书　二十一种九十四卷　清康熙汪士汉校刊

士汉字隐侯，履贯不详。是编汇辑先秦汉魏六朝唐宋名著二十一种。其称曰秘书者，盖尔时尚为罕见之籍。先刊于康熙初年，至乾隆壬戌，其后人为之重刊；江永序云：“隐侯汪先生尝取汲冢以下二十一种书，校而梓之，命曰秘书。书久风行，版浸蠹漫，其孙勋暨弟谟等复新之以承先志，今天下好古者共秘而传焉。隐侯先生有书癖，多著述；此集犹其一隅云。”江氏通儒；诵其言，可以信此书矣。

正谊堂会书　六十八种五百二十五卷

清康熙张伯行编同治左宗棠增刊

伯行字孝先，晚号敬庵，河南仪封人。康熙进士，累官礼部尚书，为清代宋学大师。抚闽时，创建鳌峰书院，颜其堂曰正谊，集诸生讲授。搜求先儒遗著，手自校刊，分立德、立功、立言、气节、名儒粹语、名儒文集六部，刊成五十五种。同治五年，左文襄班师旋闽，重振文教，首访是书，存者仅四十四种；而鳌峰藏版，蠹蛀无遗，因设正谊堂书局，厘定重刊；增为六十八种，至同治八年竣工，定其名曰正谊堂全书。宋儒理学之著作，此为渊海已。

聚珍版丛书　一百三十八种二千四百十一卷　清乾隆敕刊

清高宗乾隆三十八年，诏儒臣汇辑永乐大典内罕觏之籍。初定一百二十六种，先刻四种，旋以木活字摆版，定名聚珍。除已刻四种，其余次第印行。宫史又称续印十二种。总计经部三十二种，史部二十九种，子部三十四种，集部四十三种；都二千四百十一卷。江苏江西浙江诸省先后翻刻，而福建所刻独多，且增为一百四十八种。广东广雅书局重刻，亦沿其误。近人陶湘据大内藏本，考订特详，定为一百三十八种。见故宫殿本书库现存目。

抱经堂丛书　二十种二百六十三卷　清乾隆卢文弨校刊

文弨字召弓，号矶渔，又号抱经，钱塘人。乾隆进士，官至侍读学士，以言事左迁，乞养归田。昧爽校书，日瞑始罢，夜则篝灯复校；积二十余年，祁寒酷暑不稍间。每校一书，必搜罗诸本，反复钩稽。乾隆间，汇刊所校汉唐人书及所著札记文集为抱经堂丛书；其卓识宏议，见于卢氏自为各书序跋。版式雅饬，镌印俱精。

知不足斋丛书　二百七种七百八十一卷　清乾隆鲍廷博校刊

廷博字以文，号渌饮，原籍歙县，迁于嘉兴之郚镇。颜所居曰知不足斋，藏弆既富，校雠尤精。所刻丛书，卢文弨称其无伪书俗书间厕，王鸣盛亦称其淹雅多通。精于鉴别，珍抄旧刻，手自校对；实事求是，正定可传。每集八册，刻至二十七集廷博卒，其后人踵而成之；自乾隆丙申讫道光癸未，成书三十集。在清代丛书中，可称翘楚。

奇晋斋丛书　十六种十九卷　清乾隆陆烜校刊

烜字子章，号梅谷，浙江平湖人。生平慕陈仲醇、胡孝辕、毛子晋之刻书，称其大公无我。又深鄙得有奇书异本私为秘物，惟恐人之借阅传抄。是编所收，为历朝名人杂录、诗话、游记。自序谓有出于前人所见之外者。书成于乾隆己丑，凡十六种。每书卷尾，烜均自为跋语。而于文山遗山两题跋，亡国孤忠尤三致意。可以窥其志尚已。

砚云甲乙编　十六种五十卷　清乾隆金忠淳辑刊

忠淳字古还，履贯不详。是书甲编，成于乾隆乙未，越三年，又成续编；编各八帙，所选皆明人说部。砚云，其书屋名也。甲编自序谓："王荆公云，不读小说不知天下大体。自说郛说海稗海秘笈诸刻，搜罗历代，不下千百种，然彼此互见，陈陈相因；是编大率写本居多，不敢湮没前修，俾共流传。"每书卷末，忠淳各自为短跋；惟乙编则均无之。

龙威秘书　一百七十七种三百二十三卷　清乾隆马俊良辑刊

俊良字嵰山，浙江石门县人。乾隆甲寅刊行是书。一集曰汉魏丛书采珍，二集曰四库论录，三集曰古今集隽，四集曰晋唐小说畅观，五集曰古今丛说拾遗，六集曰名臣四六奏章，七集曰吴氏说铃揽胜，八集曰西河经义存醇，九集曰荒外奇书，十集曰说文系传；集各八册。每集俊良自为弁语，以冠卷首。并引云笈七签所记"吴王阖庐游包山，见一人姓山名隐居，入洞庭之石城，取素书一卷呈阖庐，其文篆书不可识；问孔子，孔子曰，龙威丈人山隐居，北上包山入灵墟，乃入洞庭窃为书"故事，名曰龙威秘书。

艺海珠尘　二百十七种三百七十五卷　清吴省兰辑刊

省兰字泉之，一字稷堂，江苏南汇人。乾隆戊戌钦赐进士，官至礼部侍郎。是编先以天干编第，成甲乙丙丁戊己庚辛八集；每集略分经史子集。其版后归金山钱熙祚，熙祚续成壬癸二集，其体例一如前书。然极罕见；近通行本有以金石丝竹匏土革木编次者，盖书版归苏州坊肆后所重订，固无壬癸二集，即前八集亦非复旧观矣。

经训堂丛书　二十一种一百六十二卷　清乾隆毕沅校刊

毕沅字纕蘅，一字秋帆，自号灵岩山人，江苏镇洋人。乾隆进士，历官陕西巡抚、湖广总督。好著书，铅椠不去手。经史小学金石地理之学，无所不通。尝谓经义当宗汉儒，说文当宗许氏；其为学之精博，观此可以概见。当开府西安之时，经术湛深之士，如孙星衍、洪亮吉、汪中辈皆从之游。是编所辑，有校正吕氏春秋一种，盖欲远比文信之咸阳蓄养宾客也。于关中舆地金石，亦有筚路蓝缕以启山林之功。其他各书，太半为毕氏校正及自撰之作；然亦幕府群贤赞襄之力为多。

贷园丛书　十二种四十七卷　清乾隆周永年辑李文藻刊

文藻字素伯，号南涧，益都人。乾隆进士，官桂林府同知，与历城周永年友。永年字书昌，乾隆进士，召修四库书，改庶吉士，授编修。永年尝约曲阜桂馥筑借书园，聚书其中；交文藻三十九年，凡相聚及简尺往来，无不言抄书事。及文藻官恩平潮阳，刻书十余种，其原本多得之永年。文藻殁后，永年于乾隆五十四年为之印行。序云："尚思续刻以益之；凡藏弆书版者，又将多所借以广之。"然是书止于初集，所收半为戴惠江钱诸大儒譬经治音韵之作。

雅雨堂丛书　十一种一百二十八卷　清乾隆卢见曾校刊

见曾字抱经，号雅雨，山东德州人。康熙辛丑进士，两官两淮盐运使。是编刊于乾隆丙子，凡十一种。卢氏均各为序言，以冠卷端。首为李氏易传，卢序云："余学易数十年，于唐宋元明四代之易，无不博综元览，而求其得圣人之遗意者，以汉学为长，以其去古未远，家法犹存。"云云。其他各书，亦皆当时罕秘之本，且多出自精校名钞。如吴方山、钱牧斋、陆敕先、叶石君、王阮亭、朱竹垞诸人题记，均一一附刊于后；可谓信而有征矣。

函海　一百六十三种八百五十二卷　清乾隆李调元辑刊

调元字雨邨，号墨庄，四川绵州人。乾隆癸未进士；由广东学政，监司畿辅。正值四库初开搜采遗书之日，与往年翰院同馆诸人尺素相通，因得借观内府藏书副本。雇胥抄录，复开雕以广其传。始于乾隆辛丑秋，迄壬寅冬，裒然成帙。初刻续刻各二十函。一至十为晋六朝唐宋元明人未刊书，十一至十六，专刻杨升庵未刊书，十七至二十四则兼收各家罕见者参以考证，二十五至四十则为调元手纂之作，名曰函海，亦犹宋左圭之百川学海，明商濬之稗海也。嘉庆五年，避乱成都，车载往来，版多残缺。调元亦旋卒。其弟鼎元既为校正初印伪夺；道光五年，其子朝夔重修补刊，于是复为完璧。

汗筠斋丛书　四种十七卷　清嘉庆秦鉴校刊

鉴字照若，江苏嘉定人。是书刊于嘉庆初年，所辑仅成第一集；凡四种。一、郑志，钱东垣与其弟绎校订；二、崇文总目，东垣与其弟绎、侗辑释；三、九经补韵，钱侗考证；四、后汉书补表，钱大昭撰。大昭字晦之，嘉定人，博学多闻，与其兄大昕齐名。其子东垣字既勤，绎字以成，侗字同人；均能世其家学。右刊四书，皆钱氏一门之著述。照若与同里闬，故为流播。崇文总目、九经补韵，照若亦与于校辑之役，见侗序及其自为后跋。

读画斋丛书　四十八种一百九十九卷　清嘉庆顾修辑刊

修字菉崖，浙江石门人。是书刊于嘉庆三年。自甲至辛八集，全仿鲍廷博知不足斋例，不以时代限，亦不以四部分第。每得一书必与廷博及仁和孙志祖商榷论定，又得萧山徐鲲为之点勘。校雠之精，堪与鲍书颉颃。甲集四种，为治选学之南针，其余各集，亦多考据经史，有裨实用。

拜经楼丛书　十种三十一卷　清嘉庆吴骞辑刊朱记荣重刊

骞字槎客，一字兔床，浙江海宁州人。笃嗜典籍，遇善本，倾囊购之，不稍吝。所得不下五万卷。初刊愚谷丛书，并无总目，仅记入版心者三种：一谢宣城诗集，一谗书，一拜经楼诗话。其他随得随刊，均成于乾嘉之际，且并此名而无之。至光绪年间，吴县朱记荣重加编订，定名拜经楼丛书，凡十种。

岱南阁丛书　二十三种一百七十三卷　清嘉庆孙星衍校刊

星衍字渊如，江苏阳湖人。乾隆丁未进士，官至山东省粮道。先是分巡山东兖沂曹济时，以所居当岱山之南，颜其斋曰岱南阁。此编大都为其官东鲁时所辑，故亦以岱南阁名之。始刊于乾隆五十年，最后为嘉庆十四年；所收各书，除孙氏自勘撰小正此文外，星衍多补作校诗为之余。订字本，凡十八种。又有巾箱本，凡五种：曰周易集解，曰周易口诀义，曰夏小正传，曰急就章考异，曰王无功集，其第五种通行本多佚去，此独全。

平津馆丛书　四十三种二百五十四卷　清嘉庆孙星衍校刊

星衍家守传书，历官中外，见闻尤博；其移抄搜辑，历二十余年如一日。是书以天干分集，视岱南阁所辑种类较夥。其中诸子杂史，均据善本，校勘尤精。间有借助于友朋者。初印六集，嗣及八集，洎成十集，而印行极鲜。或疑当时刻犹未竣。然按星衍自序云："自甲到癸，终始十集，最具目详［原本"最目具详"，疑误今改。——编注］，叙例咸备，聊署平津之馆，敢县咸阳之门。"序题嘉庆十七年，则是本固已十集具全矣。中更兵燹，原版尽毁，书亦仅存。光绪十年，吴县朱记荣取十集重为校刊，极称是书鉴别之精，校订之确，洵能备三善而绝五弊。又自述重刊之意，以为不特备三善，且兼四美，而五弊亦无自生。

问经堂丛书　十八种三十一卷　清嘉庆孙星衍孙冯翼同校刊

冯翼字凤卿，承德人。刻此书时，当嘉庆二年至七年；付刊之地，亦非一处。冯翼父官江南藩司，故有数书刊于金陵官署。其在山东廉访署者，则孙星衍为之校刊也。书凡十八种，其郑氏遗书、世本、神农本草经、尸子、燕丹子，均有星衍序。序称冯翼曰吾弟，曰从子，虽非同族，视犹子弟。冯翼笃嗜古书，其受星衍薰陶者深，亦颇有所辑录。是书之刻，冯翼尸其名，实则成于星衍之手。观于神农本草经题二人同辑；尸子卷末，署星衍弟星衡星衢二人校正，是可知也。故所收各书，卓然可传；冯翼亦附骥尾而名益彰焉。

文选楼丛书　三十四种四百七十八卷

清嘉庆阮元辑刊道光阮亨汇印

元字伯元，号芸台，仪征人。乾隆进士，官至体仁阁大学士太傅，殁谥文达。此书半为文达一人著作，半为同时学者所撰，而文达为之刊印者。文达为清代朴学大师，而此书实可代表乾嘉学术之盛。道光壬寅，其弟亨印行是书，跋称文选楼积古斋诸处所贮书版恐渐零落，因以零种汇为丛书云云。计共三十四种。

士礼居丛书　十九种一百九十四卷　清嘉庆黄丕烈校刊

丕烈字尧圃，吴县人。乾隆戊申举人。喜藏书，得宋刻有余种，颜其室曰百宋一廛，元和顾广圻为百宋一廛赋以美之。嘉庆戊寅，刊成士礼居丛书十九种。其中如宋本郑氏周礼仪礼，天圣明道本国语，郯川姚氏本国策，与夫庞安常之伤寒总病论，洪迈之集验方，尤为罕见之书。所附札记，诠释音义，刊正谬误，允为校勘家翘楚。乾嘉之际，东南藏书家以士礼居为巨擘；取精用宏，故丛书所选为世所重。兵燹之后，流传绝少，好古之士珍如鸿宝焉。

学津讨原　一百九十二种一千四十八卷　清嘉庆张海鹏辑刊

海鹏字若云，号子瑜，江苏常熟人。是编取毛晋汲古阁津逮秘书而损益之；所收皆四库著录，有关经史实学，及朝章典故，遗闻轶事，间及书画谱录之类。去取之间，极为审慎。按津逮终于元代，是编迄明而止。其津逮旧刻诸书，本无序文，或有序而无甚发明者，皆录四库提要，以冠卷首。新增之书，则略述授受源流，与津逮旧收而重觅善本订定者皆附跋语以志颠末。嘉庆十年书成，引刘勰新论序之曰："道象之妙，非言不津；津言之妙，非学不传。"故名曰学津讨原。

墨海金壶　一百十五种七百二十七卷　清嘉庆张海鹏辑刊

海鹏既收毛氏汲古丛残之籍，汇为学津讨原；又广搜四部，博采九流，得古书之可以附庸六籍者，汇为是编。按其凡例，自称悉本四库所录，其从宋刻旧钞录出者，什之二三，余则以文澜阁本为多。首取其原本久佚，辑自大典者；次取其旧有传本，版已久废者。书必完帙，不取节录。若原有残缺，无可补钞，则就所见梓之。至于校订精谨，不惮再三。若彼此互异，未敢遽定，则间附小注两存之。嘉庆二十二年版成，吴门石韫玉为序其端，引王子年拾遗记云："周时浮提之国献神通善书者二人，肘间出金壶，中有墨汁如漆，洒之着物，皆成篆隶科斗之字。"海鹏以此名其书，盖将使金壶中一点墨洒遍华严世界也。传闻是编摹印仅百部，未几其版即毁于火，故流传极少。

借月山房汇钞　一百三十五种二百八十三卷
清嘉庆张海鹏辑刊

是编专收明清两朝撰述，与学津讨原墨海金壶范围不同。凡经学、小学、杂史、野乘、奏议、传记、地理、政书、史评、儒家、术数、艺术、谱录，以及杂家、小说、诗文评类，本末之学略备。名曰借月山房汇钞，识读书之地也。海鹏自序谓："所刻悉取诸近代，论必雅而不俚，事必信而可考，言必实而可施。"可以征其声价矣。

湖海楼丛书　十三种一百九卷　清嘉庆陈春辑刊

春字东为，萧山人。喜蓄书，颜其书楼曰湖海。与汪继培交；继培家富藏弆，每得善本，辄出以相示。春父七十寿辰，继培以精校列子张注为寿，春为付梓，即此丛书之滥觞也。春博学多闻，时思流布秘籍，以为娱亲之举。择考证经史有裨实用者次第写版，继培复为之校定。其中潜夫论笺十卷，即为继培所作。复得王晚闻为之赞助，成书凡十三种。其版至光绪初年犹存。

二酉堂丛书　二十一种二十七卷　清道光张澍辑刊

澍字时霖，一字伯瀹，号介侯，又号介白，武威人。嘉庆进士，官云南石屏县知县。初主讲兰山书院，纂五凉旧闻四十卷；旋复搜辑关陇著述，肇自周秦、暨乎隋唐，凡二十四种。即籍非乡邦，孤本罕见，亦为捃摭。得十二种。道光元年刊于二酉堂，先成二十一种。余十五种迄未续刻。西北文献，略见于斯。

泽古斋重钞　一百十种二百三十九卷　清道光陈璜校刊

璜字寄磻，上海人。嘉庆间，常熟张海鹏刊借月山房汇钞，既成，其家不戒于火，版就散佚。璜购得之，因其残帙，递为补刊，并将原书间有舛讹者，加以厘订；易其名曰泽古斋重钞，所以识其自来也。书刊于道光三年。

守山阁丛书　一百十二种六百六十五卷　清道光钱熙祚校刊

熙祚字锡之，江苏金山人。读书喜为校勘之学。道光初，得张海鹏墨海金壶残版，补订为守山阁丛书。阁以守山名者，熙祚于县属秦山构祠建阁，藏书于中，冀与此山相守于无穷也。每以张氏抉择未当为恨，乃与南汇张文虎、金山顾观光等，商榷去取，分别校勘。阮文达称其书多从浙江文澜阁录出。其他亦多据善本。无别本可据，则广引群籍以证之；或注按语，或系札记。其采择校雠之精，迥出诸家丛书之上。绩溪胡培翚序，亦嘉其精择审校，足以津逮后学；昔贤著作苦心，不致淹没于讹文脱字。道光二十三年书成，逾年而熙祚谢世。

珠丛别录　二十八种八十二卷　清道光钱熙祚校刊

熙祚辑守山阁丛书成，自惟有遗珠之憾，因又摭取所余，刻为此书。文史而外，凡农圃医药百工技艺有一得可观者，咸加甄录。序云："一名一物，亦足以博闻多识。"校雠之慎，与守山埒；而罕见之珍，殆尤过之。

指海　九十种二百三十六卷　清道光钱熙祚校刊

张海鹏借月山房之残版，既归陈璜，补缺订讹，易名泽古斋重钞。未久，复由陈氏转入钱氏，版片多毁。钱氏富于收藏，既得残版，重加校补，增若干种，改题指海。熙祚增补之旨，见于其子培让培杰之跋，谓："凡古今书籍，佚而仅存，向无刊本，及虽有而道远不易购，或版废不可再版者，又或碎金片玉，别本单行，易于散佚者，又道藏流传，未经著录，及近人著述有关学问政治风俗人情者，皆罗而聚之。"至道光二十三年，刊成十二集。明年熙祚卒，遗命其子续刊。此为十二集本，均熙祚手刻，惟续成八集，尚未列入。阮文达序守山阁丛书云："钱氏又仿鲍氏知不足斋丛书例，辑为小集，随校随刊，取抱朴子语，名曰指海；今先成者十二集。"张文襄书目答问，刊于光绪初元，亦云止刻十二集；盖续集流传于世者极少也。

得月簃丛书　二十种五十二卷　清道光荣誉辑刊

荣誉字子誉，满洲正白旗人，官河南鲁山县知县。是编分初刻次刻。初刻成于道光十年，越二年又成次刻。刻各十种，每种荣誉自撰小序，冠之卷首。荣誉世有藏书，洎宦中州，携之行笈，复从友人借录，以资泛览，盖亦满洲好学之士也。初刻自序，窃比于箕土之微，涓流之细；其意盖将有所继进而为陵山川海之观，乃仅至次刻而止，识者惜之。

宜稼堂丛书　十二种二百五十五卷　清道光郁松年校刊

松年字万枝，号泰峰，江苏上海人。好读书，筑宜稼堂，藏书数十万卷，手自校雠。以元明旧本世不多见，择尤付刊。至道光二十一年，成书十二种。松年熟于三国时事，故首采宋萧常元郝经之续后汉书，其次为宋人秦九韶杨辉算书七种，均世间罕见之本。末附以戴剡源袁清容二集，亦元代文学巨子。郁氏于各书均附札记，校勘极精，与寻常之灾梨祸枣迥不侔也。

十种古逸书　十卷　清道光茆泮林辑刊

泮林字鲁山，高邮人。题所居曰梅瑞轩。是辑各书，昔仅散见其名于群书之中。泮林手自搜辑，自道光十四年至二十二年刊成十帙。阮元时年七十九，穷一日之力读之，序其简端云："茆君积数十年之力，博览万卷，手写千篇，裒集之中，加以审择；编次之时，随以考据；可谓既博且精，得未曾有。"洵推许备至矣。

惜阴轩丛书　四十种三百十六卷　清道光李锡龄辑刊

锡龄字孟熙，三原人。道光时官中书。于宅后构一园曰远眺，轩曰惜阴，贮书九万余卷。手披口吟，几无虚日。择其刊本罕见者，重加雠校，付之梓人。道光二十年，先成十五种；越五年，续增十九种。剞劂未竟，锡龄遽逝。其表弟张树续为校刊，以成其志。其书仿四库例，分经史子集。合前后刻编第之。有四库未收，展转移录，为人间所未见者；亦有名登四库，而其本不同，且有所增益者；又有世俗通行，讹谬迭出，沿袭已久，特加订正者。其乡人路德跋叙述綦详。梓行既久，为世推重。至光绪中叶，长沙复为之重刊。

连筠簃丛书　十二种一百十二卷　清道光杨尚文校刊

尚文字墨林，山西灵石人。嗜金石，善图绘，尝有刊书之志。

时平定张穆课其弟子言于其家，因为之董理。所刊凡十二种，如元朝秘史、西游记，在历史地志中极有价值。群书治要，为久佚之秘籍；癸巳存稿，亦时贤之名著；而镜镜诊痴，乃百年前研究物理之书，作者固得风气之先，而为之流播者，亦可谓之先知先觉矣。每书冠以石洲序言，署签者并为当日书家之何绍基，亦足见其审慎不苟焉。

海山仙馆丛书　五十九种四百八十五卷　清道光潘仕成辑刊

仕成字德畲，广东番禺人，官兵部郎中。是书刊于道光二十九年，卷首例言略谓，必择前圣遗编，足资身心学问而坊肆无传本者，方付枣梨。且务存原文，不加删节，即立说未尽曲当，悉仍其旧，未便参改。所选除经史外，兼及书数医药调燮种植方外之流，而讲武之谋略，四夷之记录，亦不嫌于人弃我取。书仅五十九种，以比粤雅，虽规模差逊，而声价相等，有若先河后海焉。

续知不足斋丛书　十七种四十四卷　清高承勋校刊

承勋字松三，直隶沧州人。是编版心均题续鲍丛书，其版式亦与鲍书一律。凡二集，第一集六种，第二集十一种，比之鲍氏原刻诚有部娄与泰岱之别。即以方后知不足斋丛书，时人亦或有轩轾。然其所采，未必即逊于鲍氏原书；惟刊本均不记年月，高氏亦无前后序跋。

别下斋丛书　二十七种九十一卷　清咸丰蒋光煦辑刊

光煦字生沐，号放庵居士。海宁人。少孤好学，喜藏书，积四五万卷。其以别下名斋者，取宋王应麟困而学之别于下民之义，嘉兴李富孙尝撰别下斋藏书记以章之。光煦先以所藏若干种付剞劂，为宜年堂丛刻，然其书不传。是本题为咸丰丙辰重编，盖就前书更订复刊也。卷末附豫章赵悳诗辨说一卷，原本目录不载，当系后增。

涉闻梓旧　二十五种一百十四卷　清咸丰蒋光煦校刊

光煦既刊别下斋丛书，意犹未尽，复以是书继其后。前书李序，在道光辛丑；是编金石录续跋，署道光丙午，是后六年而始成也。书凡二十五种，其门类与前书大致相合；总目书名下，亦题丙辰年重编，不知何以析而为二。所收各书，大都罕秘之本。金石录补续跋，从未锓版，世鲜传本。云麓漫钞，稗海所刻只四卷，此为十五卷，与四库著录本同。至斠补隅录，则光煦读书时之札记，有书十四种。末为陈后山集，注云嗣出，其后卒未刊行；则此固为完璧矣。

粤雅堂丛书　二百八种一千二百八十九卷　清咸丰伍崇曜校刊

崇曜原名元薇，广东南海人。雄于财，先辑岭南遗书，粤十三家集，楚庭耆旧遗诗，即其地名曰粤雅堂。其后复有丛书之刻，先举七难，定厥标准，尽出旧藏，复事转借，仍由谭玉生为之参订。崇曜间据所得，附跋卷尾。始于道光庚戌，至咸丰乙卯，成二十集，凡一百二十八种。后又成续集，凡五十八种。继以三编，至同治壬戌，成十二种，事忽中止。至光绪乙亥，又成十种，而三编以毕。最后十种，伍绍棠为之跋。前乎此者，皆伍崇曜主之，而始终任校勘者，则谭玉生也。亦有编全书为三十集者，续集中之孝经音义、东观奏记、疑龙经、撼龙经，反未刊入；岂重编时书版已散佚耶？

琳琅秘室丛书　三十种九十四卷

清咸丰胡珽校刊光绪董金鉴重刊

珽字心耘，浙江仁和人，原籍安徽休宁。父树声，善藏书，所购多宋元旧本，不吝重值，或手自缮录；积至千百卷，颜其居曰琳琅秘室，日事校雠于其中。珽绍其绪，取先世遗书，及已所续得善本，邀集同志，逐卷勘定；遵聚珍法鸩工印行，名曰琳琅秘室丛书。于咸丰四年先成四集，每集总目，各附解题，自为札记，叙其得书之自。原书舛误者更作校勘记附后。其活版有讹者，另列校讹。中经兵燹，书靡孑遗，光绪戊子，会稽董金鉴仍用活字翻印，复辑其师友之说，续成校勘，间附己意，订正阙讹，重以问世。

小万卷楼丛书　十八种六十八卷　清咸丰钱培名辑刊

培名字宾之，别号梦花，金山人。其族父熙祚刊守山阁丛书及指海，培名复发其旧藏，补所未备，刊为是编；不以时代门户为限，期于实用。辄跋其著书条理及得书始末，附之卷尾，或札记其错误，犹熙祚书例也。会遭兵燹，刊未及半，事遂中止；仅就所成者编之，得十八种。万卷楼者，钱氏藏书之所。培名迁居张泾堰，故自别曰小云。兵乱既戢，复归旧居，印本版片，荡焉俱尽。光绪初，南汇张文虎怂恿之，乃据旧版翻刻，原刊有续吕氏读诗记，因世有单行本，删之而补以武陵山人杂著。时为光绪四年。

天壤阁丛书　十九种五十四卷　清光绪王懿荣校刊

懿荣字莲生，山东福山人。父祖源，博学能文，官至四川成绵龙茂道。懿荣以光绪六年成进士，承其家学，笃嗜金石文字，收藏颇富，于书无所不窥。庚子拳乱，官国子监祭酒，以身殉难，予谥文敏。是书刊于同光之间，凡十九种，有其父祖源序者十种。

滂喜斋丛书　五十四种九十五卷　清光绪潘祖荫辑刊

祖荫字伯寅，号郑盦，吴县人。咸丰壬子进士，官至工部尚书，谥文勤。学问淹雅，士林奉为宗师。是书刊于同治丁卯，终于光绪癸未；分四函，每函中略分四部，所搜辑者，除晚清经师著述外，多为其乡先辈及同时僚友之诗文集。

功顺堂丛书　十八种七十五卷　清光绪潘祖荫辑刊

祖荫既刻滂喜斋丛书，又选近人治经学小学书八种，史二种，笔记四种，诗文四种，汇为是编。就中国史考异一书，顾炎武最服其精审。撰订者潘柽章吴炎，即炎武所谓遭明书之难之潘吴二子也。

十万卷楼丛书　五十种三百八十五卷　清光绪陆心源校刊

心源字刚甫，一字潜园，号存斋，归安人。咸丰举人，官至福建盐运使。藏书极富，著有皕宋楼藏书志，仪顾堂集。清续文献通考经籍考纪是书云：“浙西藏书之富，除杭州丁氏外，以归安陆氏为冠。心源搜访宋元遗书，于光绪己卯刊成兹编，必照原本，必求足本，非若宋左氏学海、元陶氏说郛删节讹脱触目皆是。”是书分初二三编，每编皆依四部排列；所据多为宋元刊本，心源复自加校正，颇见审慎。

咫进斋丛书　三十八种九十三卷　清光绪姚觐元校刊

觐元字彦侍，浙江归安人。道光举人，官至广东布政使。觐元承其家学，好传古籍，尤精于声音训诂；故搜采独多。所刻之书，必期尽善。先后十年，成三十余种。方开藩粤东时，番禺陈沣睹其全书，为之序，称其别择精而校雠善，足补从前丛书所未备。且属其及门陶春海，依刻书年月，先后编为三集，集以四部为次，其中以阐明声音训诂之学为多。所录有销毁抽毁书目，禁书总目，违碍书目，略可窥见清代文字之祸。言掌故者，有所取焉。

仰视千七百二十九鹤斋丛书　三十八种七十四卷

清光绪赵之谦辑刊

之谦字益甫，又字撝叔，浙江会稽人。道光末年，沈氏鸣野山房藏书散出，精本多归于其友杨器之。之谦时往假录，先后得书百三十余种，遭乱尽毁。同治初元，入都应试，稍稍购置，复有所得。光绪戊寅，权鄱阳令归。发愤陈箧，取旧时所得卷帙至简者，辑为是书，间附己著，先后成四十种。其书晚出，故有英吉利广东入城始末记，实为最新史料。其署名曰仰视千七百二十九鹤斋者，之谦自序，谓因病梦见群鹤翔舞，羽翼蔽天，为数一千七百二十有九，然其水中之影，则为鹳鹅鸡凫，且杂蝘蝗虻蜣蚈蝆蠮螉之属，并无一鹤。盖自慨屈居下僚，而卑鄙龌龊之辈，反踞其上，故为此寓言以自遣也。

后知不足斋丛书 二十五种七十卷 清光绪鲍廷爵校刊

廷爵字叔衡，江苏常熟人，浙江候补知县。本籍歙县，慕廷博之为人。其父名振芳，喜藏古书，廷爵续加搜采，因汇辑旧传及时彦著述有裨于实学者，刊成是编，即以后知不足斋名之。景企前徽，意甚盛也。书分四函，凡二十五种，以经术小学金石目录之属为多。刊于光绪八年至十年。廷爵于其父手辑金石订例及唐人刘赓稽瑞二书，各为短跋于后。卷首潘曾玮徐郙二序，于刊书之旨，无所阐明。

式训堂丛书 二十六种九十五卷 清光绪章寿康辑刊

寿康字硕卿，会稽人，光绪初为张文襄幕宾，知嘉鱼县。嗜古敏学，殚力校雠，所蓄无虑数十万卷。少随父官蜀中，即以刻书为事。是编刻于光绪十二年，凡二集。所采如毕沅、徐松、庄述祖、梁玉绳、桂馥、卢文弨、孙星衍、胡天游、郭麟等，均一代名家著述，羽翼经史，多裨实学，足与萧山陈氏湖海楼媲美。

古逸丛书 二十七种一百八十六卷 清光绪黎庶昌校刊

庶昌字莼斋，贵州遵义人。光绪辛巳使日本，于彼搜得古书，次第播行，属杨守敬为之校刻。庶昌自序，谓“刻随所获，概还其真；经始于壬午，告成于甲申，以其多古本逸编，遂命名曰古逸丛书”。序后继以叙目，每书各撰解题，述其源流，考其版本；守敬复于卷末附缀跋文，亦间有不着一字者。其书版后归江苏官书局，然摹印远不如前。东京初印美浓纸本，几与宋椠元刊等视矣。

铁华馆丛书 六种四十五卷 清光绪蒋凤藻校刊

凤藻字香生，江苏长洲人，官福建知府。是本皆据善本镌刻；冲虚至德真经，通玄真经，均影宋本；列子新序，则据何义门校宋本；其他三种，虽非宋元原椠，而皆康熙精刻，虽为复版，不下真迹。书刻于光绪癸未乙酉之间。卷端引赵文敏语，戒读者当爱护书籍，其用心可谓挚矣。

渐西村舍丛刊　四十二种二百五十五卷　清光绪袁昶辑刊

昶字爽秋，浙江桐庐人。光绪丙子进士，观政户部，累擢徽宁池太广道，江宁布政使，官至太常寺卿。庚子乱作，力言拳匪不可恃，外衅不可启，忤孝钦后旨，被诛；寻复原职，予谥忠节。此刻分甲乙丙三集，乃其官皖省时所刊，凡六十七种；然多有目无书，如丙集末之朱子参同契注，朱子阴符经注，弢庐子黄庭经注，孙鼎臣刍论，皇甫持正集，茆辑淮南万毕术，汪宗沂逸礼大谊论，徐文定农政全书，皆云未刊。盖稿本虽具，而未及付刻者。甲乙两集亦有未刊之本，甲之于湖文录，乙之篆写尔雅，及北徼卡伦鄂博水道考，塔尔巴哈台事宜，一统志内抄出西藏一卷，附蕃尔雅、卫藏图志、止斋杂著、参军蛮语，皆未刊。其已刊未成者，为乙集之题襟续集、永慕堂藏书碑版目两种。特详识之，以便读者检查焉。

榆园丛刻　二十八种七十卷　清光绪许增校刊

增字益斋，号迈孙，浙江仁和人。是编所收，以词集为多。宋人四种，清人十四种；又十种则论书籍碑版文房玩具之属。许氏自序云："同治甲子，奉母还杭州，不复问人间世事；日与声应气求之士，里闬往还，推襟送抱，聊浪湖山，息影空斋，百念灰冷。特前贤矩矱，师友绪余，夙昔所涉猎而肄习之者，不能恝然。养闲余日，写付梓人，都成三十余种，借以流布艺林。"词人韵事，想见一斑。

灵鹣阁丛书　五十七种九十三卷　清光绪江标校刊

标字建霞，号萱圃，元和人。光绪己丑进士，官湖南学政，是书即刊于湖南试院也。标督学湘中，提倡新学；戊戌政变，被议落职。不数年，遂赍志以殁。是编所录，凡六集。金石为最，共十九种；次各家诗文，共十种；次经义小学，次书画目录版本，各六种；

次地志传记，次杂说笔记，各四种；而属于泰西政治学术风俗者，乃有八种。

佚存丛书　十七种一百十一卷　日本天瀑山人辑刊

书分六帙，第一帙六种，第二帙四种，第三帙二种，第四帙三种，第五第六帙各一种。卷首天瀑山人自序："欧阳永叔日本刀歌云，徐福行时经未焚，佚书百篇今尚存，然所谓百篇之书，我无有之，则不知其何据，岂臆度言之耶？……余尝读唐宋已还之书，乃识载籍之佚于彼者，不为鲜也。因念其独存于我者，而我或致遂佚，则天地间无复其书矣，不已可惜乎！于是汇为一书，姑假诸欧诗，名曰佚存丛书。"按此书系用活字刷印，历彼国之宽政享和两朝而成，当我国清仁宗嘉庆之世；所采以罕遘者为准，如皇侃论语义疏，魏征群书治要，均久遗佚，因已版行，不复编入。选择颇见精审，每一本书末，山人各附跋注，记其藏弆源流。传入中土，阮文达奏进四库未收书，所采者有五行大义、臣轨、乐书要录、两京新记、文馆词林、泰轩易传、难经集注、玉堂类稿、西垣类稿、周易新讲义，十种。我佚彼存，信可证矣。

（乙）专科丛书十二部

（一）经学二部

经苑　二十五种二百五十卷　清道光钱仪吉校刊

仪吉字蔼人，号衎石，一号新梧，又号心壶，嘉兴人。嘉庆进士，官至户科给事中。方主讲河南大梁书院时，搜辑宋元明人经说，凡四十一种，名曰经苑。自叙云："仪吉客授大梁，日以温经为事。辛丑河患，行笥故书，瀐渍阙失；其存者仅十五，意甚惜之。晓瞻方伯素园廉访两先生思欲刊布古书，广六艺之教；予因以所藏经解相质，两先生开卷心赏，任为剞劂。鹄仁学使，子仙松君两观察，皆欣然为之助，郡邑贤大夫闻之，亦多分任而乐与有成也。”道光乙巳孟秋，开局授梓，仪吉躬自校雠；至庚戌春夏间，方成二十五种。仪吉遽逝，其子尊煌因刊所定目四十一种于卷首，而以已刻之目附后。然至今迄未有为之续刊者。

古经解汇函　二十三种一百二十六卷　清同治钟谦钧校刊

谦钧字云卿，湖南巴陵人，官两广盐运使，是编为其在粤时所刻。自序：“恭阅四库全书总目，自十三经注疏外，凡经部著录唐以前之书尽刻之；惟提要定为伪作者，不刻；通志堂已刻者，不刻；近儒有注释刻入皇清经解者，不刻。……所该诸书，昔人刻本不一，今择善本校而刻之。”同治十三年刊成，庋之粤秀山菊坡精舍。计周易十二种，尚书一种，诗二种，春秋五种，论语二种，而以郑志殿焉。

（二）小学三部

五雅全书　五种三十七卷　明郎奎金辑刊

奎金汇刊所选尔雅、博雅、释名、埤雅、小尔雅五种，谓之五雅全书，有虎林张尧翼序，述刊书之意。又谓：“他若罗愿尔雅翼，轴封以爹，鹿卢觿偞；刘伯庄续尔雅，李商隐蜀尔雅，刘温润羌尔雅，程端蒙大尔雅，隃麋鼓吹，遗栀徐戈。”其文晦涩，殆不可解。且所引各书，除尔雅翼外，今皆亡逸；然亦可见郎氏之选此五种，具有别裁，非滥收也。谓之五雅者，四库全书总目提要，经部小学类一释名，注云：“别本或题曰逸雅，盖明郎奎金取是书与尔雅、小尔雅、广雅、埤雅合刻，名曰五雅。以四书皆有雅名，遂改题逸雅以从类。”是则郎氏以释名为逸雅，故曰五雅；然此本仍称释名，即张尧翼序亦直称“刘熙释名，名比义，器摛类”，“四雅拊食”，云云，并无逸雅之目；逸雅之名称，当在郎氏以后耳。

小学汇函　十三种一百三十六卷　清同治钟谦钧校刊

钟氏既辑古经解汇函，复取汉魏六朝唐宋诸人所著小学书刊之，名曰小学汇函。训诂四种，字书八种，韵书一种，凡十三种，皆言小学者必读之书。

许学丛书　十四种五十七卷　清光绪张炳翔辑刊

炳翔字叔鹏，长洲人。嗜许氏说文，勤于校雠。许学盛于清代，惠栋而后，专精者数十家。自元和江氏、金坛段氏、曲阜桂氏诸大家外，其余各家著述，散在人间。道咸间，海宁许梿尝欲汇刊行世，遭乱未果，梿亦旋卒。炳翔年辈稍后，思成其志，先刻零星小种，约以四种五种为一集。光绪癸未甲申间，刻成三集。吴县雷浚序云："炳翔将自初集二集至十集二十集。"然是书止于三集，成书亦仅十四种而已。

（三）史学二部

史学丛书　九十三种一千七百七十一卷　清光绪广雅书局校刊

张文襄督粤，首建广雅书院，复于城南南园之侧，建广雅书局，校刊群籍。时充总校者，为南海廖泽群，以经术名儒，提挈一切；赞襄其间者，皆硕学鸿才。故四方珍本，麇集纷来；复经诸通人鉴别，精选慎校，当世久有定评。光绪末年，书局停罢，版片坌积，颠倒错乱。迨入民国，番禺徐绍棨董理图书馆事，从事清厘，择其版式一律者，凡一百五十余种，汇为广雅丛书。其属于史学者，九十三种，别为史学丛书。有专就一史或总集诸史而为之考证、辨说、注疏、校勘者，有作补志补表者，乃至别史载记礼书编年之属，悉皆收入。治史学者诚不可不读也。

问影楼舆地丛书　十五种四十四卷　清光绪胡思敬校刊

思敬字漱唐，江西新昌县人。光绪进士，官至御史。是编当光绪戊申年，仿聚珍版，刊于北京。每册题签第几集，皆空其格；盖其始固欲网罗广博，而后乃仅止此数也。凡十五种，四十四卷；曰：黑鞑事略，峒溪纤志，云缅山川志，长河志籍考，黔记，东三省舆图说，陕西南山谷口考，缅述，三省山内风土杂记，万里行程记，关中水道记，水地记，游历记，滇海虞衡志，东三省韩俄交界道里表；多与边疆有关。每书卷末，皆有辑者识跋，或加以校勘；如黑鞑事略之罕见，峒溪纤志之未经窜乱，尤可宝贵。其他亦皆晚出之书，考订精审，有裨舆地之学。

（四）目录学一部

八史经籍志　十种三十卷　清光绪张寿荣刊本

寿荣字鞠龄，浙江镇海人，同治举人。是编所辑，一、汉书艺文志，二、隋书经籍志，三、唐书经籍志，四、宋史艺文志，五、卢文弨宋史艺文志补，又补辽金元艺文志，六、金门诏补三史艺文志，七、钱大昕补元史艺文志，八、明史艺文志。寿荣序云："予于沪上得八史经籍志，锓板前无序言，末署文政八年刊；知出自东国好古者所为，求其姓氏，卒不可悉。"又云："史之志八，重者四，作者九人，以经籍称者二，以艺文称者八；曰八史，著其代也，曰经籍志，举其重也。"汇八代之艺文为一编，于检校古今书目之存佚，至为便利。

（五）医学二部

济生拔萃　十八种十九卷　元杜思敬辑元刊本

是书见于曝书亭集者六卷，见于日本经籍访古志者十八卷，均引延祐二年杜思敬序，是必同为一书，然均未全。千顷堂书目，与皕宋楼藏书志皆十九卷。后者且列举所辑书名：一、针经节要，二、洁古云岐针法，三、针经摘英，四、云岐子脉法，五、洁古珍珠囊，六、医学发明，七、脾胃论，八、洁古家珍，九、此事难知，十、医垒元戎，十一、阴证略例，十二三、伤寒保命集类要，十四、癍论萃英，十五、保婴集，十六、兰室秘藏，十七、活法圆机，十八、卫生宝鉴，十九、杂方。此犹是元代刊本，完全无缺，洵为秘笈。

古今医统正脉全书　四十四种二百四卷

明万历王肯堂辑吴勉学刊

肯堂字宇泰，金坛人。万历己丑进士，官至福建布政司参政。好读书，尤精于医。所著有证治准绳，成于万历丁酉戊戌间。又有伤寒准绳，疡医准绳，幼科准绳，女科准绳，均为世所重。是书之刻，吴勉学序题万历辛丑；则其汇辑成书，当在证治准绳成书前后也。所收凡四十四种，始黄帝内经素问。历代医家，如汉之张机，唐之王冰，金之成无已、刘完素、张从正、李杲，元之王好古、朱震亨、齐德之、滑寿，及明之戴元礼、陶节安辈，其著述多者，人至六七种。千顷堂书目医家类，有吴勉学医统正脉四十二种，而不著王肯堂之名。勉学序是书云："医有统有脉，医之正脉，始于神农黄帝；而诸贤直溯正脉，以绍其统于不衰，因铨次成篇，名曰医统正脉而刻之。"王氏精于医学，而吴无所闻；是必王氏纂辑既成，先后修订，而吴氏为之刊布也。

（六）艺术一部

欣赏编　十种十四卷　明正德沈津辑刊

津字润卿，长洲人。是编凡十集，以天干十字为序。卷首有其族叔沈杰序，曰："吾宗侄津，嗜古勤学，尝得诸家图籍如干卷，汇而名之曰欣赏编，刻之梓。余喜其属事比类之颇宜也，故为序之。是编首之以古玉图，崇其德也；次之以印章谱，达其用也；次之以文房图赞，茶具图赞，又次之砚谱、燕几图，皆语成器而动者也；既而又次以古局图谱双、打马图，斯则游于艺之谓也。编之始终凡十集，而其间可疑者，谓燕几局戏之事，于学者为无益；然而孔子席不正不坐，又曰不有博弈者乎，为之犹贤乎已。然则博雅之士，又奚可废哉！”序作于正德六年，而茶具图赞砚谱，乃有万历时人之序，度必后人补刻时所为；沈氏原刊，当不如是。此虽游戏之作，而所采多宋元人遗著；小道可观，以供欣赏，洵不虚矣。

（七）军学一部

武经七书　七种二十三卷　宋何去非校南宋刊本

宋何去非于元丰中对策，论用兵之要，擢优第，除武学教授，使校兵法七书。何薳春渚纪闻，谓其父去非为武学博士，受诏校七书，盖即指是。郡斋读书志，谓仁庙时承平久，人不习兵，元昊既叛，朝廷颇访知兵者，命曾公亮等撰武经总要。神宗承其余绪；元丰中，以六韬、孙子、吴子、司马法、黄石公三略、尉缭子、李卫公问对，颁行武学，号称七书。是本卷首总目无纂辑名氏，前后亦无序跋。然玄警敬恒徵贞完慎等字，均避宋讳，且笔法镌工，的为天水旧刻。

（丙）地方丛书八部

（一）省区四部

岭南遗书　六十种二百四十三卷　清道光伍崇曜校刊

刘锦藻皇朝续文献通考经籍考，纪是书云：“英人在粤东互市，当时有洋行十三，崇曜父秉鉴，为十三行之后劲，遂以豪商起家。崇曜既赐乡举，乃与名流讨论著述，刊有粤雅堂丛书，广东十三家集，楚庭耆旧遗诗前后集，是于道光辛卯始付剞劂氏。续成六集，视李调元之函海，赵绍祖之泾川丛书，于乡邦文献，同爇心香，良可宝也。”按是书目录，分为六集，诚如刘氏所云。然伍氏自序，则谓辛卯年付刊者，仅第一集。至丁未而第二三四集始成。五六集均无伍氏序跋。考其开雕之期，则五集在道光庚戌，六集在同治癸亥，而总司校勘者，前后均谭君莹。其序均署名元薇；盖刊是书时，崇曜犹未改名也。

畿辅丛书　一百七十种一千五百三十卷　清光绪王灏辑刊

灏字文泉，直隶定州人，咸丰壬子，与张之洞同举于乡。是书之辑，之洞实与其议。贵筑黄彭年方主讲莲池书院，亦怂恿之。灏雄于资，官京曹时，广收图籍，藏弆日富。因招贵筑黄国瑾，归安钱恂，为之校定。先有采访畿辅先哲遗书目之刻，厥后设局保定开雕，以王树枏、胡景桂董其事。乃书未刊完而灏遽殁。其刊版偶记年月，始于光绪己卯，终于壬辰；大约即殁于是时也。前后无刊书序跋，亦无全目，刊后亦未印行。岁丙午，故都书肆就已刊者集资汇印，另刊总目。武进陶湘重为编订，计经部二十二种，史部同，子部三十一种，集部三十九种。又汇刻遗书凡六家：永年申氏十三种，颜习斋七种，李恕谷十二种，孙夏峰六种，尹健余九种，崔东壁十二种。综其前后卷数，则为一千五百三十云。

湖北丛书　三十一种二百九十卷　清光绪赵尚辅校刊

尚辅字翼之，万县人，光绪进士。是编刊成于光绪辛卯，盖为其官湖北学政时所辑，均鄂人之著作。经部最多，凡十五种；史部五种，子部十种；集部最少，仅一楚辞而已。前后无刊书序跋。卷面题三余草堂藏版。易经通注后，有提督湖北全省学政翰林院编修臣赵尚辅谨付梓一行。每书均有校字复校续校人姓名，综计凡二十八人，洵非苟焉从事者也。

豫章丛书　二十二种二十八卷　清光绪陶福履校刊

福履字稚箕，江西新建人。光绪壬辰进士，湖南慈利县知县。是书刻于光绪二十年。喻震孟序，谓福履与丰城欧阳熙笃好汉学，暇辄讨论；以豫章故人才渊薮，北宋以还代多名人，而阮文达刻皇清经解多借江人之力，顾独无江人一书，因辑江人经说，所得殊多。

后不欲囿于一门，乃更推之四部。所录各书，福履多自为小序，冠之简端。第一集凡十二种，第二集凡一十种；豫章文献，略见一斑。

（二）郡邑四部

盐邑志林　四十一种六十五卷　明天启樊维城辑刊

维城字亢宗，黄冈人。万历丙辰进士，官至福建按察司副使。是编乃其官海盐县知县时辑历朝县人之著记。凡三国三种，晋二种，陈一种，唐一种，五代一种，宋三种，元一种，明二十九种。刊成于天启三年。卷首有樊氏及朱国祚序。朱序称乡绅胡孝辕助之搜访，姚士麟刘祖锺各出秘本，捐橐佐之云云。按海盐县，秦置，属会稽郡，自东汉三国历晋宋齐梁，均属吴郡。古代疆域甚广，故吴之陆绩陆玑，陈之顾野王，均吴郡人；而当时所居，皆为海盐辖境。至晋干宝为新蔡人，五代谭峭为泉州人，则皆流寓邑中；故其撰述均列入也。

泾川丛书　四十五种七十卷　清道光赵绍祖等校刊

绍祖字琴士，安徽泾县人。泾县为江南望邑，代有名人。明中叶后，查翟萧董诸公，尤邃于经史性理之学。迨入清朝，赵青藜等著述尤夥。赵绍祖为其侄孙，博学能文，尤深于史；取先辈遗书，择其文章政事之可传，经学性理之有益于身心者，凡四十五种，刊之。泾川文学，悉萃于编。各书皆有绍祖识语，大抵纪嘉庆四五六年；盖为陆续付刊之岁。卷首有道光十二年阳湖赵仁基序，当为全书刻竣之时。

金华丛书　六十七种七百三十卷　清同治胡凤丹辑刊

凤丹字月樵，浙江永康人。官湖北道员，领官书局，致仕还乡。尝以金华一郡，撰述最盛，迭遭兵燹，乡贤遗著，散佚殆尽。因就四库采录，自唐以来一百六十五种；厘为经史子集，撰金华文萃书目提要八卷。先取所藏，设退补斋书局于杭州，以次开雕。仅成经部十五种，史部十一种，子部十三种，集部二十八种，名曰金华丛书。尚不及文萃书目所载之半。至刊成之岁，则在同治八年云。

金陵丛刻　十七种三十八卷　清光绪傅春官辑刊

春官字苕生，江宁人。官至江西劝业道。原序云："金陵都会，人物斯兴。稽古作者，代不乏人。是书专汇上元江宁两县人作刊行之；不分四部，略次时代。空文勿录者，勿暇也；录金阙玉井集，以先生他书勿见也；录金陵赋者，以所纪实风土也。"盖鉴于台州浦城常州武林名郡大邑，均各刊行其乡贤之著述，先后并起，蔚为巨观；亟思步其后尘，以尽敬恭桑梓之谊。序又云："一集十集，推今及古。"而惜乎其未竟厥志也。

（民国二十四年三月作。——编注）

新名词溯源

近来国内流行的许多新名词，国人以为传自日本者，其实多已见诸我国的古籍。日人的文化本由我国东传，久而久之，我国随时代之变迁而不甚使用者，日人却继续使用，但亦因时代之变迁与国情之殊异，字面虽仍其旧，意义却多有变更。近数十年间又由日本回流于我国，国人觉此类名词之生疏，辄视为日本所固有。似此数典而忘祖，殊非尊重国粹之道。试举显著之数例。日之所谓“文部”，实早见于我国旧唐书百官志，盖即吏部之意，日人特借用为教育部而已，日之所谓“膺惩”，实早见于诗经鲁颂之“戒狄是膺，荆舒是惩”，特联用而成一词语而已。他如日之所谓“浪人”，则见柳宗元所撰李赤传；日之所谓“家督”，见史记越世家；日之所谓“配当”，见周礼地官疏；日之所谓“支配”，见北史唐邕传；日之所谓“印纸”，见旧唐书食货志；日之所谓“下女”见楚辞；日之所谓“报道”，见李涉所为诗；日之所谓“意匠”，见杜甫所为诗。此外类是者不胜枚举。其意义或与我国古籍相若，或因转变而大相悬殊。

且不仅日本名词如此，即国内新流行的许多名词，在未尝多读古籍者视之，非认为初期传教士与译书者所创用，则视若著作家或政治家之杜撰。其实追溯来源，见于古籍者不在少数。但正如日本名词一般，其意义有与古籍相若者，有因转变而大相悬殊者；且古今应用不同，名同而实异者亦比比皆是。试分类各举数例为证。在哲学方面，“意识”见北齐书宋游道传，“实体”见中庸章句，“诡辨”见史记屈原传，“唯心”见楞伽经，“演绎”见中庸章句序，“乐观”见汉书货殖传。宗教方面，“上帝”见书经舜典。“天主”见史记封禅书，“天使”见庄子人间世，“牧师”见周礼夏官司马，“神父”见后汉书宋登传，“传教”见皇甫冉诗。社会方面，“社会”见世说德行，“阶级”见后汉书边让传，“主席”见史记绛侯世家，“代表”见徐伯彦文，“同乡”见庄子盗跖，“同志”见后汉书班超传。经济方面，“经济”见文中子礼乐，“专利”见左传哀十六年，“纸币”见梅尧臣诗，“储蓄”见后汉书章帝纪，“失业”见汉书礼乐志，“保息”见周礼地官大司保。政治方面，“政治”见书经毕命，“自治”见老子，“总统”见汉书百宫志，“内阁”见北史邢邵传，“国会”见管子山至数，“民主”见孙楚文，“党部”见刘克庄诗，“政府”见宋史欧阳修传，“创制”见管子霸道，“监察”见后汉书窦融传。法律方面，“宪法”见国语晋语，“刑法”见左传昭二十六年，“民法”见书经传，“公法”见尹文子大道书，“上诉”见后汉书班固传，“法官”见唐书百官志，“律师”见唐六典，“诉讼”见后汉书陈宠传，“权利”见史记郑世家，“契约”见魏书鹿悆传，“缓刑”见周礼地官大司徒，“两造”见周礼秋官大司寇，“三读”见朱熹诗。国际方面，“外交”见墨子修身，“条约”见唐书南蛮南诏传，“通商”见左传闵二年，“移民”见周礼秋官士师，“侵略”见史记五帝纪注，“中立”见中庸，“大使”见吕氏春秋孟秋纪，“国书”见文体明辨。教育方面，“师范”见文心雕龙通辨，“校长”见史记彭越传，“教授”见史记仲尼弟子传，“讲师”见张协文，“讲座”见朱熹文，“讲义”见唐会要，“博士”见史记秦始皇本纪，“硕士”见五代史张居翰传，“学士”见仪礼丧服，“修业”见易文言，“卒业”见荀子大略，“先修”见书传，“视学”见礼记学记，

"测验"见元史历志。体育方面，"竞走"见淮南子主术，"角力"见礼记月令，"打球"见史记骠骑传，"田径"见钱起诗，"游泳"见朱林诗。交通方面，"交通"见史记灌夫传，"旅行"见说文丽字，"旅馆"见谢灵运传，"出国"见诗经疏。军事方面，"陆军"见晋书宣帝纪，"海军"见宋史洪超传，"国防"见后汉书孔融传，"武装"见韩邦靖诗，"戒严"见魏志王朗传，"征兵"见史记黥布传，"会战"见汉书项籍传，"血战"见苏轼诗，"焦土"见杜牧赋，"反攻"见吕氏春秋察微，"工事"见周礼天官太宰，"要塞"见礼记月令。礼俗方面，"求婚"见易屯卦，"追悼"见魏文帝文，"宴会"见后汉书周景传，"坐谈"见国策齐策，"握手"见史记滑稽传，"脱帽"见古诗陌上桑，"剪彩"见李白诗，"开幕"见徐伯彦文。算学方面，"方程"见周礼地官保氏郑注，"测量"见世说品藻，"百分"见杜牧诗，"比例"见陆游诗，"几何"见史记孔子世家，"积分"见穀梁传文六年。天历方面，"阳历"见汉书律历志，"星期"见书言故事，"日曜"见诗经桧风羔裘，"月曜"见韩驹诗，"恒星"见穀梁传庄七年，"火星"见刘禹锡诗。理化方面，"真空"见行宗记，"水力"见七发，"中和"见周礼春官大司乐，"饱和"见梁肃文，"分解"见后汉书马皇后纪，"交流"见周书天文志。生物方面，"生物"见礼记乐记，"植物"见周礼地官大司徒，"化石"见郑元佑诗，"甲虫"见大戴礼，"遗传"见史记仓公传，"寄生"见诗经传。医学方面，"卫生"见庄子庚桑楚，"处方"见世说术解，"注射"见世说夙惠，"救护"见后汉书班超传，"开脑"见唐书西域传，"灌肠"见通俗编。农业方面，"农业"见礼记月令，"地主"见左传哀十二年，"土壤"见史记孔子世家，"农具"见李商隐诗，"开垦"见宋史太祖纪，"农作"见宋史李防传。工业方面，"工程"见元史韩性传，"苦力"见皮日休诗，"纺织"见墨子辞过，“机械”见庄子天地，“采矿”见苏轼文，“炼钢”见列子。商业方面，“招牌”见庄子注，“市价”见孟子滕文公，“开业”见史记秦纪，“损益”见诸葛亮文，“保险”见隋书刘元进传，“投机”见唐书张公谨传赞。艺术方面，“艺术”见后汉书安帝纪，“写真”见晋书顾恺之传，“布景”见宣和画谱，“内景”见大戴礼曾子天圆篇，“着色”见刘勋诗，“合奏”见张衡文。语文方面，“文法”见史记汲黯传，“字母”见玉海，“汉字”见金史章帝纪，“著作”见晋书孙楚传，“作家”见晋书食货志，“杰作”见陆游诗。历史方面，“世纪”见太平御览三皇部，“五族”见周礼地官大司寇，“苗族”见蜀志诸葛亮传，“上古”见易系辞，“中古”见易系辞，“考古”见宋史林勋传。地理方面，“平原”见左传桓元年，“高原”见王维诗，“大陆”见书经禹贡，“大洋”见耶律楚材诗，“赤道”见后汉书律历志，“地轴”见庾信文。此外尚有流行甚广之一般名词而非专属一类者，举例言之，如“主义”见史记太史公自序，“纪律”见左传桓七年，“计画”见汉书陈平世家，“建设”见礼记祭义，“一般”见白居易诗，“专门”见汉书儒林传，“同情”见汉书吴王濞传，“努力”见左传昭二十年，“拥护”见汉书陈汤传，“掌握”见汉书张敞传，“飞行”见诗经郑风笺，“疏散”见李白诗，“可能”见许浑诗，“当然”见中庸章句三十二章注，“时髦”见后汉书顺帝纪赞，“幽默”见楚辞九章怀沙，“节约”见后汉书宣秉传，“献金”见王筠文，“起草”见十八史略宋理宗，“宣言”见左传桓二年。

在这许多名词中，有一部分为现代事物的代表，由此可以概见我国古代的发明与发见，由此也可以想见古代中外之交通与人类之殊途而同归。试分类各举若干例以明之。关于物材方面，“石炭”见隋书王劭传，“石油”见梦溪笔谈，“火井”见左思赋，“温泉”见晋书纪瞻传，“象牙”见后汉书西南夷传，“磁石”见汉书艺文志。

关于科学制作方面，“地动仪”见后汉书张衡传，“水准”见元史历志，“影戏”见东京梦华录，“印刷”见梦溪笔谈，“玻璃”见广韵注，“气球”见李畋见闻录，“炮车”见魏略，“轮船”见元史阿求传。关于衣饰方面，“油衣”见隋书炀帝纪，“面衣”见西京杂记，“首饰”见后汉书舆服志，“眼镜”见七修类稿，“指环”见南史阿罗单国传，“耳环”见南史林邑国传，“皮鞋”见南史武兴国传，“高底”见扬州画舫录。关于食物方面，“牛乳”见魏志王琚传，“沙糖”见北史真腊国传，“海味”见白居易诗，“豆腐”见本草纲目，“面包”见诚斋杂记，“点心”见唐书郑修传，“中餐”见释卿云诗。关于器用方面，“马车”见后汉书舆服志，“火炉”见元稹诗，“剃刀”见段成式诗，“铅笔”见任昉文。关于风俗方面，“摇篮”见戒庵漫笔，“木乃伊”见辍耕录，“斗牛”见事物纪原。

本书目的在追溯新名词之来源，各举其所见之古籍篇名与辞句，并作简单释义，其有数义者分别列举之。至现今流行之意义与古义不同者，于各该条下附述今义，而以（今）字冠之。全书计收名词三千七百有奇，以我国古籍之丰富，挂漏当然难免；加以著者学识谫陋，藏书又因乱离散佚，参考未能详悉，舛误恐亦不少。是正固有赖于鸿博，补充当俟诸战后。

（民国三十三年十月作于重庆）

我国的发明

我国在今日世界各国中，文化最古，其对于世界事物之发明自亦最早。我国的发明范围也极广，几于任何方面皆有之。清王之春于其四国日记中有言："尧典定时，周髀传算，西人星算学权舆于此。西士论及创制，每推中国，如新报之仿邸抄，化学之本炼丹，信局则采孛罗之记，印书则为冯道之遗，煤灯之本四川火井，考试之本岁科取士，至于南铁、火药之开始于中国，更无论矣。"这一段话纵然不尽是事实，也可以表现我国发明的梗概。除文艺政哲之发明，不入本文论述范围外，关于科学方面，举世公认为我国之三大发明者，一为磁针，二为印刷与造纸，三为火药。此三者各代表一方面的文化。其他如化学，如天文，如建筑，我国亦有很早的贡献。分别阐述之。

一、磁针

磁针最初采用于指南车　中国对于磁针之利用，最初属于所谓指南车，或司南车，即装置有磁针之车辆。据崔豹（晋惠帝时人）古今注称："黄帝与蚩尤战于涿鹿之野，蚩尤作大雾，兵士皆迷，于是乃作指南车，以示四方，遂擒蚩尤，而即帝位，故后常建焉。旧说周公所作也。周公致治太平，越裳氏重译来贡白雉一、黑雉二、象牙二。使者迷其归路，周公锡以文锦二疋，軿车五乘，皆为司南之制。"崔豹系四世纪时人，去古甚远，其言或不免出于传说。然殁于纪元前二三三年的韩非，于其所著韩非子中有言：“先王立司南，以端朝夕。”而在韩非以前之鬼谷子（纪元前约四世纪时人）亦言：“郑人之取玉也，载司南之车，为其不惑也。”此外鬼谷子一书中尚有“若磁之取针”一语，足证彼时对于罗盘针之知识业已存在。至于我国古籍对于磁针之定义，当以宋沈括（一〇三〇迄一〇九四）之梦溪笔谈所述为最显明。其言曰：“方家以磁石磨针锋，则能指南，然常偏东，不全南也。水浮多荡摇，指爪及碗唇上皆可为之，运转尤速。但坚滑易坠，不若缕悬为最善。其法取新纩中独茧缕，以芥子许蜡缀于针腰，无风处悬之，则针常指南；其中有磨而指北者，予家指南北者皆有之。磁石之指南，犹柏之指西，莫可原其理。”

本草衍义对磁石的记载 又十二世纪之本草衍义，对磁石亦有纪载，其言曰：“慈石，其色轻紫。石上颇涩，可吸连铁，俗谓熁铁石。其元石即慈石之黑色者。慈磨铁锋，即能指南，然常偏东，不全南也。……无风处悬之，则铁常指南；以针横贯灯蕊，浮水上亦指南，然常偏丙位，盖丙为大火，庚辛受其制，理相感尔。”此书后于沈氏之作约一百年，所说大体相同，而附以玄秘之结论，则由于我国玄学之为患，致中世以后，科学发明转不若以前之富于创造性也。

我国利用磁针至少始于周代 由于上开之各项记载，我国之能利用磁针，纵未必远在黄帝时代，然周代之初当已知之，而不必为周公所制作也。秦汉之际，指南车之制或暂失传。据文献通考卷一百十七王礼十二所载：“后汉张衡始复创造；汉末丧乱，其制不存。魏明帝青龙中令博士马钧，绍而作焉。车上有木仙人举手常指南；车箱回转，所指微差。晋乱复亡。东晋义熙十二年，刘裕平长安，始得此车复修之。一名司南车……大驾出行，为先启之乘……范阳人祖冲之有巧思，常谓宜更造。宋顺帝昇明中，齐高帝为相，命冲之造焉。车成，使抚军将军丹阳尹王僧虔等试之；其制甚精，百屈千回，未尝移变。齐因宋制……梁复名司南车。后魏太武帝使工人郭善明造之，弥年不就。扶风人马岳又造，垂成，善明鸩杀之。唐修之，备于大驾行则先导。宋一名司马车……徽宗大观元年，内侍省吴德仁又献指南车之制。”除通考及正史所载者外，其他著作记此者又有纪元后八世纪之朝野佥载称：“则天如意中，海州进一匠，造十二辰车，回辕正南，则午门开，马头人出，四方回转，不爽毫厘。”此则民间所制，除应用磁针外，尚有机巧之构造也。

磁针开始利用于航海 以上所言之磁针利用，皆在陆地。其首先用于航海而见于记载者，为十二世纪间浙人朱彧所著之萍洲可谈。据言：“舟师识地理，夜则观星，日则观日，阴晦则观指南针，或以十丈绳钩取海底泥，嗅之，便知所至。海中无雨，有雨则近山矣。”由此观之，我国人在彼时当已知使用罗盘针于航海矣。其后明初，郑和奉成祖命，宣威异域，并侦察建文帝所在，七次长途航行，经历三十余国，俘三佛齐主、锡兰王，并平定苏门答剌之乱。自永乐三年（一四〇五）第一次出发，迄宣德八年（一四三三）第七次归抵太仓，其间二十八年，断断续续之航程，其别动队竟远达阿拉伯之麦加，与红海之阿丹；航行之广远，方诸西葡两国之航海探险者，当无逊色；然使无磁针可供利用，又奚能成此伟业？

记里鼓车比指南车更进一步 此外，与指南车关联者则有所谓记里鼓车。据文献通考卷一百十七所载：“东晋义熙十三年（四一七），刘裕灭后秦所获，未详其由来。制如指南车，驾驶中有木人执槌向鼓：行一里则打一槌。”崔豹古今注亦尝记此，据言：“亦名大章车，所以识道里也。车上为二层，皆有木人执槌，行一里，下一层击鼓；行十里上一层击镯。”是殆从指南车进一步而广其效用矣。

西洋方面对利用磁石的记载 其在西洋方面，则据传说最初认识磁石功用者为希腊哲学家而兼算学家之退利斯 Thales，最初创罗盘者则为生于一三〇〇年左右之意大利人齐奥耶氏 Flavis Gioia。假使上一传说为正确，则退利斯约生于纪元前六二五至五四三年间，即周襄王与景王之间，无论如何后于周朝开国时，在五百年以上，更无论黄帝的时代了。

二、印刷与造纸

东汉蔡伦开始造纸　印刷系以雕刻之板或活字复印纸上，使成为书籍。因此，印刷须在已有纸张之后。据费著蜀笺谱："古者书契多以竹简，其次用缣帛。至以木屑、麻头、敝布、鱼网为纸，自东汉蔡伦始。简太重缣太贵，人遂以纸为便。"又据东坡志林："昔人以海苔为纸，今无有；今人以竹为纸，亦古所无有也。"按蔡伦为后汉桂阳郡（今湖南省郴县）人，字敬仲。明帝时，入宫为小黄门；和帝即位，转中常侍；安帝初年封龙亭侯，故其所制纸，世称蔡侯纸。初时系以树皮、麻头及破布、鱼网为原料，后世广用竹为原料，遂益普遍而值廉。

纸之制造渐广，书籍之印刷乃有其可能。我国书籍初为雕板，嗣兼用活字，然迄于西欧传来新印刷术以前，雕板仍占大多数。

监本印刷始于冯道　书籍雕板，世称始于五代时之冯道（八六二迄九五四）。实则监本之印刷乃始于冯道，真正雕板却远启肇于隋代。据陆深河汾燕闲录："隋文帝开皇十三年十二月，敕废像遗经悉令雕造"。又查敦煌石室书录所载："大隋永陀罗尼本经上面，左有施主李和顺一行，右有王文沼雕板一行。宋太平兴国五年，翻雕隋本。"是则我国雕板印刷实始于隋（五八九—六一八）。至其前之汉熹平四年（一七五）蔡邕奉命写刻之石经，树之鸿都门者，虽摹拓者颇众，究不属于印刷也。惟隋唐雕印书籍，经五代兵戈之后，至宋已无存者。清末江陵杨氏藏开元杂板七叶，云是唐人雕本，殆与日本所藏永徽六年阿毗达磨大毗婆娑论刻本，均为唐本之仅存者矣。五代时，后唐明宗长兴三年（九三二），宰相冯道、李愚请令判国子监田敏校正九经，刻板印卖；是为官家印刷所谓监本之始。及后周广顺三年（九五三）六月，尚书左丞兼判国子监事田敏进印板九经及五经字样各二部，都一百三十册，盖历四期七主，二十一年乃成。其后历代续有新刊监本，或就旧监本残缺漫漶者加以补修，例如今世尚存之宋雕明修、元雕明修等板本皆是。至清代所刻官书以武英殿为主，称为殿本。

官刻书籍尚有藩府本　监本殿本以外，官刻书籍尚有为地方官署所刊行者。据倪灿宋史艺文志补志序："郡邑儒生之著述，多由本路进呈，下翰林看详，可传者，命江浙行省或所在各路儒学刊行。故何王金许之书多赖以传；鄱阳马氏通考，且出于羽流之荐达。"又明代分封诸王，各赐宋板书帖，诸王亦能校刊古籍，模印甚精。如沈、唐、潞、晋、徽、益诸藩，皆有传刻，世称藩府本，与地方官署所刻又有别也。

家塾本与坊刻本　至于私人刻书，旧有所谓家塾本与坊刻本之分。家塾本为私人所刻，初意或用以教其子弟，故云。五代史和凝传，"集百余卷，自镂板行世"。盖载籍所记家塾本之最早者。坊刻本为书肆所印售之书籍。据高文虎蓼花洲闲录所记："宋初已有书肆印卖新状元赋"；坊刻之多已可知，是则雕刻印售书籍。在宋前之唐代或五代时当已有之。宋代书肆刻书精而多，且操业最久者，莫如建安余氏之勤有堂，盖创业于唐，而历宋元明三代者也。

活字印刷远溯于宋代　现在要一谈活字印刷了。由于我国旧日书籍之印刷以雕板占大多数，遂至活字印刷为所掩。不知者以为是泰西印刷术输入以后之事；略知梗概者，则认为是清代的武英殿聚珍版首创。实则我国活字印刷竟远溯于宋代。据沈括梦溪笔谈称："庆历间，有布衣毕昇为活板，其法用胶泥刻字，薄如钱唇，每字为一印，火烧令坚。先设一铁板，其上以松脂腊和纸灰之类冒之。欲印，则以铁范置铁板上，乃密布字印满铁范为一板，持就火炀之。药稍熔，以一平面按其面，则字平如砥。若止印一二本，未为简易；若印数十百千本，则极神速。"

元代王祯又创活板印书法 及元代，丰城县尹王祯又创制活板印书法，附载于其所著之农书后，据言："后世有人别生巧技，以铁为印盔界行，用稀沥青浇满冷定，取平火上，再行煨化，以烧熟瓦字，排于行内，作活字印板；为其不便，又以泥为盔界行，内用薄泥，将烧熟瓦字排之，再入窑内烧为一段，亦可为活字板印之。近世又铸锡作字，以铁条贯之作行，嵌于盔内界行印书。但上项字样，难于使墨，率多印坏，所以不能久行。今又有巧便之法，造板木作印盔，削竹片为行，雕板木为字，用小细锯锼开，各作一字，用小刀四面修之，比试大小高低一同，然后排字作行，削成竹片夹之。盔字既满，用木榍榍之使坚牢，字皆不动，然后用墨刷印之。……余前任宣州旌德县县尹时，方撰农书，因字数甚多，难于刊印，故用己意命匠创活字，二年而工毕。试印本县志书，计得六万余字，不一月而百部齐成，一如刊板，始知其可用。后二年，余迁任信州永丰县，挈而之官。是时，农书方成，欲以活字嵌印，今知江西，临行命工刊板，故且收贮以待别用。然古今此法未见所传，故编录于此，以待世之好事者，为印书省便之法，传于永久。本为农书而作，因附于后。"此中具体办法，又分为写韵刻字法，锼字修字法，造轮法，取字法，及作盔安字刷印法各项。所谓造轮法犹现今的排字架；但以一副活字分装两个轮转的架，一人中坐，左右俱可推转摘字，盖以人寻字则难，以字就人则易，以此转轮之法，不劳力而坐致字数，取讫，又可铺还韵内，两得便也。是则较诸我国今日的中文排字架，必须由排字人站立走取者，尤有进步。至于检字方法，则轮架上系接监韵排列，一面另写一检字表，编成字号，每面各行各字，俱计号数，与轮上门类相同；一人执韵，依号数唱字，一人于轮上原布轮字板内，取摘字只嵌于所印书板盔内。如有字韵内所无之字，随手令刊匠添补，迅即完备。武英殿聚珍版农书中并附有轮架图，可资考证。

活字板印成之书籍　以上为宋元间活字印刷的记述。至于宋元活字板印成之书籍，流传至今者已鲜。惟天禄琳琅称：“宋本毛诗唐风内，‘自’字横置，可证其为活字版。”至明代活字本流传至今者甚多。所用活字，以铜制为最精，其著称于世者有无锡之兰雪堂华氏及无锡桂坡馆安氏。据无锡县志：“华埕，字汝德，以贡授大官署丞……所制活板甚精密，每得秘书，不数日而印出矣。”其所印活字本今传而最精者，如白氏长庆集、蔡中郎集等皆是。至安氏所印铜活字本虽不若华氏之多，尚有传世者。常州府志称：“安国，字泰民，无锡人，尝以活字铜板印吴中水利考。”余前藏有初学记，板心上标安桂坡刻，每本标题下又称“锡山安国校列”，亦铜活字本也。

清武英殿聚珍版曾大量印书　活字板之用以大规模印刷书籍者，在利用西式印刷术以前，莫如清代之武英殿聚珍版。据武英殿聚珍版程式所载：“乾隆三十八年（一七七三）十月二十八日，金简奏谓……详细思考，莫若刻枣木活字套板一分，刷印各种书籍，比较刊板，工料省简悬殊。谨按御定佩文诗韵详加选择，除生僻字不常见于经传者不收集外，计应刊刻者约六千数百字；此内虚字以及常用之熟字，每一字加至十字或百字不等，约共需十万余字。又预备小注应刊之字，亦照大字每一字加至十字或百字不等，约需五万余字，大小合计，不过十五万余字……每百字需银八钱，十五万余字约需银一千二百余两。此外仍做木漕板，备添空木字以及盛贮大小字箱格等项再用银一二百两……通计不过一千四百余两。臣因以武英殿现存书籍校核，即如史记一部，计板二千六百七十五块……仅此一部已费工料银一千四百余两。今刻枣木活字套板一分，通计亦不过用银一千四百余两，而各种书籍皆可资用。”

活板印刷全取雕板而代之　由此可见活板印刷之经济便捷，远非雕板印刷可及。无怪乎乾隆三十九年五月十二日金简又奏：“请将四库全书内应刊各书改为活板，摆刷通行……将来四库全书处交到各书按次排印完竣后，请将此项活板木字等件移交武英殿收贮，遇有应刊通行书籍，即用聚珍板排印通行。”但是民间与地方印刷之书籍，以活字板之设备未能普遍，且狃于故习，大多数仍雕板。直至十九世纪之初，欧洲传教士因刊印中文圣经，创刻字模，可以短时浇成无数之铅质活字，同时并以印书机器输入中国，于是活字印刷始渐渐取雕板而全代之。

西洋印刷圣经较北宋书籍迟五百年　查西洋印刷之发明者为举世公认之德意志人谷腾堡氏 Johann Gutenberg（1400—1468）。于一四五〇至一四五五年间创始印刷拉丁文之圣经，其时适当我国明景帝之景泰元年至六年。较之我国的北宋版书籍迟五百年，较隋文帝开皇十三年（五九三）之雕造废像遗经，则迟九百余年。又以造纸而言，则西洋之古代造纸虽亦有远至公元前三千五百年之埃及纸草纸，但其现代式的造纸术实为阿拉伯人所传，而阿拉伯的造纸术无疑是在公元七五〇年左右（唐天宝间）因与中国人在土耳其斯坦作战的接触而获得。阿拉伯在巴格达城最初设立的一所造纸厂系在公元七九三年。于是由阿拉伯人之侵入北非，后来便经由摩尔人传于西班牙人，再由西班牙人渐渐传遍于欧洲。

三、火药

南宋时已知作成火药　火药，世称为中国三大发明之一，然其所谓中国系指元代之蒙古人而言。实则元代以前，我国早已发明火药。据物原所记，“马钧制爆仗，隋炀帝益以火药杂戏”。爆仗即爆竹，火药杂戏即今日所谓烟火之类。至火药之用于作战，当始于宋代。明茅元仪武备志卷一百三十，载有所谓宋人火药法，系以晋州硫黄、窝黄、焰硝、麻茹、干漆、砒黄、定粉、竹茹、黄丹、黄蜡、清油、桐油、松香、浓油等混合而成，以纸五重裹衣，以麻缚定，更别熔松香傅之，以球放。同书卷一百二十二又载有所谓宋火炮，据称“宋人用旋风、单稍、虎蹲等炮，所谓火炮者，但以其车放球鹞枪等诸火器耳；此为炮之祖”。此处所谓火炮，因与火药合用，实为现代借火药攻击之枪炮的滥觞，与孙子所谓火攻原则，以松香等易燃之物烧着投掷，仅为纵火之具者不同。据宋史，南宋魏胜传称：“胜用炮车，施火石炮，亦二百步。”此与虞允文在采石之战，发霹雳炮，殆殊途而同归。是则宋代，至少在南宋，已知利用火药作战。

金元时用火药作战益有进展　至金元，火药在战事中的利用，益有进展。据续通鉴：“金人守汴，于城上悬风板之外，以牛皮为障，蒙古以火炮击之，随即延热。城中亦有火炮，名震天雷者，用铁罐盛药，以火点之，炮起火发，其声如雷，闻百里外；所爇围半亩以上，铁甲皆透。蒙古为牛皮洞屋直至城，城中以铁绳悬震天雷而下，至屋处，火发，人与牛皮皆迸碎。又有飞火枪，注药以火发之，辄前烧十余步。蒙古惟畏此二种。”又金史哀宗纪称：“蒲察官奴以火枪破敌，以纸十六重为筒，实以柳炭、铁屑、磁末、硫黄、砒、硝，以绳悬枪端，以铁罐藏火，临阵烧之，火出枪前丈余。元兵不能支，遂溃。时元世祖得回回亦思马，因所献新炮法，命送军前，乃进攻樊，樊破，移以向襄阳，一炮中谯楼，声如震雷。”又元史方伎传：“喇卜丹造大炮，竖于五门前。伊斯玛音善造炮。至元十年从攻襄阳，相地势，置炮于城东南隅，重百五十斤，机发声震天地，所击无不摧毁，入地七尺。”两史分别称为亦思马，与伊斯玛音者，实为一人，出西域。盖自宋代发明火药后，附近各民族纷纷仿效，往往青出于蓝也。

火药西传情形 至于火药之西传，则有如瀛寰志略所记：“先是，火炮之法创于中国，欧罗巴人不知也。元末有日耳曼人苏尔的斯始仿为之，未得运用之法。明洪武间，元驸马帖木儿王撒马儿罕威行西域，欧罗巴人有投部下为兵弁者，携火药砲位以归国，购求练习，尽得其妙，又变通其法，创为鸟枪。”

由间接火炮进步至火枪 按我国砲字从石；广韵释为机石也，系指以大木激石飞至敌所而言。前汉书甘延寿传“投石绝等伦”注：张宴曰，范蠡兵法飞石重十二斤，为机发行三百步；盖即炮也。唐书李密传：“以机发石为攻城具，号为将军砲。”故在唐代仍为石炮。宋本其法为火炮；金元又推而广之。以铜铁为巨铳，内实火药，然后发弹；初时仍为石弹，但借火药激发，以代前此之以大木激发，庶力量更大，且更能致远。余于民国三十三年春小游土耳其，于安哥拉之旧城凭吊一四〇二年蒙古人入侵斯土之古战场，于一堡垒旁见有蒙古人遗下之巨型铁炮，其附近有许多球形之石，大小恰与砲口相合，盖即彼时借火药激发之石弹也。

由是观之，则由火药激发石弹之间接火炮，进至爆炸药弹之直接火炮或火枪，不能不视为发明程序上一大进步。

欧人改善火药利用进步神速 欧洲之知有火药，固由于与元人远征军之接触，又以元兵铁蹄所至之广远，在约莫同时期内接受此项知识者当然不止一地方或一民族。由于火药为攻防之利器，故一经接受此知识，无有不极力效法与改进者。就大体而论，欧洲在十四世纪间，对于火药之使用，仅属于小规模。英国则迟至一五六一年始由爱发连·佐治设厂制造，数年以来始获得英女王伊利沙白特许的专制权，因而大发其财。然而阅时不久，在明季末叶，我国却有佛郎机炮之仿制，则又由欧洲而复流于中国者。是则火药虽为我国所发明，而发展与改善其利用，在欧洲方面虽远在明代已有长足之进步，更不必待至今日矣。

我国三大发明的影响 以上三发明，第一项磁针关系世界的交通，第二项印刷术关系文化的传布，第三项火药关系国防的加强，都可以说是基本的发明，影响于人类最为重大。诚然火药具有重大的破坏力，其开始时的效用或仅限于防卫，而其流弊不免引起侵略，陷世界于纷乱与惨劫。不过任何事物，有利不能无害，惟视利用之目的为转移。如果从有害方面着想，即磁针亦未尝不可认为有助长世界纷乱之虞。假使没有磁针，人类将不能航行远方，则许多殖民与征服的问题皆可免。然而磁针若永远未能发明，则今日之美澳两洲固然是地广人稀，文化落后，而非洲除埃及以外，其他各地将仍属蛮方，而亚欧两洲便有人满之患。且由于土地之不足以养其庞大的人口，战争残杀定必更为频仍。又自从有了文字以后，人类的进步积久而愈大；益以印刷术之发明，此项进步更为迅速而普遍，一切只有朝着积极方面谋进步，实无法消极地自封于故步。此正如原子能的发展，一方面固可毁灭人类，他方面亦可大有造于人类之乐利也。因此，一切的发明，只是工具，工具可以福人，亦可以祸人，端视利用工具者所抱持的主义而已。

四、其他发明

在叙述三大发明以后，请略述其他的发明，而暂以化学、天文地文与建筑方面为限。

（一）关于化学方面者 西方学者咸认炼丹术为化学之前驱，而中国炼丹术，由来甚古，不可究极。东晋元帝（三一七至三二二）时人葛洪著抱朴子，其内篇论金丹黄白之法甚详，中有言：“铅性白也，而赤之以为丹；丹性赤也，而白之以为铅。”按铅之意义与铅同，故其意谓白色之铅，可变为红色铅丹（四氧化三铅）；而红色铅丹，可变为白色之铅。是则我国在距今一千六百余年前已知有现在化学之若干原理矣。美国约翰孙博士曾谓，“今日一般化学家应向中国古代的道教信徒致其谢忱”，当非过当。

以言应用化学，则中国酿造术之发展亦远较欧西为早。礼记之“齐秫稻，时麴蘖”，当为酿酒法之滥觞。又战国策有“仪狄作酒而进于禹”之言，则中国酿酒已远溯于四千年前之虞夏。至于为中国特有之酿造品如豆腐者，则据天禄识余所称，为汉淮南王安所造，距今且二千年有奇。

（二）关于天文地文方面者 我国天文地文之学发达甚早，可从其所制仪器征之。尧时已有璇玑玉衡，即观象之仪器，惟代远年湮，不可究极。观于尧典所载，“乃命羲和，钦若昊天，历象日月星辰，敬授民时；岁三百又六旬六日，以闰月定四时成岁”，可见其重视历象。至汉代，观测之仪器最有进步。武帝时，洛下闳为仪器，号曰浑天；其后，时有改进。安帝时，太史令张衡（公元78—139）就旧制大为改革，所造浑天，立八尺圜体，以具天地之象，以正黄道，以察发敛，以行日月，以步五纬。据后汉书张衡传：“阳嘉元年（一三二），复造候风地动仪，以精铜铸成，员径八尺，合盖隆起，形似酒尊，饰以篆文山龟鸟兽之形。中有都柱，傍行八道，施关发机，外有八龙，首衔铜丸，下有蟾蜍，张口承之；其牙机巧制，皆隐在尊中，覆盖周密无际。如有地动，尊则振，龙机发吐丸，而蟾蜍衔之；振声激扬，伺者因此觉知。虽一龙发机，而七首不动，寻其方面，乃知震之所在，验之以事，合契若神；自书典所记，未之有也。尝一龙机发而地不觉动，京师学者咸怪其无征；数日后驿至，果地震陇西，于是皆服其妙。自此以后，乃令史官记地动所从方起。”降及隋唐，浑仪又有改作。僧一行造开元黄道游仪，及武成殿水运浑天仪，仪器之益，与汉时相若。元代重视天文，太史郭守敬所创简仪、仰仪及诸仪表，皆臻精妙。及明代，西方学说流入中国，译本渐多，而泰西学者利玛窦之乾坤体义，熊三拔之简平仪说，对我国天文之学影响甚大。利玛窦且制浑仪天珍地球诸器，于仪象一门，辟一新径。清代亦因泰西学者南怀仁诸家之说，采用西法，仪器亦有更制。总之，元以前，我国天文之学皆由本国发明；明清之世始兼采西方学说，互为发明。

（三）关于建筑方面者 我国自古以俭为美德。尧“茅茨不剪，土阶三等”，殆谓彼时屋顶已知用瓦。尧因示俭以茅草葺之，且不剪齐；又帝王所居本当石筑高坛，尧则以土筑之，高仅三级。因此，除与国计民生有关之建筑物，因有其必要，故不妨从事于大规模的工程外，至于宫室之美，只有暴君或昏庸之主始予提倡。其与国计民生攸关之大规模建筑，有称道之价值且可对世界而自豪者，计有三事：一为长城，二为离堆，三为运河；兹分别略述于左。

一为长城：长城为中国防胡的堡垒，西起甘肃省安西县，东达河北省临榆县之山海关，全长五千四百四十里，号称万里长城，实际上之长度亦达万里之过半。一般人以为长城系秦始皇所筑，实则现今的长城固多为明代所修筑，即古代的长城亦为秦、赵、燕、魏各国分别建筑。始皇并天下，使蒙恬将三十万众，北逐戎狄，收河南，因地形用险制塞，盖始皇并燕赵，就燕赵所筑之长城，与秦国旧日所筑联成一气耳。考其地址，自今甘肃省岷县之西，北向越黄河抵贺兰阴山，东折至热河，而直抵朝鲜之黄海道。其与今之长城固多有出入也。然长城纵非成于一国一帝王之时，而秦始皇之修补联缀，其工程浩大，实远过任何一帝王之所为。同时，像长城这样的规模，亦为举世无两，而终始皇之一生竟完成其最大部分的工程，彼时一切惟赖人力，而能产生此种奇迹，实较埃及之金字塔大有过之，而其功用毕竟有关国家的防卫，更非金字塔所及。

二为离堆：离堆为中国防止水患之古代重要工程，位于四川省灌县之西南。据汉书沟洫志："蜀守李冰凿离堆，避沫水之害。"盖李冰为防水患，凿离堆，分江东北流，其自岷江分流之处称为湔堰，凿离堆口。离堆之意义，据颜真卿摩崖记称："此山斗入嘉陵江，直上数百丈。不与众山相连属，是谓之离堆。"据明一统志，川省以离堆称者有三；此所谓离堆，盖指在灌县西里许大灌口山也。余尝于其开堰前参观其古代工程之遗迹，深觉远在二千余年前之水利工程，在原则上竟与现代无异。甚至河底口所堆之小石一律盛以竹网，以免小石为水所冲散，据导观者言，李冰时代已采取此法，至今不改，按此与现代建筑术在混凝土中加上钢筋者，原则并无二致。

三为运河：运河为便利运输与灌溉而以人工开凿之河道。由今浙江杭县，经浙江江苏山东河北四省直达北平，全长约二千三百里。其建筑远溯于春秋时之吴，沟邗江以通江淮，为运河见于史籍之始。运河全部由八个运河所构成，即通惠河、北运河、南运河、山东运河、中运河、淮南运河、江南运河及浙江运河。其中南运河之上源曰卫河，出河南辉县，即隋炀帝所开之永济渠，东北流，转折入山东省境，经馆陶至临清，与山东运河合。至山东运河及通惠河则为元世祖所开凿。总之，运河在历代均有修凿开浚，世传为隋炀帝所开固误，然炀帝之工程实占重要部分，而远在春秋时之吴已知开凿。查中国河流，多自西而东，其沟通南北者独赖此人工开凿之河，除便利运输外，中国南北部的文化，借此沟通者不少。

四为宫室陵墓等。他如宫室陵墓方面，则规模最大与穷奢极欲者无过于秦始皇陵。陵在陕西临潼县骊山之麓，位于今西安城东约五十里。据史传，始皇自即位之初即开始工作，征发七十万人，下穿二泉，上崇山坟，高五十余丈，周围五里余，其内石椁上画天文星宿，下以水银为四渎百川；金银之凫雁金蚕，琉璃杂宝之龟鱼，雕玉之鲸鱼，衔火珠之星，及其他珍宝奇器充满其中。楚项羽入关发掘之，以三十万人搬运三十日犹未尽云。此乃以规模及华丽并著者。其专以华丽见称者，则有西京杂记所记汉成帝宠妃赵飞燕与其妹所居昭阳殿情形，据称："昭阳殿中庭彤朱，而殿上丹漆，砌皆铜沓黄金涂，白玉阶，壁带往往为黄金釭，含蓝田璧，明珠翠羽饰之，上设九金龙，皆含九子金铃，五色流苏，带以绿文紫绶，金银花镊"，其侈靡之状，殊足惊人。凡此建筑皆为中国所自创；惟六朝以后，佛教建筑始受印度或其他国家之影响。总之，世界古今之建筑，大别为东西二派；无论矣，即东方派亦再分为三系：一为中国系，二为印度系，三为回数系。此三系各有其特殊的发展，而扩展至亚细亚大陆之全部，非洲之北部，欧洲之一部及南洋之一部。中国系之建筑为汉民族所创建，以中国本部为中心，南及安南，北达蒙古，西至新疆，东括日本，历数千年，亘数千万方里，至今仍保存中国古代的特色，而放异彩于世界之建筑界。

（一九五二年为"我们的国家"作）

东方图书馆概况序

我国文字起于五千年前；有文字，则有书，有书，则有藏书之业。故图书馆之在我国，为时虽稍后于埃及、亚述，而以视欧美诸国，固远在其前也。古人以书契为察民布政之所资，故书统于官。唐虞三代，俱设史官，以掌典籍；而诸侯之国亦皆有史。光绪中河南掘得殷代龟文数千片，自是殷史所遗；论古代藏书之可参实者，断推此为首矣。周室藏书于柱下；孔子在此翻百二十国宝书。韩宣子适鲁，见易象与鲁春秋；是为鲁国藏书之可考者。私家藏书之风，初盛于战国之世。当时学术大兴，诗书百家之语，天下多有之。苏秦有书数十箧，自余游士，应具同嗜。秦并天下，聚诗书而焚之；而医药卜筮种树之书，固所不废，且咸阳有柱下方书，掌于御史。是以萧何得从而收之。汉武建藏书之策，开献书之路；外有太常、太史、博士之藏，内有延阁、广内、秘室之府。百年之间，书积如山。成帝复求遗籍，使刘向校中秘所藏，而辄条其篇目，撮其指意，以成别录。哀帝使向子歆续成父业，乃别为七略；我国目录之学，刘氏父子实开先路。东京之世，石室、兰台弥以充积。又于东观及仁寿阁集新书，班固傅毅等典掌焉。固并据此以为艺文志，今所传目录之学，此为首列矣。

自汉以后，私家藏书日盛。当时河间、淮南、东平诸王并嗜典籍，收藏或齐汉室；而蔡邕所藏书多至万卷。晋荀勖为秘书监，括群书为四部，后代目录学家多沿用之。其时私家藏书，则张华移居载书三十乘，其最著者也。南朝崇尚词华，秘府图书代有增益。私家若崔慰祖、沈驎士、沈约、任昉、王僧孺等，聚蓄卷轴，数咸逾万。北朝则辛术入淮南，大收宋齐梁陈佳本，为珍藏精本者之始。隋代西京嘉则殿有图书三十七万卷。积集之富，前所未有，后亦罕俦。

唐自武德以至天宝之朝，官书几聚而复散。私家藏书，则李元嘉、韦述、蒋文、韦处厚之徒，俱称富美；而吴兢有西斋书目，是为私家藏书著录之始。

宋代版刻盛行，藏书尤多。官府藏书，秘阁而外，复有天下诸州学，各建阁藏书，犹言今之学校图书馆也。私家藏书难以悉数；而宋次道藏书多精本，士大夫从之借读，愿与结邻。春明赁宅，为之增值；最为人所艳称。此则具有私人图书馆公开者矣。

宋元明三朝，国学及郡县学校皆有官书，许士子借读。清乾隆朝修四库全书，分写七部，其内建四阁，自成禁地；而翰林院所藏底本，及江浙之三阁所藏写本，则许士子阅录，此与今之公共图书馆实无异趣。惜乎建置不过数十年，即经兵燹耳。

清末变法议起。朝野知图书馆为教育要务；于是各大都会有公立图书馆之创设，而所谓图书馆者乃名实两得之矣。顾数十年间，图书馆运动之声浪虽时有所闻，而实际之设置，不数数遘，公开者尤鲜；视欧美后起之国，生聚数百户之村落莫不有公开图书馆者，宁无逊色。夫以彼千数百年演进而成之图书馆事业，乃远驾拥有二三千年图书馆史之我国而上之，无怪其人文之日盛，国势之日隆矣。

同人近察国内文化进步之迟滞，远瞩世界潮流之日新，认为有增设公开图书馆之必要。以商务印书馆故有之涵芬楼，二十余年来经张君菊生肆志搜罗，所储书籍达数十万册，不当自秘。乃决议别建书楼，移此藏之，以原备编辑参考之书籍，并供社会公众阅览。

取名东方图书馆，聊示与西方并驾，发扬我国固有精神之意。惟馆中藏书既有新旧中外之殊，目录编制自不能不别立新规。加以公开阅览，检查效率，最关重要。云五谬长馆务，乃取中外分类方法融会而变通之。又别创索引之法，以便检查。筹备经年，始克就绪。然而藏书颇多，一旦改弦更张，疏略自知不免；大雅宏达，幸进而教之。

中华民国十五年三月八日王云五。

影印四库珍本缘起

民国十三年本馆为筹备开业三十周年纪念，呈请政府借印文渊阁四库全书，既拟具计划，复刊布缘起一文，文曰：

清代学术，迈越前古；乾隆中叶乃有四库全书之辑，特开专馆，妙选通才，首发中秘之藏，复广献书之路。网罗散逸，厘订体裁；历时十稔，成书三千四百六十种，七万九千三百三十九卷。壬寅春月，第一部告成，储存大内之文渊阁。其后续成三部，分储奉天之文溯阁，圆明园之文源阁，热河之文津阁。又其后续成三部，分储扬州之文汇阁，镇江之文宗阁，杭州之文澜阁。此其大较也。

洪杨事起，文宗文澜相继沦亡，文源亦付一炬；文澜幸于劫余，残本不及半数。现在完善者实仅三部。文渊本在宫中，文溯文津先后移入首都，九星聚□［底本中此字模棱，疑为坙，即“稳”字之粤书俗写，《搜真玉镜》释谓“安坐”义。——编注］，可称盛事。惟是三书萃于一隅，慢藏可虞。明代永乐大典亦曾写成三部，至乾隆时代已有残阙，然尚余三万余卷；庚子一役或化灰烬，或流人间，公家所存仅数十册。以此方彼，能无寒心。

迩来西方学子涉足京华，获睹是书，无不惊绝。佥言四库开馆之时，正当美国独立之际；泰西文化方始萌芽，岂料中土于百五十年以前，乃能有此鸿制！法国总揆班乐卫博士，有播通中西文化之大计划，纠合各国，大学校设立中国学院，研究刊行传播四库全书，并择要翻译。现已成立者，法国之外，有英美德奥义比波兰捷克八国，大抵硕学通儒为之倡率。日本以同文之故，尤为注重；彼都图书馆有以重金录副之议。近来退还庚子赔款，设立文化局，刊印是书之说，一倡而百和；其为东西各国所引重若是。

昔曹石仓有言："释道两家，皆能集刻藏经，惟我儒家独无此举。"今释藏道藏，皆由本馆影印出版矣。儒若有藏，必惟是书。不揣棉薄，颇欲为石仓一弥此憾。昔年政府拟印是书，预计依照原式影印，成书一百部，需费二百万，款巨难筹，价昂难销，而本国纸张又供不应求，非二三十年不能卒事，以此中止。迄今又五年矣；长此迁延，散亡可虑。微闻文渊所储，成书独早，尤为精审；今拟商借影印，稍加缩小，参用外纸，庶几取价较廉，流通自易。五年为期，计日可待。勉尽守阙抱残之职，敢为求全责备之言，海内宏达，鉴此区区，广为提倡，实东方文化之幸也。

书经政府批准运沪影印，并已由本馆点装三分之一，忽奉公府秘书处公函，阻止装运，事因中止。

十四年，政府明令改将文津阁全书点交本馆影印，教育部与本馆签订合同。全书装点完毕，正拟请拨专车起运，适战事发生，交通阻滞，延至十五年秋，本馆呈请照约起运，事又中断，签约无效。

未几，文溯全书运回东省，虽有校印之议，而计划未定，沈阳变起。乾隆成书七部，才过百年，历劫幸存者，仅为文渊文津两部而已。

二十二年，热河告警，北平震动，文渊全部既随古物南移，于是教育部复有选印四库珍本及委托本馆影印之议，其四月十一日呈请行政院核准文曰：

查　四库全书中，已有单行印本者甚多；兹为节省经费，而求实现起见，拟将其中向未付印，或又绝版之珍本约八九百种，先行付印……

四月二十九日中央图书馆筹备处主任蒋复璁呈复教育部文曰：

……查此书曾于民国十三年及民国十四年两次由前教育部与上海商务印书馆商议印刷，订有合同，虽皆以故中止，而计划具在。且该馆之四部丛刊曾有多种乃影印四库底本，字画清楚，样式合宜，与有经验，上年该馆虽遭乱受损，但机器资力及复兴之猛，犹为国内各书业之冠，故复璁特往上海与该馆多次接洽……

六月十七日教育部委托中央图书馆筹备处与本馆签订影印四库全书未刊珍本合同，规定将文渊阁四库未刊珍本缩成小六开本，限用江南毛边纸，印成一千五百部，每部九万页，分订千五百册，并限于二年内将书出齐。订约后两日教育部函聘专家十五人，编订四库全书珍本初集目录，选出二百三十一种，较原约增二万余页，分装约二千册，十余年中外所期待，本馆所经营者，至此始得实现。

窃以典章文物，尽在图书，其存其亡，民族安危所系；守先待后，匹夫匹妇，亦与有责，此本馆被难之余，所为不揣棉薄，必欲成斯巨制也。兹事体大，困难日多，故于摄影之初，略述经过情形，当世君子，幸共鉴之。

中华民国二十三年元月王云五识。

辑印四部丛刊续编缘起

四部丛刊创行于民国八年，先后两版，数逾五千，越今数载，访求者犹时时不绝。良以世方多故，古籍销亡，国学越衰，相需尤亟。本馆不揣绵薄，愿广流传。涵芬楼储书数十万卷，岁有增益，予取予求，恣其甄择，海内外藏书大家闻有是举，咸欲出其珍异，来相赞助。天府秘藏，名山逸典，骈列纷罗；所得善本，视前殆有过而无不及。昔年赓续之议，至是而乐观厥成矣。初编出版，编定全目，先成书若干种，始售预约，同时以畀购者。续编之辑，踵行斯例，摹印之书甫成数百册，而一二八之难遽作，尽化劫灰。廑有存者，亦断烂飘零，不堪入目。整理经年，渐有端绪。四方学者，群以得书之难，远道遗书，竞相督责。敝馆遭此丧乱，喘息粗定，益懔然于流通之事不容稍缓，抚兹余烬，敢自守株。编辑之方，刊行之序，有不得不为变通者，谨述如左。

初编之书，仅登急要，有议其挂漏者，有嫌其狭隘者。兹编所集，取弥前憾。甲部选择最严，诵习者多，遂感贫乏；故凡汉唐遗编，下逮宋人杂说，遇有版刻精良异于流俗，为前所未取者，咸予登录。乙丙二部，例亦如之。即集部日广日益，层出不穷，而时代精神，于焉攸寄，亦不欲悬格独严，致多摈弃，泛滥之讥不敢辞也。

史部目录金石二类，原拟别行；今既变易前例，故仍附入，即卷帙繁重者果属佳刻，亦不别印单行。况今所收太平御览，册府元龟，如此鸿编，均为天水旧刊，人间孤本，并蓄兼收，尤足增光简册乎？

宋元旧刻，每多残阙，初编概从割爱，然必求完帙，方谋版行，人寿河清，正恐难俟。且世变方亟，五厄堪虞，若不急起直追，即此孑遗亦将沦丧，则何如以此残珪断璧，贡诸当世之为愈乎？今及见者，如魏了翁之礼记要义，张九成之中庸说、孟子传，章衡之编年通载，钱若水等之宋太宗实录，唐仲友之帝王经世图谱，世无二本，补亡岂易，虽非全璧，咸用网罗。

近人著述，初编仅限集部，然有清学术，实有继往开来之功。苟成书尚未刊行，或已刊行而得之维艰，有传布之值者，旁搜博采，罔敢或遗。嘉庆续修之一统志，久闷深宫，吴廷华之三礼疑义，频罗劫火，罗而致之，亦不敢厚古而薄今也。

初编群经，取单注本，此则专取单疏。然注疏本出而单疏遂微，中土留贻，东瀛藏弃，仅存八经，且多残帙，比岁搜求，差有所获。其他门类，亦已什得八九，忽经浩劫，毁及太半，涵芬所储，并付一炬，欲偿始愿，今兹未能，姑就见存之本，排比成目，附录于后。每届来复之日，定为发行之期，聊仿昔人分年日程之规，稍酬读者先睹为快之意。求全责备，需以岁时，傥我同志发箧相饷，匡所不逮，尤欣慕焉。

中华民国二十三年元月王云五识。

辑印小学生文库缘起

我从前主编万有文库，为中等学校及一般图书馆作整个的贡献，结果因这书而成立的图书馆多至数千；我的努力总算没有落空。但是学校中需要图书馆的不限于大学中学，就是小学校也都有设置图书馆的必要。

现今教育家盛倡自动教育。我想一个学校要实行自动教育，至少须有三项准备：（一）引起儿童自动读书的兴趣；（二）培养儿童自动读书的能力；（三）征集各种适合于儿童的补充读物。这三项中，补充读物之征集关系尤为重大。因为没有适宜的书，便难引起儿童读书的兴趣，更无从培养他们读书的能力。现在新式的学校中，除教科书外，还要采集各种补充资料，使各科内容更为丰富。在上课以前，使学生分头阅读补充读物，到了上课的时候，各人把所得特殊资料提出来，供大家讨论；各人既都有特殊的贡献，教室中的兴趣自然增加。或者在上课以后，依教师的指导，各自向图书馆中搜罗补充资料，不像从前大家呆守着一本教科书，以致感觉到功课的干燥无味。这就是小学校图书馆必需设置之一的理由，也就是儿童补充读物亟待编著之一理由。

儿童读物在量的方面固有积极提倡的必要，在质的方面，尤非特别注意不可，因为小时候所读的书最足以影响一生的志向和行为。儿童有求知的渴望，而无辨别的能力，多读好书，便生良好的观念；多读无益的书便受恶影响。小时候读书所养成的观念，后来是很难改变的。

我国书籍汗牛充栋，然足供儿童尤其是现代儿童阅读的寥若晨星。一因我国旧日著作多谈哲理或经国大计，不适于儿童的智识领域，一因小学校改授语体文以来，旧有读物，辞藻较深，又非儿童所能了解。间有通俗读物，类多诲淫诲盗，或提倡迷信，儿童识字以后，寻求有趣的读物，真如饥者求食一般，急不择食，因而种下恶因的，也比比皆是。

我们为着供给识字儿童精神上的适当食物，所以从事于小学生文库的编辑。食物须含有种种滋养资料，始能使身体健全。读物也须包括种种有益资料，始能使知识与德性并进。本文库根据此旨，故以人类全知识的雏形为范围。第一集五百册中，括有门类四十五，从图书分类法说起来，总类方面有图书馆学和读书指南等；社会科学方面有社会、政治、国际、经济、实业、法律、童子军等；自然科学方面有算术、天文、地文、物理、化学、矿物、地质、生物、植物、动物等；应用科学方面有农业、工业、工程、生理、卫生等；艺术方面有劳作、美术、音乐、游戏等；语文文学方面有国语文、神话、童话、寓言、故事、谚语、谜语、诗歌、歌剧、剧本、笑话、短篇小说、长篇小说等；史地方面有史地、地理、传记、历史等。其中以自然科学与应用科学两大类合占一百五十九册，与语文文学两大类合占一百六十六册相差无几。此外史地一类，也占了一百零六册。这也是鉴于我国人科学知识的缺乏，和史地眼光的错误，故特别注重。至于文学读物当然占最多数，不过选材方面也格外审慎，至于维持儿童想象与情感的需要中，不使其理智与德性受不良的影响。至以编制而论，自然科学，尤其是理化、工业、工程等方面，因我国儿童的观察机会还不如外国儿童，故在外国儿童一言可以明白的，对于我国儿童不能不多方解说，以助认识。文学方面，取材于旧籍的，除原来极浅显者外，无不译为语体文，以便了解；取材于外国的，力求适合国情。其他各方面，都本着此项宗旨。

本文库的编印目的和万有文库相同，一方面在以整个的图书馆用书贡献于小学校，一方面采用经济的与适当的排印方法，俾小学校得以四五十元之代价获得五百册最适合儿童需要的补充读物，而奠立图书馆的基础。全书四十余类，每类特备一种封面，表示各类的特质，无形中养成科学分类的观念；同时书面上也依次各印一号码。因此，凡以本文库成立的小学校图书馆，尽可由小学生轮流管理，无须有专员主持。这也是我们为学校节省经费的一点微意。最后我们还要声明的，就是国内儿童读物的编著还在试验时期。我们对于本文库的编辑固然格外慎重，但同人愿望虽宏，能力有限，关于取材编制的缺点，在所不免，还望海内儿童教育专家，不吝指正。

民国二十三年二月王云五识。

四库要籍序跋大全序

余于民国二十二年得是书于济南书肆。原名蠡测编，都百册，咸出一人手钞，而阙其人姓名。稿中所收四部要籍之序跋三千九百余种。以其撰人有为清嘉庆时人者，则是书之成当在清嘉庆间。全稿逾二百五十万言，虽出自搜集钞录，然彼时公开之图书馆无多，访书不易，以一人之力终始其事，需时当不下十年。而此隐名之学者锲而不舍，卒观厥成。其毅力诚有足多者，惜其名不传，未能尽余表彰之责耳。

图书之序跋恒荟萃全书菁华于一文，且多出自名手，其文章议论亦多可诵而可贵；以视四库全书提要出于一时之馆臣手笔，为文千篇一律，虽间有评骘而不敢轻发议论者迥异。是书集三千余种要籍之菁华于百册，取携检阅，尤称便利。彼时余坐拥百城，阅览虽较常人为便利，然是书无时不置案头，则以从序跋而获得一书之鸟瞰。苟兴趣与时力容许，自可借此为引导而进读原书，不则亦无异尝其一脔，有助于我对目录学领域之扩展也。

同事某君获睹是书于余案头，欣赏不已。劝余推己及人，付诸手民，以广流布。因于二十四年畀商务书馆北平分厂印行。以卷帙繁，且无时间性，制版进行略缓。迄二十六年秋北平沦于日军掌握，仅成其半。厥后余辗转入内地，对平厂既失控制力，对是书亦不复闻问。及三十五年夏，余自重庆东下，旋脱离商务印书馆，平厂始以是书所排铅字样张全部，连同局部残阙之原稿复还于余。因悉在沦陷时期，平厂主者为维持工人生计，仍令继续排版，竟其未竟之功。惟以印刷发行殆无希望，后半部遂未留纸型。于是此仅存之样张无异取原稿之地位而代之矣。

三十七年冬余解职南下，以居处未定，藏书多至数万册，转运皮藏皆感困难，遂暂托人保管，而行箧所携之少数书籍中，是书即为其一。去年春来台作久居计，亦以自随。于此私藏图书散失殆尽之时，益常以是书供阅览。友人张岳军张晓峰二先生先后见之，认为有关我国文化颇大，怂恿就排校本影印，公诸同好。嗣复得陈雪屏先生赞助，预购若干部以充实台省各校之藏书。于是余在十六年前印行是书之夙愿，因中经多故，至今始获偿。

是书在排版时，因平厂校雠同人夙富经验，又能悉心从事，故错漏较一般排印本为少。兹既准备影印，更谋减少鲁鱼亥豕之误，复就全书复校一过，而附勘误表于书末。固未敢信为尽免错漏，然扫落叶之工作已不遗余力矣。

本书系按经史子集编次，每类又分甲乙丙丁数辑，而殿以附编，即混合经史子集补遗于一册者也。此以供阅读自无问题，然为便利检查，则篇名与著者索引之编制或亦有其需要。拟俟全书出版后，补制篇名与著者总索引，别刊一册，分别按拙作四角号码检字法及笔画法排列，以省检阅之劳。

抑余尚有一言者。序跋文字之可贵不仅在我国为然，即在欧美亦无不重视。美国哈佛大学前校长伊理爱·查尔博士于其主编之哈佛古典丛书五十巨册中，以序跋名作占其一册。惟欧美序文多属自序，而我国序跋则他人所作与撰人自序同为常见。伊理爱博士称述自序之可贵，谓“作者于其长期工作告成时，无异步下讲坛，置身于听众之间，为面对面之恳切谈话。揭示其所怀希望与恐惧，为已身所经历之困难博取同情，并为预期可遭遇之批评提供辩护。在冗长篇幅之全书中，作者的人格向为其郑重的态度掩蔽者，骤然于自序中露其真面目。即此一端，纵无其他理由，自序文已值得在此古典丛书中占一重要地位”。此特就自序的效用而言。至若他人的序跋，则有如余在上文所称，往往合书评与议论而一之，殆别具一种重要性矣。

一九五二年二月二十八日王云五识。

中山县志序

我国方志，集地理传记制度风俗艺文于一编，实为各地方最完备之史书；且省有省志，府州县有府州县志，编著殊普遍。又同一方志，代有新编。余曩主上海商务印书馆笔政，所属之东方图书馆藏书冠全国，搜罗方志亦多至四千余种。以全国千八百余县计，除省及府州外，一县平均占二种以上。及罹一二八之厄，藏书尽毁。自民国二十一年秋开始重建，四五年间，余为该馆大量访购图籍，除其他不计外，方志一门复得千四百余种，皆为较后出者；盖以效用言，后出之方志，资料实兼新旧，纵版本不如旧刻，内容自更丰富也。

我中山县，原名香山，自宋绍兴始就东莞县之香山镇及新会等县之沿海地区，建置为县。迄明代，邑人黄泰泉先生为一代大儒，著作等身，其所编香山志八卷，今已失传。清季所修香山县志，就余所知凡四种。首为康熙十二年刊之申良翰等修纂本十卷；次为乾隆十五年刊之暴煜修纂本十卷；三为道光八年刊之祝淮修黄培芳纂本九卷；四为光绪五年刊之田明曜等修陈澧等纂本二十二卷。入民国，知香山县事厉式金，应邑人之请从事续修，延邑绅汪文炳张丕基总其成。凡十六卷，其取材断至清末，为吾县志最后出之本；合田本二十二卷，更为吾县志最详尽之本。

一九六〇年冬，留台邑人组织之中山同乡会届满一年。余忝膺理事长之任，窃认为最有意义之纪念，莫如在流亡海岛之今日重刊后出而最详尽之邑乘，使留此之数千邑人与散居海外各地之数万邑人，对可望而不可即之故乡，借斯编而神游，缅怀大好河山，益坚其“光复”之意志。因是，就“内政部”所藏，假此二书，付诸影印。

抑有进者，吾邑自清末诞生伟人，手创民国。后起之士，俊彦孔多，对于国家与学术之贡献盛极一时，方兴未艾；其立功立言，咸有足资纪载，垂示来兹者。吾同乡会他日有余力，当更就辛亥五十年来之同邑人物艺文，肆力访求资料，续撰二志，构成三编；苟能实现，自必蔚为大观。惟兹事体大，非得海内外邑人之协助不为功也。

影印将竟，谨述经过，并志期望。

一九六一年一月二十五日王云五谨识。

国民参政会史料序

国民参政会有八年之历史，亘抗战之全期。在此期间，对于国家大计，民生休戚，均有重要贡献；尤以团结全民，支持抗战，厥功殊伟。现虽时过境迁，然此一部分富有价值之史迹，实有详予记述，昭示来兹之必要。

余参与国民参政会，历四届之久。转辗来台，于历届历次之议案纪录与其他重要文件，除最后一次外，皆收入行囊，殆为在台参政同人手存此种资料之最充分者。退食之馀，辄就个人经历，并参考资料，撰为国民参政会躬历记三十余万言，仅当全稿三分之一。原拟继续完成，借资纪念。

前参政员在台者百余人，为联旧谊，岁辄集会一二次。前岁集会中，胡故参政员适之提议编辑国民参政史，经与会同人一致赞同；因知余保有全部资料，且曾着手撰述躬历记，遂以起草之责畀余，并推莫德惠、胡适、陈启天、陶百川、端木恺诸君相与参订，吴望伋钱用和唐国桢张邦珍诸君主持印刷。余彼时固辞不获，事后详加考虑，益觉公家修史与私人述旧迥异，如执行同人嘱托，则原已属稿之三十余万言，泰半不能适用，设若重起炉灶，又非时力所许。因是，屡握管而屡辍；迄今岁首同人聚会，竟无丝毫进展。不得已据实直陈，并建议改就历次大会原有提案纪录等，摘录其主要内容，构成国民参政会史料，则参政史虽一时未能编成，然历次会议资料借此而保存流布，亦可备他时编史之依据。

余之建议，幸获同人接纳，经即商定辑录国民参政会历次大会之史料，应包含下列各项：（一）开会经过，（二）有关法规，（三）参政员名单，（四）大会宣言，（五）演词，（六）重要报告，（七）对于政府施政报告之决议文，（八）各参政员提案案由及决议文，（九）驻会委员会委员名单。彼时估计，字数当在六七十万，约占全部资料五六分之一，而菁华备具，对于史料之保存，在今日殆已尽其能事。

辑录工作系委托曾在参政会秘书处服务而现任“国史馆”简任秘书许师慎君主持。许君热心任事，甫三月，应行辑录之资料已全部录出。余保存之资料尚缺最后一次，即第四届第三次，大会各项提案赖林参政员忠以其仅存者见假，得以补足全部；惟参政会向例，每次大会之各案决议文当俟下次大会时印发。由于四届三次大会以后，参政会即告结束，不复集会，是次各案决议文赖许君就国民政府移存“国史馆”档案中检出补录，并补撰是次之开会经过。稿成付印，并由许君负责主持校对，辛劳可佩，敬表谢忱。

一九六二年十月十五日王云五识。

谈往事序

余今岁虚度七十有七。平时写作虽不少，然尚无一部较完整之自传问世，实以中年以前，未曾从事于日记。自民二十一迄三十年间，接连九年，始渐养成日记之习惯。彼时为余生涯中最多事之岁月，而肇始于一二八上海闸北之不宣而战，余所主持之商务印书馆总馆，工厂与附设之东方图书馆全部被毁，故余于收拾馀烬，策划复兴，责无旁贷；经半年之苦斗，商务印书馆勉能复业，其间及以后所经历之困境，日有所为，夜必有记。及复兴渐树初基，益觉学术救国之必要，于是利用科学管理，以增进效率，实行计划出版，以大量提供精神食粮；同时又深感“一打便倒，一倒便不能翻身”，实奇耻大辱，故于任何遭受敌人破坏之事业，无不积极恢复。东方图书馆之对于商务印书馆，虽系附属机构，恢复亦不遗余力，而以访购图籍为其初步。甫历五载，商务印书馆已复旧观，东方图书馆亦渐具规模，则又遭七七事变，由敌方之逐步侵略，激起我国之全面抗战，转辗播迁，时仆时起，迄于太平洋战事爆发；九年以来，余逐日有记，长者多至数千言，短者亦不下数百字，以平均每日千字计，积一年当为三四十万，积九年不下三四百万。其中所记，或关治事，或关计划，或关读书，或关访书，或关种种问题之解决，间亦不乏对国事之评述。全部日记留在香港，及日军进攻港地，余因公适留重庆，幸免于难；然留港日记，不毁于战火，而毁于畏祸之亲友。民三十年底以来，余留重庆，为商务印书馆从事于第三次之复兴，艰苦情形，远过往昔。嗣悉日记在港全毁，不免灰心。遂不再写作，致可记之事虽多，竟无所记；而九年持续之良好习惯，直至一九五四年再度从政，始予恢复。然嗣后系就簿册为记，限于篇幅，每日所写，不逾四五百字，以视前此采用活页，不限字数者，详略自有不同。

自时厥后，余渐养成早起之习惯，在万籁俱寂，鸟语不闻之际，偶忆往事，思有所追述，终以过去日记荡然无存，不敢作编年之想，仅略仿纪事本末，就尚有资料可寻之若干事分别专题叙述，最长者多至二三十万言，最短者亦不以数千言而少之。迄于今已写成三十馀专题，都二百馀万言。

自去年春初，余忽发奇想，并鼓起勇气，从事于自撰年谱。余前此无此勇气，此时突改变，系由于详加分析之结果。其理由约有数端。一、最近十年，余不仅恢复日记，且有不少文献可资印证。二、余主持商务印书馆之二十五年间，虽日记不复存在，幸而尚有出版书刊暨相关文献，可助回忆或印证。三、余自复员后第一次从政，迄于一九五四年第二次从政，八年之间，由于若干经历事项，已有专题记述，足资旁证或引申。基此三项，当有四十三年可利用多少书面的资料；纵然此类资料不尽完备，终胜于无。此外三十馀年中，民元至余加入商务印书馆之民十的一段期间，所经历较重大事故，未尝尽缺文证。又余自十四岁开始人生之奋斗，迄二十四岁参加临时总统府与教育部工作，其间十载之特别经历，永久不能忘怀者，亦复不少。于是只有十四岁以前之少年及幼年生活，仅凭东鳞西爪的回忆；然而此一段时期，任何人皆难保有第一手的记述，余又安敢独存奢望。

经过上述之考虑，余遂从一九六三年二月开始尝试自撰年谱。

所记详略悉按记忆与资料，坚欲一气呵成，然后从头逐年考虑补充，更拟自某一项回忆中引发另一项之回忆。乘此一股热情，每日馀暇，悉从事于此，朝斯夕斯，未尝稍懈。迄本年二月下旬，恰满一年有十馀日，过去七十六年之往事，幸而初步迅速完成。三月以后，即开始设法补充，原拟每日补充一事。昧爽静思，偶得一种阴影，辄笔之于书，然后以全日馀晷，搜索旁证，期作较详尽之记述。初时尚能循此进行，惟经过若干时日，每日一事之回忆，渐感困难，间或获得一事之轮廓，然与其内容有关之直接间接资料，仍不易检寻。余在过去一年所记，系采长篇方式，辄以有关之个人著作（有专书印行者除外）及其他文件，附于谱后，备他日作最后之取舍，故费力较少而表面上之收获尚丰。然自本年三月以来，专从补充着手，则费力多而收获少，不过偶有所得，辄予我以莫大安慰。中间为填空暇，亦仿诸家年谱例，就逐年国内外大事摘要附记谱末，而冠以个人就是年局势的鸟瞰，参入一己的见解，辄就局势发展，证其因果，并及个人所受之影响。

上述写成之年谱长编与若干年来的专题追记数十篇，迄今尚为未经局部发表之存稿。然来台以后，曾就个人生活先后发表之文字，集刊为一小册，命名为我的生活片段，仅括入文字六篇。

近两年来，余先后就个人对于前贤故旧的关系，撰为传记式文字数篇，多由传记文学杂志刊布。传记文学主编刘绍唐先生有分册汇刊传记文学丛刊之意，而坚请余开其端。本书之编印由是而促成。

本书括有新旧作十六篇，其中属于本人谈往事者十篇，属于记述前贤故旧而兼及本人往事者六篇。后一项之六篇，除四篇已由传记文学先后刊布外，余二篇亦经他方面发表。前一项之十篇，则采自我的生活片段者三篇，采自自由谈月刊先后刊布者亦三篇。馀四篇，除其一不日由健康长寿月刊刊布外，原不拟即予发表。今为使本书对于个人各方面的生活咸具代表性，遂不得不破例加入。兹就各篇代表性分别言之：

一、我的图书馆生活——概述余读书经过与编书要旨。

二、漫游欧陆渡重洋——略述三十馀年前余初出国门，由美洲渡欧陆，经历七国考察与游览之概况。

三、两年的苦斗——概述三十年前商务印书馆遭劫，几至崩溃，余为作第一次复兴之努力。

四、八年的参政——略述抗战时期余从旁参与政治，包括参加国民参政会与政治协商会议之经过。

五、重理粉笔生涯——概述来台后重兼教席之经过，并略述余在清末民初约十年之教学。

六、我参加第一届“第二次国民大会”追述——概述余来台后参加“政府”实际工作前之参政经过。

七、入闱记——叙述余任“高等考试典试委员长”，实行入闱，为时一周之经历。

八、七十年与五味——余七十生日后应自由谈月刊邀约所写的处世经验。

九、挂冠记——叙述余重游“政院”五年后，坚决引退，卒获如愿之经过。

一〇、我怎样保持健康——报导余大半生养生之经过。

一一、我所认识的高梦旦先生——就余加入商务印书馆后，与高先生十馀年相处，描写高先生之行谊，所以传高先生，亦所以自述个人生活之一重要过程。

一二、蔡元培先生与我——自余初受蔡先生拔擢，暨其后数十年论交，概述经过。

一三、我所认识的朱经农先生——就余初对经农的师生关系，继与经农数十年论交共事之关系。述其经过。

一四、我怎样认识国父孙先生——就余于中华建元之前夕偶尔认识孙先生的经过，进而略述追随孙先生，服务于临时大总统府数月的经过。

一五、怀吴稚老——就余与吴先生交游之经过，作简单叙述。

一六、张菊老与商务印书馆——就张先生与余对商务印书馆之关系，作概括的叙述。

总之，以上各篇，虽详略不同，然无一不构成个人生活的片段，除内容分量三四倍于前刊我的生活片段外，范围亦远较广泛。正如上文的分析，对于个人七十馀年的人生历程，除最初十馀年记述较简外，已就一个花甲的遭遇与作为，呈现其一斑。

本书命名谈往事者，以与余十年先后出版之谈管理、谈教育、谈政治、谈世界、谈国际局势等书形式相近，咸为旧文之集刊，然内容则皆记述个人经历之往事；间为他人作传，亦皆反映个人之往事，其性质为片段的与重点的自传，与前举各书之以评述为主者，固异其趣也。

一九六四年四月二十三日王云五识。

纪旧游序

传记资料有“事”与“地”两对象。个人所历之事与其所历之地，无不与行动攸关。惟后者又可分为二种：一则纯为游览，以怡情消遣为目的，一则因公旅行，以研究处事为目的。

今岁六月，余既以谈往事十有六篇问世，其中所记当然为生平经历之事。兹又搜集有关游历之文字十有八篇，其中纯属游览者占少数，而以研究处事为主者，居大部分。

以时期言，此十八篇文字中，作于抗战以前者五篇，作于战时者九篇，作于战后者四篇。以地域言，属于国内者五篇，馀十三篇皆在国外。以性质言，则以研究为主者四篇，关于公务者七篇，因便观风问俗者五篇，纯以游览为目的者二篇。

具体言之，以研究为主之四篇，括有：（一）初出国门第一站，（二）初履西土记，（三）初访华盛顿，（四）环台咨诹录。前三篇系三十余年前初次出国考察工商管理之仅存记述，后一篇为数年前环行台岛，征询有关行政改革意见与参观各地建设而作。关于公务者七篇，括有（一）庐山往还，（二）昆明行役，（三）访英日记，（四）土耳其纪游，（五）伊朗纪游，（六）伊拉克纪游，（七）花莲之行。其中在国内者，或为奉命参加会议与从事辅导，或为应邀参加盛典；在国外者，皆系以民意代表身分，应邀访问。因便观风问俗者五篇，括有：（一）印度经行记，（二）埃及纪游，（三）两游里斯本，（四）从西非到北非，（五）访美琐记；则或以中途暂停，或以因公逗留而从事于侧面的观察。其纯以游览为目的者二篇为：（一）瑞士旧游新感，（二）南游记事；则既非因公，亦非顺道，纯为游览而游览。

基于上所分析，则有关研究与公务者，固纯属经历之事，与谈往事名异而实同；即观风问俗与游览风景，亦为人生历程应有之事，加以记述，亦无殊于谈往事。

然则本书纪旧游之作，与前刊谈往事之作，在名义上固有区别，在实质上殆无不同。所不同者，一则以所历之事为主，一则以所历之地为主；在不同之角度分别提出个人生活之片段与重点而已。

本书与前书尚有一差别，即前书十有六篇中已发表者十三篇，占大多数；本书十有八篇中，则已发表者仅四篇，实占少数。其向未发表之十四篇，大都于经历之后即行记述，而未予刊布，或则临时就所存旧稿，予以摘录。各篇皆纪旧游之作，为存真相，自无按照新发展而补充之必要。

前书以事为纲，较合传记性质，故由传记文学汇刊为专册；本书以地为纲，近乎游记性质，又承侧重游记之自由谈征为汇刊。此两月刊，分道扬镳，在国内定期刊物中各有可贵之贡献；余均承采及葑菲，幸何如之。

一九六四年八月二十五日王云五识。

岫庐论政序

本年六月以来，余先后编印谈往事、纪旧游二书，颇受社会鼓励；因思近年自撰年谱长编，原无遽行问世之意，惟其中所附个人言论颇多，设分类编印，至少可得十集，合已印行之二书，恰成金钗之数。平均以每书二十万言计，总计不下二百四十万言，至少足当全谱之半。于是不自揣度，妄作三年之计，拟每年集刊三种；因而本年虽自中期开始，为求合计划，仍须补印一书。此意偶为法令月刊主编虞和孚君所闻，以第一册谈往事为传记文学社率先印行，第二册纪旧游为自由谈杂志社继起负荷，按两社性质，可谓适合分际；法令月刊社以政法论著为主。极愿印行有关性质之一书，余正汇集整理岫庐论政与岫庐论学二书之存稿，虞君坚请以论政一种归该社，因而决以本书为第三种，由法令月刊社出版。

本书内容，如其名所示，皆为个人对于有关政治行政之言论，括有七十二篇，大别为十有二类，末附其他一类。计开第一类为政治原则，括有言论五篇；第二类为宪政宪法，括有八篇；第三类为国民大会，括有二篇；第四类为一般行政，括有十篇；第五类为特殊行政，括有六篇；第六类为行政改革，括有六篇；第七类为法治，括有七篇；第八类为自由，括有六篇；第九类为经济动员，括有四篇；第十类为战地政务，括有五篇；第十一类为新闻政策，括有四篇；第十二类为侨务政策，括有二篇；其他一类，则括有有关杂文七篇。由于篇数较多，字数不下四十万，约等于前刊二书之和。

此中所收言论，最早者远在民国五年，最近者甫在本年九月；各类分别按其撰著发表之先后为序，各文之时日距离虽不下半世纪，然在抗战以前者仅得三数篇，一因民初数年在北平各日报发表者皆荡然无存，二则民国五年以后余对政论之撰作远较他类为少，三则此三数篇幸借一二期刊之登载而获保存。抗战以还，余开始参政，发表政论渐多，且距今未远，搜集亦较易。

各文长短不一，最长者超过三万言，最短者不过一二千言。其中已发表者五十五篇，占全部七十二篇百分之七十六；然属于半公开者九篇，虽公开而此间无法检阅者六篇，是则已发表之五十五篇中只有四十篇可从此间流行刊物检阅，仅占全部七十二篇百分之五十五而已。至所谓半公开之言论，概经详加检阅，必要时酌予删略，以昭慎重。

言论与动作同为人生的表现。余既以谈往事述所历之事，纪旧游述所历之地，均可认为自我表现，构成个人传记资料之一部分而刊行。兹复以个人对有关政治行政之言论，视同自我表现之另一方面，亦构成传记资料之一部分，而继续刊布，区区之意，无非以敝帚自珍之态度，对大半生之旅程，稍留鸿爪于雪泥而已。

一九六四年十月二十日王云五识。

关于东方杂志的回忆

惭愧得很，我虽然担负东方杂志发行人的责任约达四分之一世纪，但对于该志的创刊年月，此时竟不能作正确的报道，一因我虽对该志负责那么久，该志之创刊却在我开始负责以前十五年以上；二因个人所藏书志散佚殆尽，台省各图书馆也未必有全份的东方杂志可资参考。但就我模糊的记忆，并就其他事实的推证，东方杂志之创刊当在民国前六年至七年之间，一因出版东方杂志的商务印书馆创立于民国前十五年（清光绪二十三年，西元一八九七年），其最初出版的“最新教科书”系在民国前九年，越一二年才创刊杂志。东方杂志固然是商务印书馆各种期刊之最早与最悠久者，但其前身却以“外交报”的名义刊行了两年。假定外交报后于“最新教科书”一二年而创刊，而东方杂志则于两年后由外交报更名改组刊行，则东方杂志之创刊时期当在民国前五年或六年。我于民国十年加入商务印书馆，担任编译所所长之职；其时所中分设的杂志社不下十数，我以编译所所长的地位，对于较重要的杂志都兼任其发行人，而别以所中编辑一人为其主编者。后来更因法律上的要求，我对于馆中一切出版物，不论其为期刊或书籍，都负着发行人名义。记得在我于民国十八年短期离开商务印书馆编译所以前，东方杂志曾经举行过二十周年的纪念，是则该志创刊于民国前五六年的推测当不至大谬。

东方杂志的前身，名为外交报，系以有光纸单面印刷，折叠成书本状。其主编人杭县徐仲可先生，名珂，为徐花农学使琪之弟，以举人任内阁中书有年，光绪末解职南下，加入商务印书馆编译所，而主持外交报的编辑；及外交报更名改组为东方杂志，则第一主编人为绍兴杜亚泉先生。亚泉于清末维新时期，得风气甚早，研究东文及理化，并曾在上海创办理化传习所，据蔡孑民先生对我说，他曾加入亚泉所办的理化传习所听讲。到了我担任商务编译所所长的时候，亚泉已转任该所理化部部长，而以钱经宇先生智修担任东方杂志主编。经宇系复旦公学高材生，旧学新知，均所淹通，持论亦能审慎，我虽兼任东方杂志的发行人，却很少加以干涉。东方杂志也在宁静而和谐的气氛中顺利进行，销数也蒸蒸日上，记得有一时期，每期印销数量多至四五万份。但其间有过一度波折，就是在民国十四年的五卅惨案发生后，我为着国人受英国捕头任意开枪惨杀，除在英文大陆报撰文指责英捕头狂悖与英租界当局之违反正义，徇私庇护英捕外，并决定由东方杂志发行特刊，其中尤以我的论文“五卅事件的事实与责任”及陶希圣先生（其时任商务印书馆编译所编译员之一）就英捕头在英国法庭供词的详细分析两文轰动一时，致惹起英租界当局的愤怒，而向当时租界内的司法机关会审公堂起诉，以发行人之我为被告。我为此事上了公堂多次，虽请有律师为辩护，实际上的答辩书却是希圣执笔，而由我加以参酌。陪审的英国领事虽力主以发表煽动文字的罪名，判我徒刑，总算中国方面的会审官恐怕触犯众怒，不敢判罪，结果他和陪审的英领事争论许久之后，只加以警告了事。大概是经过了这一次的官司，东方杂志益为社会所重视，其销数迅速增加达于最高峰，即在此案发生后之一年以内。

商务印书馆在民国二十一年一二八之役受了极重大的破坏，总馆停业整理至半年之久，各杂志亦随而暂行停刊。及是年八月总馆复业后，我首先要复刊的一种杂志便是东方杂志。惜原主编之钱经宇先生在停业期内业为政府所罗致，于是以原助经宇编辑该志之胡愈之氏接任主编。胡氏于民国初年入商务编译所为学习员，以有志自修，学识进步甚速，经不次升擢，渐进为东方杂志助理编辑。其后一度赴法国留学，返国后，思想渐转变，然仍不甚显露。我因爱才之故，于东方复刊时，钱君既无法返任，乃依序擢胡氏为主编。惜其担任此席后，所收外稿，甚至自撰社论，颇多不合国策，我不得不加以劝告。有一次不得已撤去其已发排之一文，胡氏为此深滋不悦，遂请辞职，我亦主张不同，不便挽留，乃听其他去。自此以后，胡氏的左倾态度日益显明，无怪乎北平［此删一字。——编注］政权成立后，他就立即被任为［此删一字。——编注］出版总署长了。

继胡氏而任东方杂志主编的李圣五氏，是英国牛津大学毕业生，专攻国际法，于民国二十年返国；由他的一位教授而是我的老朋友英人某君介绍来访，晤谈之下，颇为相得，即聘为编译所编审员之一。及商务总馆被毁于一二八，他因停职后受汪精卫的延揽，任职于外交部。我以圣五研究国际政治，而东方杂志既以外交报为其前身，近年侧重国际问题之讨论，且圣五任职商务编译所经年，人品成绩均好，我乃力挽他回馆主编东方杂志，但以辞去外交部职务为请；圣五详加考虑，亦表赞同。主编以后，言论均甚审慎，而其交游甚广，征求佳作亦甚便利。数年之间，我和他相处得很好。及中日战事发生，上海沦陷，商务的编译所及各杂志社分别迁往长沙及香港，东方杂志则在香港出版。我常常往还于香港、长沙、汉口、重庆之间。二十七年冬汪精卫潜赴河内发表艳电主和，备受国人声讨，未几，曾仲鸣在河内被刺；圣五与汪氏交谊既深，略露不平之意。我自从胡愈之主编东方时，因曾刊登不合国策之言论，乃切实执行发行人的职权，在付印以前，辄取排校稿遍验一过，以作万一的矫正。圣五主编之初，我经数度之检阅，尚无不妥，复以事繁，遂不复检阅。及汪氏出亡河内，发表荒谬言论，因思圣五与汪私交颇笃，遂稍注意其言论，恢复逐期检阅校样的旧例。不久即发现一文，虽措词委婉，亦未明指汪氏之名，然字里行间，当寓有为汪辩护之意。我以彼时汪氏叛国之迹虽未甚著，但在全国精诚团结抗日之际，突然脱离阵营，发表违反国策的言论，以汪氏所处的地位，尤其不可宽恕。东方纵未能鸣鼓而攻，亦何得隐为辩护？乃劝圣五抽去此文。圣五知我的意思坚定，未便径提异议，乃退而修函辞职。我与圣五私交虽相得，在公事上实未便迁就，不得已允其辞去东方杂志主编，并改聘为馆外编辑，从事于纯学术著作之译述。未及两月，圣五潜返上海，留函对我告辞。我对圣五此举虽深致惋惜，东方杂志却不致受其影响。

圣五辞东方杂志主编后，我即以商务印书馆编译员苏继卿继任。继卿为我旧日学生，好学而甚淹博，尤以史地擅长。后来东方杂志社随同商务编译所由香港迁往重庆，继续出版，以迄于民国三十五年春复员东返上海之时。其间五六年间，尤其是在重庆出版之四年间，我在东方杂志常常撰文，和前此在上海出版时之偶一为之者迥不相同，盖因迁渝以后，商务印书馆的规模较小，我又和同人一起寄宿馆中，不拘日夜均为商务办事，而每逢周末赴南岸汪山与家人相处之一二日，山居宁静，亦便于执笔撰文。于是在此时期内，我不仅照例负发行人的名义，且因主编苏继卿同处馆中，同室办公，遇事可以商量，故编辑之责，我也无形中负担一部分；此外更常为东方杂志撰文，居于撰著者的地位，故关系之密切无逾于此时。及三十五年五月我东返上海，因参加政府，遂辞去先后主持二十五年之商务印书馆职务，东方杂志之发行人责任也就连带摆脱。自我辞职后迄于三十八年上海沦陷于共［此删1字。——编注］之时，东方杂志之主编仍由继卿继续担任，而发行人名义，则由接替我在商务所有职任之朱经农君继任，直至经农于三十七年冬辞卸商务职任之日为止。

总之，东方杂志创刊于民国前五六年，继续出版至民国三十八年，为期共四十三四年。其间经过三次短期之停版：第一次为民二十一年一月底至八月间，由于商务总馆之被日军全部炸毁而暂行停业；第二次则由二十六年八月中日全面之战开始迄于是年十一月在香港复刊之时；第三次为三十年冬太平洋战事发生迄于三十一年二月在重庆复刊之时。总计四十余年间停刊之时日不过十四个月。该志之内容为综合性，但自始至终，以介绍高尚之学术文艺为原则，中间曾有若干时以国际政治为主。又该志附刊之时事日志，记述国内外之大事颇详，数十年来不稍辍，公私藏书中如有该志之全份，真是四五十年来的一部最精详的史料，尤为难能可贵。

（一九五四年某月为中华杂志年鉴作）

古今中外谈速记

今天我以一个完全不懂速记的人，来对各位大多数都是研究速记的专家讲演有关速记的事，这真是合于中国的老话，所谓“班门弄斧”了！

不过，我和速记开始接触的时间却相当早。记得还在民国元年，我就认识了一位中国速记世家蔡锡勇先生的二世兄蔡璋先生。那个时候，我在北京政府服务，有机会碰到蔡先生，他把“传音快字”讲给我听，觉得非常新奇。这件事是在四十四年前，我当时还年轻，记忆力也比较强。可是以后我便把它丢开了。这是我初次有了速记的印象。

当民国十九年，我代表商务印书馆第一次到欧美去研究“科学管理”的方法。当时承美国麦克美伦出版公司给我不少便利。他们拨给我一间办公室，又派了一位速记小姐来帮忙。于是我需要写什么信，就把内容讲给这个速记小姐听，她便先用速记记录下来，然后再用打字机把信打好，送给我签字发出。这种应用速记的方法，算是我生平第一次。我那次在美国停留的时间有一个多月，因为调查资料和讨论问题的关系，需要和各方联系，所以我曾发出不少的信，都是应用这种速记方法。一个人说外国话，总不如说本国话来得方便，而且说出来的话，将要成为一项文件，讲的时候自然是要矜持一点。我说英语并不算慢，可是这位速记小姐的速记确是非常快速。我每次刚一说完，她的笔也就停下，接着便用打字机打出来。她打字的工作虽比较慢一点，但在我讲完后看几分钟报纸的时间内，一封信也就成功了。再说我的那些信件，并不是普通的应酬性质，大多都是为了征求资料或讨论问题而写的，所以每封发出去的信，差不多都有两三张信纸。由于我这次和速记接触了一个多月，因而我对于速记比较第一次蔡璋先生告诉我时所生的印象更加深切。我第一次对速记只是好奇心，第二次对它确是真正有了兴趣。

我回国以后，许多地方为了研究科学管理，都邀请我去讲演，因此，我又有机会和速记接触。那时商务印书馆有一位研究速记的黄先生（他是研究张才速记的）和现在在座的许师慎先生以及他们约来的几个青年朋友，承他们在我那次所作的一二十回科学管理的讲演中，帮忙担任记录。记录下来的讲词，大约有二十多万字。我看过速记的记录稿之后，感觉一点没有遗漏，一点没有错误；即使有不对的话，也是我自己讲错的，或者是我讲的时候遗漏的。由此，我深信这些速记记录确是忠实万分。这是我第三次和速记的接触。很可惜的，这廿多万字的讲演记录稿，因为我当时没有空余时间立即将它整理编印出来，随后却遭遇到“一二八”战事，这些稿子，便完全烧光了。以后我就没有工夫再去写这些讲词。不过，这次速记给我的印象，又更进一步的深刻了。

我来到台湾后，又有机会碰见许先生。从民国十九年算到现在，我们真是廿多年的老朋友。现在许先生自己虽然不担任速记工作，但他对于这门速记学术，却仍旧在继续不断的努力研究改进，并且从事速记人才的训练，把速记技术传授给许多朋友，组织中华速记研究会，使得速记学术能够发扬光大。他这种孜孜不倦的为学精神，实在令人钦佩。我今天和各位研究速记的朋友见面，也可算是我第四次和速记的接触，因此使我感觉特别高兴。

我已说过，我对于速记是完全外行，不过今天到贵会来，我也不愿意离开本题而讲别的事，现在就我个人对速记所发生的感想，略为说几句话。

我感觉到速记的发展，完完全全和国家的政体有连带关系。因为速记的发生，是在有了公开演说，公开讨论和议会制度以后才产生的。西洋最早发明速记术，还在罗马时代（西历纪元前八十二年），当时罗马的元老院虽不完全像现代的议会，但是演说和辩论，已经很多。著名的雄辩家西塞罗（Cicero），他有一位朋友也可算是他的学生梯罗（Tiro）为了要把西塞罗在元老院和其他场合所发表的演说，随时记录下来，用原有文字，感觉很困难，于是逼着他造出了一种速记法。这种速记的符号，可以说是简体字，也可以说是草书。我相信当时梯罗的速记，并不是按照现在速记符号的原理，以读音（Phonetic）为准，而不管字形字义的。自从梯罗发明速记，一直有好几百年，他的那种速记术还是断断续续在欧洲各国流行。记得我从前到欧洲访问的时候，有一次在一个教廷图书馆里，看到古代文凭和证书一类的东西，上面印了几个怪字。他们告诉我：那就是罗马时代的梯罗式速记。这些速记符号印在文件上面，就等于我们政府现在发行的公债、钞票，上面印有暗号一样，懂得这种速记的人，当然一看就知道。如果要模仿伪造，便很容易露出马脚来。这种文件上印速记符号，虽已失去原来的用处，但从这件事可以看出梯罗式速记流行的久远。到了十六世纪，欧洲才有音系的速记方法出现。

现在世界上较流行的速记，有两种方式最为普遍，一种是毕特门式（Pitman），一种是葛莱格式（Gregg）；前者是英吉利人毕特门（Isaac Pitman）于一八三七年发明的，后者是爱尔兰人葛莱格（John Robert Gregg）于一八八八年发明的。当葛莱格的速记发明后，据他说：葛莱格式速记比较毕特门式速记有进步，主要之点，是毕特门式的符号，线条有“重笔”“轻笔”的分别（就是分粗线、细线），葛莱格式却没有这种分别，符号粗细一致。假使是一种分别粗线细线的速记，就必须用特制的铅笔来写，如果用普通铅笔就会容易弄断笔头，在记录的时候，往往发生“欲速反慢”的现象。这是葛莱格对速记的一大改进。

我在上面说过，在罗马时代，由于当时元老院中有各项辩论以及西塞罗的擅长演说，需要用文字记下来，于是逼着梯罗发明了速记。以后传到欧西各国，速记学术渐有基础。其他国家如法国、德国等虽然也有各种速记，但流行不广。而英国人毕特门、葛莱格发明的速记，却成为现在世界上最流行的两种。为什么英国速记会特别发达？其原因也是由于英国是近代最早实行议会制度的国家。英国的议会是议会之母，在议会中，有了公开讨论，就自然而然有速记的需要。

拿我们中国来讲，可以称得起是一个地大物博，文化历史悠久的国家。外国所有的东西，尤其关于文学方面的东西，中国总可以找得出相类似的来。可是谈到速记这一门学术，在我国过去的历史中，却是无法找到，假使硬要说有，只有拿“草书”来作比拟。但草书绝不是现代意义的速记。我想主要的原因，就是由于我们中国过去既没有公开演说，也没有公开讨论。在桐城派姚先生所著的“古文辞类纂”里面，把中国文章分为十三类，有“韵文”类，有“散文”类，我认为还缺少“语录”一类。不过语录和演说的性质还是不尽相同。语录是中国古代老师和学生的谈话。学生为了恐怕忘记老师的指教，便把老师所讲的话记录下来。但老师和学生谈话的时候，可以从容不迫，慢慢的讲，慢慢的说。今天讲不完，明天还可以继续讲，甚至于再重复的讲。可见语录和公开讨论、公开演说的记录方式不同。所以中国尽管对于文化方面有关的工具，如“造纸”“造笔”“印刷”的发明都是很早，但因中国过去并没有应用速记的必要，因此也就找不出速记学术，如果拿“草书”来相比，它是不够简化，不够迅速的。

中国到了前清晚年，满清政府准备实行立宪，成立资政院，于是有了速记的需要，因而才有速记的产生。我想蔡璋先生后来所以能够得到相当声名，就是由于他在清末民初，本着家学渊源，首先在中国懂得使用速记。固然那时的速记，远不如现在的各种方式，但能够根据中国语文来发明中文速记，却已是很难得的了。

前天承许先生送给我一本他所著的“中华速记”。他说：“现在中华速记比较从前有很多改进的地方。”我大概的看了一看，中华速记符号，既没有粗细之分，也没有高低之别。更不需要用专门印好格子的簿子。我对于速记虽然是门外汉，但我相信，许先生这种改进的趋向，和英文速记葛来格所改进的方法是完全一样，比较张才先生起初采用毕特门式方法发明的中文速记，当然有了很大进步。许先生现在改进速记的方式，是后来居上，应该值得赞许。

现在我们有了公开演讲，有了正式“议会”制度，所以我感觉速记的用途，确是一天天的增加。以我个人来说，因为各方面时常邀我讲演，我通常都是不预备讲稿的，有些场合的记录，是人家事后写成送给我看，由于不用速记，当然遗漏很多；有些场合的记录，是用的其他方式的速记，不是许先生指导下的中华速记，他们所记录的稿子，虽然比较普通记录详尽一点，但仍不免有多少挂漏，很少有像我在民国十九、廿年所作一二十次的科学管理讲演，那时许先生和一般青年朋友们所记录的那样详实。我以为假如速记学术在中国能够大行，任何人只要学会速记，就可以根据讲演所得的材料，再稍加组织，便能够写出文章来，对于文化的进展，一定有很大的贡献。

我们平常写字，无论怎样快，一点钟恐怕最多只能写出一两千字。像我的字写得最草率，最不容易认，我在一点钟内可以写两千多字。如果写得比较好的人，我想一点钟内不会达到二千字。现在中文速记的速度，据许先生说：照中华速记的记录情形，大概平均每分钟可以记到一百二十至一百六十个字，最快的一分钟可以记到二百字，或二百字以上。像我现在讲话的速度，因为讲讲停停，一分钟恐怕只有一百多字，用速记记录，自然比较容易。在最近半年来，“中国广播公司中央广播电台”举办了一个青年讲座，邀我作学术讲演。因为是联合广播，每次分配的时间是十五分钟，他们希望我每次讲一篇大约三千字的讲词，平均每分钟要讲二百个字。我平时讲演很少预先写讲稿，但为了便于控制广播时间，于是每次先写好一篇三千字上下的讲词。我平时的讲话速度并不算慢，但是在起初几次广播，十五分钟的时间，我还不能把它念完，一分钟只能念到一百八十个字。但专门担任广播新闻的人，一分钟念二百个字，却优游有余。后来我渐渐熟能生巧，念的字数增加，但每分钟也只有一百九十个字。所以我认为假使一个人速记记录的速度每分钟能够达到一百六十个字，那末他对于普通讲演记录，一定足够应付的。不过这样的速度，对于议会的记录，是否能够应付裕如，却不敢说。

我曾看过一本外国速记书刊，讲到美国纽约市每年举行速记比赛，记录成绩最快的，是每分钟达到二八〇·四字。不过这是由于两个人很紧张的辩论，才会有这样快的言辞。普通一般的学术演讲，每分钟大约只有二百二十个字。照我们翻译英文的经验——英文译成中文，像严又陵的文言文“原富”“群己权界论”等。大约每一百个英文字，要增加百分之五，就是译成一百另五个字，如果翻译的文句中加上“的”“吗”“呢”等白话字眼，大约要增加百分之二十五，就是说，每分钟讲二百廿个英文字，经过译成中文后，增加四分之一，就变成二百七十五字。我刚才和许先生谈起，感觉中国语和中文速记绝不是一定比较英语和英文速记的速度要慢些，其中主要原因，大概是由于语辞的关系。因为英文中有许多是固定的成语和专门名词，而中文却都是单音节的字，成语和专门名词都是需要几个字合组而成。于是中国语和中文速记的速度便受到影响。

我过去曾经作过几年的单字研究，就是要知道我们一个人大约要认识多少单字，才够普通的应用。这些资料大都散失了，现在只保留有一部分。照我研究的经验，除了专家之外，一个普通人所认识的字，大约有五千五六百（现在文化界有几种不同的方案，有人说常用字有三四千字，有人说是四五千字，也有人说是五六千字）。我国康熙字典上总共约有四万零几百个字。而宋朝集韵上约有五万多字。可是到了清朝，有一部分的字被删去不用，所以康熙字典比较宋朝集韵上的字减少很多。到了现在，由于科学方面产生了若干新名词，因而也增加了许多新字，我想目前中国的单字，可能有五万五千多字，常用字大约有十分之一，即五千五百多字。有人说：中国字太多，对于教育发展上有妨碍。但我们如果拿英文字来作一比较，一部牛津大字典，有十二本，共有五十万字；美国新出版的韦勃斯特新国际字典 Webster New International Dictionary 共有六十万个单字。中国就以六万字来说，英文字也要比中文字多十倍。在英文中，许多单字在中文就成为两个字构成的一个语词，如氧气、空气、学校。又如“原子弹”、“原子能”等字，在英文也是两个单字结合组成的词语，中间用连符连接起来，将来取消了连符，也就变成一个字。由于英文中有许多拼合的字和专门名词，所以有五六十万字之多，我们中文的五万多字，却都是单字，假如也仿照英文方式拼成许多词语和专门名词，我相信中国文字至少也有五六十万了。

在速记里面，对于几个字的成语和专门名词，往往用一个或两个简单符号代替的，所以比较单字写起来要更快些。据许先生说，英文速记对于常用的成语和语辞，都把它编成一种速记辞典，用简单符号来代表。我们中国速记对于这种工作，还没有充分发展。现在许先生已开始向这一方面进行，就是把几个字的成语和常用语辞，用速记的简单符号，编成一部辞典。这件事对速记工作非常重要，我认为是应该努力去做的。尤其是现在已经进步到任何议会，任何讲演会上的发言和讲词都需要速记记录的时代，为了使得速记技术精上加精，快上求快起见，对于这项工作要特别重视。假如贵会依据记录经验，对于议会方面常用哪一类的词语和成语，讲演方面常用哪一类的辞语和成语，工商方面常用哪一类的辞语和成语，能够作进一步的研究搜集，编成速记辞典，我相信中国速记一定会有更大进步。我并建议贵会将来编印常用辞语和成语时，除了一般的辞语和成语外，要分门别类，如同政治类、经济类、教育类、军事类、工商类等。最好再由大类分成小类，如同工商类再分为工业、商业等类别。因为各种辞语和成语，不一定是每位速记人员都须熟记的。等于现在英文有五六十万字，其中许多专门性的名词，不是人人都完全懂得的：学医学的人，不懂法律名词；做律师的，简直不懂医学名词；一位工程师，也不懂得医学名词。所以速记辞语和成语，可以分门别类去编组；除了一般辞语和成语，大家应该记得以外，担任某种方面纪录的，就只要按类别去研究学习，不必完全要懂。现在许先生编著的中华速记课本里面，所搜集的许多成语，差不多是应有尽有的；对于一般记录方面，可以足够应用。但如果能够再选录常用辞语和专门名词，加以研究，分门别类编印起来，除了可以使学习速记的朋友得到一种简易入门的方法以外，我相信，对于速记记录的速度，一定还有很大帮助。所以，希望贵会对这一类工作的研究，要百尺竿头，更进一步，使得速记记录的速度，能够达到快上加快。

现在速记对于议会和讲演方面，都非常重要，中华速记经许先生多年来继续不断的研究改进，虽不敢说做到百分之百的完善，但应该有百分之九十九的令人满意了！我今天的讲演，因事先毫无准备，没有什么好的材料提出来，总算在本题之外，拿速记辞典这件事，贡献了一点意见，请各位指数。（刘绳武、林逢森记）

（一九五六年某月为中华速记研究会讲）

中山县先贤志略

中山县原名香山县。自民国十四年为纪念国父孙中山先生而更名。香山县在南宋以前为东莞县之香山镇，绍兴间与新会顺德等县沿海地区并为香山县。

本文述中山县先贤，应自香山县建置时始，换言之，即自南宋以来之先贤为范围，迄清末为止，而清末乡贤殁于民国者，暂从阙。

中山乡贤辈出，不胜枚举，一因手边参考资料短缺，更因限于篇幅，仅能择要按时代列入。

宋代

赵若举——本宋宗室。有拳勇，端宗景炎元年王师航海，若举赴难，授武翼大夫，带行在阁门宣赞舍人，召募潮居里民数百以勤王，擢南东路兵马钤辖。宋亡，元张宏范遣兵欲屠潮居里，若举力以一乡民命为请，于是乡居里三百余家赖以保全。

马南宝——家饶于财，而能好义，宋端宗狩广时，南宝献粟万石。召拜权工部侍郎。景炎二年，帝崩于硐洲。卜葬圭山，寓梓宫于南宝家，南宝募人为疑冢于寿星塘者五处，其实，永福陵在厓山也。宋亡，悲愤不食者数日，为诗有“目击厓门天地改，寸心难与夜潮消”之句，识其志者哀之。

元代

阮泳——世祖至元初领乡荐，为邑学教谕，迁惠州路学教授。学博行修，一时视为仪表。工古文辞，以韩欧为宗。

明代

郑宗维——宣德四年己酉领乡荐，任政和县学教谕，启迪有方，一时士类多所造就。升太平教授。性醇厚，善为文，尝典云南文衡，藩臬推重。诸子各能通经，以文学名。子慈登成化辛卯科，知临武县三年。

黄佐——字才伯，号泰泉。四岁受孝经。及就外传，问曰：大学自纲领条目之外何以释本末而不及终始。师不能答。至十二岁而举子业成，治史学，为古文词及究心皇极象数。正德庚子，乡荐第一。庚辰登进士。明年世宗即位始入试，选庶吉士，授编修。尝谒王守仁，与论知行合一之旨，数相辩难。守仁称其直谅。寻除江西佥事，又改督广西学校。大学士李时荐佐有程朱之学，宜充经筵讲官；以母老且病，坚请致仕。家居九年远近学者从游日众，辟粤洲草堂以居之。嗣以荐，由编修兼司谏，进侍读，掌南京翰林院，召为右谕德，擢南京国子监祭酒。年七十七卒，赠礼部右侍郎，谥文裕。佐学以程朱为宗，惟理气之说独持一论。所著有诗文集六十卷，乐曲三十六卷，诗经通解二十五卷，春秋传意十二卷，庸言十二卷，乡礼七卷，革除遗事十六卷，翰林记二十卷，六艺流别二十卷（著者手边尚存有明版初印本），广州府志六十卷，广东通志七十卷，广西通志六十卷，南雍志二十四卷，香山志八卷，小学古训、姆训、西京赋、敷教录各一卷，漱芳集、广东人物传、明音类选、罗浮志各若干卷行于世，学者称泰泉先生。

李孙宸——字伯襄。万历壬子乡试第二，癸丑成进士，授翰林院庶吉士，乙卯予告还里，庚申秋入京，直起居注，旋掌内书堂，不欲与中涓作缘，求改掌诰敕。壬戌校礼闱，得人称盛，寻晋掌春坊左庶子，奉纂修之命。乙丑春赴京，途次晋南国子祭酒，丙寅春晋詹事府侍读学士教习庶吉士，晋南礼部右侍郎，摄礼部尚书事。崇祯初，晋礼部左侍郎，掌翰林院，晋经筵，充日讲，晋南礼部尚书，年五十有五卒于官，赠太子太保，赐谥文介，一生立朝居乡，廉介可为矜式。著有建霞楼集行世。

郑士熙——字我纯。本浦江望族，先世宦粤，遂家焉。万历二十一年拔贡，谒选得潮阳学博，以端士为急，迁山东长清令，会岁荒民饥，辄开仓假贷，蒿目沟瘠，未忍追偿，法当免。民闻之，恐失士熙，牛车担负，络绎不绝，旬日补足。补湖广城步县，革除横征陋规，极得民心。

毛可珍——字仲美，名元铠，万历癸卯举于乡，知诸暨县，夙称难治。地多溺女，为严连坐法，由是存活者众；贫民以男女质钱，逾期没为奴婢，可珍计其佣值，还诸父母。调静海时，庐田久为豪家私庄，岁耗课额，可珍下车不数月，宿弊顿清。晚年高蹈不出，卒年八十有六，康熙十三年祀乡贤。

何吾驺——字龙友，号象冈。万历丙午乡荐，四十七年己未进士，拟鼎甲，改二甲四名。崇祯初由庶吉士晋左春坊，充经筵日讲官，会纂修实录成，晋少詹事，兼侍讲学士，历官正詹事。崇祯五年擢礼部右侍郎，六年加尚书衔，同王应熊入阁。温体仁久柄政，欲斥给事中许誉卿，已拟旨，文震孟争之，吾驺亦助为言；体仁讦奏，夺震孟官，兼罢吾驺。居久之。唐王自立于福州，召为首辅，与郑芝龙议事，辄相抵牾。闽疆既失，清顺治三年十一月桂王由榔称号于肇庆，适唐王聿键弟聿𨱇嗣为唐王，吾驺自闽浮海至南海，关捷先等首倡兄终弟及议，大学士苏观生遂与吾驺及布政使顾元镜侍郎东莞王应华等拥立聿𨱇，改元绍武，就都司署为行宫，招海上四姓盗授总兵等官，与肇庆相拒。十二日清克广州时，唐王聿𨱇，方事阅射，急易服逾垣匿王应华家。俄缒城走，为追骑所获，投缳而绝。吾驺及应华等悉降，卒于家。著有元气堂诗文三集十卷，经筵日讲拜稽录四卷，周易补注四卷，云笈轩稿二卷，石刻楷草四种。

清代

毛天翀——字汉翼，诸生，好学能文。有才略。康熙间，闽督姚启圣征台湾，辟天翀从事。台湾地居海岛，非船不进，时泉州永春县山峒多大木，而峒蛮负险恃顽，启圣乃署天翀为永春博士，理谕诸酋，遂得木造船，连复十九寨及金门厦门诸隘，抚判并行，多用其策。后以选官就永安教谕，迁安仁知县，禁陋规，杜请托，兴利除弊，去任日攀辕者相属于道。

何士祥——字景祥。好骑射，力能揽强。中乾隆庚子武举，丁未成进士，选蓝翎侍卫，授本省海安营守备。调崖州营，擢都司，嗣擢碣石镇中营游击，剿捕功甚著，升福建水师参将，寻以病乞休，卒于家。

何日愈——字德持，号云畡，好学能文，应顺天乡试不中，捐纳州吏目。嘉庆二十一年分发四川，署垫江县典史。道光五年补会理州吏目。治苗汉人之争，能持正不屈。嗣捐升知县，仍返四川，大吏命主西藏粮台，不屈不挠，为达赖喇嘛所尊重。咸丰元年补岳池县知县，有政声，应付夷变，尤具胆略。著作有玉帐狐腋四卷，存诚斋文集十四卷，余甘轩诗集十二卷，退庵诗话十二卷。以长子憬官总督，诰封光禄大夫。

曾望颜——道光二年进士，改翰林院庶吉士，三年散馆授编修，十三年转江西道监察御史，十四年转掌江南道监察御史，十五年五月奏整顿科场事宜凡十四条，如所请行。同年六月迁刑科给事中，八月迁光禄寺少卿。十二月迁太常寺少卿，旋奏请禁止广东学政陋规，允之。十六年擢顺天府府尹。二十年授福建布政使。二十三年银库亏短案发，望颜曾充查库御史，部议褫职，于限内将库项赔完，以主事用。咸丰三年引见，以五品京堂候补，五年补通政使司参议，六年后擢顺天府府尹。十二月援陕西巡抚，以堵截太平军进扰陕境有功，九年十月署四川总督。次年以滇匪进扰，未能先事预防，下部议处。四月给事中李培裕奏劾望颜滥保军功，蒙混报销，知情徇隐，纵子干预公事等罪名，清廷命陕甘总督乐斌偕署陕西巡抚谭廷襄查明复奏，疏入谕以据查明各款，讯无赃私重情，惟举劾属员多有粗率错谬，又令伊子查街拿赌，干预公事，致招物议，着交部议处；寻议革职，暂留署任。嗣又以知府翁祖烈讦告，谕曰：撤任知府翁祖烈讦告上司各款，经崇实查明，虽有不实，而事多不合，曾望颜身任总督大员，未能整躬饬属，种种荒谬；又听信伊子曾捷魁，不能严加防范，因而家人借势招摇，致招物议，实属咎无可辞，仍行革职，留于四川，听候另案查办。及乱党肃清，十年敕令回籍，同治元年命来京候旨录用。寻以四品京堂候补，五年授内阁侍读学士。九年卒。

林谦——字德光，号若谷，道光八年举人。嗣大挑一等，以知县分发直隶，因母老请终养。居乡提倡公益，不遗余力；兴利除弊，正俗备荒，均著成绩。主办团练，咸丰六年以守城有功，加同知衔。为学宗朱子，博通诸子百家。自海疆事警，知中国边患未有文，又究心西学。著作有类字训蒙二卷，仓团合编一卷，国地异名录一卷，及地球经纬全图等。此外，尚有遗著十余种，未及付梓。光绪元年奉准入祀乡贤。

何璟——字小宋，道光二十七年进士，改翰林院庶吉士。三十年散馆，授编修。咸丰二年充顺天乡试同考官。三年，记名以御史用，嗣丁母忧，六年服阕，七年授江南道监察御史。十一月英人攻陷广州，憬疏请准备进剿，并疏劾广东巡抚柏贵与总督叶名琛厥罪惟均，请从重治罪。八年英船入津沽，憬又疏陈战守要略，大旨谓必能战而后能和，亦必能守而后能战，并主张扬言夺取香港，迫使英人闻风回救。类此抗论洋务先后八疏，凡数万言。九年五月升户科给事中，八月充顺天乡试同考官。十年转工科堂印给事中，是年三月以道员用，九月授安徽卢凤道。同治元年两江总督曾国藩方以全力规取江宁，留憬于军，总办营务处。二年奏署按察使。三年江宁光复，加布政使衔，四年授湖北布政使，六年护理巡抚。九年升福建巡抚，旋调山西巡抚。十年调江苏巡抚，十一年二月命署两江总督。十月丁父忧。光绪元年服阕，屡奉召，以疾未果；二年九月入觐，即日授闽浙总督，十二年命兼署福州将军。法越之役，法人入长门，璟与会办福建海疆事宜之张佩纶同任防守。以大败于马江时上章自劾，时已有旨召璟来京另候简用。疏入谕曰：闽浙总督何璟在任最久，平日于防守事宜漫无布置，临时又未能速筹援救，着即行革职，十四年卒。

容闳——字纯甫，所居接近澳门，从小与同县黄宽等数人入澳门莫里逊学堂习英文，嗣与宽及黄胜随该堂美国教师布朗博士赴美求学，初入麻省蒙逊中学肄业，嗣考升耶鲁大学，借半工半读，于公元一八五四年毕业，获文学士学位，是为中国人在国外获得学位之第一人。返国后，始努力攻读本国文字。初充江苏巡抚署译员，于协助办理教案时，以四项兴革方案建议，其中之一为派遣幼童赴美留学，自高小以迄大学研究所，为期十五年，并建议年派三十名。此议卒被采纳。于一八七一年先在上海开办留美预备学堂，考选聪慧幼童，施以预备教育。其次年（一八七二），闳遂以留美学生监督之职，带同第一批三十名学生前往美国，是为首次官费留学生。以后接连三年各续派三十名，均由闳驻美监督。清末民初留学前辈，在各方面有重要建树者，如唐绍仪、蔡廷干、梁如浩、程壁光、徐振鹏、刘玉麟、詹天佑、梁敦彦等，皆为被时受闳提挈之学生；而上述各人，除詹天佑梁敦彦二人外，亦皆为中山县籍。闳除对留学教育有重大贡献外，对于外国轮船铁路之开办，亦为提倡最早之人；对于早期外交亦多所致力，其中文著作流行于世者，有西学东渐记一书。

陆皓东——字中桂。与国父孙中山先生同里，而小于国父一岁。少时在上海求学，并曾任上海电报局译员。光绪二十年随国父至天津上书李鸿章，陈救国大计。嗣偕游北京，窥清廷虚实，旋转道溯长江深入武汉一带，观察山川形势，预为他日革命发难之图。二十一年二月随国父与陈少白等在香港假名之“乾亨行”，举行重要干部会议，决袭取广州为革命根据地。皓东提议以其所制之青天白日旗式，作为革命军旗，亦经通过。是年九月初九日，原定于是日在广州起义，事泄不果，次日皓东与程奎光等六人在广州被捕，十一日丘四等四十余人继被捕。皓东原随国父同避一处，因双门底圣教书楼机关部尚遗留党员名册，亟欲往取，众阻之，皓东曰：名册倘为搜去，按册诛求，我党尚有余类耶？冒个人生命危险，以全多数同志，实分内事。竟奋不顾身，往取名册焚毁以灭迹，遂被逮。粤督特令南海番禺两县严刑审讯迫供出籍党，兴大狱。皓东不为屈，慨然索纸笔供认，有“今日非废灭满清，决不足以光复汉族……今事虽不成，此心甚慰。但一我可杀，而继我而起者不可尽杀，公羊既殁，九世含冤；异人归楚，吾说自验。吾言尽矣，请速行刑”之句，遂于同月二十一日遇害，卒二十九岁。（按中桂为著者表亲，少时曾与著者长兄同学。）

（一九六〇年十一月为台北中山同乡会年刊作）

岫庐论管理序

是书集余历年撰讲有关工商管理及公务管理之文稿，于百数十篇中，慎选二十六篇，其选材标准有三：一、各篇内容力避重复；二、管理范围大体略备；三、工商管理与公务管理各具系统，分之为若干专论，合之殆成为大专学校之一课本。

余对于管理之学，一如对其他学科，未尝经过正规教育，仅凭一己之摸索。然为研究商务印书馆之更新管理，尝出国考察，集中半年之时力，历日、美、英、德、法、比、荷、瑞、义九国，参观企业工厂近百，咨询管理专家五六十，参考有关管理书刊无数，归国后，决为商务印书馆率先采行科学管理，中经波折，卒幸有成。承各界谬采虚声，纷约讲演。本书第八、九、十一、十二、十八诸篇，即就初期讲稿中选取；其第十篇则为在美欧访问管理专家之追记，所谓“听他一席话，胜读几卷书”，至今思之，弥足珍贵。又第十三篇为余对商务印书馆创作的一套复杂而公平的奖励办法，行之颇著绩效，此在西洋，或可与种种著名奖金制度等视齐观。以上为有关工商管理代表之作。

至于公务管理，因与工商管理源出一途，又由于抗战期内党政当局之采及葑菲，迭邀余为各种训练班讲演科学管理及行政效率等专题。本书第二十三篇，即其一例。政府迁台以后，余于讲演教学，相辅并行，嗣复参加政府，所获实际经验尤多。本书第十四、十六、

十七、十九、廿、廿一、廿二诸篇皆属此类。其第十五篇，即以科学管理方法施诸研究行政改革之特殊任务，为个人对于公务管理之一项实验。

他如一般管理原则，多为各方面邀约讲演之成果。本书第二、三、四、六、七诸篇，即其例也。此外特撰短文，以补全书之阙者，则第一、五、廿四、廿五、廿六各文皆是。

本书之前身为谈管理，以一九五一年十二月一日初版，仅括入文稿九篇，除关于行政效率一篇外，余皆属工商管理。未满二年，重版五次，遂于一九五三年十一月补入新作五篇，刊为增订本，亦已重版数次。

自时厥后，讲演写作时有增益。适原著谈管理有重版之必要，因思自一九六四年六月起，余就生平零篇散著，分类汇刊，先后已出版谈往事、纪旧游、岫庐论政；在排印中者有岫庐论学。先后共四集。于是岫庐论管理一书之集刊，殆已成熟。乃就谈管理原收入之十四篇删留九篇，而就近十年讲述写作者补入十七篇，合为二十六篇。以篇数言，约当原著谈管理之倍数；以字数言，约当谈管理之两倍有半，计二十四万余言。前编以工商管理为主，新编则公务管理与工商管理并重，并加入管理上通用之原则方法多篇，融会贯通，当更增应用上之功效。付印有日，谨述经过与内容概要如上。

一九六五年三月十五日王云五识。

岫庐论世局序

近二十年来，余对国际问题与世界局势，颇多涉猎。诚如美国前总统艾森豪一九五三年一月的国情咨文所称，“美国人的自由与其他民族的自由相连结，在今日较任何已往时期为密切”。以美国国势，其元首犹慨言国家之不宜孤立。矧以“我国”处境，自对日作战，以迄今日之屈处海隅，一方面固有赖于发奋自强，他方面仍须配合国际局势。因而国人对国际局势之特别关怀，亦固其所。

在第二次大战接近结束之际，时贤痛定思痛，咸注意于战后国际和平机构之组织。余对此问题，亦经深切考虑，曾撰为有关本问题一长文，交三十二年四月东方杂志发表。由今思之，对于目前联合国面临之困扰，似已不幸而言中。彼时余尝访问英土等国，于其对战争与革新之努力，接触之馀，发为言论，今虽相距廿载，大体仍鲜变动。是为余对世局论评之初期。

大战告终，联军赢得战争，却未赢得和平；盖苏俄野心勃勃，鱼肉东欧国家，使西欧咸深畏惧，惴惴然以为第二次大战甫经结束，第三次大战可能随时爆发。加以东亚之韩战突起，世界舆论益认为世局岌岌可危。余盱衡局势，分析美国之权威言论，出以平心静气之论断，颇多中肯；于是“国内”刊物纷纷邀约撰文，团体黉舍请求讲演者亦复不少。彼时余暂不在政府，遂得集中时力于写作，而写作范围，亦以有关世局者为较广。

一九五四年以还，余承乏“试院”，公事渐冗，讲演写作之范围亦渐复杂，然每岁仍有一二文，以概论彼时之世局。及一九五七年余一度出席联合国，接触稍广，“归国”后，对于世局之写作讲演又渐多。嗣转职行政院，对“我国”之外交关系与闻颇多，由门外之窥测，渐进于堂奥。自时厥后，见解虽较深刻，言论自不免戒慎；然至不获已之时亦不惮畅所欲言，一时多暂保密，惟时移势易，亦不无可以解密者。

总计个人有关世局之言论，自民国三十二年迄今不下百篇，大都附入自撰年谱之后。兹以年谱付刊当在身后，而所附言论，先后分类汇刊，已达五集。本集以岫庐论世局为名，就将及百篇之数慎选其半，得四十二篇，都三十余万言。篇首各撰一短文，就撰文时势与现今之关系，加以联系，仿佛构成一道桥梁。其中谈言微中者，或切中时弊者不惮坦率叙述，非敢自诩先见，特欲揭示世局之因果而已。

青年战士报请以是书归该社印行，而于刊印单行本以前，先由该报发表若干篇，余欣然允诺。付印有日，略述经过如右。

一九六五年四月二十五日王云五识。

爱山庐诗钞序

亡友朱经农之哲嗣文长辑其先德遗诗，并详为笺注，以爱山庐诗钞为名，寄示余，属为董理出版。余以义不容辞，为付商务印书馆精印发行。经农自抗战复员，于余辞职从政时，继而主持该馆，历时虽廑二岁，而建树殊多，该馆亦义不容辞也。

经农以一九五一年在美作古，噩耗传来，余曾撰“我所认识之全面教育家朱经农先生”一文，备述余与经农四五十年论交，并及经农对我国文教之贡献，已刊入本书附录矣。余所欲言者，大体见于是。文长今又属余为序，以避免重复，廑就其著作方面略陈所见。

本书虽以诗钞为主，然于经历生平著作，亦列有不甚完全之表。经农之诗，清新古劲，自成一家，其内容广博，感怀写实，均可推见其思想与阅历一斑，殆具传记之作用，不限于文艺之表现也。抑余尚有不能已于言者，经农毕生从事于教育。其所学，教育也；其所教，教育也；其主持行政，教育也；其撰著言论，亦以教育为主也。本书所附著作表，纵非全璧，然关系较大者殆无不备。因思经农为全面教育家，生平言行，对我国教育界影响颇大。文长既辑其遗诗付梓，假以时日，如能续辑有关教育之言论，除已印刷为专书者外，汇刊问世，俾经农在教育上之立言，得以垂诸久远，斯不廑文长有进一步表彰先德之功，我国教育实利赖之。

一九六五年六月一日王云五识。

岫庐论教育序

余自十八岁始从事于教育，迄今恰满一甲子。计自民前五年迄共和建国之年，纯以教育为主业；自民元迄民五，除短期从事于教育行政，旁及报社撰述外，无时不兼任教席。前后历时十年。自民十迄民三十五年，余主持商务印书馆，虽不复兼任教科，然无时不与教育界接触，举措亦多与教育攸关。是则此二十五年间，殆可称为间接从事于教育之时期。及一九五五年“国立政大”在台复校，迄今十载，余继续兼任研究所讲席，迄前岁挂冠，始改专任。总计此六十年间，余直接任教者二十年，间接任教者二十五年，为时不可谓不久矣。

余既与教育界有如此长远之关系，素性又对教育深感兴趣，故六十年间不时有关于教育的意见发表。最早者为民元对于新学制之建议，虽事后追述欠详，然大意已可概见。及任职商务印书馆之初，即对中学之科学教育提供意见，于今日教育界所提倡者已早肇其端。又于编辑计划中，首倡教育大辞书之纂修。中间对于我国古代教育思潮，曾以王一鸿之笔名，于退食之馀，分别研究孔孟、荀卿、庄、墨之教育主张，撰为专论四篇，合刊为一册，曾收入万有文库第一集。迁台以后，是书已不复单行，最近始从某图书馆假得。前既由分而合为一书，兹复由合而析为数篇。余主持商务印书馆之后期，迭于各期刊发表有关教育之论著，迄今尚可搜集者不下十篇。来台十余年，著述多暇，或出以专论时论，或为讲演方式，或作正式建议与计划，或与主管商榷，或就序跋发挥，为文不下四十，连同其前发表者，都五十八篇，三十余万言，悉依先后为序，与一年来陆续汇刊之论著六种，大致相若。

忆一九五一年来台之初，曾集手边有关教育之论著十篇，命名谈教育，畀华国出版社刊为小册，越二岁又补入四文，为增订本，先后印行四五版。兹以旧文搜集渐多，新作亦复不少，其中并括入久已绝版之中国古代教育思潮约十万言，于是汇刊为岫庐论教育专册。

本书搜罗范围，系采广义。所谓广义的教育，在横的方面，包括德智体群美，在纵的方面，包括学校社会与整体之文化。间有原属教育范围，因已集刊于他书，以避免重出，从阙；然为便利读者参证，姑将篇名及刊入书名附后。

我的图书馆生活	刊入谈往事
重理粉笔生涯	刊入谈往事
我所认识的朱经农先生	刊入谈往事
我的学校生活	刊入岫庐论学
谈函授	刊入岫庐论学
“我国”博士学位授予之研究	刊入岫庐论学
博士考	刊入岫庐论学
少年百科全书序	刊入岫庐论学
基金会与文化	刊入岫庐论学
专材与通材	刊入岫庐论学
宪法与教育	刊入岫庐论学
我所期望于法官训练所结业诸生	刊入岫庐论学
“出国”留学生的责任	刊入岫庐论学

一九六五年七月十五日王云五识。

辑印丛书集成简编序

余于民国二十三四年之交，辑印丛书集成，既蒇事，为述其缘起如左：

昔李莼客有言："士大夫有志于古而稍有力者，无不网罗散逸，掇拾丛残，几于无隐之不搜，无微之不续；而其事遂为天壤间学术之所系，前哲之心力，其一二存者得以不坠，著述之未成者，荟萃而可传。凡遗经佚史，流风善政，嘉言懿行，瑰迹异闻，皆得以考见其略；而后之人即其所聚之书，门分类别，各因其才质之所近，以得其学之所归。于是丛书之功，在天下为最巨。"王丹麓亦言："丛者聚也，或支分于盈尺之部，或散见于片楮之间，裒而聚之也；又丛者杂也，或述经史，或辨礼仪，或备劝戒，或资考订，事类纷纶，杂而列之也。"两氏之言，其足为我国丛书之定义乎？

钱竹汀云："荟蕞古人之书，并为一部，而以己意名之者，始于左禹锡之百川学海。"按学海之辑，在宋咸淳癸酉，而俞鼎孙之儒学警悟刻于宋嘉泰间，前学海又数十年，是真丛书之祖。然二者虽有丛书之实，尚无丛书之名。其更前之泽笠丛书，则为唐陆天随个人笔记，其自序称为丛脞细碎之书，虽有丛书之名，而实亦非丛书也。至若名实兼备者，实始于明程荣之汉魏丛书，而继以格致丛书唐宋丛书等。

降及清代，丛书之刻，愈多而愈精。精者如黄氏之士礼居，孙氏之岱南阁：皆仿刻宋元旧槧，人无间言。博者如歙县鲍氏之知不足斋，南海伍氏之粤雅堂：子目逾百，卷数及千，自是丛书之范围益广。其泛滥群流，多文为富者，有张氏之学津讨原，吴氏之艺海珠尘等；其传布古籍，雠校最精者，有卢氏之抱经堂，胡氏之琳琅秘室等；其书求罕见，今古俱备者，有蒋氏之别下斋，钱氏之指海等；其专辑近著，搜亡抱缺者，有潘氏之功顺堂，赵氏之仰视千七百二十九鹤斋等；其羼入泰西政俗游历诸篇，新旧兼收者，有潘氏之海山仙馆，江氏之灵鹣阁等。他如官刻丛书，则武英殿聚珍版实为巨擘。郡邑丛书，则明代之盐邑志林导其先路，而泾川岭南金华畿辅接踵而起。于是孔壁汲冢之余，石渠东观之秘，咸登梨枣。张香涛云："人自问功德著作不足以传世，则莫如刊刻丛书以垂不朽。"可见学者之重视其事矣。

迄于今，综顾朱傅罗诸氏之丛书目录，与杨李二氏之丛书举要所著录者，部数多至数千；诚大观矣。然一考内容，则名实不符，十居五六；删改琐杂，比比皆然。张香涛谓"丛书最便学者，为其一部之中可该群籍；欲多读古书，非买丛书不可。"夫以种类若是纷繁，内容若是庞杂，苟不抉择，多购既糜金钱，滥读尤耗精力。

余近年先后编印万有文库初二集，于国学基本丛书之取材印刷，考虑再三，一以购读者精力与金钱之经济为主要条件。文库二集计画甫就，张菊生先生勉余以同一意旨，进而整理此无量数之丛书，并出示其未竟之功以为楷式。余受而读之，退而思之，确认是举为必要。半载以还，搜求探讨，朝斯夕斯，选定丛书百部，去取之际，以实用与罕见二者为标准，而以各类具备为范围。别为普通丛书专科丛书地方丛书三类，类各区为若干目。普通丛书中宋代占二部，明代二十一部，清代五十七部。专科丛书中，经学小学史地目录医学艺术军学诸目合十二部。地方丛书中，省区郡邑，二目各四部。

其间罕见者如元刊之济生拔萃；明刊之范氏奇书，今献汇言，百陵学山，两京遗编，三代遗书，夷门广牍，纪录汇编，天都阁藏书等；清刊之学海类编，学津讨原等。虽其中间有删节，微留缺憾，要皆为海内仅存之本，残圭断璧，世知宝贵，今各图书馆藏书家斥巨资求之而不可得者也。至若清代巨制，如武英殿聚珍版，知不足斋，粤雅堂，海山仙馆，墨海金壶，借月山房，史学，畿辅，金华等，原刻本每部多至数百册，内容丰富精审，皆研究国学者当读之书，所谓合乎实用者，其信然矣。

综计所选丛书百部，原约六千种，今去其重出者千数百种，实存约四千一百种；原二万七千余卷，今减为约二万卷；以种数言，多于四库全书著录者十之二；以字数言，约当四库全书著录者三之一。命名丛书集成，纪其实也。

方今文化衰落，介绍新知与流传古籍，其重要相等。是书之出，将使向所不能致，或不易致之古籍，尽人得而致之，且得以原值二十分之一价格致之。又诸丛书经董理后，取精去芜，依类排比；复按万有文库之式印刷，分装袖珍本约四千册，以便检阅，亦犹是编印万有文库之原意云尔。印行有日，谨述缘起。

中华民国二十四年三月九日王云五。

今距丛书集成之印行三十年矣，其间世局多变，商务印书馆既以抗战随政府西迁，八年后，因胜利复员，重返沪渎，未几又以［删2字。——编注］而再度播迁。来台以还，物力式微，出版事业，有如停顿。去岁余退出政坛，得重主该馆，懔于介绍文化之责任重大，不敢稍懈，决以最初二年，就该馆历年出版菁华，择尤整理，先后重版。一年以来，在大部丛著方面，业以万有文库荟要及四部丛刊初编缩本问世，读书界称便。于是进而整理丛书集成，因原书卷数多至二万，册数多至四千，其中与该馆先后辑印之国学基本丛书重出者约一百五十种，四百册，自宜删除。又丛书集成既以丛书百部构成，除相互重出之子目约三分之一，余于三十年前辑印之时业已删除外，因就各丛书保持原状，悉数收入，对于现今读书界之需要缓急，未遑兼顾。今重行辑印，为撙节物力，对此不能不考虑。查台省公私所藏丛书集成全部者，就余所知，不满十部，目前搜购，极感困难，不仅价逾十万而已。因思，为应急需，允宜简化，经就全部四千册，子目四千有奇，详加研究，除上述应行删除者外，复取精去芜，实留一千零三十一种，都四千四百四十卷，约当全书四分之一，订为八百六十册，版式仍照原辑印本，与就近刊行之万有文库荟要相配合，并按万有文库荟要及四部丛刊初编缩本之定价比率，尽可能廉售预约。选辑既成，预约有日，谨举经过，以告读书界。

一九六五年八月十一日王云五。

岫庐论国是序

本书为余参加各种重要会议之事后记述，依先后为序，首国民参政会，次政治协商会议，再次“国民大会”；各为一篇，合三篇而成书，凡四十余万言。

国民参政会以抗战之起迄为始终。成立于民二十七年秋，结束于三十六年夏，前后凡九年，分四届，每届集会二三四次不等，论者辄称国民参政会为我国战时之国会，虽其构成分子，由间接民选与党政当局遴选而来，形式上未合现代之国会，然其代表性至普遍，代表人士复为一时之选，纵未能尽监督政府之责，其献可替否，不仅多臻至当，且为政府所重视。除未能常川集会，致难充分行使国会职权外，闭会期内之驻会委员会，亦颇发挥作用。又集会而外，对于后方之经济策进，军风纪视察，宪草修订，以及对内致力团结，对外从事国民外交，皆有助于国是。本篇以躬历记为名，当然就个人之立场，观察会议之进行，轻重详略，不无受主观影响：然而亘十余次之会期，拥四百余万言之资料，取精去芜，亦大不易。余原受旧同仁嘱托，主篇国民参政会史，久久未能属笔，不仅以资料抉择困难，即个人观点，亦断难适合众意；不得已建议改编史料，纯就客观抉择，卒幸有成，计得六七十万言，约当全部资料六分之一。本篇既称躬历记，顾名思义，除引述文献难免与史料雷同外，其记事立论，自与史料有别。全篇五章，约十八万言。一二两章先由传记文学分四期发表，所述仅限于第一届；未发表之三四五章，则每章记述一届，纯就个人立场撰写。除确有必要，非全录史料若干篇不可外，余皆撮其大要，则又别于史料者也。

政治协商会议，实为国民参政会所发动，并由迭次国共会谈所促成。协商范围，初时规定为两项：一是和平建设方案，二是国民大会召集事项；嗣又将两项范围分析为五个题目，即：（一）政府组织；（二）施政纲领；（三）国民大会；（四）宪法草案；（五）军事问题。其召开的动机虽酝酿于抗战结束前一年有余，而其实行召开，则在抗战结束后约半年。盖其主要目的，在谋全国大团结，而其具体方法，则在公开政权，实行宪治。此在抗战结束前，固可加强作战之实力；而在抗战结束后，尤有助于建国之成功。会议于民国三十五年一月十日揭幕；参加者凡三十八人，选自五方面，即（1）中国国民党，（2）中国共产党，（3）民主同盟，（4）中国青年党，（5）社会贤达，表面上皆由国民政府主席聘任，实际上一至四方面人选先由各该方面自行推定，第五方面则由第一至第四方面推定，余则于第五方面获同一席者也。此三十八人中，国民参政员占二十二人，超过半数，纵非参政会之特别组织，然参政会在其中所占势力不可谓不重要，盖参政会本以战时团结全国力量为主旨，政治协商会议则以复员建国时期团结全国力量为目的，二者固有其极密切关系也。

在协商会议中，五组的协商结果，最失败者无疑是军事问题，因中共一贯保持其［删2字。——编注］目的，不论军事问题有如何合理的解决，总不肯信守诺言，于是每次停火协议转成为中共败退之护符。扩大政府组织，因中共与民盟之［删4字。——编注］，卒未依协商原议实现。及三十六年夏，局部扩大政府组织，除中共不参加外，民盟中之民社党则与青年党及社会贤达共同参加。事前并依据政协议定之和平建国纲领，订为国民政府施政纲领十二条，由参加扩大政府组织之各党派及社会贤达代表共同签署，足见国民党之尊重政协决议，虽于中共民盟拒绝参加时，仍努力予以履行也。政协决议影响最大者，莫如国民大会与五五宪草。国民大会由五五宪草所规定之庞大职权，一变而为无形国大，经会后继续协商，虽恢复为有形，其职权实已大减。五五宪草，经协商决议修正原则十二项，性质已大有改变，虽经会后之宪草审议与继续协商，略有再修正，惟经整理提出于制宪国民大会之宪草修正案，与据此而制定之“中华民国宪法”，其接近于政协修正原则者，远胜于其维持五五宪草之程度。本篇将“中华民国宪法”逐条与五五宪草及政协修正中华民国宪法草案，一一比较，足证其然。全篇字数约十万，曾交自由谈月刊分期发表六七万，惟其中“宪法”与两种宪草比较之部，仅举若干例，而略其全部；兹篇则全部补入。

“国民大会”，先后两届余均参加。“制宪”之一届，其任务在制定宪法；“制宪”后之一届，则在“行宪”，而称为第一届。“行宪”后之“国大”，原定以六年为一届之任期，惟自第一次大会选举“总统副总统”后，旋随政府迁来台湾，届期依法重选为事实上所不能，故于一九五四年首届“总统”任满前数月，第一届“国民大会”即召开“第二次大会”，至一九六〇年又届六年，继开“第三次大会”。余于“制宪国大”与第一届第一“二三次大会”皆曾出席。本篇为个人对参加“国大”之述要，特就“制宪及行宪国大”各撰一章。关于“制宪国大”系以“从宪草到宪法”为题，叙述五五宪草修正案如何逐条过渡于“宪法”之经过，所有“国大”代表对宪草各条所提之修正案，与其结果，一一叙列，间附个人之按语。以此文与第二篇政治协商会议追记中，有关两种宪草与制成“宪法”之逐条比较，相互印证，则于宪法之内容，当可脉络分明。余于

“行宪国大之三次大会”，除第一次尚无记述外，第二第三两次“大会”，均以个人立场各撰一文，“第二次大会”追记且已刊入拙著“谈往事”，兹以“第三次大会”述要纳入本篇。全篇字数约十三万字。

余自去年六月开始编印谈往事，迄今一年有半，陆续刊行各种论集，至本书为第八种。于命名方面，因所收文稿各有专属，如纪旧游，岫庐论政，岫庐论学，岫庐论管理，岫庐论世局，岫庐论教育等，不难一望能知。独本书由三种会议之记述构成，欲以一语概括三者，而又不过冗长，殊感不易，考虑再四，姑以“岫庐论国是”名之。按刘向新序，楚庄王问叔孙敖曰：寡人未得国是，盖谓国家之大计也。国民参政会，政治协商会议与“国民大会”所讨论者，何一非关“国家”大计，名以副实，或不谬乎？

一九六五年十一月一日王云五识。

王云五文集·贰

王云五文论

（下册）

王云五 著

江西教育出版社
JIANGXI EDUCATION PUBLISHING HOUSE

岫 庐 论 政

情礼法力

上下六千年，周围八万里，芸芸众生，共同栖止于此大地，而相生、相杀、相爱、相仇，无日无之。究其极，支配世界与人类，亘古不变者，只四个字。四字维何？情、礼、法、力是已。

人为动物之一，不能忘情。轻者抒情，重者纵情，此情与彼情各自抒纵，则冲突起焉。冲突起，非制以法，则压以力；法如有效，则社会与世界之秩序尚可维持，否则武力相尚，大乱迭起。法与力虽有文野缓激之殊，其为事后救济则一也。西谚有预防胜于救济之语，预防之道莫如礼。礼者，人与人间之藩篱也。人之所以异于禽兽者，禽兽惟遵循自然，人类则能克服自然。史学家谓人类文化始于用火，变生食为熟食，社会学家则谓人类文化始于以树叶兽皮蔽其下体；前者为科学之滥觞，后者即礼防之初步。礼防发展之极度，在中国至男女授受不亲，在回族至妇女幕面，则以情之所纵，妇女实为重要标的，在初民社会已然，迄于最开化之社会仍不克免。于是东西礼防咸始于对妇女，而渐及其他。在中国则发展至广而密，一切行为几尽受其规律。整部三礼所论述，琐细已极，自今视之，陈腐极矣。然数千年之绵长历史，得不致如巴比伦与埃及文明之昙花一现者，此陈腐之礼制与其热烈提倡之人，无形之功殆不可没也。

中国在秦以前，经子原无轩轾，至汉始渐以儒家诸子升格为经；经者，天下之公理也。厥后儒家重礼之教遂成人人遵循之公理；而法家兵家，皆抑于诸子中，释道二氏之学且置末席。其意殆以为儒家之守礼，法家之执法，兵家之用武，与二氏之主张容忍，皆所以对付社会之纵情者。然法家纵能生效，亦只救济于事后，而事迹已不可湮泯矣。苟法家不克发生效用，则进一步将不免用武。用武纵能解决僵局，而循环报复，相杀不已，人类且将因此而沦于末日。至于释道二氏之主张容忍，充其量只能暂遏冲突于一时，浸久终有忍无可忍之日。然强自容忍以后，一旦感情暴发，且较未经容忍者远为激烈。故抑制冲突，莫如消泯于事前，于是礼之用尚焉。

今世已进于法治时代，我国旧日之礼防益被视为迂腐。然而法治最盛之国家莫如英国，其人与人间之相处无不严其礼节，盖一以杜渐防微于事前，一则秉公执法于事后；二者相辅为用，始克收安定社会维持秩序之功，非如肤视者流，以为仅一法字便可支配一切也。

尤有进者，法为主权者之作用，在国内尚可收一部分之效；其在超越国界之时，纵有所谓国际法，然国际法之制定与执行，皆非有一高出各国之上之主权者，其效力之脆弱自不待言。于是国际上之关系苟不能于平时严其礼防，将不免有诉诸武力之一日。实际上，国际法既非真正的法律，其始只是一系之国际礼；此种国际礼，在中古之欧洲仅适用于基督教国间，由于风俗与信仰之相同，尚有相当效用。今则世界之大，风俗信仰悬殊，以风俗信仰为基础之国际惯例渐失其效，乃以国际公约及国际组织之决议，作输血式之补助。公约与决议，法律行为也；既为法律行为，则须有超国家之主权以执行其制裁，始可望其克收局部之效，若并此而无之，舍诉诸武力外宁有其他。于是情、礼、法、力又循其自然之轨辙而运行一周矣。

（一九五二年十一月为台北市“新生报”写）

政治有没有定律呢？

我的答案倾向于肯定方面。大家都知道科学是在求定律。过去许多人认为政治不易找出定律，故不把它视同科学。自从英国皮尔逊教授于其所著“科学的典范”Grammar of Science 中认为凡用科学方法来研究的对象，都可以构成一种科学，现在大家对于政治学 Political Science 这个名词已毫无疑义，也就是明认政治可以成为一门科学，间接上也就暗示政治可以有定律。

试从我国历史上举些例子，以证明政治是有定律的。

（一）凡是特别能干的皇后或母后，遇着荏弱无能的帝王，没有不构成祸乱的。这在我国简直成为一个定律。西汉的吕后，唐之武后与清末之那拉后，都算得是大才桀桀的，而其所遭遇的帝王，汉惠帝，唐中宗与清德宗，除了清德宗后来觉悟，企图革新外，实际都是荏弱无能之辈。汉唐两代虽幸能中兴，清室竟因而灭亡。吕氏武氏和那拉氏的才干比诸英国十九世纪的维多利亚女王，都有过之无不及，但在英国，则女主可以致强盛，而在我国则女主执政的结果适得其反。其中也含有一个定律，那就是西方尊重女权，女主执政顺乎民俗。我国传统上重男轻女，女主执政，根本便不合乎国情。顺民俗的，一切措施自然趋于正轨，能干的女主与能干的男主毫无区别，尤其是在御而不治的君主国家如英国者，男主有才干的往往不免发生违宪的行为，而在特别尊重女主的民俗中，有才干的女主偶有过分的行为，反而获得国人的谅解。我国则与此适相反。在男尊女卑的国情中，尤其是特别注重宗法的社会中，女子无才便是德；女子有才本易招忌，何况具有野心的女子，简直要夺取传统上男子统治国家的权，则其所遭遇的反响，当然不会良好。于是这些野心炽烈的女子不得不采取权术和霸道。既以权术而获得权势，及其得势自必施行霸道。由此推想，东西两方面，同样具有伟大才干的女主，并不是东方的女主性烈，也不是西方的女主生性良善，只因所处的环境不同，迫使东方的女主另走一条霸道；这也算得是政治环境上一个定律。

（二）凡具有特别聪明才智的帝王往往不会有良好的结局。隋炀帝、唐玄宗、宋徽宗、明熹宗，都是显著的例子。因为我国历代的帝王都是真正的统治者，为着日理万机，必须勤慎将事。其过分聪明才智的帝王，或因嗜好过多，或别有属意，除穷奢极欲不爱惜民力者，当然召乱外，即没有这些恶德的帝王，如明熹宗者，据王士祯池北偶谈所记，帝在宫中好手制小楼阁，斧斤不去手，雕镂精绝，魏忠贤每伺帝制作酣时，辄以诸院章奏进，帝辄麾之曰："汝好生看，勿欺我。"故阉权日重，而帝不之悟。这种情形，在立宪的国家，像现今的日本，其天皇裕仁尽管终日埋头于生物的研究，毫无损害于国事；但在第二次大战前的日本，纵然也名为立宪的君主国，由于君权的特被尊重，裕仁彼时埋头于生物学的研究，可能对于大战的爆发也负了一部分的责任。

（三）凡是大乱之前定有重大的灾荒。管子称："仓廪实而知礼节，衣食足而知荣辱。"故民生困苦，实为祸乱之源。西汉末期之乱，正因汉书王莽所称，"枯旱霜蝗，饥馑荐臻"；又第五伦传云："时米石万钱，人相食。"又晋室怀愍之乱，则晋书五行志称："怀帝永嘉四年五月，大蝗自幽并司冀，至于秦雍，草木牛马，毛鬣皆尽。"又贾疋传称：（愍帝时）诸郡百姓饥馑，白骨蔽野，百无一好。

隋室之乱则如李勣传所称："当此时河南山东大水，隋帝令饥民就食黎阳仓，吏不时发，死者日数万；勣说李密曰：天下之乱由于饥。"唐室之乱，则唐书郑畋传称："（黄）巢之乱本于饥，其众皆以利合，使及岁丰，其下思归，众一离群，即几上肉耳。"此外历代，莫不如是。及明室之亡，表面上亡于清，实际上则亡于闯。盖当其时，兵残政暴，重以天灾，民无所逃亡，故群盗得资以为乱，是故彼时陕之民谣有云："抚肩膊，等闯王，闯王来，三年不上粮。"当四海困穷之际，君为仇敌，贼为父母，未有不亡者也。

以上所举，皆我国历史上的事例。末了我还想举一个国际上的事例为证。国际上的重要组织，如以前的国际联盟和现今的联合国，无不以维持世界和平为目标，但如遇有破坏和平的事实而不作有效的干涉，则其结果必致使世界和平不克维持，这个国际组织也随而消灭。就国际联盟言，因为日本对我国东北发难，国联不克作有效的制止，于是义大利继起南侵外，希特勒步其后尘，更大举对欧洲从事侵略，卒至于不可收拾，而第二次大战发生，国联本体亦宣告死亡。今若以联合国一为比较，由于联合国成立的初期，对苏联迭次姑息，以致酿成侵略不已的局势。幸而自"韩战"发生后，联合国采取积极行动，苏联侵略集团之野心不得不稍戢。乃联合国对"韩战"卒采妥协停火的政策，侵略之势在亚东虽不敢并时再起，而中东之祸又萌。终因联合国再度出而干涉，得稍遏抑。平心而论，联合国虽未能积极发挥其作用，然较诸国际联盟之一无所为者，至少在其干涉"韩战"之举较胜一筹。联合国之命运如何，端视其对成立时之目标是否以实力谋实现，设若仍步国联之故辙，则其结局与世界的和平定然不会有异于第二次大战爆发时的国联。这也是一个可靠的定律。

良好的政府

我认为公共行政的最高目标，是要达成良好的政府。所谓良好的政府，其第一要义是政府为人民而存在，而不是人民为政府而存在。美国 HENRY CLAY 于一八二九年在肯塔启州的演说，曾说："政府是一个受托机关，政府官吏都是受托人；受托机关和受托人之设置，都是为着人民的利益。"远在战国时代，孟子早已强调："民为贵，社稷次之，君为轻。"一般官吏，不管地位高低，都是君主的从属，其较君主尤轻，自不待言。秦汉以后，帝王专制，官吏地位也就随而提高，直至清末，人民皆尊称官吏为大人，为大老爷；反之，西方宪政发达最早的国家，如英国者，其官吏致书或答复人民的文件，辄自谦称为"你的恭顺仆人"（YOUR BEDIENT SERVANT）。"我国"自改建民国以来，官尊民卑的风气已有变更，"中华民国宪法"更明定"我国"为民有民治民享的国体，于是官吏成为公仆已无疑义；而所谓良好的政府，当然指其所有官吏都是良好的公仆，而所谓良好的公仆，也定然都能为人民忠诚地服务与尽责。于是便产生满意的服务与负责的执行两个条件。

所谓满意的服务，括有左列五个因素：

一是公平的服务，换句话说，政府的行政工作务须公平而不偏。人是生而平等的，政府在执行公务时，首须对一切人民作平等的待遇，不得因人民的种族宗教财富门阀及其所属政党而有何歧视。"我国宪法"第五条，明定"中华民国"各民族一律平等，又第七条明定“中华民国”人民无分男女宗教阶级党派，在法律上一律平等，其下第八至二十二条有关人民的权利义务之规定，也一本平等之原则。人民之权利义务既然一律平等，则公仆为人民服务，当然以公平为第一因素。

二是适时的服务。以救火为例，如果救火员施救太迟，则为害不堪设想，最后纵然救灭了火，自不能认为满意的服务。其他一切行政，都可以救火为例。又如警察职责在乎保民，如有盗贼来临，事主业已报警，警察迅速赶到，使盗贼就捕，自然是适时的服务；反之，警察姗姗来迟，来则来矣，但盗贼业已得手远扬，那就大悖适时服务之意。推而广之，人民因任何一事向官府有所申请，其急要性纵然没有救火捕盗那样急迫，但在申请者，无一不寓有时间的因素，所谓适时的服务，官厅依照法律规定，无论应准应驳，必须考虑到时间的因素，尽可能从速处理，不可任意拖延。我常常说，做公务员能时时存着与人民易地而处的念头，则其处理公务，自然不会漠不关心，或任意拖延。须知时间等于金钱，拖延对人民申请处理的时间，无异损失了人民的金钱，当然有违适时服务的原则。

三是充分的服务。美国军队中对于军需工作流行着一句格言，就是：“适量的供应，于适当之时到达适当之地”（The right amount of supplies to the right place on the right time）。所谓适当之地与适当之时，正合满意的服务中第一第二两因素，但是纵然公平而适时，却未达适当之量，则有违充分服务之旨。所谓充分的服务，是指供给的服务必须充分，正如军需之供应必须达到适当之量也。此一原则可适用于任何行政处分，譬如人民向官厅申请者涉及甲乙两事，官厅在接文后三日内对于甲事作了公平的处置，算得是合乎适时与公平，但对于乙事指出俟查明再批复，可是一搁半年，并不作进一步的解决，其有违充分服务的原则至为显然。

四是继续不断的服务。美国邮局中常常悬着一句标语："没有风雨霜雪黑夜，足以阻止邮差迅速完成其轮派的班次。"这表示邮差之送信是不因气候之变化而中断，也就是表明其服务是继续不已的。任何一种公务之执行，亦当一本此旨，一经发动，则继续不已。公家之收税既不能时收时不收，则公务员之服务，自不当时作时辍。其有必要者，并须昼夜不停，轮班服务，例如警察机关之服务是不分昼夜的，救火机构亦复如是。

五是进步的服务。所谓进步，是指随时改进，以臻于至善的倾向。至善本来不易达到，但趋向于至善的心情，人人均应具有，如果不存随时改进之心，则难免不因暮气沉沉而倒退。尤其是行政效率本甚低劣的国家，更不可不迎头赶上，力求进步。要达成进步的方法，除了各单位须时存改进服务的观念，遇事留意外，许多进步的国家，在各机关中多设有所谓 OAM 的单位，即组织与管理的单位，以随时研究在组织上及管理上的改进，最近还有不少行政机关附设研究与发展的单位。但是我并不主张依样画葫芦。因为作事能否收效，人的条件胜过单位的条件，如果没有适当的人与能尽责的人，则多设一个单位徒然耗费，未必有效。"我国"各机关已有人事单位和主计单位，最近还设有检核单位等，只要各能尽职，而做首长或副首长的人，又肯随时注意改进，则其收效，不见得要比专设一个单位为差。

其次，我想谈谈负责的执行。执行按照行政三联制的原则，系在设计之后，即按照科学管理的五个步骤，也在考核之前，而在决策设计和准备三步骤之后，但这三步骤也可概括于广义的设计之内，因为设计之前，须有决策，设计之后，还需准备，三者也可概括为一。关于设计一项，不在我今日所谈范围。今日所谈的公共行政，侧重于执行一项。所谓执行，是就已经设计的事项付诸实施。执行之能否切实与认真视乎公务员的积极精神，尤其是居于主管地位者的积极精神。“我国”政界中多年来流行着一段话，等于口头禅，那就是：“多做多错，少做少错，不做不错。”

这种消极的精神，酿成政治和行政上的萎靡风气，亟宜有所纠正。若干年前我在某一际会中，主张修正如左：

“多做不错，少做小错，不做大错。”

这几句话渐渐地给报纸发表，给“陈副总统”听到了，居然承他赞许而采用于其言论中。某次他对我说句笑话，问我对这几句话有没有著作权；我也笑着说，我对这几句话的著作权，正如我对于四角号码检字法的发明权，同样地公开于社会，只要有人采用，我深深引为荣幸，保留著作权或发明权，更是谈不到了。

我认为有了上述的积极精神，才能谈负责的执行。美国前总统威尔逊在距今约七十年前以名教授的地位所著“行政的研究”一文中，力言行政学的研究与发展之一目标，当于尽职之上冠以“忠诚”一语，其意义是指对于任务作负责的执行。他接着说：“不怕掌握权力，只怕不能负责。”在一个民主社会中，仅能作满意的行政服务，犹有未足，必须更能作负责的执行。任何主要的行政人员，不应以仅能尽职而表满足，必须使任务执行得较他人更好。

现今的公务人员，有政务官与事务官之区分。政务官应视其政策之能否遂行为进退；事务官因系常任的幕僚，只要勤慎从公，则不必因政策之关系而引退。然在我国古代，纵使是事务官，如果眼见所任的事，有恶化之虞，而无力挽救，也有引咎去职之义务。论语季氏将伐颛臾，孔子责备冉有和子路，说：“求，周任有言曰：‘陈力就列，不能者止；危而不持，颠而不扶，则将焉用彼相矣？’”这明明是说，为他人助理的人，如果遇着不能为力之时，即当去职，不以政务官为限，其意至为显然。孟子更说得具体，谓：“有官守者，不得其职则去；有言责者，不得其言则去。”宋刘宰称：“今之士，巧于进而拙于退，知所以奉其身，而不知所以重其身。”是则公务员，不止是政务官，应有负责的精神，在不得其职之时，为“重其身”之故，不惜毅然引退，如此，哪里有不肯负责之理？又如此，则其所负责执行之事，哪有不能进步之理？

行政学者格拉汉在其所著“责任的要旨”中曾经说过：“一位属员的责任，括有对其长官陈述非所乐闻之事实的义务。”是则事务官至少应有其言责，不能尽其言责，便是有亏职守。“我国现行公务员服务法”第二条：“长官就其监督范围以内所发命令，属官有服从之义务；但属官对于长官所发命令，如有意见，得随时陈述。”此一规定仅授予属官陈述不同意见之权利，而未尝课以陈述不同意见之责任，因此，我常常认为“得陈述意见”中之“得”字似应修正为“应”字，如此，则属官负有应陈述意见的责任，则对于公务之处理，当益加审慎；至陈述不同意见以后，如长官不予采纳，仍然发布原拟之命令，依公务员服务法之规定，属官固有服从之义务，就常人而言，自无负职守，但有志之士，服官在求尽职，若言不见纳，甚至与平素主张大悖，则按诸孟子不得其言则去，与刘宰之所谓“重其身”而去，又谁得而非之。

以上所说，或关于服务之是否满意，或关于执行之能否尽责，皆就一般行政之原则而言。至于有关地方行政，即省县市各级政府行政，我在数年前主持“总统府临时行政改革委员会”时，于八十八个建议案中，涉及地方行政者计有十四五案，虽其过半数已获局部或全部采行，然尚在研议而亟待采行者，至少还有数案。兹拟就有关“人”“钱”“事”者，各举一案为例。

关于人的方面，改革会为求提高县市政府人员素质起见，建议提高县市主要人员的官等，其原具官等较高而就较低的职务者，均各按其原官等支薪，俾人才肯任县市职务。又为使县市长得以发挥其作用，虽明知台湾省各县市“政府组织规程准则”第十七条规定：“县市政府荐委职以上之人员除依法另有规定外，均由县市政府依照规定遴选合格人员呈报省政府依法任用之”，但事实上往往并不如是，甚至如某市主任秘书与市长不洽，市长径予更换，闻亦受到省府的指责，因此，宁谋较切实有效的办法，建议由县市长就合格人员选定三名，请由省府核派其一。究竟现在各县市所用高级人员，是否尽如组织规程准则所明定，已由县市长自行遴选，而一一获得省政府之同意任命？否则，实不能不作合理之改进也。

关于钱的方面，改革会曾建议改进台湾省地方财政一案，盖以台省各县市的财政收入，绝大多数都感不足，不得不仰赖于省府统筹之款予以补助。但是超补助款而筹办自治，实与自治原则相违。治本之道，惟有重划财政收支，以增加县市自身之收入，使能自给自足，不必依赖省级之补助。在收入一面，首应根据县市乡镇税源之不同，重划其税收及成分，以提高收入，期达健全财政之目的。此一建议，在原则上，自“总统”“行政院”以至省县市政府皆无不赞同，惟迟迟至今迄未实现。“行政院”近半年间组织了一个行政改革案检讨小组，正从事于调查与研究，深望能发见此一建议案与其他若干建议案迟迟未能实施者，其症结为何，俾能对症发药，督促早日施行也。

关于事的方面，在改进台湾省县市权责划分及指挥系统案中，首先建议省级施政准则，除对委办事项可作较详细规定外，对于地方自治事项，应作原则性指示，不可过分详细规定。次建议省对县市之指挥，应明定系统，不宜越级。此外并建议由“行政院”指定主管人员及专家，依据“宪法”第一〇九条与第一一〇条之规定，及当前实际情势，对省县市间之立法与执行权责，研究划清，一如其对“宪法”第一〇八条有关“中央”与省“立法”与执行权责划分者然。本案闻台省府现在之措施多与符合，其间不尽符者，闻系根据自治纲要之规定；惟自治纲要究系一种行政命令，较“宪法”之根据远为薄弱，究竟该纲要是否尽合宪法之规定，似尚有继续研究之余地。

我国昔贤说得好，“徒善不足以为政”，“徒法不能以自行”。在检讨行政之时，法的条件与人的条件，实应并重，才可以达成完整的结果。

（一九六三年四月八日在台省行政会议开幕式讲）

实施宪政的先决条件

自从蒋主席先后在十中全会及上届国民参政会宣布，将于战事结束后一年内实施宪政，随着便有宪政实施协进会之组织。我最高领袖大公无私的精神，与国民党还政于民的决心，使全国人民无不兴奋。本人出席宪政协进会第一次大会及常会后，即出国访英，直至前几日才回国。本人在离国期内，虽未能参与各种关于宪政之讨论会，但从国内寄来的报纸常常会看见各方面对于宪政宪草之热心研究。本人适旅居号称宪政之母的英国，耳目所及，觉得英国宪政之如此巩固与完善自有其道；而其所以致此之道，似可视为任何国家实施宪政之先决条件。此种先决条件约有三项。

一是地方自治，这实在是宪政的基础。因为要有优良的中央组织，非先有优良的地方组织不可。反之，中央的民治组织如果不健全，地方自治也难免受其影响。英国的城市自治远在其实施宪政之前。在撒克逊时代，伦敦已具有一种独立的地位。迄今该市府还拥有某种之特权；其他城市如 Bristol，Newcastle 等多远在诺尔曼人征服以前已有简单的自治组织。有了这种地方自治的基础，人民便有渐习参与政治的机会。因此，到了选举国会议员，参与大政的时候，便不会苟且将事，或受人操纵。我国地方自治基础多未树立，现在距实施宪政之期已近，深望各级民意机构提早成立，俾人民有练习参政的机会。另一方面，尤盼各地人民与代表善用职权，守法自爱，不要把好好的民意机构变为私人权利的地盘。

二是法律主治，就是法律高于一切。这是英国宪政的特点；英人每谓其制度之专美即在于此。其意义有二。一则武断的权力绝对不许存在。换言之，即人民非依法定手续受普通法院的审判后，不得受罚。二则英国境内不但无一人在法律之上，而且全国人民，不论为贵为贱，为富为贫，一律受治于普通法律，并受同样的普通法院所管辖。换句话说，人人在法律之前一律平等；政府官吏，无论以私人资格，或执行公务之资格，如有违法越权之行为，一律与平民受同样的普通法院之管辖，与同样的普通法律所制裁。此与法国及有些国家专为官吏制定行政法及设置行政法院者不同。在另一方面，则人民服从法律之精神亦远在他国人民之上；对于一切法律的规定，无不奉行惟谨。一般社会咸视规避法律为卑鄙之事。因此，违法者纵能幸免法律的制裁，却不能为社会的制裁所宽免。他们有了这种上下一律守法的精神，无怪其宪政的实施成为举世的模范。我以为我国实施宪政亦当以养成全国上下的守法精神为第一要务。

三是人民的基本自由备受尊重。英国人的普通见解以为民治的宪政能否达到目的，在于人民之是否有权选举其所欲选举之人以组织政府，并得依和平的手段变更其所反对的政府。然欲达上述之目的，则人民须能自由批评政府，能自由集会讨论政治，并能避免政府违法的逮捕与拘禁。因此，他们视言论集会和身体的自由为宪政上人民必要的基本自由；没有这些自由，民治的宪政是不能成功的。我国五五宪草对于这种的人民基本自由已有明白的规定，即训政时期约法也有此规定。现在虽处抗战时期，国家对于人民的自由不能不作相当的限制，但为着实施宪政的逐层上进起见，一方面希望政府在可能范围内放宽言论集会的限制，并提早实行提审制，以保障人民身体的自由，他方面也希望人民能尊重其逐渐获得的自由，以守法的精神行使其自由权，俾不致滥用。

总之，宪政的实施是双方面的。一方面期望政府之开放政权；他方面需要人民之克尽职责，本人在留英期内观察所及，益觉其然。

（民国三十三年三月二十七日为宪政实施协进会广播）

宪政与法治

宪政与法治实非两事。宪政是由人治转移到法治，因此，法治不只是宪政的目的，而且是宪政的成果。简言之，所谓宪政是基于宪法而设施的政治；无论一国的宪法是成文的或不成文的，其为国家的根本大法并无二致。

在具有成文宪法的国家如美法等国，凡违宪的行为亦即违法的行为。然在不成文宪法的国家如英国者，所谓违宪 Unconstitutional 的行为不一定违法 illegal，而是包括一切不合乎政治习惯的行为，例如内阁总理于众议院表决“不信任”而仍不辞职者便是违宪，却没有违法，因为英国法律于行政首长之对国会负责并无明文规定，与具有成文宪法之国家如法国等，其宪法对此有明白规定者不同，故称为违宪者未必即违法。

但英国对“违宪”与“违法”的区别，只是技术上的区别；因为按照英美人的见解，凡不当行为得由法院判决者才称为违法，其不受法院判决者则不称为违法。在成文宪法的国家如美国者，宪法虽系最高的法律，仍与一般法律相同，得由法院据以判决行政首长的行政行为或国会的立法行为是否违宪。例如去年四月二十九日美国联邦地方法院对杜鲁门总统下令接管罢工中的钢铁业一案，判定总统的行政行为为违宪，经上诉后，是年六月二日联邦最高法院仍维持下级法院之原判。又如美国建国之初，其联邦最高法院法官马歇尔约翰于马布黎诉国务卿麦迪生一案中，首创法院得否认国会所通过法律之例，而将一七八九年的司法法第十三节宣布为违宪而无效。不过奇怪得很，对于国会立法这样的公断权，在美国宪法上却没有明白赋与于司法部门，而彼时的最高法院只是因袭英国的枢密院原有权力而加以假定。然即使如此，它远没有直接宣布任何联邦法律为越权制定者，只于受理有关各该法之案件时判决不予承认执行，间接上也就使该法失其效用。但是德国的威玛宪法于其第十三条中对于此类的冲突规定直接由莱比锡的最高法院处理，并于一九二一年四月八日的国家法正式赋予此项“宪法的”管辖权于该法院。

美英德等国之重视司法部门权力，与英国之兼重政治习惯，同为尊重法治。所谓法治，不仅对于成文法绝对尊重，即对于构成善良风俗的一切习惯，亦同等重视。我国古代之所谓“礼”，就是构成善良风俗的习惯，其效用亚于“法”。法所以规律人与人间及政府与人民间的关系，礼的原意亦复相同，所不同者，法可由国家据以执行制裁，礼则不具此种强制的效力，但仍不乏其他的制裁；例如违反社会上的“礼”者不免要受社会的制裁，而违反政治上的“礼”者也要同样受到政治上的制裁。英国之所谓违宪而未兼违法者，实即违反了政治上的“礼”，例如内阁总理经众议院表决不信任而仍不辞职者，众议院定然可以运用政治上的力量，使之终必辞职，以达其最后的制裁。

“我国宪法”第七十八条规定“司法院解释宪法并有统一解释法律及命令之权”；又第七十九条第二项规定“设大法官若干人掌理本宪法第七十八条规定事项”。第七十八条明确规定“司法部门”的特权，殆较美国宪法尤进一步。惟依第七十九条第二项执行此项解释者为“专设之大法官”，而非执行审判之一般法官，故一般法官之权力当不如美国一般法官具有判决违宪案职权者之隆重。然而英国法院并无判决违宪案之特权，却于司法上之尊严不稍减，甚至英国宪政还被认为世界各国的模范；此则由于法律主治盛行于全国治者与被治者间之故。所谓法律主治 Rule of Law，意即法律高于一切，其意义除武断的权力绝对不许存在外，国境之内没有一人在法律之上。英国对此原则实施最早，演进至今已成为习行的惯例，其全国人民无贵贱贫富共同生息于法律统治之下，蔚为一种普遍的法治风气。

从理论方面言，所谓英国宪法实包括一切习惯法与成文法之涉及主权者权力与臣民对于此种权力的权利，与夫一切习行的惯例。在严格的法律理论下，英国宪法括有二元的权，那就是国王在国会中的立法权与国王在行政会议中的行政权，二者相互独立。但是政治的惯例逐渐构成一个名为内阁的机构，这个机构，如按法律上的说词，只是枢密院若干分子的会议，然在惯例上构成此会议的枢密院分子必须是国会众议院的多数党党员。同样的政治惯例又使此一机构于不复获得众议院多数的信任时即辞职，或经内阁总理之请求由国王行使其解散众议院的特权，重新选举以诉诸民意。此项内阁辞职或众院解散的政治惯例原非法律所规定，却没有不循例行使其一者。上述的法律理论与政治惯例遂共同构成英国的宪法。此外还有习惯法中关于承认与实现提审制度、陪审员制度以及对公务员执行公务时损害人民权利的起诉权等基本权利，也成为英国不成文宪法的一部分。关于对公务员执行公务时损及个人权利的起诉，更可透露英国宪法另一种的特色，那就是不像欧洲大陆各国有公法与私法的区别。易言之，英国宪法大部分为习惯法所构成，甚至充满政治性的选举权在英国仍视同一种私权，有侵犯之者也视同侵犯私有财产权一般而起诉。概言之，英国宪法除以政治惯例构成其一部分外，实际上以习惯法为主；习惯法虽非成文法，在英国却是权力最高者。英国宪法和美国宪法的差别，我们不妨大胆地把美国成文宪法的第六条“本宪法……为全国的最高法律”倒转来对于英国宪法改称为“全国的最高法律即为宪法”。

英国由于十三世纪以前贵族与绅士对国王不断的争持，卒于一二一五年六月十五日迫使国王签订所谓“大宪章”，准许人民有若干种的权利，例如非经众议院同意不得征税，禁止武断的拘禁与非经合法审判不得惩罚人民等，其中第三十九条即规定提审状与陪审员审判两事。由于费力争取而得的权利，自然不肯轻易放弃，于是遇事要求政府守法；但要责令政府守法，人民自身也就不得不守法。七百年来，守法的习惯初时虽出自勉强，但久而久之，习惯渐成自然，于是全国上下无不尊重法律。而由于英国的法律多数为习惯法，因而由遵守习惯法，进一步而遵守一切的良好习惯，即如政治惯例，表面上虽不具强制性的法律效力，却为政府与国会所一致奉行。因此，法治在英国便成为宪政的优良基础。

美国宪法是第一部的成文宪法，并订明为全国的最高法律，其法律性自远较英国宪法强有力。然而司法部门得判决国会及各州议会制定的法律有无违宪，却不是根据宪法的明文规定，而是按照英国司法惯例而加以引申；尤其是在马歇尔约翰任最高法院推事之三十余年间，借其所主持的判决，使联邦宪法规定未尽明确的联邦政府权限得以获得确定的解释，而维持联邦主义者加强政府的原意。是则美国的司法独立，不仅提高法治的作用，而且借其制衡作用，影响于美国政治者殊巨。

总之，英美的宪法虽有不成文与成文之别，均能走入宪政的正轨，推原其故，实缘法治之表现优良；而法治能够表现优良，实亦有赖于司法之能独立。英美法院之能独立审判，固由于专业的法官与无薪给的治安判事都不受政府干涉；而且由于陪审制度的存在，人民为嫌疑而被诉者还可多一层的保障。“我国宪政”甫萌芽，但“我国的宪法”纵未能尽合理想，却是很进步的一部“宪法”。为使此一部进步的“宪法”施行顺利，政府与人民固均负有各别的守法责任，惟司法部门之真能独立行使职权，以促进法治的精神，在今日之“我国”，尤为当务之急。至于陪审制度之采行，更有加强独立审判的效力，实亦值得国人之注意也。

（一九五四年二月为“民力月刊”写）

历代兵制考略

兵可百年不用，不可一日无备，则以守土保民实为立国主要目的之一故。纵观古今中外，兵制虽有种种不同，大别不外为募兵征兵两项，间或征募并行。他国无论矣，就我国历代而言，则信史实始于秦。然周代也可由载籍得其梗概。周之兵制寓兵于农。其讲武率在农隙，与现代之预备兵略似。其征调采更番办法，甸六十四井，为五百十二家，止调卒七十五人，大致为七家出一人。其制度则军万二千五百人，师二千五百人，旅五百人，卒百人，两二十五人，伍五人。军有将，以卿任之；师有帅，以中大夫任之；旅有帅，以下大夫任之；卒有长，以上士任之；两有司马，以中士任之；伍有长，以下士任之。其训练则中春教以振旅，中夏教以茇舍，中秋教以治兵，中冬教以大阅。其养兵之数，则天子六军，大国三军，次国二军，小国一军。此其大较也。（周礼）

一、秦初

秦自襄公，当平王初，兴兵讨西戎以救周，平王东迁，遂有岐丰之地，列为诸侯，地与戎相错。襄公修其车马，备其兵甲，武事备矣。至穆公霸西戎，始作三军，孝公用商鞅，定变法之令，令民什伍而相收连坐，告奸者与斩敌者同赏，匿奸者与降敌者同罚。有军功者各以率受上赏；为私斗者各以轻重被刑。宗室非有军功，论不得为属籍。行之十年，民勇于公战，怯于私斗。又以秦地旷而人寡，晋地狭而人稠，请三晋之人耕秦地，优其田宅，而使秦人应敌于外，大率百人则五十人为农，五十人习战。凡民二十三附之畴官，给郡县，一月而更，谓卒；从给中都一岁，谓正卒；复屯边一岁，谓戍卒。凡战，获一首，赐爵一级，以战功相君长。长平之役，年十五以上率发，又非商鞅之旧矣（通考卷一四九兵考一）。

及始皇帝并天下，分为三十六郡，郡置材官（即步兵）；聚天下兵器于咸阳，铸为钟鐻；讲武之礼，罢为角抵（同上）。以为天下莫与敌也，辄轻兵役而重力役。一则使蒙恬将三十万众筑长城。因地形，用险制塞，起临洮至辽东，延袤万余里；于是渡河据阳山，逶蛇而北（史记卷八八蒙恬传）。二则役使七十余万人，筑郦山阿房宫。阿房宫亦曰阿城，惠文王造宫未成而亡。始皇广其宫规，恢三百余里，离宫别馆，弥山跨谷，辇道相属，阁道通郦山八十余里，表南面之颠以为阙，络樊川以为池，作阿房前殿，东西四五百步，南北五十丈，上可坐万人，下建五丈旗（三辅黄图卷一）。其穷奢极欲，不恤民困有如此者。于是民怨沸腾，军备又不如前，陈胜吴广揭竿而起，项羽刘邦继之，而秦遂亡。

二、汉

汉兴，分其军队为京师兵、地方兵与屯田兵三类。以言京师兵，则有南北军之屯（汉书卷二三刑法志）。南军卫尉主之，掌宫城门内之兵。北军中尉主之，掌京城门内之兵。南军有郎卫、兵卫，掌天子宿卫；北军止于护城（通考卷一五〇兵考）。至武帝时，内增（北军）七校，以壮翼卫之势；又恐北军偏重，则为南军置期门、羽林与夫城门之兵（同上）。其中期门父死子代，有如世袭。以言地方兵，则高祖命天下郡国选能引阙，蹶张材力武猛者，以为轻车、骑士、材官、楼船。常以立秋后讲肄课武，各有员数。平地用车骑，山阳用材官，水泉用楼船（后汉书卷一下光武纪注引汉官仪）。盖三者之兵，各随其地之所宜。郡国之兵，其制则一。有列郡，有王国，有侯国。郡有守，有都尉，尉佐。太守典武。其在王国，则相比郡守，中尉比都尉。侯国有相，秩比天子令长。每岁郡守尉教兵，则侯国之相与焉。侯国之兵既属之郡；而王国之兵亦天子所有，不可擅用（通考卷一五〇兵考二）。以言屯田兵，则武帝元鼎五年初置张掖、酒泉郡，而上郡、朔方、西河、河西开田官，斥塞卒六十万人戍田之（汉书卷二十四下食货志）。

至汉代兵之来源，以征兵为主，自武帝始兼采募兵办法。关于征兵之年龄，则民年二十三为正，一岁为卫士，一岁为材官、骑士，习射御、骑驰、战阵。年五十六衰老，乃得免为庶民，就田里（汉书卷一上高祖纪注）。又汉初南北两军，亦自郡国更番调发而来。何以言之，黄霸为京兆尹，坐发骑士诣北军，以马不适士，劾乏军兴；则知自郡国调上卫士，一岁一更，更代番上，初无定兵。自武帝置八校，则募兵始此。置羽林、期门，则长从始此（通考卷一五〇兵考二）。其在用兵之际，如发见兵不敷用，则往往随时征募。征大宛时，发天下七科適，及载糒给贰师，转车人徒，相属至敦煌。注：吏有罪一，亡命二，赘婿三，贾人四，故有市籍五，父母有市籍六，大父母有市籍七，凡七科（史记卷一二三大宛传注）。盖依七科之程序，而定征募之先后也。大抵募兵多行于用兵之际。例如永光二年发募士万人，击西羌（汉书卷七九冯奉世传）；元始二年募汝南、南阳勇敢吏士三百人，谕说江湖贼（汉书卷一二平帝纪）。其有重大工程，亦常募人为之。例如元凤六年募郡国徒筑辽东元菟城皆是也（汉书卷七昭帝纪）。

东汉光武中兴，以幽冀并州兵骑克定天下，故于黎阳立营，以谒者监之（后汉书卷五三）。其兵制，则京师南北军如故，并胡骑、虎贲二校为五营，以北军中侯易中垒以监之；于南军则光禄勋省、车、户骑三将及羽林令，卫尉省旅贲令卫士一人丞（通考卷一五〇兵考二）。惟建武七年三月诏罢轻车材官楼船士及军假吏（后汉书卷一下光武纪）。光武罢都试而外兵不练，虽疆场之间，广屯增戍，列营置屯；而国有征伐，终借京师之兵以出。盖自建武迄于汉衰，匈奴之寇、鲜卑之寇岁岁有之，或遣将出击，或转兵留屯，连年暴露，奔命四方，而禁旅无复镇卫之职矣（通考卷一五〇兵考二）。

至安帝永初间，募入钱谷，得为虎贲羽林缇骑营士，而营卫之选衰矣。桓帝延熹间，诏减羽林虎贲不任事者半俸，则京师之兵亦更弱矣。外之士兵不练，而内之卫兵不精。设使盗起一方，则羽檄被三边，兴发甲卒，取办临时，战非素兴，每出辄北其未也（同上），则凡为禁卫者皆非士人之流，而郎官三署尽为诸黄门之官耳。故宦者内典门户，外与政事（同上）。及陈蕃窦武欲诛宦官，北军不助武等，而助宦官，遂以败灭。何进袁绍惩其事，欲借外兵以除之；于是内置园校，阳尊阉臣，外重州牧，实召边将。阉臣虽除，而董卓之祸已成（同上）。

三、三国

及汉分裂为三国，彼此竞争，征调无度，兵制自难健全；魏制略如东汉，南北军如故。魏武为相国，置武卫营，相府以领军主之。文帝增进中营。于是合武卫中垒二营，以领将军，将军并五校统之。是时中左右前军各一帅；又有中护中领军、领护军将军各一人。黄初中复令州郡典兵，则置都督，寻加四征四镇将军之号，又置大将军都督。中外之兵柄，也在司马氏，而魏祚移矣（通考卷一五一兵考三）。

昭烈初置五军，其将校略如汉，而兵有突将、无前、賨叟、青羌、散骑、武骑之别。诸葛亮卒，蜀兵耗矣（通考卷一五〇兵考二）。

吴多舟师，而又有解烦、敢死两部。又有车下虎士、丹阳青巾、交州义士及健儿武射之名。调度亦无法；大率强者为兵，羸者补户。其后又以五子分将，而吴遂亡（通卷考一五一兵考三）。

四、晋南北朝

晋武帝惩魏之孤立，大封同姓。大国三军，兵五千人；次国二军，兵三千人，小国一军，兵千五百人（同上）。又于吴平之后，诏天下罢军役，示海内大安。州郡悉去兵。大郡置武吏百人，小郡五十人。及永宁之后，屡有变难，寇贼猋起，郡国皆以无备不能制，天下遂以大乱（晋书卷四三山涛传）。

元帝南渡，有大将军都督四镇四征四平之号；然调兵不出三吴，大发毋过三万。每议出讨，多取奴兵（通考卷一五一兵考三）。大兴四年五月诏曰：昔汉二祖及魏武，皆免良人。武帝时凉州覆败，诸为奴婢亦皆复籍。此累以成规也。其免中州良人遭难为扬州诸郡童客者，以备正役（晋书卷一元帝纪）。总之，晋室之衰亡，除政治因素外，就兵制而言，实以防地方官专擅，悉去州郡兵，而授兵柄于同姓王侯，卒酿成五王之争；地方官则无维持治安之武力。

南北朝虽为长期战争之局，然其所用之兵，多临时招募，并无一定轨制。有之，一为北齐军制，别为内外，领之二曹：外步兵曹，内骑兵曹。十八受田，二十充兵，六十免役；颇追古意（通考卷一五一兵考三）。二为周太祖辅西魏时，用苏绰言，始仿周典置六军，籍六等之民，择魁健材力之士以为之。首尽蠲租调，而刺史以农隙教之。合为百府，每府一郎将主之，分属二十四军，开府各领一军；大将军凡十二人，每一将军统二开府，一柱国主二大将，将复加持节都督以统焉。凡柱国六员（同上）。此为兵制中之稍具规模者。

五、隋

隋统一南北后，其兵制仿后周府兵。府兵之制，起自西魏，历后周，而备于隋。隋制十二卫：曰翊卫，曰骁骑卫，曰武卫，曰屯卫，曰御卫，曰候卫，各为左右，皆有将军以分统诸府之兵。府有郎将，副郎将，坊主，团主，以相统治。又有骠骑，车骑二府，皆有将军，后更骠骑曰鹰扬郎将，车骑曰副郎将，别置折冲果毅（唐书卷五〇兵志）。

六、唐

唐有天下，二百余年，而兵之大势三变。其始盛时有府兵；府兵后废而为彍骑；彍骑又废而方镇之兵盛矣。及其末也，疆臣悍将，兵布天下，而天子亦自置兵于京师，曰禁军（同上）。

唐之府兵，为征兵制度。凡民年二十为兵，六十而免；其能骑而射者为越骑，其余为步兵（同上）。平日皆安居田亩，每府有折冲领之。折冲以农隙教习战陈，国家有事征发，则以符契下其州。及府参验发之。至所期处，将帅之阅。有教习不精者，罪其折冲，甚至罪及刺史。军还赐勋加赏，便道罢之。行者近不逾时，远不经岁（通考卷一五一兵考三）。武德初，始置军府，以骠骑、车骑两将军府领之。析关中为十二道，皆置府。六年，改骠骑曰统军，车骑曰别将。太宗贞观十年，更号统军为折冲都尉，别将为果毅都尉，诸府总曰折冲府。凡天下十道，置府六百三十四，皆有名号，而关内二百六十有一，皆以隶诸卫。其隶于卫也，左右卫皆领六十府；诸卫领五十至四十；其余以隶东宫六率（唐书卷五〇兵志）。是则唐之府兵，乃分隶于中央与地方者，中央所辖几居半数，故内重而势强，足以控制。且高祖太宗之制，兵列府以居外，将列卫以居内，有事则将以征伐，事已各解而去（唐书卷六四方镇表序）。正如所谓“元帅掌征伐，兵罢则省”（唐书卷四九下百官志四下）。故平时无拥兵之人，预防专擅，至为周密。

以上府兵之制，自高宗武后以后渐变原意。高宗以刘仁轨为洮河镇守使，以图吐番，于是始有久戍之役（通考卷一五一兵考三）。又自高宗武后时，天下久不用兵，府兵之法渐坏；番役更代，多不以时（唐书卷五〇兵志）。府兵已名存而实亡矣。

府兵既坏，彍骑之制继起，由招募而来。时当番卫士，浸以贫弱，逃亡略尽。张说建策请一切召募强壮，令其宿卫，不简色役，优为条例。逋逃者必争来应募。上从之，旬日间得精兵一十三万人，分系诸卫，更番上下，以实京师。其后彍骑是也（旧唐书卷九七张说传）。开元十三年，始以彍骑分隶十二卫，总十二万，为六番，每卫万人。皆免征镇赋役为四籍，兵部及州县尉分掌之。十人为火，五火为团，皆有首长。又择材勇者为番头，颇习弩射，及第者有赏（唐书卷五〇兵志）。故一时称为劲旅。然自天宝以后，彍骑之法又稍废变，士皆失拊循。八载，折卫诸府至无兵可交，而戎器驮马锅幕糗粮并废。故时府人目番上宿卫者曰侍官，言侍卫天子。至是卫佐悉以假人为童奴，京师人耻之，至相骂詈，必曰侍官。而六军宿卫皆市人，富者贩缯彩，食粱肉，壮者为角抵拔河翘木扛铁之戏。及禄山反，皆不能受甲矣（同上）。

府兵彍骑既先后失其效用，于是兵柄移于藩镇。所谓藩镇，指节度使而言。景云二年，以贺拔延嗣为凉州都督河西节度使，节度使之官由此始。然犹第统兵，而州郡自有按察等使司其殿最。至开元中，朔方、陇右、河东、河西，诸镇皆置节度使，每以数州为一镇。节度使统此数州，州刺史尽为其所属。故节度使多有兼按察使、安抚使、支度使者，既有其土地，又有其人民，又有其甲兵，又有其财赋。于是方镇之势日强。及安史既平，武夫战将以功起行阵为侯王者，皆除节度使。大者连州十数，小者犹兼三四，所属文武官悉皆置署，未尝请命于朝。力大势盛，或父死子握其兵，而不肯代；或取舍由于士卒，往往自择将吏，号为留后，以邀命于朝廷。天子力不能制，因而抚之。其始为朝廷患者只河朔三镇；其后淄青淮蔡无不据地倔强，甚至同华逼近京邑，而周智光以之反；潞泽亦连畿甸，而卢从史、刘稹等以之叛，迄至末年，天下尽分裂于方镇，而朱全忠遂以梁兵移唐祚矣（赵翼二十二史劄记）。

七、五代十国

自唐过渡至宋之五十余年间，先后崛起之五代与分区割据之十国，一切皆无制度可言，兵役尤甚；盖彼此竞以兵力争权势之时，只求达制胜之目的，皆不择手段，其以兵役烦扰人民者，姑举一例于左，可以概见其他。

南唐开宝八年春，阅民为师徒。升元初，均量民田以定科赋；自二缗以上出一卒，号义师。中有别籍分居，又出一卒，号新拟生军。民有新置物产者，亦出一卒，号新拟军。又于客户内，有三丁者抽一卒，谓之围军，后改为拔山军，使物力户为帅以统之。保大中，许郡县村社竞渡，每岁端午，官给彩段，俾两两较其迟速，胜者加以银碗，谓之打标，舟子皆籍其名，至是尽搜为卒，谓之凌波军。又率民间佣奴赘婿，谓之义勇军。又募豪民能自备缗帛兵器，招集无赖亡命，谓之自在军。又括百姓自老弱外能被坚执锐者，谓之排门军。并屯田白甲之类，凡一十三等，皆使扞敌守把（马令南唐书卷五后主）。

八、宋

入宋，太祖太宗平一海内，惩累朝藩镇跋扈，尽收天下劲兵，列营京畿，以备藩卫，其分营于外者曰就粮，就粮者本京师兵，而使廪食于外，故听其家住。其边防要郡须兵屯守，即遣自京师。诸镇之兵，亦皆戍更。真宗仁宗英宗嗣位，其法益以完密。于时天下山泽之利，悉入县官，以资廪赐。将帅之臣，入奉朝请，以备指踪；犷悍之民，收隶尺籍，以给守卫。兵无常帅，帅无常师，内外相维，上下相制，等级相轧。虽有暴戾恣睢，无所厝于其间（通考卷一五二兵考四）。

于是制兵之额有四：曰禁兵，曰厢兵，曰乡兵，曰藩兵。分隶殿前侍卫总管司，而籍藏枢密院。凡召募、廪给、训练、屯戍拣选补之政，皆枢密院掌之（同上）。

禁兵者，天子之卫兵也，殿前侍卫二司总之。其最亲近扈从者，号诸班直；其次总于御前忠佐军头司，皇城司，骐骥院，皆以守京师，备征伐。其在外者，非屯驻屯泊，则就粮军也。太祖鉴前代之失，萃精锐于京师（宋史卷一八七兵志一）。殿前司都指挥使、副都指挥使、都虞侯各一人，掌殿前诸班直及步骑诸指挥之名籍。凡统制训练番卫戍守迁补赏罚皆总其政令。侍卫亲军马军都指挥使、副都指挥使、都虞侯各一人，掌马军诸指挥之名籍。凡统制训练番卫戍守迁补赏罚皆总其政令（宋史卷一六六职官志）。

厢兵者，诸州之镇兵也，内总于侍卫司。一军之额有分隶数州者，或一州之管兼屯数州者。在京诸司之额五，隶宣徽院，以分给畜牧缮修之役，而诸州则各以其事属焉。建隆初，选诸州募兵之壮勇者部送京师，以备禁卫，余留本城；虽无戍更，然罕教阅，类多给役而已（宋史卷一八九兵志三）。

乡兵者，选自户籍，或土民应募，在所团结训练，以为防守之兵也。周广顺中，点秦州税户充保毅军，宋因之。自建隆四年，分命使臣往关西道，令调发乡兵赴庆州。咸平四年，令陕西系税人户，家出一丁，号曰保毅，官给粮赐，使之分番戍守。天禧间，恐夺其农时，则以十月至正月旬休日召集而教阅之（宋史卷一九〇兵志四）。

藩兵者，塞下内属诸部落，团结以为藩篱之兵也（通考卷一五六兵考八）。

宋之兵制，既重内轻外，于是四兵之中，堪称劲旅者，只有禁兵，故其拣选之制特重视。建隆初，令诸州召募军士送阙下，至则军头司复验等第，引对便坐而分录诸军焉。其自厢军而升禁兵，禁兵而升上军，上军而升班直者，皆临轩亲阅，非材勇绝伦，不以应募（宋史卷一九四兵志八）。

咸平以后，承平既久，武备渐宽。仁宗之世，西兵招刺太多，将骄士惰，徒耗国用。忧世之士，屡以为言，竟莫之改。神宗奋然更制，于是联比其民，以为保甲，部分诸路，以隶将兵。虽不能尽拯其弊，而亦足以作一时之气，时其所任者王安石也（宋史卷一八七兵志序）。

自元丰而后，民兵日盛，募兵日衰；其募兵阙额，则收其廪给，以为民兵教阅之费。元祐以降，民兵亦衰。崇宁大观以来，蔡京用事，兵弊日滋，至于受逃亡，收配隶，犹恐不足。政和之后，久废搜补，军士死亡之余，老疾者徒费廪给，少健者又多冗占。阶级既坏，纪律遂亡。童贯握兵，势倾内外。凡遇阵败，耻于人言，第申逃窜。河北将兵，十无二三，往往多招阙额，以其封桩为上供之用。陕右诸路，兵亦无几。种师道将兵入援，止得万五千人。故靖康之变，虽画一之诏，哀痛激切，而事已无及矣（宋史卷一八七兵志一）。

南渡以后，诸屯驻大军，皆诸将之部曲。高宗开元帅府，诸将兵悉隶焉。建炎后，诸大将兵浸盛，因时制变，屯无常所。如刘光世军或在屯镇江池州太平；韩世忠军或屯江州江阴；岳飞一军，或屯宜兴蒋山；王彦八字军随张俊入蜀；吴玠兵多屯凤州大散关和尚原。是时合内外大军十九万四千余，川陕不与焉。及杨沂中将中军总宿卫，江东刘光世（右军）、淮东韩世忠（后军）、湖北岳飞（左军）、湖南王𤩽（前军，后为张俊）四军，共十九万一千六百，亦未尝有屯。绍兴十一年，范同以诸将握兵难制，献谋秦桧，且以柘皋之捷言于上，召张俊韩世忠岳飞入觐。张俊首纳所部兵，分命三大帅副校各统所部，自为一军，更衔曰统制御前军马，罢宣抚司。遇出师取旨，兵皆隶枢密院，屯驻仍旧（同上）。故以政策言，南宋兵权之谋集中，本无可非议。惟秦桧假借和议，以固权位；并因排除异己，杀害忠良，则为百世所不谅。叶适论四屯驻大兵，尝有公允之论，其言曰："秦桧虑不及远，急于求和，以屈辱为安者，盖忧诸将之兵未易收，浸成疽赘，则非特北方不可取，南方亦未易定也。故约诸军支遣之数，分天下之财，特命朝臣以总领之，以为喉舌出纳之要。诸将之兵尽隶御前，而易置皆由于人主，以示臂指相使之势。向之大将，或杀或废，惕息受命，而后江左得以稍安（通考卷一五四兵考六）。

九、辽金

辽金起自塞外，其民族尚武，发勇善战。辽制，凡民十五以上，五十以下皆隶兵籍，弓箭枪斧铁甲马绳等人人自备。其军队分为宫帐军，部族军，京州军及属国军四者（辽史兵志）。宫帐军略如禁军；部族军守卫四边，分隶南北府；京州军取自民间丁籍；属国军即凡臣服于辽者，出兵供驱使所构成。四者各自为军，体统相承，分数秩然；故能雄长二百余年（辽史百官志）。

金制，民年二十以上，五十以下皆籍为兵无免役法。凡用师征伐，上自元帅，中自万户，下自百户，饮食起居，略无隔阂；且将帅协谋，会论功赏（金史）。当其盛时，兵不满万而极精；及海陵征兵无节，训练未周，转致败戾。

十、元

元以武力蹂躏欧亚，控制华夏，其兵制定然特别注重。初有蒙古军，探马赤军。蒙古军皆国人，探马赤军则诸部族也。既平中原，发民为卒，是为汉军。续得宋兵，号新附军。嗣又有辽东军、纠军、契丹军、女直军、高丽军、云南之寸白军、福建之畲军；则皆不出戍他方者，盖乡兵也。又有以技名者，曰炮军、弩军、水手军（元史卷九八兵制序）。

关于征调方法，则蒙古军、探马赤军采人人皆兵制。家有男子，十五以上，七十以下，无众寡尽佥为兵。十人为一牌，设牌头。上马则备战斗，下马则屯聚牧养。孩幼稍长，又籍之曰渐丁军（同上）。至于汉军，则或以贫富为甲乙。户出一人，曰独户军；合二三而出一人，则为正户军；余为贴户军。或以男丁论，尝以二十丁出一卒，至元七年，十丁出一卒，或以户论，二十户出一卒，而限年二十以上者充。士卒之家为富商大贾，则又取一人，曰保丁军（同上）。

其典兵之官，国初视兵数多寡为爵秩崇卑；长万夫者为万户，千夫者为千户，百夫者为百户。世祖时，颇修官制，内立五卫以总宿卫诸军，卫设亲军诸指挥使；外则万户之下置总管，千户之下置总把，百户之下置弹压。立枢密院以总之。遇方面有警，下置行枢密院，事已则废（同上）。

元室控制中国之初，为防反侧，对各地纯采镇压手段。世祖时，命宗王将兵镇边徼襟喉之地，而河洛山东，据天下腹心，则以蒙古探马赤军列大府以屯之。淮江以南，地尽南海，则名藩列郡，又各以汉军及新附军戍焉（元史卷九九兵志二镇戍）。又因防制汉人，以兵籍关系军机重务，汉人不得阅其数；虽枢密近臣职专军旅者，惟长官一二人知之。故有国百年，而内外兵数之多寡，人莫有知者（元史卷九八兵志序）。

元之兴也疾，其亡也亦速。何哉？此正如语云：马上得天下，不可于马上守天下也。除政治因素与种族因素外，史称："承平既久，将骄卒惰，军政不修，而天下之势遂至于不可收拾。"（元史卷九九兵志二镇戍）良有以也。

一一、明

明制，自京师达于郡县，皆立卫所。外统之都司，内统于五军都督府；而上十二卫为天子亲军者皆不与焉。征伐则命将充总兵官，调卫所军领之。既旋，则将上所佩印，官军各回卫所。盖得唐府兵之意。太祖辛丑三月，改枢密院为大都督府，节制中外诸军事。十三年正月，惩胡惟庸之叛，革中书省，因改大都督府为五军都督府。隶外卫于都司，而都司及内卫各以其方隶五府，惟亲军不属；遂为定制。五都督总兵籍而不与调发，兵部得调发而不治兵（续通考卷一百二十二兵考）。

以言禁军，则有明一代禁卫之制，自太祖为吴王时始置金吾羽林等十卫。洪武时有上十二卫，而勋卫舍人在外。永乐时增为二十二卫，而武军神枢二营之红盔、明军将军等在外。宣德时，以永乐时所集之勇士改为四卫，皆为亲军。又有皇城守卫官军昉于洪武南京；而北京之制定之于永乐，即以诸卫军分地司之。又有京城巡捕军，亦防自洪武；此则设专官为之，即五城兵马司也。总而论之，诸卫中惟锦衣卫以兵兼刑，且与中官相羽翼，故其权至后而积重。四卫营亦以听御马监提调，故亦称要焉（续通考卷一百二十六兵考）。

以言地方军，即卫所，洪武元年立军卫法：度天下要害之地，系一郡者设所，连郡者设卫。大率以五千六百人为一卫，千一百二十八人为一千户所，一百一十二人为百户所。每百户设总旗二名，小旗十名，大小联比以成军（续通考卷一百二十二兵考）。各卫初为南京之五府所统；永乐十八年立五府于北京及南京，遂分统各卫所。

关于卫所士卒之给养，明初厉行屯田之法。洪武二十一年九月敕：天下卫所屯田岁得粮五百万石。二十五年二月诏：天下卫所军以十之七屯田。盖初制在外兵马尽是屯兵；官俸官粮皆于是出。太祖尝曰：吾养兵百万，要不费百姓一粒米。故京师屯田有以远田三亩，易城外民田一亩者。一代屯政，此其初制（同上）。

中叶以后，屯田之法废弛，兵仰食于民，反孱弱而不足用。正统二年始募民壮以防乱。万历以后，兵事尤赖土兵；盖卫所虚縻，缓急多赖民兵及乡兵，与四川粤西湖南三省之土兵而已。又嘉靖万历以来，缴银免役，以充召募，兵既弱而民又贫。然明代军事之坏，尤在任用宦官。内而典兵，外而监军，以不知兵之小人而握兵柄，一遇强悍之外敌内乱，不亡何待。

一二、清

清代兵制大别为三时期。一为八旗绿旗时期，二为勇营练营时期，三为新军时期。第一期自入关以迄太平之乱；其中八旗括有满洲兵，蒙古兵及汉军兵三者，别为禁旅及驻防两类；禁旅驻京，分属都统及总制；驻防在各省及边要，属于将军。绿旗则以汉人充选，皆输于提镇，而提镇复受督抚节制。当其盛时，不独八旗兵构成劲旅，且收人尽为兵之实效，即各省绿旗，亦足资镇抚而助战（清通考卷一七九兵考）。乃承平日久，教练成为具文，旗兵渐趋文弱，绿营亦多虚额；于是两不足恃。及太平军起，不堪一击，致以破竹之势，迅即控制东南，惟赖曾李等之乡团勇营以平之。

勇营分为湘勇及淮勇，分别由曾国藩李鸿章创立，皆以乡团构成。其大体为乡团十余家推一团长，十团长推一团总，十团总推一团董，户出丁壮，富家出资；官督绅办，以时演习巡察地方。盖亦民兵之制。及出省靖乱，卒奏大功，其后黔勇、川勇等无不以湘勇为模范。于是乱平以后，全国重要地区资其镇摄者数十年。其后勇营渐形腐败，及甲午中日一役，即形溃败，战后改练洋操。易称练营，不久复过渡于新军时期。

新军之制，始于光绪三十年练兵处之奏定。分军队为三等。一曰常备军，选土著之有身家者充之，年限二十至二十五岁，屯聚操练，发给全饷，三年出伍，退归原籍。二曰续备军，以常备军三年出伍之兵充之。分期调操，每年约一月，减成给饷，三年递退。三曰后备军，以续备军三年递退之兵充之，仍分期应操，嗣又递减，四年退为平民。合共当兵十年，即予免役。盖仿各国征兵之法而定之也。其常备军之编制，自上而下，分为军、镇、协、标、营、队、排、棚各单位。军由总统官掌之，镇由总制官掌之，协由统领官掌之，标由统带官掌之，营由管带官掌之，队由队官掌之，排由排长掌之，棚则以正副目兵构成（清续通考卷二〇三兵考）。新军之组织既趋于现代化，其训练亦颇认真，虽为时未久，已有相当成绩；然而辛亥革命一起，满清卒被推倒，则由于民意所系，新军多赞助共和，而非由于武力之不足用也。

（一九五七年五月为政大纪念论文集写）

法治精神

人与人相处，各有各的情感，各有各的偏见，如听其率性而行，彼此间的冲突定不能免。我国古代以礼设教，各守范围，互相尊重，冲突当可减免一部分。惟礼只能作道义的裁判，并无强制的效力；在社会日趋于复杂之际，礼之用既有时而穷，则不能不济之以法。法是具有强制力的规律；其对于人与人间的关系者为私法，其对于国家与人民间的关系，或对于人与人间的关系而牵涉于国家者为公法，凡违反法律者，属于私法范围得由关系人请求国家制裁，属于公法范围则由国家径于制裁，间或由国家依关系人之请求而制裁。因其能作强制性的制裁，法的效力适用于广大而复杂的人群者自较礼的效力为大，纵然礼具有积极调协人与人间关系的效用，仍然是不可偏废的。

礼对于法的辅助效用且不说，现专谈法的效用。法的效用最大者，不是对于犯法者于以严正公平的制裁，而是促使人人守法，尽量减少消极制裁的运用。孟德斯鸠在其权威之作名为“法意”书中有言：“明刑之意，非所以罪已然也，乃以禁未然，将以弼教也，而非以行诛。”正是此意。要促使人人守法，首先要提倡守法的精神，而这种精神通称为法治精神。

法治精神的养成，首先要有可行之法。可行之法必须合乎人情。清初潘耒说：“立法远于人情，则必有所不行；不行而法故在，则必巧为相遁。”明代吕坤称：“凡与人情不近者，皆道之贼也；故立法不可太激。”商鞅为秦变法，只顾目的而不择手段，大悖当时之人情，行之期年，秦民言不便者以千数。于是太子犯法，刑其傅公子虔，黥其师公孙贾，明日秦人皆趋令。行之十年，收效不少。及秦孝公薨，商鞅虽遭报复而被诛，秦国以其法可致一时之富强，仍遵行不改。始皇灭六国，统一中原，仍本商鞅之原则，立法务从刻薄，己身既不保，传二世而亡。这便是立法不近人情，纵能收效一时，终必归于失败之明证。以现代国家为例，则纳粹德国的立法，未尝不使其国于第一次大战崩溃后迅速恢复，然以不合人情，最后亦招来失败。至于苏俄的措施，不仅不合人情，且随一人或极少数人的好恶，以命令代法律，较希特勒尤恶劣，更不足以言法。

因此，所谓可行之法须是依据人民之公意而制定者。立宪国家立法之权无不操自民选的代表。现在立宪国家的议会虽多有两院制者，其上院之人选，成为世袭及国王所任命如英国者，或为经间接选举而代表地方如美国者，但其下院率为国民所直接选举，故立法之权亦以下院为主，上院则除美国具有批准条约及行使公务员同意与弹劾权的专责外，其他大都以缓和直接民选代表的急遽行动为主旨。由于一般之立法权，尤其是财务立法权实际上为直接民选的下院所掌握，其立法自不致有违反大多数人民之公意，间有多数人的公意与少数人之权益违反者，则上院之缓和作用与若干国家元首的否决权或请求复议权，皆可资以救济；如果都不能发生救济的效力，还有司法部门可以行使其制衡，裁定此项立法是否违宪。有了这种种的保障，于是立宪国家所立之法，自必大多数可行。即或由于局势之变迁，所立之法初时认为适当者，经过若干时日渐已窒碍难行，然而有权修改或废止旧法之机构也就是制定法律的民选机构，只要人民公意要求修正或废止，也就不难透过民选的议会而见诸实行。于是有效而继续施行的法律仍然是可行的法律。因此，要知一国的法律是否适合人情而可行，只须观察其立法机关之是否真正民选与能否自由行使其职权。

法治精神的实现，在法律的本体以外，当视执行时是否人人平等。苏辙说得好：“法行于贱而屈于贵，天下将不服，天下不服而求法之行，不可得也。”然远在其前千余年还有说得更具体的，便是孟子尽心章所记：“桃应问曰：舜为天子，皋陶为士，瞽瞍杀人，则如之何？孟子曰：执之而已矣。然则舜不禁与？曰：夫舜恶得而禁之，夫有所受之也。”可见远在二千余年前，我国早已提倡执法之平等无偏。然而二千余年来法律能对贵显与贫贱平等看待者殊不多见。清储方庆至有沉痛之言，谓：“法行自近，令出惟行；法不加于贵显而足以禁奸除暴，未之有也。”还有一个问题，就是执法不仅无贵贱之分，且立法者尤当率先守法，万万不可自外于法。孔子家语有云，“欲政之速行，莫善乎以身先之”，便含有此意。这在美英两国，称为法律主治 Rule of Law，意即法律高于一切，其意义除谓武断的权力绝对不许存在外，国境之内没有一人在法律之上。英国对此原则实施得最早。远在一三三八年，英王爱德华三世在位时，法院裁定国王的收税官吏非领有法院的令状不得因欠税而扣押欠税者的牛羊；又一三四〇年一个法院以某执达吏奉法院令执行某案时，因接受国王盖用私印的相反命令而不予执行，遂予以违反法院命令的处罚。足见彼时已将国王之私人行为与国王代表国家的行为作一区别，而认其代表国家的行为为法律的，其私人的行为虽以国王之尊不能凌驾法律。此一原则演进至今，在美英已成习行的惯例。其最近一件显著的事，便是去年四月二十九日美国联邦地方法院对杜鲁门总统下令接管罢工中的钢铁工业一案，表定总统的处分为违法，及经总统上诉，是年六月二日最高法院仍判决此举有违宪法，总统也只好服从。其法治精神有如此者。

法治精神在英美能够这样充分发挥，不能不归功于司法独立。

法院之能够独立审判，固然是由于专业的法官与无给的治安判事都不受政府干涉，而且由于陪审制度的存在，人民为嫌疑而被诉者，还可多一层保障：盖凡陪审员一致认为无罪者，法官将不能加之罪；因此法律如与舆论相违者，陪审员也有缓和法律的权力。此种权力，依孟德斯鸠的观察，乃授予于每一案件从民众中抽选的若干人，作一次研究事实与参酌民意的决定，其后则经过若干年不再被召唤担任此种义务。因此，情节可原而法律规定过严之案件，至少可获得一种之救济，并借此可使法律不致与舆论脱节。此与我国古训所谓“国人皆曰可杀，然后杀之”及“与其杀不辜，宁失不经”之原意正相合。

如上所述，既有了可行之法，又能公平执行，无枉无纵，则人民生息于法律之下，只觉得法律之可贵，其守法之心油然而生。但是国家之大，社会之众，人心不同如其面，难保无憨不畏法，或舞文弄法而幸脱法网之人；于是社会上不免发生一种不正常的心理，以为他人既可不守法，我又何必守法。这是一个大大的错误。因为他人不守法而幸免制裁，绝对不是人人触犯法律而可免除责任的理由；而且此种心理不予根绝，将是法治的一大打击。所谓法治，一方面固希望人人都能守法，他方面也需要每个人个别守法，而不必观望他人。如果我要观望他人，他人也要观望我，结果将是人人都迟疑观望，不肯立即守法。须知凡事先要尽其在我，我如不守法，我便无责备他人不守法的权利。因此，我们对于任何应为之事，首先要自己积极去做，然后进一步对于朋友邻人能积极奉行者加以鼓励，不愿积极奉行者加以劝勉。这样一来，社会上顿然形成一种奉公守法的良好空气，那就本来不愿守法者，怵于清议，亦有不敢；盖违法者纵能幸免法律的制裁，却不能为社会的制裁所宽免。久而久之，法治精神遂弥漫于社会，不待提倡而自然遍布矣。

（一九五三年十二月为青年讲座播讲）

岫庐论世局

战后国际和平问题

本文作于民国三十二年三月，首在国立社会学院讲述，继刊载于次月之东方杂志，尚在联合国之酝酿时期。彼时鉴于胜利在望，痛定思痛，明智之士咸认为在国际联合会解散之后，应有另一国际和平机构之组织，而惩前毖后，对于原有国际联合会之组织应有所改善。余不揣固陋，妄提意见四项：（一）关于国际联合会之组织者；（二）关于国际组织之武力者；（三）关于殖民地之处置者；(四) 关于经济与教育者。在二十余年后之今日观之，不无谈言微中之感。其中最著者有左列二项：

一，余对国际组织主张酌按会员国人口加权，设能采行，则首先苏联之白俄罗斯与乌克兰两邦将不致破例被认为会员国，而安理会以五强为重心使各拥有否决权之特例，或亦可免除；次则目前仅有数十万人口之一会员国当不致与拥有数亿人口之会员国同具平等之一表决权，以致少至百分之五之人口得把持过半数之表决。

二，余对海空军之武力主张让归国际组织主持，俾有执行国际警察权之实力。证以目前联合国遇有维持国际和平之必要时，不得不依赖临时杂凑之武力，益见有其必要。

世人鉴于上次欧洲大战结束后，甫历二十年，又发生此次世界大战，于是对从此次战后的国际和平能维持多久，不免时存悲观或怀疑态度。我初时亦如此看法，认为或不幸而及身亲见第三次大战。

后来仔细想想，此次大战的出发点实与上次不同，因之，战后的结束自亦与上次有别。上次大战近因为德、奥、意三国同盟与英、法、俄三协商国之均势局面已维持至不可维持的地步。远因则殊为复杂，其较要者一为德英之竞争殖民地与海权；二为法德由于一八七〇—七一年间法普战争种下之猜忌，尤以德国并吞亚尔萨斯—洛伦对法国所引起的恶感为特甚；三为近东利害之冲突，尤以奥俄间为特甚；四为奥国内部的纠纷与所属斯拉夫族人民的不满；五为奥意间由于未复国意籍人民所引起的问题；六为由于上述各原因所组织的国际同盟与协商两阵线各不相下。因此，双方早已布置阵容，奥太子被刺的导火线一燃，奥国于一九一四年七月二十八日对塞尔维亚宣战后，俄国立即动员；德致俄最后通牒法随而动员。八月一日德对俄宣战，三日对法宣战。七月三十一日英要求法德保护比国中立，八月四日德侵比，英于致德最后通牒未获接受，即夜便宣战。除意大利系于一九一五年五月二十三日才对奥匈宣战，同年八月二十三日才对德宣战外，其他五强之相互宣战，仅系一星期内之事。可见上次大战实为双方互争霸权，战机一触即发；而此次世界大战，由于一方面之积极侵略，进迫不已，他方面之希望维持和平，再四隐忍让步，至万不得已时始起而抵抗者，远因近因均大殊异。

此次大战中，极权国方面最初之侵略行为，远肇于一九三一年九月十八日，而民主国方面最后一国之直接参战，却迟至一九四一年十二月八日遭遇出其不意之残酷打击之时。日本在九一八对我东四省绝无理由的进攻，其为纯粹侵略行为，毫无疑义；然而以维持世界正义的国联，在民主集团中之英法两国领导下，对我之横遭压迫非不同情，顾于接受我国请求，并派遣调查团之后，不克决议制裁者，殆以喘息未定，为维持和平，不惜隐忍苟安而已。甚至一九三七年七月七日日本更进一步，在我国内发难，八月十三日又在英美有重大利害关系的上海进攻，民主国方面虽于精神及物质上予我国以相当的援助，然对侵略国仍不敢遽作有效的制裁，无他，亦欲维持世界和平，同样的隐忍苟安而已。在此时期之间，一九三五年十月二日意大利对阿比西尼亚之毫无理由的进攻，国联虽有经济制裁之决议，然当一九三六年意大利实行并吞阿国以后，同年六月法国前总统米勒伦对上议院请求承认墨索里尼的胜利结果，其演词有如下之一段语："我们应当明白世界上没有一个国家，除非它的根本权利遭遇干涉，或是国家独立遭遇威胁，或是边境遭遇进攻，愿意再发生一次现代式的战争。"同时英国的哈里法克斯也说："无论国联地位如何重大，但它因以存在而努力求达之目的实较本身更重大，而这些目的中之最大目的就是和平。"因此，为着"维持和平"之故，民主国便不得不承认意大利胜利的结果了。又如一九三八年德国发动的两次严重侵略行为，一为三月十二日之对奥进兵，强迫将其合并，领导国联的民主国并未加以制裁；一为八月间德国提出割让捷克苏台德区之要求，并动员德国军队，准备进兵捷克，英相张伯伦两度飞德与希特勒协商，结果竟于九月二十日由德、英、法、意四国巨头在明兴签定所谓明兴协定，于是德军于十月一日开入捷克，一九三九年三月希特勒更超越协定范围，占领捷克残余之领土。此协定签字后，张伯伦与希特勒更发表一联合宣言，谓英德两国间从此将不诉诸战争，民主国方面之不惜一再委曲求全，以期暂保和平，至因此遭遇世界舆论之反对，亦所不计。乃距明兴协定未满一年，因希特勒之再三违反诺言，于一九三九年九月一日宣布兼并但泽，实行侵略波兰，英法二国既忍无可忍，且有对波兰保证之诺言，不得不履行其义务；于是数年来不惜任何牺牲以期维持之和平，卒无法维持，遂于九月三日对德宣战。自此次欧战发生后，尤其是当法国崩溃，英国单独作战以来，美国夙最富正义之感，遂不断的，而且逐渐加强的，以一切军需品供应民主国方面，然仍不愿轻率牺牲本国和平而直接参战。甚至对于远东方面，自九一八以后，首先对我国表同情，此项同情并随时加深，而其对于日本之为太平洋方面的劲敌，足为美国未来大患，亦早已认识；然仍一面援助我国，一面与日本敷衍。直至日本向珍珠港袭击以前的一分钟，仍不愿牺牲太平洋暂时和平。又以苏俄而论，苏德主义极端冲突，日俄世仇久结不解，然一方面苏联为保持其所谓和平政策，他方面当然亦不愿牵入战争漩涡，故先后与德日订立不侵略条约；德苏之约固出人意表，日苏之约更令人惊讶。而太平洋战争发生后，许多人前此认为苏联虽对我国同情固不致为我国而与日本破裂；至是民主集团与极权集团之阵容鲜明，利害关系密切，故期待苏联对日予以打击者，初时望眼欲穿，愈久渐觉希望愈远。无他，民主国方面，殆持同一态度，以为无论对何方面和平不至绝望之时，断不轻易放弃和平。此种态度实自我国始。盖以九一八之无理侵略，一二八之不宣而战，我国皆因准备未充分，不得不暂时隐忍；及至七七战事起，八一三继之，我政府深知和平之无可望，侵略之无止境，于是不顾准备之已否充分，不惜牺牲，起而抵抗，单独作战至四年以上，英美始因遭遇日本先下手之打击，而与我共同作战。

总观上述事件之演进，此次世界大战，在极权国方面，毫无例外的，一致以积极侵略为政策，而在民主国方面，亦毫无例外的，一致以委曲求全，维持和平为方针。此与上次欧战之双方集团对垒，互争霸权，各有准备，一方发动，他方立即起而应战，其出发点迥不相同。上次战争既由争霸而起，故战争结束后，战胜国方面不免仍带争霸的气味，故英法两国于战后之不能诚意合作，无可讳言；而由于此战胜之两强不能诚意合作，战败之德国遂得以乘机崛起，且对于新兴之苏联与暴起之法西斯意大利，亦因两强见解不一，应提携者迟迟不前，应制裁者亦迟迟未果，致战前钩心斗角之情势，重演于战后，坐令德国强大，侵略无厌。初时英法两国因准备未周，骤逢此种局势，几无所措手，不得不暂行隐忍，以维持和平；而不料愈隐忍愈不可收拾也。此次战争，起于一方面极权国之不断压迫，他方面民主国虽极力维持和平而终忍无可忍，如我国与苏联则因维持自国之生存，不得不起而应战，如英国则因对波兰保证之信义与对自国之压迫而宣战，如美国则初因维护正义，继因躬受侵略而作战。民主国集团在战前皆同遭压迫，在战后自必无以受诸他国者转而施诸他国者，况惩前毖后，亦深知压迫他国终无好结果。故此次战事结束，设不幸而为极权国占优胜，世界前途将不堪问，倘幸而实际上亦极有把握，为民主国占优胜，则战前既极力维持和平，不惜任何牺牲，非至和平绝望不轻启战端，战后自必继续此旨，仍极力维持和平，不惜任何牺牲，非贯彻永久和平之目的不已。有志者事竟成，况益以惨痛之经验，由失败而转至成功，即对其成果定能永保而不肯放弃也。

被称为大西洋宪章而具有划时代重要性之罗邱宣言，于一九四一年八月十四日布告于全世界。其中由英美两国议定的八项原则如左：

一，两国不求领域或其他之扩充；

二，凡未经有关民族自由意志所同意之领土改变，两国不愿其实现；

三，尊重各民族自由决定其所赖以生存之政府形式之权利，各民族中此项权利有横遭剥夺者，两国俱欲使其恢复原有主权与自主政府；

四，力使世界各国，无论大小，无论胜败，对于贸易及原料之取得，尽享受平等待遇；两国对各国现有的组织亦当尊重；

五，希望组成世界各国在经济方面之全面合作，以提高劳力标准经济进步与社会安全；

六，待纳粹之专制宣告最终之毁灭后，希望重建民主政府，使各国俱能在其疆土以内安居乐业，并使全世界所有人类悉有自由生活，无所恐惧。亦不虞缺乏之保证；

七，所有各民族皆可在公海自由来往，不受阻碍；

八，两国相信全球各国，无论为实际原因或精神上之原因，必须使用武力；盖国际间倘仍有国家继续使用陆海空军军队，致在边境以外实施侵略威胁或有此可能，则和平势难保持，两国相信在广泛永久之普遍安全制度未建立之前，此等国家军备之解除实属必要，同时两国当试行一切切实之措置，以减少爱好和平各民族因军备关系所忍受之重大负担。

此宣言在英国方面固系同时公布其作战之目的与对战后改造世界之期望；在美国方面，则因彼尚未直接参战，纯为对于战后改造世界之期望。将这八原则归纳起来，则第一条为两国主张不侵略之表示；第二三两条为两国扶助弱小抵抗侵略之表示；第八条为两国永久消除侵略的表示；第四第五第七各条为两国从经济上消除侵略原因之表示；第六条为两国从政治上消除侵略原因之表示。一言以蔽之，则两国共同明认世界和平之破坏系由于侵略主义，于是直接与间接致力于反侵略并消除侵略的原因，以谋致世界永久的和平。此宣言可谓洞见症结，宜其于发表后获得世界上各民主国之共同赞许，亦即可为战后国际和平建设之主要原则也。

罗邱宣言后，世人对于世界和平建设之问题益加注意，起而研究并提出方案者，颇不乏人。兹摘述最近数月间提出之较具体方案两种，以见一斑。其一，为美国政府战后计划委员会所拟方案，据英国著名国际新闻记者斯密士（Kingsbury Smith）所采访，撰文刊载于一九四二年十一月份 The American Mercury 月刊；其二，为美国前总统胡佛与曾任军缩会议首席代表之吉卜生氏合著最近出版之经久和平问题一书内容的方案，计开：

甲，美国政府战后计划委员会方案

目前以联合国家名义互相团结的国家，将来组织一个更佳的世界秩序，其主要的目的有二：

一，强制解除轴心各国的武装，并执行警察全世界的任务，借以维持世界和平；

二，使参加该组织之利益极大，俾无一国自甘向隅。其异与各会员国之经济利益，括有左列各种：

（1）会员国间自由贸易，保证其在商业关系上绝无歧视；

（2）对一切会员国公平分配充分的原料，以应其在和平时期的需要；

（3）美国对于缺乏资料之会员国，予以财政协助，俾从事重要之建设，如公共工程等；

（4）对会员国间货物之供给严予规定，俾保护消费国之利益；

（5）对会员国如中国印度等，发起迅速扩展工商业之合作运动，俾产生人生所需之原料。

至关于政治安全之范围，则美国甚愿援助会员国之被迫抵抗无故之侵略。其他各会员国亦应尽同等之义务。

为报答上述各种利益，会员国须履行左列条件：

（1）保证其国内人民若干种基本的人权如言论自由，信教自由，免除恐怖之自由，免除贫乏自由等；

（2）郑重承诺以仲裁的和平方式解决一切国际争议，于直接交涉失败时，将其争议提付国际法庭；

（3）承认彻底限制军备，并受严格的国际监督。

任何国家不允履行上开各条件，而以侵略行为威胁会员国者，将立即遭遇国际组织之商业歧视，而在经济制裁之背后，更有英美之海军空军拥护之，并深望苏联之海军空军亦取一致之行动。

本方案计划者认为如欲更佳的世界秩序实现成功，须使此次战争之战败国与战胜国一律加入。又认为要获得战败的轴心国合作与最后的拥护，必须有一较长的休战时期——三年至五年，在此期内，占领的军队将维持战败国的法纪与秩序。此项延长的过渡时期足以冷静双方的恶感与仇恨。彼等咸谓上次欧战之胜国有一大错，即容许政治家及军事领袖于战火尚热之时订定和平条件。凡精神集注于如何毁灭其敌军之人，于战胜之初，断难望其提出合理的和平条件。且战败国的反动与报复行动亦须肃清，其人民亦须明了联合国家的善意，占领军始可撤退。至设置此休战时期之目的，有如左各项：

（1）完全解除德意日及其附和各国之武装；

（2）防止战败国的反动；

（3）实施应急的救济办法，包括衣食住等，以维持一切遭受摧残的战区人民生活；

（4）在筹备完成可使战败国军队回复和平的职业以前，暂行延缓其复员；

（5）保障停战后不至发生继续不已的经济战；

（6）协助战败国建设可靠的政府，与维持其法纪及秩序，并使与联合国家合作建立更佳的世界秩序。

简括结束之，本方案尚包括下开各项：（一）轴心国将永远被剥夺其供进攻用之武器（因德国两度发动世界大战，应受此剥夺，日本半野蛮的国民尤不宜畀以危险的武器）；（二）休战期内战败国只许有警察队，所用武器限于小型者；（三）占领军队应注视战败国警察勿暗中变为军队，并严防其武人政客暗中组织报复之举动；（四）

联合国家慷慨地以衣食救济战败国人民，将逐渐取得彼等之好感；（五）联合国家一面以衣食救济战败国人民，一面当使彼等在经过初期的救济后，凡体力胜任者应速从事生产；（六）为防战败解散的军队在其逐渐回复正常职业以前，应令从事于其自己国家的复兴工作；（七）战胜国亦逐渐使其军队复员；（八）为避免经济战继武力战而起，联合国家相约不以倾销方法夺取战败国市场；（九）协助战败国建立政府时不坚持其必须为民主方式等等。余从略。

乙，胡佛等经久和平方案（根据新经济八卷六期逖苏君之提要而加节略）

本方案根据四大要点而编制：（一）巩固的和平须以彻底胜利为基础，以免敌人卷土重来；（二）要确立经久和平，须顾虑并适应一切构成和战的基本动力；（三）国际和平的维持，需要一个机构；（四）美国人民应立即开始研究此经久和平问题，勿为传统思想所束缚。

其中所谓和战的基本动力分为七项：（一）流行思想，（二）经济势力，（三）民族运动，（四）帝国主义，（五）黩武精神，（六）恐惧心理，（七）和平意志。第（一）项的流行思想，包括宗教信仰政治观念及经济理论等，对于人类文化与国际战争均有莫大影响。第（二）项的经济势力，当然与和战攸关，无待赘言。第（三）项的民族运动与第（四）项的帝国主义，自拿破仑时代以迄今日的世界和战史，无不与有密切关系。第（五）项的黩武精神当然直接的酿成战争。第（六）项的恐惧心理也就是仇恨与报复观念的起源。以上六项的基本动力中，虽流行思想经济势力及民族运动间亦趋向和平，终以促成战争为恒见。故从大体言六项皆为战争的原因，惟第（七）的和平意志方是拥护和平者。

说明七项基本动力之后，胡佛等根据历史的经验提供许多意见，并分别归纳于七项基本动力之下，计开：

一，关于思想势力者：

（1）联合国家对于未来和平之目的与方式，应于战事结束前，使各国努力合作对敌作战，尽速商讨，以期获取一致的意见，免致停战后意见转不一致。

（2）民主政治为确保和平的先决条件，故联合国家将来所议的和平条件，必须以适合培植民主政体为前提。大西洋宪章虽有各国人民具有决定本国政府之权利一条件，但决非承认暴治与专制的表示。

二，关于经济力量者：

（3）一俟战事终止，敌人解除武装后，一切经济封锁应即终止。关于普遍而迅速的战后救济，尤当一视同仁，不分敌我。

（4）战后取消下开各种贸易障碍：政府买卖，互惠协定，高度关税，定量输入，清算协定，外汇统制以及外汇汇率之不时变更等。

（5）取得原料之机会固宜均等，然只要贸易自由，世界和平，则各国对于所需原料之取得当无大问题。

（6）各国应切实商讨移民，以尚未发展之地如南美与非洲若干区域为对象。

三，关于民族运动者：

（7）欧亚两洲的弱小民族必须取得独立，惟不当步上次战后新兴各小国的覆辙，在军事与经济上自增负担，互相束缚。

（8）必要时，少数民族应互相交换。

（9）不宰割德国本土，但同时多方设法，使德国人民放弃其传统的好战精神。

四，关于帝国主义者：

（10）除将轴心国所占据的土地一一恢复原主，所压迫的民族一一解放外，太平洋群岛的居民及非洲的黑人区域可择要由国际共管；世界各国对此皆享有移民贸易及开发资源的平等机会，而过剩人口亦可借此为出路。

五，关于黩武主义者：

（11）解除战败国的武装，除维持治安的警察外，其余武装队伍务以绝不保留为鹄的。

（12）解除一般国家的武装，并于事前商定，俾战争一停，即可于数星期内实行。

（13）空军应使国际化，隶属于国际组织，供国际警察之用。

六，关于恐惧心理者：

（14）发动侵略惹起战争之国家元首及其辅弼，应负屠杀民众的刑事责任。

（15）勿想惩罚整个民族，且整个民族亦不能长受束缚。

（16）要战败国大量赔款，非事实所许，故对战败各国仅令补偿若干款项，以资赈济孤独残废。

至关于维持和平的机构，本书著者胡佛等以为综合美国人士不同的主张可得八种：

一，恢复国联，盟约照旧。此说虽有人主张，但国联缺点颇多：（一）盟约条款太繁琐宽泛，迭起纷争；（二）对侵略国并无定义；（三）用军事与经济制裁以维持和平，及用和平处理争议方法以防止战争，二者彼此冲突；（四）缺少区域组织；（五）尚无具体的和平变更制度。

二，恢复国联，修改盟约，使国联有强制和平的绝对武力；但国际军队人数多少，如何组织，军官士卒国籍如何分配，问题均甚复杂。

三，恢复国联，修改盟约，而使成为一个只求促进国际合作，只用和平解决争端的途径，以维持和平的机构。

四，联合国家于战后产生一军事组织，以维持国际和平。

五，关于和平处理争议，应有一全体性的国际组织；关于维持和平，亦应用制裁，而采取欧洲亚洲及西半球分别组织，以达成制裁任务。

六，主张极端独立，美洲不问美洲以外之事。

七，组织国际联邦。

八，主张美国和平，由美国独任巡逻世界与维持和平之责。

现在把我的意见略述于左：

（一）关于国际联合之组织 欧洲自国族主义盛行以来，国际间之冲突时起，于是许多理想家，鉴于以一大强国控制全欧维持秩序之不合时宜，乃建议以共同结合之组织，达维持和平之期望。首倡其说者为法人克雷斯（Cruce），于其所著新赛尼（le noveau cenae）一书（一六三一年刊行），主张设立永久国际和平机构，以意大利之威尼斯为机构所在地，由各国君主特派代表参加；凡国际间之争议皆由各代表会议依和平方式解决，其不服从决议者，由国际机构予以制裁。稍后，苏尔黎（Sully）于其所著之大设计（The Great Design 一六六二年刊行），则主张新旧基督教各国相团结，按照经济资源与民族分布之原则，划欧洲为十五个政治单位，成为一欧洲邦联，并由组成此邦联之各国，各按地位派遣不同数之代表参加组织；其目的对内则和平调处邦联内各国之纷争，对外则一致抵抗奉行异教之土耳其。其后，圣比埃尔（St. Pierre）之永久和平计划（Le projet de Paix perpetuell，约一七一二年刊行），则主张由当时欧洲之二十四个国家组织联盟，如有十四个愿参加，此联盟即告成立，成立后得强制其他各国加入。此联盟以维持和平保护贸易为主旨，对内可裁决会员国间一切争执，对外可与非洲国家缔结互不侵犯条约。又会员国有违背联盟之决议者，得遣联盟自备之军队强制之。此主张颇得当时人士赞许，后来英国边沁（Bentham）所著的普遍与永久和平计划（Universal and perpetual peace）实多被其影响。又德国康德（Kant）所著之永久和平（Zum ewign Frieden，一七九五年刊行）谓战争之免除惟有于和平组织中求之，故主张（一）由国际组织处理各国之对外纷争，不许各国再凭私见以武力解决；（二）各国放弃武力，不得置常备军队；（三）各国不得作领土转移与割让，亦不得干涉他国政体。以上皆为传诵一时之古典的国际和平计划，以主张者皆系学者，纵有高尚的理论，终无法使之实现。直至上次欧战结束，美国威尔逊借其左右一时的大力始克产生联盟。然因种种关系，卒不能贯彻主张，美国亦迄未加入。此国联虽亦因种种关系，失其效用，颇为世人诟病；然无论何人对于今次大战结束后，殆无不主张仍有国际和平组织者。不过此种组织，应为何种机构，与其范围权力如何，则见仁见智，各有不同而已。就胡佛等经久和平方案所分析者，美国人士对此组织有八种不同之主张。其中主张世界性者四种；主张进一步组织国际邦联者一种；主张由美国单独负责者二种，然此二者一主美国干涉世界，一主美国专管美洲。我对于未来国际之范围有两点意见。一则地球面积已因交通之便捷而缩小，任何一部之动乱将不免牵涉全球，故组织范围应属世界性，且鉴于第一次国联之力量微薄与美国之未能加入有关，今后组织宜为世界性，更属显然。二则世界性的国联之下，宜分设各洲分会，至少欧、亚、美三洲当先设立，因各洲情势不同，故当由分会，就各自关系问题讨论解决，不能解决者再诉于总会；此与法院之分设地方与高等两级原则相同，既便于就近调查事实，考虑习惯，又有上诉机关，可以纠正失当之判决也。至于组织总分会之各国代表人数，我以为当按会员国之人口为比例；但为免令人口过多之国所占代表人数过多，或人口过少之国不克派遣代表起见，拟规定人口在一千万以内者每国一名；在一万万以内者，除一千万照上述办法外，余数每三千万人一名；在二万万以内者，除一万万照上述办法外，余数每五千万人一名；在三万万以内者，除二万万照上述办法外，余数每七千万人一名；超过三万万者，除三万万照上述办法外，余数每万万人一名。依此计算，则人口无论少至若何程度之独立国家或政治单位经国际组织准予加入者皆可出代表一人，人口一万万者可出四名，二万万者六名，三万万者七名，四万万者八名，以后每增一万万得加代表一名，盖于人口比例之中，仍寓限制之意；原则上较一大国化为许多小国分别加入，自更合理，而较之不问人口多少同一待遇者亦更公允。至以决议方式而论，以国联系采全体同意制，对更大而僵持之问题，将无法决议，其不能行使职权，与此亦有大关系。现今论者多主张取消全体同意制，改取多数决议制，自系当然之办法。我以为多数决议亦当按所议问题之重要性而区别，例如次要问题固不妨以过半数为法定额，重要问题则改以四分之三为法定额。而且出席代表亦可因此而提高其法定人数，以昭慎重。最后，我认为加入新国联之国家务须把战败国包括在内，而且不必待战败国恢复至何种程度，只须有新政府成立，以代旧日之黩武政府，即许其加入；一以表示宽大，免令时有敌对之心，一以听取其不平之鸣，俾不致因压迫过甚而起反动。消泯报复，避免战事，此举亦颇有关系也。

（二）关于国际组织之武力　当世论者，无论中外，大多数以为欲维持和平，须将国际组织之权力加重，甚至有主张组织邦联或世界政府者；然此举毕竟不易实现。虽如胡佛等经久和平问题所称美国亦有人主张恢复国联修改盟约，而使成为一个只求促进国际合作，只用和平解决争端的途径以维持和平的机构，然持此说者实最少数。

其他殆无不欲增加其制裁之力，甚至有主张使成一军事组织者，实则空言呼吁，于事何补。故任何国际组织欲其发生效力，自非赋以武力不可；且非于必要时从早实施武力制裁，将难免未来大患。英国名作家李维士（Emery Reves）于最近刊行之新著民主宣言（Democratic Manifesto）有言："世界上最初之正义始见于根据判决公开刑戮罪人，和平之初基将肇于国家的集团对违反国际法者施以武力。"又谓："吾人苟肯牺牲一万兵以援助阿比西尼亚，抵抗意大利之侵略，或牺牲两万兵以阻德意两国之在西班牙建立傀儡政权，或牺牲五万兵以阻德之占据莱茵河区域，则今日英美两国将无动员全国人力，消费无量数金钱以从事战争之必要。"其言实扼要而沉痛。美国政府战后计划委员会方案中，有"在经济的制裁背后，更以英美之海军空军力量拥护之，且深望苏联之陆空军亦为一致之行动"一段，可见其亦确认武力维持和平之必要，不过尚未明言此项武力之当由国际组织直接掌握而已。至胡佛等之经久和平方案，则明言空军应使国际化，隶属于国际组织，供国际警察之用。此与英国学者威尔斯（H. G. Wells）之主张相同。我以为仅使空军国际化，国际组织之武力尚有未足，当更进一步，使海军之主力亦隶属于国际组织。盖陆海空军之中，陆军如无空军或海军配合，殆不能从事侵略性的进攻，故使空军及海军同隶于国际组织，无异使各国的陆军仅供防守之用；再加以适当的限制，自可剥夺其进攻他国之力。至空军海军之由国际组织征用之步骤，第一步立即没收战败的轴心国所有之军用飞机与军舰，第二步由民主各国妥为协商，于监视战败国解除武装之后，逐渐以其各自所有之大部分军用及巨型军舰潜艇等移归国际组织。嗣后除国际组织外，无论何国不得加造军用机及任何军舰。至于统率及使用国际军用机及军舰之将士，应属何国之人，原为反对国际组织武装者最常借口之点，以为军用机军舰之使用仍有赖于人，人各有其国籍，临时是否不因此而发生不合作甚或倒戈的问题。我以为此当然是重要问题，但非不可解决之问题。如能于消极上绝不任用两次大战发动侵略之国籍人民，积极上尽量任用向守中立之国籍人民，而美、英、中、苏四国此次既为正义而战，战后为维持世界和平，于不得已有实施国际警察之必要时，自必能始终维持正义，故以统率及使用此项国际军用机军舰之责委诸四国国籍之人民，实际上本无可虑；然为昭大信及示公允于各会员国起见，我故主对于向守中立之国籍人民尽可能多予任用。又统率之责不妨采取按期轮值之制，总以在可能范围安各国之心为主。此仅为预防意外之一办法，其他有效办法当然不少。总之，国际武力即为维持世界和平之必要条件，无论各会员国因此有何牺牲，与开始时有何困难，亦当以最大之忍耐及努力应付之；一念二十年一度之大战，各国牺牲几何，则战胜诸国率先作则，战败诸国强制遵从，其他各国又岂有不诚意遵行者乎？

（三）关于殖民地之处置　殖民地之争取实为战争最主要原因之一。惩前毖后，此次大战后对殖民地之处置亦为极重要与极微妙之一问题。胡佛等宣言中有“欧亚两洲之弱小民族必须取得独立”之原则，又有“太平洋群岛的居民及非洲之黑人区域可择要由国际共管，世界各国对此皆享有移民贸易及开发资源的平等机会”之建议；实寓有解决殖民地问题之意。惟语焉不详，一则欧亚并举，意颇含混，一则仅言择要，未能一律；殆亦以问题虽极重要，同时亦极微妙，或恐引起若干民主国之误会与不满欤？然而保持长久和平，任何国家不能不有牺牲，且此种远见的牺牲表面无论如何重大，终不及战时牺牲百十分之一。吾人为谋致全人类与殖民国自身之利益，似不能不尽其应尽之忠告。依我的意见，今后世界似不当再有战前形式的殖民地。如其程度能进为独立国或联邦组织之一分子，则按罗邱宣言之第三原则，亦当尊重各该民族自由决定之权利；即或当地民族之程度一时尚未能自主，亦宜由国际组织委任若干会员国代表设立训政委员会，而以原殖民国之代表占较多数，其目的在扶掖当地民族逐渐踏上自治自主之道路。或恐照此办法将使原殖民国之权益大损。实则殖民之出发点原为人口过剩不得不向外谋经济之发展，嗣因维持经济权益，不得不独揽政权，故成为战前形式的殖民地。今罗邱声明不求领土之扩充，而在此次战后，更不容有扩充之事实，只要能维持经济权益，似当不成问题。于是当前之问题乃为放弃独揽之政权后能否维持经济的权益。于此有一显明的事例可据以解答此问题，即我国侨民之移殖国外者不仅无丝毫政治势力，甚且时遭当地政府之压迫，而于经济方面仍能作相当的发展。况原殖民国人民，于其放弃独揽之政权后，不仅无如我国侨民时遭压迫之可虞，且于国联委任之训政委员会中仍占有较大之势力，则其侨民之在经济上得如前继续发展，更无疑义。

（四）关于经济与教育 经济与教育问题足以影响世界和平者至巨。关于经济方面，罗邱宣言八原则中，第四条关于原料取得，第五条关于经济合作，第六条关于不虞缺乏，第七条关于公海自由，皆申说战后国际经济关系之必需改善，而且八条之中竟占四条，可见其对于经济之重视。美国政府战后计划委员会方案，主张畀以国际会员国之经济利益计有五项，除对贸易取消歧视，及原料公平分配外，主张保护消费国之利益，且由美国以财力协助资本缺乏之会员国。胡佛等之经久和平方案关于经济之条目下，建议办法四条，主张于敌人武装解除后，立即取消其经济封锁并对会员国取消一切贸易障碍，达成原料供给均等，并商讨妥协的移民办法。以上皆就罗邱宣言或加推行，或予补充，无不洞见症结。我所希望者只有及早研讨详细办法，战后立即切实施行，更望将来的国际组织中特设国际经济机构，集各国专家开诚相见，其于国际经济之妥协，定有裨补，而世界和平之障碍又去其一矣。关于教育方面，则罗邱宣言，美国政府战后计划委员会及胡佛氏等经久和平方案皆未注意及此。自军国主义与国家主义教育盛行以来，于幼稚之儿童心灵中已逐渐注入歪曲及促狭之思想，此于黩武之轴心国家为特甚。即民主国方面之教育，于提倡民族自尊之中，亦往往不免参入轻藐他民族之观念，今后亦有慎重修正之必要。战后之国际组织，宜特设国际教育机构，对各国教育宗旨与所采教材，积极上导以国际合作，人群互助，自尊尊人之旨，消极上矫正其流于促狭主义之弊。教育为百年大计，永久和平实多赖之。

英人之特性

此文系余于民国三十三年七月在访英归来不久所撰战时英国之第九章，久已绝版。此次所以收入岫庐论世局内，系因英人之特性在过去大英帝国极盛之时，固能掌握世局之枢机，即在今日其所有殖民地陆续独立，英伦本土已沦为二等强国之际，英人以其高度机智及肆应长才，仍能直接或间接影响于世局。远者且勿计，姑从第二次世界大战开始，对德国希特勒之绥靖，促成大战之危机，英之张伯伦也；艰苦奋斗，转败为胜，英之邱吉尔也；姑息［删 2 字。——编注］，与其国协之一印度率先承认中共［删 1 字。——编注］政权，英之艾德礼也；借美国之实力以自重，为美欧之桥梁，以夙被否认为欧洲国家之一，而图操纵欧洲大陆，致酿成法国与美英对峙之局势者，亦重行执政之英国保守党领袖也。

由于上述之影响力，英人之特性，遂有为研究世局者一加研究之必要。

欲描写英人之特性，莫如先引述标特黎伯爵巴尔温氏（The Earl Baldwin of Bewdley）在其所著小册英国人（The English man）开端之一段文字，其言如左：

“六十年前余读二城记（A Tale of Two Cities）甫毕其最初数行，不禁茫然若失。窃以为可爱之著者迭更氏（Dickens）竟对读者弄伎俩，深望对此不可解之文字，终可得一线光明；然而不可解者终不解也。兹记此段文字如下：‘此为最佳之时间，此为最劣之时间；此为智慧之时代，此为愚拙之时代；此为信仰之时期，此为怀疑之时期；此为光明之节候，此为黑暗之节候；此为希望之春季，此为失望之秋季；吾人当前一切皆有，吾人当前毫无所有；吾人皆走向天堂，吾人皆走向他途。’今者方余握管著为英国人一文时，此段文字复回旋于脑际。就余读书所得并余得自国内外之评论者，英人之性格殆与迭更氏一段微妙文字奇合。彼愚拙，彼却精心计；彼怀疑，彼却可信任；彼为坚强之个人主义者，彼却为善于合作者：彼嫌恶理想，彼对任何部门之科学却有不少之贡献；彼粗顽，彼却为人类中最富感情者。”

以上所举英人性格之矛盾，著者证以平日读书见闻与此次访英观感，窃认为无疑义。然巴尔温氏所举之例似尚有可增删者，谬就浅见，归纳为五项：（一）自由与守法：（二）自治与合作；（三）务实与理想；（四）体谅与固执；（五）商人与绅士。兹分节说明之。

一　自由与守法

英人崇尚自由，世所共知。以人身自由而论，则远在一二一五年，其大宪章（Magna Charta）第三十九条即已明定：“除以审判官合法的判决并根据法律外，无一自由人得被逮捕拘禁，或褫夺其财产公权与自由，或置诸法律保护之外，或放逐于他国，或受类此之压制与蹂躏。又除依据法律外，不得审讯任何自由人或判决其罪刑。”据此规定，于是举世著称之出庭法（Habeas Corpus Act）于一六七九年最初通过于英国国会。然在国会通过该法案以前，使用出庭状之权利久已为普通法所承认。因此任何人遭逮捕后，须于二十四小时内由执行逮捕者移交正式该管法院审讯，有罪依法处罚，无罪立予释放。其有逮捕后不如限移交法院者，被逮捕之本人或其亲友皆得向法院请求签发出庭状，勒令执行逮捕者将原人本身如限交出审讯，借此保护人身之自由。此为世界各国提审法之所本。以言论自由而论，则远在公元一六八九年之人权宣言（Declaration of Rights）第十一条规定“思想与意见之自由传达为个人最珍贵权利之一，任何国民除经法律判决曾有滥用此项自由之事实者外，皆得随意发言撰文并刊布其意见”。数百年来，言论自由之基础遂在英国确立不移。甚至战争期内，海德公园之露天演讲者仍得自由批评其政府之举措。英国学者辄谓数百年来英国政府之更替频仍，而无一不出以平和与合法之方式，不能不归功于言论自由。盖惟言论自由，人民始得以和平方式批评政府举措之失当，政府或政党亦得充分解释其误会；最后是非显然，民意依违，随而决定。设人民仍不满于当前之政府，则可借自由之言论，依法定的手续，而变更其所反对的政府。同时因有自由的言论，政府怵于民意，亦不得不修明政治，整饬官方；故英国之政治吏治均足为举世模范，亦多有赖于此。以集会自由而论，则英国宪法虽无若何规定，然宪法既予人民以人身自由与言论自由，则一个人可在任何地点发表其意见，许多个人自亦可同集于任何地点分别或共同发表其意见，此即集会自由之所根据。故在英国无论平时或战时，除因某种集会有违法举动以至妨碍治安者，或非将某种集会解散无法维持治安者外，一律准许人民有集会之自由。以营业自由而论，则工商事业人民得自由经营，平时既无限制人民不得经营某种工商业之规定，亦无保留某种工商业由国家专营之规定；即经营方式亦悉听人民之自由，除欲得国家保证其有限责任者须依法呈请登记外，其他营业政府概不干涉。此外人民种种之举措，除与国策公安有抵触者外，其所享自由辄较任何国家之人民所享者为宽大，足见英国对于人民自由之尊重。然而自由之对面为守法，自表面观之，习于自由者原不易受法律之约束；顾就实际而论，欲尊重一己之自由者须能尊重他人之自由，欲维持一时之自由者须能维持永久之自由。英人深明此义，故一方面尊重自由，他方面恪守法律；二者似属矛盾，实即相辅为用。就人身自由言之，在执行逮捕者之观点，则我今日有权逮捕他人，他日职务变更，亦有受人逮捕之可能。今日我如不尊重他人之身体自由，他日我之身体自由或不为人所尊重；一念至此，计唯有彼此守法，方能尊重彼此之自由。在彼逮捕者亲友之观点，则今日目击亲友遭遇非法逮捕，彼既丧失自由，无法声请法院救济，我如袖手旁观，则人身自由权横被摧残，流弊所至，我之身体自由或亦有一日遭遇同等命运；一念至此，自必挺身而起，依据法律而予之保障，声请出庭状，直接上维持亲友之身体自由，间接上亦即维持一己身体之自由。就言论自由言之，在平时英国对言论施以约束者为毁谤法。该法之出发点，原在保障个人之权益与名誉，其所规定者为无论何人不应以文字或印刷物牵涉个人，致有损其利益品格或名誉。不仅攻击之言失实，将构成毁谤之罪，即事果属实仍须证明攻击之举系为公益起见，否则仍难免罪。例如有人曾犯罪处刑，及期满释放后，他人若仍指斥其曾犯罪处刑者，除因维持公众利益不得不出此外，指斥者仍犯毁谤罪。至毁谤法之推及于政府者，较为严格，则因批评政府之言论多与公众利益攸关，只须不背事实或虽对事实有误会而非出自恶意者，皆不能构成毁谤罪。

英国宪法大家戴雪氏（A. V. Dicey）有言，“任何人以口头或书面发表言论而含有煽乱之意者有罪。所谓煽乱之意，分析之可得四端：（一）立意煽动仇恨或侮辱；（二）立意激起怨望，使人民反对君主或政府，或联合王国之宪法，或国会中之一院，或法官公正的措施；（三）立意鼓动大不列颠之人民，使不依法律手续而作种种关于国家或宗教的改革运动；（四）立意煽动国内各阶级间之恶感与敌意。……英国法律固许人民自由发表言论，以议政治之得失，设此类言论，仅谓君主被引入歧途，或谓政府办事失当，或提出政治上宪法上之缺点，借以促成法律的补救，或指陈教会与国家应兴应革之事，拟以法律手续图其实现，换言之，凡关心于教会或国家之大计，欲借法律方法，以求现行制度之改造，于是痛下药石之言，指陈得失；凡此种种批评皆为法律所许。”总之，毁谤法所为之约束，以保障被毁谤者之名誉品格或利益为主，表面上虽似有限制毁谤者言论之处，实际上则顾及其对方个人之种种自由或其对方国家之治安也。习于言论自由之英人，极少触犯毁谤法者，即以其富于守法精神，对个人则力戒攻讦阴私，对政府则指陈得失，适合分际之故。至在战时，则平日出版物不受检查之原则，亦因谋永久自由之故而暂时牺牲。英国法学大家，曼斯斐尔勋爵（Lord Mansfield）有言：“出版自由有两涵义：其一，在出版前无需请求准许，其二，在出版后，只有法律可以决定凡人在言论上所负之责任。”因是，英国向无检查书报或检查政治新闻之举。然自战事发生以来，政府为恐军事秘密或其有关之消息不应传布者因疏忽而传布，致为敌人所利用，乃特定新闻审查办法（详拙著战时英国出版一章）。此在数百年来习于言论出版自由之英人初时自觉不便，且有表示不满者，然鉴于军事秘密关系重大，遂亦习然安之。至今新闻审查员与送审者间多能和衷共济。就集会自由言之，则英人一方面尊重自身所有之此项自由，他方面亦极能尊重国家之治安与法纪；除故意借此引起国人或世人之注意者，如前此之妇女欲借参政运动等妨碍秩序而入狱外，其他集会悉能恪守秩序无碍治安。就营业自由言之，则战时政府所加之种种管制，如拙著战时英国经济及战时英国工业两章所述者，实至严密，此与平时营业自由之习相去至远；然英人皆能恪守战时法律，既无怨言，尤鲜窥避。凡此诸例，皆足证英人之于自由与守法两均顾到。酷爱自由之英人而能如此守法，固由于上述人民之自觉，然其政府之能守法亦足以加强人民之守法精神。英国之所谓法律主治，即指法律高于一切。其意义有二，一则武断的权力绝对不许存在，换言之，即人民非依法定手续经普通法院的判决后不得受罚；二则全国人民，不论为贵为贱，为富为贫，一律受治于同样的普通法律，并受同样的普通法院所管辖。换言之，人人在法律之前，一律平等，政府官吏无论以私人资格或执行公务之资格，而有违法越权之行为，一律与平民受同样的普通法院之管辖，与同样的普通法律所制裁。如此上下一致，共同生活于法治之下，自由为法律所保障，法律实无碍于自由；故愈自由，愈肯守法，在他国似视为矛盾者，在英国实非矛盾也。

二　自治与合作

英人原系个人主义者，观其视家宅如堡垒，非经许可任何人不得侵入，及其对家宅之布置，门前遍植阴森之树木，加以障蔽，甚至有邻居多年不相往来者，可为明证。又如旅行中同一车室长途不交谈一语者，比比皆是。朋友之间，除极相稔者外，对于私事绝不敢举以相询，亦为一般习惯。或谓此为岛国人民应有之特性，由于地理环境之影响，然否姑不置论。由于此种特性，于是公家事务，多赖各地方之自治。其自治单位之范围且多甚狭；以英伦及威尔士而论，最低级之教区，多至七千二百。此项教区亦皆成为自治单位，成立区议会，处理区内之自治事务。至以所处理之事务范围而论，则开始虽甚简单，迄今已颇臻广泛；包括卫生教育警察消防救贫工务农业等等；在各地方因不愿中央政府多所干涉，在中央政府亦多愿放任。甚至关系最大之国民教育，于十九世纪初期以前，悉听任私人教会或慈善团体经营，中央政府既未予过问，地方自治机关除自行办理及维持一部分学校外，余亦听之志愿从事者之努力。英伦及威尔士迟至一八七〇年始具有国家的小学教育，而仍听各自治机关负其责任，仅由中央政府予以一部分之补助。然而此种自治的状态，换言之，即分立的状态，非谓英人不愿或不能作庞大之组织也。事实上却又适得其反。盖此种表面似属深闭固拒之人民，却为合作主义之先锋，而发动三种重大之合作运动，即工会、合作社与友谊会三者是也。英国工会已成为世界上最强固之组织，不仅为工人团结而保自身之福利，甚至进一步而为强大之政党，两度组织内阁，至今仍在政治上掌握大权。英国合作社有社员八百余万人，其业务之广大与办理之完善，堪称世界之模范，亦多为世人所知。英国友谊会系工人农人所组织，以鼓励节约及对会员之疾病死亡从事保险；分会遍设于各乡镇，由会员按照所定之规则，自选职员，自任管理。须知管理此项财务原非易事，然一因管理人之忠实，又因英人善于管理，成绩遂极可观。及政府制定国民保险法以后，许多业务仍委托规模较大之友谊会代为办理。然而英人之合作能力尚不限于国内而已。就其自治领及殖民地全部而论，散布于欧、亚、美、非、澳五洲者，面积合一三 二三一 七九八方英里，占全球已发见陆地面积约四分之一；人口合五〇二 九三八 五五九人，占全球人口四分之一以上。人口之中属于欧洲人种者约七千万人，以英吉利人，苏格伦人及爱尔伦人为主体，并括有若干法兰西祖籍之加拿大人与荷兰祖籍之南非联邦人，而实际上为之主脑者仍为四千七百余万住居于联合王国本土之人。以不满十分之一之人口为主脑，而与超过十分之九之人口，在遍布全球之土地，及种种不同之复杂政权下谋合作，结果不仅平时得收妥协之效，即在紧张之战时，其合作仍极密切，且因合作密切之结果，而使联合王国本土在战时获得极大之协助。由坚强之个人主义，渐进而达广大之合作主义，表面固属矛盾；实则以我国古圣所称“修身、齐家、治国、平天下”诸步骤解释之，似亦无矛盾之可言也。

三　务实与理想

英人为务实之民族，可从其种种制度证明之。关系最大者为宪法；然自宪政开端之大宪章迄今七百余年尚无整个之成文宪典，盖既已行之有效，则无需有一定之形式也。关系最广者为教育；然其中小学校之名称复杂，系统不甚分明，在他国人视之，殆无不认为有整齐划一之必要，而在英人则以为既经实行而不致发生窒碍，亦何取乎名称之调整。关系最切者为职名；然英国内阁阁员之名称，有作大臣（Lord），如海军部枢密院等是，有作部长（Minister），如劳工部农业部等是，有作卿（Secretary），如外交部空军部等是，有作主席（President），如教育部商务部等是，有作总监督（Chancllor），如财政部是，有作总长（General），如邮政部总检察署等是。又英国各大学院长之名称，亦有 Provast，Principal，Master 之别；而大学校之学院本称 College，但若干中学校如伊登中学等亦称 College。其他类此者不一而足。此在他国人或认为有正名定分之必要，而在英国则亦以为既经习行甚久，无碍实用，自亦不必更易，然此非谓英人之守旧而不谋进步也。英人之观念盖以形式与名称皆无关实用，其有关实用者无不随时改进，不稍迟疑。例如以保守党当局之政府，而对于社会政策之推行，备极热心，对于比华列治之报告（Sir William Bevidge’s Reports）业已接受其原则，准备战后实施。又如战时政府有增设新部担任新职责之必要，则供应、食料、宣传、经济作战、国防、飞机制造、生产及新建设诸部、相继成立；劳工内政诸部之职掌亦予扩充。又如战时大学生有提早服役之必要，则不惜变更传统之修业年限，缩为二年，改授战时学位。此外事例极多，不胜枚举，要皆足以证明英人之务实精神，丝毫未为保守精神所影响也。然而英人果限于务实，而未尝注重理想乎？则诚如巴尔温氏之言，彼等对于任何部门之科学皆有不少之贡献。远在十六世纪与十七世纪初叶，倍根氏开其端，而波义耳（Boyle，1627—1691）之对于化学物理，胡克（Hooke，1635—1703）之对于物理植物，牛顿（Newton，1635—1727）之对于物理天文，哈黎（Halley，1656—1742）之对于天文地磁，法拉第（Farady，1791—1867）之对于电磁，来伊尔（Lyell，1797—1875）之对于地质；道尔顿（Dalton，1766—1844）之对于原子说与算学，达尔文（Darwin，1809—1882）之对于生物，赫胥黎（Huxley，1825—1895）之对于生物，刺福得（Rutherford，1871—1937）之对于放射说，何一非运用其玄妙之理想，而成为世界科学界之泰斗乎？此又为务实与理想并存之解说也。

四　体谅与固执

体谅一语在英文为Considerateness，其定义系为他人着想，易言之，即遇事不仅就本身着想并能顾及他人之地位，时时以易地而处为待遇他人之条件是也。惟其如是，故其招待宾客，不使过劳，辄使有休息之余暇；谈话之间，不使对方辞穷，时时为留余地。就余访英之经验而言，余等以去年十一月三日抵伦敦，虽程序多而时日无几，仍使余等于抵伦敦后有二三日之休息，此即体谅余等此来之路途辛苦也。又与英国朝野领袖谈话时，如遇余等不便答复之问题，除彼此向极相稔者外，绝未以之提出；此即体谅余等之为难也。及访问程序告终，英国宣传部召集新闻记者与余等谈话时，有印度记者以我国对印度之态度相询，主席宣传部次长则起而干涉，谓不应以此问题对余等提出，旋即宣告散会；此亦体谅余等之不易应付也。

又凡宴会之间，主人致词，有须客人答词者，无不先行通知，俾资准备，从无临时请求客人致词者；此即体谅客人之不及准备也。余等返抵印度时，印督魏斐尔将军坚邀至其督署作客，而声明不作公式招待，一切听余等自由，俾得趁此实行休息；此亦体谅余等之劳顿也。凡此诸事，皆为余等躬自遭遇，其他类此之事，凡曾作客于英人家中者类能道之。又除酬酢等事外，一切人事亦多能为对方设想，如前述朋友之间不敢以私事相询，固由于尊重个人主义，实亦与体谅攸关。然英人一方面既有体谅之雅量，他方面却又有固执之特性，例如方针既定，辄不动摇，纵令受人批评，亦置诸不顾。私人从事，固多如是，国家处理政事亦往往相同。布洛根（D. W. Brogan）氏于所著英国人（The English People）一书，谓英人性格中最可贵亦最可厌者，厥为对于外界批评之无所动于中。此即固执之性有以致之。按体谅寓有迁就之意，而固执则拒绝迁就，二者原属矛盾，英人兼而有之，似不能不谓为奇特。然详加考虑，则惟固执为能体谅，固执者不肯舍己从人，体谅者则推己及人，认为我既不愿舍己从人，他人或亦具有同样之性格，设不体谅而迁就，将使他人难堪，一如我之感觉难堪者然，因是互相矛盾之两种性格遂得以并存也。

五　商人与绅士

英人因注重商业，恒被称“经商之国民”（A Nation of Shopkeepers），同时以其重礼仪，有绅士风度，尤以上流社会为特著，故又常被称为绅士；两种称号互相矛盾，然英人实兼而有之。商人精计算而重信用。英国人处理任何事务，对于钱财最为认真，对于计算丝毫不苟；尤以关系公益之事，无论巨细，推举职员，除主席外，会计与书记并重，财务与事务分立。其有固定性之公益事业，如教育，如慈善，对于款项之收支，无不出以郑重，除有会计专负责任外，并须有审核其帐目之人；而参与此种公益事业者亦不肯稍放任，与经营商业之股东对于钱财自然同样认真。更进一步，关于自治机关之财政，则预算决算审核各项手续无不具备，而公共会计师之制度遂亦为英国所首创。然关系最大者，莫如国会下议院之借预算而掌握政权，而民治之基础亦建筑于不出议员不纳租税之条件上。即至目前，国会为便利战时行政起见，以应急特权法授以政府较广泛之特权，然关于财政案之权则绝对保留，不稍放任。凡此种种，皆出自商人之本色，而英国政治之修明，吏治之整饬，均与此有密切之关系。战事发生以来，政府复罗致若干成功之商人，破例使其加入内阁，如乌尔顿勋爵（Lord Woolton）之长食料部，利用其在商业上之心得与经验，对全国食料之管理分配，成绩斐然。李萨士勋爵（Lord Leathers）之长战时运输部，利用其对商航之经验，而主持国家之运输，李特登氏（Oliver Lyttlton）之长生产部，则由金属公司总经理，战时出任供应部金属监督，及膺选为国会议员，则一跃而任商务部长，再进而为生产部部长，加入战时内阁。英政府之重视商人，商人亦能不负重寄，于此可见。至以绅士而论，在英国实为古代贵族与僧侣之合并产物。贵族好任侠，重名誉与仪节，僧侣则重修养与学术。现今养成绅士之机关实以中等寄宿学校及旧式之大学为主。中等寄宿学校之最著名者，如伊登、哈罗、鲁璧等皆有数百年之历史，前此所收学生大多数出身贵族。迄今风气不改，且收费稍昂，而入此以前恒须在预备学校寄宿数年，非富贵之家不能胜此负担。旧式之大学如牛津剑桥等，学生须一律住校，与导师教授相处；除研究学问外，并得以陶冶人格，练习仪节，于是毕业于此等学校者咸经特别之训练，俨然自成一种绅士阶级。一般人震于此等学校之荣誉，与此等学校所造就之学生在社会所处之高尚地位，亦多愿仿效；于是绅士风度逐渐推广于全社会。由于此种关系，商人之本色得与绅士之风度接触，商人仿效绅士之典型，绅士亦仿效商人之举措；前者仿后者之儒雅，后者取前者之实用，两者渐合而为一。今者高等商人无不具有绅士的风度，而许多绅士亦不下于商人之干练。在他国常见市侩式之商人，与官僚式或书呆子式之绅士，而在英国则因互相陶冶之故，此种单纯之商人或单纯之绅士已不常见，最常见者乃为商人与绅士之混合人物也。

走向欧洲统一之路

本文作于一九五二年七月，曾刊入谈世界论集。欧洲在第二次大战后，一方面由于惨重之破坏，他方面由于苏俄之咄咄迫人，为加强恢复与自保，西欧各国有相互团结之必要。迄于彼时，欧洲组织已有四种：一为欧洲会议；二为欧洲经济合作组织；三为徐满计划，后来发展为强有力的共同市场；四为欧洲防御集团。其中最著成绩考，莫如共同市场，稍后当于欧洲现势之分析一文评论之。

在过去五年间，走向一个统一的欧洲之趋势，较以前十五世纪的进步尤速。

罗马帝国盛时，曾给予欧洲和平与安全，但在日耳曼侵略者进攻以后，统一与和平已大体消失，其后企图以武力统一欧洲之查尔曼与拿破仑，虽已收局部之效，旋即冰消瓦解。其著书立说，以提倡欧洲之统一者，如奥古斯丁之“上帝之城”，康德之“永久和平”等，世人虽震于其理想之高，固无有能使其见诸实行者。十九世纪维也纳会议所提倡之欧洲协调，虽为效不宏，实系针对欧洲邦联之现代式第一次的努力。

自第二次大战告终，欧洲统一，实际上即西欧统一的努力特强，其所主张之方式大别为二。第一方式为开始即建立完全的联邦组织，具有一个联邦议会，由各国人民直接选举。该议会有权对许多事项，如关税国防交通等，制定适用于联邦各分子的法律；如此，将对现有的各国主权不免加以严重的限制。此举自必为各国所反对，因此，目前实难有成功之望。第二方式为暂从若干经济的非政治的事实开始，于获得国际的协议后逐步进行。俟这些合作事件获得满意的效果，各国人民的心理习惯有素，然后渐就根本的事件作进一步的合作，终久仍可构成一个欧洲联邦议会。此在第二次大战前已有小规模的良好进展，经过了一个很长的时期，各国政府间与各国私人团体间，陆续建立了有关国际或区域合作的组织不下五十种，其中如红十字会、邮电同盟、度量衡统一机构以及国际劳工组织等，最为显著，且已由欧洲各国间进达于全世界了。

第二次世界大战以后，由于惨重的经济破坏与苦况，益以苏俄的态度咄咄逼人，于是因战事而削弱的欧洲各国认为如欲保持自由与独立，必须走向各国联合统一之路。数年以来，已形成者有若干种之设计，其中虽有政治的、经济的与军事的之区别，其目标无非要彼此密切联系，利用更坚强的组织，以加强欧洲之力量，此中最具远图之政治计划便是所谓欧洲会议。此一组织之发起大致由于邱吉尔之鼓吹。彼时邱氏已下野，然以其声望与经验之隆重，故对此举之发起与有大力。他如比国之史柏克，意大利之格司柏里，法国之勃隆（勃氏去世后继以徐满）等，皆为热烈的共同发起者。一九四八年五月召开第一次会议，出席者有政治领袖、作家、教授、教士、工会代表及各种团体代表等八百人，由此一会议遂产生欧洲会议组织法，于一年后之一九四九年五月为十个国家的政府所接受；希腊、土耳其与冰岛旋亦加入。西德与萨尔稍后则以准会员地位加入。该会议每年集会四次，在法国之斯特拉斯堡举行。会议括有两个机构，一为外长委员会，由各会员国之外长参加，其决议以一致赞同为准，不取多数表决制，仍以维持各会员国主权独立为原则。至第二机构称为协商会议，括有代表一百二十七人，酌按各会员国人口为比例分别选出，其选举系由各国议会举行，而不是由人民直接投票。但会议席位系按各代表之姓名字母排列顺序，并非如国际会议之按国别排列，盖欲借此为消泯国界之初步。法意两国及其他若干国的代表都希望欧洲会议将渐渐演进为一个真正的欧洲议会，其协商会议最后将改由各会员国的人民直接选举，而非由各该国议会间接选举。如此，它将成为一个真正代表欧洲人民的议会，有权制定关于关税、货币、租税、人权及组织统一的欧洲军队之法律，换句话说，即使此一机构成为欧洲联邦的众议院，而外长委员会只是参议院。然此项主张却不为英国的工党内阁所赞同，盖恐一个强有力的欧洲会议不免要干涉英国的计划经济。及保守党组阁，邱吉尔于在野时亲自发起之会议，此时虽仍愿与之合作，却不愿使之发展为有效的联邦组织，盖英国一方面已有旧日自治领之许多联邦，他方面又与美国有密切关联，不能对大陆的欧洲接受太密切的约束，故仍不改工党政府对此所持的政策。此外如司干德尼亚半岛各国，因系沿海国家，又属英镑集团，故倾向于英国的主张。

欧洲第二个国际组织为欧洲经济合作组织，系基于马歇尔计划而成立，参加者有十七个欧洲国家，其目的在对美援作最妥善的利用，并努力自助。其任务为研究农工业状况，考核财政并收集可靠的统计。根据此项获得的资料，该组织遂草拟与施行广泛的集体计划，而使此十七国的政府均受约束。马歇尔的援欧计划虽已产生显著的成绩，然仍未能尽如理想，则因苏俄与其卫星国间亦发起一个所谓莫洛托夫计划，其目的在使各卫星国经济自给，因而西欧与东欧的经济关系不免脱节，西欧也就不能如原议可向东欧获取食粮与原料；此外，则由于苏俄侵略迹象日著，韩战又继而发生，于是西欧诸国不得不重整军备，所有按照马歇尔计划用于经济复兴的金钱与物资至少有相当部分转用于北大西洋公约组织的相互安全计划。

欧洲的第三个国际组织称为徐满计划。这是一种国际间经济合作的组织，其目的在创造一个庞大的煤铁市场，也就是一个括有一亿五千万人的自由贸易区域。向来德国依赖于法国罗伦的铁矿石以供其炼钢，法比两国则依赖于德国鲁尔的煤，意大利则煤铁两项均依赖于国外的供应。按照徐满计划，所有这些资源都打成一片，以同等条件开放于这个集团内的一切消费者。开始时加入本计划者，只有六个国家，即法国、西德、意大利、比利时、荷兰与卢森堡，都是煤与钢的主要生产或消费者。但他国如欲加入，亦可获准。本集团括有五个机构。（一）最高行政处，设委员九人，六个加入国家依照约定分别指派一人或二人，共八人，再由八人合推第九名之委员。委员任期六年，连选得连任，不得兼任任何政府或煤钢公司职务。会议时以过半数表决，但过半数中须括有法国或德国委员在内。集团内的煤钢企业仍由原所有人与管理部继续经营。最高行政处只是一个监督机构，督促各企业履行条约规定，并加以协助及指导。（二）顾问委员会，备最高行政处之咨询，以煤铁业之雇主雇员及公众同数之代表组织之，而由六国政府分别选任。（三）公共议会，括有七十八名之议员，法德意各出十八名，其他三国则出四名至十名不等，或由各该国议会选举，或由其他人民直接选举。每年集会一次，检讨最高行政处之报告。该会议得以三分之二之弹劾，强令最高行政处全体辞职。（四）部长会议，由参加之六国，每国指派部长一人参加，其作用在调和最高行政处与各会员国之政策。其任务不在监督最高行政处，但对于特定事件有须获得此会议同意之必要。（五）以六名法官构成的法院，其作用颇似美国最高法院有权宣布最高行政处某一行为系属违宪，那就是有违条约的规定。

欧洲的第四个国际组织为欧洲防御集团。在三年前北大西洋公约组织成立后不久，美国鉴于苏俄之侵略日亟，经即建议使西德加入大西洋组织，并使西德重整军备。此举初遭法国之怀疑与反对，嗣经长期的折冲，特别是法国外长徐满与西德首相亚德诺间的折冲之所谓欧洲防卫集的原则，卒于一九五二年二月在里斯本举行之大西洋公约组织会议中通过，主张由法德意比荷卢六国参加，其防卫计划为在一九五四年组织一支超国家的欧洲防卫军四十三师，其中法国出十四师，西德十二师，意大利十二师，而比荷卢三国共出五师，每师括有战斗员一万二千名，附加供应及运输队数千名。在战争发生时，所有这些军队都归大西洋公约组织最高统帅所率领。欧洲防卫组织的机构与徐满计划之煤钢集团大致相类，计有：（一）行政委员会，以委员九人构成，由参加大国共同任命，任期六年，其任务有如国防部，依大西洋公约组织最高统帅之指挥，执行防卫军组织与训练。（二）议会，系由六国的议会所选举，其任务在审核防卫预算和行政委员会之年报。（三）部长会议，由六国各派部长一人组织之，其任务在谋行政委员会之措施与各国政策相协调。（四）法院对能发生之争议加以判决。欧洲防卫集团公约中有一重要规定，即德国军队之征集须在缔约之六国对该约均已批准之后。此种一致的批准原不是很容易的事：一因每一国的民族观念对于这样一支超国界的军队都颇反对；二则法国仍恐惧与怀疑任何德国军队之复起；三则德人与现在管制下之萨尔地区获得满意的保证以前，对于此约之批准不免迟疑。加以苏俄的诱惑式宣传，允许东西德统一并恢复德国独立的军队与完全主权，只要德人不与西方国家订立军事条约。此项宣传对于许多民族主义的德人影响颇大，故其国会能否顺利批准尚成问题。

但由于以上各种组织，足见欧洲已趋向于更大的政治统一。只要煤钢组织与防卫组织均能运用得宜，将来终有一日或可召集各国间的制宪会议，构成一种更完全的联邦制度，而其所包括者且不止于六国。

焦头烂额的美国

此系一九五二年八月余为中华日报写刊之一篇时论。概述美国在第二次世界大战中迄于第二次大战后若干年间，使民主国家获得胜利，世界和平得勉予维持，厥功不少，惟并非曲突徙薪之功，仅系焦头烂额之劳。历举事例，以明余之评断不谬。今者苏俄之势焰已盛，中共［删7字。——编注］，自核子装置试爆以来，益放言威胁。苟不乘其萌芽之际，予以镇压，坐视其自大，三数年后，核子武器完成，纵不敢与美国对敌，其对亚洲各国之肆无忌惮，势所必然，彼时美国如听其扩张，则后患不堪设想；若出而镇压，则不难惹起核子战争，最后胜利当然仍归美国掌握，然破坏之惨烈，即胜利方面亦在所不免。美国是否仍愿获致焦头烂额之胜利欤，抑早作曲突徙薪之计欤？

美国在最近三十五年间，对于世界舞台时时都有极重要的演出。在第一次世界大战中，它是击败德国的生力军；在第二次世界大战中，它初时以民主国家军火厂的地位出现，继则动员其全部人力物力，终使轴心国家屈服；在酝酿的第三次世界大战中，它一面是西方集团的领导，又一面是世界和平的堡垒，其对于民主与自由的致力，不可谓不大。

由于这种种的贡献，它在第一、二次大战的庆功宴中，当然是高居首席；同一情形，在未来第三次大战胜利后的庆功宴中，它仍居首席，自亦毫无疑义。不过这里有一个问题，即在这几次的庆功宴中，美国之为上客，究以曲突徙薪之功乎？抑以焦头烂额之劳乎？我人如以不偏不倚的态度而下评断，似不能不认为属于后者。

第一次世界大战之发生，对美国关系不多，吾无间言。及美国以维持正义，于一九一七年参战后，威尔逊总统于一九一八年一月所揭橥之终止战争十四点原则，继又提倡国际联盟之组织，皆所以预防第二次大战之发生，诚为曲突徙薪之计。顾其执行结果，则十四点中第三点关于国际贸易壁垒之消除，第四点关于普遍之裁军，第五点关于一切殖民地之公平解决，第九点关于义大利疆界之按民族分布而调整，皆未履行；其他亦有仅得局部履行者。然最大的缺憾莫如美国之未能加入国联，纵然此一国际组织系由威尔逊总统所首倡，并以巴黎和会特别委员会主席之地位而为国联起草盟约之人。在一九一九年间，美国由于参加国联问题，引起国会热烈的争议，除共和党议员中之不调协分子顽强反对参加外，即威尔逊所属之民主党参议员亦有提出保留条件，方允参加者。又两党参议员所提保留条件，亦宽严不一。威尔逊总统费极大力量始得英法同意酌予修改之条文，仍难满美国国会中反对派之意。结果，威尔逊不得不亲赴各地讲演，以直接诉诸人民；终以健康不克支持而中辍。于是美国参加国联之举遂为参议院所否决，则以孤立派势力强大，致威尔逊之理想不克实现。威尔逊除于一九二一年任满，为共和党之哈定竞选胜利接替其政权外，旋于一九二四年抱恨而终。我们事后论断，如果威尔逊之理想得以贯彻，则以大力协助盟国获得欧战胜利之美国，复以同样大力参加并推动国联，以维持战后之世界和平，则真所谓曲突徙薪，而不致使世界于二十年后重燃大战之火。

及第二次大战起，美国一面虽同情于民主国家，一面却极力避免介入战争，故一九四一年三月十一日通过所谓租借法案，借租借方式以军火物资供应于民主国家；至是年十二月七日，日本突袭珍珠港，然后直接参战，迄于一九四五年五月九日之对欧战争胜利日，与同年九月一日之对日战争胜利日，经过约莫四年之重大牺牲，始克结束此次大战。论功行赏，美国自然是居于首席，但其所以为上客之故，却不是由于曲突徙薪之功，而是由于焦头烂额之劳，彰彰明甚。

美国由于上一次大战后所得的教训，惩前毖后，甚至在其直接介入第二次大战之前不久，即一九四一年八月十四日，由罗斯福总统与邱吉尔在大西洋之一军舰上发表世所著称的大西洋宪章，无非鉴于战祸之惨重，深欲于此次战后消泯战争的因素，实亦曲突徙薪之计也。

然而美国直接介入战事后不久，在一九四三年一月之卡萨布兰加会议中，罗斯福总统与邱吉尔首相共同宣言盟国作战直至敌人无条件投降为止。此举在一方面固可以表示盟国作战的决心，但他方面却使轴心国家抵抗到底，特别是使希特勒无路可走，只好尽力延长战事，迄于完全枯竭，如此便留下一个真空，使苏俄势力得以侵入德国。无怪乎美国作家巴尔温韩森氏于其所著“战争中的大错”一书内，痛诋此无条件投降政策足以引起轴心国家之无条件抵抗，于是美英两国便不得不过分借重苏俄，以期达成其所误定的作战目标。

由于此一根本错误，于是一连串的对苏俄错误政策接踵而来。所有德黑兰、雅尔达及波士坦各次会议美国对苏的让步，以及美国后来若干年间对远东的政策，无不共同培养苏联的势力与野心，以致今日全世界，包括美国在内，均受其威胁。在德黑兰会议（一九四三年十一月廿八日）后不久，美国参议员塔虎脱于一次演说中，强调指出此项会议对于最后和平的危险，其大意谓：“欲使各国团结以保持战后和平，其阻力不是来自所谓孤立派，或由美国人民之不愿为此；而是由于史达林的现行政策，以及美国迄今尚无确立的对外政策之故。正如戴维思佛里士特氏最近在星期六晚报所发布的两文所称：总统的对外政策，无非欲‘争取俄国的好意，使其成为解决战后种种问题的诚意合作者’……他似乎不惜牺牲一切对外政策之原则，以安抚苏俄；他‘避免对克里姆林宫极微小的相忤’，并避免如威尔逊总统在第一次大战所提出任何基本的原则；他不敢对苏波争议再度调停；他迅速支持南斯拉夫之共产党人狄托；他慷慨响应史达林对于义大利投降舰队之要求；他促使芬兰立即停战而不问苏俄所提的条件；他劝告邱吉尔对于史达林力谋调协……在三巨头谈及波罗的海国家时，史达林主由苏俄主持爱沙尼亚、立陶宛、拉特维亚，三国的公民投票，罗斯福却不强调主张公民投票应由无利害关系之他国出而主持。”

尤其不可解者，莫如在雅尔达会议中对于苏俄之重大让步。除对德国方面酿成分裂之局，与对波兰方面听其成为俄国附庸外，对于远东之局面，诚如塔虎脱在“美国人的外交政策”一书中所称：“美国竟同意苏俄占有日本前此在满洲所占的地位，事实上等于军事控制满洲。此与海约翰以来的美国对外政策任何原则相抵触。美国在事实上对日作战系因日本侵略满洲与中国其他部分；然而在击败日本后，却同意苏俄走向分割中国之途。”美国此一政策之演变结果，不仅使俄国控制中国东北之咽喉，掠夺东北大量的工业设备，而且利用此一地位供给中国共产党以庞大的助力，致陷中国大陆于“沉沦”。就其对日本的关系而言，由于在雅尔达准许俄国割取库页岛的南部与千岛群岛，使苏俄的势力逼近日本的北部；并使日本北部，特别是北海道，几于无法自保。

在第二次大战中，美英两国在考虑其反攻欧洲的战略时，罗斯福与邱吉尔发生歧见。据美国约翰根室氏于“回溯中的罗斯福”一书中称："罗氏主张由诺曼第登陆欧洲，经法国而进攻德国；他认为这是对德国一举而攻下的办法，并借以讨好于史达林，以为如此则史达林将肯诚意赞助新的国际组织，而达成永久的和平。邱氏的观点则较为细密而复杂。他不主张以全力经西欧而进攻；他却赞同经由较弱之地点即义大利、东南欧及巴尔干，而进攻德国。他一方面固欲急于成功，另一方面也顾虑到战后这些地区势力均衡的长期条件。他所以坚持此说，至少有一部分属于政治上的理由，质言之，他想把苏俄排出于东欧之外，或者至少把它的势力限制，借以保持欧洲大陆不致受红军与共产主义的传染。史达林固然力主向诺曼第进攻的战略，那是具有政治理由的。邱吉尔则主张由诺曼第及地中海两路进攻。罗斯福却赞同史达林之主张，而作举足轻重的决定。邱吉尔以求助于美国之处太多，只得迁就。"据邓尼将军说："罗斯福只想作战胜利，他人则兼想到战事终止时各自相关的局势。"在事过境迁的今日，我们试回想当时情形，假使邱吉尔的主张得以实现，则今日不仅东欧的局势大大改观，且苏俄不能控制与其联成一气的许多国家，其实力与对世界的威胁，自然也有大大的殊异。

以上种种的战时措施，都是使美国在第二次大战后，焦头烂额以从事救火的大原因。然而美国在战后的措施，特别是在远东方面，还有不少火上添油，再行救火的事实。举其最大者，一是误认中共为"土地改革者"，在战时战后时以安抚为政策，而在"中国政府"陷于最危急的局势时，竟采取撒手政策，以致中国大陆全部陷于赤色的控制。二是对于南韩，坐视苏俄之武装北韩，而于美军撤出南韩以前，未尝为之作军事的准备；及中国之东北"沦陷"，南韩失其屏障，北韩得免顾忌之时，艾奇逊国务卿竟于韩战发生之前不满半年，声言南韩不在美国的防线以内，益使共党毫无顾忌，实行"南侵"。幸而在韩战发生，突然转变其政策，以全力保卫南韩；然而星星之火未予扑灭，及已成燎原之势，始从事救火，这两年间，美国真已焦头烂额，而战火尚未停息。又其对于“自由中国”，现在虽亦转变态度，予以援助，仍多未能彻底；将来共党对亚洲［删4字。——编注］，必益使美国焦头烂额。

总之，美国之热情与其见义勇为，吾人固无闲言；但其决策之当局，不能远见前途，往往侧重现实，及火患已成，然后从事救火，其为焦头烂额，自所不免。间有明哲之领袖如威尔逊总统者，倡为曲突徙薪，防患未然之议，又为侧重现实者所梗，致无由竟其志愿；回溯往事，不能不使人万分惋惜而寄以无限同情也。

密约与雅尔达

本文作于一九五三年四月十五日，其动机系针对是年春间美国艾森豪总统在其国情咨文中有废止密约之暗示。在第二次大战末期，美英苏在雅尔达所成立的协定，无疑是一种密约，尤以此一密约所涉及关系国的权益，事前并未获得各该国的同意，其中被牺牲最大者莫如“中华民国”。此外东欧国家受其影响，致［删 7 字。——编注］先后沦为苏联奴役者殊多。雅尔达协定于一九四七年公布与其实施结果证明后，不仅世界舆论哗然，即美国人士亦不少反对者。美国威尔逊总统在一九一八年一月八日所发表之十四点原则，其中第一点便是，“以公开的方式达成公开的协约——国际上一切秘密的谅解应予废止”；及国际联盟成立后，各会员国间的条约均曾经过登记，方予承认，总算关闭了新订密约之门。想不到同属于民主党的罗斯福总统却不惜率先破例，竟在雅尔达与英苏二国秘密会议后，签订此一密约。假使那时候没有雅尔达协定，苏俄的军队将不会开入我国的东北，胜利后东北军的武器也不会落入［删 14 字。——编注］。我们痛定思痛，追怀往事，不能不忿懑万分。最近据美国专栏作家罗拔·阿伦与保罗·史高特的联合报导，美国若干政客又在拟议［删 22 字。——编注］，真使我们特别警惕；同时也极望美国贤明的当局惩前毖后，特别警惕，此不仅为其友邦计，亦为美国自计也。

自从本年二月二日艾森豪总统在其国情咨文中有废止密约之暗

示，其后于同月十三日向国会提出之摈绝被曲解之国际协定或谅解的解释或使用草案，虽未主张废止雅尔达秘密协定，然已因此引起世人对于秘密协定应否废止之深切注意。现请就秘密协定之违反国际正义足以妨碍世界和平者一为论列。

在第一次世界大战以前，由于诸强之纵横捭阖，国际间之双边或多边密约时有订立。其中秘密同盟且往往为战祸之源。其与现代世局有极大关系者，实始于一八七九年俾斯麦所发动德国与奥匈间的两国秘密同盟，及一八八二年意大利与德国及奥匈签订另一密约，于是三国同盟成立。法俄二国为谋对抗，乃于一八九四年成立一个秘密的军事协商。英国虽向持孤立主义，亦因均势之局，于一九〇四年及一九〇七年先后对法俄二国成立友谊的谅解。于是英法俄三国协商告成，与德奥意三国同盟对峙。一九一四年第一次世界大战即因此而爆发。然而意大利之对于三国同盟实貌合神离。远在一九〇二年业与法国以秘密条约达成关于北非的协定，及大战爆发，意大利遂拒绝参加德奥方面作战，经过继续的秘密交涉后，竟于一九一五年正式否认三国同盟，而加入英法俄方面。此为借秘密协定而转变方面之例。至于原属同一方面，亦有欲借秘密协定而加强其团结者，则有一九一五年三月二十日之英俄密约，由英国允许俄国并有君士坦丁与海峡，以酬俄国对英国在波斯与土耳其之企图所表示的友善态度。此外还有一九一七年二月十一日法俄两国间的秘密条约，准许英法二国具有划定德国西部疆界的完全自由，以酬俄国所获得对德奥边境疆界的同等自由；换言之，即使法国有权决定莱因河以西的德国命运，俄国即在波兰有自由行动之权。其在远东方面，英国于一九一七年二月十六日密许德国在山东省的权利移转于日本。凡此种种密约，或为酿成第一次世界大战之原因，或则商定如何瓜分敌国利益，或处分他国权利，以图缔约国之私利。此外还有一种密约，为侵略国与被侵略国所订立，而与前述之勾结式或分赃式迥不相同者，如一八九六年（清光绪六年）李鸿章赴俄庆贺时所订之中俄同盟密约，即其显著之例。此完全出自一方面威胁愚弄；然其与上述各例自国际正义与世界和平之立场观之，皆无一是处，无怪乎具有正义感与有志维护世界和平之人士，无不以制止秘密协约之订立为要图也。

美国威尔逊总统参加第一次大战，惩前毖后，建议一个新的世界秩序，其主张大体见于在一九一八年一月八日所宣布的十四点原则，其开宗明义之第一点即为“公开达成公开的和平条约……国际上一切秘密的谅解应予废止”。此一原则虽经各盟国接受，然其后在巴黎和会中，因英意两国提出一九一五年之秘密协定，与其原则相违，在威尔逊固拒不承认，在英意两国则认为不溯既往，坚欲维持。其后威尔逊虽不得不迁就事实，美国亦因参议院孤立派之作梗，卒未参加巴黎和约，然国际联盟盟约第十八条仍依威尔逊原议规定“所有联盟各会员国间之条约或国际协定必须在联盟秘书处登记始能发生效力”，其不许有秘密条约存在，至为显明。今联合国宪章第一〇二条亦规定：“本宪章发生效力后，联合国任何会员国缔结之一切条约及国际协定，应尽速在秘书处登记。”虽不登记之后果仅为“当事国对于未经依本条第一项规定登记之条约或国际协定，不得向联合国任何机关援用之”，其制裁力不如国联盟约所明定者之强，然其不赞同秘密协定之原意固无二致。

然而我人有大惑不解者，即以美国威尔逊总统率先提倡之制止秘密协定原则，在不满三十年后，同属民主党的总统罗斯福却躬自订定雅尔达秘密协定，其不可解者一。联合国宪章虽签订于一九四五年六月二十六日，较雅尔达秘密协定之签订于一九四五年二月十一日，略迟四月有奇，然联合国宪章草案为顿巴敦橡园会议所决定，该会议于一九四四年十月七日结束，尚在雅尔达秘密协定之前四月有奇。在联合国宪章的原则已决定后，几个发起联合国的大国仍不惜签订秘密协定，其不可解者二。又联合国宪章第一〇二条规定，各会员国缔结之一切条约及国际协定应于宪章生效后尽速在秘书处登记。查联合国宪章之生效系在一九四五年十月二十四日，而雅尔达秘密协定之公布则迟至一九四七年三月二十四日，在其公布前当然不会向联合国秘书处登记，是则订立该秘密协定之三大国，对联合国宪章第一〇二条之履行至少迟了一年半以上，与所谓“尽速”之意义不符，其不可解者三。

有此种种之不可解，更证以美国一贯主持正义之外交史，雅尔达秘密协定不仅是美国在第二次大战期内最不明智之举措，而且是美国外交史上白璧之玷。美国新政府就职以来，就其已发表的措施言，颇多一新世人之视听者；然其尚未毅然采取废止雅尔达协定之步骤，诚如著者别有论述，一方面固为英国所掣肘，他方面也免不了对事实的考虑。现在艾森豪政府所正式提出摈绝雅尔达协定的解释与使用，我们希望只是一个开端，在车轮一经推动后当可愈快，终有一日可以磨灭这个白璧之玷吧！

异哉！所谓台湾托管的传言

本年二月间，据美国著名专栏作家罗拔·阿伦与保罗·史高特的联合报导，美国若干政客又有对“中华民国”为种种不利的提议，其中并括有台湾托管之一项荒谬主张。回忆十余年前亦曾有类此之传言，我曾于一九五三年四月十五日撰文痛斥，刊入是日之新生日报。兹引述于左——

连日美国报界流行一种在情理上绝不应有而在事实上似非无因的传言，那就是所谓台湾托管之拟议。查联合国宪章第七十七条规定得适用托管制度之领土三项：（一）现在委任统治下之领土，（二）因第二次世界大战结果或将自敌国割离之领土；（三）负管理责任之国家自愿置于该制度下之领土。又第七十八条规定，凡领土已成为联合国之会员国者不适用托管制度；联合国会员国间之关系应基于尊重主权平等之原则。查台湾之地位对于第七十七条（一）（三）两项固绝不适用。彼发为托管之谬说者，或即曲解该条的（二）项；然而开罗会议宣言为战时三大主要盟国所共同发表，而未尝有一盟国提出异议，其效用实已等于一种国际协定。该宣言明确规定台湾归还“中华民国”，战事结束后亦经按照宣言执行。是台湾在国际协定上与不争的事实上构成中华民国领土之一部分，已无丝毫之疑义。故按照宪章第七十八条之规定，领土已成为联合国会员国者既不适用托管制度，则领土已属于联合国之会员国者，当然亦不适用托管制度。非然者，假使有人主张以英国的马来亚，或美国的夏威夷交付联合国托管，其对于英美两国的侮辱达于何种程度，自不待言。故从情理上观察，此一传说的拟议，绝对不应有。

然而报导此项拟议者，除纽约时报外，尚有华盛顿明星报。如果出于臆说，则报导者不应超过一家的报纸，更不应有完全相同的内容，加以本月十一日美国已有一家华盛顿报纸及两位专栏作家对美国国务卿杜勒斯加以批评；因据传说杜氏曾与一群选定的美国记者讨论联合国托管台湾的可能性。此一传说虽经白宫发言人及国务院发言人先后否认，然迄于今日，杜氏尚无澄清此说的更明确表现。查一九四九年美国前驻华大使司徒雷登在共［删 1 字。——编注］控制大陆后获得一些不愉快的经验，及返华盛顿，遂建议国务院指派三人组成一个委员会，草拟美国临时的对华新政策，但该委员会于十一月十一日会议时，其所作决定则认为“自由中国”已无希望，遂不肯作援助“自由中国”使为反共中心的诺言。该委员会为使台湾不致［删 6 字。——编注］，主张交由联合国托管，在台湾的“国军”应调离台湾，改驻于彼时尚在我“政府”控制下的海南岛。此一结论并于同一星期内经国务会议认可，惟美国政府却未正式提出。其后，由于韩战发生，美国政策当然随事实转变，此议遂被搁置。今者，韩战又因马魔及中共［删 2 字。——编注］要才段，表面似有急转直下之望，于是国务院原作托管建议之人，当然又有机可乘。英美等国家，因重视事务官的常任，虽然换了他党主政，而主持实务可以乘机影响长官政策者，仍大有人在。此项重提之旧案，是否已经主持美国政策之最高当局决定，由何人对一群选择的记者透露，以及是否以预告决策的方式发言或仅叙述旧案借以试探舆论之反响，我们此时皆无从臆断，也不必臆断，但确有一负责之人对若干记者以一种或他种方式透露此说，殆可断言。

假使美国政府当局真有此意念，无论业已决定，或仅在考虑中，则除对于“中华民国”，诚如联合国宪章第七十八条末段之规定，有违“联合国会员国间之关系应基于尊重主权平等之原则”外，即就其自身的立场而言，亦前后矛盾，显然透露其对世界共党示弱，结果益使共党的“侵略”火上添油。

在艾森豪总统就任后不久，其所发表之第一次国情咨文充满了正义感与积极防共之精神，紧随着这个咨文的事实表明：一是解除台湾的中立化，二是请求国会宣布苏俄之曲解与滥用雅尔达等协定。前者显然是希望我“国民政府”得自由向大陆进攻，一以解韩国紧张而僵持之局，再则便利我政府“光复”大陆，故极为“我国”舆论所欢迎，其在美国亦全民翕然，两党之间毫无异议。后者虽仅指责苏俄之曲解与滥用国际协定，尚未采取制止这些协定之断然步骤，颇为若干共和党参议员所不满，然无论如何，此一举措有鼓励世界上因苏俄曲解及滥用协定而被奴役的国家民族起而反抗苏俄之意义；当然，中国大陆人民之［删 3 字。——编注］亦为苏俄曲解与滥用雅尔达秘密协定之结果，其与东欧各国被苏俄奴役之人民，在艾森豪总统所提出请求国会指责苏俄之原则下，定然也在同样鼓励之列。故美国对外政策在此两项的具体表现中，虽程度是否尽满人意另为一问题，然其走向正确之途则无可否认。

曾几何时，由于史魔之死，世界上安抚主义者又渐抬头，美国始虽无何表示，然观于指责苏俄曲解与滥用国际协定一案，原可迅即通过国会者，竟因此无期搁置；及马魔中共先后试探和平，于是美国求和之原意不复能隐藏，加以英印等国之拉拢，更一发而不可收拾。查艾森豪在竞选中有迅谋结束韩战之表示，当选后曾亲访韩国，以践诺言，并觅取出路。由于在韩国战地谋解决之不易，又不敢轰炸东北，于是解除台湾中立化，加强禁运，指摘苏俄违法等一连串的措施，无非欲有助于韩战的早得解决；但这些措施如欲收效，仍须寄以实力，亦非迅速可能达成。适于此时史魔死亡，马魔及其指导下的共［删1字。——编注］为安外攘内，定然要作一番和平攻势，不过这正如苏俄的其他和平攻势一般，只是争取时间，松懈民主集团；经过了它所需要的时间，和达到它所期望的结果，所谓和平便立即变为加倍强烈的侵略。想不到美国政府中还有不少过分天真的人，同时还有不少隐伏的左倾分子，利用其国人厌恶韩战的心理，不惜对其新政府甫经揭示的新政策，主张作一百八十度的大转变。不仅前后政策相反，即为功利计，既陷无量数被奴役人民于万劫不复，而且自毁自由世界的屏幛，最后当然暴露美国本土于苏俄的魔掌。试把此一传言推广下去。假使美国真个不顾一切，竟要使此传言变为事实，除违反联合国宪章及出卖盟友均与美国的优良传统绝不相符外，在事实上“自由中国”今日的地位已不似一九四九年十一月之尚保有海南岛，美国纵想使此八十万的“国军”撤往该岛，无论绝对非“国军”所愿，事实上且不可能。于是只有留下两条路给“国军”流至最后一人之血，一是听任共［删1字。——编注］大举来攻台湾；二是由联合国派遣以美国军队构成百分之九十以上的联军，强制此八十万“国军”听命，否则驱使投入海峡。我相信无论哪一条路都不是任何一个富有正义感与人道感的美国公民所忍为而愿为的。如果这样一个托管局面一开首便遭遇僵局，则美国主张托管台湾之人，不仅丝毫没有收获，徒然增长了苏俄和中共［删2字。——编注］的志气，完全消灭了美国的声威，于是不止中共之要求加入联合国，要求美国承认，更是振振有词；而其深知美国畏战苟安之弱点，韩战纵使获得一时的表面停战，东北之密迩韩国，撤退的共军随时可以复返，而美国驻韩军队，既不敢退，又不能留，那才是进退维谷。况且共党之“侵略”不限于一地一时，侵韩之队伍暂撤，南进的队伍必大增（这几日一面在韩国言和，一面对老挝进攻），且前此尚顾忌“自由中国”得美国的援助而提前反攻，今美国既欲沦台湾于托管地位，原有“国军”的武力尚不能相容，更何能予以军援，助其反攻？于是中共［删2字。——编注］真可安枕无虑，其留供大陆防备“国军”“反攻”之部队，将不难悉数利用以为南进的资本，并随时为更大规模侵韩的再举。试问那时候，美国自坏其亚洲的长城，其对于负有防卫责任之菲列宾、日本与琉球将如何防卫，对于亚洲其他尚未受共党控制之国家与殖民地又将如何保其不入于共党掌握？如果一意忍让下去，则整个世界不难陆续瓦解，陆续为共党所吞噬。那时候以一个孤立的美国，如不甘俯首听命于苏俄，自仍不免于一战，而彼时之战，苏俄已更坐大，美国的屏障亦尽拆除；甚至其背后的南美各国恐已一一陷入危地马拉最近展开的局势，不复为美国资源的地域与安全的后门了。言念及此，真是不寒而栗。试问那时候，这个世界还能保留着一片得免为“红色血腥污染”之地吗？

我不忍再推演下去了！以美国人之豪爽而好正义，知过而勇于改正，请各就拟议托管台湾的出发点，平心静气推想其可能发展的前途。则少数 Un－American 者的主张，不难以快刀斩乱麻的手段彻底扫除，此不仅“中华民国”的幸运，亦美国与全世界之幸运也。

苏俄虎视下的中东现状

中东在第二次大战以前，原为西欧国家之殖民地或保护国。因此，惹起中欧国家的觊觎，认为“谁控制中东，便控制了世界”。第二次大战后，这地区的殖民地或保护国纷纷独立，局势既有变更，东欧的苏俄认为有隙可乘，便对此大下工夫。本文所述，系十一二年前的情势，今则除土耳其、伊朗与约旦倾向西方，坚决反共外，埃及与伊拉克已投入苏俄怀抱；其他各国尚在摆动之中，何去何从，犹为双方争取之标的，独以色列一贯保持其对阿拉伯国家之敌对态度，而对于西方与苏俄均守其中立也。

一　何谓中东

现在所谓中东是指西起于埃及西部的沙漠，东至于印度洋，北起于寒带的黑海，南至于热带的红海之一个大地区。其称谓古今不同。前此由于交通的迟缓，现在的中东地区通常被称为“近东”，以别于距离欧洲较远之所谓“远东”。但在这个喷气机发动的时代，所有远近之区别殆已消泯无遗，中东这个名词，因其地位上介于欧亚非三洲之间，遂得以确立。这个地区前此称为近东还有一个理由，那就是在第一次世界大战以前，这整个地区除波斯即现称为伊朗者外，都是旧土耳其帝国的属土；由于土耳其帝国的首都君士坦丁（现改称伊士丹堡）位于博斯福鲁海峡的欧洲方面，彼时的土耳其帝国当然称其在这一地区的属土为近东。

在这个地区内，现在住有四个民族，即阿拉伯、土耳其、伊朗与犹太。阿拉伯民族在这里的有四千万人，为数最多，原居于沙漠地区，即现今的沙地阿拉伯国境内，曾经蹂躏整个西方世界，在八世纪间曾涌至巴黎的城门，当然实际上控制了现在的中东地区。从十五世纪以迄第一次世界大战前，此地区的控制权才转入土耳其人之手。在这地区的第二个大民族为土耳其，人数约一千九百万以上；第三个民族为伊朗，意即阿利安民族，人数约一千七百万；第四个民族为犹太，仅得一百四十余万人。

这地区现已建立的国家共有十个，除土耳其族所建的土耳其共和国、伊朗族所建的伊朗王国及犹太族所建的以色列共和国外，其余七国皆为阿拉伯族所建，分别称为埃及、伊拉克、约旦、黎巴嫩、沙地阿拉伯、叙利亚与叶门。

先是，阿拉伯民族虽已受土耳其帝国统治四百年，然由于过去的共同传统，以及宗教语言之相同，仍能保存其民族意识。十九世纪间土耳其帝国衰落，致有东方病夫之称，于是阿拉伯民族运动起于其间，英法二国实从旁怂恿。及第一次世界大战发生，土耳其参加德奥方面作战，英法二国益鼓励久受土国控制之阿拉伯民族叛变，并许以在土耳其崩溃后，助其成立一个统一而独立的阿拉伯国家。但是一九一九年的和议，由于英法二国之不肯实践诺言，卒将亚洲的阿拉伯世界分配于英法的势力范围，而建立若干暂受委托管治的分立国家与行政区划。到了第二次大战发生后之一九四一年，这些国土，除巴勒斯坦外，总算都获得独立。这些独立的阿拉伯国家领袖们经过了以后三年间的不断协商，于一九四四年秋在埃及之亚历山大集会，出席者除埃及、伊拉克、叙利亚、黎巴嫩、约旦、沙地阿拉伯与叶门七国代表外，其留在巴勒斯坦的阿拉伯人也派一代表，以同等地位参加会议。这次会议的结果签订了所谓“亚历山大议定书”，使阿拉伯联盟的轮廓明朗化，那就是认定一个统一的国家或联邦的组织不是一步可以达成，故暂由各主权国家构成联盟，俾对于共同关系的事件采取共同行动。于是根据此议定书，签定了联盟公约，阿拉伯联盟也就于一九四五年三月二十二日诞生，而以这地区内的七个阿拉伯独立国家为其盟员。联盟之目的既如上述，只在加强各国间的团结，联系其政治计划，俾渐趋于实际合作，保持各自的独立与主权，并考虑阿拉伯国家的一般利害关系。然而本联盟的一个主要目标实在是对付犹太人在巴勒斯坦所建立的国家。此一联盟成立后，一由于加盟各国的内部均有问题，二由于互争雄长，未能衷诚合作，以致迄今多年，在团结上尚无显著的成绩。

二　中东的重要性

欧洲人有恒言：“谁控制中东，便控制了全世界。”这在今日固然是说得过火一点，但中东对于世界局势确有重大的关系，也无可讳言。其重要性的因素有三：一为地理，二为人力，三为资源。

以地理言，在这地区内发祥者有世界三大古国之二，就是巴比伦与埃及；其原因前者系受幼发拉底与第格里斯两河之赐，后者则受尼罗河之赐。其自外地侵入此地区而建立大帝国者，则有远在纪元前三三二年的马其顿王亚历山大，至今还在埃及留下第二个大都市亚历山大利亚城，与土耳其留下亚历山大里达域（现更名 Iskanderun），足资纪念。及罗马盛时，凯撒大帝为争取世界霸权，认为非成为此地区之主宰者不可，卒征服中东枢纽之埃及。降及中古，争霸者亦无不先谋控制中东，凡控制成功者多克保其主宰地位，否则其霸权旋即崩溃。例如阿拉伯人与土耳其先后控制此一地区，咸维持其势力至数世纪之久；蒙古人则于企图占领中东后，未能于此巩固其据点，不久遂归于破灭。拿破仑称霸时，曾一度攻入埃及，他盖深知此为称霸于世界之要着，他似乎也当认识在此地区之失败便是丧失了统治世界的机会。英人在十九世纪末期也曾在此地区奠立其势力；那时候英国之霸权达于顶点，其后许多年间能够稳渡艰危，多有赖于其对中东心脏之控制。二十世纪开始时，德皇威廉二世向土耳其获得建筑巴格达铁路之权，以实现其东进政策，并欲由巴格达更进而达于波斯湾，以与英国争霸；此举对于帝俄之权益也有影响，遂酿成一九〇七年英俄两国对于波斯问题之谅解。

以人力言，这地区的人口多至八千万，其中阿拉伯与土耳其两民族皆骁勇善战。阿拉伯人由于久受土耳其控制，一旦独立，民族意识最热烈，利用得宜，可以发挥庞大的力量。英法两国在第一次大战时所为的诺言，迟迟未实现，及第二次大战发生，不得已始一律容许其独立，又忌其统一力量之强大不易驾驭，遂使之分立为许多小国，凡此举措多为阿拉伯爱国人士所不满。于是英法之敌人可利用此一弱点而进攻，引诱阿拉伯人对英法离贰。此一地区阿人之从违，不仅在积极上可发生对一方面的重大助力，而且在消极上的抵抗或不合作亦足以使他方面大受其窘。这一地区的阿人，由于信仰的关系，其影响且不以本地区为限，甚至还可推及于整个回教世界——西至摩洛哥，东至巴基斯坦与印尼。

以资源言，中东物产关系之重大无过于石油。石油为现代化军事所必需。查世界近年的石油产量，按区域计，西半球占百分之七一·八，西欧占百分之〇·三九，苏俄及东欧占百分之八·一五。中东占百分之一七·五，东南亚占百分之二·二。除苏俄及东欧占百分之八有奇外，其他百分之九二弱悉为西方所控制，就中可能被苏俄夺取而产量复居全世界各油产区第二位者厥为中东。苏俄如能争取了中东的石油，则连其本国及东欧卫星国所产者合占全世界所产四分之一，对于苏俄的作战需要，已有余裕。尤其是苏俄的油产集中于巴库油田，而这些油田皆暴露于来自地中海与北非基地的轰炸，即使产量可敷应用，亦不得不于巴库以外别辟油源。中东的油源对于苏俄真是再好没有。反之，西欧国家的石油供应亦端赖于此地区。其运输道路向以油轮绕道阿拉伯半岛经苏彝士运河而西去，航程长至三千六百余英里者，最近横跨阿拉伯半岛，长达一千余英里的大油管已竣工，每日可从阿拉伯直接输送五十万桶原油至地中海。中东油田如陷于苏俄掌握，不仅在苏俄增加了极大的新力量，而且西欧亦丧失了军需与工业的生命线。

以上三种因素，第一种的地理因素是实在的，第二种的人力因素是潜在的，第三种的资源因素则兼具实在与潜在二者，盖因中东地区的石油蕴藏尚远较其实际开发者为大。

三　苏俄的目标与策略

俄国本系野心而阴谋的国家；帝俄时代固以此著称于世，赤色政权成立后，较沙皇之狠与险尤胜多筹。对于中东这样一个地区，没有一时不想染指，前此野心未甚显著者，只是由于国力之未充，然仍不断运用其阴谋，时思得当以逞。奇怪得很，在距今恰好一百年前的一八五三年七月十四日纽约的 Tribune 报刊载了马克思致其友人的一函，中有批评俄国之句说：“这个俄罗斯狗熊什么事都会去做，只要它知道所对付的动物是无能为力的。”真想不到，这句话恰好适用于一百年后他的徒子徒孙身上。自帝俄以来，俄国政府无时不欲伸张其势力于地中海，故就达达尼尔海峡之通行与控制权对土耳其提出要求者多次。查达达尼尔海峡本系玛摩拉海的南部，将黑海与地中海接通；玛摩拉海的北部名为博斯福鲁海峡者，则为土耳其帝国首都君士坦丁之所在。在政治上的意义，所谓达达尼尔海峡实包括南北两海峡而言。这两个海峡自从十四世纪以来归土耳其控制，初时土国强而俄国弱，自无问题。及十八世纪以来强弱之势移易，帝俄则认此海峡为彼进至地中海的通路，而视为扩张势力的标的。土国原无力抗拒，只以其时英法两国均不愿俄国插足于地中海，遂力加反对，亘两世纪之久。同时，土耳其在世界政治上的地位也大体基于其守护海峡的任务。但是一八三三年间俄国乘土耳其帝国藩属埃及之叛变，以援助土帝国为名而骗取在该海峡内的特权地位。依俄土两国订立之安克亚－施格里斯条约之规定，土国保证俄国军舰在任何时期得自由通行该海峡，而在战时该海峡则对任何他国的军舰概行封闭，独许俄舰通行。此种特权后来在一八四〇年的伦敦公约中，为西方诸强所强迫撤消，土帝国被迫再度于战时禁止一切国家的船舶通过。及第一次大战发生，土耳其加入德奥方面作战，英法联军屡欲从海道攻占这个防卫巩固的海峡，而不能成功，不得已与俄国密约，求其相助，而以战后容许俄国控制该海峡为条件。未几俄国因革命而停止作战，此议遂等于无效。战争结束时，联军占领达达尼尔海峡，解除其武装，开放于一切航行，而置诸一个国际委员会管理之下。其后新土耳其之凯末尔将军战胜希腊，于一九二三年八月之洛桑条约中限制该海峡的国际管理权，大致已恢复土耳其对海峡的主权。此时俄国顿改其态度，反对海峡的开放，以免俄国受外国的干涉，可是英国则转而主张开放。一九三六年七月蒙特鲁公约实际上回复了土耳其对海峡的完全主权；所有国际委员会与国际保证一律撤消，土耳其获准重行武装与防卫该海峡。关于特准通航海峡的规定为："在平时任何商船得自由通过，超过一万吨的战舰、潜艇与航空母舰一律不得通过，其他军舰只许白日通过。战时，如果土耳其保守中立，则交战国双方的军舰均不许通过；如果土耳其为交战国之一，则对土作战国家的商船与为敌国载运士兵物资的中立国船舶一律禁止通过。至于何种军舰得以通过，悉听土耳其抉择；又如土耳其觉得有被战争威胁之虞，即在平时亦得限制或禁止任何军舰通过。”第二次世界大战时，苏俄再度想获得海峡的控制权。在一九四〇年它谋取德国同意，准许苏俄在彼处建立基地。在一九四五年它拒绝与土耳其重订友好条约，除非土国给予它在这里的基地，并修改蒙特鲁条约。苏俄更要求归并土属亚米尼亚于俄属亚米尼亚。土耳其断然拒绝，两国一时间之局势颇紧张，乃由美国出而调处。苏俄又要求由俄土两国共同建立海峡防卫，此一要求为土耳其及美国所共同拒绝。于是局势的进展，便成为美国对土援助，以及后来土耳其加入大西洋公约国的前奏。

苏俄之野心虽见阻于发奋自强与获得美国支持之土耳其，却就另一方面发展其侵略的企图，那就是以伊朗等军事及政治防卫力均较弱的国家为对象，而图达其目标。这些目标计有三项：一是石油，二是波斯湾，三是苏彝士运河。

中东的石油为苏俄所必争，已见上文。此地区内石油之产量最盛者为伊朗、伊拉克及沙地阿拉伯三国，而其中以伊朗对苏俄最接近：就由近而远的蚕食原则，自然是先向伊朗下手，而且伊朗在第二次大战时，一度由英俄两国驻兵，以防纳粹，在苏俄驻兵之北部早已布下共党的种子，遂酿成亚才拜扬省的独立。战后英军依约撤退，苏俄独迟迟不肯撤兵，经伊朗诉诸联合国，苏俄彼时候面具尚未全部揭开，不得已将驻兵撤退，然仍要求共同开发伊朗北部的石油。及俄军撤退后，亚才拜扬省的独立随而取消，被迫订立之合营北部石油协定亦为伊朗国会所拒绝批准。于是苏俄改取阴柔的策略，利用其预先布置的共党分子即所谓都德党，而鼓动伊朗的狂热民族意识者，以排斥英人，将英伊油公司收归国有。其目标一则破坏西欧的石油供应，一则损害伊朗的经济；俟伊朗国内酿成重大纷乱，然后一举而加以控制。今年八月间伊朗的政变已证实主张石油收归国有之莫沙德实际上业与都德党联成一气，以谋推翻国王，为苏联充当傀儡而不自知。

俄国在两世纪以来，处心积虑，欲获得暖水的海道，以对外发展，虽在达达尼尔海峡先后受阻于英国与新土耳其，然其野心未戢，近年尤甚，至有从伊朗之北部弱点直趋波斯湾之企图。除因此获得暖水的出路，可以活跃于印度洋，而席卷印度外，其从伊朗北部南进至波斯湾的沿途悉为油产最丰富之地区，真是一举两得，而其阻力又远不如土耳其之坚强。苏联此一企图的迹象，目前虽未显著，然观于共干分子在阿盟诸国煽动反英反美，实已预为地步，只要伊朗一经赤化，则其西南诸国定然更脆弱不堪一击，于是直趋波斯湾之举将势如破竹。

苏彝士原为地中海对东方的交通捷径，在苏俄未能出地中海或控制地中海以前，对苏俄原无多大利便。但在另一方面，如果苏俄能够控制苏彝士运河，以截断西方国家对东方的交通，则其对于西方国家的打击实大；故纵不利己，却有损于敌，在战略上关系亦极大。由于英国在运河区驻有重兵，不仅可以防护运河，一旦有事，并足以支援附近国家和地区。此在苏俄看来，实在是对于它的发展的重大阻力。于是苏俄也按照其对伊朗的同一策略，利用埃及人的民族意识，怂恿其要求英军撤出运河地区。此与苏丹问题合并构成英埃间的两大争端。迄今苏丹问题虽已于本年二月间获得解决，而运河问题至今尚在僵持。万一英军最后被迫撤退，则以埃及军队之脆弱，运河地区之防卫定然转弱，一旦苏俄长驱直下，运河之不克保持，殆为必然之事实。

苏俄侵略他国的策略，是不要自己流血，或者只流最少的血，而达成其侵略的目标。它现在控制他国八亿的人口和无量数的土地，几乎完全没有用自己的血为代价。它的原则不外是：①利用人类不满于现状的心情，一切归咎于统治阶级或具有支配势力的外国；②对于不满现状之人甘言表示同情，甚或予以金钱的资助，先使之入彀，然后加以控制；③对甫经脱离外人统治的民族极力激动其民族意识，以反对旧日的统治者，甚至反对目前善意相助的外人；④拉拢中立人士先将劲敌打倒，次一步再转而打倒中立人士。试举苏俄对于伊朗的幕后活动为例。由于都德党的左倾业已显著，不易直接利用，以影响大众，乃利用右倾之莫沙德，乘伊人对英伊石油公司之不满，起而反英；又由于右倾之莫沙德尚肯与都德党提携，中立分子更易投入怀抱，只要借此打倒明智的自由分子，则右倾分子陷于孤立，再徐图将其打倒。

四 中东的政情

中东的政情可以埃及、伊朗、以色列及土耳其四国分别代表四个民族。埃及虽未必能完全代表阿拉伯国家，尤其因为它是建立许久的国家，与其他新成立的阿拉伯各国有别；但无论如何，埃及毕竟与其他阿拉伯国家有两个重大的共同点，最足以影响其政治。一则是同受外国支配甚久，而且在最近数百年间共同隶属于旧土耳其帝国，及从土耳其解放出来，又分别受英法二国的控制若干时；二则国中人民贫富相差极远，富者居极少数，贫者占大多数，而且中等阶级简直不存在。由于第一个共同点，其民族意识最敏锐，对于外人之疑虑也最深刻；以其对苏俄向鲜接触，尚未熟知其狠险，而对于英法等西方国家则已饱尝帝国主义的滋味，因此，它们易为苏俄的宣传所惑，至少也不致对苏俄的侵略有何深切的警惕，但对于西方国家却不敢信赖。由于第二个共同点，则阶级意识最易激发：贫民以生活艰苦，目击富人之侈靡生活，判若霄壤，平素已怀不满，一经共党之挑拨，便一发而不可收拾，成为共产主义之理想温床。此外还有一个大致相似之处，即这些国家政治多未上轨道，政府之贪污无能亦如出一辙，加以政党林立，政府时有变动而不稳固，尤易陷于轻举妄动。埃及由于国王法鲁克之荒淫无度，遂于一九五二年七月间由军人那吉布突然发动政变，旋即放逐国王，自掌政权，颇励精图治，国内外耳目一新。今岁对苏丹及运河撤兵两问题与英人重开谈判，然除苏丹问题已告解决外，运河问题尚在僵持。说者谓那吉布未尝不知英军撤退后，运河地区防卫空虚，在在堪虞，顾仍坚持非撤兵不可者，即因鉴于国内民族意识之高涨，如不能满足民望，则王党与华夫特党方袖手旁观，伺机攻击，故宁借强硬对外，以巩固其内部；此说似亦未尝无理由。然无论如何，自那吉布执政以来，埃及内部较前稳定，则因具有一个强有力而开明的政府领袖之故。因而推想其他的阿拉伯国家，在其政治上咸需有一强有力而贤明的领袖，先安内然后可以坚强对外。

伊朗的政情，在过去曾有极光荣的历史，与阿拉伯同。自七世纪中期为土耳其人征服，受治于外族者历十一世纪，亦与阿拉伯民族颇相同。但从一七九四年卡查尔王朝建立后，继续统治至一九五二年，乃为现在王朝之里沙·巴里维汗所篡；然皆由本族自行统治，则与阿拉伯稍异。不过在此百五十余年间，迭经俄国的侵略（一七九六年，一八〇〇至一八一三，一八二六至一八二九年数次），致其在高加索与泛里海区域一带的广大领土割让于北方之强邻，而一九〇七年之英俄条约更构成瓜分之局势，不得已转而亲德；至第二次大战发生后，因而有一九四一年里沙汗被英俄二国迫令退位以及两国军队分驻伊朗国境之事实。由此一事，其民族意识之一触即发，自无殊于阿拉伯国家。又其人民贫富之悬殊，与阿拉伯国家相若，亦为共产主义最易培植之温床。加以其地势关系，在俄国视为进至中东之捷径，得此即无需绕道于防卫较坚强之土耳其，且可获取俄人迫切需要之暖水港波斯湾与夫丰富之农产及油产。于是苏俄处心积虑，欲得伊朗而甘心者，自较其对中东其他国家更迫切，且更易下手。在此背景之下，俄国虽与伊朗有宿恨，但由于其巧妙的宣传渗透以及伊朗贫民之众多，对帝国主义之经济侵略更易被激动，于是只知前门拒虎，而忘却后门进狼，近年之反英事件所以形成者即由于此。英伊油公司争议发生后，英国仍本其一贯作风，不肯爽快解决，时间拖延愈久，伊朗人民之痛恨愈深，条件愈难调协，遂至一开首本可据以解决争议之条件，拖延了许久，英人始肯让步，而由于伊朗人之感情愈激烈，所允让步之条件业已后时。莫沙德原为右倾人士，与苏俄主义本不相容，但以一方面既掀起反英运动，苏俄之阴险手段便易收其效果。例如一九五一年六月当英伊石油纠纷尖锐化之时，英国拟调伞兵数千人保护在伊朗境内的英人生命财产，苏俄驻伊大使即告莫沙德，愿予支援，谓苏俄将助伊朗抵抗英兵。同年十月联合国安理会辩论英伊石油纠纷时，苏俄代表即迎合伊朗意旨，投票反对由安理会辩论此案，而获得莫沙德之感谢。苏俄凡此种种假装的好意与巧妙的挑拨，益使英伊之纠纷无法解决。莫沙德既上了苏俄的圈套，对于夙所反对的都德党亦渐予弛禁，于是在内外包围之下，乃有本年八月间的政变，迫令国王出亡。假使没有数日后的反政变，则莫沙德为着一时的利禄势位，定已投入苏俄的怀抱，俄国便可不流一点的血，而控制了整个伊朗。如天之福，由于伊朗国王之素得人心，与法鲁克大异其趣，而莫沙德发动政变的动机亦与那吉布绝然不同，故陆军一经发动反政变，莫沙德即被推倒，伊朗不绝如缕的命运也就获得挽救。此一转机，不只关系一国的命运，实际上与整个中东的前途攸关。

以色列之建国实有赖于其首任总统魏斯曼教授之努力。魏氏为著名化学家，执教于英国孟齐斯达大学，在第一次世界大战时，对于化学研究的功绩支撑了英国的反攻，因而赢得劳合佐治政府的感谢，与历史性的贝尔福的犹太复国宣言。然而自一九四八年以色列建国以来，魏氏在政治上居于半退隐的地位，一切由军事冒险与政治现实的总理班谷伦氏主持。否则以国实际上在魏氏主政之下，定然更趋向和平发展，而不致时与阿盟发生摩擦。去年十一月魏氏去世，由二十年来主持犹太民族委员会之班志维氏膺选继任，总理班谷伦仍继续任职，对内外的政策当无大改变。以色列现有之一百六十余万居民中，十分之九为犹太族，但这些犹太人来自全球各地，由于彼此均带有混血，故有来自西欧肤色白皙而金发之人，以及来自阿拉伯中心叶门地方的浅黑色皮肤者；这些人说的话至为纷歧，世界上各地之方言皆备，而其程度亦由世界卓越的学者教授以至不识一字的文盲。加以凡属犹太民族皆可自由入境，计一九五〇及五一年间，每年入境者各为十七万余名，使其全国人口年增百分之十五左右，国境内物产本不丰，以贫乏之生产，供养年增百分之十以上的人口，其经济困难自可想见。虽赖美国的援助，与自一九五二年九月十日对西德签订之以德条约，由德国应允以八亿二千二百万美元价值之物资及服务，以赔偿德国犹太人在纳粹政府下所受的损失，然此项赔偿系分十二至十四年支付，每年为数仅数千万美元，尚无多大补助。因此，以色列的生存犹有赖于努力的奋斗，幸而国中尚有不少的卓越人才可在工业建设与一般生产上力谋增进；但政治人才毕竟缺乏，其中有数的领袖人物亦皆已达高年，继起人材非短时期所能养成。但如能与国内的少数阿拉伯民族及邻近的阿拉伯国家相安，俾得专心致志于和平建设，或尚可安定局面。然自一九四八年以色列与阿盟战争后，虽于次年二月以埃成立停战协定，冻结两国的原占领地界，同年四月以约两国亦有类似的协定，但长期的和平协定尚难达成，双方仍在戒备。今年十月十三日以色列与沙地阿拉伯突然又发生边境之冲突，而此一次举动，自各方面观察，其责任实应由以国担负，致向对以国有好感之美国亦有责言。总之，处此积薪厝火上的中东地区，各民族互相合作，尚不易稳渡危机，设彼此倾轧，几何不同归于尽？

中东地区各国政治上最稳定而具有光明的前途者，莫如土耳其。土国自一九二〇年革命后经过一段形似独裁而实际开明的政治，由其国父凯末尔主持行政上的革新与社会及教育的改进，十余年间成绩斐然。又能大公无私，以还政于全民与建立真正民主政治为最后目的。继任之总统伊诺努亦真能继志，卒于一九四六年实行容许反对党成立，于是民主党随而诞生。越四年，全国举行大选，议会由民主党占多数，第三任总统也就由民主党党魁巴耶当选，而执政二十余年且负担建国全责的共和党安然退居在野党地位，此与美英等民主国家的政党情形殆无二致。况且第一、第二两任总统均为军人而有功于革命者，第三任总统巴耶系文人与经济学者，而且是农民为主之政党党魁。由于这样安定而富有建设性的贤明政治，其国力自然有增进，故虽迭受苏俄的压迫，而不为所屈，且由自助而获得他国之助，自属顺理成章；于是美国的援助不期然而至。最近且进一步而被邀请加入大西洋公约国的组织，与西欧国家联系益密切。又由于社会、经济政治有进步，共党渗入的机会也最少；不仅在中东各国中，是最不受共党内在威胁的一国，即在世界各国中，亦为最难能可贵者之一。

上所举述，便是中东各国的政情大概。由于苏俄的进攻系以政治为最先的武器，军事仅于必不得已时用之，故政情之健全与否，实为受苏俄威胁危机大小之所关，值得世人之特别注意。

五　中东的军备

中东之所谓军备，当然是以防卫为主，其防卫之惟一目标，当然是苏俄。由于苏俄的进侵定然先从最接近最脆弱之点下手，这当然是伊朗所部一度曾经独立的亚才拜扬，进侵的俄军穿过了此一地点并越过通至伊拉克边境洛万杜齐 Rowanduz 与寇尔库 Kirkuk 两镇的山径。这是最短的一条路线，因为只须经过约一百英里的伊朗领土，便可以达到伊拉克的边境。由洛万杜齐至波斯湾之一线计长六百英里。俄军还可从他点而进攻。伊拉克地形最适于运用装甲部队，但伊拉克自己却没有坦克；于是俄军一经控制了伊朗和伊拉克间的山径，便可以把坦克川流不息涌入伊拉克。至于可用以抵抗俄军的伊朗和伊拉克军队，则前者在名义上拥有十师，及零星单位数师，但多数装备简单。在过去数年间，美国虽曾供给以少量的现代装备，并由美国军官加以训练，但有此现代装备的部队是否会超过两师，还是疑问；于是在伊朗境内惟一足以阻止俄军前进的方法，便是破坏山岭上的通路，但临时有效执行大规模破坏交通的工作也不是容易的。越过伊朗国境，伊拉克的常备军不满三万人，编为两师，此外还有零星部队可以凑成一师。此两师分驻于伊拉克北部多山的边境，与其首都巴格达通至波斯湾的平原，其足以抵抗俄军之力至为微薄。与伊拉克西部接壤者为叙利亚，其常备军现只有一万人，其中除一个机械化旅外，简直算不得有什么武力。该国的主要防卫，只靠着东面的沙漠和北面的土耳其为掩护。叙利亚的后面是位于地中海沿岸的黎巴嫩。它只有常备军五千人，系由法国武器所装备，力量更微不足道。叙利亚之南为外约旦，其东面只有一条较狭的国界。它的阿拉伯军团为英国所装备与训练，算得是中东阿拉伯国家中最佳的劲旅，其人数虽没有超过叙利亚许多，但其有效的武力大得多，除已构成一个小规模的师外，正在进行组织另一师。伊拉克和外约旦之南，则为沙地阿拉伯；这个国家的领土，地图上看起来很庞大，但因这个国土大部分系以沙漠构成，一方面固然是其发展上的短处，但他方面也是其在生存上的保障。自一九四七年以来，该国组成约一万人的一支机械化部队，由英国军事代表团加以训练。此在流动性的战术固很有用，然以之对抗苏俄进向波斯湾西岸已开发油田的大军，是远不够强大的。

埃外的军队，在纸面上，除土耳其外，算得是中东各国之最强大者，其人数约为八万名，正在扩充至十万名；其总参谋部正计划创立两个装甲师，惟目前只有其核心形成并获得装备，以舒曼式的坦克为主，并自英国购有小量的战后新式坦克。其空军也具有若干的喷射机。由于一九四八年进攻以色列之失败，埃军遂经过重新的整编与训练。自那吉布以军人执政后，尤注重于整军，然对于适当的军事助理长才殊感缺乏与难得。

其在另一方面，则以色列的军队却已于一九四八年击退数次之阿盟进攻军队，而证明其素质之高。这算得是中东最坚强的一支作战部队，其将领皆曾受过优良军事教育，明白局势而富有精力者；但其缺点则在新式强有力装备之短缺。以色列在对阿盟战争结束时，拥有十二万人之武装部队，惟战后已减至四分之一于此数之常备军，具有四个机动旅，依其改进的动员计划，短时期内可以召集三四倍于常备军之额，而在总动员之下，可征集至一九四八年战时加倍的人数。

在上述这样脆弱军备之下，不仅阿盟与以色列之间尚处于敌对地位，无法合作，甚至阿盟之内，于阿盟成立六年后之一九五〇年四月，虽有所谓共同防卫与经济合作条约之起草，是年六月五日由阿盟之五国签字，但伊拉克与约旦迟至一九五一年二月才补签，而且更迟至一九五二年三月才获得必需的四国批准，该约在其下一月内才发生效力，实已拖延了两年。但迄于今日，即最初签字的三年后，该约规定应行设置之共同防卫会议与恒久军事委员会尚未成立，至于该约中有关经济合作之条款也毫未实施。甚至共同防卫会议纵然成立，但依该约第六条规定，此共同防卫会议应受阿拉伯联盟会议的监督，同时阿拉伯联盟的盟约却不强制任何盟国接受联盟会议的决定。由于这样一个漏洞，则如遇外来侵略，各盟国被强制参战之时，将可不接受恒久军事委员会共同防卫会议所草定的共同计划。因此，该约纵然有打破多年来极端国家主义陷阿盟各国孤立局势的可能，但在共同军事防卫方面不见得会发生何种作用。

于是中东防卫的重镇便不得不转向于土耳其了。土国据有一个枢要的地位，而此一地位可能使局势获得有利的转捩。土人本为坚强的斗士，在过去许多的战争中已有明证，其参加韩战之部队也有极英勇的表现，赢得世人的赞许。它的常备军人数多至二十八万，在中东各国中居首位，战时经过短期的召集，还可增加一倍以上，而在更广大的动员下，将不难出兵二百万人。它的主要阻力只是缺乏机动性与新式的装备；但这一支军队已于美国援助与指导之下而正在现代化之中，且已收颇大的效果。在一九四八年，即美国军事顾问团开始工作之时，土国的常备军在数字上原为五十万人，名义上编为四十五师。惟根据显明的事例，人数是与质素相反对的；以这样庞大而装备欠佳的军队，一经机械化的机动反攻，最易酿成崩溃。因此遂依照美国的援助与指导而从事整编。土国的常备军现在只有二十八万样，编为十八个步兵师——其中十二师为新型者——

与三个骑兵师，和六个装甲旅，并配有四百辆舒曼式坦克。土国具有这样一支的劲旅，加以其东边多山易守，对于来自此方面的进攻，确有坚守之可能，较诸其在色雷斯之西边土希两国接壤处之沿海地带更易防守。至于土军能否在任何方面出境作有效的反攻，仍属疑问，或者配以最精部队构成的一支西向箭头，可能使此反攻独得更佳的机会。假使土国能够迅速派出一支劲旅，以掩护其邻国伊朗，而抵抗来自高加索之俄国进攻军队，则整个中东的初期防卫局势将大改观。

总之，中东的防卫，除各国有个别加强其军备之必要外，还需有联合的统率机构，以作密切的配合。从战术上言，如果联合防卫的各国军队配合得好，则于侵入军队进军过远之后，防军大可利用防卫攻势的陷阱战术。此在历史上不乏其例，最著者，如古代波士亚人之对付罗马军，与土耳其人之对付十字军皆是；至现代的例子，可见于上次大战时德国隆美尔将军在北非沙漠行军所陷入的危险局势。

第二次大战后德国青年的性格一斑

本文作于一九五四年十一月，由真理世界月刊发表，其主要资料系根据英国国际事务研究所编印今日世界的一篇报导，似尚足供观国者之参考。本文撰作之动机，与本书［指《岫庐论世局》。——编注］第四篇英人之特性相若，盖青年为国家未来之主人翁，其性格关系于国家之前途甚大，两次世界大战均发动于德国，纵然第二次大战后之世局迥异于第一次，然以一个优秀民族如德意志者，其青年性格不仅影响于德国之命运，且定然影响于世界前途也。

西德独立是否威胁法国

十月二十三日西欧各国和西德签定了一道广泛的协定，使西德成为一个独立而具有完全主权的国家，同时并使自由的欧洲组成一个强大的军事新同盟，以抵抗共产的“侵略”。在这一道协定中，西德的地位受影响甚大，而西德对这个军事同盟未来的影响也特别大。依此协定，西德得建立五十万的军队而加入大西洋公约组织。以德军之勇敢善战，益以其对军事科学的迈进，而其战后工业亦已恢复战前程度，其在大西洋公约组织之军额约莫七百五十万人中虽仅占十五分之一，而实力则在欧洲方面成为最强大之一环，殆可断言。

西欧国家中，特别是法国，对于西德的重整军备时怀疑惧。最近美英法三强外长与西德总理艾德诺卒能获致完全妥协，美英两国对法国所加的压力不为小。然德国今后是否足为西欧民主国家的威胁，抑真正有助于联合抵抗共党的“侵略”，有值得一加检讨之必要。

两次大战后德国青年性行之转变

近人常说，青年是国家的主人翁，即因国家的命运恒操自新生的公民的掌握。观国者如从青年的性行着手，其论断当不致与后果距离过远。第一次欧战结束后十年，我曾游历德国，在一月余的短期逗留中，我发见那时候德国青年之酷嗜体育，以坚强其体魄。由于战胜各国所加诸德国的条件，全国只许有保安队十万人，于是青年之投考警察者争先恐后，希望在保安队限额以外，得借担任警察而成为变相的军人。其得录取为警察者，本人与亲友莫不视为荣誉。我当时的论断便是：德意志这样一个民族，其青年在国家战败后的发扬蹈厉情形如此，倘战胜国家不早为釜底抽薪之计，一旦德国有野心人士出而领导，欧洲和平不难再被破坏。想不到在几年之后，由于希特勒之把握政权，我的论断遂不幸而言中。

第二次大战后的德国青年究竟怎样呢？美英法三国惩前毖后，鉴于德意志这样一个优秀民族不宜重加压抑，故在第二次大战后所采对德政策与第一次大战后悬殊。三国在所占领之德国地区，对其政府人民力主宽大，而对于后起之青年则以民主化之再教育为目标。故当东德仍受苏俄共党洗脑和钳制之时，美英法所占领之西德，虽在和平契约尚未订定以前，业已容许其相当的自主；在和平契约签订后，实际上已等于独立。最近更进一步，承认其具有完全主权，并得重整军备。自今以后，西德的前途趋向，似亦可就其青年近来的性行一加观察，而论断之。

我在第二次大战后没有机会到德国观察，但最近读到英国国际事务研究所编印之今日世界本年九月号发表之“西德青年之若干种特性”一文，认为很值得观察德国者的参考，至少可由此认识第二次大战后德国青年的大概性格。该文所根据的资料得自卑尔菲特舆论研究所的德国青年心理测验。该所经费系由一个著名的国际石油公司所资助，在获得波昂政府有关部门与若干半官机关及联合国文教科学组织所主办慕尼赫青年研究所的合作下，曾于一九五三与一九五四年间举行一次青年心理测验。受测验者为属于联邦九十五地区之青年一四九八人；其中男女青年之数约相等，其年龄由二十二至二十五岁者占百分之五十五，由十七至二十岁者占百分之四十五。其教育程度则小学阶段占百分之七十七，中学阶段占百分之十二，大学阶段占百分之十。全体中百分之二十七为自割让地区重返于联邦领土之人；又有百分之三十五为工人的子女。以信仰言，则属于新教派者百分之五十六，属于天主教者百分之三十八，未声明信仰者百分之六。全部测验括有问题八十六，自轻松而至严肃者，无不具备。就此次测验所得的结果，对于第二次大战后德国青年的性格，可以见其一斑。当然，更广泛的测验与更多的受测验者，自可获更可靠的结论。不过这个研究所的工作向极认真，在国际财团协助之下，利用德国学术上的传统而从事测验与分析，其规模虽不很大，所得结论实有相当的价值。

反对参加国立青年组织

我们且从轻松问题开始，而渐进于严肃的问题。在日常消遣与兴趣方面，对于团体运动或竞技有兴趣者，青年男子占百分之四十五，女子占百分之三十八；参加夏令露营者，青年男子占百分之四十六；喜欢穿着制服者男子占百分之二十八，而喜欢佩戴特殊徽章者占百分之七十，但是反对参加国立青年组织（此在希特勒时代一切青年必须参加）者亦占百分之七十。关于业余的消遣，现在人人均有自由，则括有体育运动百分之二十三，读书百分之二十二，其他癖好如集邮、步行等百分之二十一。看电影每月一次者占百分之八十三，两星期一次者百分之二十七，每星期一次者百分之十二，每星期不止一次者百分之七。对于电影片种类的爱好，则具有艺术价值者占百分之十三，冒险性质者百分之七，恋爱故事者百分之六。在较大城市中，戏院和音乐院之吸引力当然较大，测验所示经常入院观听者占百分之五九至七九，其中对音乐演奏特别欣赏者占百分之十四，对古典戏剧欣赏者百分之十，对现代“问题剧”欣赏者百分之九。无线电广播之收听者，各地不同，计占百分之四十九以至八十二，其中特别喜听轻松音乐者百分之三十，演剧百分之十，古典音乐百分之十，学校及青年特殊节目百分之八，新闻百分之六，跳舞音乐百分之四，宗教节目百分之一（皆属于年龄十八至二十一岁的女子）。在业余阅读书报方面，曾作更详细的测验。据其答案，则每日必读日报者，男子占百分之七十六，女子占百分之六十四；其对于报纸各栏最先翻阅者，计本地新闻占百分之十八，体育新闻百分之十四，政治新闻与社会百分之十三，特写百分之十一，广告百分之九，警察报告百分之四。

在幻想方面，也括入两个问题。其一是问假使突然获得马克一千（约当八十五英镑）的意外财，将如何使用。对此问题的答案，则主张储蓄者男女青年同占百分之十六；用以添置家具或家庭中其他用品者，男女平均占百分之十五（对于此款，女子的成分特高，计二十一至二十五岁者占百分之三十三，男子则仅占百分之十二）；添置衣服者百分之十四；购置摩托两轮车或小帆船者百分之十三；以供旅行费用者百分之十二；协助或救济他人者百分之九；其主张用于赌博宴乐者不及百分之一。另一问题便是："假使你有隐身法，自己的身体不会给他人看见，你将如何作为?"对此问题不作答案者百分之三十二；答以此为不可能之事者占百分之八。其提出答案者，则欲乘他人看不到自己而窥探他人阴私者，男子占百分之十一，女子占百分之二十；乘机作弄他人者，男子占百分之十一，女子占百分之七；希望隐身旅行者，男女的成分均与上项同。此外还有两种相反的倾向，即想在他人不知不觉之中做些好事者占百分之五，而想乘此偷窃金钱者占百分之三。

对于婚姻的条件，其选择和美英两国颇有不同。在男子方面，侧重优良的主妇性格者占百分之四十，侧重和蔼、爱情与伴侣情谊者百分之十六，侧重美貌者百分之十四，侧重勤劳者亦百分之十四，侧重贞操者百分之十二，侧重俭约习惯者百分之十，侧重配偶有钱者百分之三。上述之百分总数超过一百，则因有些答案的重点不止一项。在女子方面，则侧重对方之贞操者占百分之二十四（较男子所占百分之十二加倍），侧重和蔼、爱情与伴侣之情亦占百分之二十四，侧重优良性格占百分之二十，而侧重能力与勤劳者占百分之三十四。最后，还有一种性格，就是宗教的信仰，男子所期望于对方者占百分之一，而女子之期望于对方者占百分之三。

仍然乐于尊敬长辈

关于服从与尊敬的德性，亦括入测验范围。服从本为德人特著的性格。这些青年对于"青年应当服从而不当批评"的见解，男子赞同者占百分之四十七，女子赞同者则占百分之五十三，而在农业工作者的女儿则赞同的成分高至百分之六十。对于父母的尊敬，与对其所受父母教育方法表示满意者，所占成分自百分之六十二至八十（农业工作者占最高成分，而拥有固定收入者占最低成分）。其主张父母之管教儿女应更严格者占百分之四，应更和蔼与宽纵者占百分之六，应更现代化者占百分之八。对于“良好教员应具何种资格”之一问题，若干青年初时颇感难于作答；但百分之九十一的受测验者都知道如何作答。其中希望教师具有“施教的能力”者占百分之四十二，希望教师更和蔼而不过分严厉者占百分之三十一；而希望其能敏慧，公道与有权威者，递居次要的成分。对于德国历史上人物最崇拜者之一问题，大家都知道这是一个有关政治的问题，都就此观念上作答，但实际作答者仅占全体百分之六十四。其中崇拜俾士麦者，男子占百分之十七，女子占百分之十二；而受最高教育之一部分，则崇拜此铁血宰相者占百分之二十三。其次则崇拜菲列特勒大帝者占百分之六；再次则为希特勒、隆美尔、兴登堡、查尔曼、歌德与马丁路德，每人均占百分之三。

关于就业问题，在超过学龄之青年中，百分之八十业已就业，其中百分之五十五表示对所任职业满意，百分之二十则不满意。他们择业的理由有种种不同，其中所就职业正如期望者占百分之三十六，对所就职业不反对者占百分之三十；自认择业之动机在安全者占百分之十一，继承其父所任职业者占百分之九，而最后一项在农家的儿女则高至百分之二十七。在这个工作时间较长，工作较苦而社会福利较少的国家内，对其工作认为疲倦或不愉快者仅占百分之六，其认工资过薄者占百分之三。

赞同“爱邻如己”

对于宗教方面，有两个问题用以澄清受测验者的观念。其一是回教的“以眼还眼，以牙还牙”，其二是基督教的“爱邻如己”。奇怪得很，答案每多重叠。赞同上述回教教条者男子占百分之六十，女子占百分之四十；但全部被测验的青年赞同上述基督教教条者却占百分之八十四。

以上举述了许多较为轻松的一般性测验，现在似可进一步而应付较严肃的问题了，这些被测验的青年们首先要答复的问题便是“在现状下的德国国家如于公开讨论之际被人攻击，他们是否愿为辩护?”表示愿为辩护者男子占百分之七十一，女子则占百分之六十七；公务员的子女愿为国家辩护者占百分之七十九。其对于共和政体的国家持批评态度者以二十一至二十五岁之女子为多，计占百分之二十四；此外则为受年金者，残废者及小量固定收入者的子女，合占百分之三十六；农业工人的子女占百分之二十四；而非熟练工人则占百分之二十三。

对于强迫兵役的意见，颇为纷岐。在问及“兵役是否为青年最佳的教育”时，作肯定之答案者占百分之五十五，其中女子略较男子为多；其作否定的答案者占百分之四十一，其中男女相较，则男子多占百分之九。对于此点，务农者的子女表示肯定者占百分之八十七，而官吏的子女表示反对者占百分之四十八。另一问题为“男子穿了制服是否更好看些?”其对此问题作肯定答复者女子占百分之五十三，男子则占百分之四十六。凡来自乡间的青年对此更为热心。

无兴趣当兵

次一问题是“你是否愿意当兵?”。对此作否定答复者，在二十一至二十五岁的男子占百分之七十九；然从割让地或俄国占领区新来者计占百分之三十六。其不愿答复此问题者仅占百分之一。对于作否定的答复者，再询以在特殊情势之下他们是否变更其意志，在再度作答中，仍坚持不变者占百分之二十八。全部男子中承认为着防卫国家，愿意加入军队者百分之二十五，在征兵时愿意从军者占百分之八。又有较小的成分附加条件，谓如果待遇还好，并赋予充分权利时，则愿意服兵役者占百分之四；在和平之时，愿意从军者占百分之二；以解放东德及柏林东区为条件者占百分之一。

对于政治上的关心情形，亦可从测验的结果见之。西德总统奚斯之名，尚未知之者占百分之十一；总理阿德诺之名，尚未知之者占百分之六。问及如果把国家制定政策之权付托于现今掌握政权之人（阿德诺），是否更好些，其答案以否定占多数，即男子占百分之六十二，女子占百分之五十三。

结论

读者看了这些统计数字，用不着著者作什么论断，当然不难意识到现今德国一般青年的几种特性。概言之，即（一）刻苦耐劳与服从长辈的旧习仍没有多大改变；（二）青年有志上进者仍占多数；（三）经过了数年民主化的再教育，已改变其在纳粹时代鹦鹉式的言论态度；（四）对于黩武主义的军人态度已有变更，故不愿当兵者成分甚高，此与日本现在的青年大致相同。对这小规模测验而意识到的几种特性遽对其国家前途作决定性的判断，当然过早；然对于法国所怀的疑惧，至少可以减轻了许多。

从联合国看国际局势

自第二次大战结束后不久，冷战便已弥漫于世界。而联合国更是冷战场中的第一号冷战场，在联合国成立之初，其会员国旋即划分为西方集团与共产集团；稍后，分派渐多，最显著者有六：一为美洲国家集团；二为西欧与英协集团；三为北欧集团，四为东欧共产集团；五为亚非国家；六为阿拉伯国家。此为五六年前的局势。近年内则非洲新兴国家纷纷加入联合国，其势力日益雄厚，于是亚非集团之外，更成立一个强有力的非洲集团。这些集团，合纵连衡，对于联合国发生了很大的影响。联合国现虽未能充分发生其应有的作用，然无论如河，对于国际局势总不免有或多或少的影响。本文正如其名称所示，从这个第一号冷战场中观察一般的冷战场，当然获有一个鸟瞰的便利。本文为一九五八年春余自联合国归来不久的讲稿，曾刊入自由谈月刊。

本人不久以前才由纽约出席第十二届联合国大会归来，因此，对于联合国的情形较为熟识，而从联合国来看国际局势，也可以看得清楚一些。过去历届联合国大会我虽未曾出席参加，但我对国际局势原有相当研究，我以前曾就国际问题发表了颇多言论，说明我的看法。这些看法，都为后来的事实证明其正确，我在此不能一一指出，各位可参看我以前所写有关国际局势的几本书，现在且就本题来谈。

我们何以说从联合国看国际局势可以看得清楚一些呢？实在因为联合国已成为世界各国的缩影，联合国现有八十二个会员国，任何一个新的独立国家，只要申请加入，大都来者不拒，最近如迦纳、马来亚申请加入，均被接受。联合国此种作风，与过去不同。过去国际组织的原则，非以大国为重心。在第二次世界大战末期，西方盟国发起组织新国际组织时，检讨以往国际联盟失败的原因，乃在组织中无重心，对会员国无选择，很多大国未能同时参加；美国为真正发起之国却因参院反对而未加入。西方盟国有鉴于此，故对于战后新的国际组织的设计，系以大国为重心，想由几个大国合力维持世界和平。所谓大国，最初为美英中苏四强，后来加上法国。虽然在联合国大会中，每个会员国，不论大小强弱，投票时均有平等的一票，但在安全理事会则不然。安理会虽只为联合国的一个委员会，但其权力甚大，负有维持世界和平安全与制裁侵略者之重要责任；大会只有建议权，而安理会有决定权。安理会由十一个会员国组成，五个是常任的，即中、美、英、法、苏，五强，六个是非常任的，由大会选举。当时大家以为五强在战时均经历最大的苦痛，战后痛定思痛，一定能够团结合作，共保和平；安理会有十一个会员国，五强尚不及全体的半数，但五强都各有一个否决权，纵有十国赞成，任何一个常任理事国均可加以否决，这种设计当初也是为了保障世界和平，因为五强固可共同发生作用。一强亦可单独发生作用。但这种维持和平之设计，结果却适得其反，因为苏俄对于任何不利于它的提议，均加反对，以致滥用其否决权，次数多至不可胜计（“我国”仅运用一次，即否决外蒙入会）。凡有维持世界正义与和平之议案，纵令有十国赞同，苏俄一国即可否决，故联合国组织之初意在由大国维持世界和平，集体的或个别的均可发生作用，不料结果恰好相反。

联合国之原始会员国，除五强外，其他亦均为曾经对德日义作战之国家；以后入会之国家，更须经安理会推荐与大会三分之二会员国之通过。而安理会之决议推荐必须五强中无有行使否决权者，有许多国家申请入会，均曾被苏俄否决，如韩国便是；西德之潜在力量虽然很大，但由于东德之关系，苏俄主张东西德要同时入会，因而西德亦不能加入。但是到了现在，联合国已由六十增至八十二会员国，世界上的独立国，除韩国、西德等极少数外，大体均已入会。凡一个新国家申请入会，大都不予拒绝，这为何与前不同呢？原来以往各国申请入会，西方国家大体都不反对，反对者总是苏俄。苏俄以前在联合国中势力单薄，所以否决一切亲西方的国家入会。但后来苏俄在联合国中渐渐有了操纵的力量，共产集团共有十国，亚非国家中也有不少倾向苏俄的，如印度、印尼、缅甸、埃及等，因此苏俄势力膨胀，已可发生作用，所以苏俄对于声请加入联合国者也就改变态度。尤其是新成立的国家，大都是由殖民地转变而来，他们对国际政治没有经验，苏俄借其宣传“反西方殖民帝国主义”，很容易欺骗他们，许其入会，对苏俄倒是有益无损。所以现在联合国会员国已由数年前的六十增为八十二，几可代表世界所有独立国家，已具有普遍代表性，故从联合国来看国际局势，比较从其他角度来看，实较准确而可靠。

从联合国看国际局势又是怎样的呢？在此让我们先分析一下联合国之阵容与集团。大致可以分为六大集团：

一、美洲国家集团：以美国为领袖，加上中南美洲各国共二十一个国家。

二、西欧与英联（British Common Wealth）集团：共十六国，英联中如印度系在亚洲，迦纳系在非洲，均不包括在内。

三、北欧集团：丹麦、挪威、瑞典、荷兰共四国。

四、东欧共产集团：共十国，实则白俄罗斯和乌克兰各为苏联之一邦，并非独立国，他们被允入会完全是为了敷衍苏联，亦为大国主义之流弊。原来在联合国筹组中，苏联见英国有大英国协集团，美国有美洲集团，而苏联势力较孤单，因此坚持其联邦分子应加入联合国，结果乃允许乌克兰与白俄罗斯加入，后来苏联控制东欧附庸，合为九国，南斯拉夫一度与苏俄决裂，现在接近，故已有十国。

五、亚非国家：这不能成为一个集团，因为一个集团在联合国中投票通常是一致的，而亚非国家投票并不一致，有的亲西方，有的亲苏俄，有的摇摆不定，或者骑墙取巧。亚非国家共十九个，非常复杂，在一九五五年万隆会议后，苏俄在联合国之势力膨胀，亲苏的有印度、印尼、缅甸、锡兰等，亲西方的有土耳其、伊朗、巴基斯坦、泰国、菲律宾等，另外有些国家还没有固定主张如马来亚、迦纳是，这些国家因为与英国有旧关系，故与西方相近，另一方面因受印度之影响，故又可能转变；至于日本，态度非常骑墙，表面上是亲西方的，但暗地里却又卖弄手腕，往往透过印度与苏俄拉拢关系，对自己有利时或不免迁就苏俄。故此十九国最为复杂。

六、阿拉伯国家。共十一国，埃及和叙利亚已合并为阿拉伯共和国，故联合国中事实上已取消了一个会员国，虽然他们可以援苏联乌克兰和白俄罗斯参加联合国的例，但乌克兰和白俄罗斯加入联合国乃是在不得已的情形下为之，以后这种事情实际上已不可能再发生。

除了以上六集团外，还有“中华民国”：“我国”在联合国中并无集团，但与上述第一及第二两集团有密切联系，北欧四国与我均无“邦交”，但在联合国大会表决时也常助我，这都是透过美国的关系。苏俄集团当然与我敌对。亚非国家中，菲、泰、日、土等国与我有“邦交”，巴基斯坦虽无“邦交”，但也常常支持“我国”，此为一特例。马来亚本届加入联合国之初，支持我们，因为其地华侨很多的缘故，它必须敷衍我们。阿拉伯国家中亦有数国与我有“邦交”，如伊拉克、约旦、沙地阿拉伯等本来都是支持“我国”的，可是本届关于“我国”代表权问题的投票，沙地阿拉伯却模棱两可，采取弃权手段。这是联合国八十二会员国中各集团的大概情形。其中除了各集团纵的关系外，还有横的关系，即某集团中之某些分子与其他集团中之某些分子相联系，这就是各个公约组织，兹择要简述如下：

一、北大西洋公约组织（NATO）：由上述第一集团中之美国，第二集团中之英、法等十国，第一二集团中之丹麦、挪威，及第五集团中之土耳其组成，共十四国。

二、东南亚公约组织国家（SEATO）：由第一集团中之美国，第二集团中之英、法、澳、纽，第五集团中之菲、泰、巴基斯坦等八国组成。

三、巴格达公约国：由第二集团中之英国，第五第团中之伊朗、土耳其、巴基斯坦，及第六集团中之伊拉克组成，共五国。

四、阿拉伯联盟：系以阿拉伯十一国中之亚洲九国组成，组织很早，目标在对付以色列国。但目前在事实上已经分裂，一部分亲西方，一部分亲俄共，一部分则在摇摆不定中。

联合国原来的原则是维持和平，但是现在已经变质，简直成为一个宣传机构，会员国中有东西两大壁垒的对立，均利用联合国来宣传。这就是所谓冷战（Cold War）。战争有两种，一为冷战，即书面和口头作战，或为威胁或为利诱；另一种为热战，热战之前是冷战的时代。苏俄攻击美国对西方用利诱的方法，如马歇尔计划等是。美国对苏俄利用所谓阻吓政策，也寓有威胁的性质。苏俄最初用的是威胁方法，现在也兼采利诱的方法。联合国已成为世界的雏形，世界可能由冷战变为热战，但联合国中绝不会有热战。一有热战，“联合国”这块招牌便要取下，故联合国中仍只有冷战。

苏俄一向利用威胁以扩其声势，但这次的威胁手段却特别厉害，以前只用口头的和书面的威胁，这次却用实物作为威胁手段，就是两颗人造卫星。现在先谈美国所受苏俄放射人造卫星的影响。

苏俄在十二届联大正在进行中，突然宣布已放射人造卫星至太空，联合国各会员国代表闻之至表惊讶。在会内会外的美国人亦深感出乎意外，甚为恐惧。及苏俄第二颗人造卫星射出，里面还载了一条狗，美国各大报每天更以头条新闻刊载卫星运行以及小狗生活的情形，恰在此时，美国总统艾森豪患了不太小的病，几乎不能出席巴黎会议，美国甚至讨论是否由副总统代理的问题。但美国报纸对于艾森豪生病的事不过刊载一二日，远不如对于卫星上小狗生活之报导为多，由此可见美国人对苏俄放射人造卫星的重视情形。有些美国人且说这样把小狗放上卫星未免太残忍了。我曾对一二位美国朋友说：苏俄杀人无数，你们都不以为奇，现在却对一只小狗特别关心，大概是因为你们自己还未能放射载狗的人造卫星而有此特殊的感觉吧。

美国对此事上下一致检讨自己，政府、国会和人民都认为自己的科学已经落后，他们这种勇于认错的精神非常值得赞扬，平时他们看不起别人，但是到了紧要关头他们很能认错而自求改进。例如在中日战争初期，中国节节后退，仅保西南一隅，因此美国人很看不起我们。及至珍珠港事件发生，美国海军被打得落花流水，这时他们才晓得日本人的厉害，而对于中国能够独力支持抗日战争四年，而且愈战愈勇，更是佩服得五体投地。他们承认自己以往对中国的看法错误，见到中国战士便说“顶好”“顶好”，由此表明美国人的敏感。他们完全是大少爷脾气。就以这次人造卫星事件而论，也是如此。美国向来看不起苏俄的科学，及至苏俄放射人造卫星成功，而美国虽老早就宣布放射人造卫星，试验数次，都归失败，因此觉得自己错误，彻底检讨落后的原因，有人说是由于美国学校忽视了数学教育，又有人说是由于大学教授的待遇太低等等。实际上也并不尽然，但由此可见他们勇于认错，勇于负责的精神。

谈国际关系

此系一九五九年二月间我对于青年学术年会的讲词，系就美苏两集团之关系而论述。所谓国际间的关系，系于武力和经济的因素。在过去苏俄方面向未利用经济的武器，至是已有所改变，但不管武力和经济如何强弱，结果最能收揽人心者无过于民主制度，因为民主的伸张虽可能受到压抑于一时，到了最后关头，仍能作有效的发泄也。

在今日谈国际关系，无宁是谈美苏两集团之关系，尤其是美苏两国间的关系。

国际间的关系，系于武力和经济两大因素，这两大因素若是不相等，那就除非彼此相距遥远，不易接触，其关系不是变为固定的主从关系，便难免有压迫与被压迫的事情随时发生。但由于现代的交通随科学的进步而跃进，几乎没有一个角落算得是真正的遥远与不易接触。因此，武力和经济弱小的国家如能幸免强国的侵凌，不是依赖势力范围的划定，便是由若干弱小者联合互保。所谓保护同盟与区域安全等关系，便由此产生。这两大因素若相等，那就和平相处尤其困难，不是依赖人为的集团，以维持均势苟安之局面，便是剑拔弩张，随时有发生大规模冲突之虞。

美苏两国的关系，在第二次世界大战时，一为援助国，一为受援国，且彼此共同对付其公敌纳粹德国，那当然不会有何严重问题存在的。

问题之发生表面上始于战后苏俄之强横扩张，席卷东欧，大增其势力。又以对战后复员之虚伪承诺暗中扩军整武，而骗取美国之诚意复员。幸而韩战发生尚早，使美国慑于几乎无兵可用，不得不加紧武装，乃能逐渐恢回其军事颓势。实则苏俄之野心，自其吞并波罗的海三小国之时已见其端。西方国家推翻了侵略独裁的纳粹德国，却养成一个强暴倍于纳粹德国的苏俄。其为不智，至今已无可否认。然彼时犹可谓大敌当前，义无反顾。及至德日先后无条件投降，苏俄对东欧诸国之蛮横夺取，与对中国东北之强暴阴险行为，以实现其颠覆“中华民国”之毒计，西方国家尤其是美国在其复员未竟，且独占原子武器势力之时，苟能毅然伸张正义，制裁强暴，哪会有今日的局势呢？

现在苏俄的武力，由于西方国家之放任，甚至间接的助长，确较二次大战结束时大大改观。在苏俄方面固然迭次自我宣传与炫耀，谓其武力与武器均冠全球，借以威胁世人；然在美国方面，亦不甘示弱，同样表示对于突袭者将予以极有力打击。在目前，究竟孰强孰弱，断非局外人所能肯定，尤其是秘密武器之试制与实验都极密，而战争胜负的决定性又与此类秘密武器有密切关系。

据美联社于本年一月廿七日莫斯科传来消息，俄酋赫鲁雪夫在共党第廿一次大会中宣布，苏俄正发动一个新的七年计划，加强生产，每年总产量增加百分之八・六，以对抗美国年产总量所增加百分之二。照此进度，至迟在一九七〇年，距今十二年后，将使苏俄不仅在生产总量上，而且在每人生产量上均超越美国。那时仅从工业产量言，全球势力平衡定将倾向于共产方面。

赫酋之此一宣言，在今日世人听来，固有些人半信半疑，有些人信以为真，也有些人认为夸张，但绝对认为不可能者为数不多。

盖自一九五七年冬，苏俄第一颗人造卫星升空后，世人对于苏俄在物质上的成就大都另眼相看。今日赫魔作此夸大的宣传，无怪乎世人的反应如此。可是此一宣言如在三四年前发表，我敢断言世人不会有同样的反应。因苏俄生产量原甚落后，战后大举扩张武力，等于竭泽而渔，而其经济上的实力定难强大。但我在六年前（一九五三年）曾为香港自由人三日刊写过一文，题为提防苏俄一种潜伏的武器，首先指出苏俄可能发动一种经济攻势，为世人所想像不到的，现摘述其中一段如左：

“西方世界所当惧畏者，不是马林可夫自我宣传的武器，而是他没有宣传，但随时可以利用，而且定能生效的另一种武器，那就是潜伏的武器。这武器表面上不会直接杀人，但侵略者把它利用，却可以杀人不见血。尤其是这武器对共产主义国家的关系不大，但对于资本主义的国家却有密切的关系，换言之，此项潜伏武器，不是别的，只是世人一般崇拜的黄金而已。

“在近廿年来苏俄每年所产黄金居世界第二位，据美国对苏经济研究专家史华滋氏所著苏俄经济一书中，‘苏俄战前黄金之产量统计，一九三五年为四 七八四 九〇九两，一九三八年为五 二三五 九〇九两……’假定其近年产量纵不超过战前，而仍维持一九三八年之数，则比诸世界各国黄金产量除南非外，苏俄实居世界第二位。

“至以积存量而论，就各方面观察，苏俄黄金之外流者殊少，又因其对人民的经济管制甚严，黄金散入人民手中者亦不少。美国名作家约翰费塞尔最近在‘美国政策在转变中’一文，谓估计苏俄目前的黄金存量，总值在美金六十亿元以上，比诸美国财政部在一九五一年四月保有黄金及汇兑平衡黄金之活用部分（据联合国统计）总值二百十九亿元者，固瞠乎其后，然若由苏俄以其积存量之一重要部分投入国际市场，而向西方国家搜括其所需要的物资，其影响之大，殊值得我人注意。”

上文曾于一九五四年五月刊入拙著“谈国际局势”之内，当时尚远距苏俄对世界开始其经济攻势以前，故注意者尚无多。及至苏俄开始对亚非国家，尤其是埃及的纳塞政府，作经济攻势以来，世人始予注意。此次所发布的大规模经济攻势的预言，其煽动力必定更大。

纵然任何人不否认苏俄在生产上有长足进步之可能，但也不否认美国能作相等的进步。假使美国的年产量增进率能与苏俄并驾齐驱，则以美国现有生产量之庞大及各种优越之生产条件，苏俄要想超越美国亦非易事。不过美国的生产多，消费亦多，不如苏俄之能控制消费；加以美国对外经济攻势多循正轨，不如苏俄之不择手段，随机应变。然到了彼此生产力均等时，一个稳重，一个诡谲，对于世界各国的争取，孰优孰劣，胜负难分，其相持不下之势，将使世界僵局益严重。

假使到了那一时日，美苏两国或是自由与共产世界中，在武力和经济两个因素上，都因势均力敌，而陷于僵局时，试问那有第三因素，能够决定胜败而打开这一僵局吗？

我认为这个具有决定性的第三因素，似乎没有比民意更为适合了。所谓民意，便是各该关系国人心的向背情形和程度。人民的向心力强，该国必定巩固，反之人民的向心力弱，甚至充满背叛之情，那就这个国家纵在武力上强，在经济上富，其巩固是绝不可靠的。因为无论怎样精巧和神秘的武器，还得靠军人来运用，而军人则来自人民，大多数人民如痛恨嫌恶此一政权，则其纵然掌握了庞大的军队与武器，也是无用武之地的；甚至一旦倒戈相向，转足以促使该政权灭亡。同理，庞大的资源与财富的积聚，也须靠人民来运用，如运用者离心离德，转足以资敌，或促使该政权崩溃。

民意既然关系如此重大，究竟应怎样争取民意呢？

在我国古代贤明君主统治下，依“天视自我民视，天听自我民听”的原则；认为民意代表天意，而尊重天意也就会重民意了。但民意究竟是什么？具体而言，那就是“民之所好者好之，民之所恶者恶之”。好恶既以民意为准，那就纵无民治的形式，至少已具民治的精神。民意既有此重大关系，无怪乎统治者的命运便是“得民心者得天下，失民心者失天下”了。

现代西方国家民意之能否伸张便是民主与不民主之分。民主一词，法国大革命前是君主之对称，在许多年间，几乎全以形式为根据：只要一国的元首不是世袭的君主，而是民选的总统，同时还具有一个名义上的议会，便称之为民主国家；反之，一国元首如在名义上仍为世袭的君主，纵具有真正民选的议会，与夫广大的民权，也只好称之为君主国家。最近数十年来，政治学权威的解释已有变更，对于民主的定义，以实质为根据，不问形式如何，只要事实上由人民直接或间接的行使政权，则称之为民主政治。所以像英国，表面上仍有一个世袭的君主存在，但事实上确由人民行使政权，也就被认为民主。因此，民主一词的反面，便由君主转而为独裁，其定义在现代西方国家中原已确定不移。但因苏俄的崛起及其宣传，却产生另一异义。苏俄势力圈中的国家，也妄称民主，进而指摘西方国家为不民主；对于民主与不民主的区别，不重形式，却与西方国家相同。因此，我们对于民主的认定，无宁从实际的条件加以评判。

近世西方学者对于民主所下的定义就是民有民治民享，民有是名称，民治是方法，民享是目的，名称属于形式无须赘言，目的当然是实质，方法是达到目的的手段。如果方法不当，目的便无从达到，也就属于实质方面。因此我们如就民治与民享两点来研究民主的实质，借以断定其是否符合民有的名称，任何人不能发生异议。

关于民享的权利，便是人民的基本权利，但对其范围与行使方法，国与国间主张颇不一致，美国雅各森教授概括这些基本权利为十一种，具体言之即：

（一）生存权：这是最基本的权利，除非生命获得安全的保障，任何权利的行使是不可能的；甚至原始式的国家对于人民生命的安全，也有相当的保障。

（二）身体自由权：个人在不侵犯他人的同样获利中应有权决定自己的生活、行为与居所。奴隶制度有损于此。

（三）财产权：所有权为尽人的欲望，故民主国家无不予以承认与保护，但民主国家也有权干涉私人的财产，那就是对于财产的课税权、土地的征用权以及依戒严法的强制处分权。

（四）工作权：个人就业及从事种种营利事业的权利，现在已渐被承认，因此，在特殊经济情形下，有许多人不能获得此种权利时，国家有出而干预，为之提供职业之义务。

（五）契约权：国家只准许与公共福利不冲突的契约，故对于此等契约应予保护，由国家制定有关契约权利与义务之法律而规律之。有时国家对于社会福利之立法，亦以其对契约自由过分干涉为理由，而遭遇反对，例如美联邦最高法院仍认为最低工资法为违宪的立法。

（六）信仰自由权：现代的民主国家皆准许信仰自由，并使政教分立，但所谓信仰自由，非谓个人得拒绝服从与其良心冲突的法律，特别是在战争时期借口良心不容许，而拒绝服兵役，在欧美通称为良心的反对者，皆不许其免除责任。

（七）言论出版自由权：民主国家对于口头或书面发表的意见，只要是没有对于他人的无理指摘，是准许其自由的。有些国家却禁止被视为违反公共政策的言论。在战时，言论的自由颇受限制，借以维持统一，避免泄漏机密，致有助敌之虞。

（八）家庭关系：婚姻与离婚以及夫妇亲子关系的主要义务，均以法律规定。大多数国家均允许家庭成为一个具有高度自由，处理各自事务的单位，并听取各个分子依自己的抉择处理遗产。

（九）诉讼权：此权恒以国家的法典为依据，使各个人都可按照一致的程序，从事于民刑诉讼。美国宪法中的权利清单，确保人民有获得迅速公平审判的权利，受陪审员审判的权利，以及非依法律程序不得被剥夺生命自由与财产的权利。

（十）法律平等待遇权：在理论上现代国家对于不论贫富之人，执行同样的法律，授予一切人民平等的法律权利，特权，义务与保护。

（十一）集会权：民主国家对于种种团体的组织，如宗教团体、工会、社交俱乐部、科学组织、商业法人等，无不予以广泛的自由。这些组织必须遵行法定的目的，并为保障公共福利而受法律的管辖。

以上十一项基本权利皆为人性之所需求，假使听任人民自由抉择。因此，就民享一方面言之，这些基本权利之是否被承认，与能否充分行使，不仅在西方国家视为衡量的准则，即铁幕内各国表面上亦不敢否认，只是借词曲解，或谓留以有待。不过这些权利既为人性所需求，则人民在表面上虽迫于淫威，不敢公然主张，内心上定然知所抉择。因此，任何民族对其现政权之是否满意，也必以其实际享有基本权利之程度为转移。

但是要确保基本权利，不应被动地依赖执政者的赐予，必须主动地争取自己的掌握。于是民治便有其必要，民治是由人民自行掌握政治。因为人民为数众多，且各有业务，未能尽人参政，大都只能间接参政，即选举各级议员，代表人民议政，以及直接或间接选举适当人员执政。于是选举权之行使为达到民治目的的要件。选举的对面，便是罢免，即对于所选人员违法失职者，行使罢免权。此外在立法方面大多数虽由选出的议员代表人民担任，但若干国家的人民还保有创制法律与复决法律之权。总此四权，实为民治的基本。所谓民主及“主权在民”无不与此有密切的直接的关系。这些参政权，在其行使上必须具有绝对的自由，否则徒有其名，未能表现真正的民意，不过是一种虚伪的民治，实际上仍为独裁的政治。

民意的倾向，既以民主的名称，而推论到民有民治民享，而民享与民治的实际情形，也就成为民意因素中的决定因素。因此，我们要从美苏两国的民意因素加以衡断，无疑地当将两国在民享和民治两方面的实际情形加以比较，见微知著，便可概括其他。在民享方面上述十一种基本权利中，生存权与身体自由权实是最基本的。如两者不能获得法律上的保障，其他权利自然更谈不到。凡是略知共产国家内情的人，无不了然于此，其生死的命运一任独裁者掌握，而其身体的自由也任其摆布，与西方各国迥异。又在民治方面的选举权的行使，共产国家纵然也有其形式，却无丝毫自由选择，与美国的自由竞选，一任民意所抉择也不相同。

总之，武力原为国际关系上决定优劣的主因，但因支持武力与联络与国，均需要经济的扩张与运用，也成为国际关系上决定胜负的重要因素。不过，归根到底，民意之向背却足以加强或削弱，甚至根本上变更了武力与经济两大因素的最终效果。衡量国际关系，因不当专以武力为根据，甚至加上经济，然因其压抑人民，使之离德，其对于西方民主国家竞争，终久必定是失败的。

不过话又说回来，由于武力之扩张可以收效于目前，经济之运用可以麻醉许多不明真相的国家，因而使拥有两大因素之国家显赫一时。在另一方面，民意在平时受着严重压抑，往往不能伸张，只有到了最后关头，始能作有效的发泄，尤其是要在对方以武力打击武力，并以经济充分发挥其支配力之时，民意才能充分伸张。此一时期可能迁延甚久，而在此时机尚未成熟之际，被压迫人民日处于非人的生活下，加以共［删1字。——编注］无时不施行其所谓颠覆作用，使西方国家的内部不宁，更借西方国家内部之不宁，而利用以稳定其本国内部，以无期延长其民意之最后裁判，便是现在国际间在演进中的局势，使世人彷徨无措者，亦使国际关系纠纷不已者。尽管民意是决定胜负优劣的最有力因素，西方国家却不能不注意武力与经济的两大因素，以免混乱不安的局势无期延长，而使陷于非人生活者得以早日解放。

联合国问题

本文系一九六六年九月九日对青年团政治年会之讲稿。内容分为三部分。第一部略叙联合国之前身，与其胚胎及形成；第二部论联合国成立后所遭遇之困难，与其会员国间合纵连衡及相互利用之情势；第三部分别论述历届大会中“我国”代表权问题之提出与应付，并预测第二十一届大会对此问题解决之前途。

本文系于重版时补入。

一

凡有问题之物，总有多少的病，以联合国问题之多，其不能无病，自属当然。试就病态，一究病源，窃敢断为“先天不足，后天失调”。

所谓先天不足，当追溯其成立以前，兼及成立之基础。

联合国之前身为国际联合会。此为第一次世界大战之产物。美国彼时任总统者为政治学者威尔逊，鉴于战祸之惨重，惩前毖后，发起国际联合会之组织，并于巴黎和会，亲自出席，说服各国代表，以此项组织作为和约之一部分；初时虽不无异议，卒为参加和约之各国所接受。真想不到，返国后提交美国参议院批准，卒为所梗，以致创意此国际机构之美国竟不得加入为会员。国际联合会丧失此一重要会员国，在先天上已陷于荏弱之病。至其组织虽以维持和平为主旨，却不具维持和平之实力。加以第一次大战破坏严重，痛定思痛，宁隐忍以维持苟安之和平，不敢严格制裁，以免战火复燃。于是首先破坏国际联合会维持和平，制止侵略的主旨者，便为国联首要会员国之日本。日人于一九三一年九月十八日借口中村事件和南满铁路一段被炸毁，进军占据我国领土沈阳，因东北军采取不抵抗政策，复进而占据东三省各要地。经我国向国联提出控诉，国联虽明知日本此举为纯粹侵略行为，对我横遭压迫非不同情，顾仅派团来华调查，未采任何制裁行动；及接到调查报告，亦久搁不理，其纵容侵略，不惜自毁原则，已甚显明。甚至一九三七年七月七日日本更进一步，在我国北平附近之芦沟桥发难，八月十三日又向美英有重大利害关系的上海进攻，民主国家方面虽于精神及物质上予我以相当援助，然对日本之侵略仍不敢作有效的制裁。在此时期之间，一九三五年十月二日意大利对阿比西尼亚之毫无理由进攻，国联虽有经济制裁之决议，然当一九三六年义大利实行并吞阿国以后，同年六月法国总统米勒兰对其上议院请求，承认墨索里尼的胜利成果，其演词竟有如下之一段话："我们应当明白世界上没有一个国家，除它的根本权利遭遇干涉，或是国家独立遭遇威胁，或是边境遭遇进攻，愿意再发生一次现代式的战争。"同时英国的哈里法克斯外长也说："无论国联地位如何重大，但它因以存在而努力之目的实较本体更重大，而这些目的中之最大目的就是和平。"因此，为着维持和平之故，民主国家方面便不得不承认义大利侵略的结果了。又如一九三八年德国发动的两次严重侵略行为。一为三月十二日之对奥进兵，强迫其合并，领导国联的民主国家并未加以制裁。二为八月间德国提出割让捷克苏台德区之要求，并动员德国军队，准备进兵捷克，英相张伯伦两度飞德与希特勒协商，结果竟于九月二十日由德英法义四国巨头签订所谓明兴协定。于是德军于十月一日开入捷克，一九三九年三月希特勒更超越协定范围，占领捷克残余之领土。此协定签字后，张伯伦与希特勒更发表联合宣言，谓英德二国从此将不诉诸战争。民主国家之不惜再三委曲求全，以期暂保和平；国联之熟视若无睹，亦无非不愿重燃战火。殊不知姑息养奸，养痈遗患，不仅因此破坏了国联据以成立之原则。而且，在英法诸强忍无可忍。于一九三九年九月间被迫对德宣战；随着战事之发展，与太平洋战事发生，先后对义对日宣战，美国亦复加入。于是原有之国联便随而消灭。

推原国际联合会之不能发挥作用，卒至解散，因由组织之未臻健全，亦因各主要会员国畏祸苟安，放弃职责所致。继起之国际组织，惩前毖后，自不能不有所改进，此在原则上固当如是，亦为参加各会员国所共同期望，然一究实际，究竟如何？

前述继起之组织，诞生于第二次世界大战之末期，定名为联合国。其基础奠立于一九四一年，距英法对德意等国宣战未久，美国在形式上尚未参战以前，美英两国政府首长所共同宣布的八项原则，被称为大西洋宪章，因为这是在大西洋上一艘军舰所发表；又称为罗邱宣言，因为这是美总统罗斯福与英首相邱吉尔所共同发表之故。这八项原则如左：

（一）两国不求领土或其他之扩张。

（二）凡未经有关民族自由意志所同意之领土变更，两国不愿其实现。

（三）尊重各民族自由决定其所赖以生存之政府形式之权利，各民族中此项权利有横遭剥夺者，两国均欲使其恢复原有主权与自主政府。

（四）力使世界各国，无论大小，无论胜败，对于贸易及原料之取得，俱享受平等待遇，两国对各国现有的组织亦当尊重。

（五）希望组成世界各国在经济方面之全面合作，以提高劳力标准经济进步与社交安全。

（六）待纳粹之专制宣告最终之毁灭后，希望重建民主政府，使各国皆能在其疆土以内安居乐业，并使全世界所有人类悉有自由生活，无所恐惧，亦不虞匮乏之保证。

（七）所有各民族皆可在公海上自由来往，不受阻碍。

（八）两国相信全球各国，无论为实际原因或精神上之原因，必须使用武力；盖国际间倘仍有国家继续使用陆海空军军队，致在边境以外重施侵略威胁，或有此可能，则和平势难保持。两国相信在广泛永久之普遍安全制度未建立之前，此等国家军备之解除实属必要；同时两国当试行一切切实之措置，以减少爱好和平各民族因军备关系所忍受之重大负担。

以上八个原则归纳起来，第一条为两国主张不侵略之表示；第二三两条为两国协助弱小抵抗侵略之表示；第八条为两国永久消除侵略之表示；第四第五第七各条为两国从经济上消除侵略原因之表示。一言以蔽之，则两国共同认定世界和平之破坏系由于侵略主义，于是直接与间接致力于反侵略并消除侵略的原因，以谋世界的永久和平组织，在原则上可谓洞见症结，宜其于发表后获得举世各民主国及倾向民主国家之共同赞许。于是构成新的世界和平组织，即联合国的基础，后来并参考各方面提供的意见，更采取两项重要原则，即（一）各国平等；（二）大国主义。

所谓各国平等，是指每一会员国，不问其人口多寡，土地广狭，在联合国大会中，各自拥有一个表决权，以为数十万人口的一个小国，与数亿人口之一个大国同等表决，在原则上因为彼此都是一个主权国家，诚可谓平等矣，然在事实上则不能无问题。由于当时英国国协中的几个殖民地已获英国同意，成为独立的国家，于是苏联便替它联邦中较大的联邦争取权力，乌克兰和白俄罗斯，原与美国的各州无异，却各被承认为会员国之一；这完全出自折衷的结果，在原则上原是不可通的。我于民国三十二年四月，即在联合国进行组织之时期，曾发表战后国际和平问题一文，则主张酌按各会员国人口之数，以规定其表决之权数。例如人口在一千万以内者每国一权；在一万万以内者，除一千万照上述办法外，余数每三千万人增一权；在二万万以内者，除一万万照上述办法外，余数每五千万人增一权；在三万万以上者，除二万万照上述办法外，余数每七千万人增一权；超过三万万者，除三万万照上述办法外，余数每一万万人增一权。依此计算，则人口无论少至若何程度之独立国家，经联合国准予加入为会员者皆可各行使一个表决权，人口一万万者可得四权，二万万者六权，三万万者七权，四万万者八权，以后每增人口一万万，则增一权，盖于人口比例之中，仍寓限制之意，我的主张如获采纳，则苏俄联邦中乌克兰与白俄罗斯，以其中一邦得分别加入为会员国之恶例殆可避免；而目前由于少数人口之新国家纷纷加入各会员国，致合计拥有会员国总人数百分之五之若干小国，竟得把持过半数之表决权，自亦无从发生。

所谓大国主义，系鉴于联合国大会中之平等表决，不得不另行设计一项制衡作用，即以某种特权畀予于安全理事会，对于新会员国之加入须经大会与安理会分别通过，而原宪章所定安理会理事国十一国中，特设常任理事五席，分畀于美英中苏法五大国，而使任一常任理事国均拥有否决之权，其意盖认为此五大国在第二次世界大战中，牺牲最多，作战亦最力，期望其能在联合国中密切团结，构成大国集团，以稳定联合国，因而各畀予一否决权，俾任一大国对于多数小国所为的议决，均能发生取消之作用也。

在此两种特别原则以外，联合国之计划者也曾考虑到警察权之行使，则以要想制止侵略之行为，联合国似宜拥有相当武力，以资镇压，例如美国前任总统胡佛等的经久和平方案，即曾建议“空军应使国际化，隶属于国际组织供国际警察之用”。我在所著战后国际和平问题中，则认为“仅使空军国际化，国际组织之武力尚有未足，当更进一步，使海军之主力亦隶属于国际组织；盖陆海空军之中，陆军如无空军或海军配合，殆不能从事侵略性的进攻，故使空军及海军同隶于国际组织，无异使各国的陆军仅供防守之用，再加以适当的限制，自可剥夺其进攻他国之力也”。联合国最终的形成，虽不排除警察权之行使，然平时既无武力之准备，一旦有事，必须行使警察权，只能临时调用若干会员国的军队，而以联合国名义为之，并由联合国负担其军费。

二

至所谓后天失调，可得而言者，计有左列数事。

（一）否决权之滥用。否决权之行使，依其原意，系为万不得已而设，盖以维持联合国设置之目的，借此制衡多数小国轻率之决议，而非视为任一大国凭一已之好恶而轻率行使之特权也。不意其实施之结果，竟为苏联所滥用，迄于今，以一国而行使至百次以上。凡彼所不愿意者辄行使此特权以排斥之，因之联合国任务之推行，多受其阻碍。至于其他四强对此否决权，无不慎重行使，至多不过一二次，“中华民国”仅于十余年前外蒙古要求加入联合国时行使一次，借以制止原属我国领土受苏联之诱惑而独立，实则无异为苏联之附庸也。由于苏联之滥用否决权，遂使联合国一切应兴应革之要务，无不仰其鼻息，凡不合苏联之意者，无论如何正当与必要，纵使联合国会员国百分之九十以上赞同，终因一国之否决，而不能通过施行，这哪里是联合国组织与否决权设置的原意呢？

（二）投票有关之区域集团与副集团。联合国各附属机构人员之选举，为公平分配起见，不能不参入区域代表性；因而联合国各会员国逐渐发展与形成六个区域集团，即（1）东欧集团，（2）拉丁美洲集团，（3）西欧集团，（4）非洲集团，（5）亚洲集团，（6）亚非集团。此种集团之团结性互有不同，试就第十五届大会与第十八届大会投票选举的结果，以证明各该集团团结性之强弱，换言之，即就投票选举之一致性百分比，以判明其团结之强弱率，计开：

集团	平均率		最低率		最高率	
	第十五届	第十八届	第十五届	第十八届	第十五届	第十八届
东欧	九九·四	九八·九	九八·八	九五·八	一〇〇	一〇〇
拉美	八三·七	九一·一	六八·四	七八·九	九五·四	一〇〇
西欧	七九·二	八三·五	五七·八	六〇·九	九八·四	九八·六
非洲	七八·九	八八·一	五五·一	六八·八	九七·九	一〇〇
亚洲	七七·六	八二·四	五二·六	五五·〇	九六·二	九七·六
亚非	七六·五	八五·二	四八·一	五四·一	九八·一	一〇〇

上表以一〇〇表示完全一致，以〇表示完全不一致。表中上栏指一九六〇至六一年第十五届大会中唱名表决时所示之一致性。所谓平均率系指各该集团在本届投票所示一致性之平均率，所谓最低率指投票结果所示最低之一致性，而所谓最高率则指投票结果所示最高之一致性。下栏指一九六三年第十八届大会中唱名表决时所示之一致性，由此可见东欧集团之团结最强，拉丁美洲次之，西欧又次之，非洲亚洲又次之，亚非集团则团结最弱，盖两洲国家毕竟有不少歧见也。又同一集团中，往往亦有副集团，例如西欧集团中括有北欧副集团五国，亚非集团中亦括有阿拉伯副集团十三国，副集团之一致性自较其所隶属之集团为强。

（三）单一国家之影响力。单一的国家往往也能在集团之外，发挥它的特别影响力。除了一个强大的国家，除其威望，不仅在其所属的集团内发生领导作用外，即对于其他集团，在没有利害冲突的范围内，也往往能被以影响。即在本无多大实力的国家，只要巧为利用，其影响力往往远超过其所具有实力，像印度便是其中一个显著的例子。在联合国成立不久，美俄两国对峙，东西阵营显分，印度本为西方国家英国国协之一，但它却采取中立姿态，声言不偏于西，也不偏于东，俨然以东西两方的桥梁自居，渐渐成为所谓中立集团的领袖，且当非洲各欧属殖民地大量独立之前，遇事辄以非洲之发言人自命，力主民族自决与反殖民主义为号召。但是好景不常，自与中共［删 2 字。——编注］发生边境冲突以来，其实力脆弱，彰彰明著，既已戳穿纸老虎，又因有待援助，渐渐倾向西方，其前此号召之中立主义，已渐失根据。又非洲殖民地，大多数先后独立，皆有自行发言之机会，用不着印度代为发言，它的另一个优越条件也就随而消灭。于是它的中立领导地位，渐为亚非号称中立之其他国家，如缅甸，如阿富汗，如埃及等所分占。印度虽力想挽回其颓势，也无能为力了。

另一个和印度适相对照的亚洲国家，就是日本，它的人才和实力都远胜印度，但因一起首便亲美，不能如印度之以亚洲，甚至亚非代言人的姿态表现。加以日本的工业高度发达，与多数在开发中的国家（据说在联合国会员国中占大多数，亚洲非洲尤甚）大异其趣，难与共鸣，但它的性质虽与西方国家相近，而其所处地区却在亚洲，因此既不能成为西方国家，又不足以代表亚非，其影响力遂远不如昔日之印度，就印日二国在联合国中之比较，足证一个单一国家之利用地位，对其影响力关系殊大。

以上系从积极方面着想，现请转到消极方面，即如何可使一个单一国家，在联合国大会中不受歧视，使其所拟发生的作用不受影响。此举有关三个条件，第一是在联合国中没有许多反对的国家；

第二是在政策上不致违反公意；第三是国内的政局不致动摇。

对于第一条件，可举“中华民国”及以色列两国为例。“中华民国”在联合国第四届大会以前，以五强之一的地位，事事主持公道，故其代表在大会中发言，无不备受重视，又时与美英二强配合，故其以单一国家的主张，辄能发生影响。然自第五届大会以后，由于［删8字。——编注］排我的会员国渐多，故我有所主张，无论如何正当，动辄遭遇排我者之反对。又因最近若干年，主要努力，几集中于维持代表席位，而维持席位端赖“友邦”支持，也盼无“邦交关系”者尽可能中立而不排我。因此，明知有主张正义之必要事项，因恐开罪“友邦”，或触怒可能中立而不排我之“非友邦”，在发言之词句中，也煞费苦心，力避刺激，如此，如欲单独发生影响力，无异背道而驰。至于以色列国土虽小，而人才与建设均居上乘，在理单独主张亦未尝不具影响力，但联合国会员国中与之敌对者，至少有阿拉伯副集团之十三国，既动辄得咎，也就不常提出主张，免招没趣，更谈不到主动发生如何的作用了。

对于第二条件，可举南非与葡萄牙为例。南非为一富强之国，在非洲首屈一指，然以其主张黑白隔离，大触非洲国家之众怒，西方国家怵于公论，亦不直之。葡萄牙为殖民最早之国家，二十世纪以来，其殖民地渐趋没落，顾于英法等国纷纷容许其远为众多之殖民地独立之今日，葡萄牙独不肯遵循一般原则，至今其仅有之少数殖民地尚无一独立者，其有违公认之原则，不仅为许多由殖民形成之新国家所反对，即原为殖民国之西方国家亦多不齿。因此，南非与葡萄牙，均因违反潮流，单独主张均难获得同情而通过，其影响力自无足道。

对于第三条件，可举巴西为例。巴西系拉丁美洲最大之国家，其平素主张，在该集团中原具领导作用。然自一九六四年之军人政变以后，纵然国力没有丝毫减少，其政府的威望不免受有影响，从而其对联合国大会影响力亦颇低落。

以上各项因素，除否决权之规定，载在联合国宪章，堪称为先天之病外，其他皆属于后天的人为事项，其中大多数设能寓以理智的抑制，即如否决权之行使不如是之滥，如黑白隔离，如殖民地独立，以及中立国之运用等等，皆未尝不可缓和磨擦，是则归咎于所谓后天失调，就多数之事例言之，似亦不为过也。

三

联合国多年未能解决的老问题虽不在少数，姑不置论，请专就中国代表权问题一加研讨。在联合国第四届大会以前，中国代表权本不成问题。自第五届以后，由于中共［删2字。——编注］控制大陆，西方及中立国家承认共［删2字。——编注］政权者为数渐多，于是始有［删2字。——编注］排我的问题。美国与助我之友邦初时均以本届不讨论中国代表权问题，通称为缓议案，以资应付。美国所以不愿改提一劳永逸之对案，系因若干承认［删1字。——编注］共之西方国家，如英国荷兰等，对于一年一度临时应付之缓议案，尚能赞助，若改提一劳永逸之打消案，则不易赞同。因此，我国对此不彻底之缓议案虽不能满意，仍觉为求实效，只好同意。此项缓议案之采用一直继续至第十六届，其时美国与我许多友邦，皆认为缓议案支持者渐少，无法继续采用，遂从该届起，先援联合国宪章之规定，认为变更“中华民国”代表权之问题应视为重要问题，而重要问题之认定，当由大会过半数之表决为之。重要问题一经认定，则对实质问题，即代表权问题，须有三分之二之可决票，始能通过。此无异多建立一道防卫线。或谓重要问题之认定既须大会过半数之票决，与实质问题，即代表权问题之决定正同，倘能获得重要问题认定的足够支持票，则于实质问题之通过，自亦无需顾虑。其实不然，盖不少会员国对重要问题案予以支持者，对于实质问题案，却未能支持，例如已承认共［删1字。——编注］之英国和荷兰等，对重要问题案迭曾支持，而对实质问题，却袒率表示，将支持共［删1字。——编注］。又如对我有邦交之葡萄牙，因其属地澳门毗连［删2字。——编注］，不敢开罪共［删1字。——编注］，故对于实质问题案，多次弃权，而对重要问题，则予我支持。因此之故，重要问题案之表决，辄使我方获得十数左右之较多票，而对实质问题案之表决，在第二十届大会中，支持与反对“我国”的票数，恰为相等之四十七票。设不预先建立重要问题须得三分之二多数票之防线，则“我国”去年在联合国之地位实甚危殆。

今岁第二十一届大会将于本月二十日集会，其局势如何，实为国人所极度关怀。且先谈实质，即确能支持“我国”代表权者究有几国，支持共［删1字。——编注］入会者究有几国。就大体而论，由于共［删1字。——编注］在非洲之颠覆作用，已惹起不少非洲国家之警惕，加以最近共［删1字。——编注］在大陆上之倒行逆施，如红卫兵之种种胡闹，更触使西方国家之反感；故共［删1字。——编注］获得之支持票，当不会比去年之二十届大会为多。至于共［删1字。——编注］在非洲丧失之票数，很可能转而支持“我国”，因而“我国”在去年获得之支持票，纵能有一二票之变动，然折长补短，“我国”在本届可以获得的支持票当不会比上届为少；［删1字。——编注］既有减，我则无损，是在实质上我当不致有何顾虑。不过拒我排我之票，态度较分明，尚不难断定，独保持中立，采取弃权之票，却较难臆断。为避免过分的悬揣，姑先将客观资料开列于后，以供关心本案者的参考。查截至本年九月一日为止，与“我国”有“外交关系”者共五十七国，与共［删1字。——编注］

有外交关系者共四十五国，与我及共［删1字。——编注］均无外交关系者共十四国，本年大会开幕后，可能成为联合国新会员国者共五国。兹分别分析如左：

（一）与我有“外交关系”之五十七国中，去年对实质案投票支持我国者，计有阿根廷，澳大利亚，比利时，玻利维亚，巴西，加拿大，哥仑比亚，哥斯大黎加，多明尼加，厄瓜多，萨尔维加，加彭，希腊，瓜地马拉，海地，宏都拉斯，义大利，象牙海岸，日本，约旦，赖比利亚，卢森堡，马拉加西，马拉威，墨西哥，纽西兰，尼加加瓜，尼日，巴拿马，巴拉圭，秘鲁，菲律宾，南非共和国，西班牙，泰国，多哥，土耳其，上伏塔，乌拉圭，美国，委内瑞拉等四十一国；其他支持我之六国，除“中华民国”本身外，尚有以色列，爱尔兰，马来西亚，甘比亚，马尔他五国，其中除以色列彼时与匪尚有邦交外，余皆为对我及“匪”均无邦交者；又与我“建交”之国家中，竟有狮子山一国助［删1字。——编注］排我，与以色列之助我，适相对照。

就二十一届前途预测，与［删1字。——编注］曾有“邦交”之以色列是否能继续助我，及与我有“邦交”之狮子山是否能改而助我，又此两国是否均有转变为弃权之可能，有待于努力与发展。至于与我及［删1字。——编注］均无邦交之四国，如尚能继续获得其支持，则二十届助我之四十七国或可保持。此外尚有增减可能者，则达荷美业与我复交，助我似有把握，惟与我“建交”之英协某国，向来助我者，今闻其态度颇动摇，设不幸而改为弃权，则达荷美一票之增，或竟因此抵销。此外中非共和国有与我“复交”之可能，去年独立之马尔地夫及今夏独立之盖亚那两国对我关系日益友好，或皆可望助我，然未必尽有把握，此为我方可得支持的大概也。

（二）现在与［删1字。——编注］有外交关系之四十五国，在第二十届大会时原为五十国，其中支持［删1字。——编注］入会者四十三国，转而助我者一国，由与我有“邦交”转而助［删1字。——编注］者一国，由未承认［删1字。——编注］共之会员国支持［删1字。——编注］共者三国共四十七国。今年以来与［删1字。——编注］绝交者五国，仍与有邦交者四十五国。此四十五国中，除荷兰，突尼西亚及寮国仍可能弃权外，未承认［删1字。——编注］共而仍予支持者，至少亦可有三国，是则［删1字。——编注］方保持四十五票以上当有可能。

假使我仍能保持四十七票，或略有增加，［删1字。——编注］方即获得四十五票以上，其相差之数尚微。于是向来弃权票之转变极关重大，如能转变二三票助我，则我对［删1字。——编注］之票数将可保持相当距离；设不幸有一二票转而助［删1字。——编注］，我方票数益与［删1字。——编注］得票接近，情形实甚严重。在此紧要关头，我除应极力争取更多之支持票外，为安全计，当然仍须建立重要问题之防线。此一道防线尤须早与美国切实商洽，美国如能早日申明态度，并于大会开幕后，尽早提出，当大有助于我。盖由于年来美国姑息言论之抬头，美国政府坚决反［删1字。——编注］助我之态度愈早申明，愈能维持对我之支持票与争取向来弃权票之转而助我也。

最后，我愿一言道破症结。“中美邦交”素笃，然人之自爱，难免胜于爱他。美国不少人误信纳［删1字。——编注］而不排我，将可能解决美国之麻烦，“两个中国”之迷梦，于今尤浓；种种迹象，可为佐证。讵知“我国国策”，汉贼誓不两立，宁为玉碎，不为瓦全，于我纵有小挫，于美亦大不利。在美尚徘徊于迷梦与真相之际，亟需我当局最袒率而坚定之表示。预防胜于补救，自爱亦所以爱“友邦”也。时机迫切，万不宜缓矣。

岫庐论经济

关于最高经济委员会

上星期内，我政府有一关系重大的措施，就是最高经济委员会之设立。该会目标在完成经济复员，促进全国经济建设及发展，并提高人民生活。此实为抗战胜利后国人期待甚殷而政府亟应采行之步骤。

按照该委员会组织条例第三及第四条的规定，除由行政院院长兼任其委员长外，以有关经济建设的七部部长及善后救济总署署长为当然委员，行政院秘书长兼任其秘书长。第五条规定该会应定期举行会议，向国民政府主席提出工作报告，并公告之。此组织在名义上颇像苏联的经济会议，在实际上也略似我国前此所设的国家总动员会议。苏联的经济会议系由若干人民委员会的主席所组成，借以联系有关经济之各人民委员会，而主管发布超过一种工业范围之法令，并核定各工业与各区域之供给储运计划。我国国家总动员会议亦由行政院有关动员的各部部长所组成，而谋达成战时总动员之目的。但最高经济委员会与苏联经济会议不同之处，则因该委员会之职权，依其组织条例第二条之规定，括有五项，即：（一）全国资源之充分有效利用事项，（二）主要经济政策之决定事项，（三）主要经济计划及方案之制定事项，（四）经济各部门工作联系事项，（五）经济工作进度之考核事项；其范围实远较苏联经济会议为广。例如第三项之主要经济计划及方案之制定事项，在苏联为国家计划委员会之职掌；是则我国之最高经济委员会至少已兼任苏联经济会议与国家计划委员会两机构的工作。又与我国国家总动员会议不同之处，即除前一机构以战时动员为目标，后一机构以和平建设为主旨外，前者之决议事项仍交各主管部执行，后者则依组织条例第十三条之规定，对各机关经济工作有统辖之权，并作最后之决定，其权力亦远较国家总动员会议为强大。此外还有与苏联经济会议及我国国家总动员会议均不同者，即最高经济委员会之委员除行政院各部署之长官外，并得由国民政府主席另行指派至多五人为委员。此点关系特别重大，否则所谓最高经济委员会纵有特殊之名称，将无异行政院中关于经济事项之定期会议矣。

就上文的分析，此最高经济委员会要能名实相符，而充分完成其任务，究应如何措施？谨就个人所见略述如左：

（一）关于工作之执行者　该委员会职权既如是广泛，而其机构本身所用人员，除参事秘书各为定额二人至四人外，他如专门委员会专员视察组员等虽名额无限制，然简派荐派者合计不过二十五至三十四人。委派者固不限额，但其职务不外对于事务上之助理。查苏联国家计划委员会分设五十四处，所用专家多至千人，其所主管者仅为我国最高经济委员会职权中之第三项。该委员会如欲实事求是，以达成其任务，除成立一庞大的机构外，惟有尽量利用国内一切有关的机构，而取得密切的联系。要成立一个庞大的机构，不仅为财力所限，而且人材缺乏，势必顾此失彼；加以既经设立其他有关经济计划的机构，只须密切联系，充分利用，自无取乎连床叠架之设置。因此，当然以尽量利用其他机构，如中央设计局及各研究院研究所为宜。至应如何联系始能发生充分之效用，实为最高经济委员会首当注意之一事。

（二）关于政策之决定者　该委员会职权之第二项为主要经济政策之决定事项，是则参加会议之委员不应以行政院为限；该组织条例第四条有得由国民政府主席另行指派委员之规定，可谓中肯。我以为委员会之决策欲求其更适合于实际，此项另待指派之委员应以能充分代表各方面为宜。在政府方面，其他四院中之立法院因有经济立法的关系，似不能不加入其代表；而主管设计研究及代表民意之机构也当使参加会议。至于农工商业之领袖人物与国内外经济专家，当然要依照组织条例第十一条的规定广为延用，使任顾问参议等职，俾收集思广益之效。

（三）关于经济各部门之工作联系者 数年以来我屡曾主张我国经济各部门之工作应有适当之配合与联系。该组织条例第二条第四项之规定当然值得我人之赞许。在过去若干年间，我国的经济建设纵然在战争和不断遭遇破坏的时期内，还算肯努力，但其效用不彰；虽由于种种原因，然各部门不能配合和联系所关实大。至于不能配合与联系之故，无疑是由于事前无通盘之计划，致仅凭私人自动的发起，或出自政府偶然的注意；畸轻畸重，自所不免。战后经济建设不能不有计划，计划中尤当注重联系。试举炼钢一事为例。假如我国决定初期每年以能产钢三百万吨为标准，则每日平均产钢一万吨，所需铁砂为二万余吨，煤七万余吨，锰砂等若干吨；而供此项运输之铁路载量每日当在十万吨左右。假如炼钢区域分为五处，则平均每处每日之运载量约二万吨；于是铁路交通不能不与联系。设某区域本未建筑铁路，则非先行建设不可；设已有铁路，则不能不考虑其运载能力。若原有之铁路系单轨，每日行车十二次，每次载运一千吨，是每日运载总量不过一万二千吨，仍不能配合需要；故于此等运载量特多之区域尚有敷设双轨或采行其他有效方法之必要。又就原料及燃料之供给而论，其配合尤关重要。三百万吨之钢产需要铁砂六七百万吨，如何达此供应之数量，则有待于铁矿之开发与增产；又三百万吨之钢产需要煤二千余万吨，煤之为用不限于炼铁，为免顾此失彼起见，姑以煤之其他用途二倍于炼钢所需，则每年非产煤七八千万吨将不能自给。要达此供应之数量，亦有待于煤矿之开发与增产。此仅为生产配合之一例；其他主要工业部门自给自足之必要者莫不如是。有些人以为在纯由国营之事业中配合联系较易，而侧重民营者不无困难。其实不然。倘无计划或不能切实执行其计划，则一切工业纵由国营，仍不免有过剩或短缺之处，倘能精密计划切实执行，纵侧重民营，亦不难配合与联系。我固极度主张我国工业应尽量委诸民营，但同时也极主张工业应有政府之指导与协助。蒋主席在该委员会成立时之训词中，开首即强调“帮助人民，使所有的力量都放在和平建设及发展的工作上”。我以为帮助人民之道，除解除其种种的障碍使得自由发展外，须给以有益的指导和协助，使人民发挥的力量得收最大的效用，而不致有何落空。我国民营工业的组织多欠健全，如完全听其自由发展，则在尝试与错误之后，虽仍能自返于正轨，但此种非必要之牺牲最好能避免。在政府通盘计划与切实指导之下，人民可知某种事业有发展之余地，其原料动力不致短缺，运输可得便利，出路不愁阻滞，始敢放手进行；或知某种事业供过于求，或政府已另筹供应，自不必为无益之竞争，以徒耗资力。至于交通为经建事业之脉络，水利为农业之要素，然往往非私人资力所能举办，则由政府于熟察需要从事适当的建设，实为协助民营工农业之必要措施。借此等及其他之指导与协助，政府对于民营经济事业，固不难发生联系之作用也。

（四）关于工作效率者　经济建设，首重效率。苏联在过去二十年间，经济建设有不可否认的相当进步；一方面固由于计划之周密，他方面也有赖于工作效率之增进。关于增进效率之道，虽千头万绪，一言以蔽之，不外确定标准严格赏罚而已。苏联对于国营工农业之效率管制，系由计划机构对于生产机构各按其设备供应，一一规定其计划的产量与计划的成本，而其考成方法，则于每一生产时期内，核算其实际的产量与实际的成本较诸计划的产量与计划成本孰高孰低，凡实际的产量高于计划的产量者，或实际的成本低于计划的成本者皆视为成绩优良，反之则为恶劣；并按其优劣的程度分别予以轻重的赏罚。因此，国营的事业在他国往往不如私人企业效率之优者，在苏联则无二致。且其国营工业之主持人多能注重于事业的责任。所谓事业的责任，在英文为 Business Accountability，系指经营工商业者务使其事业自力更生而维持不坠，即偶须借助他人，亦视同一种债务，时存清债之心，而终达清偿之愿也。惟其如是，故制造须顾成本，发售须有利润，且成本与售价亦须能与他人竞争而不致失败。在资本主义国家之私人企业固皆重视此责任，然在国营企业可依赖政府无限额之供给资金或依赖政府授与之特权能无须顾虑竞争者，其主持人对于此项责任之观念自不免随而薄弱。苏联则既因确定标准严格赏罚之故，又以工业救国之观念深入于人心，虽以国营事业，其主持人对于事业的责任观念竟不下于资本主义国家的私人企业主持者。其效率之增进，殆由于此。关于事业的责任我在多年以前曾提倡所谓老板主义，即鉴于大企业主持者因自己对于企业所占资本的成分微薄，故其责任心往往不如独资经营工商业者之坚强，而国营企业主持者之责任心更往往较大规模的民营企业主持者为薄弱；于是期望任何人对所主管之事业皆能以老板自居。关于赏罚的准则，我近年于自己主持的事业中，在未知苏联所采行办法之时，亦曾以计划的产量成本及营业与实际的产量成本及营业相较，而定奖励之有无与高下；数年以来，颇觉满意。但初时不敢自信一己的愚见适用于一企业者亦能同样适用于其他企业。现在见了苏联的许多例证，遂觉我国公私企业皆无不可适用此原则也。总之，整饬工作效率，已为不争之论。今最高经济委员会组织条例第二条第五项固有关于经济工作进展之考核事项的规定，然其范围似尚不及于工作效率；此则有待于该委员会进一步的注意矣。

（五）关于五年经济计划者 经济计划应依据国情与国力；不合国情和超过国力的计划，固然表面很好看，却是不能收效的。蒋主席对该委员会的训词，注重奠定民生主义的基础，希望逐渐提高我国人民的生活水准。领袖的美意，国人听了当然很感奋；但国人须知出一分的气力才能得一分的享用，无代价是不能有收获的。经过了八年战争的摧残，国家元气业已大伤，今后要提高国民的生活，端赖上下一心，共同为最大的努力。况且目前国内和国际的纠纷仍是层出不穷，在这时候我国人民更不当怀安逸之念。以英国战前之国力，而其战后全国人民仍节衣缩食，继续战时的生活；则我国要达到将来生活水准之提高，此日更应继续战时的刻苦生活。第一次五年经济计划之制定，似当针对此情势。正如蒋主席所说，“我国目前是一个穷的国家，不能希望把所需要的改革一起都办到”。因此，我认为第一次五年计划的目标，第一当使衣食自给；第二当使主要的消费工业如造纸制革等充分改善，并能作相当的供应；第三当使若干种基本工业，如动力、金属矿冶炼、机器、基本化工、电工器材、石油采炼等具有相当的规模；第四当完成与经济有重大关系的铁路线，改良内河航运，并自谋供应交通工具；第五当改良及增进各种可供外销之产品；第六当建设切要之水利工程并渐使农业机械化。

（六）关于经济建设人材者 最高经济委员会之当然委员中括有教育部部长，足见政府对于经济建设人材之养成已有相当注意。此种人材既有大量的需要，当然要大量的养成。我以为高深的技术人材应与应用的技术人材分别储备。前者除国内已有适当之人材应尽量利用不使投闲置散或用非所学，并与盟邦谋技术上的合作，期暂收楚材晋用之效外，今后各大学校对于工农人材之训练宜益加严格，并注重理论与实用之联系，千万不可因需要多而粗制滥造。后者则宜加强专科学校及职业学校，并多设技工补习班，且就各大学附设专修科，俾于较短时期内造就较多之应用人材，而不致有降低大学程度之弊。此举所关至巨。英国为工业先进之国，而其大多数之技术人材皆由职业学校及半工半读之工徒制度所养成，其大学校则严格维持高深之程度，借以养成少数可以负担重责的人材。苏联为工业新兴之国，而当工业化之初期，因技术人材缺乏，其大量设置之技术学校所收学生括有手工工人及农人甚多；此种工人农人向虽缺乏新的学识，然对于工作习行有素，先工后读，较诸先读后工者各有其便利。苏联为工农社会主义国家，在其采行此种教育方式时，固寓有就工农劳动者中造就干部人材之意；然专就训练人材应付急需而论，亦自有其效用。我国今后经建需材，当知所取法，不宜因一时之急需，而使程度原已不高之大学校将更降低其程度，致养成不上不下之人材也。

（本文系一九四五年十二月作者在中央设计局的演讲。——编注）

经济建设原则建议书

本会建设组成立以来，同人迭就今后经济建设详加研讨，期为涓埃之贡献。惟以经济建设计划，系专家长期间之工作；同人仅能作原则上之建议。且本会代表民意，对于经济建设之建议，首当以民意为从违；因就各工业团体与其代表公开发表之意见，及国民参政会同人历次提出关于经济建设之议案搜集归纳，资以比较，然后参合同人意见，经多次之集议斟酌损益，成为本建议书。去年国民参政会第三届第二次大会对于政府交议战后工业建设纲领有所献议；此时政府正在施行，或施行而有所未尽，愿就现况，更为综合性之敷陈。

窃以为经济建设虽范围极广，然荦荦大纲不外有计划，能配合，定重心，浚资源四者。本建议书主张经济建设应由政府计划；此为今后世界共同之趋势，我国莫能外是。又各种建设务宜彼此配合，不仅工与农，工与工之间为然，即工业与原料与交通亦莫不然。至于重心不定，则一切计划无所适从；资源不浚，则一切措施不易进展。本建议书所提建设原则，实以此四者为主。同人又以为任何建设之目的必须纯粹；经济建设应纯粹以发展经济为目的，不宜参入财政收入之意义。举其一例，如国营对外贸易，旨在调节物资；设参入政府图利之意义，则输出方面或不免贱价收买人民所产，而以高价售诸国外，结果转使外销物产因与锐减，无异背道而驰。谨于列举原则之前，申述此旨。兹将所拟原则十八项分别为我会长陈之。

（一）经济建设，宜由国家计划，而尽可能范围容许人民经营，俾可配合国策，迅速发展也。

经济建设，不能不有计划，不能不由国家计划，已为不争之论。然国家计划系谋通盘配合，非谓即由国家经营也。我国国营工业向所规定之大纲，计分六项，除其中关系国防及有急需而无利可图者二项确有由国营之必要外，其余各项皆未尝不可由民营。查十一中全会通过战后工业建设纲领第六条规定："凡工业可以委诸个人或较国家经营为适宜者，应为民营……至其不能委诸个人及有独占性质者应为国营。国营与民营之种类，政府应予以列举规定之。"就事实而论，为谋经济建设之迅速发展，民营自较国营为便；盖民营事业有互相竞进之长，而其短处则各自为政不易配合，设能由国家通盘计划，监督指导，不遗余力，则此弊可免。再按战后工业建设纲领，凡可以委诸民营者应归民营，似宜于规定国营民营种类时，尽量从宽，非确有不能委诸民营之事实者尽可能范围容许民营；庶于免弊之外，克收民营之利。至于省营事业，既乏统一性，又无民营之长，似不宜过分提倡也。

（二）工农并重，俾收相辅并行之效也。

苏联实行工业化以前，先将农业整顿，俾借农产品向外国易取机器及原料。土耳其实行工业化之时，亦就其固有之农业从事改良，以收相辅并行之效。英国战前虽不甚重农，然自战事起，即厉行农业增产，迄今数年，其农产食料已由百分之四十之自给程度进达百分之七十，深信其在战后仍保持工农并重之政策。我国夙以农立国，然食粮与棉花两项在战前仍有一部分仰给于国外。战后从事经济建设，不仅农品须能自给，并须随时代之进展，发扬我国固有之特长，俾可供输出之农产日渐加多也。

（三）重工业宜早日建设，以植工业建国之本也。

观于此次大战之教训，无重工业者几不足以立国。苏联一次五年计划，以全国岁收四分之一应用于经济建设（其比率当一九一四年以前之俄国二倍有半，当一九一四年以前之英国约二倍）；而其中四分之三则专供重工业建设之需。土耳其第一次五年计划，除谋消费必需品之自给外，兼注意重工业之建设。我国惩前毖后，自应视此为当务之急。

（四）工业上各主要部门务宜配合，俾可顺遂进行也。

向来我国工业，或出于自动发起，或由于特别提倡，自不能有平衡的发展。抗战时期之工业又或因特殊需要而畸形发展，或因资源缺乏而设置不周。战后工业发展，尤以各主要部门务宜彼此配合。假如初期以每年产钢三百万吨为中心，则每日平均产钢一万吨，每日需要铁砂二万余吨，煤七万余吨，锰砂灰石等各若干吨，而供此项运载之铁路载量每日当在十万吨左右。又假如炼钢区域分为五处，则平均每处每日之运输量约二万吨；如系单轨铁路，每日行车十二次，每次载货仅一千吨，则每日运输总量不过一万二千吨，尚不能配合需要，故对于此等运输特繁之地尚有增铺双轨之必要，而每年所造火车的辆数亦当能与此配合。又三百万吨之钢产需要铁砂六七百万吨，如何达此供应之数量，则有待于铁矿之开发与增产；且三百万吨之钢产需要煤二千余万吨，而煤之为用不限于炼钢，姑以其他用途两倍于炼钢之需而论，则每年非产煤七八千万吨不可。此为工业建设宜谋配合之一例，其他部门莫不如是。一个国家欲谋工业上之完全自给，固不可能，然主要部门之工业实不能不赖自给而配合也。

（五）工业主要原料宜预筹供给之充分，以固工业基础也。

我国地大物博，工业上之主要原料，大都可以自给；但有待于积极之开发，自宜与工业建设配合进行。至于产量未足之原料，如铜、铅、锌、硫等，及尚未生产之原料，如铬、镍、树胶等，一方面固宜详加试探试植，以为永久之图，他方面亦当早为计划，与富产各国联络，务达充分供给之目的。战后原料供应将成为世界上一重要问题，我国利害所关，尤不宜忽视也。

（六）水陆运输宜加速建设，并自筹交通工具之供应，以利交通也。

为国防与实业发展计，交通便利实为必要之图。除铁路建筑需费较昂，暂宜与经济配合外，水运则内河轮船及沿海轮船在五年之内，至少须各备一百万吨，另当加备南洋航运五十万吨以上，以促进华侨联系及近海贸易。同时开始筹备远洋航业，以奠对外贸易之基础。至于陆路运输所需之公路，战时建设颇多，战后五年当完成全国公路网，既有利于农工商业，复为国防所必需。至于公路运输所需之汽车工业，亦宜从速建立。查苏联在第一次大战以前，国内不能自制汽车，第一次五年计划开始之一九二八年国内汽车工业甫萌芽，是年所制汽车仅六七一辆，而第一次五年计划结束之一九三三年，所制为四九 七五三辆，第二次五年计划结束之一九三七年所制约为二〇〇 〇〇〇辆，其突飞猛进，至足惊人。我国一方面发展公路，他方面须能自制汽车，始可配合进行也。

（七）铁路建设宜与经济配合，以收相互为用之效也。

国父遗教，十年内应造成铁路十五万公里，即平均每年应造成一万五千公里。纵令开始之时，因各种条件均难配合，暂时减半实行，即每年建设七千五百公里；此已为最低之限度，不宜再减。铁路建筑需费最巨，自宜与经济配合；盖一般交通可借公路水道，惟重工业则不能不赖铁路。由铁路发展工业，更由工业而推广铁路，相互为用，进展自速也。

（八）航空事业宜积极发展，以谋交通之迅速也。

我国版图辽阔，纵令铁路公路遍设，仍有交通迟缓之憾，况铁路之建设需费多而时久，短期势难普遍；公路之运输尤难达交通迅速之目的。于是航空交通实有加紧发展之必要。查航空事业收效宏而建设较易。我国在战时已借航空而获得不少之便利，战后益宜积极发展，殆无疑义。

（九）农业特重防洪灌溉，并及机械之利用，以增进农产也。

我国虽为数千年之农业古国，然迄今仍未脱“靠天吃饭”之状态；收成丰歉，多赖天然。今后从事于经济建设，不仅此种观念宜矫正，尤当作积极的改良措施。关系最大者，莫如防洪与灌溉，次则利用机械。防洪端赖国家设施；灌溉则有赖于政府人民之合作；而利用机械，则莫如提倡合作农场。凡此各事，皆不宜稍缓也。

（十）厉行科学管理，以增效率也。

工业建设如能与科学管理相辅并行，则事半功倍。美国近数十年来，科学管理盛行，故其工业效率特高。苏联工业注重科学管理，其所谓斯太哈诺夫运动，即科学管理之一端。英国在战前亦颇注意于此，战事发生后益厉行之，而克收工业增产之大效。我国工业上之科学管理最近始有人提倡，然新兴工业开始时即实行科学管理，其收效且较原有工业为易也。

（十一）预谋劳资调协，以减工业上之损失也。

工业愈发达，则劳资问题愈多。我国如实行工业化，不可不预谋劳资之调协。说者每谓国营事业劳资问题可减少，实际或不尽然，证以我国向有之国营事业可以知之。至民营事业之人事政策措施得宜者，亦可将劳资问题减至最低限度。总之，完善之劳动法当以消泯劳资纠纷于事前为原则；设不得已而有调解之必要，无形中已受损失矣。

（十二）技术人员宜注重深造与实用，俾资应付经济建设之需也。

我国目前之大学教育，言深造尚不足，言实用尤有未逮。为适应战后经济建设之需，今后大学对于工业人材之训练，宜益加严格，并注重理论与实用之联系，人数则不在多而务求精进，以养成最高技术人材为主旨。至于一般技术人材之训练，宜加强专科学校，务以较短时期，造就较多人材，并能实际工作者为主。英国为工业先进之国，而其全国大学生人数平时仅及我国三分之二，战时不及我国二分之一；其工科学生之比例，战时虽特高，平时殆亦与我国相若，然其造就之人材合深造之旨，且应于实用，故技术上之主持人员不虞缺乏。至于工业所需大量之技工多从职业学校出身，或为半工半读之工徒制度所养成，于实用之旨最合。观此则我国今后工业教育实有根本改革之必要矣。

（十三）制定奖励国民储蓄之有效方法，以利自筹资金发展工业也。

经济建设，首赖资金。外资虽可利用，仍须以自筹自助为主。溯抗战军兴以来，我国工商业泰半内移，多能自力更生；人民之获得亦远较畴昔为多。其剩余之资金实宜储蓄，以供发展工业之用。惜以宣传不力，奖励未周，致储蓄之效不著，坐令大量资金散在个人手中，垄断操纵，偾事有余，而无集中利用之效果。此则储蓄制度未臻完善之故，似宜另定奖励储蓄之有效方法，俾达自筹资金之目的。

（十四）积极增进外销物产，以期发展对外贸易也。

我国战后工业化，不得不大量输入机器及必需之原料，其偿付虽可以外债充其一部分，然断不能全部倚赖外债也。查苏联工业化之初步，以不克依赖且不愿依赖资本主义国家之借款，致不得不节衣缩食，以其物产外销，借以易取机器。我国在此次战后之地位，自较苏联在上次战后之地位远胜；但为谋经济之独立，不可不积极增进外销物产，如蚕丝、茶叶、桐油、皮货、猪鬃、蛋品等，并改善磁器，恢复其旧日在国际市场之地位。查丝、茶、磁三项，向为我国名产，晚近为日本夺取其市场，战后日本溃崩，我宜乘时恢复利权，除对英美等盟邦外，即中东近东各回教国之市场亦不可忽视也。

（十五）对外贸易宜划分国营民营之界限，而对民营外汇仍继续管制也。

对外贸易有调剂物资，补助经济之效。何者宜为国营，借以调剂物资，何者宜为民营，可以补助经济，宜由政府妥为规定。其归民营之部分，对于获得与需要之外汇，仍由政府继续管制，俾于发展贸易之中，不致有碍国策也。

（十六）与盟邦技术合作，利用其资本与战时过剩之设备，为我国奠立工业之基础也。

利用外资并与盟邦技术合作，已为我国既定之政策。查战时英美两国对于若干种工业特别扩充，在战后不能不有所减缩或转变。此在彼为过剩，在我则毫无基础。今后世界欲维持长久之和平，一方面固赖强国之自觉，他方面亦赖弱国之自强。我国对于国防有关之基本工业，今后实不容忽视，而欲奠立基础，莫如乘战后联邦有过剩之设备，有可借用之人材，同时于极力自筹资金外，更尽可能利用外资，俾可加速进行也。

（十七）确立健全之金融制度，俾工业建设不致受阻也。

金融为经济与工业之枢纽，苟其制度不健全，将使工业建设无法预算，进行上障碍至多。我国战前法币政策，原甚合理，战时由于收支不能适合之故，通货膨胀自属难免。因此及其他种种之理由，致物价波动极速，任何建设事业，皆无法预算正确。战后如何收拾此局面，使金融制度复返于健全，并预防再度之波动，实为经济建设之重要关键。此举如不能办到，则经济建设将梗滞不前矣。

（十八）租税宜简单化，俾政府有实际之收入，而人民不致受扰也。

租税繁复，则征税费用浩大，政府实际收入无多，而手续烦苛，徒令人民受扰；于国于民两无是处。我国战后如能专就田赋关税与所得税三者切实整顿，并简化其征收手续，而将一切苛细之税撤销，征税人员大加裁减；则政府收入不仅有增无减，且人民负担简单，虽税率稍重，亦乐为应付也。

基于上开各种原则，谨建议我国第一次五年经济计划之目标如左：

（一）食粮自给；

（二）衣料自给；

（三）八种基本工业，即动力、金属矿（铁、铜、铅、锌等）之开发与冶炼、机器、基本电化、电工器材、石油采炼、燃料及炼焦、水泥等，各有相当规模，并能彼此配合；

（四）主要消费工业（特指造纸及制革）充分改良，并能作适当之供应；

（五）改善主要输出品，如丝、茶、磁等之质与产量，及桐油、猪鬃、锑、钨、锡、汞等可供输出者，充分输出之；

（六）完成与经济有关之主要铁路至少三万七千五百公里，并改良内河航运，完成公路网自行供应交通工具。

说明：本计划原则系参酌苏联第一次五年计划及土耳其五年计划，而配合我国国情。（一）（二）两项关于食粮自给与衣料自给，旨在减少入超，尚未及民生之充实。当此建国初期，为奠立基本工业基础，对于人民生活之充实，只得留待第二期进行。同时人民亦有继续节衣缩食，以策国家长久安全之义务也。（四）项之旨略同。（五）项则略仿苏联第一次五年计划，借输出而易取机器；此在我国虽不如苏联彼时之必要，然为策划经济之独立与加速工业之建设，亦属要图。（三）（六）两项则为基本工业及重要交通所系，万不宜缓。

（本文系一九四四年八月作者为参政会经济动员策进会草拟的文件。——编注）

专家学会与经济建设

建设要靠专家，团结就是力量。由于经济建设的范围极广，需要的专家也极多；如果这许许多多专家没有坚强的团结，虽有充分的人材，未必能产生充分的效用，本人今日讲话的要旨，即在于此。

“中国工程师学会”在其举行五十年纪念会的今日，与其他十个专门工程学会联合开会，是极有意义的。因为在举行定期大会之时，性质相同的学术团体，如能联合会议，则各别讨论的题目得有其共同研究与互相联系的便利。记得“中华农学会”也曾与各农业专门学会联合举行年会，其意义与此正同。

就此原则推进一步，我认为即在平时，各学术团体间，如果也能有互相联系的办法，定然对于研究工作是有不少便利的。许多国家的学术团体往往有联合委员会的组织。试举美国为例：其所有学术团体多至二千左右，而其中较重要的学术团体，多就性质相近者组为联合委员会 Council。这些联合委员会最著名者有四个，依其成立的先后为序，则有一九一六年成立的全国研究联合委员会 National Research Council，是由有关自然科学、生物学、医学、农学、工程学、人类学、心理学等八十几个学术团体所组织，分别由参加组织的学术团体各出代表若干人构成一个联合委员会，经常从事于联系的任务。其次为一九一八年成立的美国教育联合委员会 American Council on Education，是由有关教育研究的四十多个学术团体所组成。第三为一九一九年成立的美国学术团体联合委员会 American

Council of Learned Societies，是由从事于人文及社会科学研究的二十多个学术团体所组织。第四为一九二二年成立的社会科学研究联合委员会 Social Sciences Research Council，是由从事于社会科学的七个学术团体所组织。上述的联合委员会已在其各别的研究范围中，成为研究工作的总汇，但是它们对于扩大联系上仍不遗余力。每一个联合委员会各以其若干人员，从事于每月一度的商谈，以讨论共同关系的问题。透过这些商谈，间或透过共同推定的联合小组的研讨，这四个联合委员会可使一个共同关系的问题，由各别担负其研究任务者，益加配合。

“我国”经济建设，就台湾而言，已先后完成了两次“四年计划”。现在“第三次经建四年计划”亦已开始。台湾在经济上目前日益感到人口的压力加重。在一九五〇年台湾的人口密度每平方公里不过二百一十人有奇，而到了一九六〇年已高达三百零点一人。台湾是一个海岛，当与世界上的岛国或海岛比较其密度。查日本每平方公里的人口密度仅为二百五十三人，英联合王国，与北爱尔兰并计，每平方公里则为二百一十五人；台湾比它们还要密些，即比诸英伦与威尔斯的每平方公里二百九十五人，亦稍有过之。日英都是工业国家，供养密度较高的人口还不成问题，正如比利时以一个大陆国家，其每平方公里的人口密度高至二百九十八人，即因其为高度工业化国家之故。至于香港的每平方公里密度二千三百十人，星加坡每平方公里一千六百七十五人，则以其为工商业城市，转口的贸易极大，民食几全赖外来，也是无问题的。

台湾情形既与香港星加坡大不相同，其工业化程度还不及比英二国，然目前有了每平方公里三百人有奇的密度，仍保有多少余粮，足见台湾除了优越的气候和土壤外，不能不归功于农业技术与农业行政的改进。但是农业的生产毕竟有其止境，而一个海岛的天然境界也是无法扩张的。因此，第三次经建计划，不得不农工并重，又因交通对于农工建设均有重大关系，自亦有适当配合之必要。兹将此次经建计划中之农工交通发展重点略举于后：

（一）农业

（1）关于水资源开发及水利设施改善者，新增灌溉面积约九四九四五公顷，改善灌溉面积约二二九 二七四公顷，连同石门水库建设计划完成后增加灌溉面积四年内共一一六 四三六公顷。改善灌溉面积四年内共二〇四 三〇〇公顷。

（2）关于平地农业资源开发利用者，计有增加耕耘机之使用，推行化学肥料之有效措施，并对配合作物品种之改良，耕作技术之改善，病虫害之有效防治等措施加强推行。

（3）关于山坡地农牧资源开发利用者，计有发展茶叶、香蕉等山坡地产品，推广种植牧草以发展畜牧事业，并利用山坡地种植温带果树药用植物等。

（4）关于森林资源开发利用者，计有加速天然林之更新以充裕木材及纤维原料之供应，鼓励种植竹林，以充裕造纸原料等。

（5）关于渔业资源开发利用者，对于远洋渔业、近海渔业及养殖渔业各方面，同等加强。

（二）工矿

（1）关于发展基本服务及能源工业者，如电力、燃煤以及石油产品等，以为工业发展之基础。

（2）关于发展重工业者，由于重工业为工业发展关键所在，特斟酌经济能力，先就稍有基础之钢铁、机械、造船、汽车等工业企求发展。

（3）关于发展外销工业者，由于此为海岛经济自给之要图，特就现有工业中，选定若干项生产，其规模设备技术及管理均合乎或接近国际水准，其产品品质与生产成本可与外国竞争者，鼓励其继续发展，以其产品逐渐转向外销市场，例如纺织、塑胶原料与其制品，玻璃，水泥，造纸，夹板，炼铝及铝制品等业，以及拟议发展中之石油化学工业。

（4）关于农工业配合者，由于农业在台省所占之重要地位，农工配合发展仍为今后经济发展重点之一，对此方面特加注重者，计有农业加工业，农业生产工具与原料供应工业，以及农村手工业或小型副业等。

（5）关于加强天然资源之发掘利用者，除原油与天然气，根据现有资料判断，可能有巨额蕴藏，应加强探勘发掘外，他如森林资源，以及制水泥之石灰石，制玻璃之矽砂，制酸碱以及其副产品氯气用之盐，均相当丰富，应予充分利用。

（三）交通

（1）关于发展航业者，为配合国际贸易之拓展，计划期内拟建造商船三十万吨，半用于汰旧换新，半用于增加吨位。

（2）关于加强内陆运输者，在铁路方面，增加机车及客货车辆，以适应运量增加之需要，在公路方面，改善西部纵贯路线，并于台北基隆间修筑新路线，以疏畅运输。

（3）关于扩充通信设备者，对邮政及电信方面，均设法加强，以适应发展中之工商需要。

（4）关于发展观光事业，增加无形输出者，括有整顿名胜及风景区，鼓励私人投资观光旅馆，并加强国际宣传等措施。

以上关于“第三次四年经建”之目标与手段均与国民所得有密切关系。“我国”经建之主要目标在增加国民所得，而其主要手段，又不能不凭借国民所得之增进，以增进推动经建的投资。查台湾国民所得，如按当年币值表示，则从一九五一年之一百三十亿元有奇逐年有增，至一九六〇年估计约四百七十七亿元；如改按一九五二年之固定币值，则以一九五二年之一百三十亿元为起点，至一九五六年已增至一百七十五亿元，一九六〇年更增至二百二十五亿元。复查自一九五七年至一九六〇年间，各年之增加率分别为百分之六·九，五·三，六·四，七·二，平均每年之增加率为百分之六·四五。至于每人平均所得，按当年币值表示，则由一九五二年之一五〇五元，增至一九六〇年之四 二〇五元，如改按一九五二年之固定币值表示，则以一九五二年之每人所得一 五〇五元为起点，至一九五六年已增至一七三九元，一九六〇年更增至一九七〇元。复查一九五六年至一九六〇年间之增加率，则各年平均为百分之三·二。国民所得与每人平均所得的增加率，通常视为测量经济成长程度最广泛之指标，尤以平均每人所得增加率更为测量人口变动后之经济成长程度。依上开统计，在一九五七年至一九六〇年间，国民所得每年增加率平均为百分之六·四五，而每人所得在同期内则每年平均增加率为三·二。由此可见，最近四年内台湾经济虽按百分之六·四五之速率逐年成长，但如将人口增加之因素计入，则以每年百分之三·二之速率成长。此一差别可以显示目前台湾经济所受人口压力之威胁。为应付此急遽增加之人口，而使无碍于经济建设，实有加速经济发展之必要。因此，“政府”自一九六〇年开始即决定采行加速经济发展之十九点措施，其目标在使国民生产毛额每年平均增加百分之八，国民所得与每人平均所得亦作同程度之增加，换言之，即国民所得平均为百分之八，每人所得平均为百分之四·七。

为要达成上开的目标，非有“钱”与“人”不为功。兹分别略述如左：

关于钱的方面，在台第一二两次“四年经建计划”的资金皆由“政府”人民及美援三方面构成，此次亦不能例外。由于资金的来源不一，除政府之投资可以计划及运用自如，美援所投者尚可协商订定外，其来自人民的投资部分，政府只能表示期望，尚无强制遵行之可能，因此在执行计划上殊无把握。“我国经建计划”所以不能如苏俄等国，完全出自国家资本者之严格执行，即以此故。但如能采行切实的辅导方法，则无需强行干涉，仍不难接近期望。在过去若干年间，当局者为自由经济之美名所影响，纵有“经建计划”，而对于人民投资部分多主放任，其结果既已产生纺织工业生产过剩，致有暂时减产之事实，恐继此而起者，可能尚有其他工业，此即不可不深切注意者也。

关于人的方面，第一第三两次“经建计划”均未顾及此点；此次计划初稿亦同。但在“行政院”推定之审查会中，首先注意及此，终因事属首创，计划需时，不易立即补入精密之估计；暂于纲领中举述此项之原则，并决定另由主管机关于详细计划后，作成专案，随后附入原计划内。查贵会等之综合性专题讨论中，曾列入“如何推进建教合一”一题，与“政院审查会”之主张不谋而合，我以为可配合经济建设，对于新增需要之人材，当以新增或扩充之各种农工交通事业所需者为限，大致括为半熟练技工、熟练技工及技术人员三项，在其下之“国民学校”，与在其上之大学校或研究所不与焉。所谓半熟练技工之训练，应由各农工交通事业自行办理，无需“政府”直接为之，所谓熟练技工，当以高级工业或农业学校毕业者为较适用，所谓技术人员则以农工专科学校养成者为宜。凡此，当于计划时预为估计实际需要增加之人数，然后分别就各种高职或专科学校配合养成，或另设速成训练班养成之。至国民学校学生所以不予估列者，因“国民学校”设施义务教育，不因有无经建上的需要，仍需循例养成；又大学校或研究所所以不估列者，亦因此种人材，得以少数而掌握较多或扩充之事业，在精而不在多，至少在短时期内，不必以数量计也。

要说到经济建设如何与专家学会联系，以争取它们的协助，和利用它们无数专家会员的学识经验，首先应检讨和研究“经建计划”编制者之如何联系。自从“经济安定委员会”撤销后，编制“经建计划”之责任改归“经济部”负担，但“经济部”并不是主管一切经济建设的机关，例如交通事业即属“交通部”主管，而与经建有密切关系的金融事业又属“财政部”主管；因此，“经济部”除专设工业及农业两个小组，分别主管有关工矿及农业之计划外，“交通部”另设一个有关交通建设计划的小组，“财政部”及“外汇贸易委员会”则分别以有关单位兼办。因此，到了“第三次四年经建计划”定稿的时候，“经济部”只好汇集各主管机关或单位所提供之资料，指定一二位专家综合起草。由于这样的关系，在平时，大体既各自为政，在综合编订时，纵然起草的专家费尽心力，或因不无隔阂，或因时间所限，自难免疏略之处。

编成的草案呈送到行政院后，照例“院会”听取主管“部长”报告，就原地加以讨论，可能即予照案通过。但此次“政院”同人特别重视，经即决定组织一个“全院审查会”，并推定本人为召集人。经分设（1）农业（2）工矿交通（3）资金三个审查组，而以一个综合组统驳之。数月以来，大中小各种会议举行多次，除对内容有所修正外，发见其通病在于未能密切联系。本人既负责召集，并主持综合审查，早拟于审查结束时，建议在“行政院”中设立一个主管“经建计划”之委员会，以“副院长”及“政务委员”“部会首长”若干人组成，除商定政策外，并监督联系现有散在各“部会”中或直隶“行政院”之有关“经建计划”各小组或委员会。适来自美国之专家对此亦有建议，其主张与本人原有主张不谋而合。

至于经济建设如何与专家学会联系之方法，依本人的意见，贵会如能在平时有联合委员会之组织，同时各农业学会，以及有关交通，有关经济金融教育等学会，也各别组成联合委员会，而各联合委员会也分别推举若干人员，从事于定期的联系商谈，那就政府在有需征求专家意见之问题时，便可向有关的联合委员会征询，而各该联合委员会或则分别转交特定之学会先作研究，再由联合委员会综合其意见，或更于必要时，透过各联合委员会所推举的联系人员，征取并综合更广泛之意见。本人在开始即强调“团结就是力量”，即由于此。

（本文系一九六五年一月作者为“中国工程学会”等十一团体联合年会上的致词。——编注）

战时英国工业

战时工业与平时工业根本不同之点，即后者以满足国内外消费者之需要为主，而前者则以满足国家之需要为主。此在自由主义之国家莫不如是，在英国当然不是例外。英国向来工商业并重，尤以本国农产不敷自给，重要原料亦多缺乏，既有需于农业与其原料之大量输入，则不能不谋工业制成品更大量之输出，借以维持其出超；故平时英国工业对于满足国外消费者之需要尤为注重。战事发生以来，工业之目的一变，既以满足国家之需要为主，则顾此势难兼顾彼，于是对于国内消费者之需要不得不节减其供应，而对于国外之消费者则由于一部分变为敌人，一部分沦于敌手，此两种人之需要当然停止供应外，即对于同盟国或中立国消费者需要之供给，其所加之限制自亦不能对本国人为宽。因此英国战时工业备供输出者限于三目：（一）可供同盟国作战目的之需要者；（二）可以易取输入之食料者；（三）可为经济战争之武器，以攻击敌人之势力者。其中除（二）（三）两目一部分属于输入国人民消费之所需外，第（一）项之全部与（二）（三）两项之一部亦与作战需要攸关。由是观之，英国战时工业之标的，无论供国内之需，或供输出之用，大多数皆属于与作战直接有关之制品，换言之，即满足国家需要之制造。

基本措施

英国图达战时工业目的之措施，计有三项：（一）限制制造，（二）集中制造，（三）加强制造。兹分别说明如左：

（一）限制制造　此指奢侈品应用品及消费品而言。奢侈品以禁止制造为原则，由政府颁布禁止制造供给杂货条例（Miscellaneous Goods - Prohibition of Manufacture and Supply Order），加以管制。依该条例之规定，凡珍饰物，装饰用之玻璃器，各种金属及革制品，某种难得原料所制之玩具与室内运动用具以及各种家庭用奢侈品等，皆在禁止制造之列。其向来制造此种器物之工厂除能证明其所用人工原料及厂屋不能供更合需要之目的者，得由政府酌发特许证，许其暂行继续工作外，其他一律须停工或改业。应用品及消费品以减少制造为原则，由政府先后颁布限制供给条例（Limitation of Supply Order）及管制制造供给条例（Control of Manufacture and Supply Order）管制之。应用品如陶器、雨伞、旅行用具及各种必需之家具等，其限制制造之程度较严，减少生产之数量较高，并采逐渐紧缩办法。消费品如衣料等其供给之限制兼采凭券购置办法及节约材料之款式，其供给数量初减为三分之二，嗣减为二分之一，且有减为四分之一者。供给既经限制，则制造当然受同样之限制。

（二）集中制造　此指应用品及消费品在限制制造之条件下采行经济的生产方法而言。一九四一年三月四日商务部长公布对于若干应用品及消费品采行集中生产政策，其目的有三：（1）抽调原有工人使服兵役或从事于军需品之制造，（2）腾让厂屋以供其他生产或储藏之用，（3）使减低生产数量之应用品消费品，按最经济的方式在不断的工作时间下之少数工厂中制造之。此项集中生产方式各业不同，凡适合条件之工厂将获得生产中心之证书。获有此项证书者将代替已停闭之其他工厂制造；而停闭之工厂大部维持其营业机构，俾战后仍可恢复其牌号也。此政策行之二年以上，推行于七十种工业以上，包括棉织、毛织、人造丝、制衣、靴鞋、手套、织袜，及制革制磁工厂等，计共发给中心生产证书六二〇七份，因未得证书而停闭之工厂三四九六家。因此腾出之厂屋约共七千万方尺；抽出之工人约占原有百分之六十。专以纺织及其有关之工业而论，抽出之工人不下四十余万。

集中生产之理由系因应用品及消费品之制造数量既经核减，如仍令各原有工厂照常工作，势必使各厂一律减少工人或缩短工作时间。减少工人之目的以抽调改任军需品之制造为主，惟军需工业并非遍布各地，有许多地方抽出之工人未必能就地为军需工业工作，而移调他地，终有种种不便。缩短工作时间，则一方面工人收入减少，不易维持生活，且以剩余之时间为军需工业工作，又因一人而兼任两种工作，训练殊难，无以达调任军需工业之目的。然其最大之不利，则因减工减时之结束，产量减少，而工厂之管理费房地租及其他间接成本皆不能随产量作同等之减少，于是生产成本加重，有影响物价之虞；乃改取集中生产办法，对于应行核减生产之数量，非使原有各厂平均减少，而就原有之整个工厂考虑，大抵设置在军需工业区域以外，其工人不便受军需工业抽调，其厂屋不便为军需工业利用，而平日工作效率亦佳者多被保留。其他则令暂行停闭。保留者大致可维持战前生产之量，使不致影响成本。停闭者由政府利用其厂屋及工人，而令保留之同类工厂代彼担任生产；其有愿改组为军需工厂者，则极力协助，俾底于成。

（三）加强制造 此指军需品之需要加强制造者而言，以主要工作条例（Essential Works Orders）管理之，除飞机坦克枪械弹药等当然属此范围外，造船开矿钢铁化学等工厂皆属之。凡经政府宣布属于主要工作之工厂，所有工人非经政府许可不得退职；雇主除因工人有重大过失外亦不能解雇，雇佣双方对于辞职解雇均须报告劳工部派驻各地之国民服役主管官吏，并得于对该主管官吏之决定表示不服时向当地之上诉委员会提出上诉。此项工厂应尽量利用所有设备，昼夜不停工作，并尽量雇用工人，极力增进效率，以期达最高生产之目的。在一九四三年七月，全国工人从事于此项主要工作者约八百三十万人。

管制机构

英政府在战时既极力加强满足国家需要之工业，即上文所谓主要工作；故除颁布上述各种法令外，并以许多主管机关分别或会同掌管其事。军队所需之器械由供应部担任其供给；海军所需之军舰，由海军部自任其供给；空军所需之飞机，则由飞机制造部担任其供给；军事所需之营房，由工程部主管；粮食工业由食料部主管；各工厂所需之工人，由劳工与国民服役部主管；各工厂所需之原料，由供应部主管；国内消费品与海外输出品之制造，由商务部主管；商船之制造，由海军部兼管；至于总司生产之枢纽者则为生产部。此其大概也。就供给而言，除一部分向同盟国自治领或殖民地定购定制外，余皆在国内各工厂制造。英国工厂向以民营为主，国营者几如凤毛麟角；因之，政府在战时所能委托制造其需要之军需品者实以民营工厂为主。依照一九三九年八月制定及一九四〇年修正之应急特权法（Emergency Power Act），政府固有征用人民任何财产及设备之特权。然英政府不主张直接管理各工厂，则以工厂管理各有特长，骤易生手，固无如许人材，且亦不如驾轻就熟之便利。故对于各工厂除分别缓急，对非必要或次要者限制或集中制造外，所有为战时政府急需之工厂，一律由政府委托造货，仍由原厂主照常管理其工作。惟政府机关即以委托人之资格派遣代表驻厂监督其工作，有困难则协助解决，有疏懈则从旁督促。此项委托造货机关之代表以生产增进及依限供给与自身成绩攸关，其监督当然认真；而原有工厂之主持人得借政府之协助以改进自己工厂之设备效率，在战时得为国家多致力，在战后得为本厂谋发展，自亦乐与合作。

政府委托造货之机关既如上述之众多，设无妥善之联络方法，则政府与民营工厂间虽能收合作之效，而政府各部间不免有互相冲突之虞；此即生产部之所由设立也。该部成立于一九四二年二月，其主要职掌在联络有关生产之各部而统一之。换言之，即代表战时内阁负整个战时生产之责是。其具体联络之办法，即各工业区域均设有生产委员会；由委托造货之各部如海军部供应部飞机制造部工程部等之代表会同劳工与国民服役部及生产部之代表组织之。依照中央核定之办法主持各该区之生产事宜，各该区工厂内部所派驻厂监督对工作上发生问题时，即向该区委员会提出讨论，能就地解决者即予解决，否则再向中央请示。至其中央组织，则于生产部部长之下设有全国生产顾问会，其会员括有各区生产委员会之代表，及不列颠雇主联合会，不列颠实业联合会，不列颠总工会等机关之代表，而以生产部之部长为主席。其任务为讨论一般生产问题及由于各区组织之举措而发生与生产有关之问题。又中央各部如供应部海军部飞机制造部等各就需要，提出应行委托各区工厂制造之物品，而由生产部决定何者应有优先制造之权，并为分配各厂之制造力量。又委托自治领殖民地制造之物品亦由生产部集中与各该地之政府协商进行。

由于上述各种办法，于是委托造货之机关虽多，而得免冲突之弊，克收合作之效，其组织与支配实有足多者。

管制标的

既述管制机关，请续述管制标的，约言之，计有四项：（一）原料，（二）工人，（三）设备与效率，（四）工作时间。兹分别说明之。

（一）原料 英国所产煤铁夙称丰富，其所以成为工业国家，实有赖于此。然工业愈发达，需要之原料愈多；因此，英国在平时不仅其他原料多从海外输入，即本国产量甚富之铁矿沙亦有由海外输入以资补充之必要。查一九三九年间，英国所需要之铁矿沙及废铁约有三分之一仰给于输入。法国虽有过剩之产量可供输出，然洛伦地方所产者其质较逊，因此英国之输入乃大致仰赖于瑞典西班牙及法属北非；而美国则供以大量之废铁。汽油则英国本土不生产，平时输入皆仰赖于南美与美国。铜亦全赖输入，平时可自加拿大与北部洛第西亚获得充分之供给。铅与锌之输入以来自加拿大及墨西哥为最近；澳洲产量虽多，而来路较远。锡之输入，以来自尼及里亚及波里维亚为最近，马来亚及荷印则较远。镍均自加拿大输入。铅则法属英属及荷属基尼亚皆有大宗产量之铁矾土；然英国亦可输入加拿大业经制炼之铅。锰可自金炭获得充分供给，如有必要，印度亦可补充其供给。钨之主要产地为中国与缅甸，皆与英国距离极远。钒则由南非洲北部洛第西亚及秘鲁供给。钼则由最大生产之美国供给。铬则南部洛特西亚一地已足供全英国之所需。锑则墨西哥与波里维亚可充分供给。汞则向来仰赖西班牙供给；墨西哥，美国及中国虽亦能供给若干，但不敷英国全部所需。苦土矿可由加拿大及美国充分供给。石棉则加拿大为世界第一产地，自可供给无虞。硫及硫化矿则前者赖美国供给，后者赖西班牙供给；挪威亦为硫化矿之供给者。橡皮之重要产地为马来亚、荷印、锡兰及暹罗，英国向来赖以供给。纺织用纤维物则美国为英国所需棉花之重要供给者，阿根廷乌拉圭及南非为所需羊毛之供给者；澳洲虽盛产羊毛，来路较远，印度则仅产麻。木材则于司干第尼维亚半岛之供给断绝时，加拿大可供英国全部之需要。肥田料则钾向由法国供给，磷酸类由美国供给。以上为英国在战前之情形；及欧战起，继以太平洋战争，来源或已断绝，或因运输险阻，除来源断绝者须改觅供给途径外，一切有待输入之原料无不极力撙节使用，以备万一，且节航运。以汽油而论，对于私人消费限制极严，同时并设厂制造高等人造汽油，以增进军需之供给。以铁而论，除限制私人所用铁至每年产量百分之七以下外，并极力收集废铁，如房屋之铁栅等尽量拆除，计所收废铁共三百七十余万吨。此外难得而短缺之原料完全由供应部购买，按需要而慎重分配。甚至英国产量最富之煤，亦发起节约增产运动，计从一九四二年六月开始，拟劝全国消费者于一年间节省八百万吨，并鼓励开矿者于一年间增产三百万吨。而至一九四三年六月之结果，则节省方面已达一千一百万吨，增产方面则达五百二十万吨。又棉花原料既多数由外国输入，亦尽量节省，借凭券购买衣料及提倡衣服实用款式办法，而大加撙节。

（二）工人 上次欧战，英政府鼓励人民当兵；于是许多工厂技师及熟练工人多放弃工具而从戎，结果致有许多工厂不能照常工作。此次战事中，英政府认为兵工并重，对于多数应服兵役者，如系技师或熟练工人多免其服兵役，俾得维持生产。至被征调当兵之工人，则以妇女或超过兵役年龄之男子补其缺，且不仅补缺而已，依主要工作条例之规定，政府并得随时就次要或非必要之工厂移调其原有工人，以充实并补充主要工厂之人数。甚至未届强制服役之少年男女，即年已满十四岁而未满十八岁者，一律鼓励其入厂工作；迄今属于此年龄之男子已入厂工作者占百分之七十七，女子则占百分之六十七。总之，由次要或非必要之工作移调于军需品制造者不计外，凡平时未尝入厂工作者目前已因动员而以全部时间参加工作之男女超过二百万人。单就从事飞机制造者而论，在一九四二年底已超过一百万人。妇女之从事工业者自一九三九年七月起，迄一九四二年六月底止，三年之间计增百五十万人。

（三）设备与效率 英政府借其委托造货各部派驻各厂之代表，将各该厂设备研究其尽量利用不使旷废之法，并按其需要，协助补充设备，务使厂屋设备同生最大之效用。如有新工具可促进生产者，由政府监督其制造并分配之。又损坏之工具亦由政府督促修理，重行分配。凡工厂对所有生产工具不能作有效之使用者，经政府督促之后如仍不能改善，得由政府征用其工具，以供其他工厂之需要。此种管制已足使各工厂效率有所改进；益以各专家对于技术之研究改良与政府代表及厂长会同对于管理之研究改良，尤以关于工作之衔接，工作标准之规定等，收效最著。查小型军械之制造中，工作者之个人平均效率，较战前竟增至百分之六十，其他可以概见。此外如制品之励行标准化与简单化，亦为加速生产，增广效率之一道。

（四）工作时间 英政府在战时不仅使无一人失业，并使无一人不尽其最大努力。战前英国工厂励行八小时制，且多有每星期工作四十四小时者；战时无不尽量增加额外工作时间，平均男工每星期工作时间多在五十五小时以上，女工则多在五十小时以上。政府并有规定，凡男工每星期工作不满六十小时，或女工不满五十五小时者，须为地方服义务的劳役，每月四十八小时，此项劳役大都有关救火防护瞭望等事。又为避免劳资争议，因罢工而损失之工作时间，由劳工与国民服役部特设仲裁委员会，调处劳资争议，凡有争议须报告劳工与国民服役部，由该部于限期内交付该委员会仲裁，除逾期未交付仲裁者外，资方不得关厂，劳工不得罢工。因是过去数年间，即自开战迄一九四三年六月为止，全国罢工时间仅当四百五十万之工作日，换言之，等于平均每一工人每年损失工作时间半小时。此在劳资双方各拥有自由权之英国，不可不谓罢工关厂时间已较平时大减。又政府规定凡届服役年龄经劳工与国民服役部征调工作而故意缺勤者，得由政府提起公诉。迄一九四二年底为止，因此被提公诉者平均三万人中仅得一人，而受徒刑之处分者平均十八万五千人中仅得一人而已。

由于上述种种情形，英国军需工业之生产量，在一九四〇年为一〇〇者，一九四一年增至一五〇，一九四二年增至二三〇，一九四三年增至三〇〇。

（本文系作者一九四四年四月为东方杂志写。——编注）

战时美国工业

美国是同盟国的军火厂，其生产能力之庞大可想而知。据公式的报告，自一九四一年迄四三年间，所产飞机共一五三 〇六一架；战舰七六四艘，自由艇一八九九艘，两者共约二〇 〇〇〇 〇〇〇吨；船七〇二艘，海军各种补助船艇二八 二八六艘；军用汽车一 五七 八四〇辆；此外并对一千万兵士之军需品充分供应。本年以来，其生产率还是有增无减，尤其是飞机一项，在三月份所产计九 一一八架，是则一九四四之一年间所产当在一〇〇 〇〇〇架以上。又以军需原料而论，一九四四年之产量不下三 四〇五 〇〇〇 〇〇〇磅，约当一九三八年之十二倍；镁之产量不下五三一 〇〇〇 〇〇〇磅，约当一九三八年之九十八倍。

此种庞大而迅速增加之生产率，不仅使世人视为奇迹，即在太平洋战事初起之时，美国之国防顾问委员会（National Defenee Advisory Commission）所希望者，亦仅欲于一九四二年之中间达到可以供应一 二〇〇 〇〇〇名兵士之军需，与三五 〇〇〇架之飞机，并于一九四四年完成两洋之海军；即罗斯福总统所希望者，亦仅为每年生产飞机五万架。其不敢存奢望者，亦自有故。举其大者，有如左列：

（一）在此次大战以前，美国在上次欧战为联军制造军火而增设与扩充之军火厂已改业或停顿。在平时美国军队所需之军火仅赖陆军部自设之小型兵工厂供应。虽间亦由陆军部向民营工厂定制专供教育目的的制品，然为数甚微，不足以鼓励民营工厂之继续为军需品而努力。美国夙主和平，又以重洋远隔不致为战火所蔓延，故对于军需品之制造，平时远不如对其他制品之热心。英国在战前数年间因受纳粹之威胁，尚知戒备，有如 Vickers 等军需工厂之维持与进展，虽其生产量甚小，尚能保存其设备与经验，一旦有事，扩张犹易。美国则并此而无之，战事发生，一切须从头做起。

（二）一九四〇年上半年间美国对军需制造之情况，只能与一九三三年之德国相比，德国借其独裁政权，且一心准备侵略，犹需五年始能完成其准备。美国系民主国家，孤立派一时尚张目，且其准备究由于被动防御，进行自不能如德国之猛迅。

（三）美国虽地大物博，资源丰富，然一部分之军需原料尚缺乏，其最要者如橡皮，全赖海外输入，太平洋战事发生后，来源断绝。他如制造飞机所必需之铝，战前本国产量尚无多，不足以供特别膨胀之飞机工业所需。

（四）重炮重坦克等之制造，其设备需时甚长，建设一所制造重炮之工厂需时至少一年，而出品又需一年乃至半年。

（五）国民服役法（National Service Act）因种种关系，尚未通过颁行，对于人力之利用与劳动之管制，似不如英国之澈底而有效。

然而美国战时工业，特指军需工业，卒能收此惊人之大效，其故又安在？谨就所闻略述之。

（一）由于钢铁工业之基础　美国平时钢铁工业之产量四倍于英国，二倍余于德国。有此基础，故一届战时可制枪炮弹壳及军舰之铁甲，且为坦克引擎与各种器械之主要原料。战事发生以来，复迅速弥补其缺憾，借电力炼钢炉以产生最高度之钢。

（二）由于汽车工业之基础　美国平时汽车工业特别发达。查一九三七年不列颠所制汽车为五十万辆，不列颠各自治领为二十万辆，德国为三十四万辆，美国则多至四百八十万辆。每六个月间美国新装配之汽车，适等于英联合王国向来拥有之全数。此种比例已足惊人，然对于美国汽车工业之实际能力仍不免低估，即美国所制汽车平均辄较他国更大更重，而力量亦更强。又该业之熟练工人对于机械化部队所需装备之制造亦最易胜任。因此，此类汽车工厂与其所有之熟练工人，稍加调整，并补充新工具，即可制造坦克、大炮、飞机引擎、摩托、鱼雷艇等，实非他国所能及。

（三）由于化学工业之基础 美国之化学工业亦甚庞大。上次欧战时 Du Pont 公司供给联军需要之炸药多至百分之四十。虽战后改营其他制造，然其炸药厂恢复甚易。在一九四一年新设立 Du Pont and Hercules 工厂已成立，且有十六所其他工厂在计划中，将使炸药之产量达于全世界之最高峰。

（四）由于预备制造方法之盛行 所谓预备制造（Prefabrication），即对于船舰之建造将许多部分不在船坞而在任何地方预先制造，然后运至船坞，配合而成整体之船。如此，则制造地点可不受船坞之限制，不必专在沿海。因是，美国四十八州中有四十七州，虽不少深入腹地者，皆对船舰担任预备制造，将船之各部分别制成，然后以铁路运至沿海的船坞。结果，一艘船下水后七日便可完成，则因各部分皆已预制齐备，船坞只任装配工作而已。然而仅赖沿海的船坞从事装配，此二千万吨之船舰仍不能在此短期内完成也；实际上，许多内地皆直接造船，造成后由河道出海。至以速度而论，则一艘自由舰之造成初时需用六十万工时，嗣由于预备制造之推广与组织之改进，所需工时减为四十万，而阿利根一个船坞竟破纪录于三十二万工时内完成之。按三十二万工时等于二万三千工日，若以二千人从事工作，则六日半便可完成。

（五）由于适应与配合 此特指飞机之制造而言。按一九四〇年美国飞机之总产量不过一万或一万二千架，平均每月只能制造一千架。太平洋战事发生后，加速制造之方法有赖于适应与配合。所谓适应，则汽车工厂最易改制飞机，除原有熟练工人加以短期训练与调整即能适应外，引擎方面则平时汽车工业每年所制者不下五百万具，现在飞机所需之引擎，其马力虽特高，然欲达罗总统所需每年生产飞机五万架，每架需引擎两具，合计仅需高度马力之引擎十万具，如能设法适应，则由每年五百万具较低马力之引擎中供给十万具高度马力之引擎殆无难事。至于配合方面，则有工具与原料两问题。关于工具者，平时美国工业中从事制造机械者占百分之十二之极度高额。惟各种制造中所需之工具，因种类繁多，其精细部分亦有赖于人工，不易作大量之生产。故大量生产飞机工业所需之工具，其供给上，在理本较困难；惟对若干国家停止输出，并将新型之汽车暂停制造，则飞机所需工具之生产便可大增。关于原料者，飞机所需，以铝为主，美国前此所产虽较少，然同时加速其生产，如上文所述，一九五五年所产竟达一九三八年之十二倍，则供给上自无不足。

（六）由于代用原料之制造 战时工业之原料需要最切，同时为美国最缺乏者莫如橡皮。查战前美国每年输入橡皮约五十万吨，占全世界产量之半。太平洋战事发生后，橡皮之主要产地已为日军所占领，此于美国战时工业似为极严重之打击。然而人造橡皮之生产，在战前本有研究，今加速及大量制造，在一九四二年产额已达二三四 〇〇〇吨，约当战前输入量之半数。而一九四四年二月份之产量竟达五三 〇〇〇吨，平均估计，本年产额至少可达六十万吨，已超过战前输入之量，然按其生产增进之速度推算，每年实可达九十万吨之产量，几等于战前输入量之倍数。

（七）由于平时之大量生产制度　美国平时大量生产为世界之冠。其原因一由于国内有庞大之市场，而各州间之贸易不设制限；二由于资本雄厚。大量生产之结果可使各种制造专门化，并可采行厂内连锁式的运输及配合设备。战时既有平时大量生产之基础为凭借，故加速制造与大量制造均有可能。

（八）由于大规模之研究工作　美国工业界之研究工作至为认真，规模亦为世界之冠。一九二〇年以来，美国之专任工业研究员由八千人增至四万二千人。每年支出研究费用多至美金二万万元。等于英国牛津大学本部及其各学院一年经费之十倍。在各种工业中，化学与石油两项所用研究人员最多，即其他工业每项所用研究人员亦不下千人。然研究之结果影响亦极大。举其显著之例，自一九二〇年以来，一磅之煤所增加发电单位计百分之一一五，一加伦汽油所增之引力计百分之二〇〇，一单位之电所增之光计百分之五五，而滑润油之效力则增加百分之八十五。战时除新式武器之发明多有赖于此种研究外，对于生产之加速，消耗之节约，代用品之完成，困难问题之解决，殆无不与研究攸关。

（九）由于科学管理之普遍　美国自泰罗氏提倡科学管理以来，工作研究，时间研究，劳工训练，组织改善等部门各有长足之进步；一九二〇年胡佛氏任商务部长时提倡出品标准化，影响于工业界亦甚大。而工商管理几成为各大学普设之学科。因此，由平时工业之过渡于战时工业，克收事半功倍之效；而工作效率之增进，亦与战时生产之大增有密切关系。

（十）由于交通之便利　美国面积虽广，然由于铁道河流运河沿海种种交通之利便，故工业之脉络得以贯通，即如上述预备造船工业之例，设非有便利之交通，将不可能。此外各种工业莫不如是。

（十一）由于人力之丰富　美国虽尚未制定颁行国民服役法，其动员实况虽亦不如英国之澈底，然一因其人口有一万三千一百余万人，较英联合王国之四千七百万人将及三倍，故一九四二年七月美国工业界全体从业职工多至五千六百万人；年底虽减为五千一百万人，今年夏季又升至五千三百万人，连同服役于军队之一千一百万人，合计为国家从事于直接间接之作战工作者超过六千四百万人，在比例上将及全人口百分之五十，与英国不相上下，而人数亦三倍于英国，其生产量自亦随而大增。

（十二）由于物资之丰富　美国真可称为地大物博，除极少数种类之物资缺乏须仰给于输入外，在农产上主要者皆能自给，与英国之在战前仅能自给百分之四十者迥异；在工业原料上亦复如是。举其显著之例，美国人口仅占全世界百分之七，而其所产石油占全世界百分之六十，钢铁占百分之四十，煤占百分之三十。

（十三）由于平时生产力之特高　此专指工业生产力而言，而所谓工业生产力则可就原料加工后所增之价值表示之。查一九三五年英国从事工业者，每年每人之生产力约等于英金一百八十镑，而美国每人则等于英金四百三十镑。其原因一由于美国工业机械化远胜于英国，试观美国每一工人所用之马力约等于英国之倍数，可为明证；二由于技术之进步，其所以致此，则上述之工业研究大量生产科学管理均与有关系。

上开十三种因素联合造成美国战时工业之奇迹，此十三种因素中，除第十二种物资之丰富似由于得天独厚外，第十一种人力之丰富当然较许多交战国为优越外，其他全赖美国人民之平时努力所致。如此平时努力之基础，战时益加努力，自能收惊人之大效。即就第十二种之物资而论，假使美国人民平时不肯努力开发，则纵有丰富之蕴藏，亦无从利用。又就第十一种之人力而论，假使美国人民平时不知认真训练，则纵有更繁多之人口，亦不能充分利用。因此，物资与人力表面似乎得自天然者，实际仍有赖于人为的开发与训练，可见胜利之获得，实非侥幸；而努力之结果亦断不落空。过去之美国，实为今后我国最好之模范也。

（本文系作者一九四四年七月对中美文化协会的演讲。——编注）

美国工业经济及其发达之原因

一

毫无疑义地，美国现已成为世界最大的工业国家。美国人口占世界百分之七，而其生产物资占世界百分之五十。其中农产虽丰，毕竟以工业产品占大多数。全世界工业以钢铁及煤为基础，而汽油在今日亦为军需工业所依赖。兹先就此三项以衡量美国工业在世界上的地位。

钢铁产量之多少固可表示工业之规模大小，钢铁消费量之多少更可旁证生活水准之高低。一九二五年美国人口为一亿一千五百万人，每人每年平均消费钢铁八八〇磅。而一九五〇年美国人口增至一亿五千万人，每人每年平均消费钢铁之量增至一 二六〇磅。足见此二十五年之间，美国的钢铁不仅产量大增，即每人的消费量亦大增。兹据一九五一年一月美国钢铁月刊所载一九五〇年世界各主要国家钢铁的产量，表列于左，以资比较：

国　别	全年产量（单位千吨）	百分比
全世界	二〇三 二〇〇	一〇〇
美　国	九六 五〇〇	四七・五
苏　俄	二七 〇〇〇	一三・四
英　国	一八 〇〇〇	八・九

续表

国　别	全年产量（单位千吨）	百分比
西　德	一四 七〇〇	七·二
法　国	九 六〇〇	四·七
日　本	五 〇〇〇	二·五
比利时	四 一五〇	二·〇
加拿大	三 三五〇	一·六
捷　克	三 〇〇〇	一·五
波　兰	二 七五〇	一·三
卢森堡	二 七〇〇	一·二
意大利	二 五〇〇	一·二
萨　尔	二 〇五〇	一·〇
瑞　典	一 六〇〇	〇·八
印　度	一 五〇〇	〇·七
澳　洲	一 四〇〇	〇·七
奥大利	一 〇〇〇	〇·五
匈牙利	一 〇〇〇	〇·五
西班牙	九〇〇	〇·四
巴　西	八〇〇	〇·四
南非联邦	八〇〇	〇·四
罗马尼亚	五五〇	〇·三
荷　兰	四五〇	〇·二
墨西哥	三五〇	〇·二
其　他	一 〇〇〇	〇·五

由上表所示，可见美国钢铁产业约占全世界之半数，等于产量居第二位之苏俄三倍半有奇。

次就煤产观察，则一九五一年六月份联合国统计月报所载，世界各主要工业国家，在一九五〇年之产量实况，有如下列：

国　别	每月平均产量（单位千吨）
美　国	四二 四六三
苏　俄	二一 六六六
英　国	一八 三六六
西　德	九 二三〇
波　兰	六 五〇〇
法　国	四 二三七
日　本	三 二〇五
比利时	二 二七五
捷　克	（一九四九年）一 四一七
荷　兰	一 〇二一

由上表所示，可见美国煤产约倍于居世界产量第二位的苏俄，而与英国、西德、波兰、法国、日本五国的总量相等。

再就石油产量观察，则根据一九五一年六月份联合国统计月报所载，各重要油产国家，在一九五〇年之产量实况如左：

国　别	每月平均产量（单位千吨）
美　国	二二 五一〇
委内瑞拉	六 五二〇
伊　朗	二 六八八
沙地阿拉伯	二 二四二
苏　俄	一 四四〇
墨西哥	八五八
印　尼	五三五
哥伦比亚	三九九
加拿大	三一一

由上表所示，美国油产较苏俄多至十六倍弱，而产量居第二位之委内瑞拉及产量颇丰之墨西哥及哥伦比亚的油产，实际上亦为美

国所投资与控制。因此，美国在西半球所控制之油产总量占全世界百分之七十以上，其投资于西半球以外者尚不在内。

至于其他重要物资为美国所生产者，在一九五〇年之产量，亦较第二次大战发生之一九三九年大有增进。兹据美国经济咨询会所发表一九五一年中期的经济局势，将各该物资对全世界产量之百分比表列于左：

物资名称	一九三九年之百分比	一九五〇年之百分比
铝	二七	五一
铜	三一	三八
铁矿石	三一	五一
木　材	一一	二八
罐藏肉类	四一	六六
橡　胶	〇	二〇
硫　黄	七七	九三
钨	一三	四三
木　浆	三三	四三

工业之产量与国际贸易有密切关系。由于工业生产之增加，其过剩量自不能不以输出国外为出路；又由于工业生产之增加，其对于原料之庞大需要亦不能不自国外输入，以资补充。于是输出输入无不随工业增产而增进。在输出品之四大项目，即原料、食料、半制品与全制品之中，只观其相互间之成分，便可知工业发达之程度。美国商务部发表一九五〇年美国的总输出为美金一〇 一四三 〇〇〇 〇〇〇元，其中原料占百分之一八・六，食料占百分之一三・四（其中未制食品占百分之七・五，已制食品占百分之五・九），半制品占百分之一一・一，而全制品则占百分之五六・九。其输出的地区遍于全球，据一九五〇年统计，大别为加拿大占百分之一・九六，

西半球其他各国占百分之二七・四，经济复兴计划下之各国占百分之二八・〇，其他欧洲国家占百分之一・三，亚洲占百分之一四・四，澳洲占百分之一・四，非洲占百分之三・五。

就输入而言，则以供维持及扩展其工业制品所需之原料为主，如生树胶、锡、锰、铁矾土、羊毛、云母、镍、石棉、铬、收音机用之石英、工业用之金钢钻及铜皆其大宗。而由于明尼梭达之米沙比山脉中之铁矿藏渐减，故铁矿石之由加拿大与南美输入者渐增。又制炼镁质所需之铁矾土由海外输入者亦大增，多来自荷属基安那与印尼，今后则当以来自加里比安区域，尤以牙米加者占多数。另一种主要原料为美国经常依赖输入以补其需要之差额者，为精炼汽油所用之原油，以来自委内瑞拉为主，其来自中东者亦居重要地位。至于输入之制品则以来自加拿大及欧洲为主。据美国商务部发表之一九五〇年统计，是年美国输入原料为美金六一七 〇〇〇 〇〇〇元，输入制品为三七五 〇〇〇 〇〇〇元，约为五与三之比，由此知其输入之性质与用途。

美国工业之发达，足以影响于其人民之就业者至大。据美国劳工部统计局所发表一九五一年五月份之劳工就业统计，其资料如左：

	人　数	百分比
全国适于就业者（估计）	六五 三〇三 〇〇〇	一〇〇
减去军事人员（估计）	二 五〇〇 〇〇〇	三・八
余下从事民事工作者	六二 八〇三 〇〇〇	九六・二
减去失业人数	一 六〇九 〇〇〇	二・五
实际从事民事工作者	六一 一九三 〇〇〇	九三・七
减去从事农业人数	七 四四〇 〇〇〇	一一・四
所有非从事农业者	五三 七五三 〇〇〇	八二・三
减去资产者、自食其力者、家庭仆役	七 六八五、〇〇〇	一一・八

续表

	人　数	百分比
实际倚薪给为生活者	四六 〇六八 〇〇〇	七〇·〇
计开从事于建筑业工作者	二 五八二 〇〇〇	三·九
从事于金融工作者	一 八七七 〇〇〇	二·九
从事于政府工作者	六 三七七 〇〇〇	九·八
从事于工业制造者	一五 八〇六 〇〇〇	二四·二
从事于矿业工作者	九〇四 〇〇〇	一·四
从事于服务工作者	四 七八七 〇〇〇	七·二
从事于商业工作者	九 六〇一 〇〇〇	一四·七
从事于交通运输工作者	四 一三四 〇〇〇	六·三

由上表看来，美国狭义的工业，即专限于制造而不包括矿业及建筑业者，在全国适于就业之总人数中已占百分之二十四有奇，若在实际倚薪给为生活之人数中计其成分，则当为百分之三四·三，超过三分之一之数。只就此点观察，其为最大的工业国家，已属显而易见。由于美国各种工业无不尽量应用机械，故其从业人员的生产力量大致相同；因此，便不难从各业中之从业人数而定各该业规模之大小。查一九五一年七月劳工月报所发表的各种工业从业人数，计第一位为机器制造业（电器除外）有一 六〇一 〇〇〇人，在全部工业从业员中占百分之一〇·一；第二位为运输工具制造业，有一 四九二 〇〇〇人，占百分之九·四；第三位为食品及相关工业，有一 四八二 〇〇〇人，占百分之九·四。其次则原始金属工业有一 三四五 〇〇〇人，占百分之八·五；纺织工业有一 二八六 〇〇〇人，占百分之八·二；服装工业有一 一一九 〇〇〇人，占百分之七·一；金属制品工业有一 〇二一 〇〇〇人，占百分之六·四；电机工业有九二八 〇〇〇人，占百分之五·九；木材及木材制品工业有

八一六 〇〇〇人，占百分之五·二，印刷及出版业有七五八 〇〇〇人，占百分之四·八；化学及相关工业有七四一 〇〇〇人，占百分之四·七；石与粘土玻璃工业有五六一 〇〇〇人，占百分之三·五，制纸与相关工业有五〇〇 〇〇〇人，占百分之三·二；皮革与制品工业有三六三 〇〇〇人，占百分之二·三：家具及其装置工业有三五四 〇〇〇人，占百分之二·二；仪器与相关制品工业有二九五 〇〇〇人，占百分之一·九，树胶工业有二七二 〇〇〇人，占百分之一·七；石油与煤制品工业有二六〇 〇〇〇人，占百分之一·六；烟草工业有八二 〇〇〇人，占百分之〇·五；枪炮与附属工业有三七 八〇〇人，占百分之〇·二；其他有四八七 〇〇〇人，占百分之三·一。

此外尚有一事可借以观察美国工业之重要程度者，便是国民所得。据一九五一年二月美国商务部印行之现行企业观测刊物所示一九四九及一九五〇两年度的主要企业国民所得如左表：

类别	一九四九年（单位亿元）	一九五〇年（单位亿元）
一切企业	二 一六八	二 三五六
农　业	一七四	一七一
交通及公用事业	六六	七二
建筑业	一〇四	一一五
金融及保险	一七七	一八五
政府工作	二一八	二三五
工业制造	六二九	七二五
矿　业	四四	四九
运输业	一一〇	一二六
批发及零售商	四二七	四五五
其　他	五	五

以上为美国工业在近年的现实状况，亦即自第二次大战终止以

迄一九五〇年之进展实情；在此五年之间，工业生产每年平均增进百分之六，而其趋向则由战时工业复员而渐返于平时的工业生产。惟自一九五〇年之中期，韩战突然发生，美国的工业又起重大转变，除加紧扩张外，尤注重建立适当的生产力使从事于直接有关军需的生产，以供国内扩军之需要，并以协助各“盟国”之整军。为求达此目的，于是重新采取与第二次大战时期内相似的联邦控制型；在其各种措施之中，有一项是减少非必要的住宅及商业建筑，而移其人力物力于具有军事价值的生产。就大体而言，今后在联邦控制下的工业扩展是具有选择性的。按照一九五一年秋间政府公布的特定工业目标有如下述：

一九五一至一九五三年工业扩展计划

工业种类	生产单位	一九五一年	一九五三年	增加百分比
铝工业（原始的）	千吨	七一九	一 四九四	一〇八
石油精炼	每日千桶	六 八二〇	七 八四五	一五
钢铁	百万吨	一〇七	一二〇	一二
硫磺	千长吨	五 八三〇	六 五三〇	一二
人造氨	千吨	一 六〇〇	二 三〇〇	四四

以上目标大都按照一九四六至一九五〇年间未经政府协助业已获得的增进率百分之六估计，而酌量加强，其能顺利达成自无问题；然由于上述各种基本物资获有政府的协助，则私人之余力自可向其他部门的工业作进一步的扩展，于是实施之结果，较原有每年平均增进率百分之六定有过之。因此，一九五一年结束时，美国的工业生产型虽有若干方面已恢复第二次大战时期的型式，但民用之消费品产量仍维持其远较大战时为高之程度。查一九五一年中间，国家安全计划所吸收之全国总产量约占百分之十一，至一九五二年后期，至少可达百分之二十；然在第二次大战时期内国家安全计划所吸收

之总产量却为百分之四十五。是则美国积极由平时生产转入战时生产，固大有发展之余地也。

二

美国工业如是庞大，且具有广大的发展余地，其主要原因何在，有值得我人研讨之必要。这些原因较为重要者，当有这几项：（一）地大物博，（二）政治自由，（三）科学基础，（四）管理效用，（五）投资风气，（六）研究精神。兹分别申说于后：

（一）地大物博

说美国地大物博，是无可否认的。地大是以人口与土地相比一言。美国本土的面积，现在可资一亿五千万人之生计而有余者，在其建国不满二十年之一七九〇年所举行第一次人口调查之结果，计有白人三 一七二 〇〇六名，黑人七五七 二〇八名，合计不满四百万人，虽印第安土人尚未列入，然为数极微。因此，在当时之地广人稀情形，实极显著。加以彼时之白人中，百分之八九·一为英伦及苏格兰人，百分之五·六为德意志人，其余则为荷兰、爱尔兰及法兰西人，尤以英、德、荷诸民族最富于组织及经营力，其不肯坐视地弃其利，自不待言。至以物博而言，则工业基础之煤铁矿既极丰富，其他物产，包括世界所普遍宝贵之黄金与现代工业及军需所注重之石油等亦皆产量丰盛。有了这样的天然环境，复有能利用此项天然环境的人民以经营之，故于农林所产足以维持优良的生活而有余外，更可进一步而建立与发展其工业。

（二）政治自由

安居乐业实为一个不易的原则，美国自一七七六年宣告独立而建国，迄于一八六一年南北战争发生以前，八十余年之间，于民主法治之政体下，安居乐业，发展生产；各国人民以美国谋生容易，亦纷纷移殖。据一八六〇年第八次人口调查之结果，其人口已由七十年前第一次调查之四百万人弱一跃而达三千一百四十余万人，其中白人占二千六百九十余万，黑人占四百四十余万，其他民族占七万八千余；所谓其他民族实包括中国移民三万四千九百余名与印度移民四万四千余名。足见彼时已臻于既富且庶的境地。一八六一至六五年间之南北战争，虽不免遭遇破坏，然从此以后，释放黑奴，种族克臻平等，迄于第一次大战时之五十年间，在自由与平等之下，以生以聚；据一九一〇年之第十四次人口调查，其人口已达于九千二百万弱。彼时由于人口之大增，旧日地广人稀之局势已大转变，而更有增进工业以维持此庞大人口之必要。因此，在第一次大战时期，美国实已成为一个重要的工业国家，纵然还未必列于世界之首位。

政治自由对于工业之发展，具体言之，一是政府施政以民意为依归，以法律为根据；工业之发展惟有在政府能遵循民意，根据法律的扶翼与保护之下始能有长足进步。二是现代工业以科学之发明与发见为其基础，而科学之研究有赖于学术与思想之自由。在迫害科学家与钳制恩怨之独裁政治下，科学将因丧失研究的自由而不能有重大的发明与发见。因此，美国在立国后不满二百年一跃而为世界第一工业国，除由于地大物博的天然条件外，不能不归功于政治自由之人为条件。

（三）科学基础

现代的工业惟科学是赖，尽人而知。美国人民承盎格鲁撒克逊与条顿民族的科学余绪，移植来美，由于天然与人为环境之特别适宜，遂迅速向荣滋长，并由理论而特别适应于实用方面。其科学家对于工业有最大之贡献者，莫如爱迭生·汤姆氏。爱氏以一八四七年生于贫家，少时失学，借自力与天才，弱冠即有发明，迄于一九三一年去世之时，六七十年之间，其所发明之范围，亘电学、声学、机械、采矿、化学以及其他种种，计其一生所获之专制特许权多至一千种以上，一一皆应用于工业。爱氏诚然是一个特出的怪杰，然使爱氏不幸而诞生于他国，纵能有同等之自力与天才，而不能获得同样的保护与鼓励，虽有发明，其断不能如爱氏之发明不已与效用广大者，当无疑义。爱氏对于美国之工业贡献仅为最显著之一例，其他发明不如爱氏之多，名誉不如爱氏之大者，不知凡几。而此项不知凡几之科学家直接间接所以贡献于美国工业者，其积累功效之大，诚不可思议也。

（四）管理效用

美国工业分为三个时间。初为草创时期，系在建国之初，一切模仿欧洲，尤其是英国的工业成规，并无何种特色。但此时期经过不久，则由于天然及人为条件之优越，迅速进至发展时期。在此时期中，一切扩展甚速，竞争亦烈。工业之小规模者多合并而为大规模，并加强与改进种种设备，以争一日之短长。惟是彼此互为大规模竞争，费力大而胜负仍难判；加以规模愈大，人事问题愈复杂，纠纷亦随而爆发。于是在发展时期之末，即十九世纪之末，若干开明之企业家觉悟优胜劣败不仅限于事业之规模大小与资本之厚薄，其人事之纠纷亦须谋消患于无形，均有赖于非物资的管理方法，乃进至注重管理时期。其出发点有二。一为关于应付同业之竞争，认为只有节省成本，才能处于竞争不败之地；于是对于组织之改善，会计之精密，工作之改进，存货之适宜，分配之得当等，皆视为可以促进节省之目的。二为关于应付劳资冲突方面，亦认为只有待遇公允，方可收劳资合作之效；于是对于工作标准、工作环境、工作心理、奖励方法等等皆视为可资以消泯劳资冲突之因素。自管理时期开始后，不久又有所谓科学管理运动。此一运动在美国最初提倡之者为泰罗·佛列特氏（1856—1915），经过多年的实验以后，于一九一一年始以所著科学管理之原理一书问世。自时厥后，科学管理之名始渐著于世，而泰氏初时仅应用于工场作业之原则，及其逝世后，由于同志与信徒之发扬推广，不仅适用于整个工业，甚至任何企业社团以至政府机构亦多变通采行而见效，正所谓作始简而将毕巨。然而科学管理不仅非泰氏所独创，且非美国所专有。在泰氏提倡以前半世纪，英国已有巴拜治教授（1792—1871）提倡之；而与泰氏约略同时法国亦有工程师费尧·亨利氏（1841—1925）倡导而试行之。然其效果均不如泰氏著者，并非二人之学识有逊于泰氏也，诚以美国之工业环境对于科学管理需要更切，故继起研究与改进扩展者大有人在，而各企业亦因有其需要，乐于切实推行，故收效之宏有非英法诸国所可几及也。科学管理之目标与经过既如上述，其推行之结果遂使美国工业界之效率为世界之冠。据美国史华滋氏于其所著俄国的苏维埃经济一书中所述，苏俄的经济专家自行估计，在一九三七年间，一个苏俄工人的平均生产力高于英国工人百分之三，低于德国工人百分之三，低于美国工人百分之六十。在好为夸大宣传的苏俄人自己所言，其所谓高于英国工人者固未必高，低于美国工人者当然毫无疑义，而就其所为比较者已足证美国工业效率之特高矣。

（五）投资风气

美国工业之发达，与其人民之投资风气亦有关系。所谓投资风气系指不愿将储蓄款项停滞不动，而以之投入于各种企业，特别是生产事业之趋向。又许多国家之投资人以从事于独资经营者占大多数，美国却不如是。据一九五一年六月美国商务部印行之现行企业观测刊物所载，美国从事于工业制造之单位共三三〇 〇〇〇家，其中独资经营者一四九 七〇〇家，合资组织者七七 九〇〇家，法人组织者九七 二〇〇家，其他五 八〇〇家。是则独资经营者仅占全体百分之四十五，其他皆为与他人联合投资的企业。又据一九五二年七月十一日美国新闻与世界报导所载，美国各种法人组织之企业中，投资人至普遍，其特点为：(1) 全国投资人共有六百五十万；(2) 在股份公司中占有股份者，每十六名之成人中，不分男女，计有一名；(3) 五十岁以上之人在一切股份公司之股东中，占其半数；(4) 在各种企业中，个人投资占全部资本百分之七十一，投资公司保险公司等投资占百分之十五，受托人监护人代表投资占百分之十一分半，基金会等机关投资占百分之二分半。可见绝大多数之投资人仍为个人，而不是团体。此外还有一种特色，即企业中所有盈余辄保留一相当部分于各该企业，以供扩展之需。据一九五一年四月二十七日美国新闻与世界报道的记述，美国工业所以日益强盛者，实赖一重要部分之盈余从事于再投资，以助扩充，计过去五年之间，此项再投资之款共达五百五十亿美元。具体言之，一九四六至一九五〇年之间所有美国工业企业未缴税之盈余共一五五 四五八 〇〇〇 〇〇〇元，其中政府征税六二 九九三 〇〇〇 〇〇〇元，股东分配三七 〇五七 〇〇〇 〇〇〇元；而留供各该企业扩充者五五 四〇八 〇〇〇 〇〇〇元。查美国政府所征企业所得税，各时期差别颇大；然而留供企业扩展之成分却鲜变动。例如在一九二九年间，政府征所得税百分之十四，企业保留供扩展者占百分之二十七，股东分配百分之五十九。及一九四〇年，政府所征税率增至百分之三十一，企业保留供扩展者百分之二十六，股东分配百分之四十三。一九五一年则政府所征税率续增至百分之五十六，企业仍保留百分之二十六，股东分配减为百分之十八。由是观之，在此二十二年之间，政府的所得税率由百分之十四增至百分之五十六，股东所分配者由百分之五十九减至百分之十八，而企业所保留者仅由百分之二十七改为百分之二十六，几乎等于不减。此种爱护国家与爱护企业之精神，殊值敬佩。

（六）研究精神

美国工业界对于研究工作之认真，实为世界之冠。凡略具规模之工业企业无不设有研究所，其研究目标，或为节省消耗，或为增进效用，或为产生代用原料。在一九二〇年，全国之专任工业研究员约为八千名，及第二次大战之后期，增至四万二千名，每年因此支出之研究费多至美金二亿元，等于英国牛津大学本部及其各学院一年经费之十倍。在各种工业中化学与石油两项所用研究人员最多。即其他工业每类所用研究员亦不下千人。其研究之结果影响极大。除对于动力之节省，原料效用之增进，生产之加速，消耗之节约等皆为一般工业所共同受益者外，其对于代用原料之创制，尤于战时工业之需要大有补益。例如美国需要最亟者为天然之树胶，第二次大战前每年输入之量约五十万吨，占全世界产量之半；及太平洋战争发生，树胶之主要产地已为日军占领，实予美国以极严重之打击。幸而人造树胶之生产在战前早有研究，于是利用研究结果，加紧大量制造，在一九四二年，此项人造树胶之产量年达二三四 〇〇〇吨，约当战前输入量之半数；及一九四四年，全年产量可达六十万吨，且超过战前输入之量，于是树胶之供应问题得以解决。其他代用原料尚多，亦为平时研究所得的结果，对战时需要确有重大的救济，不仅对平时工业有所裨补而已。

（本文系作者一九五二年十二月为“认识美国”写。——编注）

发展民营企业建议案

壹、办法

一、依据“宪法”，确定公营事业设置之标准与范围，俾民营企业，有充分发展之余地。

（一）依据“宪法基本国策国民经济”之原则，凡不合公营规定之企业，一律改由民营，并加以扶助。

（二）加强“公营事业移转民营条例”之执行，仍视事业性质，将整个工厂或公司，一次出售或将所有股票分次出售。但整个公司工厂出售，应严格采取投标方式。股票出售，应在公开市场交易。

（三）现有民营企业与公营企业之性质相同者，应受政府同一待遇。所有对民营企业与公营企业之差别待遇，一律撤销。

二、修正妨害民营企业之现行法令，以排除投资之障碍：

（一）公司法中关于以“股息”与“红利”合并而为法定“股利”之规定，应修正为“资本利息定名为股息，股息之外，准许红利为法定之利润”。

（二）商业会计法中关于资本利息（意指股利）应作盈余分配，不得为费用开支之规定，应修正为“凡经政府核定为保息投资之企业，其股息作为费用开支”。

（三）所得税法中关于计征营利事业所得税后，再提法定公积之规定，应修正为：“企业之公积金，未满资本额等额以前，每年营利事业所得税，应先扣除法定公积以后，始得计征。直至与资本总额相等时，改为先征所得税后，再提公积。”

（四）所得税法中关于折旧，不以固定设备而异之规定，应修正为：“企业每年提存折旧，应按固定资产之种类，分别性质，估量使用年限，各定比率。”

（五）简化工商登记手续：

1. 凡属公司组织者，其公司登记，由省建设厅受理后，送请“经济部”发照。

2. 其他商业登记，概由省建设厅办理。

3. 主办登记机关，由申请以迄发照之各项步骤，应明定期限。逾期不发照者，经办人员应负失职之责，并对申请人，赔偿其逾期所受之损失。

4. 登记俟发照时一次收费，或改为正式登录税，不得巧立名目。并应鼓励民间，自创代办登记行业，视为工商服务之代办业，得向委托者收取费用。

5. 其他现行零星各别之登记，如罐头食品工业登记（一九五二年十一月十日公布），台省鬃毛绒羽制造工业登记（一九五四年三月二十四日台湾省政府农林厅公布），与制茶工业登记（一九五二年十二月二十八日台湾省政府公布）等单行办法，一律撤销。

三、鼓励外资侨资之输入：

（一）凡外资与侨资之企业，已有固定设备，具备贷款条件时，有与国内企业向银行贷款之同一权利与方便。

（二）现行外国人投资条例，及华侨回国投资条例所规定征用与收购之条款，一律废止，以消除投资者之顾虑。

（三）规定国内信托机构接受外国或华侨投资人之委托，代理投资，或代经营事业，酌收手续费。

（四）外国人投资企业，其一切待遇与义务，除有互惠条款之规定外，与“国内”企业，处于平等地位。

四、解除管制：

（一）现行煤炭征购与黄麻管制办法，应由主管机关妥为改善，以期逐步取销。在未取销前，政府机关需用物资者，应按实在价格，编列真实预算。其他物资如有继续管制必要者，亦宜以不妨碍价格功能为原则。

（二）现行橡胶、灯泡等工业之设厂限制，应予取销。此后对于人民设厂，应由经济部就供需与输出入实际情况，详加研究，予以积极的辅导，以代替消极的限制方式。

五、编制投资预算，以改进投资效率：

（一）为求投资预算之真实，与每年投资额之适当增减，应先充实国民所得估计之技术，尤应对于分析资本形成率与所得成长率，加强其工作。

（二）再进而谋投资有效之控制，推动投入产出关系（Input - output relation）之分析。

（三）“经济部”前曾一度有二百五十种商品之分析，本可扩充为“国内”商品平衡表，惜已中辍。宜首先恢复，再谋规划次一步工作。

（四）上述之编制商品平衡表与投入产出关系分析工作，应由政府设置或委托学术性研究机构，负责进行，庶期循序渐进，不致中辍。

贰、理由

一、发展民营企业，必须具备下列三条件：

（一）投资利润之维护。

（二）投资安全之保障。

（三）企业经营之便利。而此三者之充分实现，则有待于投资环境之改善。本案之积极意义，在于开辟公平竞争之企业环境。消极意义，在于排除现存之阻碍，而杜可能发生之困难。至有关三者之具体措施，其涉及租税及信用制度者，本会另有改革租税与建立信用制度两案之建议。

二、现行公司法，对股利之规定，使企业投资，既不能常保资本报酬，亦无资本报酬以外之企业利润可求。有资金者，与其投资于企业，反不如存放银行或贷放于黑市之有利，此为阻碍投资之主因。

三、商业会计法，对所谓“资本利息”之规定，系指公司法之股利而言，使投资者在企业亏蚀时，利息收入，可能低于银行存息，甚至毫无所得；而盈余时，又仅获当年固定“股利”，别无红利可为亏蚀时之补偿。

四、所得税法规定，计征营利事业所得税后，始提法定公积金，公积提存数既低，资本累积，遂感不易。

五、所得税法对折旧不以固定设备之别而异，徒增重置成本之困难。

六、对外资侨资之输入，必须使之与“国内”企业处于平等地位，享有向银行贷款之同样权利与方便，并废止现行条例中之征用与收购之条款，乃能发生鼓励之作用。

七、经济统计，可分“资料搜集与初步统计”与“统计分析”两部分。前者，照目前办法，由行政机关办理，自属便利。但后者则因须凭学理，尤忌将主观利害夹杂其间，故以独立研究机构主持其事为宜。而投入产出关系之分析，旨在明了产业之实况，资本效率之高低，更唯有由独立之学术机构办理，始能避免本位影响。

叁、连带措施

修改公司法、商业会计法、所得税法、外国人投资条例、华侨回国投资条例，及其他有关法令。

肆、附件

台湾公民营企业概略及其比重简述

台湾省公民营事业之资本，计六十一亿六千八百余万元。公营占百分之五〇·一五，民营占百分之四九·八五。只就大体观察，似可谓为势均力敌。但若细析其行业类别，除农林渔牧与其他经济活动，均为民营外，余如矿业、建筑业、商业、运输仓储业与服务业等，民营悉较公营之比重为大，种类颇不为少。而行业比重，则仅略多于四分之一。制造业与电力、煤气、自来水，则以公营较民营为重，后者几全部为公营。种类虽少，而比重则将及四分之三。且再以事实论，年来经济建设，亦以此两者为重点。其比重之高低，足以表现经济之现实事态。故欲求经济之长足发展，民营企业之比重，实应力求增加。兹将各业之公民营事业资本额，列如附表（一）。

民营事业之资本总额，虽与公营相埒，而每一单位资本之大小，则殊相悬殊。全省公营事业共二百四十二单位，大抵已为企业组织。每一单位之平均资本额，约为一千二百八十二万余元。民营事业，共一十二万七千七百三十七单位，什九皆属家庭经营，其为企业组织者，寥若晨星。每一单位，平均不过一万六千二百余元，相差达七百八十八倍以上。尤以占行业比重最巨（百分之六四·九七）之制造业，其倍数更大。公营制造业共五十二单位，每单位平均资本额，计四千五百五十八万余元。民营制造业，共三万九千六百九十九单位，每单位平均资本额，仅四万一千八百五十余元，相差一千零八十倍半。因知公民营事业之失衡，不在资本总额，而在每一单位平均资本额。其所以不能与公营事业相颉颃者，亦在于此。兹将公民营事业每一单位之平均资本额，列如附表（二）。

公营事业每一单位之平均资本额之失衡，其直接影响于生产者，不在产量而在生产成本，于是影响及于资本形成之比重。民营事业资本少，赖单位多而人力众，集腋成裘，以累积其生产价值。当四公营企业未移转民营以前，公营事业产值，约占三分之二。移转后，则民营事业产值，渐次提高，尤以最近三年为甚。至去年年底，民营产值，已略超过公营而居优势。但产值尚未消除货币因素，所增并非实值；分散于各单位，为数更属有限。无怪自一九五六年较一九五二年之产值增加三倍以上，而在资本形成额中，民间投资之比重，则反无增而有减。政府及公营事业投资之比重，虽亦同为降落，惟其原因则有别，未可一概论。若无美援金额与比重之同时并增，其情况将更难言。兹将历年公民营产值与资本形成额列如附表（三）（四）。

由于上述比较分析，可得如下结论：

甲，台湾民营事业，即以家庭经营方式，其产值亦能积少成多，而与公营事业相颉颃。但以投资潜力有限，变为企业方式，颇难发展。

乙，若改变方式，由家庭经营转化为企业经营，则以资力散漫而进程迟缓，除采本案各项建议外，再须转变储蓄为投资之可能方法，多多采用。

丙，民间企业之鼓励与奖助，宜先排除其现实所遭遇之困难，以减轻其经济之阻力，再诱导其充备竞争之实力，俾在公平竞争之中，发挥其自发之创造性，不宜揠苗助长。

丁，投资环境之改善，企业精神之培养，俱以公平竞争为条件。

鼓励民营企业之要旨在此，苟使民营能蒸蒸日上，则公营事业反可受其激励而益能奋发。勿以民营事业之发展，公营事业即遭挫折，而致误解。本案之观点，盖认民营企业之范围为范围，公营事业不过在此范围以内，由于特定需要或政策使命而归政府掌握；非脱离企业之原有范围，而再自封畛域以相对立也。

台湾公民营资本额分类比较表（表一）

（单位：新台币元）

类别	公营事业资本金额	民营事业资本金额	合计	行业比重	公民营对比	
					公营	民营
1. 农业渔牧	——	23 566 920	23 562 920	0.39	——	100.00
2. 制造业	2 369 055 828	1 649 336 569	4 018 392 397	64.97	58.96	41.01
3. 矿业	21 500 000	38 657 150	60 157 150	0.97	35.77	64.21
4. 建筑业	6 596 300	254 740 922	261 337 292	4.22	3.07	96.93
5. 电力煤气及自来水	504 955 695	3 175 750	508 131 445	8.23	99.41	0.59
6. 商业	34 930 079	811 971 041	846 901 116	13.73	4.13	95.81
7. 运输及仓储业	151 513 000	155 927 607	307 440 607	4.97	41.87	58.13
8. 服务业	2 452 120	138 455 746	140 998 956	2.26	1.80	98.20
9. 其他经济活动	——	1 635 094	1 635 094	0.02	——	100.00
总计	3 091 094 108	3 077 462 890	6 168 556 977	100.00	50.15	49.85

台湾公民营单位每一单位资本额分类比较表（表二）

（单位：新台币元）

类别	事业单位		每一事业平均资本额		公营比民营倍数
	公营	民营	公营资本额	民营资本额	
1. 农业渔牧	——	232	——	101 564.31	——
2. 制造业	52	39 699	45 558 765.91	41 851.98	1 088.5

续表

类别	事业单位		每一事业平均资本额		公营比民营倍数
	公营	民营	公营资本额	民营资本额	
3. 矿业	2	334	10 750 000. 00	115 739. 97	92. 9
4. 建筑业	2	2 652	3 498 250. 00	95 230. 18	36. 7
5. 电气电力及自来水	149	10	3 388 964. 39	317 575. 00	10. 7
6. 商业	19	60 820	1 838 425. 21	13 350. 39	137. 7
7. 运输及仓储业	6	1 053	25 252 166. 67	149 029. 06	169. 4
8. 服务业	11	22 902	231 192. 27	6 045. 58	38. 2
9. 其他经济活动	——	38	——	43 028. 71	——
总计	242	127 737	12 826 117. 08	16 262. 81	788. 6

台湾公营事业生产价值对比表（表三）

（单位：新台币元）

年份	公营事业	民营事业	合计	公民营对比	
				公营	民营
一九五一年	2 701 940	1 421 504	4 123 444	67. 96	32. 04
一九五二年	3 562 032	1 994 184	5 556 216	64. 11	35. 89
一九五三年	4 638 602	2 744 423	7 428 025	63. 09	37. 91
一九五四年	5 129 360	3 472 652	8 602 012	59. 63	40. 37
一九五五年	5 111 535	5 161 928	10 273 463	50. 25	49. 75
一九五六年	6 235 290	6 294 916	12 530 207	44. 75	52. 50
一九五七年	7 930 224	9 087 360	17 017 584	46. 59	53. 41

资本形成分配表（表四）

年份	民间投资		政府及公营事业投资		美援	
	金额	百分比	金额	百分比	金额	百分比
一九五二年	725 035	47.3	713 729	43.0	220 767	13.3
一九五三年	808 869	41.0	753 076	38.1	412 805	20.9
一九五四年	967 802	42.5	818 762	36.0	488 190	21.5
一九五五年	1 348 655	40.5	1 045 712	31.4	935 407	28.1
一九五六年	1 653 607	40.5	1 286 011	31.5	1 140 175	28.0

（本文系一九五八年六月作者为“行政改革委员会”草拟的文件。——编注）

科学管理与我国工商业

我向来没有出过国门。这一回是为新任商务印书馆的总经理，而不得不出国去考察有关管理的方法。

我这一次，共到了九国，三四十个城市，参观工厂有四五十家，访问专家学者和实业界领袖共五六十人，研究所和社团二三十处，劳工方面也有不少人和我见面讨论过。并且在世界最著名的图书馆，参考许多关于科学管理法的书籍，搜罗回国的专门书籍数百种。在外时间，虽然不多，但是直接间接所得的材料，实在不少，我零零碎碎的笔记，差不多也有四五十万字，现在一时恐怕还不能整理发表。

总括的一句话，就是我选定了科学管理法，不久便要在商务印书馆率先采行。科学管理大概有广狭的三种意义：

第一种，是狭义的科学管理法，这是美国科学管理专家泰勒氏（F. W. Taylor）发起的，所以又称为泰勒氏方法（Taylor's System）。他最初提倡这个方法是专门用在工厂里的，如对工作方法的改良，工人疲劳的减少，工人心理的研究，以期达到费力小而成果大的目标。

第二种，是比较广义的科学管理法，就是在一九一〇年以后由美国许多工程师共同商定采行的“科学管理法”（Scientific Management）。从此以后，他的意义便不止适用于工厂，就是商业机构，和官厅也无不可以适用。

第三种，就是最广义的科学管理法，又称为合理化运动（Rationlization）。这个名词，是德国发起的，其意义就是把科学管理推广到全业或全国，不过合理化与科学管理名称上虽有不同，意义上虽分广狭，实际上是二而一的。

以上是科学管理法的三种意义，但是科学管理法的主体究竟是什么呢？我觉得泰勒氏说的几句话最透切，他于一九一二年在美国国会特别委员会中演说道："科学管理法并不是仅仅改善工厂的布置，或改革工作的方法，以及增进出品的数量等等；那不过是科学管理目的一部分，科学管理最重要的意义还是在雇主与劳工双方心理上的改革，使双方能了解他们的责任，明白他们的地位，排除主观的和因袭的方法，采取客观的和合理的方法。"这是科学管理法的精义所在。在名义上虽然有泰勒氏的方法，科学管理法，与合理化三种分别，但是实际上，还是一样的。

科学管理法是一种因人制宜与因地制宜的方法，也就是没有一定方法的方法。如果一成不变，那便不是科学管理法，如果直抄了外国方法搬回中国来用，这也不是科学管理法。总之，我们应根据客观的事实，与充分的研究，才能实现科学管理法的真谛。科学管理法的实行，可以分为三个时期，现在简单说明如下：

第一个时期，就是美国泰勒氏在工厂内实行的科学管理法，但法国有一位叫做费尧（Fayol）的，也很提倡这种方法。同时许多国家也将泰勒氏等的著作先后翻译，研究采行。

第二个时期，是在欧战期间，那时因为工人减少，生产又有增加的必要，故推行这种方法来增加生产。

第三个时期，就是现在的时期，其目的在使科学管理法国际化，而不限于一国，因为科学管理法若限于一个国家，那就不免有生产过剩，和市场缺乏的危险；如果世界上各地都没有购买力，都没有销场，那末仅仅一国的实业合理化，能够大量生产，便不免发生分配上的问题了。

科学管理法在欧美初行的时候，不但劳工方面有人发生误会，就是学者中也有不少怀疑的人；但后来一看见其在实行上并无妨碍，而且还表现着许多优点，所以现在欧美各国的工会，差不多没有一个不欢迎这个新方法的。一九二七年国际联合会，于日内瓦召开一个国家经济会议，由劳工代表，雇主代表，和经济学者三方面组织而成，结果都承认科学管理法是对各方面都有利益的方法。我到英国的时候，看到他们劳工部的负责人员，和好几位工党议员，据他们告诉我说："英国很倒霉，现在失业的工人差不多有两百万，其原因虽然不止一端，但是因为采行科学管理法不很积极，和合理化的德国竞争不过，因而酿成失业者，实不在少数。"俄国我是没有去过，但我在日内瓦时，适值国际劳工大会，与会的有几十国的代表，内中有几国的代表曾到过俄国，据他告诉我说：俄国采行科学管理法是颇为积极的。

采行科学管理法，有一个先决问题要弄清楚。现在国内有许多人，误会他是一个制造失业的方法。本来这种误会就是在首倡合理化运动的德国也是不免的，当我到德国的时候，看见有些反对政府派的报纸说：德国现在失业的人约有三百万，这大概是由于实业合理化的结果。但是后来我到他们的全国经济委员会去考察，这个机关就是实业合理化的大本营，据其总干事 Schaffer 氏告诉我说："德国自行实业合理化，不但没有使失业的人数增多，并且使有职业的人增加了四百五十万，因为在欧战以前，德国有一千八百万的工人，但目前已就业的人总数增至二千二百五十万，比前加多了四百五十万。原来欧战后德国丧失了不少的领土，其地的德人纷纷迁回国内，因此而增加求业的工人差不多有六百万；又战前德国有常备军七十五万，现依战后条约只许保持十万，因此又多出求职业的工人六十五万；此外因为兵工厂停闭而另求职业的工人，也有几十万。照这样计算起来，德国战后骤然比战前增加了七百多万的失业工人。现在因为实行实业合理化，产业振兴，已就业的人增加多了四百五十万；虽然还剩下三百万人，没有工做，但这已可说是‘合理化’的明著大效了！这一点应注意认清。”他们又告诉我说：“现在正极力想法使这部分失业的人都能够得业，不过他们目前最困苦的一个问题，就是在大量生产达到目的之后，便不免面对着大量分配问题。”现在他们对这一点很努力，将来能否达到目的，虽然不可知，但他们使四百五十万人得到职业却是事实。美国虽然不用合理化这个名词，实际上她已经采行这方法最早，一来因为美国是托拉斯和科学管理法的策源地，二来因为美国盛行标准化和简单化。美国现任总统胡佛氏其在工商部部长任内，曾厉行制品标准化及简单化，将许多制品的花样减去了十分之九，使国内制造家大获其利。此外像法、比、英、意各国也都朝着合理化这条路进行，而英国煤业工会，甚至归咎雇主不能积极采行合理化，以致和德国竞争不过。由此可以知道合理化的趋势了！总之，合理化是否会增加失业，已不成问题！盖因合理化包括大量生产和大量分配两条件在内，并非专顾生产而不顾分配的。不过在那些极端工业化的国家，其生产的分配不能不靠国外的市场，如果国外市场不振，终不免发生困难。但我们中国是一个洋货进口漏卮最大的国家，诸位试翻开历年海关进口报告册看看，就可知道每年输入洋货数额的惊人。所以我们现在行科学管理法也好，行实业合理化也好，我们总不必到国外去找市场，中国之内就是我们莫大的市场，我们只求自给自足抵抗外货的侵入。就是全国一致起来采行实业合理化，恐怕也非一二十年不能办到，所以有些人说，我国施行这个制度后就会生产过剩，以致失业，实未免过虑了！这好比：有一个穷人，家里除了一个破锅，两个破碗外，其余一概没有，他却天天在那里害怕东西太多，无法安置，那岂不是笑话吗？所以在他国是要靠国外的市场，当然有些靠不住，在中国只要靠国内的市场，当然是千稳万稳的！所以在中国要施行科学管理法，确是有百利无一弊的，况且现在我们大家正要抵抗他国的经济侵略，那末科学管理法实在是给我们抵抗经济侵略的最好武器。

以上都是泛论，现在把科学管理法的内容略说一说，要是详详细细地说起来，恐怕时间不容许。而且诸位多是有研究的，也用不着我来细说，现在姑且提出几个实际问题，请诸位指教。

我觉得科学管理法有三个目标：

一、对于社会方面：采行科学管理法，可以大量生产，既然大量生产，成本就可以减轻，售价就可以降低，使消费者减轻负担。

二、对于投资者方面：此法实行后，可以使资本家因确保利润而乐于投资，实业容易发达。

三、对于职工方面：此法可使职工福利得到保障，并可维持久远。在职工乍看起来，以为实行科学管理法，生产加多，身体一定疲劳，不知道科学管理法的第一原则就要减少工作上的疲劳。当美国泰勒氏最初发起这方法的时候，就定下这个方针的。其他为改良布置，改良方法，规定标准等，也无非是使双方多得报酬，多得利润，而且分配公允罢了！大抵劳方最不满意的地方，就是报酬的不充分，和报酬的不公允。采行科学管理法后，生产加多，劳方就有报酬充分的可能性。加以科学管理法定有工作标准，按标准给酬，则报酬也不至于不公允。由此看起来，科学管理法实在是解除劳方不满的最好方法。

以上三个目标，我们应该用什么方法来达成？我认为可以归纳为四个目标，就是：

一、大量生产。

二、大量推销。

三、消除耗费。

四、改良出品。

要达到上述四个目标，一定要有相当的方法，现请把达到这些目标的方法说一说：

甲、对人

1. 工作分析：各种工作都要确定他的性质，责任，和所需技能，应得报酬，使事适于人，人尽其才。

2. 改良工作方法：使工作的人不加疲劳而生产加多，其步骤是把工作析为各种基本动作，节省其不必要的动作，并改善其使人易于疲劳的动作。

3. 规定工作标准：这是一件相当难的事，但不能不采行。现在我国生产的不发达，劳资问题的时常发生，都是因为没有工作标准的缘故。工作既无标准，那就好的工人不能得奖励，坏的工人也无从惩儆，因此好的工人也渐渐不愿勤奋了。所以工作标准的规定实施，是很重要的。欧美各国，对于手工和机器工方面，规定工作标准，大都先将工作分析成很小的单位，然后估量每单位所需要的时间。我在外国许多工厂里，看到他们对于工作时间的计算，真是正确极了！譬如：某件工作按标准应需要二十五分钟，那末工人就应在这个时间内做完，方算合格。如果不能在时间内做完，厂方就加以特别指导和训练；训练后及格的，当然最好，如经训练后仍然不合标准，那末厂方为顾全多数人的福利起见，也不得不采适当的处置了。所以分析工作和确定工作标准，是科学管理法上最重要的条件，至对于售货人员的工作标准，虽然不能与手工和机器工一律，但也有相当的办法。我对工商事业本是外行，从前见外国店员对待顾客很是客气，中国店员却不如是，心里常不明白，及经过这一次调查，才知道是外国有工作标准，中国无工作标准的缘故。国外商店的店员，都以经售货物的数量为标准，大概先查出各部分过去若干年售出货物的总数量，再把各该部分过去若干年薪水的总数量，和它相除，那得数便是售货经费占售货数量的百分数，假如此项百分数系“五”，则每月薪水三十元的店员，便以每月能售出六百元数量的货物为标准。那货物当然有繁销和滞销的分别，而且价值也各有不同，不过若能按各部分特殊情形，分别计算，其标准实在也没有什么办不到。按商店的复杂情形无过于百货商店。但是美国的百货商店简直没有不照这办法规定其标准的。甚至间接售货的店员，也可以比照直接售货的店员，而酌定适当的标准。好比收银柜上的职员，其工作多少和售货的店员是息息相关的，售货员生意做得多，收银柜职员的事务也就连带的多，所以便可按售货的数量而间接规定收银柜员的标准。标准既经规定，则超过标准的人，当然给以奖励，不及标准的人，也可酌量情形如以相当的训练和裁制。关于奖励方法，种类繁多，这里恕不详述了。

4. 劳资合作：科学管理法，以劳资合作为达到其目的的一个重要条件，所以资方务须开诚布公，以免除双方的隔阂。此外厂方对于工人的训练，也很重要，一方面使技能低的工人不致被淘汰，一方面使有为的工人也有上进的机会。

乙、对物

1. 注重设备：工厂对物方面的设施，如全厂设备和布置等也十分重要，各国都非常注意，譬如建筑一个工厂，如果在事前不先请一位专门家，妥为计划，那末纵然由建筑师把房屋造得很结实，并很美观，恐怕仍不免有许多不适用的地方。假使在未建筑之前，先请专家规划一过，然后再请建筑师计划建造，就可以免去这个弊病了！不过这是指新造的工厂说的，若就旧有的工厂而言，欧美也不乏其例，他们都从布置设备，随时着手改良。据我调查所得，旧厂布置改良后工作效率均增进不少。

2. 注重工作的联络不断：各国新式工厂很注重各部分工作的联接，不使中断，因此各部分中，苟有一部分力量较薄，必须设法使其增进，以免因此牵动其他部分。

3. 原料的供给：原料的供给最要紧是使其供求相应，固然不可有缺少，也不应过多。因为原料缺少，固然妨害工作，影响营业；但如果存料大多，便使到资金的一部分停滞，也不是经济的办法。

4. 标准化和简单化：这就是使设备，制品，和原料三项都适合相当的标准。在可能范围内，力求其种类减少。试专就原料一项而论，假使某工厂需要五十种原料，如果样样多备，那就要费去许多的资金，如果只对于几种多备些，则偶然缺乏的，或竟属于未多备的种类那也是很不便利的。假使就可能范围内，将所需原料标准化，只须存备五种，或十种，便已足用，这样一来，既不需多耗资金，也较易存备充分的数量了。

5. 栈房的布置：制品标准化以后，则栈房内可按制品的大小，在相当距离地方，标明其数量，这样一来，检点和计算都容易了。

6. 输送的方法：我在美国，看见许多工厂里输送的迅速，真使我为之目瞪口呆！这完全由于机器设备的周密，一到了工作时候，简直用机器去管人，不是用人去管机器了。我曾参观过福特和另一家汽车工厂，见他们装车部分，工作迟速之差，真不可以道里计。福特的装车部分只用工人五百余，每天可装九百多部车；而另一家汽车厂的装车部分，所用工人九百余，每天只装四百多部车。推究其故，就是因为输送迟速不同的关系。

丙、对财政

各国的新式公司工厂，都按期编制预算，好比国家的财政一样。他们因为有成本会计，和统计做基础，所以预算很易正确。今年日内瓦的科学管理协会，发起召集一个国际预算大会，当时到了三十余国的代表；我因时间冲突，没有参加，但即此已可见各国对于公司预算的重视了。

丁、对组织

工商机构的组织如何，也是一件极当研究的问题，各国此等机构组织，大概可分四种：

第一种，是纵的组织（Line Control）。就是由总经理，厂长，股长等一级一级的执行其职权，好比军队里的师、旅、团、营、连、排的组织一样。不过照这种组织，各级主任须有支配一切的才能，否则必致误事，而且这种组织只适用于小工厂，大工厂是不适用的。

第二种，是横的组织（Functional Control）。就是按工作种类，分成若干种，如工作程序科，工作方法科，工作检查科等，而由职工自行分别接洽。这样组织须有程度较高的工人，而且须在件工制度之下，工人能各自负责，方不致延误。

第三种，是纵横混合的组织（Line and Functional Control）。就是把一般的职务，付托于厂长，股长等；但将特殊的职务如：人事、会计、统计、研究等另设专科，在此范围内的业务，须由厂长股长等移交专科办理。

第四种，是称为合作的组织（Committe Control）。就是除照第三种组织外，还加上劳资双方共同组织的委员会，如能率委员会，福利委员会等。不过这些委员会，都是备当局咨询的组织，并不是具有决议权的组织。这就是“讨论不厌求详，执行须有主体”的制度。

以上四种组织中，以第三种最为普遍采用；至于第四种，现在采行的虽然不多，却有日渐增长的趋势，

以上所说，都是我在外国所见采行科学管理法各公司工厂的概况。现在还有两点小意见，提出供诸位的研究：

第一：规模较大的公司工厂，应设研究所，如果一个公司工厂，无力单独设立，可联合他家共同办理。我在各国所见的公司工厂，用人在二三百以上的，无一不设有研究所；因为要想工作不间断的进步，这是必要的条件。

第二：全国应组织像德国经济委员会的同类机关。这是一个半官性质的机关，由政府出资组织，其干部拥有全国六千余专家，另设分组委员会，分别研究关于全国经济的各种问题，使国内各地的产业与经济状况，都能了如指掌。我国农工商业的实况，与其相互关系，至今还未经过何种研究；因此那些寥若晨星的工业，只是自己打自己，徒然让外国工商业者坐收渔人之利。而且什么地方应办什么实业，什么实业当提倡，什么方法可以抵制外国的经济侵略，简直是毫无把握。如果有了这种全国的研究机关，把全国经济问题作整个的研究，进而作全国实业界的指导，我相信其对于全国经济状况必有很大的裨补。

以上两点小意见，请诸位加以郑重的考虑。今年六月间，我到日内瓦的时候，国际科学管理协会主干 Major Iwick 力劝我回国组织科学管理协会，加入国际协会，但是在我归国的途中，偶读本国报纸，知道国内已有本会——中国工商管理协会的组织，心里就觉得很高兴。

（本文系作者一九三〇十月对中国工商管理协会的讲稿。——编注）

抗战时期的工商管理问题

在讨论抗战时期的工商管理问题以前，有须先注意之一问题，即工商业规模有大小之别，在欧美工商业发达之国家，规模愈大者成绩愈优，进步亦愈速。在我国则规模大者每致失败，小者较易成功；其故何在？又我国工商业除最近创立及具有特殊情形者外，多起自小规模，而逐渐扩展。此种自小而大之工商业，于其创立之初，往往成绩优者，进步甚速；及进至大规模，则成绩往往不如初期之佳，或困难渐增，不易继续发展，或一蹶不振，竟至无法维持，其能一帆风顺，扩展不已者，实属罕见。间尝研究其故，不外两端。一则国人组织力较差，小规模管理较易，收效亦较易。大规模则对事方面，未能如小规模时期可由创办者亲自主持，耳目既有未周，应付自难裕如。又对人方面，在小规模时期所用职工无多，主持者复时有接触之机会，可借感情维系。及进至大规模，则感情之效用甚微，不能不赖规律与赏罚；我国人平素重情轻法，故效率不免低落，甚或纠纷时起。二则在小规模时期，多由独资或少数人出资经营，出资者多直接主管业务，身家资产所关，不能不勤慎将事。及规模渐大，由独资或少数人出资变为多数人出资，且出资者未必亲自主持其事业，主持事业者亦未必为出资人；于是除责任心特别坚强之少数人外，每不能如身家资产与有重大关系者之认真负责。

假使以上的论断不谬，则对症下药，正是解决本问题之办法。本问题果能解决，则当前工商管理问题，基本上亦可随而解决。盖工商管理问题，不外对财对人与对物三方面，而抗战期内，当前的另一问题，则为对付环境方面。假使大规模的工商业能与小规模的工商业同样处理，则对财等于爱惜一己之资产，对人等于应付互有感情之亲友，对物能如利用仅有的器材，对环境能于艰苦条件之下力求适应，又何致发生困难或遭遇失败？兹请就此四项分别讨论之。

（一）对财 工商事业之经济组织，当然以资财为出发点。在小规模之工商业，掌资财者多为出资财之人，故能慎重处置，不致滥用浮冒；而因资财之处置得当，事业亦随之稳固。反之，在大规模之工商事业，掌资财者，既非出资财之人，且收付运用均较小规模时远为复杂，苟不作妥慎之管理，每因资财处置之不慎或失当，致事业之根本为之动摇。因此，大规模之工商事业中，务须有周密之会计制度，借以防止浮冒滥用之弊。而在一切成功与稳固之事业中，财务行政大都具有独立性质。至于工商业资财之最善利用，莫如尽量增进其周转率，例如一百万之资金在一年内可周转五次者，其效用即等于五百万元；反之，两年内始周转一次者，其效用仅当五十万元。为使周转率增进，第一当使资金之用于固定方面者，尽可能减至最低，其用于流动方面者，尽可能增至最高。就余所知者，十余年前上海有某制糖公司，其前身规模甚小，而获利甚厚；及组织为大规模之公司，购地建筑堂皇之工厂，已耗其资本之重要部分，向外洋定购大规模之机器，又几耗其资本之全部，及机器尚未到齐，资本业已用罄，购料及流动之资金，已无从取出，遂因是搁浅而停顿。此特显著之一例耳；其他因耗资于固定方面过多，致流动资本短缺，进行重感困难者，比比皆是也。第二步对于存料及制品，数量固当充分，种类却不宜过分复杂，则亦以种类复杂所费资金必多，而其效用未必能与所费资金相称也。

（二）对人 此为大规模工商业最困难之问题，此问题不解决，一切均无从解决。余于所主持之事业，对人事方面夙注重进退奖惩教养生死八字。后四字专指职工福利而言，战时一般商业多感困难，或力有未逮，或举办不易，且因时间所限，未能一一详述，仅就前四字言之。

进，指进用职工而言。在雇主方面，每喜易进易退，在雇佣者方面，则欲易进难退。然为劳资双方利益计，似宜相当的难进难退。除关于退职方面另行讨论外，所谓难进，系指进用职工宜特别慎重。盖进用时，慎之于始，既可得适当之人才，则效率优良，纠纷亦可减免。所谓适当，系指能力与工作相称，固不可过低，亦不宜过高。一般雇主喜用能力高于所任工作之人；表面似属有利，实即利少害多。盖报酬厚薄恒与工作性质关联；以下级之工作而雇用中级能力之职工，结果非至任职者不肯久于其职，或将因待遇不满而渐起纠纷。一般工潮之发生，大多数起于有能力而屈任下级职务，因报酬不相称，由不满而起反抗，而其能力又足以资号召者。故进用新职工，除其职务具有伸缩性，即远优于现任职务之人才亦不患无升迁机会外，其他似当考虑职务之前途，务使人才与职务相称，或仅略高，勿谓以下级之报酬雇用中级以上之人才为便宜也。至于慎重进用之道，积极上固当采取公平的考试，消极上尤当避免情面的引荐；而所谓情面的引荐，尤其是对于在职人员之子弟。余向主张工商业进用职工除万不得已外，宜采回避制度。盖在职人员之子弟，尤以高级人员之子弟为特著，如果可进用于同一机关，甚或同一部分，则进用时不免徇情，考绩时更不免滥冒，因不平而致他人之不满，影响于事业者殊不浅也。或谓高级人员之子弟，在同一机关或同一部分任用，则信任指挥均较便利，然无论子弟是否更可信任或更易指挥尚待证明，即使能之，恐因此所得亦不偿所失也。

退，指辞退职工而言。余对于工商业之辞退职工主张特别慎重，雇主不当绝对自由，职工须有相当保障。除依契约规定或因不可抗力外，雇主对于解雇职工以前须先有相当的警告，或照章的惩戒，俾能改善者终能维持其职务，其未能改善而致解雇者，在本人固属应得，在他人亦不致起不平之共鸣。故工商业平时惩戒严明，实际上转可减少解雇职工之机会，而因解雇所起之纠纷亦可减免。此外如失业保险，职工储蓄等措施，亦可为缓和解雇纠纷之助，一般雇主，似宜注意及之。

奖，指奖励职工之成绩而言。其办法不外三项：一为按个别成绩增加薪水，二为按个别成绩特给奖金，三为按一般成绩普遍分红。余前此对普遍分红主张甚力，认为可使职工对各该工商事业感觉利害相关。惟按多年经验，则普遍分红制在初行之际，虽可收一时之效，然行之稍久，将使职工视同薪水之一部分，得之固无特殊之好感，而遇无红利可分之一年，转觉固定收入骤减，因而不满；故余最近主张，普遍分红制转不如按个别成绩特给奖金之有效。至按个别成绩增加薪水，在某程度固可行，然超过某程度，即超过所在工作之应得数额，将不得不有止境，不若按个别成绩特给奖金之永久适用，且富有伸缩性也。

惩，指对有过失或不守秩序之职工加以惩戒而言。工商业为维持工作之效率与秩序，不能不有惩戒职工之权，惟惩戒条件须先有明白规定，不宜因主管人之喜怒，任意为之。惩戒之效用，除能维持工作效率与秩序外，尚可减少解雇之机会与其惹起之纠纷，具如上述。余以为任何机关，有奖无惩，奖励将视同必得，而失其效用；换言之，任何事业之成功，亦有赖于赏罚严明也。

抑抗战期内后方工商业人事方面，尚有当前之严重问题为平时所无者，即技术职工之流动过多，致工商业发生重大之障碍是也。

推原其故，一由于后方技术人材之缺乏，故各方争相罗致；二由于公私事业之资力不同，待遇相差甚远，于是资力较厚而需要人材较切者，得随时以特优之条件，向同等事业中罗致其所需要之职工，然乙以施诸丙者，甲亦可以施诸乙，于是竞以优越之条件互相争取技术职工。资力较薄之工商业固先蒙其害，资力较优者，迟早亦失其利，浸且兼蒙其害；即资力最优者，因职工见异思迁之习渐成，动起不患无他就之念，望其对于工作之认真与效率之增进，殆不可能，结果仍未见其利也。余以为政府一方面保障职工，他方面当维护雇主，对于此种见异思迁之职工，苟能规定限制任用之办法，由原雇主呈报主管官署分令同事业之机关不得任用，则职工之流动率可大减，人人安心工作，生产效率不致低落，于国家于工商业均裨益不浅也。

（三）对物　此项分为对机器对材料与对制品三方面，请分别述余之意见。

（甲）机器之在我国，除有特殊情形或需要外，在目前与其采用最新式或最高速度者，毋宁采用较旧式或速度略低者。盖我国人力至为丰富，一方面为尽量利用劳工，不使失业，他方面为比较成本，完全借机器工作者，往往不如局部借人力协助之为节省。国内新工业每震于新式及高速机器之名，不惜使用其资本之大部分以购置之，一方面致流动资本短缺，事业进行困难；他方面亦因一切配置不相称，未能尽量生产，其成本视旧式而速度稍逊借人力协助之者转有增加。

（乙）材料为生产所需要，存备愈充分，生产愈利便，自无待论。惟材料之种类如能简单化，则全部存量可减，实际当无不足；否则全部存量纵增，而种类过于复杂，往往不能充分适应需要。余于所主持出版事业在某一时期，曾将前此存备纸张种类约二百种者，减为六十余种，而需要最繁者特别多备，结果购纸所需之款减少百分之三十余，而存纸之供给需要转较前此充分。此特其中之一例。其他各业购存材料倘能对此注意，定可收同一之效也。

（丙）制品之宜简单化，殆与材料无异。盖制品之种类尽量减少，则不仅因精神集中，可收改良之效，且因种类既减，应存材料之种类亦随而减。又同等资金分配于百种之制品，每种平均只能利用其百分之一，设仅分配于二十种之制品，则每种平均可能利用之资金五倍于前；如此则每种制品之数量平均可增五倍，销售既较便利，营业数量自必有增。

（四）对环境　工商业一般的管理方法，对于特殊环境未必同样适宜，故必有以适应之。战时则环境改变最大，适应之道，尤当特别研究。请就左列各点略加讨论。

（甲）关于设备与物料者。平时为工作衔接及顺适起见，设备自以合乎理想为宜。战时则设备难周，如必待设备合乎平时标准，则一切束手将无可为。适应之道，不妨因陋就简，只求原则与效用均合，形式固当牺牲，规模亦不必计较。在许多大规模之工商事业中，其主持人及一般工作人员，学识上与经验上均习于平时之生产条件，对于简陋之设备，或嫌不适于用，或认为效力微薄，因而不能积极进行者比比皆是。其实所谓不适用者，倘能特加研究，未尝不可使适用；所谓效力微薄者，究胜于束手停顿。大抵此种事业之主持人，如系独资经营，或资产上与有重大关系者，无不悉心研究，于无办法中求办法，以期适应环境，结果亦多能达目的；反之，主持人如系雇佣性质而责任心不强者，在平时已未必肯负过分之责任，于此设备简陋之时，更不免有所借口矣。战时物料之供应亦远较平时为困难，适应之道，厥惟搜求代用之品。我国后方物产丰富，可为舶来物料之代用者正多，只须稍加改制，或变其配合，结果便可相同，即或结果稍逊，终较束手无策为善。总之，事在人为，适应环境非绝不可能也。

（乙）关于管理与人事者。平时之管理以严密为第一；战时为便捷与节省计，如因必要，宁牺牲较严密之手续。又平时管理固当集中，战时则因交通不便，且随时有应付意外之必要，除重大事件仍应集中管理外，生产固应化整为零，营业亦须随地设法；其他各事均应将管理权预为分配，俾万一发生意外事故，各地仍得单独活动也。惟是管理既须分配，人事将益成问题。一因分区则需要人手较多，而战时后方各业之争取人才既如上述，在资力较薄之工商业，一方面需要更多之人才，他方面失去一部分固有之人才，其困难可以想见。处此局势，责以道义固未有效，亦惟有对责任特重成绩特优者，予以特殊之奖励，或有多少之效用耳。二则交通梗阻，监督困难；而生计迫人，操守难靠，益以管理不易集中，流弊更属不免。挽救之方除随时调查考核外，尤以将各地主持人员频加更调，前后任间之交代，将大有助于考核，且经一度更调，不无新的气象，则于积弊亦有改善之望也。

（本文系作者一九四二年六月对中央银行经济研究处的演讲。——编注）

劳资问题

本人最近出国一趟，旨在研究两个问题：一是劳资问题；一是工厂管理问题。我的初意，本想先到美国，研究工厂管理；次到英国，研究劳资问题；再到德国，也是研究工厂管理。但是我到了美国之后，看见凡是他们办得很好的工厂，换一句话说，多是采用科学管理的工厂，都很少劳资问题；这不但是一个工厂如此，许多工厂都是如此的。他们许多实业专家和学者都对我说：现在美国，都公认科学管理法，是解决劳资问题的最好方法。我本来夙持怀疑态度，虽然听了他们的话，并不十分相信。因为科学管理法本来是在美国发生的，他们为宣传的缘故，或不免有些过分。后来我到了英国，和他们工党领袖谈谈，他们对我说：英国人向来是很慎重的，所以他们对科学管理，起初也不免怀疑，后来经过了种种试验，大家才承认科学管理是劳资两利的方法。甚至英国的煤业工会，简直对雇主联合会建议积极采用实业合理化，换一句话说，就是扩大的科学管理法，以对抗德国。后来我又到了德国，诸位都知道德国是实业合理化的发源地，它在欧战以后，经济紊乱到了极点，后来因为采行合理化，实业才渐有起色，这是不能否认的。不过到了现在，还有许多人攻击合理化，说这是造成各国现在失业的原因。这种攻击，是反对政府的人尤其是共产党做的。我因为看见他们反对派报纸上登着这些言论，所以就到他们实施合理化的总机关叫做“全国经济委员会”去研究这个问题。我和他们的主干 Schaffer 博士讨论很久，据他对我说：他有实在的凭据，可以证明攻击者所说的话不合事实。因为德国在欧战以前，全国有职业工人共一千八百万，现在已经增加到二千二百五十万，就是说现在有职业的人，比战前增加四百五十万。但是他们现在还有三百万失业的人，这个原因，是由于德国战后失去领土和殖民地很多，所以回到本国就业的人，有六百万；又战前德国有常备军七十五万人，现在因受协约国的限制，只许保存十万，因此又增加要就业的人六十五万；再则战后德国兵工厂停闭了的很多，也增加了要就业的工人数十万：以上三项，共有七百多万人。在目前虽然因实行合理化，比前增加了四百五十万已就业的人，此外还有三百万人，正在继续设法安插中。据他说：合理化，就是扩大的科学管理法，其目的有二：一大量生产，二大量分配。他们现在行了第一步，已经安插了四百五十万工人，所以目下更努力进行大量分配，希望达到这一步后，定可再安插其他失业的工人。他们又以为现在世界上一般市场都不振，所以无论哪一国，都不免有失业的人。就像英国，它对于实业合理化并没有积极采用，但他们的失业工人，尚有一百七八十万；这也可以知道失业的原因，不能归咎于德国的实业合理化了。但我仍然有些怀疑，对上面说的话，除了证明合理化并没有增加失业可能之外，对于他们第二个办法进行大量分配，把所有失业的人一一位置一点，也不能骤然置信。因为那些工业本位的国家，生产分配，不能不靠外国的市场，如遇着市场衰落的时候，他们当然有问题发生的。不过在我们中国，无论如何，不至有这种过虑的可能，因为中国现在生产落后，各种货物，多靠外国的供给，每年金钱流到外国去的，不知多少，所以我国现在的问题，并不在争世界的市场，乃是要求国内的自给自足。因此关系，如果我们能采行科学管理法（或实业合理化），向上赶去，恐怕最近三四十年内，要做到能够自给自足，已经不容易了，又何至像德国等因生产过剩而发生分配问题呢？所以从原则说起来，科学管理法或实业合理此，实在没有增加失业的可虞；即使退一步说，在英德等国还有几分顾虑，但在我们工业落后的国家，实在是毫无可虑的。此后我又到了五六个国家，看见他们都同样对科学管理法有积极采用的趋向。

又查一九二七年，国际联盟会在日内瓦召开了一个国际经济会议，那会议的会员，是由资方代表、劳方代表以及经济学者三方面合组而成的。他们的议案，也是劝告各国一致采行合理化，认为这是劳资互利的方法。因为这种关系，我虽是平时很持怀疑态度的人，现在也敢下一个断定，就是采行科学管理，实在是劳资互利的方法，尤其是解决劳资问题很好的方法。现在且说一说我个人的意见。我以为劳资问题的发生，原因虽然很多，但是最重要的，不外有两点：

1. 劳方感觉生活的不满足；

2. 劳方感觉待遇的不公平。

从第一点说起来，要使到劳方生活满足，先要问资方是否满足。我想诸位一定都知道我国现在情形，无论劳方资方，一样都是不满足的。孙中山先生在他的三民主义演说词内，有下述的几句话：

中国今日之情形，是上下交困，大家都是一样的穷。由此可见外国是患不均；中国是患贫。这就是中外社会情形的大区别。

这几句话，的确说得很透切，所以我们唯一对症发药的方法，就应该增加生产；科学管理法，也就是增加生产的一种最好的方法。

关于第二点待遇的公平问题，我很相信也只有科学管理法可以把他解决。因为不公平的原因，都由于人地不相宜，和工作没有标准。有许多工厂，尤其是开办多年的工厂，他们先后进用的职工很多，往往有名位很低而负很重责任的，也往往有名位较高而并不做什么事的；因为这种名位与事实不符，所以待遇也就不得其公平。

至于工作标准，我敢说国内各工厂，能够知道一个工人一天应该做多少工才算及格，恐怕是很少有的。因为这样关系，所以多做工的人，没有奖励；少做工或不做工的人，仍可以照样待遇。甚至因为管理员的不能持平，往往对于工作不好的人，加以种种的袒护，这就使到工作好的人也渐渐灰心了，很好的也要退步了。科学管理所包括的方法很多，其中有几点像分析工作、规定标准，以及训练职工等等，就是解决待遇不平的很好方法。所谓分析工作，就是把工作的名称、性质和所需要的技能等等，都调查明白，然后按结果给职工以相当的报酬，这就是使人地相宜、报酬与技能相称的方法。所谓规定标准，就是用最公平的科学方法，来研究每件工作应该需要的时间，再加上必要的休息时间，与不能避免的停歇时间，然后规定每件工作的标准时间。对于超过标准的，就给以奖励，对于不及标准的，先研究他的原因所在，究竟为的是技能不好呢？还是不肯努力呢？如果技能不好，就给以相当的训练，或者按其所长，调到适当的部分；至于不肯努力的人，就督促他，使他好好地工作。这样一来，有成绩的人和没有成绩的人，都能得到公平的待遇了。至于职工训练，也是科学管理法上很重要的一项。现在国内各工厂，对于职工训练很少举行，有些进步的工厂，偶对少年职工给予一种关于普通知识的教育，至于管理人员，像工头等，可以说是向来没有加以训练的。其实一个工厂之内，关系最重要的，当是工头；许多工人的不满足，也是由于工头而起的。换一句话说，许多劳资问题的发生，实在是应由工头负其责任。我以为国内的工厂中，工程师不怕没有，工人也不必愁没有，最缺乏的还是工头。因为中国读书的人，多重视名位，不肯屈就工头的职务，所以工厂只得任用旧式的工头。这种旧式工头，或者因为亲戚关系，或者因为朋友关系，才得到这种职位。或者又因为侥幸在工厂开创的时候进来，资格较老，就得到这个位置的：但是他们多半没有受过适当教育，做了工头，更不肯从事研究。然而工人方面，因为现在教育比从前进步，一般青年工人的知识，比从前工人高，也可以说他们的程度比工头高。以程度高的人，在比他程度低的工头之下做工，根本就没有满足的可能了。加以这般工头，对管理也没有研究，随便按自己的意思做事，尤其使工人不满。此种情形，在中国的工厂里，恐怕是很普遍的。即在外国，也不能免；他们工头的知识，比我们中国的工头固然高些。但是他们经理部分，为工场管理进行顺利起见，也常常训练工头，并选择优秀的工人，使受同样的训练，养成将来工头的人才，有机会便给他们做副工头。

以上所说分析工作，规定标准，及训练职工这三点，不过是科学管理法内的几个步骤，科学管理法要做的事情还很多，但是专就这三点看来，已经可以解决工人对于待遇不公平的问题了。因此我敢大胆的说：科学管理法，是可以解决劳资问题的。现在我再引孙中山先生说的一段话于后。孙先生是极力提倡科学管理法的，他虽然没有说明科学管理法的名称，但是就他的话看起来，确是明白主张科学管理法的。这段话是在民生主义第一讲里说的，现在我摘录于下：

再照马克思的研究，他说资本家要能够多得盈余价值，必须有三个条件：一是减少工人的工钱；二是延长工人工作的时间；三是抬高出品的价值。这三个条件，是不是合理，我们可以用近来极赚钱的工业来证明：

大家知道美国有一个福特汽车厂，那个工厂极大，汽车的出品极多，在世界各国都是很行销的。那个厂内每年所赚的钱，要过万万，至于那个厂内制造和营业的情形是怎么样呢？不管是制造厂，或者是办事房，所有一切机器陈设，都是很完备，很精致，很适合工人的卫生。工人在厂内做事，最劳动的工作，最久不过是做八点钟；至于工钱，虽极不关重要的工作，每日工钱，都有美金五元，合中国钱便有十元；稍为重要的职员，每日所得的薪水，更不止此数。厂内除了给工人的工钱薪水以外，还设得有种种游戏场，供工人的娱乐；有医药卫生室，调治工人的疾病；开设得有学校，教育新到的工人及工人的子弟；并代全厂的工人保人寿险，工人死亡之后，遗族可以得保险费，又可以得抚恤金。说到这汽车厂所制出来的汽车的价格，这是大家买过汽车的人所知道的，凡是普通汽车要值五千元的，福特汽车不过是值一千五百元。这种汽车价值虽然是很便宜，机器还是很坚固，最好是能够走山路，虽使用极久，还不至于坏。因为这个车厂的汽车，有这样的价廉物美，所以风行全球；因为这种汽车销路极广，所以这个厂便发大财。

我们用这个发财车厂所持的工业原理，来和马克思盈余价值的理论相比较，至少有三个条件，恰恰是相反。就是马克思所说的是资本家要延长工人作工的时间，福特车厂所行的是缩短工人作工的时间；马克思所说的资本家减少工人的工钱，福特工厂所实行的是增加工人的工钱；马克思所说的是资本家要抬高出品的价格，福特车厂所实行的是减低出品的价格。

从上面这段话看起来，科学管理法的功用，真是十二分的显著，而且也只有科学管理法，是对顾主，被雇者，及社会三方面有利的唯一方法。我新近到美国去，曾经参观过福特汽车厂，知道他们工人现在每天的最低工资，已经由五元加到七八元，若按照现在的金银兑换率算起来，简直每月收入合我国银币八百元上下，和我国国民政府各部部长的薪水一样大。因此福特车厂，和其他相类工厂的工人心理上唯一的问题，并不是在怎样充足他们的生活费，或者怎样向他们雇主要求增加生活费，只是想怎样把他们所得的工钱花费了去。因此这些工人，几乎人人都有两件最新的东西，一件是最贵的汽车，一件是最新式的无线电收音机。所以我在美国，常常听见人说：做大学教授的还不买最贵的汽车，和新式无线电收音机；他们只有一部便宜的汽车，或老式的无线电收音机，便满足了。但是工人因为赚的钱太多，并且那时候美国法律禁止喝酒，他们的钱几乎没有地方去用，所以只得向最贵的汽车和最新式的收音机去花费了。到了每星期六下午和星期日，他们都乘着自备的汽车，到远地方去消遣，度他们快乐的日子。诸位想想，在这样情形之下，试问还会有劳资问题发生吗?

以上所说，只是关于原则方面的，现在我且就上海所常常发生劳资问题的具体事件来谈了。我们从报纸上所载各工厂的工潮问题看起来，觉得这里劳资纠纷的原因，虽然不止一端，但其重要的不外工资和解雇两项。现在容我分别谈谈：

一、工资问题 上海各工厂，过去为工资问题所发生的风潮，在劳方所要求加薪的理由，大都注重于生活程度加高的条件；不错，生活程度加高，当然为增加工资的一个条件，但不是唯一的条件。在资方所提出对抗的条件，大概不外增加工资，当根据营业的发达与职工的成绩；不错，这也是为增加工资的两个条件。但是除此之外，还有许多的条件。据我在各国调查所得，并和许多专家研究的结果，知道规定工资和增加工资的条件，最少有十六种。现在我一一说明于下：

1. 生活程度 这确是增加工资的一个重要条件。

2. 生产的数量 这是职工个人自己的出品数量。

3. 生产的质量 出品数量增加外，应并求其品质量的完美。

4. 材料消耗的程度 这一条件，在国内工厂很少注意的，其实一个工厂的工人，大家能够在材料的使用上加以注意，每年一定可以省去了许多的耗费。各国工厂，对这个条件很重视，所以在考虑职工生产数量与品质之外，还要看他能不能节省材料，或没有耗废材料。

5. 时间　这就是看职工能不能按时到厂，及请假时间的多少。

6. 一般教育需要的程度　就是考虑一件工作，是不是需要程度较高的教育，假如有这样需要的事实，那就应以他的预备时间与努力较多的缘故，使成为考虑工资的一个条件了。

7. 特别训练　就是考虑工人所担任的工作，是否有受特别训练的必要，如有这种必要，也可以因为他所需要的特别努力，而成为增加工资的一条件。

8. 在职的久暂。

9. 工作的难易。

10. 职务性质　就是职务的本身，是否使人感觉不快；若果如此，便该因为担任这种工作的人，有了一种特别的牺牲，对他的工资应加以特别的考虑。

11. 进步的希望　就是看工人所做这宗工作，有没有进步的希望？换一句话说，如果这个工人，对这种工作是有进步希望的，不妨予以增加工资的考虑；否则增加工资过多，使工人的技能和报酬不相称，结果对于工人的位置，反难维持。

12. 同地工资情形　就是看本地各业的一般工资情形，假使各业都有增加的倾向，当然可以作为增加工资的条件；否则仅仅一厂增加工资，结果总是害多利少。

13. 同业工资情形　这一项比十二项尤为重要，本人在英国时候，会见一个工会方面的领袖，他对我说：英国工人对增加工资的要求，是专向全业雇主联合会提出的，不向一家工厂或公司提出的。

这原因，固然由于劳动协约，是由全业所订定，不过重要的原因，还是由于工人自己觉悟到如果增加工资，成为全业普遍的担负，则各家工厂彼此地位相同，于竞争上没有什么不利情形；要是专对自己服务的一个工厂要求增加，这就是使到自己服务的工厂，单独增加了负担，和同业其他工厂竞争起来，便要立于不利的地位了。假使竞争失败，结果也就使到工人有失业的可虞了。他这一段话，实在可以表明英国工人眼光的远大，从此可以知道增加工资，应该考虑全业的情形，为一个重要条件了。

14. 出品的销路　出品的销路，应看市场上的需要如何而定，换一句话说，假使市场很不振，那末出品虽多，品质虽好，但因货物无处销售，工厂就没有担负增加工资的力量。

15. 余利的数量。

16. 财政状况　一个工厂，目前虽然获利，但是公司工厂的经营者，若预料营业前途有不振的趋势，那就不能不把目前的余利保留一部分，以应付将来不振时候的需要。

以上十六条，都是各国工厂和专家认为对规定或增加工资的考虑条件，因此增加工资，也当以此为考虑的一条件。当然不是说非尽备以上各条件，才能增加，但也断不是只合其中一二条件，便认为非增加工资不可的。我所以提出这些条件来，不是就要我国各工厂完全根据它，也不过说明外国的工厂对于工资的增加，有这样的慎重，不像我国专指一二点就认为唯一条件的。

我还要附带说明一种活动的增加工资办法，这就是奖励金制度。各国工厂，在生产方面，除了采行纯粹件工制之外，对于按工作时间给付工资的工人，如果一律改为件工制，或者有些不便，所以他们都采行半件工制。半件工制的办法，就是先把工作标准规定，其不及标准的人，并不减少工资；但是超过标准的人，就按超过的数目，给予奖励金。这种奖励金时期，最短的每星期发一次，次之便每月或每季发一次。这方法比增加工资来得活动，所以他们对担任工作而能合乎生产数量与品质两个条件的人，并不增加他们的工资，只用这种奖励方法来奖励。因为万一将来遇到营业不振的时候，或成绩不佳的时候，奖励就可以自动取消的。至于合乎永久性质增加的工资，就不能不按照上面所说十六条件，详加考虑；至少也要合乎大多数的条件，然后实行。

二、解雇问题　这也是上海许多工潮所集中的问题。在工会方面，因为有保障工人的义务，对这解雇事情，认为很重要，所以往往提出抗议；在资方因为认解雇是自己的特权，如果受工会的干涉，那末一切事情，就无从办理了。据我在各国调查所得，对于雇主有权开除职工一层，无论哪一方面，都认为正当的；因为一个工厂或公司，总要有一个主权者，这个主权者，我们当然承认他就是雇主。如果他的解雇权，受人限制，结果主权便不能完全了。

即就事实而论，辞退职工的权，与考核成绩有关，雇主既不得不有考核权，那就当然要握有开除职工的权。否则若工会方面，也须担任考核成绩的责任。这不是把一个权，分做两方面共同行使，结果不免有许多冲突吗？不过雇主方面，若任意开除职工，即使不引起工会的反抗，对于雇主方面，也是有害无利的。而且职工得由雇主任意开除，不加限制，使在职工人生活太没有保障，这也不是正当办法。所以各国对下列两点很是注意。

第一点，对解雇事情，应力求慎重。大抵以前工厂的辞退工人，总由工头或其他管理人员直接办理，这种人，因为和工人有直接接触关系，往往以个人的感情好恶，作为辞退职工的条件，这是很不好的。所以现在新式工厂，都把这个解雇职工的权，由工头与管理人员手中收回，而集中于全公司或全工厂的人事部。这人事部虽然也是由资方主持，不过它是一个和工人没有直接接触的机关，可望不至像工头及管理员等有感情关系，夹在其中；所以他对于辞退职工的决定，是完全根据于客观的资料，就是根据工头或管理员平时报告的事实，加以慎重考虑，到不得已时，才实施解雇权。虽然这样办理，也有不公允的地方，不过比诸工头与管理员的任意行使解雇权，自然是郑重多了。

第二点，关于工人生活保障一层，各国也有一种规定，大抵对解雇工人，按他们任职的久暂，给他们一个相当期限的通知。并有若干国家，已经制定在某时才可以给某种通知的法律，否则雇主须补给相当于通知期间的工资于被解雇的职工。这就是使被解雇的职工，有充分的犹豫时间，改就其他的职业。现在我把各国规定的解雇通知时期，择要说明于下：

德国　于解雇三星期前通知，并于每季之末日行之。

意国　服务五年以下的：高级职员，两个月前通知；
高级工人，一个月前通知；
普通工人，半个月前通知。
服务五年以上的：高级职员，三个月前通知；
高级工人，一个半月前通知；
普通工人，一个月前通知。
服务十年以上的：高级职员，四个月前通知；
高级工人，二个月前通知；
普通工人，一个半月前通知。

奥国　服务两年以下的，半个月；两年以上的，两个月；五年以上的，三个月；十年以上的，四个月；二十年以上的，五个月通知。

比国　服务十年以下，而每星期工资不满二百二十五法郎者，一个月以前通知；超过二百二十五法郎者，六个月以前通知。

匈牙利

瑞士

日本　均两星期以前通知。

英国　英国依照普通法，凡按时工作者，于一小时前通知；按日者，一日前通知；按周者，一周前通知；按月者，一月前通知。

关于解雇，还有一个问题，就是对于解雇理由的宣布，这一层也是国内工会所最注意的。我在英国，和他们劳工部的要员讨论过这问题。他们告诉我的话，有趣得很。据说，英国从前有一个案子，就是雇主解雇工人之后，那工人要求宣布理由，雇主即照他的请求宣布；但宣布之后，那工人大不满意，因此就向法庭控告。法庭遂令雇主把这理由证实，因雇主无法证实，法庭不独判决被解雇的工人复工，并且处雇主以破坏他人名誉的罪。从此之后，一般雇主就乖觉了，凡解雇工人，一律不宣布理由，只说因为工作和营业上的便利起见，不得已而出此而已。因此又有许多工人向法庭控告，要求判令雇主宣布解雇的理由。但法庭所下的判决，就是雇主与被雇者，两方对于雇佣上完全各有自由；雇主解雇，法所不禁，也未便强制其宣布理由。从此以后，雇主就不宣布解雇的理由了。这一段事，我觉得是很有趣的。平心而论，法庭所以对宣布理由一层，如此注重，大概因为一个工人被解雇之后，须另寻职业，新雇主照例要问他以前做事的工厂，并须向前雇主查问一切情由的，如前雇主把解雇的理由直说，当然于工人有不利，即不独已把那工人的旧饭碗打破，就是未来的新饭碗，也要给这“宣布理由”四个字打破了。所以法庭对宣布解雇理由而不能加以证实的雇主，就处以破坏他人名誉之罪，我想也未尝没有理由的。至于雇主不宣布理由，那末对工人以后另寻职业，便没有妨碍，彼此客客气气，自然比宣布理由的好得多了。又据各国许多专家告诉我说，工人在被解雇之后，再因官厅的命令复工，其影响于公司或全工厂的工作效率，必定很大；因为这个被解雇的工人，以前不过二三分的不好，但是当他复工之后，往往不免嚣张，以为雇主无法对他裁制。这样一来，不独他自身的工作，更见退步，而且影响到其他工人，使他们都得到一个不好的榜样。所以觉得这一点，于工厂的不利太大，因此他们都主张对被解雇的工人，事前希望工厂方面特别慎重；万一有不公平的地方，也应该另求救济方法，对复工一层，总要十二分审慎才好。

末了，我还要说几句话。关于避免解雇问题，第一件就是在雇用时候，应该格外慎重。欧美各国，对雇用工人时候，要经过种种精密的试验，务求用一个人，使他能够人地相宜，这样对于雇用的人本身，固然可以减少他的不满足，也可以使到雇主方面减少许多解雇的机会了。即使不得已而有解雇的必要，也绝对不经工头或管理员的手，而由全公司或全厂的中央人事管理机构，即人事部或人事科，根据种种实际材料，加以公平的判断。同时工厂或公司方面，也应当视解雇是十二分重要的事情，不要轻易行使这职权。至若不幸有了解雇问题发生，而官厅方面倘认为不公允时，也应当另求其他救济。

（本文为一九三〇年十月作者对上海特别市社会局的演讲。——编注）

战时英国经济

英国战时经济最大的成功可分为两方面：一是人民生活程度的稳定，二是战时生产的大增。

关于生活程度方面，战事经过四年余，其一九四三年七月三十一日之生活必需品价格，较一九三九年九月欧战初起时平均仅增百分之二十八；分别言之，则食的方面增百分之二十一，衣的方面，增百分之六十六，住的方面，劳动阶级之房租仅增百分之一，此外如燃料与灯光则增百分之三十四。此次战祸之烈远过上次欧战，然查一九一八年英国衣料价格较一九一四年尚增百分之二百五十，其他亦相仿。是则此次管制物价之成绩尤为可贵。

关于生产方面，战时各工厂几无一不为政府制造军需品。凡能改制军需品者无不重新装备，尽量改制。著者所参观之十数工厂中，已有数所完全改制不属于战前制造范围之物品，即照常制造平时所制者，亦无一不以承制政府委托制品为先，有余力并经政府特准始得承制商用品。至以生产数量及速度而论，因事关秘密未便公开，试举数例已足证其增进之速。例如某飞机工厂举行工作竞赛，拟于三十小时内完成轰炸机一架，结果仅需二十四小时有奇即已完成。又如利物浦有造船厂二十所，而著者参观之一所仅属中型，然每月平均可造成万吨之军舰一艘。询其造船自始至终所需之时间，则万吨左右者自开始迄完成，需时不过十四个月，而巨型之航空母舰需时不过二十个月。

英国战时经济所以有上述之结果，其政策计有四项：

（一）极力增进生产之总量；

（二）极力节制人民之消费；

（三）利用国内固有之资本（即尽量提用积集之资本）；

（四）利用国外固有之资本（即尽量提用存储于国外之资本）。

第一节　增进生产

关于第一项增进生产方面，本来因作战之故，已使千百万之少壮而富有技术之人民从生产工作改任国防工作，顾此失彼，势所难免；维持原有现状已自不易，欲使生产较战前大增尤难乎其难。英政府对此所采行之办法，约有五端：

（一）不使一人失业或不尽其职；

（二）使平时不事生产之人尽量从事生产；

（三）尽可能延长工作时间；

（四）尽量利用凡可供生产之资源；

（五）改善工具及工作方法。

以上各端，又可分别从农工两面说明。先说农业方面。

英国战前农产本不能自给，多数仰赖帝国各地及欧洲诸国之输入。在一九一四至一九一八年第一次欧战期间，深觉食料自给之必要，虽经努力增进农产，然战后即渐懈弛。又因德意两国力图食料自给，凡自能生产者无不尽量生产，不能自行生产者，宁变更习惯，改用国产，以期避免输入。所谓“枪炮先于牛油”（Guns before butter）之标语，在英国虽偶见于报纸之标题，在中欧无量数之人民实已奉为金科玉律。于是各农产国之过剩品被拒于欧洲市场者，咸视英伦三岛为唯一之市场。竞争既烈，英国本土之农产更难与相抗。

及一九二九年之经济恐慌起，英国农业更形衰落。土壤之肥料不克充分维持，遂致许多土地荒废，无数田工改业。于是英政府对于食料之政策自然趋向于输入方面。就主要食料而论，大麦之由帝国输入者以加拿大居首位，澳洲次之；印度又次之，其数量则远逊于前两地。其自他国输入者逐年不同，但通常以来自亚根廷、美国及罗马尼亚为主，而在若干季候中亦有来自苏俄及法国者。肉类大都从南半球输入。英人之主要肉食为牛肉，其在一九三八年之输入量为一千三百三十万英石（每英石等于一百十二磅），其中百分之七十五系从帝国以外输入。鱼类大都来自挪威及丹麦，其由帝国输入者不及百分之十。鸡蛋之输入量百分之八十来自帝国以外，以从丹麦及荷兰输入者为最。糖之输入量三分之二来自帝国，而以澳洲为最，南非及西印度群岛次之；其来自帝国以外者以古巴为最。蔬菜之输入亦多，其中主要之番茄，半数来自英伦海峡之小岛及坎那里（Canary）群岛。水果中主要之橙类半数来自帝国及委任统治地；其来自帝国以外者以西班牙及巴西为最，间亦来自美国。苹果之需要仅次于橙类，其输入量三分之二来自帝国，以加拿大为最。香蕉之需要居第三位，大都由西印度群岛输入。

及欧陆战机渐起，英政府始觉战事果实现，英国本土之农产状况且较一九一四年为恶劣。故从一九三二年起，对于若干农产品，尤于大麦山薯萝卜及牛干之价格，极力防止其低落，借此鼓励生产，以期保障大麦之产量勿低于需要之百分之十五，糖之产量勿低于总需要百分之二十五。一九三七年九月公布之土地施肥计划（Land Fertility Scheme）鼓励农民施用肥料，并建议由政府扶助灌溉。凡此种种，皆图事态勿再恶化。然而一九三九年九月此次大战开始时，联合王国之农用土地较一九一七年减二百五十万英亩，耕地较是年减四百五十万英亩，而人口则增六百七十余万。

英国于此种农产情形下踏入战争之门。平时仰赖于欧洲之输入既渐断其来源，即来自帝国各地者，亦因有尽量节省运输力量，改运直接有关军需用品之必要，势不能不亟图补偿。一九四二年十二月十六日其农业部长宣言："吾人之主要计划，在使此岛国从大部分之牧地变为大部分之耕地，期借每万吨食料之增产，节省一艘运输舰之往返。"

基于上述原则，并因战时运输难免有中断之虞，以人民日食所需，而大部分仰给海外，其危险尤甚；于是自大战开始，即实施农业增产计划，以期尽量自给，一方面节省航运，他方面亦所以策安全也。查其所采办法共有八项，计开（一）耕锄政策，（二）土佃改良及农业效率，（三）机械化与劳工供给，（四）农佃改善，（五）农贷，（六）计划生产，（七）调整价格，（八）业余耕作。兹逐项说明如下：

（一）耕锄政策　增进食料产量之最显明方法，莫如将草地耕锄。在上次欧战中，英国热烈争辩之一问题，即为"耕或不耕"（Plough or not Plough）之争点。结果联合王国在上次战争期内卒将三百万英亩之草地变为耕地。然至一九三八年则此新增之耕地或已复返为草地，或另充他种用途。英农业渔业部长在此次大战发生前已鉴及此项危机，亟欲增进耕地之数量，而效果不著。及战事初起，政府决定奖助办法，对于凡能对七年以上之草地每英亩耕锄及施肥者，各给以英金二镑之补助。预计一九三九年至四〇年度，英伦及威尔士应有一百五十万英亩之草地经过耕锄。及至一九四〇年五月，实际耕锄者已超过此数，而在联合王国中则经过耕锄之草地且超过二百万英亩。一九四一年四月三日农业渔业部长在下议院报告，是年春间将再增三 七五〇 〇〇〇英亩之耕种地，使全国之耕种地于一九三九年九月仅占全面积百分之二十九者，进而占百分之四十二。

同年十一月又在议院报告，谓由于新增之耕锄工作，全国耕种地已较平时增百分之四十五。又谓拟在一九四二年内使全国耕种地较平时增百分之五十；而以人力机械及肥料之制限，认为此后或不能再有重大之增进。实际上在一九四二年底全国耕地较战前共增六百万英亩，即已达到百分之五十之增进，换言之，已较战前增二分之一矣。

（二）土地改良及农业效率　仅仅增加耕地，尚有不足；于是对于所有耕地及草地一律设法改良，并提高耕作之效率。前者以改进灌溉为主，在战争之最初数年间，计使用于灌溉方面之费用达二百五十万镑，受益之土地约二百万英亩。政府所出之款半数作为补助，其他半数得于五年后向地主或当地灌溉委员会收回。后者则由政府免费担任土壤分析或供给耕作者以其他关于科学的指导。对于需要石灰或盐基性矿渣之土壤并由政府补助其一部分之费用。查一九三七年颁布之土地施肥办法对于使用石灰之补助占实需额百分之五十；而对使用矿渣之补助则占实需额百分之二十五。战事起后，此项补助石灰之时期延长至一九四四年。据一九四一年十月九日下议院辩论纪录，是年所需此项肥料补助费为一百五十万镑。一九四二年对此数续增百分之七十五。此外对于兽医方面，政府亦极力注重，充分补助。又为达成改良农业之目的起见，于农业部之下设三种机关。其一，为农业研究会（Agricultural Research Council），对于农业各种问题从事研究。其二，为英伦及威尔士与苏格伦所分设之农业改进会（Agricultural Improvement Councils），其任务在使研究之结果从速用以解决农业问题，并施行于实际之农业上。其三，为各地方之农业执行委员会（Agricultural Executive Committees），此项农业执行委员会每部各设一所，其中括有地主、农民及农田劳工之代表；其下附设分区委员会，组织略同，其任务即为执行政府关于农业之法令，并督促从事农业者之改进。例如农业部举行全国农业调查，按其成绩，将各田户分为上中劣三等，而令各地农业执行委员会负改进中等与消除劣等田户之责。对于督促改良经若干次劝告无效之佃户，该委员会得呈经农业渔业部核准后，接收所有办理不善之田产，而由政府收购之。

（三）机械化与劳工供给 战时人力减少，故增进农产不得不有赖于机械。查不列颠全境在一九三九年所用之各种曳引机关车共五万五千架，一九四三年底增至三倍，即十六万五千架；而耕耘机则一九四三年所用者等于一九三九年之二倍半。故不列颠现已成为欧洲最高度机械化之国家。此等农业机械三分之二为本国所制；政府为达成农业机械化之目的，特设农业机械发展委员会（Agricultural Machinery Development Board）；而牛津所设之农业工程研究所即为设在约克的全国农业工程研究院（National Institute of Agricultural Engineering）之胚胎。至关于劳工一项，一方面极力维持固有之劳工不使他就，其办法约有数端。一则一九四〇年六月十日发生效力之限制雇佣条例（The Undertakings order），禁止他业雇佣向来从事于农业或煤矿之劳工，但经当地雇佣介绍所认为适宜者不在此限。二则各地农业执行委员雇佣之劳工年在十八岁以上者须依主要工作条例（Essential Workorder）之规定，不得擅自离职。三则自一九四一年十一月起将从事农业之男性成年劳工每星期之最低工资提升为三镑，一九四三年八月每星期续增五先令，妇女从事于农业工作者每星期最低工资二镑五先令。四则凡受征调入伍之农业熟练劳工，当地农业执行委员会得声请延缓其征集时期至本届作物收成后为止。查一九四一年间征集二十五岁以下之农业劳工即有一万人左右，因此而延缓至收成以后。他方面又极力征集补助的与义务的劳工，其办法亦有数端。一则动员妇女，成为所谓妇女土地服务队（Womans's

Land Army)，计一九四三年间英伦及威尔士共得七二 〇〇〇人，苏格伦得一〇 〇〇〇人左右。二则征集劳动队，使从事灌溉收割等工作，以小型之运输车运载至各地，并从事于流动式之农业协助工作。三则利用军队协助当地农业。四则由教育部通令各地教育当局及各学校鼓励学生协助农业收割工作，于必要时得延长假期；计一九四三年间学生从事于此项协助工作者超过五万人。总计全国义务的农业劳工约可得五十万人。

（四）农佃改善　佃农之地位不稳固势必影响其生产；而在战时投机风气特甚，往往因田地易主，勒令原有佃户退出。因此，政府对此特加管制，规定凡新田主勒令佃户退出所佃土地之通知书，在一九四一年底以后发生效力者，除经农业部书面特许外，一律无效。查英国法律对佃户退出所佃地之通知书须于一年后发生效力，是则凡在一九四〇年底发出之通知书皆等于无效，换言之，则在战事发生十五个月后易主之田地，除经农业部长特许外，皆无法勒令原有佃户退出。此为保障原有佃户之最有效办法。但如佃户耕作不力，经上述之农业调查认为属于下等，或属于中等经当地农业执行委员会劝告后而不能改善者，当地农业执行委员会得接收该田地；如该田地之耕作者系佃户，则另觅适当之佃户租佃之；如耕作者系自耕农，则或勒令租佃于适当之佃户，或请求政府备价收购其田地。政府对于如此收购之田地，得于战后五年内，如认为原田主有尽责改善其耕作之可能时，按约定价格或仲裁价格售回于原田主。但政府于收购田地后，得以较长之期限租佃于适当之佃户，则于战后以原地售回原田主时，亦不影响其所订租佃之契约。

（五）农贷　英国农贷初由商业银行于开战后约数星期内自动从宽贷放；惟过宽则不免冒险，以此种责任完全加诸商业银行殊有未便。因此，政府方面亦定有农业需款协助办法（Agricultural Requisites Assistance Scheme)，俾农民于特定范围内可向政府贷款。此项贷款委托各地农业执行委员会经理，其范围以协助开沟灌溉施肥及农事必需之购置为限，所贷之款系短期性质。但以范围尚未普遍，故商业银行之农贷仍占重要地位。农业渔业部长为使商业银行安心起见，决定于各地农业执行委员会中加入商业银行代表，所有农民的贷款请求皆先交付此项代表审查。

（六）计划生产 一九四〇年英国国会预算委员会报告书有言："吾人有须郑重声明者。政策不定，势必使国家资源耗废；而农业生产之政策若每季变动，自难免损失。因此，必先规定其固定轮转性，并借各郡委员会随时增进之经验与对于实际的知识，俾可达到更确定之计划，不仅规定一时节之生产，并须预定全系之生产。"此可说明英政府对于农业计划生产之主旨，而农业渔业部即本此旨而进行。查德国在战前为谋粮食自给起见，其食料不问是否为人民所习用，专以国内能否生产为准。英国在战前并未计及此事。战事发生后，亦即倾向于此原则。经研究之结果，以小麦为热原，蛋白质及乙种维他命之主要资源，其生产亦较易。虽加拿大积存小麦甚多，澳大利南美及美国亦可供给，然为节约航运及备万一起见，仍当积极播种。一九四一年十月二十四日农业渔业部长之演词，称之为"战时国家之主锚" The Sheet Anchor of the Nation in Wartime，即以此故。此外如燕麦及马铃薯同为主要食料，遂亦与小麦同为农作之重心。方针既定，然后据以进行，自不致因随时变更而受损耗。

（七）调整价格 谷贱伤农，我国早有所知。战时欲维持或增进某种农作物之产量，必须保证其适当利润之售价。英国所采办法：(1) 对于所有重要农产一律保证其适当利润之售价，而利润标准系以三等田户尚能获利为度；(2) 所有牲口及若干种菜蔬，包括马铃薯在内，由食料部收购之；(3) 牛乳之发售系以牛乳贸易委员会代表食料部担任之。至因保证售价之故，效率较佳之田户不免获利过多，然所得税法规定每年净收入超过一百镑者均须纳税，与从事工商业者正同；于是过分之利润仍将返还于国家。

（八）业余耕作　此指将余地分为若干小段，分配于非以农为常业之人，使于业余种植蔬菜，补助食料。上次欧战时，英国已对此举提倡，一时颇盛行。战后英伦及威尔士共有业余耕作者一百三十万户。惟在此次大战之初，此数已降至八十余万；现又增至一百七十余万，约等于战前之倍数。

由于上述各种之努力，按一九四二年底统计，联合王国小麦之产量较战前增百分之三五·六，燕麦增百分之七二，杂粮增百分之六七·五，马铃薯增百分之八〇·四，蔬菜增百分之五五·一。总之，英国在食料方面，战前平均仅能自给百分之四十者，在一九四三年已能自给百分之七十矣。

现续论工业方面。英国工业平时固甚发达，远非其农业之不能自给者可比；然战时工业以国防为主，故不仅原有的国防工业极度扩充，即在平时与国防毫无关系之工业亦尽变更其制造范围，以适应国防之需要。总之，英国战时工业无异一个单一国防工业的庞大工场，而主持之者即为政府。

依战时组织，实以生产部长（一九四二年二月新设）代表战时内阁负整个战时生产之责；而与有关生产之各部部长协同处理相关之事务。海军部长对生产方面所主管者为：（一）对于一切军舰之图样建筑装备事项，但须获得国防部长（首相兼任）之同意；（二）对于商船之建造及防卫装置与其在联合王国境内之修理事项，但关于建造商船之式样须与战时运输部长协商；（三）对于船厂地位之分配事项。其他与生产有关之部，如飞机制造部、供应部及公共工程部等，于各自委托工厂造货时须与生产部协商联络。劳工部所负责者则为工人之征集训练与分配。其他事项如决定生产之优先权，分配生产力量，与海外政府协商生产计划及分配原料工具，对于存储物品之输入分配及抛放，以及建筑计划之范围与程度等皆由生产部长主持之。另设全国生产顾问会（National Production Advisory Council），随时召集讨论，以生产部部长为主席。其会员括有各区生产委员会（Regional Production Board）之代表及不列颠雇主联合会（National Employer's Confederation），不列颠实业联合会（Federation of British Industries），不列颠总工会（Trades Union Congress）等机关之代表。其任务为“备生产部长之咨询，讨论一般生产问题……及由于各区组织之举措而发生与生产有关之问题”。

英国战时生产之方法，括有两大原则，一为尽量动员原料及人力，二为将工业疏散于各地，不使集中。后者由于避免空袭，各国原无二致，无待详述。前者则英国办理成绩特著，自宜择要说明。关于原料方面，自战事开始，立即实施管制，凡供给短缺之原料概由政府收购，政府即成为惟一之所有权者与分配者，借以防止耗废及逃漏。至于动员人力一项，一九四三年一月十九日生产部长对下议院报告有言：“一方面期达工业上所需要增加之劳工，他方面期满足军队中之需要，只能采取工业集中生产或其他方法，一则从次要工业中再度抽提工人，二则再行征集妇女，使从事于工业，俾达军需生产之目的，并补充从次要工业中抽出之工人。”此可说明工业动员之大旨。一九四一年三月十五日颁布之雇佣登记条例（Registration for Employment order）规定无论男女，如其尚未任有与国家最有利之职务，得令其受雇于主要之工业。依此条例，男子应登记者为四十二岁至五十岁，妇女为十九至四十五岁。一九四三年七月二十九日劳工与国民服役部长宣布有将妇女此项登记年龄延长至五十岁之必要。一九四一年三月颁布之主要工作条例（Essential Work Order）规定凡经派充与国家有重大关系之工作者不得随意退职，换言之，即不经驻在雇佣介绍所之国民服役官许可，雇主方面不得任意开除工人，工人亦不得任意退职。一九四三年二月更进一步，将一九四二年二月颁布之雇佣管制条例（Control of Engagement order）推广至四十岁（向来以三十岁为限）以下之妇女，即十八岁至四十岁间之妇女所任工作必须经由雇佣交换所之居间。同条例对于雇佣终止之通知办法，则规定雇主对十八岁至六十五岁间之男子或十八岁至六十岁间之妇女于雇佣终止之时应即报告劳工部，以免工作中断。

就著者参观之各工厂而论，妇女从事工作者极多；普通工作有多至百分之七十者，即重工业中亦有雇用妇女者，不过人数较少而已。飞机厂中，除各部制造专用妇女外，甚至装配全机之时，妇女所任工作亦占重要部分。钢铁厂中熔炉部分热度特高，用力亦较重，所用妇女较少；然其他部分妇女仍多与男子参错工作。故平时之少壮男工虽已调充作战工作，而后方有妇女及老年男子补充之，人力遂不虞缺乏。

至以效率而论，十余年前著者曾专为研究科学管理，参观英、美、德三国工厂不下百数，其中美国工厂布置较新，管理较密，于连锁工作与奖励效率之道似居首位。德国则极力模仿美国，间亦有后来居上者。英国工厂在彼时似颇保守。其研究机关如工业心理研究所等对于工作效率虽研究甚精，多所发明，然工厂采取其研究结果而实行之者似尚不多。此次观察所及，许多工厂虽系战时改组，然匆遽之间布置多较战前更合科学管理之原则，除对于工作之连锁极为注重外，制品之标准化更为彻底。至劳工之鼓励方法虽较简单；然一由于工人爱国心情之浓厚，一由于英人重实际而不重形式，立一法务求澈底实施，与徒重形式或侧重方法者不同，故其效率之进步至足惊人。又英人对于出品之检查极认真。有某工厂所用职工每五人中则有一专司检查之人，其丝毫不肯苟且可以概见。

上述努力之结果，遂使英国战时工业之生产突飞猛进。兹举其前后二三年间之情形，以资比较。

一九四〇年十一月二十二日，英国首相宣言：“直至目前，战争之一方面为充分武装配备之德国，另一方面则为四分之一武装配备之英帝国。”

一九四三年七月四日，英国生产部长宣言：“在战时生产之全范围内，无论为军舰或其他船舰之建造，或为军械与飞机之制造，不列颠之生产量现已较德、奥、捷三国境内之全生产量为大。”

又一九四一年九月二十九日英国军政部长论及距敦克一役未久之时期，其言曰：“吾人之武装配备不及吾国正常军队所需者十分之一。若干重要之军械殆全部缺乏。坦克车在实际上殆等于无有。”

反之，一九四二年七月四日英国生产部长又言：“吾人对于军队所需之多种军械现已从缓制造，实因吾国所有者已甚丰富。因此，吾人将更增加船舰之建造，尤其是飞机之制造。”

以上四项宣言，两相比较，便可见其进步之速且大。其所以致此，实由于三种因素：一为科学家与工业技术家研究改进之结果，二为工人努力之结果，三为管理改善之结果。吾人于此尚有须注意者，即英国之军需制品中约有三分之一在战前绝未从事制造，仅为发明家所研究；此外三分之二亦多随时改进与变更其制法。在新制造与变更制造之中，当然有不少“试验与错误”；然仍有此结果，尤可佩也。

现将各种军需生产品分别择要具体说明如次：

（甲）飞机与炸弹 据一九四三年六月二十八日劳工与国民服役部长宣言，目前仅不列颠境内所制之飞机已较德国全境所制者为多。一九四二年四月不列颠境内所制飞机适足与德国全境相等。一九四三年第一季制成之飞机，以重量计，较一九四二年同季增百分之五十五。重轰炸机之产量在一九四三年五月以前之十二个月中增进三倍；而一九四三年一至五月间则较以前七个月增进百分之四十。至所用炸弹，则一九四〇年通常为五〇〇磅者，一九四二年三月始用四 〇〇〇磅者，一九四二年九月起八 〇〇〇磅之重弹又开始使用。一九四二年九月不列颠最大之轰炸机可载炸弹之全量较战争初期的最大轰炸机所载者不下四倍。

（乙）船舰　英国主力舰虽经种种损失，然在一九四三年三月业与战争开始时相等。新造之军舰每艘皆较旧有者更坚强，且更能应付新武器，截至一九四三年三月为止，新造成之大小军舰，小自扫雷艇，大至巨型战斗舰，共九百艘左右。以商船而论，一九四二年所造成者亦远较一九四一年为多。截至一九四二年十二月为止，商船已增加二百万匹马力。一九四三年三月以前一年间，英国及同盟国商船在英国境内装配枪炮或其他武器以抵御飞机潜艇之袭击者，计有八千三百艘。同时期远程高射炮装配于英国及同盟国商船上者计超过八千架。

（丙）坦克车及其他车辆　按一九四二年六月之生产率，一年间英国对于坦克车及其他机械车辆之制成额约共二五七 〇〇〇辆。一九四二年八月英国陆军拥有之车辆共五十万，较战争初期仅有四五〇〇〇辆者相去至远。

（丁）枪炮药弹及其他供应品　一九四三年七月四日公共工程部政务次长在议院报告："新军火厂规模之大，往往括有七八百所隔离之房屋，占地二三方英里者；其中括有二十五英里长之路，敷设铁轨，并设有车站。"由此一段报告可以想见军火制造之规模宏大矣。在北非战争之最后六星期间，每日所销耗之药弹超过五十万发；惟有此大规模之生产，始能供给不断。一九四二年间制成之炮较一九四一年约加倍；而炮弹及小型枪弹在一九四二年之产量则较一九四一年超过倍数。按一九四二年六月之生产量，则炮弹可制成二千五百万发；而小型枪弹则每年可制二千兆发。又按一九四二年七月之生产量，则发射两磅以上重弹之枪炮每年可制六万架；而高射巨炮尚不在内。一九四二年制成之各种无线电用具较一九四一年增百分之五十以上。

如上所述，最近三年间英国所制军需品不仅可以自给，并已大量输出或供应于苏美二国。对于苏联方面，截至一九四二年十一月中旬，英国所供给之军需品等于德国装甲部队二十师所需要者。截至一九四二年十二月底为止，英国供给于苏联之坦克车共二 九七四辆，飞机三 〇〇〇架以上。总计，截至一九四三年四月为止，英国供给于苏联之军需品共值一百七十兆镑以上。对于美国方面，则截至最近，英国为美国军队所需要之机场军营医院及其他建筑物业已开支至一百五十兆镑。而在一九四二年最后七个月间，英国供给于留驻联合王国境内之美国军队之各种军需品约等于一 二〇〇 〇〇〇吨之航运。

第二节 节约消费

关于第二项节约人民消费方面，本来在战争时期内，无论何国不得不对其人民的消费有所节制；惟节制的方法彼此不同，节制的范围广狭不一，节制的效果亦有高下之别而已。英国节制人民消费的方法约分五项，计开：

（一）限制制造；

（二）限制输入；

（三）限制格式；

（四）限制地域；

（五）定量分配。

现分别说明如左。

（一）限制制造 其目的在将生产所需之动力及原料，自国内人民消费方面移向军需方面及可达特殊目的之输出方面。自一九四〇年四月首次颁布限制供给条例（Limitation of Supplies Order）后，复以管制制造供给条例（Control of Manufacture and Supply Order）补充之。限制制造之物类如左：

一切器具及厨房用铁器、陶器、家庭用电器、家具、自发火器、自来水笔及自动铅笔、雨伞、旅行用具、乐器、地毡及火炉用具。

上述各项用品之制造须经政府特别许可，其所制数量视特别需要情形及存货数量而定。最后，对于某种非必要之物品，复以禁止制造供给杂货条例（Miscellaneous Goods – Prohibition of Manufacture and Supply Order）管制之，对于左列诸物之特许制造只以人工原料及厂址不能供更合需要之目的为限。此条例所包括之物品如左：

珠宝，某种难得原料所制的玩具及室内运动用具，装饰用之玻璃器，非金属所制之刀叉匙，革制品，各种金属制品，餐桌用及盥洗用品，各种家庭用奢侈品。

政府除以法律限制制造外，并将制造所需之原料加以管制，由政府视需要而分配。制造厂对于钢铁、木材、纺织原料、树胶、纸张及许多金属原料之能否获得，不在其能出价之多少，而在其所需之是否必要。所有原料售价皆由政府规定，何人能得原料及能得若干，亦由政府按其必要之程度核定之。

（二）限制输入 此举目的在保留航运力量及外汇资源，以供军需或其他必要之输入。限制范围约分三项：一，非必要之输入品概行停止；二，次要之人民需要品，包括一部分之食料，尽量减少；三，必要的而容积重量较大者，代以容积重量较小者，例如鸡蛋代以蛋粉。

（三）限制格式 为节省物料及人工起见，政府认为人民在战时使用之物品应以切实用而不耗废原料及人工者为原则，因而规定标准的格式大小及所用材料之质量。此种物品称为实用的物品（Utility Products）。应行采取实用的物品者，计有衣服、靴鞋、家具、床榻、陶器、一切器皿及厨房用具，铅笔小刀等。衣服方面，如裤脚之不得反折，裤袋衣纽之不得过多，衬衫之缩短等。依估计，衬衫平均缩短二寸，不仅材料总量减去不少，即人工方面亦可节省一千人。家具方面，除战前已制成者外，一切新制须按政府规定之简单而省工料之格式，其购买之人亦以新婚夫妇或将生产婴儿之家庭为限。

（四）限制地域 为节省人工燃料胶轮等起见，若干种之食料如鱼类、果古力、糖果、饼干、饼、早餐用之杂粮、果酱、卤肉、啤酒及其他温和饮料等，各按其产地限令供给附近一带之地域，不许远道运赴他地。消费者只能就地取材，不能如战前之按照所好而予取予求。

（五）定量分配 此为最普遍最具体的限制，全国人民无不受其约束。盖战时经济之最后目的在利用一切可能之资源，以生产作战必需之物品，而欲达此目的，则不仅须防止人民日常消费之增加，并须减低平时之消费量，俾以其余力转向直接关系作战之生产。故借定量分配而限制消费，实为必要之图。定量分配行之有效，不仅如上所述，可以转移人力物力，增进作战所需之生产，并可管制物价，不使过分高涨，借以安定民生。兹将一九四三年九月十五日英国所行之定量分配办法摘要列左：

（甲）食料

肉类：成人每周可购一先令二便士，其重量连骨约一磅有奇。战前每人平均消费为一磅及四分之三。五岁以下儿童视成人减半。

脂油：牛油、人造乳酪及烹饪用油，每人每周八盎士，其中二盎士须为烹饪用油，又牛油不得超过二盎士，余为人造乳酪。战前每人平均消费约十盎士有半。

咸肉与火腿：每周四盎士。战前平均消费为五盎士有半。

糖：每周八盎士，战前平均消费略超过一磅。

乳酪：每周三盎士。素食者（自愿放弃肉与咸肉火腿之供给者），农田劳工、矿工及若干其他工人每周十二盎士。战前平均消费二·七盎士。

茶叶：每周二盎士，战前平均消费二·六盎士。五岁以下儿童不分配茶叶。

保存食品（如糖浆蜂蜜人造果干肉干等）：每四周一磅，较战前所减甚少。一九四三至一九四四年间之冬季加倍分配。

按点分配之食品（包括各种罐头食品、干果、米、西谷米、饼干等）：每种随时按供求情形规定其点数（Points）。消费者每四周分配二十点，其需购何种，听人自择。例如普通饼干每磅六点，罐头肉肠每罐八点，罐头番茄每罐三点，米每磅四点等。

糖食与果古力：每周三盎士，战前平均消费六盎士。

鸡蛋：随时视可能供给之。一九四三年一月至八月中每人各分配二十四次，每次一枚。战时平均消费每月十五枚。孕妇每次分配可得二枚。优先之消费者（六至十八月之婴儿及特种病人）每周可得三枚。一般消费者每八周另分配蛋粉一袋（等于鸡蛋十二枚），五岁以下儿童得两袋，孕妇得三袋。

牛乳：优先消费者每周保证可得数量如下：孕妇七品脱，周岁以下婴儿之母七品脱，五岁以下儿童七品脱，五岁以上十八岁以下之儿童青年三品脱有半，五岁至十五岁儿童不能入校者五品脱，若干种病人得供给至十四品脱。非优先消费者，即一般人，每周两品脱有半。又每八周另分配各消费者干乳一罐（等于四品脱）。

附注：(1) 消费者欲购买肉类脂油咸肉火腿牛乳糖蛋及保存食品，须向零售店作固定之登记，非经呈请政府核准后，或非届每年领到新分配册之时，不得任意变更之。(2) 矿业铜铁业造船业等工厂为工人供应火食者，按人数所得食料之数量得视一般饮食店如旅馆等略高。

（乙）衣类

衣类之定量分配始于一九四一年六月一日，每件衣类须凭券购买，各规定所需券数。

第一分配时期，自一九四一年六月一日迄一九四二年五月三十一日，计十二个月，每人分配六十六券。第二分配时期，自一九四二年六月一日迄一九四三年八月三十一日，计十五个月，每人分配六十券；别为三期，每期二十券，过期作废。第三分配时期，自一九四三年九月一日迄一九四四年二月一日，计五个月，每人分配二十券。衣券之购买率，计男女上衣占十八券，男子全套衣裤（视其夹里而定）占二十六至二十九券。男鞋每双占九券，女鞋占七券。儿童成长甚速，应制新衣之需要较多，因此特别加给衣类购买券以应需要。例如一九二七年八月一日或以后出生者可得补充衣券十，一九三〇年或以后出生而体重高度均超过平均者，可得补充衣券二十等。又如孕妇因特别需要，亦可多得衣券六十；特种工人多得衣券十。凡此皆可表现英政府之注重事实，于管制之中，仍使人人各得其所。总计最初二年定量分配衣类之结果，可节省六十万名之纺织及制衣工人，使从事于有关作战之工作，同时可每年节省二十五万吨之运输量。

以上为英国定量分配之大概情形。然定量分配实为任何交战国所采行，即尚未参战之国家亦有采行之者，兹据国际联盟之调查，一九四二年四月前后各主要国家对于食料之定量分配情形表列于左，以资比较。表中所列数字系指每星期可得分配之公分重量，又不列数字各栏系因无从调查之故。

食料 国别消费者	面包面粉	杂粮	马铃薯	糖	浆蜜	肉类	脂油	牛乳	酪	鸡蛋
英　国										
一般人	自由	自由	自由	二二五	一〇五	一先令 二便士	二二五	一 四二〇	八五	一
六岁下儿童	自由	自由	自由	二二五	一〇五	七便士	二二五	三 九八〇	八五	一
六至十七岁儿童	自由	自由	自由	二二五	一〇五	一先令 二便士				一
德　国										
一般人	二 〇〇〇	一五〇	二 五〇〇	二二五	一五〇	三〇〇	二〇五	无	五〇	〇·五
三岁下儿童	九〇〇	二六五	二 五〇〇	二二五	一八〇	一五〇	一二五	五 二五〇	五〇	〇·五
三至六岁儿童	一 二〇〇	二六五	二 五〇〇	二二五	一八〇	一五〇	一九〇	三 五〇〇	五〇	〇·五
六至十岁儿童	一 七〇〇	一五〇	二 五〇〇	二二五	二三〇	三五〇	二六五	一 七五〇	五〇	〇·五
十至十四岁儿童	二 六〇〇	一五〇	二 三〇〇	二二五	二三〇	三五〇	二六五	一 七五〇	五〇	〇·五
十四至 二十岁儿童	二 六〇〇	一五〇	二 五〇〇	二二五	一五〇	三五〇	二六五	无	五〇	〇·五
夜班工人	二 六〇〇	一五〇	二 五〇〇	二二五	一五〇	四五〇	二二五	无	五〇	〇·五
重工人	三 四〇〇	一五〇	二 五〇〇	二二五	一五〇	六〇〇	三〇五	无	五〇	〇·五
特重工人	四 四〇〇	一五〇	二 五〇〇	二二五	一五〇	八五〇	五七五	无	五〇	〇·五

续表

食料 国别消费者	面包面粉	杂粮	马铃薯	糖	浆蜜	肉类	脂油	牛乳	酪	鸡蛋
意　国										
一般人	一 〇五〇	五〇〇至六二五	二五〇	一一五		一〇〇至二〇〇	九〇	各地不同	六〇	一
轻工人	一 七五〇	六三〇至七五五	二五〇	一一五		一〇〇至二〇〇	九五	各地不同	六〇	一
重工人	二 四五〇	六三〇至七五〇	二五〇	一一五		一〇〇至二〇〇	九五	各地不同	六〇	一
特重工人	三 一五〇	六三〇至七五五	二五〇	一一五		一〇〇至二〇〇	九五	各地不同	六〇	一
法　国										
一般人	一 九二五	无	九三〇	一一五	各地不同	一八〇	一〇〇	无	五〇	
三岁下儿童	七七五	七〇	九三〇	一一五	各地不同	一八〇	一〇〇	二 五五〇	五〇	
三至六岁儿童	一 四七五	四五	九三〇	一一五	各地不同	一八〇	一〇〇	二 五五〇	五〇	
六至十三岁儿童	一 九二五	六〇	九三〇	一一五	各地不同	一八〇	一〇〇	一 七五〇	五〇	
十三至二十一岁青年	二 四五〇	六〇	九三〇	一一五	各地不同	一八〇	一〇〇	一 七五〇	五〇	
七十以上老人	一 四七五	六〇	九三〇	一一五	各地不同	一八〇	一〇〇	无	五〇	

续表

食料／国别消费者	面包面粉	杂粮	马铃薯	糖	浆蜜	肉类	脂油	牛乳	酪	鸡蛋
重工人	二 四五〇	无	九三〇	一一五	各地不同	一八〇	一〇〇	无	五〇	
特重工人	二 四五〇	无	九三〇	一一五	各地不同	一八〇	一〇〇	无	五〇	
日　本										
一般人		二 三一〇		一五〇	各地不同	各地不同	各地不同			
四岁下儿童		八四〇		一五〇	各地不同	各地不同	各地不同			
五岁至九岁儿童		一 四〇〇		一五〇	各地不同	各地不同	各地不同			
重工人		三 九〇〇		一五〇	各地不同	各地不同	各地不同			
瑞　士										
一般人	自由	三五〇	自由	一四〇		四〇〇	二二〇		一五〇	一·五
五岁下儿童	自由	四六〇	自由	一七五		一〇〇	一五〇		七五	一·五
重工人	自由	三五〇	自由	一四〇		五九〇	二七五		二七五	一·五
瑞　典										
一般人	一 六二五	一一五	自由	三七五		二 二〇〇	二五〇	自由	六〇	一·五
六岁下儿童	七五五	一一五	自由	三六五		二三〇	二五〇	自由	六〇	一·五
六至十八岁儿童	一 七六〇	一一五	自由	三七五		二二〇	二五〇	自由	六〇	一·五
重工人	一 九〇〇	一一五	自由	五八〇		四四〇	三七五	自由	六〇	一·五

此外有若干图仅对一二种食料定量分配者，例如：面包——土耳其（一 六五〇）；糖——美国（二二五），加拿大（二二五）。

第三节 利用国内资本

关于第三项利用国内固有资本方面，办法约分三端：一则奖励国民储蓄购债，以扩充国家之资本；二则尽量利用废物及非必需之设备，以补助可能募集之资本；三则过度使用原有设备，以减低新投之资本。兹分别说明如次：

（一）关于储蓄者。英人之国家观念至强，在战时无不节衣缩食，尽量减低生活费，而以余款供纳税及储蓄或购买国防公债。其实英国战时之储蓄悉数借供国家作战之需，与购买国家公债原无二致。盖政府管理至严，而商业银行亦无不以国家为前提，所收储蓄之款，尽依政府支配，绝无借以图利者。联合王国全境在一九三九年九月以前仅有储蓄团体四五 二六六所，目前则增至三一四 三八〇所；其中英伦及威尔士占二九二 三七〇所，苏格伦占一六 六四〇所，北爱尔伦占五 三四〇所。

依大概估计，假定个人收入每年为英金一百磅，则战前及战时之分配率平均如左：

	生活费	纳税	储蓄
一九三八年	七〇	二四	六
一九四三年	四八	三八	一四

由上表所示，则生活费虽因物价稍增，仍仅占战前百分之七十弱，所余之款除纳税平均约增百分之六十外，储蓄则增百分之一百三十三。

具体言之，自战争开始迄一九四三年九月所收国民储蓄之款计六 二〇六 七六〇 〇四二磅。其中二 三二一 七六一 一六〇磅系属小额储蓄，皆由中等资产以下者所负担。英国自战事发生以来，先后举行三次储蓄运动，计军械运动时期（War Weapons Weeks 自一九四〇年九月迄一九四一年六月）得储蓄四六九 〇〇七 七一三磅；军舰运动时期（Warships Weeks 自一九四一年十月至一九四二年三月）得五四五 六四〇 七七〇磅；飞机运动时期（Wings For Victory Weeks 自一九四三年三月六日开始）已获得六一五 八四五 七一三磅。

若专论各种小额储蓄，即包括国民储蓄券及国防公债之购买与存入邮局及信托储蓄银行之款，其情形有如左表所示：

	第一季	第二季	第三季	第四季
一九三九年	25 000 000 磅	19 000 000 磅	12 000 000 磅	62 000 000 磅
一九四〇年	89 000 000 磅	125 000 000 磅	129 000 000 磅	136 000 000 磅
一九四一年	161 000 000 磅	176 000 000 磅	132 000 000 磅	142 000 000 磅
一九四二年	209 000 000 磅	145 000 000 磅	139 000 000 磅	137 000 000 磅
一九四三年	198 000 000 磅	245 000 000 磅		

就本表观之，则英国储蓄之数，不仅战时较战前大增，且逐季有所增进，其最显著之例，即为一九四三年之第二季较一九三九年之第二季约增十三倍。此在他国或因通货膨胀，人民表面上收入之数大增，储蓄之额亦随而大增，实际上或等于毫无增益，或且有减无增；然在英国则因生活必需品之价迄今仅较战前增百分之二十八，故人民目前之收入额较战前亦无大差别；而其储蓄数之大增，实为真正之增加。

除上述自动的储蓄外，又有所谓战后信用证券（Postwar Credit）之发给，则因按照一九四一年四月之预算，所得税法中人民免纳税之所得部分及生活费免税之部分缩减，因而加缴之税款概由政府给以战后信用证券，可由纳税人于战后向政府收回现款。此项战后信用证券额在一九四一至一九四二年之一年度中约为一百二十五兆镑。一九四二至四三年度之实数迄今尚未计算清楚。一九四三年三月二十一日英首相对世界广播谓："此次战事结束后，英国将有七八百万人因战时所投之小额储蓄及纳税所得之战后信用证券两项，每人至少各拥有二三百镑之资产。"财政部长亦曾宣言"贫苦细民因战时储蓄而拥有之资本不下二千兆镑"。

（二）关于利用废物及非必需之设备者。英国战时利用资源无微不至，加以政府人民澈底合作，故收效特宏。以收集废铁一项而论，就公共工程部及各地方政府所收集者统计之，迄一九四三年七月之第一周，所得废铁总量不下三百七十万吨。其中由于拆除房屋四围之铁栏杆者约占五十万吨，由于清除被炸房屋者亦约五十万吨。就拆除房屋铁栏者言之，则总计出让此项铁栏者有房屋三百七十余万所，而要求政府补偿铁价者只有十三万所，其他大多数皆无条件贡献于国家。以收集废纸张而论，则除珍惜废纸尽量供献于国家外，甚至以丧失时效之书籍响应所谓"国民书籍运动" National Book Drive，而以废书供国家重制纸张者，迄一九四三年九月为止，计达五千万册以上。

统计各地方政府向各家庭收集而得之废料，不包括各行业公会所供献者，迄于一九四三年六月三十日为止，已达左列之数量：

废　纸	一 一五三 七一九吨
铁质金属	九三八 六九七吨
非铁质金属	三一 三一五吨
破　布	七〇 〇二四吨
橡　皮	二〇 三六八吨
骨　类	三六 八五三吨
厨房废料	七四一 七六二吨

（三）关于过度使用原有设备者。此举虽非直接增加国家之资本，实际上因原有设备在平时已届更换之时期，战时特别延长使用时期，俾减免新的投资，使因此节约之一部分资本得供其更迫切之需要；故与间接增加国家之资本无异。举例言之，房屋届时本应拆除重建，铁道公路平时亦须依限修理，然在战时为节约人力，以应更迫切之需要，大都延长其重建及修理时期。此举有利亦有弊。利的方面，诚如上述，然若超过安全限度，势将发生危险，亦为国家之损失。英政府对此等事特加慎重，一方面固力图节约资本，他方面仍注重安全程度。苟无碍于安全，则亦不妨略超过平时规定之重修期限；盖平时规定之重修期限原含有伸缩余地，并非一届时期即将发生危险也。此举在英国行之，尤为利多害少。因英政府之公共工程机关平时对于房屋重修年限规定至严，其预防发生危险亦最认真，战前平均每年须拆除重修之房屋不下六万所，此在他国多不如是之严格；战时为节约物力人力，对此规定悉予放宽，且严限非经政府认为必要，需加特许者，任何建筑物均暂缓进行。

第四节　利用国外资本

关于第四项利用国外固有资本方面，首须说明英国的国外资本战前与战时之异点。英国在战前拥有庞大的国外资本，且具有随时扩大此项资本之可能；因此，欲在国外购买供给其人民与机器之原料及补充国内不敷之制品皆无困难。及战事发生，扩充国外资本之机会既锐减，而提用原有国外资本之需要却大增。于是对于扩充机会锐减之趋势固须力予抑遏，而对于维持固有资本不使枯竭之工作尤当特别努力。欲达此目的，必须采行有效的管制办法。惟是英国在国外之资本不仅地域散布甚广，而其所有权者复散布于无量数之个人商店及公司。在战事紧张之际，此种散布广远之资本尤易发生弊端。举其大者，约有两项：一则私人处分未能尽属有利于国家，二则私人保持不能供公共之利用。因此，动员全部国外资本实为第一要务。英国对于此项动员所采的方法即为施行“外汇管制”Exchange Control 制度。查世界各国除与英敌对者外，分为金镑区域及非金镑区域。金镑区域所包括的国家，虽有些在政治上完全独立，然其币制却可与英镑按一定之比率互相兑换，并以英镑资产为准备；换言之，此类国家对于英国向其购买货物无不接受英镑以为偿付。此类国家亦大都与英国共同作战，且各有外汇管制之制度，与英国目的大致相同。在此区域之内，一国与他国之交易颇为自由，因为英国管制条例对于同区域之他国支付英镑，并不如对于非金镑区域之受有限制。金镑区域包括不列颠各属地与委任统治地，但加拿大与纽芳伦却不在内（其所采金元货币多年以来，因性质近似及商业关系，与美国金元之联系较与英国金镑之联系更密切）；此外如埃及、英埃苏丹、伊拉克及比属刚果亦属于此区域。

英国外汇管制之范围，遂以非金镑区域为限，此区域之国家，或为与英同盟国，或为与英仍有商业关系之中立国；此外还有与英并肩作战而具有特殊币制之加拿大纽芳伦等。具体言之，所谓非金镑区域括有荷兰属地，若干法兰西属地，瑞典、瑞士、西班牙、葡萄牙及其属地，土耳其、伊朗、苏联、中国及实际上北美与南美之全部。以人口及在世界贸易之地位而论，其范围实较金镑区域为广。

英国战时施行之外汇管制，其主旨在从非金镑区域中尽量购取食料，工业原料及许多种制成品，以供作战或其他之迫切需要，而谋实现此主旨之道约有四端：

（一）汇集凡可用以自非金镑区域购取货物之各种财政资源，凡居住于联合王国之个人商店公司所有之此项资源必须归入，集中管制，俾以最经济的方法使用之。此种资源计分三项：金货，外汇，外币之投资如公私债券股票等。其具体办法，则第一步将英伦银行拥有之全部金货实际上尽转入外汇平衡帐（Exchange Equalization Account），使原充发行准备之金货转而扩充外汇帐，俾可供向国外购买货物之急需。第二步使全国人民所拥有之金币金条尽行交付英伦银行，由该行按每盎士给以一百六十八先令之公平价格收买之。第三步令私人所有凡经特别指定之外汇，无论何种形式，除特许保留之一部分外，一律移交英伦银行。所谓特别指定之外汇，系指美国及加拿大之金元，法、比、瑞之法郎，荷兰及东印度荷属之盾，瑞典之克朗，阿根廷之比梭等，此种外汇之总数较可能移交之金货尤多。第四步令私人持有之外币证券一律向政府登记，由政府按需要随时收买；未收买以前，私人间之交易须先得政府之许可。

（二）所有财源既经集中，即进一步谋继续扩充之道。扩充财源之主要方法莫如鼓励输出。然欲靠私人输出贸易以扩充财源，在战时殊无把握，因此，不得不暂采政府监督之输出贸易政策，积极上可助政府获得外汇，以易取必要之输入品；他方面亦可以防止私人之窥避取巧。又对于依照国家政策从事输出贸易者，政府并予以种种之保障，使不致遭遇意外之损失，而尤以战时意外损失特多，更有由政府予以保障之必要。

（三）外汇管制之第三要务，即在管制此外汇资源之外流。由于战时输入大多数归政府主持，并供政府各部分之需要，故如食料输入，供应部之于金属及其他器材之输入，无不与财政部会同办理，并由财政部主持，核定供应与付款之数。至于私人之输入，一律须经政府核准，认为必需者予以优先之权，认为非必需者禁其输入。如是则外汇资源始不致滥用。此外又严格禁止私人转移其资本于国外。除经政府特准外，任何人不得以任何方法将金货钞券，邮汇，任何形式之外汇，与英镑或外币证券移至联合王国以外。出境之人随身携带英币以十镑为最高额。甚至为防止出境者取巧逃避起见，凡金钢钻珍珠、宝石、黄金白金所制之器物，收藏家之邮票，珍贵之毛皮，古董及美术品等亦不准携带出境，以免可供国家外汇资源之物为私人利用在国外易取外汇。同时并鼓励国人将种种无记名之证券改为记名，借以防止逃避。

（四）前三项之管制皆适用于居住联合王国境内之个人商店公司，第四项之管制则推及于非居住联合王国境内者。关于金货一项，凡境外之人在联合王国境内拥有金货者亦劝令移交英政府，而由英政府承诺于战后在沃太华地方以同量金货交还原主，但扣去百分之五为运输手续费；倘原主不愿照此办法移交，得将原有金货仍留原所在地，或出售于其他外国人，但不得移出境外。关于证券一项，凡境外之人欲将其存在联合王国之英镑证券出售，须先请求英国财政部发给准售证。此项准售证除有特别理由大都不能获得，而售得之英镑亦不得转为外汇，因此，外人持有之英镑证券无异封锁，其售得之款即归入封锁帐；但所得利息或红利却可按官价易为外汇，汇给原主。此项封锁帐之款可用以购买英政府各种证券，而因此购得之证券可由政府给以特许证，听其随时出售。又住居境内者对于境外应付任何款项，须经英伦银行之特许，以“特别帐”或“登记帐”之名存入银行，其手续与声请外汇相若。此外对于入境之英镑钞券（除十镑外）或无记名证券均须请求政府特许，以免外人利用购买可以逃避于境外之财物。

（本文系作者一九四四年五月为东方杂志写。——编注）

岫庐论管理

何谓管理

管理一词，译自英文 Management 及 Administration。兹参考有关图籍，将两词之定义分别叙明如左：

A　Management 之意义

（一）O. Sheldon 之定义

工业中关于执行高层所定政策范围之任务，并利用组织以达成其当前之特定目标。

（二）F. W. Taylor 之定义

所谓管理在发见工作如何执行，并注意其以最经济方式执行。

（三）M. Koontz 与 C. O'Donnell 之定义

透过他人使工作达成之任务。

（四）P. Pigors 与 C. A. Myors 之定义

所谓良好之管理，是在简化至其要素后，使人们获得有效之结果。

（五）C. Kerr 等之定义

管理之态度可分为四类：（1）极权的，（2）保育的，（3）宪治的，（4）协商与参加的。

（六）William H. Wessen 之定义

管理指透过设计、组织、指导、联系与控制各种功能的活动，而形成与执行工商业政策的程序。

（七）A. E. Benn 管理词典综合诸家之定义：

（1）研究分析与检讨证据，形成决议，并创制适当的正当措施之种种工业行为。

（2）设计联系与指导工业商业或政府行为之作用或程序。

（3）使措施得透过他人努力而达成之行为或程序。

（4）凭借均衡与联系的计划，而发展的人事处理与事物控制。

B Administration 之意义

（一）Wilfrid Harrison 在社会科学词典中综合诸家之定义：

（1）指执行而言，例如“执行审判”。

（2）自十六世纪以来，用作管理之意。

（3）指遗产执行人对于遗产之处分。

（4）指较高层之特别设计与监督任务。

（二）A. E. Benn 在管理词典中综合诸家之定义：

（1）达成组织或计划原定目标之管理行为。

（2）制定并监督政策与程序之管理状态，借以使人力及其他资源得对于既定目标之达成，克收最佳的利用。因此，在各方面皆须就各种来源所收集的资料事实与意见，从事于继续不断的统合，并借此使来自上下各阶层之情报建议意见与计划均能自由沟通。

（3）提供政策与方法，借使目标得以实现。

（4）使人与物的资源得以有效控制之管理作用。

（5）泛指小而至家庭之管理与大而至国家之管理。

（6）包括广泛计划之制定以至面对特定人之发号施令。

（7）执行由上级指示之政策，并依照上级规定之范围而行动。

（8）指公共行政而言。

管理的意义既如上述，管理之理想的方法当有赖于科学。利用科学方法于管理上，则称为科学的管理 Scientific Management，简称为科学管理，据 A. E. Benn 管理词典对科学管理一词所下的定义，有左列各项：

（一）有效管理的哲理、方法及原则。

（二）减轻成本及改进效率的工作技术。

（三）确定并发展有关决策之作用，期使人力、物力确保最佳的利用，换言之，即利用系统的技术，而趋向于达成目标的精神态度，以期对所经营之事发见并确定其目标、计划、方法、标准、程序与控制方法。

至于管理的对象，在大纲上可分为工商管理、公务管理（在"我国"常称为行政管理）二项；在功能上可分为工厂管理、商店管理、机关管理、人事管理、财务管理、事务管理、物料管理种种。兹分别略为说明如左：

（一）工商管理 Industrial and Business Management，包括对于工业和商业利用科学方法的管理。事实上系由工业开始，逐渐推及于商业。一般人认为工业管理是美国的创作，而归功于十九世纪八十年代中美国泰罗氏 Frederick W. Taylor 开始对于车床边各工友操作方法作个别的研究，以观察为起点，而辅以比较；他从时间研究而进至动作研究，借以改善工作的方法。实则在泰罗氏以前约半世纪，英国剑桥大学教授巴拜治 Charles Babage，于其发明一部量差机委托某工厂制造时，已引起他对于工厂制造过程的时间节约研究，并曾著有"论机器业和手工业的经济"一文，于一八三二年出版。又与泰罗氏同时的法国工程师费尧氏 Henri Fayol，于一九〇八年矿业公会的百年纪念会上，曾演讲以“一般管理上的原则”为题之一篇论文。凡此皆与工业管理攸关；而美国的泰罗氏独为世所重视者，以其推行之广，影响之大，远非英法两国所能比拟之故。

（二）公务管理 Management in the Public Service 或 Public Administration，实始于德意志之普鲁士，在威廉一世（1713—1740）之统治下，由于执行公务的文官一部分自军队中选拔出来，其公务管理侧重纪律化。英国则由于文官之优良传统，随政治而转移之首长多赖久于其职的事务官，提供不偏不倚的意见，而此类事务官，由于地位安定并受人尊重，亦咸知自重，故养成公务管理的优良风气。法国则在拿破仑执政时，其政府合署办公，秩序井然，纪律严明，行政效率一时为欧洲之冠，独惜有如昙花一现，自时厥后，每况愈下。美国为后起国家，初期事务官采取战利品制 Spoils System，随政党之胜败而大大变动，初无效率可言；其后文官制度建立，一切均有进步。自塔夫脱总统执政，勤求“公务处理的经济与效率”，开始研究改进，随后又鉴于工商管理之进步，于是工商界行之有效之科学管理，逐渐输入于政府之管理上。

在上述两大纲之外，他如学校管理，社团管理，家庭管理，甚至个人管理，无不可适用科学管理的原则，以增进其效率，兹不赘述。仅就功能上的各项管理分述如左：

（一）工厂管理。此为工商管理项下的一个支目。其作用包括（子）工厂布置，（丑）工作计划，（寅）工作标准，（卯）工资与奖金，（辰）工人进退，（巳）工厂会议，（午）工作改良，（未）耗费节省。凡能运用科学的管理者，对各种作用皆能有所改进。

（二）商店管理，是指工商管理项下另一个支目，系以营业为主，其作用包括（子）商店布置，（丑）宣传作用，（寅）售货标准，（卯）薪资与奖金，（辰）店员进退等。

（三）机关管理，包括行政机关以及工商业之高层组织，如总管理处而言。其作用括有（子）决策，（丑）设计，（寅）联系，（卯）沟通（包括上下与内外），（辰）人事政策，（巳）财务预算，（午）研究发展等等。

（四）人事管理，此为功能管理上最重要之一环。在人、财、事、物四对象中，人事得宜，成功殆达半数。其作用括有进、退、奖、惩及福利等项。进用得宜，人事之健全基础已建立；奖惩得当，则因不称职而辞退之事项多可避免；他如福利设施充分，亦可维系人事之安定。

（五）财务管理之重要性仅次于人事，惟有健全之财务制度，始能使工商事业巩固，而公务机关亦得免许多弊端，其作用包括预算、会计、出纳、稽核种种。

（六）事务管理，在公务机关中虽为公务之辅助事项，而在工商企业中，则往往包括业务而言，关系尤为重要。事务管理办得好，不仅增进效率，还可确保弊绝风清。

（七）物料管理，对财务业务均有关系，如管理不善，对于业务之进行固有窒碍，即于财务亦有损失之虞。反之，如管理得宜，当然对于财务业务均有裨益。

（一九六五年三月二日补撰）

效率与疲劳

在科学管理的原则中，我曾强调“人尽其力”和“物尽其用”两原则的效用。但这两原则的效用是否有其止境，这里特加研究。

任何事不能没有止境的。在境界以内，它可以发生充分的效用；但是一出了境界，便不免要涉入一些问题。我以为“人尽其力”与“物尽其用”的境界似可以两个条件标明之，那就是“最高的效率”和“最低的疲劳”，换句话说，就是“效率要其达到不致发生疲劳的最高度，疲劳要其限制于不致影响效率的最低度”。这意义牵涉颇广，请分别说明之。

什么是效率？在成本对出产比例的意义上，或努力对结果比例的意义上，或支出对收入比例的意义上，这算得是较晚出的名词。在这样的特定意义中，这个名词之流行于工程界者仅在十九世纪的末期，其流行于企业与经济界者仅始于二十世纪的初期。但在经济学中，远在工程界和企业界采用这个名词以前，早已熟知效率的概念。此一概念已胚胎于亚丹斯密在其所著“原富”（一七七六）开首的若干段中。因为该书中首先说明他在企图探讨一个国家“每年劳力”的生产怎样才能够达到“消费人数可能最大的比例”。但是亚丹斯密还没有彻底分析成本的问题，也未考虑到尽量减低成本的问题。古典派的经济学者，如功利主义派，不仅在人类企求逸乐与避免劳苦的努力原则下，说明经济的种种现象，而且企图发见企业组织的形式与经济政策足以使人以最低劣的支出达成最大的成果。哲旺士 Javons 更进一步，想发展所谓“功利的机械学”，他虽未使用“效率”这个名词，却已阐述效率的问题为经济学的中心问题了。

“效率”这个名词在技术上最早的使用是对机械工程方面，即在发动机与机器的应用上。其用于人力的工作上，即由于美国机械工程师协会的主要会员认识生产量所受工资给付方法的影响不下于技术上的熟练。现在科学管理的基础殆以泰罗氏“一种件工酬率制度”论文为其基础，盖借此以说明他在密特威尔炼钢厂设施工作标准的首创方法也。在这种标准设定后，习惯上便称实际的工作成果对于标准的工作成果的比例为劳工的效率，其意义与一般机械工程师们认为效率系指实际产量对实际成本的比例者，微有差别。

在世纪转捩之初，突然展开一种广泛的效率运动，而以对企业经营上应用系统的研究为其基础。十九世纪之最后二三十年间对于成本会计的发展，连同时间与动作的研究，提供了两种技术足以计量管理部政策与生产方法的效用。由于对管理程序早期的研究所产生动人的成果，整个企业界都对此发生异常的兴趣。此一种措施的能力获得了很大的宣传，特别是在一九一〇年州际贸易交通委员会在听取铁路加价案的论辩时，名律师而后来成为司法界权威之勃兰第士 Louis D. Brandies 提供若干工业界的工程师为证人，力言在要求加价的铁路中，如能采行科学管理，每日可以减少开支一百万元。自从科学管理的名词于此时首次提出后，它在企业研究运动的象征上，也就渐渐代替“效率”一名词的作用。一九一二年一个名为“效率学会”者成立于纽约，其宗旨在“人类所能从事的种种活动中提倡效率”，其会员括有教育家、经济家、法律家和企业家。约莫同时，一群的工程师另组织一个“科学管理促进委员会” Society To promote The Science of Management。后来便成为现在的泰罗学会。

效率意义的应用由企业管理伸张到个人的发展与政治的措施。

辜力克 Luther Gulick 所著的“效率生活”（一九〇七年出版）为一般人对健康的心理发生兴趣的先导。戈尔马克 Josephine Goldmark 对于工业卫生首先作重要的研究，于一九二年以“疲劳与效率”为题，刊行其研究的结果。同时对于行政的改革也起了广泛的要求，而侧重于支出的预算控制。在一九一二年与一九一四年间，美国联邦政府十三州均设有效率与经济的局所或委员会。泰罗氏基本集团的企业工程师中的一位卓越人物库克氏 Morris L. Cooke 于一九一二年与一九一五年间受任为菲勒德菲尔亚市革新政府中的工程局长，遂成为最初利用专家以处理公务之人。政府中的市经理制度的采行即开始于此时代。同时，效率的概念应用到农业和家庭中，于是农场管理与家庭经济运动随而兴起。

效率运动在其早期即惹起工会的热烈反对。反对的原因颇多。一切的工会，纵然是最赞同件工制度者，对于不完全按照产量而增加报酬的奖金制度 Bonus System，多加以反对，而认为这是实际上减低件工工资的巧妙方法。所谓效率，工程师为其增加生产方法所作的宣传，也使工会领袖们把效率和加速工作联想为一起。同时手艺的工会也恐怕专业化与标准工作的推行会把旧日工人的智识和技能代替了，致使他们的行业不能维持。其最关重要者，则为各工会对于若干工程师所宣传科学的研究将可消灭了大部分的团体协议，因而怀有恐惧和嫉视。由于劳工所加的压力，联邦众议院遂于一九一一年八月二十一日组织一个特别探究委员会，以调查研究泰罗氏制度施行于政府兵工厂的结果。未几，国会决议禁止在政府雇用的人员中再从事时间的研究。一九一四至一五年间，联邦劳资关系委员会聘请芝加哥大学教授郝昔克 R. F. Hoxic 研究效率专家的宣传与其采取的方法。可能是由于郝昔克教授研究报告（其要点刊入所著“科学管理与劳工”一文中）的影响，而且也由于在世界大战期内劳工的经济力量强大，企业界的工程师们稍稍放弃他们对于时间研究的坚强主张，而对于团体协约的要求略表让步。同时，他们对于人事管理与工业卫生益加注意。战时的劳工问题使许多工程师集中其注意于工业界中的士气，而且重视友善的工会实际上是管理部的资产。在另一方面，较远见的工会领袖也认识劳工如能对科学管理的采行表示合作，也对于劳工有利。

自第一次大战以来，效率的概念已经获得更广的流行与更宽的意义。这不仅应用于个别工厂的组织上，而且推及全部工业和广大社会的消除耗废。无论对于公私的事业和大小的企业，在评论其成绩的优劣比较时，这简直成为一个口头禅。对于许多人，此一名词殆用为象征着在美国已有最大发展的大量生产与机械技术的意义。于此意义之下，在第一次大战后，便有许多人以“合理化”或“计画经济”作为效率的代用语了。但是“合理化”和“计画经济”固有需于效率，效率却不能以“合理化”或“计画经济”为其代表。

严格说起来，效率是抽象的与无色彩的名词。它只是成果与所用方法的比例。这完全是相对的，不是绝对的。某些动作和过程以一种标准计量时可以认为效率高者，如改以另一标准计量之，却可认为效率低。企业家的观点，凡能以最低的金钱成本而获致最大的生产量者，算得是效率最高；然在工人的立场，则能以最小的疲劳、意外伤害或单调况味而获得最大的产量者，才算得是效率最大。正如工会对于以体力供牺牲而减低金钱成本的措施，不惜加以反对，一般企业家对于以金钱牺牲而减低人力成本的措施，定然同样反对。因此，真正的效率，当是使体力和金钱都不要牺牲，而仍能增进生产量。科学管理的目的，正是如此。在无量数以效率见称的事件中，总括起来，最重要者，计有三项：一为工程的或物质的效率，就是所消耗的物质量与所生产的物质量的相关性；二为财务的或企业的效率，就是所消费的货币量与所获得货币量的相关性；三为人体的效率，就是体力的消费量与人体因此获得的愉快或利益的相关性。

二

现在当转而一谈疲劳了。从实际的社会立场而言，疲劳的定义将是："由于增加的工作致使人体的工作能力减低。"在工厂、教室或其他场所增加工作效率的企图旋即遭遇疲劳的问题。由于所做工作之量最易按照工作的时数来估计，疲劳的研究通常遂亦根据种种不同的工作时数而估计。因此，减少疲劳的最早努力都集中于工作时数之减少。工业国家的立法渐从一业推至他业，以限制妇女及儿童的工作时数；而各种工会却一致奋斗，为全体工人获取较短的工作时数。

个别工厂独立执行的早期研究，如一八九三年的萨尔福 Silford 铁厂与一九〇〇年的蔡斯 Zeiss 光学工厂所为者，均证明每日工作时数如减为八小时，则每小时所增加的产量至少足以维持前此全日的产量。科学上最初认识疲劳具有一般经济的、心理的与医学的重要性者，便是英国科学促进会于一九三一年选派一个委员会，就经济的立场以从事疲劳研究。据该委员会于一九一六年所提出的报告，工业疲劳一切可能的原因与条件均被列举，并从英美两国搜集了许多有关产量和意外伤害的弧线，借此以表明一个工作日每一小时的疲劳进展情形，以及每一工作周每一日的疲劳进展情形。在产量方面，弧线随不同性质工作而异；然其一般的趋势则表现在继续工作的一班期内。从第一小时至第二小时，间亦至第三小时，每时的产量均在增进中，其原因殆为愈工作愈熟练之故；但从每班工作的中期起，以至第四第五小时的每时产量显然递减，当可视为疲劳的征兆。在意外伤害方面，则每班工作时间内，弧线显然在继长增高。

大战期内英国军火工厂男女工人日夜两班各十二小时的工作成为全国重要性的一个问题，彼时的军火部长劳合佐治 Lloyd George 遂组成一个英国军火工人健康委员会，以从事研究。该委员会在一九一六年提出的重要报告中，有一篇是韦尔农 H. M. Vernon 博士的首次研究结果，证明从每周六十七与七十五小时减为五十五小时不仅没有减少全周的产量，间且转有增产；此系一方面由于每小时的产量大增，他方面由于停工的时间有减。

及美国参加第一次大战后，美国的公共卫生署也举行类似的探究于两家大工厂中，其一每日工作十小时，另一则每日工作八小时。探究的结果揭示每小时的产量与意外伤害的弧线随工作种类之不同而异。凡需要体力的工作，其产量按时递减与意外事故按时递增，远过于需要技巧或专运用机器的工作。对于中期的休息，则试验所得的结果证明在每日工作十小时者，可以增进全日的产量。

第一次大战后，英国军火工厂健康委员会改组为工业疲劳研究委员会。稍后又有英国全国工业心理研究所之组织。依其继续研究之发见，工业疲劳之原因不以工作时间之过长为限。据该研究所戴维士 A. Hudson Davies 对工作与环境的研究，而发表于“工作与环境”一文者所称，环境之足以影响疲劳颇多，大别为左列各项：

（一）心理的环境　每一个人的心都具有欲望、恐惧、焦虑、好胜、希冀、友谊与敌意，这些都可以对其人的幸福与效率发生反应。他的个人情感也可以反映到与其共同工作的人群的一般情感。这一群人中，有团体的恐惧、团体的焦虑与团体的忠诚；而最后一项常被泛称为团体中的士气，在工厂中成为生产效率的最重要因素之一。在士气不良的工厂中，无论不合作的责任出自管理部，或领工，或一般工人，只要一经发现，即成为纠纷之源，以致工作废弛，生产低落，劳资两方均蒙其害。要挽救此种局势，工业心理学者必须像医生治病一般，首先发见病源之所在，然后釜底抽薪。工厂士气之恶劣不一定是经济的，纵然工资与职业保障对于负有给养依赖者责任的工人，显然是主要的动机。假使其他情形完全相同，则工资较低而工作不很固定的工厂，永不能如工资较高而任职可以长久的工厂同样获得工人的好感与尽职。但如工厂的经济不佳，无力负担较大的支出，则在公平待遇与开诚布公之下，虽寡而均，也不难获得职工的谅解，而减少因待遇不充分所惹起的恶劣气氛。此外，物质的环境对于心理背景之形成也有不少的影响。在照明不佳、声响嘈杂以及物质秩序紊乱的工作环境中，工作者的心理也会受到不良的影响。良心将不能抵御恒久的恶劣条件，而良好的工作条件却为管理部应负的责任。这些影响当于以下各细节中分别详述之。

（二）照明　工厂的照明对于工作于其中者的心理和体力效率均有影响。照明不佳的环境，足以降低产量，增加耗费的时间，惹起过多的紧张。光度过弱不仅直接有碍于工作，而且由于工作者为适应不充分的光度，初时不得不特别努力始能维持工作的标准，但此项过度的紧张是不能持久的，结果自然而然地渐呈懈弛，卒至不能注意其工作。反之，光度过强，至足以惹起眩目的不安者，一部分是因敏锐的强烈差别显现于视野时调整瞳孔的困难，又一部分由于眼部把强烈刺激吸向网膜中最敏感的中枢的倾向，尤其是在眩目的光点集中于网膜的边缘时，工作者不知不觉间注视其工作并区别其细微，致不免惹起紧张，而过分紧张的代价便是疲劳、头痛及耗废时间。

由于光度过弱及过强均有其不良的结果，于是在工作场所中调整光度实为一极关重要的措施。但天然的光经窗户而入工作场所者，其预为调整有赖于建筑时与安设机器时的妥善设计；不过天然的光度，在白昼时天气有晴雨之分，日光有强弱之别，有时不能不靠人工照明以为调节；加以在充分利用生产设备的工厂中，工作以能昼夜轮班不停为理想，是则除白昼以外，工作上所需的光度仍须依赖人工的照明，而人工的照明实较天然的照明更易控制。工业心理学者对于适当的照明曾借种种的实验而有许多有价值的贡献。从事于工厂或任何工作场所的管理者，能利用工业心理学者所得的成果而对于光度作适当的调整，则需费无多，而克收减少工作疲劳的效果甚大，实甚值得。

（三）通风　工作场所的空气流通与工作者的疲劳攸关，结果也就影响到工作的效率。倦怠不安与疲劳是通风不善的室内工作者人人所感到。向来对于发生此种现象的原因，约有三说：一谓由于呼吸之消耗室内氧气，而代以二氧化碳，人体遂感氧气的缺乏；二谓此种现象系实际受着积聚的二氧化碳的中毒；三谓身体为许多人呼出的某种气质而渐渐中毒，此种呼出的气质为量极微，无法估计，惟对于人生确具有毒的影响。但无论主张哪一说，都同意应采的实际措施，那就是不洁的空气必须排除，新鲜的空气必须充分输入。据英国工业心理研究所最近研究所得的结论，则上述的三种原因并没有在寻常状态下发生作用，而通风不良所引致疲劳与效率低落的要因当是空气的停滞；因此，新鲜空气之流入便是惟一对症发药的救济。又据英国工业疲劳研究委员会的报告，在通风良好的室中，空气须：（甲）宁使过冷而不可过热；（乙）宁使过干而不可过湿；（丙）各部分的温度应有差别，不宜一致或单调；（丁）宁使过分流动而不可过分静止。

（四）声响　许多人都认为声响足以扰及心理的安宁，因而有碍于工作。但是工厂中机器的声响是无法避免的，甚至要在工厂中试验声响妨碍工作的程度也不易进行；因为机器的声响除了把机器停止外是无法消灭的。如果机器停止了，工作也停止，那就没有寻出声响与效率关系的可能。试验室曾有过一项试验纪录，那就是声响和振动并起，可致暴露于此种声响和振动的小鼠于死亡，但仅暴露于声响一项，却使小鼠的生活益活跃。不过这些结果对于工业上是没有多大价值的。依可靠的理由，声响自然愈低愈好。不规律或是间断的声响最易使人感觉不快，这当然会影响于精神工作；反之，对于规律的或继续的声响，可以习而安之，也是显明的事。

总之，对抗疲劳的方法，首先要利用科学的探究以发见酿成疲劳的真正原因。在各种企业中，工作的环境大都为雇主之力所能控制；因此，关于此事的若干健全的政策均有分别或合并采行之必要。首先为避免一般性的疲劳，每日工作时间宜尽可能减少，加班工作尽可能免除，以及在接连工作若干小时后予以相当的休息时间。其次便要注意到工业卫生，使工场中的光度、通风与声响均有适当的调整。对于人的选择，除利用测验以求人地相宜外，并应采行动作研究与劳工训练，俾工作得以最适当的方法执行。为减少心理上的疲劳与单调，雇主于分配工作时，应酌留调动的机会，使特别厌恶单调工作的职工，得以若干时期内转任新的工作，或给予特别的鼓励，以减轻其内在厌恶。凡此种种，以及新发展中的工业心理学所提供的新建议，苟能加意采行，则不费之惠，往往会发生很大的效果。

以上讨论者都是属于人体的疲劳，然在本章结束以前，实有对于物质疲劳略加研讨之必要。许多人以为物质是不会疲劳的。人的一日工作现以八小时为准，系恐超过此一限度不免会发生疲劳。但是机器一昼夜二十四小时接连运动，已成为工作的常轨，其仅运用八小时或十六小时者多嫌未能尽其用，以致生产成本非必要地增加，而且昼夜不断运动的机器也从未因此而损坏，故在表面上看起来，似乎物质是不会疲劳的了。

但据专家研究的结果，物质并不是不会疲劳的，尤其是看似很坚强的金属，其疲劳也是不免的。由于金属在工业上的应用最繁，故专家对于金属疲劳的研究也很详尽。戈熙氏 H. J. Gough 所著“金属疲劳”一书（一九二四年版）算得是此中的权威作。综合诸家对于金属疲劳研究的结论，实以运动过分紧张为其主因。每一种金属各有其耐劳的限度。以钢铁而论，实验证明其最高的紧张性可以达到连续转运一千万次而无碍。又继续转动至四日者，每分钟可达一千七百转，如继续转动未满一日者，其速度得高至每分钟一万转。在铝合金及某种非铁性的金属，其耐劳限度更高，在实验上曾经过接连不断五亿次的转动。近年英国借喷射推动的高速客机称为彗星式者，曾有两度的意外失事。据专家研究的结果，则归咎于金属疲劳。由此可以证明物质不是不会疲劳，只是其耐劳限度远较人体为高，故机器昼夜不停工作并无大碍，只要经若干日后，暂行停工若干时以从事于清洁和加油，则借此短期间的休息，已足恢复正常状态。至于金属疲劳的原因，诸家主张不一，其较可靠的一说，则谓金属在过分紧张之后，其所含晶粒将破裂为若干微晶体，因而破坏了金属的组织。此与观察的事实尚属相符。

（一九五五年某月为科学管理常识作）

科学管理与行政改革

在短短时间要与诸位谈科学管理，与其漫无边际，不如专就本人最近主持的“总统府临时行政改革委员会”如何利用科学管理，来作一次简单报告，较为切实。

首先，我得说明科学管理是什么。科学管理虽然最初应用于工业的生产上，可是大半世纪以来，其效用不断推广；自一个工场，进至整个企业，更从企业推进至于种种方面的管理，小之如个人任何一件工作的管理，大之如全国的行政管理，无不括入其范围。因之，它的定义也就随时发展。科学管理萌芽时代所下的定义固不适于今日，即二三十年前有关管理著作对此的定义也未必与现在吻合。可是我在距今二十多年前，正为商务印书馆施行科学管理之时，在某一个场合的讲演中曾杜撰一个简单明了的定义，现在想起来，还是合用。这个定义只有十二个字，就是：

“有计划，有标准，少消耗，多效能。”

这十二个字所构成的定义，前六个字是方法，后六个字是目标。不仅在过去二三十年来没有变动，深信在今后无限时期内不会有何变动。我对于“总统府临时行政改革委员会”任务的推进利用科学管理，简言之，也就是应用这十二个字，现请分别阐述于后。

首先谈谈计划。行政改革会的任务是要提供有关行政改革的全副蓝图，本身便以计划为目标，而其企求达成计划的方法，当然也有赖于计划。其实，事无大小，在其着手以前，多少都要有计划。

小至个人从事短期的休假旅行，如要发生充分的效用，事前也应就路线日程费用访问游览打算一下，这便是计划。像行政改革这般艰巨的任务，怎样可以不从计划下手呢?

计划的初步，在组织。组织又分为对人与对事物两项。先说人的组织。像行政改革这般艰巨的任务，断不是一个人所能计划。凡以若干人共同担任同一任务时，必先从事于对人的组织。组织的健全原则固然很多，但最基本的当是分工与合作。分工可使专长表现，使参加工作的人各就其专长分别担任一类科或一阶段的工作，这样才使工作做得好。美国胡佛委员会把调查与初步研究工作委托于各工作组，而由该委员会主持审议与决定；这便是阶段上的分工。工作组按其调查研究的性质分别为十八组，也就是类科上的分工。“总统府临时行政改革委员会”在分工上大致与胡佛委员会相仿。那就是在阶段上使各研究组任其初步。而委员会则主持最后审议与决定；但改革会对调查工作另组考察团，由委员会与各有关研究组联合构成，而不是由研究组或工作组兼办。又在类科上，改革会仅分为十组，与胡佛委员会所分的十八组虽不尽相同，原则却无二致。

分工的对面是合作。有分不能无合，这是必然的事理。胡佛委员会也当然如此。不过在哪一个阶段才实行合作，却是一个问题。胡佛委员会在调查和初步研究的阶段，过分强调分工，因此各工作组彼此很少联系，委员会与各工作组间，甚至中央研究干部与各工作组间，在第一阶段上也很少联系，迟至初步研究结束，分别把报告和建议案提送委员会审议时，才开始合作的作用；但由于任期已接近尾声，而且许多初步研究的结果纷纷挤到委员会来，如发见有彼此矛盾或缺漏，须作重大调整之必要时，因为时促事繁，往往来不及详细研讨和整理修正，各委员只得勉为通过，以免延误限期。所以在委员会的最后报告中，有许多由国会议员兼任的委员都附注其意见，谓由于各案到达委员会之后，由于限期将满，未能详加研讨，只好于将来提到国会之时，他们以国会议员之地位，当详加考虑，必要时保留其提出异议之权。足见初时联系未能充分，不免发生此弊。

改革会鉴于胡佛委员会所受的教训，自始即注意联系工作，就是于分工之中，不忘合作的重要性。改革会对于横的联系与纵的联系同样重视。其所以达成此一目标，则有赖于一个特设的机构，就是综合组，系以各研究组的召集人连同该会主任委员与主任秘书共同组成。此一综合组每星期经常开会一次，或二次，将主任委员分交各研究组研究的题目，与各研究组产生的题目一一予以讨论，认定其有无重复及其与其他题目之关联；及至各研究组对某一题目之研究已获结论，亦即提交综合组讨论，予以调整；同时各研究组在上一星期内的研究工作亦向综合组提出报告，再由综合组汇总印发各组参加人员。如此，则各组之间平时也可以毫无隔阂。这就是横的联系。至于纵的联系，则各研究组的秘书多为委员会的研究专员所兼任，其非由研究专员兼任者，亦经常与委员会办事处接洽；同时各研究组每星期进行的工作，均由综合组于听取其召集人报告后，汇印综会报告，分送各委员，故各委员对于各研究组上一星期进行的工作无不了然。这便是纵的联系。

改革会对于人的组织，有了这样纵横的联系，自始便实行分工不忘合作之旨，便可以矫正胡佛委员会的缺憾。所设自始至终，各方面均无异言，发挥了较大的组织作用。

现在续谈事物的组织。改革会要组织的只有事，没有物。改革会对于事的组织，利用了科学方法中分析与类别两项。法国学者笛卡尔在他著名的方法论中，主张研究一个问题应先把它尽量分析为若干部分。这就是科学方法中所谓分析方法的第一个意义。改革会研究的主题是行政改革，依照分析的原则，首先当把这个主题分析为若干分题，然后就每一分题，再分析为若干支题。改革会把行政改革的主题先分析为十个分题，就是一般行政、国防、财政金融、经济、文教、预算、总务、公营企业、司法与考铨，而以十个研究组分别担任其研究，至于各分题所应析出的支题，则或由本人自行提出，或由综合组产生，或由各研究组根据考察所得与组中各参加人平素的研究与经验，或由于委员会交议，或由于奉命审议。但无论其来源如何，莫不经过综合组之讨论与通过。结果一般行政分题下产生了八十八个支题，“国防”分题下产生了六个支题，财政金融分题下产生了十二个支题，经济分题下产生了五个支题，文教分题下产生了十个支题，预算分题下产生了四个支题，总务分题下产生了七个支题，公营企业下产生了三个支题，“司法”分题下产生了八个支题，考铨分题下产生了七个支题；此外另产生了不完全属于某一特定分题的五个支题，以上合共八十八个支题。最后即构成改革会的全部建议案八十八个。

类别也是科学方法之一。英儒倍根氏于其所著新工具中曾郑重提示，认为在尽量搜集资料之后，必先分类以资比较。改革会对于事的组织，将主题分为十组研究，即寓有类别之意。我们所以分为十组，而不像胡佛委员会之分为十八组或“我国行政院”及所属机关权责研讨委员会之分为五组，亦自有故。分类的标准，固应根据资料的范围，但与研究目标亦有关系。胡佛委员会与权责会的研究范围与改革会不尽相同，因之，其工作的分类或分组自不能相同。惟是财政金融，与经济及公营企业同为权责会与改革会的研究目标，然在权责会则合并于财经一组，而在改革会则划分为三组。其理由似有一述之必要。本来公营企业属于经济范围，而经济与财政金融亦多有连带关系，合为一组研究，原无不可。然推而广之，任何行政部门莫不与其他部门有多少关联，如果把有多少关联的都归在一起研讨，则全部行政改革工作，可以不必分组，结果不免要天天召集数十名专家一起研究，一起讨论，这不仅有违分工的原则，而且牺牲了对某些问题不具有研究兴趣者的时间。因此，各组分得愈细，愈可节省时间和人力。但是分组当以不致陷于参加人数过少或有碍于联系贯通为条件。我所以把财金、经济及公营企业分为三组，大体是由于所延聘之顾问专家便于分配之故。盖从事于公营企业而富有兴趣者，未必对于一般经济具有研究或兴趣，而对于一般经济具有专门研究与兴趣之人，也未必对于财政金融具有经验与兴趣。因之，在不具有消极条件之限度下，尽量按照参加者之平素研究与经验兴趣，而多分若干组，在效率方面上是有利的。当然，某些题目可能有跨越财经二组，甚至跨越财经与公营企业三组的，但遇有此种情形，可由二组或三组联合研究。因为此种情形毕竟是例外与不常见的。与其迁就例外或不常见的事例，而强使经验兴趣不同的人经常参加一个混合的研究组，使多数人牺牲其时间与兴趣，则何如仅在必要之时，即遇有例外或不常见事例发生时，才使二三组临时联合研讨，如此则平时可以节省不少的时间与人力，而在必要时仍可达到联合讨论的效用。据倍根说，类别的作用之一，在乎以资比较。改革会如此的分类分级研究，在比较上当可节省时间与人力不少。

其次，当谈到标准。标准是科学管理的一个要件。工作有工作的标准，成品有成品的标准，工具原料也应有工具原料的标准。这在工业界采行科学管理时，早已树其楷模。行政管理，踵而行之，也渐成为一种原则。在人材选拔上已知采用标准的试题，在职位分类上则规定服务的标准，在公文处理上也定为标准的格式，即小如公文用纸与封套亦知采用标准的尺度，以资配合。凡此种种，皆足以证明标准在推行科学管理的重要性。改革会在其建议有关事务管理各案中，固已充分主张一切应有标准，即在其自身的处理业务也注重此点。试举一例以明之，在各研究组提出报告，委员会通过建议案以前，即先规定该会报告及建议之统一格式。凡各研究小组对综合组提出之研究结果，称为报告；该会向“总统”提出之建议，称为建议，均采用统一格式。报告与建议之内容除编号一项外，完全相同，分为八项：（一）编号，（二）案由，（三）来源，（四）办法，（五）理由，（六）连带措施，（七）附件，（八）附注。前六项为必要的，后二项为补充的。其中最主要的办法与理由两项，均用列举方式，以简明扼要为主，力避冗长，不及列举者，可详附件。有了这般统一的格式，就是标准的格式，于是横的方面，各研究组所提出的报告不致形式纷歧，纵的方面，则由各研究组，经综合组，最后复经委员会研讨通过，构成对“总统”的建议案，除文字内容有修正外，无须另行起草，仅将组报告的编号，改为本会建议的编号。因此，手续上简化了不少，工作效率上也就提高了不少。此外改革会对于议事工作、公文处理及种种日常业务，无不预先规定程序图，由主办人员依照程序处理；没有繁琐的规章，而有一定的程序，也算得是工作的标准化。

最后，请略谈消耗与效能。这两项表面上好像是一件事；因为消耗与效能往往成为反比例，消耗少则效能多。但经进一步的考虑后，当可发见其间存有不尽相同的关系。盖效能括有量与质两面，若专从量的方面估计，能以较少的消耗，而达成同等的产量或更多的产量，固然算得是多效能；但如果生产的结果，却是品质低落，形成所谓粗制滥造，那又不能认为多效能。因此，少消耗和多效能实际上仍是两种条件。

消耗包括时间与人力物力。改革会在这方面最关重要的一项在乎时间。因为改革会所研究的对象涉及“中央”与地方整个行政部门，较权责会的范围更广，较美国胡佛委员会的范围亦有过之，而无不及。权责会的工作时期不下两年，胡佛委员会先后两届，每届都规定为二年。改革会却只有半年，因此，我们对于工作的计划，首先便是研究时间如何作最经济的利用，纵然未必能把一日作两日之用，至少也须把一日作一日之用。要使一日能收一日之效用，首当注意不要使有些日子过于空闲，有些日子不得不过分忙碌；也不要使有些人在某一时期太忙，而在另一时期则过分空闲。照这种情形，都算不得是对时间作了最经济的利用。试举胡佛委员会的工作支配为例，该会每届虽有两年的期限，但它把工作分为前后两阶段，前一阶段，系以各工作组担任调查及初步研究为主，后一阶段则以委员会审议决定各工作组提出的建议案为主。在前一阶段，各工作组几乎独任其劳，而在后一阶段，则委员会为各工作组提出大量的报告和建议所迫，镇日忙碌，犹感不敷应付。可是各工作组和委员会忙的时间太忙，空的时间也太空，从时间控制的原则严格评断起来，该会每届两年的期间只能算作一年，因为前一年和后一年间，只有一部分人忙于工作，并不是全部人员在全时期内同样忙于工作。改革会对于时间的支配，却与胡佛委员会不同。我为着使短短的六个月时期发生充分的作用，首先便计划到使每一人每一日都有相当的工作，不会太空闲，也就不致有太忙碌的日子，特别是使到各研究组的工作与委员会的工作蝉联不断，其具体办法便是一开始即使各研究组可以迅速提出初步报告，经过综合组研讨后，立即移送委员会讨论；同时一面考察，一面研究，不要因为某一阶段的工作未完成，其他阶段的工作便不能开始。这些具体办法，说来话长，我只举改革会的总报告书附载的工作日志为例，便可发见该会各部门的工作怎样衔接，所以在该会成立后的第四星期，委员会便有案可议，而在各研究组的工作结束后，仅仅经过两星期，委员会的全部工作也就结束。由于这样的支配时间，我们虽是把一日作一日之用，而由于参加各人之工作努力，甚至一日还不止作一日之用。我们能够如期完成任务，实由于此。

其次，是关于人力和物力的消耗。改革会除委员九人外，所聘顾问专家及工作人员合计不满五十，而能在短短六个月内完成如此艰巨之工作，就人力与成果的比较而言，当然在人力上算得是消耗少；但是否因人数虽不多，而工作劳苦过分，才有此结果呢？假使如此，则在人力的总消耗上仍算不得为少。当然，我不否认，该会所有研究和工作人员都很努力，但由于工作分配的均匀，纵然在这半年之内，人人每日都有相当工作，却不是在某一时期特别忙，以致疲劳过甚。因此，该会人员之所谓忙，也只是正常的忙。在这六个月的短时期内，以不满五十人正常的工作忙，而达成此一艰巨任务，是则在人力一方面言，其消耗仍可谓少。至于物力方面，特别指用钱方面。我为六个月研究加上两个月结束期间，所编列的经费概算不满四十万元，当时许多人认为太少，甚至主管预算之机关，也表示我们的预算编列得很窍实，所以如数核准，一文不减。可是到了完全结束之日，我们不独没有像一般机关，往往因经费不足请求追加，却以二万余元的节余款项，约当全部概算百分之六归还“国库”。在我认为为“国家”节省公帑，原是当然之事，但在许多人看起来，却算得是一种例外的举动。就此一点观之，改革会对于物力消耗之少，也就是毫无疑义的。

在结束这一次讲话以前，我不能不对改革会的效能作一回评断；但是天下最难的事莫如对自己评断。因为公平的评断，必须客观。任何人不免有些主观之见，我当然不是例外。纵然我极愿对自己所主持的工作作公平的评断，一切根据客观的标准；但是量的方面还不难接近客观，质的方面却不易完全脱离主观。正如我在上面说过的，所谓效能包括量与质两方面。就量的方面言，以六个月时期完成八十八个方案的建议，而每一方案之达到建议阶段，通常要经过个人研究，研究组讨论，综合组调整，以及委员会决议四个步骤，有时还须加上交付审查的一个步骤；即平均以四个步骤为准，全部建议八十八案，每案四个步骤，合计三百五十余步骤，全部工作时期为六个月，每月除星期日外，平均二十五日，六个月合一百五十日，以一百五十日应付八十八案，则每一方案，自始至终，费时不满二日，若以其包括之三百五十余步骤言，则平均每日须达成两个以上的步骤。其间还包括四个考察团的工作，尤其是地方考察团的工作至为繁重；由此发掘出来的问题多至一百以上，具见所编印的台湾省地方行政及地方财政考察报告。又以结束时期两个月而论，所有编印该会总报告八十余万言，及校印所译美国胡佛首次委员会报告纲要三十余万言，又辑印行政改革言论约三十万言，均于此两个月内完成并分送各有关机关参考；至于其他研究编译的单刊油印供参考者计十一种，以系在工作时期内办理，尚未计入。仅就上述的客观资料评断，其效能不能谓不多。至于质的方面，抽象言之，自以理论正当，办法切实为其一般原则，但其终极效用，仍当视被采行后的实际成绩如何；前者固不易由自己评断，后者尤有待于事实的进展。此时如容许我免不了主观的批判，只好提出两句评语，就是：“应尽的力，没有不尽；应说的话，绝不顾忌。”记得在研讨“调整司法监督”一案时，由于各方面意见甚多，除由参加研究的顾问专家们费了很大的精力外，我自己对于各方面发表过的意见无不一一研究比较，一面还与许多专家交换意见不下十次，最后才提出个人观察考虑的结果，并经数次讨论，始定案。又对于建议各案，其中涉及机关之调整，明知不免开罪若干关系人，但一念为公，任何顾忌概行放弃。照这般的努力与态度，是否可以确保其合乎水准，我还不敢断言。如果定要提出一些曾阅改革会总报告的第三者评语，则本年十一月二十五日报载“监察院”检讨会中，某委员发言时，赞扬“总统府行政改革委员会”所提出总报告书中的资料，认为“极珍贵……有许多问题，是大家想说而不敢说的，而总报告书中则一一列举”。此外并特别指出改革会对于调整司法监督案之切实可行，而表示完全同意。

最后，我愿报告一个好消息，就是改革会所建议之八十八案除已有三案先发交“行政院”研办，一案暂从缓议，两案交“考试院”外，其余八十二案已由“总统”核定交由“行政院”分别优先筹划实施或酌核办理；是改革会全部建议，已荷“总统”核定。“总统”对于行政改革之关切，实值得国人佩慰，而改革会努力之不致落空，亦可于此征之。

（一九五八年十二月十八日在革命实践研究院讲）

职位分类四讲

关于职位分类，现在“国内”已有著译不少；前此视为一种冷门的事，现因“考试院”举办职位分类，这名词至少已产了一些印象。职位分类究竟是什么一回事，职位分类计划委员会除已译印公务职位分类一书，有详尽的阐述外，其特别编著的小册子数种，均可作为对职位分类入门之助。

我现在要说的，只是个人对于职位分类之一些意见。先后为“考试院职位分类计划委员会”作了四次的讲演：第一次是在该委员会成立会议中，第二三四次，则分别在该会先后举办三次的讨论会中。四次所讲的内容都不同，集合起来，似乎尚能构成一篇颇具系统的文稿，兹分为四段摘述于后。

一

职位分类计划委员会（以下简称职委会）目前的工作分为三大项，即设计、调查与编译。

设计方面括有多端。依行政三联制，任何事均应先之以设计，设计完成，然后执行，执行后复加考核。此与科学管理原则之五联制，即（一）决策，（二）设计，（三）准备，（四）执行，（五）考核，名虽异而实同。在任何行政部门尚不可无设计；在以计划为主要任务的机构，设计尤为重要，自不待言。我认为职委会目前的设计，首先当编定一个两年工作的日程表。依照“考试院职位分类计划委员会”条例规定，职委会的工作应于两年内完成。该条例于一九五三年一月公布施行，迄今两年，期限已将届满。前此由于经费及其他关系，职委会久未正式成立，工作也就未曾开始。现在莫院长力排万难，使职委会早日成立，开始工作。是则职委会的任务从今日始，必须于两年内完成。为着补偿过去时间的损失，能够提前完成固然更好，但无论如何，两年内必须完成任务，实为应有的责任。为着确保任务之如期完成，一个工作日程表似应首先设计。这个日程表一开始便予订定，或者未必能尽合事实；但是有了这样的轮廓，在执行时随时根据事实略予修正，总较没有轮廓，随便执行要好得多。

调查方面，远者如外国，近者如“中央”及地方各机关，或供参考，或备复核，均有从事调查之必要。职委会在筹备时期业已派人前往日本调查其办理职位分类的成规与实况。我以为美国之筹办与实施职位分类更值得我们的参考。不过如果派员前往考察，需费需时均有困难。鄙意为利便与省时，莫如就留美学生中，委托一二研究相关学科者，就近向联邦政府的文官委员会及最初实施职位分类的芝加高市政府等机关考察，按照职委会所需要的资料分别以其考察所得详为报告。如此，不仅大大省费，而且可以早日获得所欲调查的资料。

编译方面，在职委会开始工作之时，最关重要。因为职位分类在“我国”实属创举。为备工作参考，为训练工作人员，并为协助各机关主管人明了职位分类的真义，以便推行新制度起见，皆有取材他国，从速编译印行之必要。但是有关职位分类的资料，选择时须费一些工夫。因为职位分类系以工商管理的职务分析为滥觞。职务分析所检讨的事项，括有七个 W 开首的英文字，意即此职位括有需用何人（Who），所作何事（What），何时工作（When），何地工作（Where），如何工作（How），为何工作（Why）及为谁工作（For Whom）等问题。因此，职务分析便是对一职位作全部的检查，借以明了其内容真相及所需要的训练技能经验等。现在欧美诸国以职位分类命名的专书，除官文书外，尚属不多。官文书往往只能使人知其然，而未必能知其所以然。要知其所以然，不能不追溯到工商管理的职务分析，则以后者具有较长期历史之故。因此，职委会在编译工作上首重选材，必须由具有研究之人从有关人事行政，工商管理等著作中，选择可供职位分类参考的若干篇章，并从有关人事行政及工商管理各种期刊中选取有关职位分类等专著，取材既须精要，尤当力避重复，然后从事编译。

二

职委会的职位分类计划工作，既由筹备阶段，进至实行阶段。现在其第一步的调查工作业已计划就绪。除调查表几经斟酌，再三修正，并向几个机关的人员试验填表，以发见有无窒碍，俾作最后的修正外，从本日（一九五五年二月二日）起便举行第一次讨论会，召集各机关人事主管人员，作为时一周的研讨，以期主管人事行政者皆能深切了解职位分类的意义与作用，共同合作，而达成“我国”人事行政上此一划时代的任务。

任何一种新的措施，要想顺利进行，必先使一切有关系的人都能明了其意义与作用。职位分类在“我国”当然是一种新的措施，负有推行此新措施的人事主管人员当然要对措施深切了解，即无量数的公务人员，既同为职位分类的对象，也应对此措施有相当的认识，才能赖其诚意的合作，特别是对于第一步调查工作的合作，而有助于职位分类任务的顺利进行。

凡事在其举办之初，首须明了其目标。职位分类的目标为何?简言不外是“人事配合”与“同工同酬”两项。这两项目标不仅是政府为着增进行政效率，亟须实现者，即无量数的公务人员亦无不深切企求其实现。要达到人事配合，必须彻底明了“事”的内容与“人”的能力。我国千余年来任官凭考试，就是要发见和确定人的能力，但是科举时代的考试科目固然未必有合于任官所需的能力，即现在高普考的科目虽较旧日的经义诗文更合实用，仍嫌笼统，有待改进，已为识者所不讳言。然在改进考试科目以前，必须明了各种“事”的内容，然后按照“事”的要求，而分别设施更切实用的考试科目。惟有如此，才能使所选拔的“人”，真正适合于其所任的“事”。其次，要达到同工同酬，必先澈底明了所任工作的责任、辛劳、技能和经验，然后可使负有同样的责任与辛劳，而贡献同样的技能与经验者获得同等的报酬。在“我国”目前，政府对于公务人员的待遇未尝不考虑到同工同酬的原则，例如以主管法规为主要任务的各院部会参事及以主管技术为主要任务的各机关技正等，其俸给皆列为相差不远的阶级；但对其责任、辛劳、技能与经验仍多未作详细的考虑。此外还有无数的公务人员，特别是科员、秘书、专员等，其任务驳杂，人各不同，其待遇完全以所列官等为根据，对于责任、辛劳、技能和经验更未采为规定待遇的条件。

职位分类就是依据上述的两目标，对于“事”与“工”，为更细密的研究，然后按照研究所得的结果，作更详尽的规定。“我国”对于职位分类，事属创举，许多人或认为是很困难的一件工作。其实，职位分类在原则上原甚简单，没有什么艰深之处，只是实际的工作不免有些困难。所谓困难分为两阶段，第一阶段在计划时期，第二阶段在实施时期。除实施时期的困难须待最高决策机关以最大决心克服，此时且不必多说外，至于计划时期的困难，则在乎各种工作程序都要顾到“切实”两个字。尤其是在计划工作程序的第一步骤，即关于调查的步骤中，如果受调查的各公务人员填表不切实，各机关人事主管人员考核又不切实，主办职位分类的机关审核所填调查表亦未能切实，那就职位分类所根据的资料既有失实，则其计划完成的职位分类方案也当然不合实际。因此，“切实”一语当然是这些职位分类计划阶段中最重要的一个原则。

关于职位分类在原则上无何困难，我可以举例为其证明。按照美国职位分类原则，每人所担任的职务称为“职位”Position；因此在政府举办职位分类时，有多少公务人员便有多少职位。以“自由中国”现在“中央”及省级县级公务人员连同公营事业人员合计，大约有十余万人，也就是十余万的职位。这十余万的职位中，工作内容，所负责任，所需辛劳、技能与经验等，定然有许多是相同的。把相同的职位归入一类，便是所谓“职位分类”Position Classification。或谓“我国”现在的公务人员不是绝对没有分类，例如参事、技正、书记官等职位，有些主管法规，有些主管技术，有些主管文书，纵然没有明白的分类，无形中已寓有分类的意义；不过纵使照这样作了明白的分类，仍嫌不能细密；何况还有许多职位如科员、专员等，其名称既未能代表职务，其实际的职务更是复杂不堪。职位分类既以求达人事配合为目标之一，则详细调查每一职位的实际任务、责任、辛劳、技能与经验，然后按其性质相同者分别归类；这样的分类可能区别为数百类，甚至千类以上。不过十余万的职位分为千数百类，算不得是难事。我所欲举证其不是难事的例子，便是凡曾受过高等教育者无不知道的图书分类。职位分类实在与图书分类有很相似之处，一所规模稍大的图书馆，动辄藏有百数十万本的图书，每一本的图书好像是一个职位。图书馆把百数十万本的图书分类并不感到困难；而且其所分的类往往在万位以上，较诸职位所分的类，通常不过千数百者，实在是复杂得多。按照职位分类通则，工作性质大致相同的各类，可以归入同一的“组”Series；几个性质较接近的组也可合为一个“群”Group；几个性质较接近的群也可合为一个“门”Service。美国联邦政府中的职位向来综合为五门，这也与图书分类的性质极相类似；因为图书可分为小类，再将性质相近的若干小类归入同一中类，最后更可将性质相近的若干中类归入同一大类。在十进式的图书分类法中，计有大类十，与职位分类五门相对。例如一本关于原子学的书和一本关于“铀”的书，在图书分类上均属于放射性的分子物理学，而分子物理学与磁学、热学等性质相近的小类，共同归入物理学的中类，而物理学与化学、地质学等性质相近的中类，也共同归入自然科学的大类。这正与职位分类的类、组、群、门相称。又职位分类中，工作性质纵不相同的各类，如其所负责任与所需资格在比重上是相等的，也可以归入于同一“等”Grade，其意义和我国现行的官等略同；不过我国现制专以官等高下为待遇条件。美国则于职位分类之外，再行酌量分等；盖以职位的分类为主，而以职位之分等为辅也。在图书分类中，于分类为主之外，间亦插入分等的意义。其所谓“等”大致按程度的深浅而言，即许多图书于分类之外，仍可按其程度分为专门读物、一般读物与少年读物三等。我国图书分类渊源最古，但四库全书总目将图书分为经史子集四部，每部之下再分若干类，类之下复分为若干属，总计六十五属，以之区分我国旧有的图书已嫌粗疏，更无法应付新著新译的图书。我在二十年前编印丛书集成，把著名的丛书百部所包括图书四千一百余种，按照旧法至多分为六十五类属者，一一按其性质，为科学的分类，计得七百余类。这一事例，如与我国现有职位因未按照工作内容详细分类，以致混淆不清者，互相对照，益可证明未经分类或分类粗疏的一切事物均有改取详细而正确分类的必要也。

但是职位怎样才能达成详细而正确的分类，也可以图书分类为榜样。图书分类的初步工作，也是最重要的工作，便是要把待分类的书本，切实明了其性质，除一望而知者外，必须涉猎其内容。这正如职位分类之对于每一职位必须详知其内容一般。总之，从事于图书分类者如果对于书本的内容认识不清，分类断难正确；从事于职位分类者如果对于职位认识不清，其分类也不免有误。我所以认为职位分类的最初步骤，即人事调查的工作，必须切实执行而不使有错误者，即以此故。

三

上文已经说过，公务中之职位分类原由工商业之职务分析演进而成。所谓职务分析 Job analysis 即对一职位或工作的内容及有关因素从事研究，而以其研究经过制为系统的职务说明 Job Description，更进而构成职务规范 Job specification。现代工业先进国家多从职务分析为起点，逐渐演进，而形成职务评价 Job Evaluation 之全部程序，计括有下列五步骤：（一）职务分析，又别为资料搜集，职务说明、职务规叙、职务定名各项；（二）共同因素之选定，又别为使用的因素与各因素之比较重要性两项，（三）职务评价计划之选定，又别为职务分类、因素比较方法与职务定等各项；（四）实际评价，又别为计分定等之复核、计分定等之换算为薪资与种种计分定等方法之利弊各项；（五）调整薪资之决策，又别为改革组织计划之采行与研究结果之利用各项。

查职位分类 Position classification 与职务分析两名词均仿自英美。

除分类与分析为先后不同之步骤外，职位与职务两词可从按史则编制之牛津大字典一究其演进与异同。Job 字始见于一五五七年，其意义为一项工作 A piece of work；一六六〇年则演进为受工资而担任之一项工作 A piece of work done for hire，其意尚指短期或一次可以结束之工作而言；及一六九四年又演进为一人必须操作之任何事 anything one has to do，已寓有常川担任的工作意义。至于 Position 一语首先用于工作的意义者为一八九〇年，意谓一种公务的位置，地位或任务 An official situation，place or employment，当指较高的职务而言，观于英国成语 A man of position，可为旁证。其在美国，则前此 Job 字与 Position 虽略有区别，然一九五三年新刊之韦斯达新世界字典对于 Job 字之最近定义作为受聘雇的职位位置等 A Position of employment，situation'etc.，盖已与 Position 无何区别矣。

由于上举之职位与职务两词之似异而实同，故公务与工商业之职位分类，当亦殊途而同归。工商业职位分类既形成职务评价，亦即职位评价之全部程序，公务职位分类自亦不能有异。工商业职位分类之主要目标，固然属于经济的，然其职位规范所列之各种因素大别为六：（一）技能，包括心智的，手工的与社会的三项；（二）责任，则有对公司，对同人，为善意，为安全等项；（三）努力，亦包括心智的与手工的两项；（四）工作环境，则对于声响、疲劳、工作单调或任务变更均予注意；（五）其他，则教育、经验、训练、创意、机警、忠诚等皆在考虑之列。盖已超出于经济的条件者殊多。公务职位分类的目标，主要者莫如“人事配合”与“同工同酬”二者。同工同酬显然为经济的，与工商业之目标相同，固无疑义；即“人事配合”，亦为工商业职位分类许多项目所集注之目标，盖欲求工商业效率之增进，除能以适当之人任适当之事外，无异南辕而北辙。

本院职司考试，所以为职位选择适当之人材，亦为“人”与“事”求适当之配合也。然为事求人，首须明了事的要求，而分别设置切合需求之考试科目与方法；惟能如是，始可使所选拔之人真能适于所担任之事。为谋适应此一要求，遂有举办职位分类之必要。“本院职位分类计划委员会”，筹备经年，所以卒告成立而迅赴事功者以此。又以职位分类在我境尚属创举，于是就举办公务职位分类效绩已彰之国家，选译其专家名著，以资国人之借镜，尤为当务之急。

四

我对于职位分类还有一种特别感想，以为职位分类果能切实推行，不仅具有一般人所熟知的各种效用，而且有助于民主制度。

我国向来在政府任职的人，都称为官；官的大小，以官品、官等、官阶等区别之。惟汉以前则不称品，周官有九仪之命：一命受职，再命受服，三命受任，四命受器，五命受则，六命赐官，七命赐国，八命作牧，九命作伯；盖地位愈高，命数愈多，愈低则命数愈少，与后世地位愈高，品数愈少，愈低则品数愈多者适相反。则因“命”字系指帝王的诰命而言；初任官者仅受一次的诰命，官愈高者所受诰命也愈多，迄于九数为止。秦代官与爵合为廿等；其中十九二十两等，纯为功勋的爵，十八等自大庶长以下则官职与勋位并列。汉代的官品最奇特，系以俸禄的多少为等级的称谓。最高者为中二千石，依次递降为二千石、比二千石、千石、比千石、八百石、比八百石、六百石、比六百石、五百石、四百石、比四百石、三百石、比三百石、二百石、百石；后汉增加了一种名为斗石的官，好像我们现制的同委任官阶一般。秦汉仍沿周官之制，以“等”“石”之数量多者为最高的官位。

自魏晋以迄清末，官的阶级一律称为品，其高低的次序，一反周秦汉之道，以数目最少的一品为最高，最多的九品为最低；每品又分为“正”与“从”，合为十八阶。其中隋唐自四品以下复分为上下，合三十阶。民国以来，则仿日本之制，大别为“特”、“简”、“荐”、“委”四官等；最近又将每一官等分为若干阶和若干级。故所谓官品、官等或官阶，无非代表地位的高低，而官俸多少也随地位的高低而区别。纵然各等的官皆有官名，却未必尽能代表其职务，即有代表职务之官名，其职务也未必划分得很清楚。因此，官的本人与人民对官的观念，只从其品级或官名而意识到其地位的高低，无形中使本人与他人都发生阶级的印象，牢不可破；倒不如汉代的官等，老老实实地，以俸禄的多少，而定其责任的重轻者，更易明了权利与义务的关系。

一千六七百年以来，官的名称已充满了阶级的气味，到了清末，在官尊民卑的观念下，一般人民对于官吏辄按其阶级，分别尊称为“大老爷”、“大人”、“中堂”等；甚至在籍的绅士们，也按地方官的阶级分别尊称为“父台”、“公祖”、“大公祖”等，不仅自贬为地方官的子孙地位，还硬把下级的地方官贬为较高级地方官的子孙地位，真是可笑之至。但是现今的人尽管讥笑前清的意识称谓，然而政界中仍流行着“院座”、“部座”、“次座”甚至还有“秘座”等的怪称，听起来怪肉麻。为什么大家都有正式的官名，而官名中如院长、部长、次长、司长、科长及其他种种都已寓有阶级的意义，彼此互以官名相称，也足够区别了；又何必画蛇添足，平添一个“座”字以为敬称呢？

英国在表面上还是一个君主国家，其高级人员还保持着相当的敬称，如 Honorable Right Honorabe 等，固属无谓，但其行政机关的首长或主管对于人民公函上之往还，在署名之前，辄自称为“你的恭顺仆人” Your Obedient Servant；而人民对官署之行文，当然不会像我国人常用的“民”字，或“小民”，作为自己的称谓。

我国今后若实施职位分类，将会发生怎样的大变动呢？内容且慢说，只从名称上便可使心理起了很大的转变。今日流行的“职位”一词系译自英文 Position。依一九五三年最新出版之韦斯达新世界字典的定义，此语业已演进至与工商业常用之 Job（职业）字完全相同；而其在旧日虽含有较高尚职位之意，到了今日殆已不复存在。然而“职位”一词在我国固有的意义，也值得我们略加探究。此语在我国古籍中最初见于左传成公十七年，“公使辞于二子曰，寡人有讨于郤氏，郤氏既伏其辜矣；大夫无辱，其复职位”。在彼时自系指官位而言，然唐代贾公彦疏仪礼士相见礼，有“两士职位不殊”一句，据汉郑元对“士”字所为注“古者四民世事，士之子恒为士”；那就这里所说的“职位”，当指地位而言，殆不会有官位之意。

至于职位分类的作用，要在按照每一职位所任工作的责任、辛劳、技能和经验，而以相同的职位归入同一职类或职级，然后将负责任与所需资格比重相等的职类归入同一的“等”；凡同一职类者，工作相同，而同一职等者，待遇相同；既有专责，尤昭公允。目前“我国”一二三四级的机关担任同样工作之人，因机关阶级之高下不同，待遇也就不一。职位分类实施后，则同一职类职等之人，无论在哪一级机关任职，皆可获得同等的待遇，一种因机关阶级而起的差别既经打破，同工同酬的原则因而得以实现。

到了那时，官位都变为职位，官等亦可打破。服公务者之自视与人民对于服公务者的观念将大有改变。做官只是为人民服务；民主与公仆的风气将因而逐渐浓厚，其有助于民主制度之推进，自不待言。

（一九五五年二月为“考试院职位分类委员会”研究班讲）

文书处理

文书处理是任何行政机关共同具有的任务，也就是公务管理上主要实务之一。文书处理之不能充分满意，虽在美国也无可避免。我在前文里讨论行政效率时，曾摘举美国塔夫脱总统一九一二年对国会提出有关“公务处理的经济与效率”的一道咨文中，叙述文书处理与归档之未尽洽意，而有待于研究改进。在我国，则官厅文书处理之效率低劣，更为世人所诟病，即官厅本身亦多不否认。如何以谋改善，当为朝野一致的要求。对于这个“官厅文书处理问题”如利用科学方法以从事研究解决，首先当采取分析的步骤，把这个问题析为若干分题，计可得：

（一）官厅文书处理怎样才算得效率高？

（二）官厅文书怎样可以处理迅速？

（三）官厅文书内容怎样才使接受者满意？

（四）文书处理的责任谁属？

（五）分层负责与集中负责的利弊如何？

（六）梯形沟通与桥形沟通的利弊如何？

（七）图章制度应否改为签字？

（八）现在官厅文书的编卷是否便于检查？

（九）有无更迅速的编卷方法？

（十）官厅文书处理应作何种改革？

这十个分题，是从“官厅文书处理问题”分析出来，还算不得很详尽；但就这十个分题一一研究，比诸专就整个问题研究，要便当得多。这就是分析方法的作用。现就这十个分题分别研究之。

（一）官厅文书的处理怎样才算得是效率高？效率的简单意义是“费力小而收效大”。换句话说，便是使现在处理文书所费的力有减无增，而所收的效有增无减。假使现在所费的力为八十，而所收的效为四十，今后若能收效高达八十，而费力增至一百，则由于效果增至一倍，而劳力只增四分之一，在比较上仍算得是效率较前有增。在文书的处理上，效率固然要增高，但效率的标的何在，也有一加研究之必要。就观察所得，此项目标至少含有两项：一是处理迅速，二是表示明确。凡与官厅有接触的人们，其共同希望于官厅者当以此二事为主。例如人民对官厅有所申请，既盼望其迅速批答明确，不要拖泥带水，更不愿其有所推诿，以致批答结果仍等于未尝批答。此一分题所赖以解决者，计有科学方法中的比较、观察与评价三个步骤。

（二）官厅文书怎样才可以处理迅速？对于此一分题，我们首先要借观察以发见现在官厅处理文书是否迟缓；其次，便要借分析而追溯其所以迟缓之原因。由于许多不可否认的事实存在，此项观察的结果当然是肯定的。至其所以迟缓的原因虽多，主要者当不出两项：一是经历的阶层过多，二是中枢的积压过甚。前者是指任何一件公文，尤其是在院部等高级机关内，从起稿以至最后的裁可，往往要经过阶级不同的五六人的属目和签名；后者则指有最后裁可权的长官与其办公室，为一切公文最后必经之处，而由于长官另有其他繁重的任务，积压遂所不免。故要想文书处理迅速，惟有对症发药，治疗其迟缓的病源，始有收效之望。

（三）官厅文书内容怎样才使接受者满意？对于此一分题，我们须就接受官厅文书者的心理加以分析。这些接受官厅文书的人们，尤其是对官厅有所申请而等候批答的人们，对于复文的内容所希望者定然括有：（1）直接的准许；（2）如未能准许，应明述理由；（3）如有变更办法，应明白指示；（4）如不合程式，应明确指导；（5）如须改向他机关申请，亦应明确指出何机关；（6）如仅须补办手续，应将各项应补手续一一明示。以上六项，除第一项格于法令规定，非可迁就者外，其他五项在申请人均有要求于官厅的权利，而在官厅亦均有尊重与接纳的义务。我常常认为做官的人能常存与人民易地而处之心，则对于人民的申请，定能以同情之心作切实的批答，如是则上举的六项，除第一项外，皆应获得尊重与接纳。

（四）文书处理的责任谁属？这也可按分析的步骤而追溯其责任。“我国”制度，为重视机关公文，故一切均以其首长之名义行之，并盖用机关关防，以昭郑重。又为慎重其事，起草者均以主管单位的熟识其事者担任；其涉及两单位者，并由两单位会稿，然后由单位主管核改后签名；于是逐级送核，凡经核之人各加签署；及递进而至于机关之首长作最后裁可以前，大都由首长之亲信秘书代为核稿，为首长者除对重要事件自行详加考核然后画行外，一般公文大都根据其秘书之意见而画行。由于这样的制度，除名义上的责任当然由首长负担外，其真正的责任究竟谁属？以“中央”的“部”为例，分析起来，首先是主稿的科员，其次为最初核稿的科长。主管的司长当然应有其责任；会签的参事，除有关法令之事件外，责任当然较轻些。代替“部次长”最后核稿之秘书，实在是一位负责任最大者。“次长”有辅助“部长”之责，在秘书核稿之后，“部长”画行之前，尚有周旋之余地；可是全部公文汇集一起，逐一详阅，事实上殆不可能。“部长”见了一件公文已经由六七位不同阶级的人员签署，遂往往不阅内容，随手画行，万一有一件公事出了乱子，在表面上当然由“部长”负责，但追溯一下实际的责任，究应由谁负担，却是问题。本来主稿的科员最当负责，但他的官阶最低，又可诿称其所起之稿曾经许多上级核阅签署，讵能以一职位最低者负其责。如果说主管的科长是最初校改该稿之人，由于这是他主管之事，复经其核签，则上级之他人皆可诿为案经主管科长核定无误，故放心签名。然而科长也自有说，他至少不是起稿者，而且他还有一个顶头上司的主管司长，对于主管方面的责任断不会比他轻。做司长的也有两级的属员可以诿责，而上面既有“部次长”主持，旁边又有参事秘书可以分责。参事和秘书对于公文中涉及的事项均非主管，除参事应负对法令有无冲突的责任，秘书应负文字体例的责任外，对于所涉事项均不难有词可以诿责。两“次长”本来有政务与常务，对外与对内的区别，然事实上权责未必尽如名义的分明，且大都共同签署于一切公文的稿面，既非最后负责之人，责任也很难确定。于是逐层追溯的结果，除名义上应负其责的部长外，对于实际上的责任殆不易确定。其实，由于负责者多，在行文时殆不易找出一位真正负责者；因为大家都觉得对外的责任既有长官肩起来，对内的责任又有多人共同负担，谁愿独负其不必多负的责任呢？此项分析的结果，无疑地会证明负责者多，转不能得一真正负责者。

（五）分层负责与集中负责的利弊如何？此一分题可利用比较的步骤以研究之。公文处理之分层负责与集中负责，当然互有利弊；惟比较以后，利弊孰多，自可依以断定何去何从。公文之集中处理，正是现在流行的制度，虽逐级均曾与闻，最后仍归首长核定后，以其名义行之。至于公文处理之分层负责，便是按照公文的性质分别以科文、司文、秘书处文及“部文”行之，并分别由科长、司长、秘书处主任及“部长”名义行之。这样一来，则科文不必经司长核阅，司文亦不必经“部长”与其幕僚秘书核阅，其节省逐级签核之时间，为利一也。科文由科长责，司文由司长负责，惟“部文”始由“部长”负责，名与责合而为一，具名者不必负其不能负之责，负责者必须具名；如此便无人可以诿责，为利二也。由于分层负责处理公文，其以“部”之名义处理者为数较目前大减，且皆属较重要者，于是“部次长”除经秘书协助外，尚可亲自详核，其处理自较向来之假手他人者更为慎重，为利三也。或谓如此处理，则类似之公文，分由各科各司以科文或司文处理者，可能彼此办法不同，使同一机关不能收一致之效，为弊一也。至于集中负责之利弊，则恰与分层负责相反；在分层负责为利者，在集中负责则为弊；而在分层负责为弊者，在集中负责则为利。两者比较之下，可知分层负责实较集中负责利多而弊少。至于分层负责之弊，欲为预防之措施，当亦不难，兹不赘。

（六）梯形沟通与桥形沟通的利弊如何？沟通是指上下左右意见交流而言。所谓梯形沟通是指训令或意见之由上而下或由下而上；所谓桥形沟通则指意见在平等的阶级上彼此接触。向来处理公文，系从梯的底部起稿，逐层向上送核，迄于梯的顶点，即一机关的首长为止，然后以该机关首长之名行文于另一机关之首长，这好像是另一梯子的顶点；然后由这个另一机关的首长发交底层的起稿者，稿成后，再逐级向上请核签。像这样的循着梯形上上下下，费时费力，自属不少。所谓桥形沟通，则指甲乙两部的科或司，在其主管的范围内得以径行相互行文，无须经由其最上级的“部长”核定，并无须以其最上级之名义行文；这仿佛在某一同高度的梯级间加上一条搭板，作成桥梁之状，其省时省力，不可与梯形沟通并论。经过这样的比较，利弊攸分，更可为分层负责优点之明证。

（七）图章制度应否改为签字？此一分题表面上是利用比较的步骤来研究，实际上却涉及想像和分析。想像是心智上的一种悬揣，本不能作为定论。不过许多真理却由想像而露其曙光。观察与试验固然是科学方法的起点，但想像有时可为创意的滥觞，而创意往往为发明之源。我因为中国官厅盛行图章制度，一位长官可以署名于无量数的文件，而自己实未尝一寓目，于是想像到无量数的公文集中于一身而成为可能者，端赖此项图章制度；同时分层负责制度所以无必需者，也间接由于图章制度。因此，我便想像到另一局势，假使图章制度撤销，一切公文均须具名者亲自签署，则大规模机关的首长，一方面已经有了其他很繁重的任务，他方面那里还有充分的时间对于要他具名的无量数公文一一过目，然后亲自签上名字。如果要他亲自签字，而将签名的公文完全不看，定然非其所愿，那就分层负责的文书处理制度自然而然会产生了。由于这样的想像，便进一步就图章与签字两项逐步追溯，那就是分析。及到了相当境地，便获得一项结论，那就是改取签字制度将逐步迫使大机关的长官采取分层负责之制，以减轻自己的负担和责任。

（八）现在官厅文书的编卷是否便于检取？此一分题可利用科学方法中之评价与分析而从事研究。查现行各机关案卷，或按往来各机关之名，或按关系人名，或按事类而分卷。除机关名及人名确定不移外，所按事类却无固定标准，不仅机关与机关不同，即同一机关之内，新旧案件之分类亦未必能一致，实因事类可以随时发生，未能预作一律规定之故。而且每一文件，大都就其要点摘由，而每一文件的事由，往往多至数十字，不能视同分类。又各种公文卷之排列，或按机关，或按关系人名。按机关排列者，或按中央与地方的官制为顺序，或与人名同样排列，或按其首一字的笔画多少，或按其首一字的首笔笔类，如所谓“江山千古”式，即、丨丿一四笔的顺序而排列。除按笔画或按笔形之排列顺序对于为数甚多的案卷，检查颇费时，而不能达到迅捷的目的外，其分类排列者，则又因类别之无定与其顺序之难定，检卷者与编卷者如非同一人，将难免因误会而误向他类检取，致无从检得。因此之故，旧日管卷胥吏得以上下其手，隐匿卷宗，而主管或他人皆不熟习其法，也就无法发觉。总之，由于旧日编卷之不尽合科学方法，或模糊不定，以致档案之利用对于一般人颇成为神秘之事。经过此项评价与分析后，我们不能不认为向来的档案殊未便于检查，而有改进之必要。

（九）有无更迅捷的编卷方法？我在民国十七年曾针对旧日编卷法的缺点，计划了一种新的编卷法，称为四角检字编卷法，曾由商务印书馆试行，而获得左列的效果：

（1）所需检卷时间，只占从前十分之一。

（2）无论如何细微事项，或任何附带事项，均可一检即得，不至遗漏。

现在把这编卷法大纲摘述如左：

（1）往来函件，不问性质如何，一律按其直接关系人（即收件人或发件人）分卷，每人一卷，同卷诸件依时间先后为次第（原函及复函各列一号），各注号码于右上之眉端。例如第八函注 8，第十二函注 12，余类推。

（2）同一函件分书数纸者，应于右上端用小铁钉固着，或用浆糊粘着，使勿混乱。

（3）函件寄往直接关系人者，应于号码之后加一→号，其由直接关系人寄来者，应于号码之后加一←号，以示区别。例如 8←或 12→等是。

（4）卷用厚硬洋纸特制，合之成一大封套，分之为一纸张，极便检查；并于右上端凸出一签条，供索引之用。

（5）卷面签条上注直接关系人姓名，并于姓名之后按四角检字法填注号码，第一字取四角，第二三字各取一角，无第三字时，第二字取两角，共为六码例如“王云五”一名应注 101011。凡名称甚长者，应删去其形容词，从实际上之专名取用号码，例如“中华民国大学院”，只取大学院三字，其号码为400377。

（6）按各机关性质，将函件分为若干类，函件归卷以前（最好在收发时），先审查其类属，分别在卷之右眉端（即填入号码处）注明类属，如一函兼数类者，应同时注数类。

（7）所有各卷均按签条上所注检查号码，顺序竖立于特制之卷橱内（此项特制卷橱系美国出品，其名称为704 VLL，系钢片所制，能防火，每具可容四百卷至八百卷，如照样改用木制亦可）。

（8）另备分类索引片，每类一片。片之下端标明类属及各该类之检查号码，计第一字取左上右上两角，第二字取左上一角，共三码。片上分为十格，分别标明0，1，2，3，4，5，6，7，8，9字样。函件归卷以前，应查明右上眉端所注类属，在各类属索引片上填入该函之直接关系人姓名及该函号数往来符号，如“王云五8←”，“商务印书馆12→”等。又每件应按第一字第一角之号码分别填入相当格内，如“王”字之第一角为1，故王云五一件应归入1格；商务印书馆一件应归0格，考试院一件应归4格，余类推。一函分属数类者，应分别填入各该类属之索引片（此类索引片匣系美国制，名称为Kardex），各片均属平排，标题亦一一露出，检查甚便。照此办法，每一索引片（正反两面）能列三百四十函件之名，如某类函件较多，得酌加一二片。

又如大机关函件极多者，可改用索引片箱，每件书一片，如图书馆书名片之式，每类用一指导片隔开，同类之名片，按关系人之姓名检查号码顺序排列。

（9）某种特殊事件，其性质系一时的，既经办妥，即无继续之必要者，可于结束后，将各该类索引取销，改用簿册将经过情形择要叙述，仍注明参考函件名称号数。此类函件仍分存关系人卷内。

（10）函件从卷中提出参考，一时不能归回原卷者，应置一提出片于原处。该提出片面上涂有腊质，于提出时用笔注明提出时日及何人提去。将来原件归卷，即将该片撤除，并擦去所书之字。

（11）函件中有间接关系人者（并非收函人或发函人，但与函内事件有关系，其名为该函所提及者），应作一互见片，上书各该函之直接关系人名称，该函号数类属，往来符号及年月日等，而置该片于间接关系人卷内，仍按时期先后为次序，补填该片在间接关系人全卷中之号数。例如某机关于十七年四月十四日致王云五一函（此函王云五卷中列一七号），托向商务印书馆商洽印刷事，则王云五为直接关系人，该应存王云五卷内；商务印书馆为间接关系人，卷内应插入一片，其式如下：

王云五 17←（8）

印刷 17—4—14

以上互见片中之（8）系指该片在间接关系人商务印书馆卷中之号数，为别于直接关系人王云五的号数，故加括弧。

（12）有时效关系之文件，如保险单及契约等，应于期满前注意办理者，依分类索引之原则，以时期代类属，每时期一索引片，其内容填注关系函件办法与分类索引相同，亦可改用索引片箱。

以上为几经试验及比较而订定的方案，亦即利用科学方法而达成者。

（十）官厅文书处理应作何种改革？这是就上列九个分题研究所得的结果综合而成之结论。概括言之，则官厅文书处理要达致高效率，必须处理迅速而内容明确；除内容明确应定为标准外，要达到处理迅速，必须采取分层负责制，尽量利用桥形沟通，并以签字代替图章；至于现行归卷摘由方法有须改革，改革之道，似可就四角号码编卷法研究采行。

（摘自拙著现代公务管理）

谈会计

会计一名，最初见于我国典籍者，当是孟子万章篇所说的：“孔子尝为委吏矣，曰：会计当而已矣。”委吏为管仓廪的小吏；会计为计算财物的出入。是则孔老夫子曾以仓库主任而兼会计员的地位，和以会计为业的诸位，有过同业之谊；诸位听了，定然是很兴奋的。孔老夫子那时候之所谓会计，当然比现在的会计简单得多，不过其原则在谋收支记载与计算的正确，古今当无二致。叙述这一段故事的是孟子，孟子生于公元前三七二年，卒于公元前二八九年；想不到正好和他同时的，却有一位西方大学者，也说了一段关于会计的名言。那就是希腊的亚里士多德（公元前三八四年生，前三二二年卒），在他所著的政治学第六篇第五章里说：

“由于许多，纵然不是全部的，行政官吏都经手巨额的公款，故须有另一组织以接受其帐目，而加以审核，此一组织不当兼任他事，其中的人员或称之为审计员，或称之为会计员，或称之为考核员，或称之为检查员。”

照这样看起来，亚里士多德远在二千二百年前，已提倡会计独立的制度。在事实上，凡有公共机关则必有会计之职，自古已然。虽然私人从事商业者也要记载其收支帐款，不过私人会计制度之发达，不免后于公家，因为初时的私人商业多是独资经营，无需对他人负责，所以收支的记载，只供备忘之用，不必力求清楚正确。等到商业发达，规模颇大以后，特别是欧洲在中世纪以后，私人的会计制度也就渐渐发展，而臻于完备。记得欧洲最古的一部会计书是意大利人 Luca Paciolo 所著作，于十五世纪之末刊行于威尼斯城。及十八世纪后期，工业革命肇始于英国，工商业日益发达，工商业的会计也日益重要；于是会计专家的地位突然提高，和律师、医师处于同等地位。会计师的组织也随时产生，其成立最早者为苏格兰爱丁堡的会计师公会，于一八五四获得英王的特许状而创立；美国的会计师公会最先成立于纽约州，时在一八八九年；至欧洲各国的会计师公会则成立较迟。我国近年也有会计师公会的组织。

由于公家会计较工商业会计发达更早之故，于是许多国家都早有国家制定的政府会计法，至于工商业的会计法则各国或有或无，并不一定。我国的会计法即政府会计法，于民国廿四年颁布，廿五年七月一月施行；而商业会计法在民国三十六年才编定，经立法院通过后，于三十七年公布，至其实施则又迟至明年。原因是自从该法公布后，国内战乱频仍，其后大陆“沦陷”，政府迁台，一时更未注意及此。最近由于会计专家的提倡，与工商业的要求，例如去年四月至七月间，台北刊行的会计通讯，接连有三篇论文，主张及早施行该法。其中如会计专家张直夫先生的“商业会计法何月施行?”与会计通讯编辑同人的“商业会计法之实施与民主制度之建立”两文，阐述至为详明，并足以代表舆论一斑。

我国的商业会计法是我在经济部部长任内所编订，而由当时的次长潘序伦先生主稿。我当时要编订该法的动机不外是由于自己的经验，而推己及人。我过去主持商务书馆至二十五年之久，最初十年间，因专任编译所所长，对于业务方面不免隔阂，且鲜注意，后兼总经理，并因此出国研究科学管理半年后，认为过去的商务印书馆在管理上虽未必尽合于现代的企业，但在会计上该馆自始便极认真，并曾延聘专家，规划新式会计制度，训练会计人才，自民国十一年即开始实施新式会计，开我国工商业改良会计制度之先河。我自从体认和研究科学管理之后，检讨该馆的过去措施，确认该馆能以小规模的开始而建立一个规模相当大的新式企业，实多得力于会计制度；盖科学管理的对象有四，而财务为其对象之一，对于此一对象有切实而健全的措置，纵未必能使其企业发达，至少可保障其不至因非必要的事故而失败。我既有了这一段的切身经验，故当我主持全国经济行政的时候，认为我国工商业甫在萌芽，一个健全的会计制度如能及早建立，至少可予萌芽的工商业以相当的保障，因此，在他国纵不必需有商业会计法之制定者，在我国却有此种需要，我遂就当时所主管的行政范围，从事于商业会计法的编订。编订手续开始于民国三十五年冬初，而完成于三十六年春间，为时不下半年，仅成此寥寥五十余条的法文，则因我的动机在切实可行于我国的商业社会，故规定特别从简，力避复杂。我认为过分完备周密的法律，表面上看起来，固然很好，可是实行起来，不免扞格，与其立法严而行法宽，结果使法律成为具文，则何如立法宽而行法严，尚可收最低限度的实效。因此，编订该法时，既力求简易切实，编成草案后，复广征工商界的意见，迭加修改，益趋简便，然后提经行政院通过，转送立法院制定为法律。

商业会计法编订的动机既如上述，而其目标则着重于左列三项。

（一）健全企业　企业的失败，起因于财务者不外两项。一是由于不明财务的真相，二是由于内部的舞弊。良好的会计制度，可使资产负债的真相随时呈现于主持人的眼前。如果情形不佳，得以及早设法救济，正如患肺病的人，如果在初起时期已经发现，便不难疗治，反之，等到第三期病候已深方始发觉，则疗治过迟，往往无法奏效，即或幸能挽救，已感万分困难；此与没有良好的会计制度，直至势将破产之时才发现其险状者无异。又良好的会计制度可使一切的开支都经过适当的手续，而且时时有人稽核，事前既不易舞弊，事后也无所隐匿，如此则纵有欲舞弊之人，亦无从快其私意。我国工商业之规模较小者，因负责者多为出资之人，利害切己，舞弊可免，而且业务简单，资产负债易于发觉，纵无良好会计制度，亦不致有何问题。然在较大规模的工商业，或从小规模扩大的工商事业，则负责者不必为出资之人，利害既非切身，自难免无舞弊情事；同时业务扩大，机构繁多，如稽核无方，则舞弊更易。加以资产负债随而复杂，倘无适当的会计簿记，主持人将不易明了其事业的财务真相，遂不能及早调剂救济。国内许多规模较大的工商事业中途失败，原因不仅由于营业，其中亦颇有为主持人运用资金于各该事业范围以外，以图个人私利者，如有良好的会计制度，此弊自然可免。商业会计法为建立私人企业会计制度之准则，而其第一目标，即在借会计制度以健全企业。

（二）保障投资　要鼓励人安心投资于工商事业，首先要使其所投资金获得保障。保障之道，一须使投资人按期获得投资经营的报告，特别是财务报告，二须使投资人于必要时得检查各该企业的财务实况；此两事都有赖于一个健全的会计制度。如果会计紊乱，帐目不清，纵有按期的会计报告，仍不易知其真相，即于必要时实施检查，亦无从获得其真相。我最近见着美国工业的投资统计，不仅投资人极为普遍，而且再投资也很固定。具体言之，在全国工业股份有限公司占有股份者，每十六名的成人中，不分男女，平均有一人，而个人投资者占全部工业资本百分之七十一。又一九二九至一九五一之二十二年间，全国工业股份有限公司之全部盈余中，政府所征的所得税由百分之十四渐增至百分之五十六，股东所分配的利润由百分之五十九渐减至百分之十八，而保留于公司作为再投资之部分仅由百分之二十七改为百分之二十六，几等于不减。此两项事实均足证明美国人民对于投资与再投资之热心，而其所以致此，除有种种其他因素外，则由于会计制度之完备，使投资人在投资以前得从各该企业提供于证券交易所的会计报告中得其梗概，投资以后更从企业对股东的定期会计报告与留备股东检查的会计簿册中得其真相。因此，在未投资以前，知所抉择而放心投资于较健全的事业，投资以后，更可安心信赖，愿以可供分配之盈余从事于再投资。此即会计制度所予投资人保障之一，亦即商业会计法所由制定目标之一也。

（三）便利课税　营利事业所得税之征课，最公平而可靠的根据，当是各该事业的会计簿册与其结算。由于工商业的会计多未健全之故，以至民国二十六年开征此项所得税以来，未能普遍实行查帐核税。瞒税者政府既不易发现，过分课税者商人亦无从据以申驳，于是漏税浮税均所不免。民国三十三年致不得已而有简化稽征办法的采行，殆无异变相的摊派；讨价还价，两方均不易提供可靠的根据。近年虽已恢复查帐核税，然因会计制度之未能普遍确立，仍感不少的困难。今后商业会计法如能实施，则征税缴税皆有依据，其为便利，自不待言：商业会计法之制定亦以此为其目标之一也。

关于商业会计法的内容，诚如我在编订该法之动机项下所说明，为便于实行，故内容力从简要，远不如会计法（即政府会计法）之详密。查会计法第三条关于会计之项目有第一项预算之成立分配执行，第六项事业成本之计算，第七项营业成本之处理，实将预算与成本会计并入于政府会计之范围，而商业会计法中并无关于预算及成本会计之规定。我并非不主张工商业应办理预算及成本会计，反之，我常常提倡工商业应办理预算。虽由于同业竞争，市场变动之故，固难如国家预算之可臻准确，然而办理预算之效用，一可使主持人就其经营业务按期从事于计划，而无论任何事项，有计划者总较无计划者更易成功，即或不幸而失败，有计划者失败的程度亦不如无计划者之甚；二则可使事业之各部门得收调整之效。盖以事业之各部门往往各自为谋，不相联络，惟有赖全部之预算，始可决定其先后缓急，而作适当的调整，并借此认识各部门的密切关系。而且各部门及各级主管人经过一年一度预算的检讨，无异获得一种良好的训练，使明了全局，并于相互间更能联络。不过此举并非一切工商业可以办理；而商业会计法为谋普遍适用，故不作此硬性的规定。于成本会计，工业方面，尤其是较大规模的工业需要尤切，而商业上尚未必有此必要；因此，商业会计法中，为求普遍适用，也未作此规定。

末了，我还想提供几点关于会计的个人意见。

一是会计结算的结果，固贵乎分毫没有错漏，但如能迅速与随时作简明而扼要的表现，对于管理部的需求，关系尤大。我觉得效率最高的会计制度，在能随时提供最切近现实的会计报告于管理部，俾能随时明了财务的现实情形，而作适当的措置，较诸经过长时期始能提供之精密的会计报告，使主持人于事过境迁后始知真相，来不及作适时的措置者，似更有效。

二是会计报告的表现，最好能促使主持人注意企业的病因。工商业最忌间接费成分过高，而间接费之高起必有原因，能将此因素表现于会计报告，使主持人得以对病发药，以谋救济，实有其必要。例如括入成本成分的工厂会计，由于生产数量之低落，间接费之成分当然提高，而生产低落之原因，或由于原料缺乏，或由于工作不继，或由于机器损坏，或由于动力中断，或由于其他原因，都可以象征管理之不善。通常各种工厂对于此类停工所负担的费用，或分配于出品的售价，或转入工厂的损益帐而别立停工费用一项。前一项办法将使售价加高，不无影响销路，而且既有方法抵销，则工厂或其上级的当局，不易发见其病象；反之若别立一停工费用帐，归入损益计算，当局者将因而注意，不能不设法改善。

三是希望事业的主持人能尽量而时时利用会计报告，不要使会计人员辛辛苦苦编制的报告视同一种档案，或一种点缀品。

四是我们所希望于民营工商业的会计帐册所表示者有三个“最”字，一是公积金成分最高，二是间接费成分最低，三是在法律容许的范围内折旧最大。这三者无疑地是从会计方面检查工商事业健全程度的最佳表现。

（一九五二年十二月九日在“行政院”会计人员训练班讲）

工业发展的一个重要因素——投资与再投资

发展工业，首先需要资本，而资本之获取端赖投资。国营工业无论矣，民营工业究应如何鼓励投资与再投资，似有一加研究之必要。

私人之投资于企业者，除间有少数出自为国家社会服务之动机外，大多数皆为自身获利而设想。“将本求利”原是经济上的原则，惟能获利，始能期望投资者之踊跃。投资可能获得的利润不外两类：一是一时的厚利，而未必稳固；二是长久的收益，却未必优厚。前者属于投机事业，及一部分的商业；后者多属于工业及稳健的商业。国家社会所鼓励者当为后一种的投资，而不是前一种的投资。即为投资人长久设想，也以后一种为更有利。

特别是工业上的投资，其所获利润简直无例外地属于后一种。因此，民营工业之能否发达，系于人民的投资风气，换言之，则人民投资工业者之普遍性与企业再投资者之稳定性实为发展工业之最大力量。

美国为现代第一工业国家，而在其建国之初，工业毫无根底，竟在不满二世纪的短时期内，一跃而执世界工业之牛耳，其因素著者曾别有论列，认为最著者当有六项，即：（1）地大物博，（2）政治自由，（3）科学基础，（4）管理效用，（5）投资风气，（6）研究精神。兹今就投资风气一项补充论述之。

美国工业上之投资人，在未明真相者或以为大资本家甚多，且有种种投资公司可以操纵企业，遂认为工业上的投资虽多，不免为少数人所垄断；实际上适得其反。据一九五二年七月十一日美国新闻与世界报导称，在全美国工业股份有限公司之资本内，个人投资者占百分之七十一，投资公司，保险公司，商业组织等占百分之十五，受托人监护人等占百分之十一分半，基金会及社团机关等占百分之二分半。又据同一报道，美国各公司之股东总数为六百五十万户，在全国成年人中每十六名必有一名为公司股东，妇女为公司股东之人数与男子不相上下，又个人为公司股东者五十岁以上之人占半数。更详言之，则个人之投资者男子占十二亿股，计值三百六十亿美元；妇女占九亿零四百万股，值三百一十亿美元；夫妇共有者占二亿五千七百万股，值六十三亿美元；此外受托人监护人以其受托监护资格而投资者占四亿三千五百万股，值一百九十二亿元。又每年收入在万元以上之家庭购有公司股分者占百分之五十五，五千元以上之家庭占百分之二十。这样的一种投资人背景，自然是以长久而稳定之收益为主，盖占有个人投资约半数之年龄在五十以上者，其目的显然不在投机，而在稳定其余生之生计。即受托人监护人等因系代表他人而投资，亦宁取稳定的收益而不愿冒险。甚至以团体资格投资者，如基金会，保险公司等，亦多以收入稳定为原则。因此，总计美国公司股东之倾向于稳健的投资者当不下百分之九十。

次为关于再投资方面。据一九五一年四月廿七日美国新闻与世界报道称：在一九四六年至一九五〇年之五年间，美国工业法人全部盈余为一千五百五十四亿五千八百万美元，其中缴纳于政府之所得税占六百二十九亿九千三百万元，分配于股东之利润占三百七十亿五千七百万元，而再投资于各该工业法人以供扩展之用者占五百五十四亿零八百万元。三者之消长情形可从一九二九迄一九五一之二十二年间政府征收所得税税率与工业界对于再投资之趋势而得其梗概。查一九二九年之所得税率最低，计征盈余百分之十四，各公司分配于股东者平均占盈余百分之五十九，而再投资于各该企业者平均占百分之二十七。及一九四〇年所得税税率增至百分之三十一，股东分配者平均占百分之四十二，而再投资于各该企业者占百分之二十六。一九五一年所得税继续增至百分之五十六，而各公司仍保留百分之二十六以供再投资；是则可能分配于股东者只有百分之十八。从这一项的报道，可见最近二十二年间，对于工业股份有限公司的盈余，政府征税由百分之十四增至百分之五十六，股东所分配的利润由百分之五十九减至百分之十八，而保留于公司供再投资者只由百分之廿七改为百分之廿六，几乎没有减少。

由于上述投资人之普遍性与再投资之稳定性，于是美国民营工业首当解决的投资问题，便很顺利解决了。但是美国投资人能够如此，其原因究竟何在?

首先不能不归功于中等阶级之眼光远大。他们认为投机有类赌博，在拥有巨资之人或不妨尝试，若辛辛苦苦专靠薪工收入的人们作此冒险尝试，成功与否既无把握，幸运者所获得的厚利出自不幸者的牺牲，于是有若干幸运之人便有若干不幸之人以供牺牲，成功失败各居半数，为着保障其辛苦所得或节约储蓄之款项，自然倾向于稳健的投资，而宁取较薄的收益。

其次，则国家立法施政均可使投资者获得充分保障，如增税须经民意机构之考虑通过，公司法对于股东权益之严密规定，公司执行部对于股东之切实负责，以及恐慌时期政府对于民营企业之适当支持等等，皆可使投资人安心，以其辛苦之所得与节约的储蓄投入工业，而资以补助生计，特别是养老。观于美国之个人投资于工业法人者五十岁以上之人占半数，可以知其倾向。

复次，人民既安心投资，则以经营所得再投资于同一经营，结果自必随再投资之多少而比例增加今后之经营所得。于是分配于股东身上之盈余除供紧急之费用外，与其存入银行收取较薄之利息，何如再投资于业已收效之同一企业，而获取大于银行存款之滋息。万一再投资后股东遇有急需，欲以其所持有之股份转变为现金，则由于金融机构与证券交易所所提供之便利，无论以其股份抵押或出售，均可于极短之时间获得现金，与存款于银行所差无几！因此，再投资便很易获得投资人的同情。

反观“我国”，则投资于工业者不见踊跃，而再投资除为公司法所明定之应提公积外，亦往往非所乐为。考其原因固甚多，除积极上当提倡美国所以鼓励私人投资的原则与措施外，消极上至少当解除目前所得税法上之某项规定。查“我国”在民国二十五年颁布之所得税暂行条例，其税率系按所得对资本实额之百分比而分级，然现行所得税法则将资本实额之条件取消，换言之，即不问资本大小，完全按所得之数征税，税率则按所得多少而递进。此一新规定有使工业资本转入商业之可能，且不免为再投资的障碍。盖工业所须资本恒较商业为大，其所得对资本的比率亦往往较薄。若置资本大小不计，则同样之所得征税后所余之额，对于商业上的投资人实较工业上的投资人更优惠。假如某商店以十万元之资本所得为廿五万元，某工厂以一百万元之资本所得亦为廿五万元，依旧日所得税暂行条例之规定，以所得合资本实额之百分比分级纳税，则该工厂与该商店由于资本额相差之巨，纳税额自相悬殊；因而工厂纳税后之余额尚足使其股东获有相当利润，并可保留一部分以供再投资。然依现行所得税法，则所得对资本额之条件已取消，上述工厂与商店之所得既相同，则纳税额亦必相同。假定纳税十万元，则纳税后之所得余额各为十五万元，在商店以十万元资本而得十五万元之实际余利固甚优厚，但工厂纳税后之所得余额十五万元以之分配于股东实已甚薄，更无余力可供再投资。尤其是此项不计资本多少，只按所得额征税之规定对于再投资亦有反鼓励的作用。政府现方积极提倡民营工业，并鼓励华侨与外侨来台兴办工业，对于足以妨碍工业上投资与再投资之因素，似当毅然予以消除。闻某方面近曾建议按企业之现实资产而定所得税，其原则与旧日所得税暂行条例之以所得合资本实额之比率而分级课税者，大致相若，盖亦过渡时期之一种救济办法也。

（一九五二年十二月十七日为台北新生报作）

老板主义

今天是一九五四年元旦，适巧青年讲座按照原定的程序也在今天举行。在元旦和朋友相见，免不了要说一句贺年的话。在工商界中，贺年的老套总是用“恭喜发财”一句话，但是非工商界中人，也往往有袭用这句老套的；因为无论是不是工商界，对于发财是不会反对的。旧日的读书人以科举高中为目标，本来可改用“恭喜高中”字样，但那时候似乎不很听惯此语，现在科举已废，代以高考普考，因为这不是人人的目标，除了在考试的时候偶一用之，在贺年时简直没有听见过。做官的人以升官为目标，本来也可用“恭喜升官”字样，但是说起来怪难听，而且做官的人毕竟居极少数，所以这样的祝颂语在社会上也绝少听到。

今天对我的青年听众讲话，为要适应时节，首先得向诸位贺年，但我一时想起的三句贺年成语中，想来想去，还是“恭喜发财”比较适当些。发财这个名词，本来是俗不可耐，但是绝大多数人的内心都没有不想发财，只是口头不愿说出来。其实，发财并不是坏事，只要所发的财绝对不是不义之财，或非分之财就好了。

从“发财”为出发点，我们当然联想到“老板”这个名词。这也是俗不可耐的一个名词。可是工商界没有不想做“老板”，甚至许多行业中，下属对其最高的上司背后的称谓，也往往有沿用“老板”这个名称的，其原因大抵是从美国俗语 Boss 一字转变而来。这个字于一八二一年始见于美国的书刊，其意义是商业上的老板，渐推广为工商业的经理以及有指挥权力者，到了一八八二年更推广到政治上，凡政党的领袖也被称为 Boss。由于“美风东渐”，在“我国”目前“老板”这个名词也就渐由工商界而推及于其他各界，纵然只是背后的称谓。

“老板”这个名词既然有这样方兴未艾的势力，因此我也学学时髦，选定“老板主义”为今天的讲题。其实，“老板主义”这个名词在二十多年前我已经首先使用，或者算得是我的发明。记得是在民国二十二年我对商务印书馆全体同人的一次讲话中，偶然提出来的。

要知道“老板主义”这个名词的意义，只要想像着一家独资经营的小商店或小工场，里面除了一位老板之外，只有三几名伙友工友或学徒。假使有人问起这一家小商店或小工场中谁最卖气力，其答案毫无疑义的当是这位老板，因为这个商店或工场的成功或失败，和这位老板关系最大，所以他不仅自己以最大努力从事于此，而且督促他的伙友工友或学徒认真工作和节省耗费。因此，这些老板们纵然知识不很高，资力也微薄，营业生产的方法也不见得高明，但他们失败的机会极少，成功的机会转多。反之，规模越大的公司，资金越厚，设备愈全，人才也愈多，却往往不能获利，而且不乏亏损，甚至无法维持的。有人归咎于“我国”人组织力的薄弱，固然不无关系，却不是主要的原因。主要的原因还是缺乏一位真正的老板。一个大公司的老板既多，绝大多数都不能躬亲其事，而主持其事者自己多半不是老板。因此，他们对于公司的业务便不如一位独资的老板对于他的小商店或小工场之关怀与负责。

我之所谓老板主义，是指一个从业员纵然不是老板，却时时以老板自居，仿佛自认为老板一般。这样以老板自居之人，对于他所主管或办理的事，自然肯像真的老板一样关怀与负责。但如把这个名词改称为“责任主义”或者是“尽职主义”，倒不能尽其所含的意义。原因是责任和尽职的动机纯粹出自道义，道义固然是人人应该趋向的高尚目标，但这种目标不是人人所能达到。老板主义的动机出自经济，任何人不能脱离经济的约束；尤其是工商业系以经济为其中心，在工商业中，从事工作的任何人无不受经济的支配，因此，如劝每一个从业员都做老板，没有一人不衷心接受，而劝每一个从业员都负责与尽职，纵然口头接受，衷心还不见得真愿接受。老板主义是要工业甚至任何事业中每一个从业员不论其所处地位的高低，心目中都要认为他自己是所主管或担任工作的老板，如果人人如此，则对其所主管或担任的工作断无不尽心尽力。例如一家大公司的总经理，如果自己认为是整个公司的老板，则对其整个公司的效率定然会求其尽量提高，消耗求其尽量减低；主管一架机器的工人，如果自认为这架机器的老板，他也定肯一心一意使这架机器能尽其力，而且爱护备至，不使其损坏。其他从业人员，如果都能如此设想，则对他们所主管或担任的工作，定然肯尽其最大可能的力量。

但是话又说回来了。真正的老板，因为投下了资本，如果不尽心尽力，便不免有破产的危险。这些假设的老板，并没有投下资金，既没有破产的危险来督策他们，便失去了一个重大的约束条件。我则认为工商业中，甚至任何其他事业中，每一个从业员实际上无不对其所担任的事业投有一种资本，比诸金钱的资本更为贵重；因为金钱的资本，丧失了还可以复得，而每一个从业员所投下的特种资本，万一丧失了，却较金钱构成的资本更难恢复。我所认为每一个从业员所投下的特殊资本，不是别的，便是他个人一生的信誉。信誉似乎是一个名词，实在包括两个意义。所谓“信”，是指个人的自信心，所谓“誉”，是指外界的好评；前者是自发的，后者是外来的。我记得欧洲有一句流行语，“最好的裁判官便是你的邻人”；因此，和你一起工作的人对于你的好评和恶评，较诸你的上司更为正确，而对于你的良心的督策也更为有力。但是还有一位裁判官比诸刚才所说最好的裁判官更公正而严厉的便是各人自己的良心。一个从业员能否尽职，纵然瞒得过上司，却瞒不过共同工作的人；即或连共同工作的人也瞒过了，但断断瞒不过自己的良心。所谓“信”，便是各个人自己良心的判断，所谓“誉”，便是共同工作者的判断；由此构成的“信誉”，是每一个人都应该具有的。每一个从业员于其担任任何地位的职务时，即已将他的最宝贵的资本，便是信誉，投入其中，与通常所谓“老板”把金钱作为资本投入于其所经营的工商业又有何分别。有形的老板因投下了金钱构成的资本，便肯尽心尽力；假设的老板既然投下了信誉构成的资本，难道不当尽心尽力吗？

人类被称为高等动物；因为一般的动物只有肉体的生活，人类却加上了精神的生活。金钱只能维持肉体的生活，信誉才是精神的生活之一部分。如果只知有金钱，不重视信誉与其他的精神资产，则高等动物和一般动物又有何分别呢？知道了这一点，则老板主义定然会在任何一个从业员心中发生很大的作用。

（一九五四年元月为青年讲座播讲）

岫庐论为人

青年成功的要素

青年是国家未来的主人，青年人都能走向成功之路，国家是没有不强盛的；反之，青年如果多陷于失败，国家也就难免衰落。本来青年都具有朝气，当然富于进取的精神；因此，许多革新的事业都由青年推动。可是古语所谓“其进锐者其退速”，往往又可为青年写照。我们常见许多青年，突然陷于烦闷之境，或由积极而变为消极，或由发奋有为而变为自暴自弃。烦闷的起因固然很多，但大多数都由于遭遇挫折。天下事本来没有绝对顺遂的，青年因缺乏经验，以为天下无难事，因此对任何事常存“马到成功”的乐观心理，结果一遇挫折便彷徨无措，渐把一番热情冷却，不思设法克服困难，遂至烦闷而不能自振。此种现象颇为常见，不仅是青年的不幸，实亦国家的重大损失。其实挫折只是一种不可避免的试验，在善于应付挫折的人，挫折愈多，最后的成功也愈大。成功失败仅差一间；歧路彷徨的青年须知失败和成功两条路均在眼前，只有善为抉择。一般青年人，无论是尚在学校修业，或者是已经出而就业，都不免有时遭遇挫折，挫折无异是三叉路口，由这里可以通至成功之路，也可以通至失败之路，有待于青年自己的抉择。现在我想和诸位青年朋友讨论一下如何走入成功之路。五十年前，我本是一个屡经挫折，备尝艰苦的青年，今日虽然在学问和事功两方面不能算得有何成功，但至少没有失败，足见我在这五十年间总算沿着成功之路前进，纵然还没有达到成功之门。现在我愿以一个识途的老马，向诸位青年朋友谈谈怎样才可以从三叉路口走入成功之路。依我的见解和经验，这需要具备几个要素。这些要素概括说起来有八项，那就是：（一）野蛮的身体；（二）文明的头脑；（三）敏捷的手足；（四）高尚的目标；（五）科学的处务；（六）法治的习惯；（七）积极的精神；（八）平正的思想。现在且把这八个要素简单说明一下：

（一）野蛮的身体，是我所杜撰的一个名词，其意义当然不难明白，那就是指坚强而像野蛮人一般的身体。一个成功的人必先能习劳耐苦。习劳耐苦一方面是坚强体格的结果，他方面也是坚强体格的原因。习劳便是常常运用体力，而运用体力的结果，无形中已成为最有效的一种体育。劳苦可以增进身体的抵抗力，对于身体的增强收效甚大。因此习劳耐苦可以养成坚强的体格，及至相当坚强的体格已经养成，于是更能习劳耐苦，彼此互为因果。我以为青年的体格坚强和他一生的事业成功失败，实有重大关系。试从学业说起，一个体弱多病的人，在学业上是不会有重大成就的。纵然他有浓厚的研究兴趣，却因精力有限，往往未能深造，即使热心毅力过人，多病之身仍能研究有得，但是未老先衰，或是中年作古，在个人和国家都不免有重大损失；因为一个人的学问成功，至早要在三十岁以上，如果四十岁左右便作古人，则他的学问可以贡献于社会的时期不过十年上下，殊为短促。反之，如果这个人能够活到八十岁，而且到了高年身体仍然强健，则他的学问不仅愈有进步，而且可以贡献于社会的时间多至四五十年，一个学者仿佛成为四五个学者。我们试看美国的教育和哲学家杜威·约翰活到九十四岁，科学家爱迭生活到八十四岁，英国的大著作家萧伯纳也活到九十四岁，韦尔斯活到八十一岁，其发明研究与著作均继续至于将死之年，皆可证明他们的身体与寿命对于学术上贡献的重大关系。其次，说到德性，身体强健的人大都愉快而乐观，愉快则对人多能同情，乐观则对事定能积极，同情为社会调协之因，积极为社会进步之源，其结果均有利于社会，故亦为最上之道德。复次，说到应付人生必不能免的挫折。一个身体强壮之人，性情既是乐观而积极，则其应付挫折，自不难出以再接再厉的精神，终可转变挫折为成功，与身体衰弱精神忧郁之人，一经挫折，便无自拔的勇气者，不可同日而论。

（二）文明的头脑，是指不仅能够继承，而且还能创造文化的头脑而言。文化为人类精神上的遗产。我们的祖宗辛辛苦苦创造下的文化，做子孙的如果不能继承这些遗产，固然对不住祖宗，但如仅能继承这些遗产，却不能把这些遗产发扬光大；换句话说，就是改善增进这些遗产以适应现代的需要，那也是对不住祖宗的；因为我们的祖宗所能凭借者远较我人为少，尚能对文化有所创造，我们承前人的余荫，凭借既多，当然更应有所创造。创造文化的前提，第一要有怀疑的精神，第二要有改进的决心与苦功。这是有关读书研究的整个问题，不是三言两语所能阐明的，且留待将来另作专题的讲述。这里我只要补充一句话，就是人类所以为万物之灵，即因具有一个最好的头脑，如果有最好的头脑而不知利用，那就与禽兽何别。人类惟能利用其最好的头脑，所以能有今日的文明。青年人要能继承与创造文化，在野蛮的身体上必须配置一个文明的头脑；但千万不可有一语之差，把文明和野蛮两个形容词换了地位，变为“文明的身体”与“野蛮的头脑”，那真是糟透了。

（三）敏捷的手足，乍看起来，似乎不是人人所当具有，尤其是我国旧日的读书人，更以为不必具有，因为旧日的所谓士大夫，真是有足而无需使用，有手除供写字以外也不很使用。可是现代的国民便大大不同了。使用两足不仅为人生所必需，而且是最有效和最易习行的体育运动。至于两手功用之广更不待言。大多数人倚为生计者即在两手，即少数用脑工作之人，其运用脑力的结果，也多要靠一手或两手为生计之人，如果两手运用敏捷，则其效率必大，成绩必佳，于己身于社会都有好处。现在盛行于美欧的科学管理，其出发点实为一位美国工程师对于工人善用两手或兼及两足所施行的测验与研究，以费力小而收效大为其目标。由此推而广之，遂使工商业，以至于政府各部门的行政，均大增其效率。这一点说来话长，当留待将来专题讲述。现在要结束一句话，就是在今日工业化的社会中，青年的手足敏捷，实有极重大的关系。

（四）高尚的目标，是指超越现实的享用，与小我的乐利，而能以崇高的理想，及大我的乐利为目标而言。人为万物之灵，断非如一般动物，专为口腹与繁殖而生存者。自宗教家言之，人之肉体以外，尚有灵魂；欲使灵魂得安适，则肉体尚可牺牲，更何有于口腹。自非宗教家言之，则人类有永久不灭的历史，凡曾生存于斯世者，譬如一度漫游胜迹，也当留下一些去后之思。这去后之思，无论广大至于全世界，或是狭小限于一个乡村，范围大小固视其人的能力事功而不同，但其不当辜负此百数十年间的一次漫游，殆无区别。因此永留大名于世界，固非尽人所能期望，但人人都能成为一乡之善士，整个世界便不难成为一个乐园。事无大小，只要人人各就本位，尽宜其应尽的职责，则直接上对其所处的小社会有利，间接上对于整个的大社会也有利。这样的理想，无论是从宗教上灵魂安适为出发点，或是从非宗教上有利于社会为出发点，都是崇高而超现实，或是重大我而轻小我的动机所由生。青年立志，能以此项高尚目标为方针，则享用在所不计，牺牲在所不惜，这样才不愧为人，这样才可以达到精神上的成功。

（五）科学的处务，是指处理任何事务，当依据科学的原则。任何人都有担任职业之必要，职业的种类虽有种种不同，职业上的位置也高下不一，如果要处理得好，都有利用科学的方法之必要。甚至职业以外的私人事件，在处理之时能利用科学的方法，也定然效率加强。处理各种业务的科学方法，当然随事而异，断难划一，但其原则却不外几个共同问题。科学的处理业务，与非科学的不同之处，就是前者在处理任何事务之前，都经过一番思考，通常将会发生七个问题，然后按照问题与事务的内容一一研究其解决之道，这比诸毫不思考，任意处理，或按照一般习惯处理，自然可以获得较优的效率。这七个问题是：（1）做什么？（2）怎样做？（3）用什么做？（4）用何人做？（5）需要多少钱？（6）怎样做得快？（7）怎样做得好？第一个问题是指所处理的事务性质与目标，尤以目标关系特大。无论做什么事，如果不明了其性质，固然不知如何下手，但如性质虽已知道，却对于目标不明，也就无异是被动的操作，不会感觉兴趣。第二个问题"怎样做"，是指处理事务的计划，而不是处理事务的方法。科学的处理事务，无论事之大小，事前都应该有相当的计划，才能循序进行，不致紊乱。第三个问题"用什么做"，是指处理事务所用的工具和材料。第四个问题"用何人做"，为技能与业务配合的问题，如由一己担任，须先由自己检讨能否胜任，如与他人合作，则人事问题亦须妥为布置。第五个问题，"需要多少钱"，几乎是处理任何事务所不能避免的。西谚有云："金钱是最好的奴仆，却是最凶的主人。"故处理业务时能合理支配金钱者，金钱将为其所利用；反之，不能合理支配金钱而转受金钱支配者，便重感其麻烦。第六个问题"怎样做得快"，则涉及对所任工作的研究：怎样可以改善其方法，俾不至增加疲劳而能够增加效率。第七个问题"怎样做得好"，就是要提高成果的品质，不致因增加速度而陷于粗制滥造。以上七个问题，在处理业务之时，能够先考虑其如何解答，便不难达到科学的处务的初步原则。

（六）法治的习惯，是民主国家赖以维持不坠的要素。因为人与人相处，只有依赖法律以为维系，以遏争端，始能彼此相安，如果没有法律，或是法律等于具文，则强陵弱，众暴寡，结果必致以武力相竞，成为武力政治，与民主政治相去远矣。法治的意义是法律高于一切，国境之内无一人在法律之上，人人在法律之前一律平等。这种原则在我国表现得最早。孟子有“舜为天子，皋陶为士，瞽瞍杀人……执之而已”一段，虽然只是设为问答，并非确有其事，但孟轲的主张，竟然毫不顾忌，执法以绳，舜虽贵为天子，至多只能“窃负而逃，遵海滨而处”，以保持其个人之愚孝，却不敢以天子之尊，枉法以纵其父。可见远在二千余年前，我国的政治学者如孟轲等已经主张“无一人在法律之上，与人人在法律之前一律平等”了。降至二千余年后的今日我国，法治尚远逊于后起的欧美国家，实在是我国秦代以后二千年专制的流毒。但“我国”现在已是民主立宪的国家，厉行法治，万不宜缓，一方面固有赖于政府之执法公平，他方面也有赖于全民之严格守法。然守法的习惯，最好从青年时期养成，则习惯有如自然。我所以认为法治的习惯为青年成功要素之一，也就因为青年为国家未来的主人翁，为推行法治，巩固民主政治，自非从本身力行不可；况人人守法，则全国秩序井然，在这样的社会中营生活者，一切有正轨可循，只要自己尽其应尽之力，自无不成功之理。

（七）积极的精神，就是有进无退，百折不回的精神。一个人做事要成功，必须抱有这种精神，无论处何境地，不致消极，反而因困难愈多，克服困难的兴趣愈浓。要养成这种精神，除有赖于强健的身体，以其多能乐观而积极外，仍须于事前有充分的准备。所谓事前准备，一是预防失败之可能，先作补救的计划，计划较周密，失败的机会也就较少，纵不幸而遭遇挫折，因预有准备，便可从事补救，不致临时无所措手。总之，“心要小，胆要大”。就是说，平时若能小心，临事自能大胆，这可以表明事前准备的效用。二是坚持有志者事竟成的信念，把失败视同应有的试验，不论遭遇若干次的失败，仍继续努力，以求达到最后胜利。英国有一个很流行的故事，说从前有一个国王，抵抗敌人的侵略意志坚强，屡败而屡战，后来因打了第五次败仗，意志稍摇动，仰卧在一间乡村的破屋里，正在考虑前途，偶见屋顶一只蜘蛛正在一个角落结网，想把所吐的丝从一角落抛到另一角落，五次都没有成功。那国王自念，假使它第六次成功了，那么我也再奋斗一次。结果蜘蛛终于第六次成功，国王也就再接再厉，终获胜利。这故事实在是青年处世一个良好教训。又我国国父孙中山先生致力国民革命四十年，经过失败多次，而百折不回，卒底于成，其积极精神更足为青年处世所效法。

（八）平正的思想，就是中正和平而不偏激的思想。此点乍看似很平常，实则关系最为重大。假使上述的七个要素一一具备，或大半具备，只短缺了这一个要索，则其结果于己身于人群不仅无益，且有大害。战前德日两国的青年，对于上述一至七各要素虽未必能具备，但也具有其中的多数，故德国在第二次大战战败后，不久即告复兴，国势日振；日本于不满百年的维新，也一跃而为东亚最强之国。只以其青年偏激之性，德国于二十五年中先后发动两次世界大战；日本则于维新自强以后，迭对我国及朝鲜施以侵略，卒酿成太平洋战事。两者均以举世为敌，而企图控制全球，结果均以无条件投降；而由其所发动的全球动乱，致停战以后，“赤祸”乘机弥漫不已，使全球均陷于惨局。说者谓德日之发动侵略系由疯狂之纳粹党与日本军部所主动，殆与青年无关；实际上则一般青年尚无偏激之思想，以拥护其野心的领袖，大战又何从而起。可见青年缺乏平正的思想，不仅灾及自身，且为祸于人群也。

（一九五三年十一月为青年讲座播讲）

基督教给我的一个训条

讲演时选择题目，不是针对听讲人或讲演人，便是针对时节或地方。今日听讲人和讲演人都从事于文化事业，在理似当以有关文化的资料为讲题；可是这讲题太大了，不知从何说起，所以我决定对今日的时节说几句话。今日同时是三个纪念日，就是民族复兴节，云南起义纪念日和耶稣圣诞日。我现在想讲的不是针对前两个纪念日，而是针对耶稣圣诞。

我不是基督徒，纵然也曾读过一些耶教的经典，和关于教义的书籍。我对于基督教义所知甚浅，正为着这缘故，我特地就这方面讲讲，以期不要把讲话的时间太拖长了。

我在小时候读四子书，读到“有一言而可以终身行之者，其恕乎？己所不欲勿施于人”，我那时候的童稚心灵，很受感动，觉得这的确是一句永久适用的名言。譬如在同学当中，我不愿别人欺负我，我就不该欺负别人，我不愿别人随便拿了我的东西，我也就不该随便拿别人的东西。我认为假使人人都能存此心而行事，绝对不会有争吵打架的事，换一句现代的话说，绝对可以避免人与人间的冲突。后来年纪稍大，开始处世服务，我也无时不以此一语为规律。有一次我偶然读英文的耶教圣经，见其中有 Do unto others what you like to be done to yourself 一语，意译起来，就是“己所欲则施诸人”。这和“己所不欲勿施诸人”的原则相同，然实际和程度却有区别。己所不欲勿施诸人，仅是消极的，劝人不要做有害于他人之事；而“己所欲则施诸人”是积极的，劝人不仅不要做有害于他人之事，而且要做有利于他人之事。因为我在必要时希望他人帮助我，所以我就帮助他人；我希望他人为我谋而能尽忠，所以我也就为他人谋而尽忠。我把这两句格言细细比较，深觉“己所欲则施诸人”一语，更为进步。因此自那时起，我把前此奉“己所不欲勿施诸人”为金科玉律的，转而奉“己所欲则施诸人”为最高原则。生平急人之急，视他人事如己事；虽然有时负责过重，往往出力不讨好，但自己却安慰自己，以为我之待人者正如我希望他人之如是待我，他人或第三者纵不我谅，但我因问心无愧，处之泰然。我近来提倡所谓老板主义，时时劝人对于主持之事负责，要以老板自居，换句话说，就是视他人之付托，一如自己之身家生命。今日趁这个机会，把我多年含蓄的思想，对诸位吐露一下。请即以我从事的出版事业为例，从对内对外两方面，按“己所欲则施诸人”之原则，略为发挥。

对内方面，就是出版事业中之资方与劳方的相互关系。近来劳资问题渐成为一切企业的严重阻力，许多计划之不能顺遂推行，就因这问题作梗。如果资方能时时存着“己所欲则施诸人”的观念，则自己设想处于劳工的地位，第一希望资方能给以适当的报酬；第二希望资方改善工作环境和时间，不使自己感觉过度的疲劳；第三希望资方注意自己的福利，俾于疾病衰老不能工作之时，不致感觉过分之病苦。以上都是己所欲受诸他人者，现在自己既处于可以施诸他人之地位，自当毫无吝惜地施之于人。如此，则劳工不待要求，资方业已自动应付，哪里还有会因要求不遂而起纠纷之事呢？但天下事专靠单方面努力是不易收效的，因此还有待于劳方的觉悟。如果劳方也能时时存着“己所欲则施诸人”的观念，则自己设想处于资方的地位，第一希望劳方诚恳地努力工作；第二希望劳方爱惜资方的资产，不使有非必要的损耗；第三希望劳方能同情资方的困难，随时加以谅解。以上都是己所欲受诸他人者，现在既处于可以施诸他人之地位，自应毫无保留地施之于人。如此，则资方不待强制或苦劝，劳方业已自动履行，哪里还会有因疑忌而加监视或压迫之事呢?

对外方面，就是出版家与读书界之相互关系。本来出版家是供给者，读者界是消费者；彼此互相依存，而完成文化供求之一环。如果出版家能时时存着“己所欲则施诸人”的观念，则自己设想处于读书界的地位，第一希望有优良的图书供给；第二希望有充分的图书供给；第三希望有廉价的图书供给。以上都是己所欲受诸人者，现在自己既处于施诸他人之地位，自当尽力以求达此目的；如此则读书界当无不感满意。另一方面，如果读界能时时存着“惟己所欲则施诸人”的观念，则自己设想处于出版家的地位，第一希望读书界能鉴别良否，对于优良之出版品加以鼓励；第二希望读书界能顾虑事实，对于出版界负担之重予以谅解与同情。以上是己所欲受诸他人者，现在自己既处于施诸他人之地位，自亦掬诚以表示其态度，如此则出版界当益加奋勉。

总之，“己所不欲勿施诸人”一语，可使社会减免许多的冲突；“己所欲则施诸人”一语，却使社会增进重大的妥协。

（民国三十年十二月二十五日为中国文化服务社纪念会讲）

自由界限

自从十五世纪以来，“自由”一语逐渐走运，不仅成为最时髦的一个名词，而且实际上也是最珍贵的一种资产。但是自由这个名词的起源，在西洋则远在纪元前四五世纪，希腊大哲柏拉图在其名著《理想国》Republic 中已经采用，他想在“权威”与“自由”两种矛盾原则下，觅一中庸之道。在我国，则自由一词在古籍中最早见者当为三世纪的古诗焦仲卿妻“汝岂得自由”一句，其意当为“不受他人的拘束”，与现代“自由”的真义虽不尽同，也颇相近。其后，八世纪间，杜甫的诗有“送客逢春可自由”，则转为“随意”之义，与现今“自由”的真义距离远了。由于“自由”的学说与现今流行的意义皆出自西洋，而西洋自由学说最早输入我国者当推严复所译“群己权界论”一书。该书原为英儒穆勒约翰 John Stuart Mill 所著的“自由论”On Liberty。严氏于书中虽译 Liberty 为自由，而于书名则译为“群己权界论”显然系就全书内容寓有说明自由界限之意。

根据上述柏拉图的“理想”与穆勒约翰的“自由论”两者的大旨，今日所谓自由的界限已获得初步的解答。柏拉图把国家的权威与个人的自由相对，穆勒约翰则将集体与一己的自由相对。两位大学者在遥遥相距之二千二百余年间都承认所谓自由并不是绝对的，而是相对的。不过由柏拉图进展到穆勒约翰，所谓相对的程度自不免有轻重之别。所谓轻重之别便是对于个人自由所界予的重量而言。“理想国”系柏拉图托为其师苏格拉底与人问答之语录；然无论确为其师之言，或为柏拉图的托词，当可代表彼时希腊政治哲学的主流。理想国的第八章论四种政治，其中涉及“自由”之语甚多。现在摘述其所记苏格拉底的答话若干点如下：“平民政治亦有优点……自由是也。在平民政治的国家，自由为最宝贵之物……然在此种国内，人民之于自由每至过度而有害；当此之时，执政者苟不以尽量之自由与人，人民将责罚之……人极端自由之际，其对于权威之知觉定必非常敏锐。凡与他人之权力稍有抵触时，即不能忍耐，故其结果必出于并法律而不顾，盖彼等诚不愿为法律所束缚也……平民政府之失败与富阀政府之失败同为过度之病，一由爱自由之过度……国家或个人得享极端之自由者终必降至极端奴隶之境……故专制政治必产生于平民政治，极端之专制必产生极端之自由”。由此推想，柏拉图对于个人自由虽很赞同，但与国家的权威比较起来，则宁侧重于后者。柏拉图的大弟子亚理士多德亦极力指责无政府主义者对于自由与平等的误解。可见其与两代师传同一主张。降至中古时代，意大利的马基和弗利 Niccolo Machiavelli（1469—1527）于其所著的“霸术”The Prince 一书内，把自由一语作两种解说，对外指国家的独立，对内则指政府归人民掌握。十六世纪法兰西政治哲学家波当 Jean Bodin（1530—1596）则认为人类之每一种结合都免不了要相互屈服于他人的命令，因此每一种结合便须侵犯天赋于各个人的自由。其意亦谓个人自由在国家之内不可能是绝对的。十七世纪之英国诗人密尔顿 John Milton（1608—1674）为十九世纪盛行一时的个人主义的先驱，其所主张的自由不只是要消灭君主政体，而且要保证个人得作任何不受政府限制的广泛的行动。但其同时的英国哲学家霍布斯 Thomas Hobbes（1588—1679）对于个人在国家内享有的自由所主张者远不如密尔顿的广泛，而大别之为两类：一为主权者的自由，即国内法律所不能禁止者；二为按照社约的性质所不应放弃者，是其所主张的人权不含有丝毫限制主权者权力的意义。然而同时一位犹太哲学家斯宾挪沙 Spinoza（1632—1677）则与霍布斯大异其趣，而主张极力保障个人自由的范围。至认为个人自由为国家的最高目的，足见彼时学者的主张不一，然同世纪的后期英国哲学家洛克 John Locke（1632—1704）修正其前诸人之说，谓人之自然权利概括为生命、自由与财产三者；自从社会构成政治组织后，则保证人民的自然获利有赖于对自然法提供标准的解说的机关，这个机关便是代表人民的国会，于是他首倡政府中行政与立法部门的分权对立，而最后的权力仍操诸全体人民，故又主张“人民高于政府”之说。此与我国孟子所称“民为贵，社稷次之，君为轻”的原则正同。到了十七世纪，法国出了三位权威的政法学者。一是孟德斯鸠 Louis de Secondat Montesquieu（1689—1755），就过去诸家之说集其大成，而断以己意，谓自由之能存在，必须使掌握政府权力者受有限制。但权力最易滥用，要使这些限制确能保障人民的自由，非有一种互相制衡的宪法不为功，而颂扬英国宪法最足以维持人民的自由。第二位卢骚 Jean Jacques Rousseau（1712—1778），于其举世闻名的社约论 Contrat Social 中，谓政府社会之成立系由“每一人以其身体及一切权力投入一个单一的集团，而接受其总意志的最高指挥；人民各自承认为总体的一个不可分的部分……由于每一人都把自己贡献于大众，他实际上等于没有放弃自己；他将从每一位同人获得他自己所放弃的同样权利，因此所得多于所失，还有更大的权力足以保障其保留的权利”。第三位是霍尔巴 Paul Heinrich Dietrich Holbach（1723——1789），较以上二位为后起。他修正卢骚之说，谓从自然的社会进至政治的社会的过程固然基于明示的或默示的契约；然此种契约的效用即在建立法律主治。所谓法律只是整个社会的意志，其制定之目的便是社会据以组织之目的，也就是最大多数公民的最大福利，便是对于自由、财产与安全的保障。

以上的政治学说，到了十八世纪的后期便具体化而成为美法两国的政治革命。美国的独立宣言为哲裴孙 Thomas Jefferson（1743—1826）所起草，其中最精采的一段话是：“人类系由造物主授予某些不可分离之权利的……政府所由设置，旨在确保这些不可分离的人权。政府的权力为被其统治者所共同授与，如有任何形式的政府足以损害其据以设置之目的，则人民有权变更或撤废此种政府，而另行建立新的政府，务以确保人民的安全与幸福为基础。”又维吉尼亚人权清单亦强调“人类同样自由而独立，实本于自然”。稍后，法国大革命所发布的人权宣言，亦与维吉尼亚的人权清单近似，而更具体。它力言“任何政治组织之目的端在维持人的自然而不可剥夺的权利，这些权利概括为自由、财产、安全与对于压制的反抗”。它还将自由的定义确定的“作为任何不损害他人的行为权力”。

美法革命后之政治哲学家，对于自由的观念渐分歧为两派。一派以个人自由为重，谓国家系因保障个人自由而存在，又一派以国家为重，谓个人的自由须透过国家始能存在。前一派以英国之穆勒约翰为其代表，其主张详见于所著之“自由论”与“代议制度”两书。他极力拥护民主政治之效用须使每一个人均有自由发展的最充分机会；因此，他力主思想、言论与行动的自由。他又主张对于相反意见的容忍。他强调人与团体，除其行为有严重干涉他人或他团体的权益者外，应听其自由而不加限制。其说遂为现代民主的正宗。后一派以德国之裴希德 Johann Gottlieb Fichte（1762—1814）及黑格尔 Georg W. F. Hegel（1770—1831）为代表。他们虽也赞同人民自由，却侧重于彼时德意志民族的现实，认为国家应具有较大范围的权力。黑格尔目击欧洲各国对拿破仑的反感，对于民族国家的效忠观念益浓厚，渐渐趋向国家高于一切的观念。此虽有助于德意志之统一与强大，然以过分重视国家主义，个人自不免在国家自由的名义下而被压抑；其流弊所极，竟成为后来德意两国极权主义的滥觞，当非黑格尔等所逆料。

我现在总括一下，所谓自由的界线有两条，一是个人对个人的界线，二是国家对个人的界线。个人间的自由界线比较简单，历代学者亦无不主张一致，只要互不侵犯，便可以各自充分行使其自由。国家与个人间的自由界线却复杂得多，历代学者主张也互有轻重。然在立宪的国家内，人民的基本自由无不列举于宪法，而且无不明定非依法律不能加以限制。这是第一道的保障。在宪治的国家，制定法律之权也无不操自人民所选举的代表，只要此项代表出自实副其名的民选，则无无故制定限制人民基本自由与权利之法律者。这是第二道的保障。此外，宪治的国家大都采分权制衡的制度，行政立法与司法各部门可以互相抑制及均衡其权力。假如行政立法两部门偶有违宪之措施，司法部门则有权裁定其违宪；假如司法行政两部门有违宪之措施，立法部门亦可以就其职权而采取制裁。假如立法司法两部门有违宪之措施，行政部门之首长亦多具有复议、缓议甚至免除其执行之权。这便是第三道的保障。有了这三道的保障，国家对于人民的自由，非万不得已，当不致有任意限制之可能。反之，民主国家既与人民为一体，人民也断断不致任意行使个人的自由，以妨碍国家之维持其自由。况且各个人平时在势力上断不如作为国家机构的各级政府的强有力，纵然有想任意行使其不合理的自由者，也无力为此，除非是政府过分压抑人民的自由，才会激起人民集体反抗，才能发生强大的力量。因此，在一个民主立宪的国家内，国家与个人间的自由界限的划清，不是法律的问题，只是人民能否切实执行法律的问题。

（一九五三年十二月为青年讲座播讲）

隐恶扬善乎？隐善扬恶乎？

一个做新闻记者，或准备做新闻记者的人，最常常碰到隐恶扬善或隐善扬恶的问题。隐恶扬善本来是我国传统上的教条，如果能够达成，也可以算得是一种美德。但在我国，教条尽管是教条，实践却往往是另一回事，尤其是新旧过渡时期的今日，旧日的迷信和果报已泰半丧失其对于人们性行的控制力；因此，我国另有一句流行语，就是："好事不出门，恶事行千里"。所谓"好事不出门"，就是指颂扬善举的人不多；所谓"恶事行千里"，则指隐恶的人太少。大抵人们多有嫉忌的性，对于他人的好事或美德，往往认为相形之下，自惭形秽，所以除了胸怀特别宽宏的人外，对于他人受人称颂之际，不免受了自己的好胜心所支配，不是说些风凉话，便是把他人实际的好处打了一个折扣。反之，听到批评他人的坏处，往往津津有味，有些人归咎于好奇心所致，也有些人说人性本恶，致不免有幸灾乐祸之举，实则我认为还是出于嫉忌的心情，因为传播他人的恶事，那个被传播者可能是平时一个卓有声誉的人，在怀有嫉忌心者，对于颂扬他人的好事，固非所愿，而在相反方面，则指摘他人的恶事，自然是所愿的。此外还加上好奇的作用，于是对于他人的恶事，不免更要渲染起来。

"文人相倾，自古已然"——这是我国流行的一句话，也可为人性嫉忌的一证据。既然相倾，自然不会宣扬他人的善。因此，尽管我国在道义上提倡隐恶扬善，而在扬善实行上往往适得其反。至于隐恶一项，过去在提倡善恶果报之说者，对于传播他人恶行，破坏他人名誉者，辄认为死后当堕入“拔舌地狱”，因此迷信者还有一些顾忌，现在一方面破除旧迷信，一方面又没有接受新道德，所以为他人隐恶者日见其少，为他人扬恶者却日见其多。其流弊不仅对被扬恶的个人妨害极大，即对于一般社会亦大有影响。

假使我们把我国和现代的西方国家比较一下，他们虽没有像我国这般提倡“隐恶扬善”的教条，可是在行为上他们却远较我国人为积极。他们对于同时代的成功人物，只知羡慕，却鲜嫉忌。羡慕是敬佩所谓“成功人物”的成就，而企图迎头赶上，结果是积极的；嫉忌是对成功人物表示恶意，认为他们并没有成功，或者是成功不如颂扬之甚，而企图低估其成就，这是消极的。积极的对人对己均有好处，消极的则对人对己无一是处。这还是对于个人的，其对于社会的影响当更大。

隐恶扬善与隐善扬恶所以影响于社会者，因为人类具有模仿之性，社会多宣扬好人好事，使好人好事的风气弥漫而接触于人人的视听，则人人学好，蔚然成为一种良好的风俗。反之，社会上传播的都是坏人坏事，使坏人坏事的风气也弥漫于人人的观感，则对于意志薄弱的人们，难免不认为人人都可以成为坏人，人人都可以做坏事，为什么我独不能成为坏人而做坏事。所谓习惯成了自然，习非也可以成是。带着锋头主义的人，“不能流芳百世，也当遗臭万年”；因此对于坏人坏事的过分传播，定然会产生对社会的不良影响。在良好的社会风气之中，一个曾做坏事的人，在大众面前定然也反对人做坏事；反之，在恶劣的社会风气之中，那个曾做坏事的人，因为社会上给一片坏事弥漫了，觉得做坏事算不得什么一回事，不仅不会公然反对坏事，可能还要说些相反的话，只怪那些被传播的坏事做得不到家。例如贪污案件被过分宣传，使人误会无官不贪的场合中，对于某一贪污事件被揭发时，往往听到一般人不咎贪污者之可恶可耻，只说贪污者不够聪明，做得不周密，以致被揭发。其他案件，也可能有类此的品评，此一风气如果令其发展下去，社会前途真不堪设想。

对于隐恶扬善或隐善扬恶具有最大影响力的，无过于新闻记者。一般人对于扬善扬恶的行为，只能凭着个人的口舌，纵然可以转辗传播，但历时既久，范围也限于接触所及，不会太远；不过新闻记者，借其报章的流行，即日便可以散布到很远的地方和很多的人。因此，做新闻记者的人，意识到自己对于社会影响力之大，在下笔时不可不作审慎的考虑。

首先谈谈新闻记者对于扬善或扬恶的报导。对于扬善的原则，深信任何一位新闻记者是没有不赞成的。老实说，这是因为此类好事与从事报道的记者本身并无利害关系，所以不致涉及嫉忌问题，只是由于好事可能不具刺激性，对于读者方面未必能引起兴趣，记者们为着业务关系，对其报道可能不太热心，报道也就不免平凡。至对于扬恶方面，从事报道的记者，在其本身苟无恩怨关系，自然也不涉及嫉忌问题，然因社会上对于具有刺激性的恶行宣传，多感兴趣，记者们为着业务关系，可能就借此而大加渲染。在对其忠于业务上本无可厚非，但其对于社会所负的责任，实有特别考虑之必要。

其次，谈到新闻记者对于隐善隐恶的报道，由于新闻记者所接触的事件甚多，其中绝大部分都与个人没有恩怨与关系，可能出自嫉忌之动机者不多，其主因想来都是属于业务的关系，即因其有无刺激性而断定其宣传力之强弱。大抵善的事件，多为中庸的，故所具有刺激性较弱；恶的事件，多为奇特的，其所具有的刺激性较强，因此隐善而不隐恶，大致都归本于业务的关系。

惟其如此，新闻记者对于隐恶扬善与隐善扬恶的事件，大多数不是根据个人的私见，而是为着所参加事业之利害，换句话说，说不上为私，也说不上为公，只为的是小公，而非大公。所谓大公便是指社会而言。假使新闻记者能够超脱自己所参加事业的小公，而注重于全社会利害关系的大公，那就他们当不难达到所谓隐恶扬善之理想。

（一九六一年十二月廿日为中国国民党中央党部第四组召集之记者研讨会讲话）

科学方法与研究

“科学方法”和“研究”是两个很时髦的名词；究竟是从研究而产生科学方法呢？抑或是要利用科学方法才能达成研究之目的呢？

要解决这一问题，且先讨论一下科学方法和科学的关系，英国皮尔生教授在他著名的“科学的典范”一书中曾说过：“科学的范围无限，取材无穷，所有自然的现象，社会的生活，文化发展的过去与未来，皆可成为科学的资料。科学的主体在其特异的方法，而不在其资料的种类……无论对何事，凡应用科学方法而处理之者，皆可称为科学家……一言以蔽之，资料不是决定科学的关键，方法才是其关键。”既然一切科学的建立，皆依赖科学的方法，那就好像先有科学方法，然后有科学。

但事实上却又不然。

事实上，谁都不能否认，远在西洋的希腊，已经有了若干合乎现代科学的发明或发见，而在东方的我国，早在几千年前的三大发明，也当然有合于现代的科学。不过科学方法这个名词还是最近二三百年的新产物。这样看起来，又好像因果倒置，先有科学然后有科学方法了。

老实说，古代科学之发明，仍然是利用科学方法，只是那时候科学方法之名词还未产生，发明之人在深思熟虑之后，或者是依赖奇异的天才，想出了一个暗合科学方法的办法，并不知就是科学方法，却实行而收效。不仅西洋和世界他地有不少这样的例子，即在我国也屡见不一见，现在叙述如左：

一是在三国时代，曹魏家族中的一个神童，名叫曹冲的故事。某次南越贡一大象，庞然大物，大家不知其重量，那时候却无法提供可以称一称数千斤以上重量的大秤。许多聪明人士都想不出办法，却被十岁左右的曹冲顺利解决了。他叫人把大象拉到泊在河边的小船上，先察看空船的浮水线，画了一道痕，再察看载有大象后该船的浮水线，另画一道痕。然后将大象拉上岸，使小船立刻恢复原有的浮水线，于是叫人把许多石块搬到船上，直至小船的浮水线降到载有大象时的一道痕。这时候才叫人将小船上所有的石块一一算其重量，合计其总重量，便认为是大象的重量。因为小船的浮水线随所载重量而升降，一只大象和许多石块使空船的浮水线降至同一道痕，这些石块的总重量便等于大象的重量；大象太重，无法一次把它的重量算出，石块的重量可以分别算出，合计起来，便等于整个大象的重量。这方法确是巧妙，算得是科学方法之一，但曹冲这位神童绝对没有研究过科学方法，也当然不会知道这方法叫什么名。

二是元朝一位运粮官名叫董抟霄的故事。他要在一天之内，把一千石的米粮，从陆地上运送到距离一百里的所在。那时候因为牲口缺乏，只得全靠人力运送，但是百里的路程很长，挑着或背着很重的米粮走路尤其辛苦。他经过深思熟虑之后，发见了一个很舒服的运送办法，首先是把米粮分别用二千五百个布袋装载，每袋一律装载四斗，约等于四十斤。然后把运送米粮的人组织起来，从运送起点到距离一百里的终点，排成长长的一个行列，每人相距十步，即五十尺，三十六人排成一里长的行列，三百六十人排成十里长的行列，三千六百人便排成百里长的行列；于是他发令每人从起点背着四斗米一袋，前行十步，即五十尺，把该袋交前面的一人接送，前面的人亦照样办理，陆续转递到站在终点的一人；这样一来，这袋米一口气候转递到相距百里的终点。他要每人往返各走五百次，来时背着米袋，回去便是空手。由于每次运送四斗，五百次便可运送二百石，每人所走的路合计只有二十八里，而空手行走的却占了半数。照这样情形，每人每日所走的路不多，所背的米袋也很轻，一下子，便可借三千六百人把二百石米粮转送到相距百里的地点。如将人数增加五倍，即一万八千人，排成五个行列，同时从起点运送，也同时到达终点，于是所运送的米粮恰好是五千石。这方法是否巧妙呢？这位运粮官当然没有研究过什么科学方法，尤其不会知道方法的名称。

三是一位现在生存的老头儿，他在距今约四十年之民国年间，发了一个宏愿，想把康熙字典二百十四个部首扩充为几万个部首，使到每一部首只包含一个字，检查定然异常方便，但因部首既多，部首的顺序如何决定，却又成为一个大问题；于是他想使部首都变成号码，因为号码具有最自然的顺序，哪个号码在哪个地位，不管多到怎样，总是一检即得。但是这些号码如何产生又是一个重大问题，如果不是含有意义的号码，可以一望而知，那就号码之产生当不是简单容易的。照我国向例，要把号码代替部首，只有把每个字的笔画计算一下，如五码所收都是五笔的字，十五码所收都是十五笔的字，因为汉字的笔数最多不能三十几笔，所以只能产生三十几部，容易是容易了，但每码所含的字，比诸每一部首所含的字还要多出许多倍，不仅丝毫没有比部首方便，还不免增出不少的困难。后来这位老头儿日思夜想，毕竟给他发明了一个每字五位号码的方法，那就是把向来每字一起计算笔数的习惯办法，改为按照五种笔类分别计算的新方法。具体说出来，就是把笔类分为左列五项，即：

横一　直丨　撇丿　点捺㇏　折㇗ ㇕

然后把每字依笔类顺序计算，缺某笔类者，则代以〇号。

例如：

天字有二横〇直一撇一点捺〇折，故其号码为二〇一一〇

地字有二横二直〇撇〇点捺二折，故其号码为二二〇〇二

日字有二横一直〇撇〇点捺一折，故其号码为二一〇〇一

月字有二横〇直一撇〇点捺一折，故其号码为二〇一〇一

由于每字均有五位的号码，故最多可得九九九九九部，真是部首比字数还多，检查自毫无困难，而部首虽多，号码却有自然的顺序，和这位苦心思索者的理想正相符。

这种计算笔数的特殊办法，使原来至多只有三十几笔的字，却因把笔类分别计算，故产生无量数的号码，这方法也的确算得奇妙，但其发明之人，在那时候，简直没有知道科学方法，纵然他现在往往被称为科学方法的专家。

这位老头不是别人，就是此刻对诸位讲话之我，这方法称为号码检字法，后来详加研究，发见其有行不通之处，遂予放弃。续经长期研究，才达成现在流行的四角号码检字法。

总之，这三个故事的主人翁，当时都不知道何为科学方法；然而他们所采取的方法，却明明是科学方法之一种，其名为分析 Analysis。分析之意义有四，其中第一个意义，就是由整而分，正如用化学方法把“水”分析为氢氧二气一般。曹冲把整个大象的重量分析为许多石块的重量，董抟霄把整个百里的长程分析为三千六百个五十尺的短程，一石的米粮分析为两个又半袋的四斗米粮，我把整个字所含的笔数分析为五类的笔数。第一种办法的目标在使不容易衡量的大象变为可以衡量的石块，第二种办法的目标在使很远的路程和很重的米粮变为较短的路程和较轻的米粮，第三种办法的目标在使仅能构成二位的号码变为可以构成五位的号码。法国学者笛卡尔在他所著的方法论中提出四个原则的第二个，就是说对于任何问题不要整个来解决，应该尽先分析为若干分问题，逐个解决后，则整个问题自然解决，而且更容易解决，仿佛对于一块食

物不要囫囵吞下，应该把它嚼碎然后吞下，那就更容易消化一般。

现在言归正传，由于上举的几个例子，我们可以断言科学是借知道的或不知道的科学方法而产生，研究也要赖科学方法而收效。

我们无论研究哪一个问题，如能利用科学方法，纵然不能作彻底的解决，或者获致理想的解决，定然可以得到较佳的解决。

姑取年来报章上常常见到的一个问题，就是初中入学免试常识问题，如果利用科学方法加以研究，其程序将是：

一、尽量收集有关此一问题的言论和报导。——这在科学方法中称为观察。

二、追溯此问题发生的原因。——这在科学方法中称为第三意义的分析，即逻辑的分析。

三、把这个问题破为若干个分问题，逐一研究解决。——这在科学方法中称为第一意义的分析，即化学的分析。

四、把各个分问题依其难易的程度，先易后难，依序研究解决。——这在科学方法中称为第二意义的分析，即数学的分析。

五、就各个分问题研究的结果，对于应予纠正者先予纠正，认为无问题者分别保留或剔除，然后就纠正保留或剔除的结果，恢复为整个题目。——这在科学方法中称为综合。

六、在研究过程中，对于利弊得失加以衡量。——这在科学方法中称为比较。

七、检讨各种可能解决的办法。——这在科学方法中分别称为考核和比较。

八、试提一种解决的办法。——这在科学方法中称为假设。

九、就所提解决办法，从反面加以批评。——这在科学方法中称为考核和比较。

十、如证明所提解决办法无懈可击或利多害少，即予以确定。——这在科学方法中称为结论。

上开程序还可增补发展，现在姑止于此；且进一步作较具体的研究：

程序一的观察方法，端赖读书阅报和访问参观，这是研究任何问题首先应予采行的程序。关于本问题，即初中入学免试常识问题，杂志报章刊载的言论报导不少，首先应尽量检取一读，此外还有赞成及反对的人士，亦可一加访问，与之讨论，以达成此一程序。

程序之二所谓逻辑的分析方法，便是追溯免试常识的原因。大家当已知道，那是由于“国民学校”常识一科的范围颇广，而初中入学对此一科目的试题往往过深或过僻，以致国校学生有志升学者，必须严格补习，致陷于所谓恶性补习，因而影响到儿童的健康，教育家和家长们曾有广泛的呼吁，教育当局为针对此项呼吁，遂从根本上取消初中入学对于常识一科之考试，期借此减少恶性补习，以保持儿童健康；但反对之者则谓升学考试如不考常识，则常识一科儿童可不予注意，结果等于虚设，有损于学生的程度。

程序之三所谓化学的分析，即将本问题尽量破裂为若干分问题，姑举例如左：

（一）初中入学考试常识，是否确有害于儿童健康？

（二）如仍考试常识，有无方法可使不妨害儿童健康？

（三）“国民学校”既仍设常识一科，纵使升学时不予考试，但在学时仍不能不考试，是否也会妨害儿童健康？

（四）倘设科学习而不考试，其弊是否等于不设此科？

（五）升学免试常识，则仅考之国语算术两科，竞争更烈，淘汰作用更大，是否将使此两种科目更陷于恶性补习，仍不免有害于儿童健康？

（六）十二岁以下之儿童须经过热烈的竞争试验，是否有害于健康？

（七）有无根本办法，可使儿童升学不经竞争考试，或考试而无害于健康？

程序之四，即数学的分析，就是从已知推及未知或从易到难的研究方法，自可由研究者就程序三列举的各个分问题，就其本人认为易与难之程度，分别先后研究解决。

程序之五，即所谓综合的方法，系就各种分析研究之结果，分别予以修正或剔除保留，然后回复为整个的新面貌。

程序之六，即所谓比较的方法，是因任何事难免都有利有害，只有比较利害的多少，然后决定采取利较多而害较少的处置。就本问题而言，害的方面，是因考试常识引起恶性补习，因而妨害儿童健康；利的方面，则因免试常识，可免儿童恶性补习，而有补于健康。两者能精密地权衡轻重，则其抉择当较稳健。

程序之七，即所谓考核和比较的方法，系就可能的解决办法加以研究。如众所周知，若干年前曾由彼时任“教育部长”之张其昀先生试行免试升入初中办法，最近又有现任“教育部长”黄季陆先生之延长义务教育年限办法。两者原则实相同，而黄先生的办法似更积极；不过张先生从前试办而不得不停顿的理由，正可为黄先生今后的借镜。那就是公家的负担因此而加重，如因不胜负担而勉强为之，难免使一般学生的程度陷于低落。然从负担方面来说，就张先生的主张而言，因初中仍然收费，比诸黄先生的延长义务教育年限，公家负担比较还要较少一点。

程序之八，如果要我假设一种解决的办法，我却有一个折衷于张先生黄先生两种办法中的另一办法，那就是不必照张先生那般必须增设许多初级中学，以容纳许多增出的免试升学“国校”毕业生；也无需照黄先生的办法增加了“国民学校”几年的负担。我所拟议的办法，是就约莫半数的“国民学校”增设两年的继续教育，其程度等于初中的前二年，并酌增职业课程；这不是义务教育之延长，所以仿照初级中学，仍需收费，以减轻公家的负担。儿童经过此二年的继续教育后，因年龄已达十四岁，对于就业或升学较有抉择的能力，除愿就业者外，其有志升学者，可考入高中附设之一年预备班，该班程度等于初中第三年，而侧重升学所需之科目。如此则初级中学不仅无需增设，还可酌量情形，改组为职业学校或附设一年预备班之高级中学。照此办理，则“国民学校”毕业后无需经过任何升学考试，可径行升入“国民学校”附设之继续班，续行肄业两年。不仅常识用不着恶性补习，国语和算术也没有恶性补习之虞。同时还有一项更好的副作用，便是把向来循着一条直线升学的旧习惯，由于高中纯粹以准备应升大学为目的，注重选择与淘汰，第一步经过预备班之严格试验，始予入学，第二步续经一年后应升高中本科时的再度严格试验；凡不能通过此两度试验者，只得改而就业，或改入职业学校，或改升专科学校，借此而建立双线的教育制度。

程序之九，即就程序八之假设办法，作反面之批评，从正反两方面详加比较。

程序之十为最后之结论，经过程序九之反驳，而仍能确立不移者，始于以采取。

最后一句话：遇事必须研究，研究必须依赖科学方法。这不仅在现代的西方国家为然，即在我国的古代，也早已具有此一观念。中庸第二十章有“博学之，审问之，慎思之，明辨之”一段话，已隐寓科学方法的原则。所谓博学，等于科学方法的观察；所谓审问，括有分析综合等种种客观的方法；所谓慎思，当指内心之推理假设等程序；所谓明辨，即等于结论。

（一九六四年三月二日为“国立”政治大学诸生讲）

我对于研究与发展的体验

我国一句流行的古语:“做到老，学到老”，是指不断研究而言。假如把这句话倒转，改为“学到老，做到老”，那便含有发展的意义。

按照现代所谓研究的意义，恒指“理论上的分析、探讨与试验，其目的在增进知识与能力，借以控制自然的现象”。研究可以区分为左列各项:

（一）纯粹的研究，系指对于事实与知识的研究，而未尝注意其应用。此种研究的动机通常在满足人的好奇心。

（二）基本的研究，系指就一般的范围研究新的知识，而未及其特定的应用。此种研究的动机通常认为就一般范围探究所发见者，将可能有助于从事此种研究工作的组织。

（三）实用的研究，系指探求直接适用于特定问题，而且利用一切现有的知识，以谋此问题在实用上的解决。

至所谓发展的意义，当指就科学或技术性质的发见与理论，推广其实际应用于所试验或表演之目的，包括制备实验的模型或设计，并加以试验。发展又分为两项:

（一）初期的发展，系指以实用的研究所发见者，对于特定问题，作适当于产品之初步的试验模型，或初步的实用程序。

（二）终期的发展，系指产品或程序的发展，从初步以至结束，包括生产设计与计划书之部分，或者达到工厂运用的开始程序。

研究本来是具有长期历史的，但研究与发展联合成为一个复合的名词却从晚近才开始。具体说起来，还是第二次大战时期的创作，而其发祥地则在军事与工业。我在某一际会中的说话，曾举述两个实例，一是活人的配尼西林剂，一是杀人的原子弹，盖皆经过三阶段的研究与两阶段的发展而形成者也。

自彼时起，二三十年间，研究与发展日益成为时髦的名词，不仅在其发祥地的军事与工业上扩展不已，即在一切事业上，亦逐渐兴起。其在我国，虽推进之程度，不如在若干西方国家的迅速，大体亦具有同样的倾向。

说者谓，研究与发展对于军事与工业的制造上收效较易，而对于行政与管理上殆不如是顺遂。以故，我国仿行此制，在军事工业上成绩较著，至于行政机关之采行者，往往不脱具文。

我为要证明研究与发展应用于制造以外之任何事项，均有相当效果，特就个人以往经验，举述数事。以为证。

一是关于四角号码检字法。我研究新检字法的动机，系因旧日字典的部首为数不过二百有奇，而康熙字典所收的字多至四万余，平均每部约二百字，其中字数最多之一部，如草部，则括有一千九百余字。同部的字只能按笔数区分，然笔数虽有三十余，但最常见之笔数不过十余，以十余笔数区分一千九百余字，平均还有百余字，那就无法再行区分，检字时不得不在同部首同笔数的百余字中胡乱寻觅所欲检查之一字，其费时费力可知。我初时认为当设法增加部首之数，但部首既多，则检字之困难便转到检查部首方面，于是我一转念，如能以号码为部首，由于每一号码各有自然的顺序，尽管号码多至千数万数，检查绝无困难，但我们怎样使每字有一号码，却又成为问题。按我国收发电报时，收电系以号码代字，依号码的顺序检字，极为便捷，但发电须将字变为号码，则仍须按部首按笔数，就电码书中检得其号码，才能利用，其费时费力，与从字典中检字丝毫不减；因为电报中用以代字的号码，乃是按照电码书所收之七八千字，一一依部首及笔数排列，而按其排列的地位，顺序给予一个号码，换言之，这些号码乃是人为的顺序，并不是自然的顺序。因此，我虽认为号码代字像收发电报一般，在收电时，从号码检字至为迅捷，然在发电时从字检取号码，系按部首和笔数的麻烦程序，仍未能丝毫减少其困难。从此，我的思路便集中于研求怎样可以获得一种自然的顺序，使每一个字都能够很便利转为号码。我在苦思冥索多时之后，卒发见一项自然的顺序。按向来计算笔数，均系将各种笔类一起计算，因此，最多的笔数，只有三十余，如以笔数代部首，只有三十余部，比原有的部数还少到六七分之一，不仅未能便利检字，转而加重检字的困难。我在多时思索和想像的结果，发见一种特殊的计算笔数方法，就是改按横直撇捺折五种笔类分别计算，以横为万位，直为千位，撇为百位，捺（包括点）为十位，折为个位，例如“天”字有 2 横 0 直 1 撇 1 捺 0 折，其号码为 20110，“地”字有 2 横 2 直 0 撇 0 捺 2 折，其号码为 22002，“日”字有 2 横 1 直 0 撇 0 捺 1 折，其号码为 21001，“月”字有 2 横 0 直 1 撇 0 捺 1 折，其号码为 20101。依此法发展，可能获得最多之号码为九万九千九百九十九个，部数既如是之多，而号码之形成又出于自然，当时我认为是最理想的检字法。但经过长期实验以后，我续发见在笔数无多之字，此法固甚便捷，但如遇到笔数特多，尤其是字之写法不一，以直代横，便是以千代万，相差至九千之数，其错误殊巨。于是我毅然放弃此一方法，但我所放弃者，不是方法的全部，而是舍短取长。这方法的短处，一是号码是从计算得来，遇着笔数较多者，计算需时，且易错误。二是所计算之笔画包括每字之全部，而由于我国字之写法，雕板与楷书时有差别，一笔之异，涉到千百号码之差。但这方法有一独到的长处，就是能借自然而简易的方法，把每字变为一个四五位的号码，号码之数无穷，而且都有自然的顺序，最便检查。我既决定舍短取长，续经长时期的研究，遂以笔类代替笔数，而定其号码，当然便捷得多，复取每字四个角的笔类为号码，而放弃对于每字全部笔数之计量，因而避免了雕版与楷书笔类的差别。我最初发见的方法称为号码检字法，后来改进的方法，就是现在流行的四角号码检字法。以上所述，便是我对于检字法研究与发展的过程，我因对旧日检字法之不满，而发生研究的兴趣，最初只是为好奇而研究，可称为纯粹的研究。其次我对于以号码为部首感到有可能，便进至基本的研究。后来发见分类计算笔数的方法，续进至实用的研究。于是，以此方法将常用字万余一一编成号码，便是初期的发展。但逐步发展证明此法有其缺点，乃从初期的发展，退回研究阶段，卒发见以笔类代笔数，并以四角的笔类代全部的笔数，遂再返于初期的发展。经过逐字编排号码，并随时作局部的改进，始进至终期的发展。

现在续述我对于中外图书统一分类法的研究与发展过程。我因为担任商务印书馆编译所长之职，有兼管该所所属涵芬楼藏书的责任，后来该馆董事会决定将涵芬楼改组为东方图书馆，把所藏中外图书数十万册公开阅览，因而有分类编目之必要。此项任务惹起我的研究兴趣，于是就那时流行的几种新旧图书分类法加以研究，这便是从纯粹的研究进至基本的研究的阶段。及对各种分类法获知其大要，认为有改善以求适应需要之必要。首先我认为我国固有的四部分类法，四部之下，仅分为四十五类，六十五目，合计不过一百十余门，既未足以囊括中外新旧的图书，且其中类别之划分尤欠显明。例如经部，系以特别尊重其书之故，而将各科图书，并归于一部，却非按图书的性质而区分；在从前仅限于我国旧有的知识，已认为不甚适当，自海通以来，中外文化交流，我国藏书之范围大为推广，更嫌偏狭。至于各国的图书分类法，在我国采行最广者为十进法，由十大类，扩展为百中类，以至千万小类，以三位号码代表较大之类别，而以小数点以下之若干号码代表较小之类别，视新学术之发明，而进展不已，实适于我国之采行。惟是该法系按图书所表现的知识而分类，亦即西方知识的分类法，以之范围我国旧有的知识，尚嫌有多少扞格。于是国内图书馆或图书馆学者采行此法多予以修正或补充，其较著者有左列各项：

（1）清华大学图书馆的分类法，系就原十进分类法之外，再加上丛，经，史，子，集五大类，以容纳我国旧有的图书。

（2）杜定友先生的世界图书分类法，系将原十进分类法之哲学与宗教两大类，合并为一大类，空出宗教一大类以容纳教育类的图书；又将原十进法之其他各中小类酌量改动，以容纳我国他类的图书，而且将其原分类的顺序也改动，把五〇〇的自然科学改为四〇〇；六〇〇的应用科学移至五〇〇；七〇〇的美术移至六〇〇；四〇〇的语文移至七〇〇等。

（3）洪有丰先生的分类法，是将中国书和外国书分开，外国书还是照原十进分类法，中国书却另分为（一）丛，（二）经，（三）史地，（四）哲学，（五）宗教，（六）社会科学，（七）自然科学，（八）应用科学，（九）艺术。

（4）武昌文华大学沈氏分类法，也是把中国书和外国书分开的，他对中国书所分的十类，就是（一）经部，（二）哲学宗教，（三）社会学与教育，（四）政治经济，（五）医学，（六）科学，（七）工艺，（八）美术，（九）文学语言，（十）历史。

以上各种方法，大同小异；无非要使美国杜威氏的十进分类法适用于我国，俾能将中国固有的图书一并加以处理。诚然，它们都较原十进分类法有多少的改良。但因它们都把原十进法酌量归并，以容纳中国原有的图书，照这样牵一发而动全体，结果从外国文译成汉文的图书，无法和外国文的原本放在一起。对这一点，我特别发生兴趣，初时由于好奇心的驱使我作纯粹的研究者，此时感觉到有更进一步，从事于基本的研究之必要；同时为要探求直接适用于特定的问题，即解决东方图书馆藏书分类的问题，几乎立即兼作实用的研究。

在我作基本的与实用的研究之初，认定美国图书馆专家卡特氏Cutter所说“图书分类是集合各种图书，选择其性质相同的放在一处”，确是分类上不可磨灭的原则，因而获知其必须具备左列两条件：

（1）须要按着“性质相同”的去分类，换句话说，就是按照图书内容在科学上所占的地位而分类。

（2）须把所有图书按照他的种类，分别陈列起来，务使同类的书不要分开，不同类的书不要掺入。

基于上述原则与条件，则我国修正十进分类法之各种方法，似均有所未合。其一，由于西文书用十进法，中文书用修正十进法，则不仅同性质之书未能尽放在一起，甚至同一书之原文本与中译本亦彼此隔离；其二，本非同性质之我国经部图书，却勉为凑合一起，例如书经属历史学，诗经属文学，易经属哲学，三礼属社会科学，春秋属历史学，尔雅属文字学，旧法以其同为圣贤之作，均列经部，新法仍之，也与“不同类的书不要掺入之条件”相违。

我为着避免上述的缺憾，认定十进分类法固须有所修正始能适合于我国的图书馆，其修正原则须注重下开三条件：

（1）十进法应该设法扩充。

（2）扩充的类号应该是新创的，不要占据了十进法原有的类号，否则牵一发而全体都受影响，结果，将使到外国文的原本不能和汉译本放在一处。

（3）所有插入十进法的中国旧有图书，必须严格按照性质分类，不宜因循故习。

我按照这些条件，念兹在兹，无意中发见一线曙光，那就是偶然看见邻居新造一所房屋钉上门牌，这所房屋介于一八三号和一八四号之间，因此，它的牌号便作为一八三 A 字样，我立时从这里得到一点启示，认为房屋的号数既可用 ABCD 来创造新号码，那么，图书馆的分类法，也可仿此意思，对于中国固有图书特增的类号，一律加上一个“十”号，以别于十进法原有的类号；同时十进法的原类号还是一点没有变动，因此，一本外文书原属某一类号者，其汉译本仍与原本同其类号，我随即继续研究，认为一个“十”号还可发展为三个符号，便是“十”“廾”与“土”。

“十”号的意义，已经在上面约略说过，凡冠以此符号者，应直接排在原十进法同类号之前。“廾”号原则虽与“十”号相同，然稍异者，则“十”号仅位于完全相同类号之前，“廾”号则位于接连许多新类号之前，这许多新类号必定从整数 0 起首，可以继续到整数“9”为止，例如廾 110 为中国哲学，廾 111 为易经，廾 112 为儒家，廾 113 为道家，廾 114 为墨家，廾 115 为名家，廾 116 为杂家，廾 117 为近世哲学家，廾 118 为近代哲学家，廾 119 为现代哲学家等，蝉联不断。因此，从廾 110 至廾 119 中无论那一个类号都应该排在无“廾”号的 110 号以前。“土”号的功用，介乎“十”号与“廾”号之间。“十”只能排在同号码之前，“廾”不问个位的大小，一律排在十位相同的号码之前，“土”号则不问有无小数及小数的大小，一律排在整数相同的号码之前。

以上的分类法，在达成实用的研究后，因其能将中外图书统一分类，我遂名之为中外图书统一分类法，经过初期和终期的发展，就是把许多图书，试照此方法分类后。总算发见没有任何窒碍难行之处，于是成为今日的形式，在大陆上广为各学校图书馆所采用。

其他事例尚多，姑止于此。总之，我幼年失学，全赖自力以有今日，端在不断研究与不断发展。研究基本的好奇心，尽人具有，惟时作时辍，浅尝辄止，故所成者鲜。余幸能继续不已，而为学之欲望永不满足，复能注重实用，自信尚有合于研究与发展之义。

（一九六六年七月写）

青年训练之目标

刚才听到训练处李处长的报告，知道三青团干部学校训练目标，着重在“认识”、“生活”与“技能”三方面。李处长对这三方面的细目，因为时间关系虽没有很详尽的报告，但就已报告的几点说，本人都认为很重要。同时本人觉得这三方面，的确是三青团干部学校应该特别注重的，也是全国青年所应同样注重的。本人对这三方面，偶然感想到有应注重的几点细目，虽然李处长或已经注意到，甚至已在施行，只因时间关系还没有报告。本人谨就所见所感略予补充。

一、关于认识　在认识方面，本人觉得有一件事值得我们青年特别注意，就是“偶像的崇拜”。我国民间向来崇拜的神，有三位，一位是“关帝”，一位是“文昌”，一位是“财神”，这三位的神，各有其不同的崇拜者。崇拜文昌的，多半是读书人；崇拜关帝的，是一般民众；崇拜财神的只有做买卖的人。崇拜关帝是因为受他忠义的人格所感召，这种崇拜，就是对“忠义”的崇拜。我国数千年来社会最敬重的是“忠义”之士，关帝在民间传说中可以征象忠义，无怪乎千余年来受一般民众的崇拜。崇拜文昌的，多半是读书人，和读书人的家庭，比起来没有崇拜关帝来得多；有些做买卖的人，因为敬仰读书人，也联带崇拜着读书人所崇拜的偶像——文昌。至于财神的崇拜，人数虽或较崇拜文昌的为多，可是我国社会习惯只有做买卖的人去崇拜读书人的偶像文昌，却没有读书人去崇拜做买卖人的偶像财神的。有了这种情形，足见我国社会一向对于读书人——学者，是非常尊崇的；在农村中读书人得志成名的固然是民众所崇拜的领袖人物，即或读书未能成名，就是科举时代没有及第的，只要是读书人，穿起一件破旧不堪的布长衫在三家村中当学究，还是为一般民众所尊敬，而且对这种穷读书人的尊敬，远比对有钱人的尊敬来得诚挚而深切。一般不义而富且贵的人，尤其是中国民众向来看不起的。这种民间习俗，正是中国社会数千年来，重视学术的表现。可是到了最近，民间对关帝的崇拜固然依旧，而对于文昌与财神的崇拜，却正与从前成反比例，不独许多读书人去崇拜财神，做官的人也崇拜起财神来了。财神菩萨在今日正是大行其道，无怪乎有许多人说，在滇缅路没有被封闭以前，许多大学生，都去跑滇缅路，来回一趟，大发洋财。现在滇缅路虽然断了，在昆明这种发洋财的机会随而丧失了，但又听说在重庆有许多大学生做买卖；不独大学生纷纷做买卖，甚至许多有名的学者教授，现在也多离开文化岗位，转入金融界，或者竟亲自做买卖去了。诚然现在生活困难，穷教授不容易维持生活，但是有些地方如果能够吃得冷豆腐咬得白菜根，恐怕各学校各研究院，还可多保留一些学者教授，学术上的情形，也要比现在好一点吧。讲到这一层，我感觉得在这个时候，我们也不必过于责备少数不能固守岗位的穷教授学者，我们应该责备全社会。如果我们全社会，仍然像从前那样能够特别尊敬学者，尊敬读书人，那末学生教授学者，在生活上固然特别困苦，在精神上却可以得到相当的安慰与补偿，换句话说，是可以因此抵补生活上所吃的苦。但事实上却不然，社会上崇拜金钱，也不问发财者信誉人格及金钱的来源如何，只要有了钱，社会上就对他尊敬，于是有钱的人，不独生活上很舒服，社会上又受人敬重；刻苦为学的人，生活上既然苦，社会对他又不重视。在这种情形之下，我们又哪里能单单责备学生做买卖，教授学者改行业呢！对于全社会这样一个大的转变，我认为是中国前途很大的危机；我们应该要看这点，在中毒还不十分深，疾病未入膏肓还能救药的时候，大家要用力加以挽回才好。换句话说，就是希望从三青团的干部学校的训练起，推广到全国青年，深入到整个社会，把今后所应该崇拜的偶像，能够认识清楚。积极上是否应该照从前一样大家崇拜关帝和文昌，或者因为时代不同另外崇拜别的偶像，固然值得往意；消极上我总希望一般人对财神菩萨的崇拜要减轻一点才好。

此外值得青年认识的，我以为今后青年不仅要认识自己，认识社会，认识我们的国家，而且要认识全世界。在现在交通情形之下，没有一国能不受他国牵涉的。以美国而论，从前认为只要自给自足，与人无扰，与世无争，孤立理论说的振振有词，可是到了现在他们能不被牵入世界大战的旋涡吗？所以我们本着知己知彼的意义，一方面要认识自己的社会，认识自己的国家，同时还要认识人家的国家，认识全世界相互间的各种关系。

二、关于生活　在生活方面，我认为一般青年，特别要注意的就是“能过苦的生活”。苦生活的好处，说来话长，我只简单的说一句话，就是：“凡过得苦生活的人，至少可以不必拜财神。”青年的生活方式，和青年认识中崇拜的偶像，有着密切的关连；所以青年生活训练，应该以“能过苦的生活”为最值得注意的事。

三、关于技能　“技能”二字所包含的范围太广，在正式学校中有各科各系和各种专门学校的区分。要完成一种技能的训练，本来是不容易的，这里我们用不着花许多时间来讨论。刚才李处长报告的技能方面的训练内容，是指人人应该具备的技能或者是社会上特别需要的技能，像驾驶汽车运用武器等。这种人人应有的技能，固然也是青年训练中必需注重的，我以为在技能训练之中，对于人身官能的灵活运用尤当特别注意。广东有一句讥讽人的话叫做“鸡手鸭脚”，鸡本来没有手，鸭子虽然有脚而不善于运用，走起来非常慢。我觉得我国人鸡手鸭脚的太多了；我在国外看见工厂中的工人，在工作时候一点都没有停顿，各种工作进行得非常迅速。因为他们在工作时候非常紧张，速度非常高，工作的时间就不能太长久，所以有八小时工作制的标准，的确，在那种情形之下工作八小时是很够了。可是看看中国情形，我们可以坦白的说，就算比外国人加上百分之五十的时间，每日做十二小时，也抵不上人家八小时的效果和产量。以我们工作能力的迟缓，要和人家同样的减短时间，我们的生产哪里能不减少，这是整个社会的问题，今天暂不多说。从这种现象中，我感觉着，我们人人都应该从幼小和青年的时候起，训练每个人都能敏捷工作，换句话说，每个人眼要明，耳要聪，手要快，脚要速，思想要敏捷；才配做现代的青年，才成为现代的人。从每一个人的眼明耳聪手快脚速思想敏捷做起，推而广之，利用机器则机器效力增高，处理工作则工作进行迅速，整个国家事业，才能因此迅速前进，也才能迎头赶上他国。今后我们要使中国能突飞猛进，就不能不要求每个青年本身的眼耳手脚思想等官能都达到“快”的要求，这是整个国家一切工作效率进步的基础所在。

（民国三十二年某月在三民主义青年团中央团部评议会讲）

人类大敌之克服者——体育

在这个全世界几乎都卷入战争旋涡的时候，直接作战的人多至几千万；流离失所的人多至几万万，乃至十万万以上。任何人都感觉到战争所加于人类摧残力之大，的确，从有形方面观察，那是一点不错的。可是，无形之中，还有一种足以摧残人类之力，其重大和厉害，比诸战争还加上许多倍，却为一般人所忽视。况且战争之结果，假使能够给正义一方面胜利了，还可以奠定较长久的和平，有助于全人类的福利，作战时所受的损失，还可以视同一种代价，借以购取较长久的和平和全人类的福利。一方面虽忍受严重的摧残，他方面还可得着相当的补偿。但我所谓无形的摧残力，结果只使人类忍受严重的损失，没有得着丝毫的补偿；而且这种损失不仅继续不已，还要每况愈下，比诸战争之有害有利，还不能相提并论。可是一般人说起战争，都不免谈虎色变；而面对着其他一种对于人类的严重摧残力，简直习然安之，不以为虑。现在让我指出这种对于人类的最大摧残力，换句话说，就是人类最大的仇敌。这就是“疾病和衰老”。

人类的寿命，纵然不易达到百岁，但是八十以上依然健在的，无论在中国或是在世界任何一国，都常常见得着。又患病的人虽然很普遍，可是一二十年没有患过一场大病的人，无论任何地方，也都可以见得着。从这例子推论，则一生无大疾病，而能活到八十岁以上的人，当然不是不可能的。但据我国的生命统计，国人的寿命平均只三十四岁，而且这三十四年的短时期中间，患病的时期，不免占了一部分，未老先衰的时期，也占了一部分，剩下的健全时期，本就要打了一个大折扣。加以待人扶助和教养的时期，在这短促的生命中，平均要占了半数，所以能够为世界和人类工作的时期，平均起来，每人还不满二十年。比诸最大可能一方面，假使人人都能平均活到八十岁，疾病和衰老的时期，减至极低，那就除了待人扶助和教养的时期外，每个人能够为世界和人类工作的时期，至少要比现在增加两倍，换句话说，在我们国内，每个人的平均工作寿命，三倍于现在，不是绝对不可能的。即在现代医学卫生最进步的国家，疾病衰老要比现在我国好得多，但是按我刚才所说的标准，就是人人都能活到八十岁，疾病衰老的时期，减至极低，仍然是相差很远。如果他们都能努力求达这个标准，则他们平均每人的工作寿命，纵不如我国的可能增加两倍，至少也能够增加一倍，照这样看起来，则人类的真正大敌，就是疾病和衰老，无形的和不断的，将我国人民，每三个人中残杀了两个，将世界上医学卫生最进步的人民，每两个人中残杀了一个，其摧残力之大，真是任何普遍而酷烈的战争所不及。可是对于战争中的敌人，我们都知道动员全部人力物力，以期制胜；而对于疾病和衰老这一个无形的大敌，都不以为怪，不肯设法和努力把他克服，真是可惜得很。

克服“疾病和衰老”的方法，从前只知仰仗医药；现代许多人已经明白“预防胜于救济”，于是公共和个人的卫生之提倡，渐渐被重视。这的确是一个很大的进步。卫生的定义，就是保持身体的健康，其范围当然很广，其方法当然也很多。我现在想提出讨论的，是体育一项。体育有益于卫生，许多人都知道，但是体育在卫生方面所占的重要地位，恐怕还没有许多人深切注意到。我不是说体育是卫生的唯一方法，我也不是说体育可以尽卫生的能事；但我敢大胆地说，体育的卫生效力最能持久而普遍，现在且把我的见解申说一下：

一个建筑物要其耐久，首须有巩固的基础；一个人的健康要其良好，也首须有强固的身体。身体强固的人，第一，在平时更能抵抗疾病的侵袭；第二，纵不幸遭遇侵袭，因其抵抗和恢复的力量较强，自能较易康复；第三，未老先衰之弊不仅可以免除，即既老也能减低其衰弱的程度。而要使身体强固，最有效的方法，莫如体育。一因人体是无量数的细胞所组成，体力运动最能促进细胞的新陈代谢；再因人体的许多机能，正如机器上的许多部分，有相互连带的关系，一小部分失其运用效能，将使全部受其影响，故有赖适当的运动，以维持其正常运用效能之必要。因此，体育就成为最能持久的卫生方法。复次，卫生方法最简便而经济者，莫如体育；其他的卫生方法，或非穷乡僻壤的劳苦民众所能习行，而体育则无论何地何人，而且在任何时候，都可以实行；因此，也就是最能普遍的卫生方法。举一个浅显的例子，我国乡村的住民，大都较城市的住民更为健康，而寿命也较长，衰老状态也较低，本来乡村的住民享用较薄，知识也较低，而其健康的程度却较优，即因他们在不知不觉之中，已履行了体育上的最初原则，因此，身体较强固，抵抗疾病的力量较强。即不幸而染病，其恢复也较易，未老先衰之弊较小；即既老，而其衰弱程度也不如城市住民之甚。或者会有人说，城市的人用脑较多，健康不无受损，不如乡村民众，劳力而不劳心。这句话绝对无理由。无论城市的人是否都用脑，即使都用些脑力，但是现代世界的科学大家，政治大家，活到七八十岁，还能够照常研究，继续有所发明，或是照常执政，继续担当大事的，真是不可胜数，难道他们都不用脑力吗？难道他们所用脑力的程度，不如我国一般城市住民吗？故与其说是健康和寿命消极上和用脑有关系，毋宁说其积极上和体育有关系。说到这里，我更不能不为一般担当大事多用脑力者惋惜。因为担当大事的人，通常学问上的准备，要到三十岁左右才奠定基础，事业上的准备，要到五十岁左右才确定基础。如果才到五十岁，便呈衰老之态，不能积极研究或工作，或竟不能继续生存，那不是国家社会最大的损失吗？因此，我觉得那些担当大事而运用脑力较多的人，比诸任何人更应注重体育，以延长其为国家社会工作的生命，利用他们已成熟的学识和经验，更有造于国家社会。说到这里，我还有一种感想，就是我国从前对于多病而衰弱的人，都表示同情；而所谓读书人，更常以什么“多愁多病”，“药炉茶灶”，形诸笔墨，仿佛借此自鸣风雅。这一种不健全的观念，在现今的世界是绝对不适用的。我常常以为多病或未老先衰的人，除由于特殊的原因者外，不是消极上剥丧自己的身体，便是积极上不知强健自己的身体，这两种原因，从国家社会上看起来，都有减弱国家社会力量之责任。社会上，除了对于特殊原因之多病者仍应继续寄与同情外，对于一般的多病者实应改持督责的态度，以转移向来的放浪，自残，善病，托病的风气。其实一个人要绝对不生病固不可能，要把疾病减至最低程度断非不可能；尤其是读书而较富于知识之人，应以身作则才好。

现在略谈体育的本身。体育的意义本来很广。最广的意义殆与卫生相同。次广的意义，当然包括运动身体和起居饮食。最狭的意义即专指身体的运动。但要使身体运动能够充分收效，起居饮食纵因限于物力，未能积极加功，至少不要背道而驰，以致身体运动的效力被其打消。所以要谈体育，至少当根据次广的意义。不过在贫乏的我国，尤其是处在抗战的时期中，积极上要想从起居饮食方面有补助于身体，自谈不到，然而消极上不使起居失常，饮食无节，以致妨害身体，那是不费钱而容易办得到之事，同时也是体育所必需之条件。从事体育者，除不要忽视上述关于起居饮食的条件外，我以为各种运动身体的方法虽各有其长处，但是有当特别注意者几点。其一，要能渐进的，换句话说，是要能从和缓的程度开始而随体力之增加，渐渐达于强烈的程度。因为坚强而有力的身体原是人人应有的目标；不过有些运动，始终保持着和缓的程度，开始时虽易入手，而缺乏逐渐加强的步骤，便无从达到这目标；又有些运动，对于一般人开始时过分强烈，以致望而生畏，也就同样的不能达到这目标。其实身体愈炼愈强，正如脑力愈用愈敏，强未习初等算学者以高深之理论数学，固不可能，强未经初步之体力锻炼者以强烈的运动，亦断然无效；反之，使研究数学之人永远不脱初等算学的范围，正如使从事体育之人永远不脱和缓的体力运动，同样的不能收大效。其二，要能调节的，换句话说，就是要有伸缩性，随体力之能耐而加重或减轻其程度。有些运动因为过分的兴奋，往往会使参加者一时忘却自己的能耐，致有运动过度之虞。在竞赛时的团体运动中，这种缺点最为难免，而在个人的运动或是团体运动而不在竞赛之时，此弊大致可免。因此，我认为竞赛对于运动之进步虽有促进之效力，却不可举行过多；尤其是团体运动为然。其三，设备须能简单化。要使身体运动能够普遍，尤其是在我国与在战时之我国，一方面须顾到经济力之所容许，他方面须随时随地都能举行。反之凡需要复杂器械或特殊场地的运动，都足以妨碍运动之普遍。我国许多学生，在学校时原是体育健将，而脱离学校后，往往就把体育抛弃，推原其故，大都由于器械与场地之缺乏。可见设备的关系也是很重大的。

（民国二十八年十二月为香港电台播讲）

运动家风度

运动家风度这个名词，译自英文的Sportsmanship，是指具有运动家特征与适合运动家分际的行为而言。此与运动家应有的技能与知识无关，盖侧重于运动家之德性者也。前几日本省举行运动大会，参加者固甚踊跃，参观者更有如人山人海。假使运动家风度能够对于一般青年作为理想的范畴，而发生优良影响的话，那就趁着最近所表现的实例，对一般青年阐明其效用，似亦有其必要。

我以为运动家风度最值得称颂者，莫如所谓“团体精神”Teamwork。此在各种运动中表现得最显明者又莫如足球竞赛。足球队以球员十一人组成，有前锋，有后卫，有守门。要取胜，靠前锋；要免败，靠后卫及守门。彼各有所司，而其共同目标即在免败而致胜。免败之道，前锋不仅居于第一道防线，而且以进攻为保卫，使足球远离本队的阵地，因而保障安全。后卫则居于第二道防线，以防卫为其主要任务；最后乃以守门的最大努力，把对方迫近球门的足球踢出去，以挽救危局。致胜之道，系前锋的专责，各人皆以将足球踢入对方球门为目标；但是理想的前锋，并不是自己把球盘住不放，一直打入对方的球门，而必须善于传递，把自己操纵的球传递给处于最有利地位的本队球员，让其一举达到目标，而实现“成功不必在我”的精神。这样的合作美德，充分发挥于集团之内，真是多么可贵。

其次值得称颂者为正当竞争Fairplay，也就是对于敌对方面的君子风度。所谓正当竞争，一是用公开正当的方法而取胜；二是绝对不作暗箭伤人之举动；三是竞争失败有承认失败之精神；四是竞争胜利有尊重失败者，不存轻视或侮辱的态度。此种美德虽起源于运动，但现在已推及于一切处世接物的场合。试就政治上举其一例，去年美国大选前，共和党之总统候选人提名会中，艾森豪与塔虎脱竞争甚烈，及艾森豪获得多数票，塔虎脱自知不敌，立即放弃竞选，首向艾森豪道贺，并允以其得票尽量支持艾森豪。其后共和民主两党候选人被推定，双方在总统选举中热烈竞选，及民主党候选人史蒂文森自知势劣，不能取胜，亦首先向艾森豪道贺，艾森豪亦衷诚致谢。如此，胜败两方均有君子之风，实始于足球竞赛或其他竞技决定胜败时双方参加者所互相表示的礼貌。

再次，可称颂者为秩序。秩序的意义便是能守纪律。在集体的竞技中，每一方面常设有队长，其队长多为运动员而经同队队员共同推选者，但一经选出，即全体队员有服从其指挥的义务。盖服从自己所推选之人，即寓有尊重自己的意义；此一意义，推而广之，便是民主国家人民对于所选举之人有服从其指挥的义务。又竞技时，两方面有共同推举公正人或裁判员的惯例，此项公正人或裁判员，既受两方面推举，即有不偏不倚，秉公裁判之责任。两方面如发生争议，悉听公正人或裁判员之裁定，无不衷诚服从。此正如许多民主国家的法官系由人民所选举，而既经选定，即有服从其所下判决或裁定的义务。

以上为竞技每一方面，集体的与个别的应具之美德。此外，运动家各个人应具之德性，还有忠诚、毅力、忍耐、不骄与不自私等项。试为分别说明：

所谓忠诚，是指运动家个人对于所属集体的效忠。效忠的最大者莫如维持集体的荣誉。努力致胜固然可以增进集体的荣誉，但是谨守运动规律与力戒不正当的行为，也是维持集体荣誉之道。

所谓毅力，是指运动家各个人均有始终贯彻其任务的责任。许多人赛跑，只能有一个第一名，却也不能没有一个是末尾的。第一名固然具有莫大的荣誉，末尾一名也不是耻辱。但是半途而废，不能跑到目的地者，却有未尽责任之嫌。因此，赛跑落后，明知不能获胜之人，仍然要继续努力，跑到目的地，才算能尽其责。这也就是毅力的表现。

所谓勇敢，便是在竞技时充分表现冒险的精神。一声号命之下，立即勇往前进，把整个肉体和灵魂都贡献给所参加的集团，与所从事的竞赛。当此之时，一切畏缩与顾虑均不复存在，一心一意，为所趋向之目标而尽最大的努力。

所谓忍耐，是指尽了最大努力之后，不幸而失败，却不要灰心。不怨天，不尤人，对自己也不必自怨自艾；只是认定多下一番苦功，便多得一点成就。他人所能者我竟不能，实因功夫未深之故；于是继续训练，加倍勤奋，务期充实自己。争取第一名，固不是人人所能；但争取进步，却是人人力所能及。忍辱负重，人人不可无此心；而有此存心，纵未必能争取第一，至少可以保证进步。

所谓不骄，是指竞争胜利后，不骄矜或自满而言。骄矜不仅足以惹起失败的恶感，有失君子风度；即对于技术亦将因骄矜而不复锻炼，自无进步可言。天下事不进则退，加以骄则轻敌，轻敌亦难免致败。于是胜而骄者将来断难继续致胜。故运动家的风度，对于胜则不骄之重视，实不下于败而不馁。

所谓不自私，便是为着团体的荣誉，不惜牺牲一己的荣誉。一个足球队的前锋，抢着了球，因为自己距离对方的球门太远，如存着自私之心，要为一己争取荣誉，一意蛮干，想直接打入对方的球门，这样一来，势必不免失败，以致全队的荣誉为本人一己的自私而牺牲了。反之，如能抱着成功不必在我的决心，把足球传递给处于最有利地位的另一前锋，如此则全队的胜利可期，个人荣誉转而归属于全队与幸而处于最有利地位之另一球员。

以上种种的美德，如团体精神，如正当竞争，如秩序、忠诚、毅力、勇敢、忍耐、不骄与不自私，皆可从青年、少年甚至幼年的竞技运动，无形中养成；将来应用于国家社会，做人、治事，无往而不发生有益的效果。因此，运动场不只是优良运动家的养成所，而且是优良公民的养成所；不只是设施体育的最好场所，而且是设施公民教育的最好场所。因此，运动家的风度，也就是政治家的风度与事业家的风度。

（一九五四年二月为青年讲座播讲）

由有形的进至无形的大学

今天是贵校成立三周年纪念，中国有句古话：“三年有成”；贵校成立三年，已有显著的成就，今天举行第一届毕业典礼就可以证明，贵校在三年有成这句古语方面，已经做到。本来要在毕业典礼中发表演讲，是很隆重的事情，外国大学要某位人士在毕业典礼中演讲，必定在一个月之前预先约定，以便他有所准备，因为在外国大学毕业典礼中所发表的演讲词，定是有关学术方面的大块文章，不预先通知，不预先准备，是无法即席登台演讲的。本人此次匆匆应邀参加贵校毕业典礼，事先并没有下过准备工夫，自然谈不上什么学术性演讲，不过本人既然很荣幸地参加了这次贵校的毕业典礼，就不得不讲几句话。

学问是无止境的，“毕业”两字，从字面上来看，一个人研究学问似乎已经完毕。其实，大学毕业，只是一个人的学问的开始。在外国，即有称毕业为开始者，所谓开始（Commencement）有双重意义。第一，就有形的学问讲来，大学毕业时，各该科应读的一般书本（有形的学问）似乎已经读过，有形的大学（学校）历程，似乎已经完毕，其实刚走出有形大学的大门，却踏进了无形大学的门槛，这无形大学，就是社会大学，社会大学虽没有富丽堂皇的建筑物，旖旎风光的校园，但人们开始进入这所无形的大学以后，就要在里面耽搁，研究得很久很久。世界上任何最好的大学（有形大学）不能养成全才，人们必须进入无形大学（社会大学）后继续研究，继续进修，才称得起有所成就。第二，人们在大学中所学者，最主要的，还是做学问的方法。大学中所学的，不过是学问的基础，是研究其它学问时的一种准备，有了大学时期这段准备工作，进入社会以后才能“开始研究”。以后一辈子一面研究一面工作，那么大学中所学到的，就是做这种工作的基础。所以大学毕业，只不过以后一辈子研究工作的开始罢了。因此诸位同学切勿认为今年毕业，就是学问圆满了，其实只不过是学问刚刚开始罢了。中国有句古话，说是“学然后知不足”，又有一句俗话，说是“做到老，学到老”。诸位同学须知人就是活到一百岁，要学到一百岁才对，学问绝对不会达到“饱和”程度的。诸位今天毕业了，应该抱定“学然后知不足”的精神，继续去研究探讨才对。

你们的专科学校，照规定应届毕业生是不要作毕业论文的。但一般大学院校的毕业生，毕业时应做毕业论文，没有毕业论文，就不能毕业。毕业论文的主要目的乃“在学校的教授指导之下，由学生自己完成一项研究工作”。毕业论文必须由学生自己找专题，自己搜集有关之各项资料，自己分析整理，自己写作，自己下结论，所以完成一篇毕业论文的过程中，除教授们略予指导外，绝大部分均由学生自己完成。所以我国各大学历来在结束的一年，都有叫学生做毕业论文的规定，如果学生们能够认真去作，不但能够达到“训练学生自己完成研究工作”的目标，而且学生因自己找题目，找材料，自己整理，自己结论，自己写作，一定还能引起学生的绝大兴趣。不过就我所知，有许多大学的应届毕业生，并不认真去写毕业论文，有的往往翻译一篇外国的名著来代替。关于这一点，我是不能赞同的。固然，翻译外国名著，也有好处，因为翻译一篇名著，不但须了解这篇名著的内容，而且尚须精通这篇名著的内容和专门名词，对于了解外国文字，不无益处。不过究竟不是自己的作品，不能符合“训练学生自己完成研究工作”的目的，也就是不能符合作毕业论文的目的，所以我是反对的。

目前台湾许多大学的研究所中，非常注重论文的写作。我自己就指导过学生写了几十篇。根据我指导学生写论文的经验，我认为论文不但对学生有益，对指导的教授也有很大的益处。足见中国有句古话“教学相长”说得非常的对，因为学生们所找有关问题的材料，有时往往为教授所不曾见到读过的，教授们借着指导学生作论文的机会，往往见到了读到了许多自己未曾见过读过的材料，可以弥补教授在学问上的不足，这不是“教学相长”吗？这不是教的和学的双方，都因写作论文的关系，在学问上获得很大的益处吗？就我个人最近五六年来指导学生写作论文的过程中，确使我获益不少。

贵校虽为专科，诸位毕业时虽不要做毕业论文，但希望诸位同学毕业之后，自己不断地去练习写作“毕业论文”。这对学问的长进，是非常有帮助的。当然，诸位写作毕业论文的目的，并非如一般大学毕业生的想获得“学位”。但我刚才说过了，大专毕业，不过是学问开始，就是“自己研究学问”的开始，而写论文是一种“自己研究学问”的最好训练方法，希望诸位同学千万不要忽略这一点。

贵校有“工商管理科”，我个人从前从事工商管理有年，所以刚才校长要我讲些个人对于“工商管理”的心得与经验，但“工商管理”这门学问，并不是三言两语所能讲完的，至于讲我个人对于“工商管理”的心得及经验，也不是这毕业典礼的时间所许可，不得已我暂且说一说“科学方法”。

大家都知道，所谓“工商管理”，简单说来就是用科学来管理工商业。凡用科学方法管理国家行政，叫做“行政管理”，用科学方法管理军事叫做“军事管理”，用科学方法管理人事，叫做“人事管理”，诸如此类，不胜枚举。由上面看来，可知“工商管理”不过为

“科学管理”的一支。所谓“科学管理”，就是用科学的方法，来从事管理。至于科学的方法，是否很难，本人敢肯定地说一句，并不困难，人人能做到，人人能利用，所以我现在就时间所许可的范围内，来谈一谈“科学的方法”。

一提到“科学的方法”，大家一定认为西洋才有，其实不然。中国古代，也谈科学方法。中庸上所说的：“博学之，审问之，慎思之，明辨之，笃行之”，除了“笃行之”属于“行”而不是“方法”外，其余四句，都是方法，而且是科学的方法。至于西洋谈科学方法，可以推到古代的希腊。古代希腊的“炼金术家”，也曾讲究科学方法。不过并未正名而已。近代正式谈科学方法的，可回溯到三百年前英法的两位大学问家。一位是英国的大哲学家兼法学家倍根氏（Francis Bacon），另一位就是法国的大数学家笛卡尔氏（Rene Descartes）。

倍根论科学方法须包含下列四种条件：（一）尽量搜集与研究题目有关之可靠资料，多多益善；（二）将获得之资料，分别列表以资比较；（三）将各项资料分析比较后，从其中找出一个可以“概括”全体的原理；（四）再将此“概括”之原理，用于其它类似之事项上，认为事项与原理仍相吻合者始承认其正确性。笛卡尔论科学方法，亦包括了四个要点：（一）无论对任何事物不能盲从旧说，必须先经过自己仔细的思考，然后加以信任；（二）遇有困难问题时，可将此困难问题，分为若干小问题，先将小问题逐一予以解决；（三）将一问题剖分为许多小问题时，可将这些小问题分别难易，先解决容易的然后解决较难的，由易到难，一个个加以解决；（四）凡对问题有关而值得参考的资料，必须搜罗无遗，不可错过一个。

倍根是法学家，注重求证，故须旁征博引，然后下结论。笛卡尔是数学家，注重思考，认为真理必须由审慎的思考中求得。倍根曾说有三种小动物，可作人们的老师。第一，就是蚂蚁，蚂蚁看到可吃的东西，不论是什么，也不论自己是否饥饿，全都搬运到巢中贮藏起来；蚂蚁有合群的道德，群策群力，不放过可供自己利用的东西，即不放弃储备任何外来材料的机会。第二，就是蜘蛛，蜘蛛不靠外来材料，全靠自己吐丝作网，是一种自动自发的品德。第三，就是蜜蜂，它不断地借助外来材料，不断地向外面去采花，但并不像蚂蚁一般，不论好坏，囫囵吞枣，蜜蜂却把外面所搜得的资料（花粉）酿成“蜂蜜”，换句话说，蜜蜂利用外来的原料，经加工后，成为自己独特的产品蜂蜜。照倍根的意思，三种可为人师的小动物中，当然要算蜜蜂最为理想，因蜜蜂兼具蚂蚁与蜘蛛的优点，即蜜蜂像蚂蚁一样，尽量向外界找寻材料，但也像蜘蛛吐丝一般，自己制蜂蜜。

总结起来，倍根的科学方法，是尽量利用外来的资料，亦即别人的经验。而笛卡尔则侧重自己的思考，虽然他也主张搜集材料。总而言之，这两位十七世纪初头的大学问家，均为现代讲科学方法者的鼻祖。现代的科学方法，也可以倍根和笛卡尔两氏为起点。自从两氏提倡科学方法以来，距今已有三百余年，当然在这三百余年中，科学进步，日以千里，科学的方法，也精益求精了。

我的话，似乎已谈得离题太远。现在再回到各位同学的本身上。各位同学毕业后，再从事研究，我奉劝各位找专题研究的时候，题目万不可太大，譬如题目为“中华民国”，任你做五十万字或一百万字的论文，也做不完，而且吃力不讨好。但题目也切忌太小，题目太小了，钻牛角尖，不但找材料太不容易，就是着手写起来，也太困难。所以各位选择题目的时候，一定要选得大小适中，写起来才有意思。（一）必须依照倍根所说的，尽量搜集与题目有关，而可以利用的材料，换句话说，也就是尽量利用别人的经验和参考别人的意见。（二）就已经搜集到的各种材料中，性质有相同的归于一类。（三）把每一类不同的材料，加以详细的比较。（四）根据这些材料比较的结果，下一“假定”的结论，然后将其它类似的事理与此假定的结论比较。但用此方法仍嫌不够，尚须加上自己的思考，即（一）将外来之资料，依自己的理性，加以衡量，来判明这些资料，是否正确；（二）如外来之资料不能利用的时候，还须运用自已的想像力。想像力和经验截然不同，但亦与毫无根据的空想有异。世界上的大发明家，都因他们有丰富的想像力才能有所发明。

换句话说，诸位研究学问，第一须要“观察”Observation。观察与观看不同，观看有如过眼云烟，观察是以研究的态度来察看事物，将所搜集的各种资料，逐一观察之，正如同细菌学家利用显微镜一样，也像科学家之从事实验一样。第二须用“分析”Analysis。研究学问，必须懂得分析，如化学分析（由整而分），论理分析（由果溯因），数学分析（由易而难），文学分析（以局部代全体）等。不分析，则对于学问，就不能了解得彻底。

假如诸位同学毕业后，从事研究，写作论文，一定要用科学方法，就是决定题目以后，必须搜集材料，加以比较，分析、综合，然后再凭自己的推理力加以判断，下一结论。一般论文的本身，并无太多的价值，但对于训练研究学问之一途则极有帮助。所以本人主张国民学校学生毕业时，也可写一论文。这并非说笑话，譬如国民学校的应届毕业生，在老师指导之下，做一篇有关玻璃的论文，写成一万或五千字的文章，并非不可能。第一步，在老师指导之下，搜集各种有关玻璃的材料；第二步再去玻璃工厂，实地参观玻璃制造的情形，甚至附带论及玻璃丝袜是否系玻璃，如此做去，不但有意义而且非常有趣。诚然，六年级的“国民学校”学生，写出论文难免别字连篇，破句层出（这是指现在若干“国校”六年级学生程度而言），但总能表达其意思。这样，就使学生从幼时就养成自己做研究工作的良好习惯。足见令小学毕业生做毕业论文，为实际上可行的事情，而不是说笑话。

无论研究学问或做任何事情，将所遭遇的困难问题，剖分为若干小问题，由易到难，逐一解决，最后，整个困难的问题，自然迎刃而解。这就是笛卡尔所说的方法，也就是“科学的方法”。我个人三十余年来，无论从商从政，解决困难的问题，都用这种方法，将大问题分为若干小问题，小问题解决，大问题自然随之解决，这就是科学方法。如此去解决问题，不但容易而且有趣。我提出来供诸位同学参考，诸位同学以后遇到问题，不妨试试看；并且这也是研究学问的最好办法。

（一九六〇年七月为私立铭传女子商业专科学校首届毕业式讲）

青年就业问题

任何人为着维持生活与服务社会，都不能不担任一种职业。在担任职业之前，对于职业的选择不能不有相当的准备。西人常说："择业有如择偶，终身幸福攸关。"择偶虽常为感情所支配，仍不能不运用理智；择业受感情的支配较小，更须尽量利用理智。我在谈"怎样做事"时，曾强调事前应先有计划，那就是提出若干问题，一一加以研究。择业为一生事业所关，不仅应先有计划，而且往往要作长期间的准备。因此，青年在学校学业的最后若干年间，必须对于职业的选择先作计划，计划既定，然后以充分时间为之准备。

择业的出发点，至少括有三个步骤。第一，对于职业的范围和种类须有一个概念，随着便要略知各种职业所需要的技能与因此涉及的教育种类和程度。此外，如能略知各种职业的工作概况、报酬等级及其前途盛衰，当然更好。第二，要认识自己所具有的能力，与自己个性的优点和弱点，以及何种职业最能满足自己的期望。第三，要将自己所具有或可能达成的条件，与认为最能满足自己期望的若干种职业互相比较，然后考虑自己在目前与今后有无胜任的可能。这三种步骤，其目标不外是"知彼知己"。在作战时，惟能知彼知己，才可百战百胜；在人海茫茫与优胜劣败的世界中选择维持生活的职业，也须要知彼知己，才能确保成功。

然而在抉择职业之时，首先要消除的也有三种最常见的心理作用。一是自我最适当的幻想。不少的青年们往往认为自己对于某一种职业最适当，如能担任此一职业当较他人有更良好的表现，这样一来，对于人与事才算相宜。但这一观念只好说是幻想，不能算是切合事实。因为人性毕竟是多方面的，固然有其特殊的倾向，但这种倾向往往也会随着经验而转变，这样的转变，便可使其“适应环境”。因此，择业固须求合乎个性，但是一个人的个性所能适应者也断断不限于一种职业。知道这一点，才不致择业过苛，以及不得已而担任了不是自己认为最适当的职业，便要感觉一切都不如意。二是尽人都能胜任的信念。这一种信念恰好和上述的幻想相反，正是过犹不及。此信念起于误认人类生而具有同等的天赋，没有一种工作是不能借机会、经验与学习而可胜任的。但是科学家研究人类性行的结果已证明人的天赋不免有多少殊异，顺着天赋而发展，当然会事半功倍，纵然不惮以事倍而求功半，没有一件事是不能有成的。三是对于体面的职业的倾向。所谓体面的职业，便是欧美通称的“白领工作” White colour jobs，其意义便是可以穿着整洁的衣服而工作的职业，以别于一般劳工必须穿着油污的工人服装并使双手污垢的工作。其实，只要是正当的职业，则无所谓体面与不体面。在此劳工神圣的时代，所谓白领工作的基层从业者，如缮写员、事务员、小学教师等，其地位与报酬都不见得能与技术工人比拟。许多青年在不能不辍学而充当学徒时，往往宁充商店的学徒，而不愿充工厂的学徒，殆亦中了体面或白领观念的毒，其实为着许多人的技能与前途打算，此一观念实应首先打破。

在不正当的心理作用消除后，且按照上述的择业出发点，酌举若干比较重要的具体问题，以供青年们的考虑：

（甲）属于职业的要点与特性者：

（一）拟择的职业是否有利于社会？它有无不道德的影响？它是否对于社会的利益有最大的补助？

（二）此一职业以何种活动为其最大的特征？择业者对于此种活动是否喜欢？

（三）此一职业应如何入手？

（乙）关于职业所需的条件与准备者：

（四）加入此一职业者的最低年龄为何？

（五）此一职业是否需要特殊的体格条件，如高度、重量、体力、目力、听力等？

（六）此一职业是否需要超过平均的智慧？

（七）此一职业是否需要特殊的技能，如音乐、绘画或书法等？

（八）此一职业是否需要应付他人的才能，如领导他人或劝服他人之能力等？

（九）此一职业需要何种特性，如礼貌、判断力、规律、持恒、忍耐、创意、急智等？

（十）此一职业需要何等程度之普通教育？

（十一）何种研究对于此一职业的准备最有用？

（十二）为准备担任此一职业，除普通教育外，必须经过多少时日的专业训练？此种专业训练何处可以获得与如何获得？

（十三）此一职业是否要经过学徒的阶段？如必须充当学徒，则需时几何？

（十四）此一职业是否需要政府的特许？

（十五）在加入此一职业后，约需经过几年始能熟练和巩固其地位？

（十六）何种经验有助于此一职业的准备？此种经验能否于课余时间或年假暑假中获得？

（丙）关于职业的工作状况者：

（十七）工作的时间在日间或在夜间？此项时间是否一成不变？

（十八）工作环境是否愉快？

（十九）工作对于健康与安全有无危险？如有之，究为何种，且有无防备方法？

（二十）工作的种类是否每日固定不变？

（二十一）是否单独工作，或须与他人共同工作？

（二十二）此一职业是否终年继续，或仅为季节性？

（丁）关于职业的待遇与前途者：

（二十三）此一职业之报酬通常为按件的抑为按时的？

（二十四）此一职业有无例假？

（二十五）此一职业目前纵极清苦，前途有无上进的希望？

（二十六）此一职业是在增长中抑在衰落中？

（二十七）此一职业是否因年龄增长而有被提早解雇的可虞？

（二十八）此一职业中的从业人员，其一般性行与背景如何？是否适于相处？

（二十九）此一职业的性质有无影响于从业人员德性的可虞？

（三十）此一职业能否容许从业人员享受良好的家庭生活？

（三十一）此一职业有无激发思考与增长理智之可能？

（三十二）此一职业于每日工作完毕后，有无过分疲劳之可虞？

以上种种问题，乍看起来，未免为数太多，但为着最初担任的职业往往与毕生事业攸关，不能不慎之于始，从长考虑。因此，我认为一般青年最好在离开学校之前几年，就要加以考虑；因为考虑之结果，如果需要从学识技能上加以补充的话，便须作升学的准备，而升学的准备，为着适合学以致用的原则，尤需及早作周详的考虑，因此，问题是不会过多的。至于为着经济环境的突变，不得不临时提早就业，来不及在若干年前从长考虑，那就对于这些问题，纵然不能一一作满意的解决，至少也当就其中若干特别重要者切实考虑，以资抉择，而资以抉择的关键，则眼前的条件尽管牺牲，长期的影响却不可不特别重视。

上所举述的问题都是关于职业性质与内容种种的研讨，完全属于“知彼”方面；现在不能不进一步，以求“知己”。所谓“知己”方面，首先要知道自己对于所任工作的兴趣。一个人要在职业上成功，必先对所任职业有浓厚的兴趣。惟具有兴趣，才肯在能力所容许的极限内对于职业予以深切的注意。反之，如对所任职业丝毫不感兴趣，则在工作时只觉得时间在苦闷中度过，精神不能专注于工作，因而成绩既不会优良，甚至还不免错误。因此，对于所任职业的浓厚兴趣，无异是一种无价的资产。但是兴趣并不是与有生而俱来的，兴趣的诞生多半是由于经验。人在幼年及童年，目击其父母所感兴趣的事物，久而久之，也就受到无形的影响。木工、铁工之子，对木工、铁工往往感觉兴趣；正如我国所谓书香之家，子弟多具有读书的兴趣一般。他如少年时代伴侣之所为，也往往能互相影响其兴趣。既然经验可以对兴趣发生影响，于是对于初次的尝试，无论是读书或就业，最好是不要因失败而受到严重的打击，以致后来长时期，甚至毕生的兴趣都受到不良的影响。譬如读书可以满足人的求知欲，本来是人人都应该具有兴趣的，但因初读书时受到有些教师的严厉督责，不免使儿童渐感读书无异是一种责任，而不是一种兴趣，遂致较好的学生只求在校内肄业时期能尽其责任，等到毕业后一出校门，便认为责任已尽，不再肯自动读书。同一理由，初次就业时，因感受到严厉的督责，对于本来有兴趣的工作，也就免不了大减其兴趣，如果继续遭遇类此的打击，则除意志特别坚强的人外，不仅对于工作的兴趣完全丧失，甚至还不免要精神沮丧，朝气全消。因此，为慎之于始，择业之初必须注重兴趣，因为具有兴趣，则工作自能尽力，成绩自然优良，由此而获得鼓励，兴趣将益加浓厚，成绩也就增进不已。

但是兴趣毕竟是无形的东西，尤其是青年们更不容易捉摸。现在我就几方面各提出几个问题，以协助青年们对于兴趣作自我的分析。这些问题，分为三方面：

（甲）关于学校的工作者：

（一）你在学校中最不喜欢哪一门功课？如果有不喜欢的功课，究竟为什么理由？

（二）你在学校中有什么特别喜欢的功课？你喜欢这些功课究竟各有什么理由？

（三）什么科目或什么部门的知识你最擅长（不以学校科目为限)？

（四）你是否还想攻读专科的学问？你所要攻读的专科将是什么，而且有什么理由？

（乙）关于课外的消遣者：

（五）你对于课外消遣有什么特别癖好？你对于这些癖好已经继续了多少时日？你对于各种癖好中，何者的兴趣最浓厚？

（六）除了特别的癖好外，你还有什么爱好的消遣？

（七）在课外的活动中，你最喜欢哪一种？体育吗？演剧吗？社会的活动吗？还有哪一种课外活动是你曾经尝试而不感兴趣的？

（八）你曾否加入什么社团？有没有当选为职员？你对于社团的经验是否使你发生兴趣？

（九）你在暇时是否喜欢自动读书？哪一类书籍你最喜欢读？哪一类书籍你不喜欢读？日报中的哪一部门你最喜欢读？

（十）哪一种的博物馆与展览会你最喜欢参观？

（十一）你的课余兴趣，从整个而论，究竟是属于艺术的、音乐的、体育的、家庭的、社会的、理智的或机械的？

（丙）关于职业的经验者：

（十二）你对于何种工作（有给的或无给的）曾经有过经验？你喜欢哪一种？何故？你不喜欢哪一种？何故？

（十三）你还想尝试哪一种的工作？

（十四）你在工作时，是否喜欢和许多人在一起，或和少数人在一起，或者简直不要有他人在场？

（十五）你是愿意做每日相同的工作，或者是常常有变动的工作？

（十六）你喜欢以两手工作为主呢，或以脑力工作为主呢？

（十七）你喜欢由自己定计划而负执行之责呢，或喜欢执行他人所定的计划呢？

（十八）你喜欢在户内或在户外工作呢？

（十九）你自信更擅长于对人工作，或对物工作呢？

（二十）你只喜欢很少形式的活动呢？或是很多形式的活动呢？

（二十一）你是否具有坚强的兴趣，可以持久不变呢？抑或你的兴趣似乎在继续改变呢？

（二十二）你和同学比较起来，是具有种类更多的兴趣呢？或是更少的兴趣呢？

（二十三）如果你的兴趣太狭，你能否扩充你的兴趣呢？

各种职业上的兴趣，概括一下，约可分为十类，那就是：（一）户外的，（二）机械的，（三）计算的，（四）科学的，（五）文书的，（六）劝诱的，（七）艺术的，（八）文学的，（九）音乐的，（十）社会服务的。

兹就其中若干类略述其所括有的具体职业为例：

（一）文学类括有著作家、文学教师、律师、记者等。

（二）劝诱类括有保险业经纪人、商店店员、公私债券推销员、收帐员、地产经纪人等。

以上种种的叙述，无非要使青年在就业时一开首便获得满意的职业，而所谓满意的职业，概括一下，当合乎四个条件，那就是所就的职业，一须合乎性格，二须与能力相称，三须使人感觉其工作有意义而值得担任，四须能够获得适当的生活费。这四个条件都能达到，自然是理想的职业。但是人生本来不是都能达到理想的。万一事实上有种种阻碍，同时为着生计的关系又不得不就业，即暂时牺牲理想的一部分，只要所就的职业是有利于社会的，那就为贫而任微职，较诸赋闲坐食，或甚至依赖他人为生，自然还要好得多。遇有这样降格屈就微职的事情，就我国古代名人应付之道，可分为两派。第一派的例子是孟子万章篇所记：“孔子尝为委吏矣，曰，会计当而已矣；尝为乘田矣，曰，牛羊茁壮长而已矣。”委吏是管仓库的小公务员，乘田是主苑囿刍牧的小公务员；以孔子任此微职，也肯注重会计的不错误，和牛羊的肥壮长大，固然不便以位卑而言高，却对于所任职务仍力谋尽职。第二派的例子是三国志蜀书庞统传所载：“先主领荆州，统以从事守耒阳令，在县不治，免官。吴将鲁肃遗先主书曰：庞士元非百里才也，使处治中别驾之任，始当展其骥足耳。诸葛亮亦言于先主，先主见与善谈，大器之，以为治中从事，亲待亚于诸葛亮。”这两个例子，表明孔子之负责，与庞统之不负责。学孔子则食人之禄为人尽职，自己固心安理得，他人也终有公道。学庞统，则受禄而不肯尽职，何如拒绝任职，以免有亏职守。而他获得鲁肃和诸葛亮的力荐，先主也不念旧恶，否则徒然以有亏职守而免官，对己对人均不值得。因此，我奉劝青年们，在择业之时固宜慎重，但既经就业，断断不可学庞统的嫌位卑而不肯尽职。

（一九五三年十二月为青年讲座播讲）

就业与业余

一、毕业与失业或得业

首先我当向诸位道喜。记得我们在大陆时，特别是在对日作战前与复员后的几年间，常常听到毕业即失业一语，现在诸位一毕业便得业，其间相差真不可以道里计。这不能不赞许政府之贤明，一方面能够作育人才，他方面还能够注重人材的出路。听说最近几年在台湾毕业的专科以上学生，都由政府妥为分派工作，在政府虽然煞费经营，而在专科以上学校毕业的青年不再像在大陆毕业之日无不是一忧一喜，喜的是学业有了一个结束，忧的是前途茫茫，不知怎样去获取职业。不过政府现在分派毕业生的工作，大都在各级政府和公营事业方面。在目前财政困难，政务紧缩，公营事业亦不能充分发展之时，照这样，每年有一大批的新毕业生要安插，定然也是日感困难，终有一日达于穷境，因此我觉得政府更贤明的办法还是为毕业生造成就业的机会，较之一一为之直接安插，更能持久。所谓造成就业机会不外两途，一是积极发展工商业及其他企业，以造成社会上对于人材的大量需要，一是给予在学生以切合实用的教育和训练，俾毕业后获得各种事业的欢迎，不致使各业狃于习惯，仍多向本业自行训练中取材，那就是从学徒中升为职工而按资递进。本来学徒制度也不可厚非，甚至像英国这样教育很发达的国家，迄今仍甚重视学徒制度。他们工商事业的基干人物多数还是出自学徒，大抵经过了八年义务教育后，除了中等以上的人家或特别聪颖有志的少年才转入中学，以谋深造外，大多数都投入工商业为学徒，不过他们的学徒多数真能达到半工半读的目的，凡有相当规模的工商业无不为学徒设置补习课程，而且雇主对于学徒也负有每星期授予若干小时补习教育的义务，其自己无力开办补习课程者，还得以若干时间容许学徒在外间受补习教育，同时各业的同业公会也负有监督和考试学徒的责任。因此，不只是普通的技术人员可从学徒中养成，甚至专门的人材也可利用学徒制度而养成。例如律师医生药剂师建筑师等自由职业者均可招收学徒，加以训练，经过若干年后，得其雇主及导师的推荐可应同业公会或政府的考试，及格后和大学毕业生一样可以充当律师医生药剂师和建筑师等。记得律师的习业年期为十六年，那是最长的学徒时期，其他各种专门职业均较此减少。这样学校和学徒并行的制度，在英国可以流行至今而不变，则因他们的工商业规模和社会基础都可以容许学徒制度之存在而有利无害。至于情形和英国不同的国家，人材的养成当然要以学校为主，不过学校有其长处，也有其短处，那就是所学是否能切于实用与如何从学校过渡到职业。关于所学能否切于实用，那是教育上极大的一个问题，今日无暇讨论。关于如何从学校过渡到职业，在现今的台湾，诸位总算得着政府很大的帮助，不过为着久远计，似乎还应作更彻底的注意。

二、职业与个性

职业要选择人，人也要选择职业，这才是就业的理想。不过在就业人多于职业需要的时期，职业之选择人自较人之选择职业容易得多，于是就业者便不得不牺牲其理想，这不只在我国为然，在许多国家也多少有此现象，本来职业能够适合个性，则就业者兴趣盎然，对其工作既感乐趣，自不觉劳苦而努力有加。不过以孔老夫子的学问，却曾担任过委吏，就是收管粮草材料的小官，和乘田，就是掌牛羊刍牧的小官，这不只是大材小用，而且定然和他的个性很不合，然而他却谨守岗位，力谋称职，对于委吏之职，则曰会计当，就是按照国家的预算与规定办理，不肯聚敛，亦不肯放弃职守；对于乘田之职，则曰牛羊茁壮长，就是要使所畜牧之牛羊孳生与肥大。古今中外的名人，不因大材小用与工作不合个性而轻忽其职守者，其例极多。但也有一些错误的措施，却为后人所特别宽恕以致发生错误的观念，不可不矫正，诸位读过历史或历史小说的，或会记得三国时候的庞统，当蜀汉先主刘备领有荆州的时候，担任耒阳令，就是耒阳县的县长，在县中疏懒得很，不肯认真办事，遂被免官。后来吴国的鲁肃，因与刘备很有私交，便写了一信给刘备，说“庞士元非百里之才，当大用以展骥足”。刘备特加召见，与之长谈，知其确有才能，便把他升任为治中从事。刘备的度量确系难得，而庞统的作风却不可为训。第一，他如果嫌县长的地位太低，不能发展所长，根本上他就不应接受，一经接受，则吃了国家的俸禄，自然有他应尽的责任；这是对公家的责任而言。第二，他如果没有鲁肃替他特别吹嘘，也不是遇着像刘备这般度量的主上，他便将以怠忽职务而被撤职的恶名终其身，哪里还有后来的一番历史；这是对自己的利害而言。总之，人人均当有责任感，不仅是对于公家职务为然，对于任何职务，一经担任了，不仅是接受了报酬的权利，便须忠实地尽其应尽的职责，否则便是尸位素餐。即或这只是义务职，没有什么报酬，但既经担任了名义，如果不尽其名义上应尽的职责，在道义上也不能不视为有亏职守，因为一个名誉职，纵然没有素餐的责，至少也有尸位之过，如果负上名义而不尽责，则何如把这名义让给能尽责之人。名誉职尚且如是，有报酬的职务更不必说了。想到这里，则职务上的责任感至少可把不合个性的乏味提撕起来。

三、学校与社会

一个经过了学校生活十多年的大学毕业生，骤然到社会上去服务，定然不免感觉生疏。在学校因为是在学习时期，除了少数对学生团体负担一些义务外，没有什么服务的责任可言。但是就业以后，无论其地位的高低，皆负有其对职务上的责任。这些责任又不只是对内的，而且是对外的，特别是公务人员，一方面对于本机关负责，他方面还要对人民负责。即在工商业及教育事业中，一方面固然要对本事业负责，他方面也要以其出品或服务对社会上的关系人负责。这是第一件生疏的事。在学校中，假使学生发生一些责任感的话，那就是每半年或若干时期一度的试验，学生不得不对其试验成绩负起一种责任感外，平日的责任不很明著。但一经担任职务，则无时无日不有其对内对外的责任，这是第二件生疏的事。在学校中，学生都处于被保育的地位，有师长为之指导，到了社会上服务，固然在初服务的时候，多半还有上司为之指导，但这种指导，总不能如学校中师长教育之周详，因此就业的青年不能不由自己随在用心，自己学习。这是第三件生疏的事。此外还有一件似乎无大关系，实际上也使久处于学校者特别感觉生疏与不惯的，那就是大中小学校每年都有合计起来等于几个月的暑假和年假，而担任职务以后，除了充当教员之外，都是没有暑假和年假的，十几年的习惯一下子变更，不免感觉到有些不便。为着使学校和社会打成一片起见，记得我在多年前曾经发表过一种意见，就是把学校的年暑假尽量缩短，而且尽量利用暑假，使中等以上学生为社会学习服务，以减少这一项的生疏和隔阂。此外还有许多学校生活不应与家庭及社会生活脱离之处，也值得教育家的注意。我到了台北以后，第一次看见都市中的小学生有赤着脚去上课的，这使我感觉到很值得赞许。希望其他的事也多能照这样把学校家庭和社会打成一片，则不仅对于将来的就业减除不少的隔阂了。

四、服务精神

服务精神，易言之，就是对于对手方作适当的致力之正确观念。要鼓起这一种精神，莫如时时从一个恕字着想，我在小的时候读四书，读到“有一言而可以终身行之者，其恕乎？己所不欲勿施诸人。”我那时候的童稚心灵很为感动，觉得这的确是一句永久而普遍适用的名言，譬如在同学当中，我不愿别人欺负我，我就不该欺负别人，我不愿别人随便拿了我的东西，我也不应该随便拿了别人的东西，后来我开始处世服务，也无时不念兹在兹，以此一语为规律。有一次我偶然读英文的耶教圣经，其中有 Do Unto others what yon like to be done to Yourself，意译起来，就是“己所欲则施诸人”这和“己所不欲勿施诸人”的原则相同，然实际和程度却有一些差别。“己所不欲勿施诸人”是消极的，劝人不要做有害于他人之事；而“己所欲则施诸人”是积极的，劝人不仅不要做有害于他人的事，而且要做有利于他人之事。因为我在必要时希望他人相助，所以我也在可能时协助他人。诸位今后就业，为社会服务，特别是以公务员的地位为人民服务之时，应切记“己所不欲勿施诸人”，与“己所欲则施诸人”这两句话，时时刻刻在处理一切事务都以此为圭臬。那就不仅可免过误，而且定然有利于社会与人民。例如你自己以人民的地位向官厅有所接洽，你总希望获得主管人员诚恳而迅速地给你答复和替你处理；现在你自己担任了公务员，对于人民的请求，也就应该以易地而处的观念诚恳而迅速地答复他们，与替他们处理。这是积极方面的。至于消极方面，你以人民的地位向公务人员有所接洽，自然不愿他们有违法处分或者是不正当要索的行为；现在你自己以公务人员的地位来应付其他的人民，也应当以易地而处的观念，力避违法处分或者不正当要索的行为。这一种精神实在应推及于一切的服务人员，在工商界，教育界莫不适用。例如你以顾客的地位自然希望工厂的制造者供给你制造精良的物品，商店的售货人供给你货真价实的物品，现在你自己在工厂商店任职，你自应尽你的可能以制造精良的物品，或以货真价实的物品供应给你的顾客。又如你以家长的地位希望你的子弟在学校中得着教师的认真教育，现在你自己担任教师，也就应该认真教育他人的子弟。这一个推己及人的恕字，无论从孔孟的立场或耶教的立场来解释，都是服务上一个万应良药，希望诸位特别记取。

五、工作效率

我国近年有一个很流行的新名词，就是所谓“效率”，在工业上有所谓工作效率，在商业上有所谓经营效率，在政府中有所谓行政效率。这个名词译自英文的 Efficiency，其意义是用“科学的方法，增加做事的功效”。照这样的定义当然是在任何部门的工作中都可以适用的。简单说起来，要使任何部门的工作获得优良的效率，必须适当地解决七个问题，那就是：（一）做什么；（二）怎样做；（三）用什么做；（四）用何人做；（五）需要多少钱；（六）怎样做得快；（七）怎样做得好。第一问题是在如何认识所做的工作与其目标。这是工作的出发点，也就是工作的第一要素。学化学的人去办行政事务，或是学法律的人去办建筑工程，固然是完全不懂做什么；就是学法律政治的一人，一旦担任官厅的行政工作，其所学与所任虽还相近，但其开宗明义的第一步骤，还须彻底去求认识所任工作的真相与目标。第二问题是已知所做的是什么事，就是它的真相和目标，自应进一步研究工作的计划。因为工作的进行，应预定计划，不宜临时仓卒应付，因此，为获得优良的效率，不可不先之以处理工作的计划。第三问题是指对于工具与材料的选择。因为工欲善其事必先利其器，此为今古中外不易的原则。至材料之供应与需要适合，其重要也正相同。这一项在工商业中极关重要，然在行政机关内，为着处事的便利和迅速，也有不少的关系。一个极简单的例子，就是在有须缮写的场合中，打字机的应用实可以大增效率，其他可以类推。第四问题就是使用哪一种的人去担任关系的事工最为适当。理想的原则是程度太低的人固不宜担任程度过高的事，但程度太高的人去担任程度过低的事也未必适宜，更不见得会做得好。以孔老夫子担任收管粮草材料的委吏和掌管牛羊刍牧的乘田，未必会比一个中等人材做得更好，幸亏那孔老夫子不致恃才傲物，大材还肯小用，如果遇到一个像庞统这样的人，定然要比中等人材还要做得更坏了。第五问题是要知道用钱多少和如何节约经费的方法，这当然要预算得很正确，否则过多固然是耗费，过少也难免使工作半途而废。第六问题是研究怎样把工作做得快，这当然是效率的直接目标之一。但此一目标的达成，切戒粗制滥造，因此只有从工作方法上研究改良，省去不必要的过程。具体言之，一须避免重复的手续，二须避免迂回的路线，三须避免不必要的步骤，四须改进工作的方法，五须改进工作的精神，六须改善工作的环境。这几种应该采行的方法，在工商业中，与其他各行事业中，固然不尽相同，而原则却无何差别。第七问题是研究工作的结果怎样才做得更好。此一问题与如何做得快的问题不无冲突，因为快的结果，往往不免牺牲了好的品质。因此，要达成前一目标，必须顾到这一目标。在事业机关中，要兼顾“快”和“好”的两条件，往往分工办理，主管日常工作的不免要侧重到快的方面，于是不能不另设单位或专人从事考核，以期维持好的条件。但如要同一人兼管“快”与“好”两项，也未尝无法办理，那就是在工作日中特别拨出一个时间，从事检讨工作的品质，视其能否合乎标准。举一个例子，譬如从事著作的人，一星期中假定以六日从事写作，在写作时不免有倾向于从速之处，如果于星期日停止写作，专将六日的工作检讨一下，就是复检一遍，加以修正。这也就是第七两条件减少冲突的方法。

六、业余时间的利用

一个人职业上的工作无论怎样忙，总不免有些休闲的时间，就是所谓业余时间。在三八工作制之下，每日八小时工作，八小时睡眠，八小时休息。其中最难处理的便是那业余而非在睡眠的时间。这一部分的时间如果处理不得当，不仅影响工作，而且侵扰睡眠，反之这一部分的时间利用得宜，则身心安泰，学问进步，睡眠既酣，工作亦能认真。因此，在诸位开始就业之时，实值得早为之备。我觉得社会上，包括教育家，对于未来及现在的从业人员的业余消遣未免太轻忽了。学校里的课程百分之九十以上，都在灌输为学致用的知识，而很少注意到其他方面。这些知识实际上将来大都是供八小时工作的需要，而很少可以适用于休息的八小时，纵然睡眠的八小时是用不着什么教育或训练的。

业余时间的正当利用，不外是学问进修，公益服务，欣赏艺术，与从事体育四项。而这四项的习惯，却要靠十余年的学校生活之养成。关于学问进修的兴趣与学识智能的灌注具有重大的差别，前者是自动的，后者是被动的。后者所灌注的学识智能得了多少便是多少，而且经久便要遗忘，因此遂有日益减少的倾向。前者所养成的学问兴趣，却是一生用之不尽，取之不竭；而利用此种兴趣，可使一个青年出校以后的学问要较在校所得日有增加。关于为学兴趣之如何养成，以及教育制度方法，这里不克详谈。现在我趁此机会奉告诸位，就业以后的业余时间最好能以一个重要部分用于学问进修方面。须知大学校毕业，绝对不是学问的完成，而是学问的开始，英美大学的毕业称为 Commencement，其意即是开始，实含有深意在内。我国通行的成语有“书到读时方恨少，事非经过不知难”，在学校之所受教者只是为学的基础，到了实用上要以学校所学应付之，如果认真评断，自不免有读书恨少，与经过知难之概。故专为所学对于所业的适用，已有必须自己进修之必要。况且现今的学问日新而月异，对于所学过了几年，将不免变为陈旧，这尤其是需要自己不断进修的。此外还有一要点，就是处今日的世界，人人除专业的学识智能外，还需要很丰富的常识。因为任何事业都与外界及本国政府政治有关系，而任何一国之人也都不免要受国际局势和若干国家的政治措施所影响，任何个人也都要认识国际的局面与国家的基本政策。这实在是今后公民的必要职责，特别是现在局处于台湾的“我国”智识分子，要尽其“恢复国土”与适应世界大势的职责，对于国家与国际的常识实有增进的必要。关于学问的进修方面，除补充原习专门学科的新知识和实用知识，与扩充常识外，在所任的职业与所习的学科不同，或因兴趣转移，而有另修一种专门学科的必要者，也不可一出校门或一经就业便丧失了这种机会。因为在校修业，每日连自修的时间在内，至多不过十二小时，而从业后的业余时间，每日有八小时，假使其一半的时间专治一种专科，则三年的时光至少可抵在校修业的一年时间，而经过了学校的长期训练后，自修的学力自亦加强，因此十年之间，如能继续不断地自修另一门的专科，也无异等于在校四年的修业，而由于自己努力独学，得之难，失之也更不易，国外许多专家靠半工半读而成材者，屈指不能数，以我国人的聪颖，苟能持以毅力，亦何至多让外人?

利用业余时间的第二办法，便是从事有关公益的服务，“各人自扫门前雪，勿管他人瓦上霜”，是我国人旧日的处世训条。生当今日极应推翻此训条，而以余力为社会的公益事业服务。这一种习惯，最好亦当由学校养成，“我国”既已成为民主立宪的国家，民主的基础，端在地方自治，专科以上学校毕业生从业于各地者，对于所在地的自治与公益宜利用业余时间，积极参加，以提高自治的水准，而加强对于公益的服务。

业余时间利用于艺术欣赏与体育训练，也是有益身心的消遣，英国的邱吉尔以数十年政治的生涯，而以业余从事于绘画与写作，均有卓越的成就。我国的齐白石氏出身木匠而擅长绘画，与清代雍乾间的丁敬身氏，以卖酒为业，而精于篆刻隶书与金石文字，卒成为一代学人。这些都是利用业余时间而从事艺术，卒告成功者，盖不仅作正当的消遣而已。至于体育的功用，不仅可供正当的消遣，而其锻炼身体，使精神饱满，对于修学治事，均能积极。直接间接，都是有益的。

（一九五五年八月为台省大专毕业生就业训练班讲）

业余时间的利用

我觉得社会上，包括教育家，对于未来和现在从业员的业余消遣未免太轻忽了。学校里的课程百分之八九十，甚至还要多些，都是教人学问。因此，学问虽也有专以学问为目的的，但毕竟以致用为主；实际上学校的课程几乎专教人以从业的知识和技能。同时，公私事业招致其从业人员也多以知识技能为选择的标准。这大概是认为知识技能是服务的必要条件，就不免侧重于知识技能方面。而很少注意到其他方面；间有兼顾及其他方面者，也不外关于性行和健康，但性行不是一时所能发觉和证明，健康也可随时因其他关系而有大大的变更，专就一时的观察是不尽可靠的。

谁都知道三八制是现代职业的共同目标，换句话说，就是八小时工作，八小时休息和八小时睡眠。这三个八小时的利用，只有睡眠的八小时用不着什么教育和注意，除了特殊情形之外，生理上自然而然的会使大多数人都走入正轨。工作八小时所需要的准备，因世人特别注重，几乎占了学校全部课程和一般教育家的全副精神，同时也占据了一般学生几乎全部的修学时间。但是休息的八小时应有什么准备，应预为一般学生加以什么训练，我敢断言，一般教育家还没有深切注意，而公私机关主管人事者也多没有意想到这个问题。此或因他们认为既是休息的时间，还是听各人自由处置，既无需特别训练，也用不着干涉个人的自由；这却是大大的错误。

我以为休息的八小时利用不当，不仅要影响八小时的工作，而且会妨碍八小时的睡眠；这事实未经揭出虽很少人注意，但一经道破，却无人会否认的。我们试想，一个从事职业的人如果在他的八小时工作以前或以后作了许多不正当的消遣，使他的身体精神经过不正当的兴奋后感觉得异常的疲劳和颓丧，虽然到了应该工作时间不能不勉强工作，可是疲劳颓丧之余，其工作效率是否够得上正常，这是人人可以意识到的。况且睡眠的时间各人可以自由处置，不像工作时间具有强制性，因此，不正当的消遣时间加长，睡眠的时间便不免随而缩短，而睡眠时间不足自必影响健康，健康受了妨害，工作能力自亦随而低落。凡此种种，互为因果；休息的八小时处置不当，势必使其他十六小时都受到不良的影响。这还是单纯关系精神身体方面；此外还有物质方面，性行方面，往往也因休息的八小时处置不当，至连带恶化。因为不良的消遣往往耗费金钱，耗费之结果，间接上不免影响到性行，这也是人人知道的。

至从另一方面观察，如果休息的八小时利用得当，工作和睡眠中间的时间作了有益于身体精神的消遣，则身体强健，精神愉快，工作时效率增加，睡眠时梦寐安适，也就是当然的结果。而且消遣得当，学识将随而增进，金钱可免耗费，这还是间接上的收获罢了。

现在谈谈什么是正当的消遣，换句话说，怎样才可以美满地利用业余的时间。这可说本来很简单，因为任何人都知道读书、欣赏艺术和体育三者是业余的好消遣。不过实行起来却没有这般容易。读书首先要养成兴趣，怎样才能够养成读书的兴趣，我日前在本讲座中讨论读书方法时曾作过一次的讲述，用不着重述。现在我只要说的，有不少已就业的青年，或因中学毕业后不能升大学，或因大学毕业后不能出国深造，不免有些不满，而深憾在学问上不能再上进。前者出自学然后知不足，原值得赞许；后者误认就业后学问不能再上进，却不免有重大的误解。一个人在学校中，每日连上课和自修，不过十时或十二时，即特别勤学者，至多也不过十四五时。就业后，在三八制之下，休闲的八小时中至少可以四小时借读书而自修，如此则就业后每三日的自修当可等于一日的在校肄业。换言之，三年的自修至少等于一年的肄业。何况就业的自修，假使所修习的功课与所担任的工作有密切关系，则为学与致用获得相互印证，成绩尤为切实。因此，青年因就业而埋怨学问不能上进者，未免由于自馁，殊非事实；读书为业余最优良消遣之一也就显然。将来我当对如何自修作一次专题讲述，今日暂止于此。

第二种最优良的消遣，便是研究和欣赏艺术。世界上最流行而高尚的艺术为绘画及音乐，而我国还有第三种的流行艺术，便是书法，把一部分的业余时间应用于习画、学书和研究音乐，不只是最有益的一种消遣，而且还可渐渐养成一种艺术的专材。许多名画家、名书法家与名音乐家都由业余所养成，而不一定出自学校的造成。此外，研究和欣赏艺术可以养成耐烦与镇静的优良习惯，对于人的性情尤有重大的补益。不过艺术的涵义很广，许多不很正当的娱乐，或是不适于“克难时期”的娱乐，都可以在艺术的掩护下而流行，故除上述几种确实高尚的艺术外，对于其他的艺术，实有慎重取舍之必要。

第三种最优良的消遣，自然是体育。关于体育的效用，我在本讲座中当另作专题讲述。现在所要补充的，就是要适应现今我国人的需要，体育之提倡似应特别注重两点：一是设备简单，随时随地人人都能习行；二是注重耐劳，养成坚强的体格。近年我国学校并非不重体育，只是由于其他功课过多，学生之刻苦读书者往往不能兼顾体育，于是体育也就成为少数特别有兴趣者所注意，而注意体育者又多侧重竞技之锦标，而未尝视为人人的家常便饭。因此，大多数学生在校时对体育已不免敷衍，离校后更完全放弃。故学校体育之设施似有根本考虑之必要，务以简易而能普遍为主，俾人人均能在校中养成体育的习惯，离校后仍能自动习行。其更当强调者，即“我国”青年今后所负责任较任何国家的青年为艰巨，故体育尤以能锻炼成坚强的体格为标的，纵不必如斯巴达，也须仿法普鲁士。记得十年前我在国外参观一次国际的网球赛，“我国”某网球选手亦参加，其对手为瑞士籍。“我国”选手之技巧，远胜其对手，开始时连胜四球；后来以耐力不强，逐渐示弱，屡败于其对手。结果竟以五对九败北。足见体育纵然在竞技上，技术之精巧仍须辅以体格的坚强；何况体育之目的不专在竞技，其要旨在健全身心，则体格愈坚强者，愈适于奋斗。这一点在今日尤关重大。

上举的三种业余消遣，不仅可以并行不悖，而且相得益彰：因为读书而运用脑力过多者，须能以一部分时间锻炼体力，以资调节；而研究与欣赏艺术，对于读书固可相互发明，对于体育也无冲突。三者都是业余时间最好的利用。

最后，我敢大胆地肯定，一个最能利用业余时间的人，也就是最可能的成功者。

（一九五四年一月为青年讲座播讲）

怎样做事

做事的含义很广。从事职业后日常所担任的工作固然是做事，即在家庭中或学校内，为自己，为家庭或为学校而服务，也算得是做事。做事的理想，通常是要做得好，但有时也要做得快。有些人以为要做得好，便不能快；也有些人说，好和快二者必须兼具。还有些人说，好和快还不够。究竟怎样才算得是真正满意，实在值得人人的注意。原因是人人都不能不做事，就业后固然要日日做事，即在未就业前也往往要做事。事与人既不能离开，于是任何人一方面固当研究怎样做人，他方面也须研究怎样做事。

我以为无论做什么事，都要就七个问题加以考虑，一一分别解答，那就对于所做的事，当可有较满意的结果。这七个问题就是：（一）做什么？（二）怎样做？（三）用什么做？（四）用何人做？（五）需要多少钱？（六）怎样做得快？（七）怎样做得好？现在让我们对这些问题逐一讨论。

“做什么？”是指所做事的性质和目标，而尤以目标关系特大。无论做什么事，如果不明了其目标，那只是被动的，有如盲从地做事，是不会感觉兴趣，而且有时不免要走样的。以职业上的做事而言，一位著作家和一位邮局的信差同样要明白他所做工作的目标。著作家无论是在写作大部书稿或短篇文字，如果知道他的作品在发表后将诉诸许多读者的心灵，其主张的纯正或偏激，其报导的正确或失实，将会对于读者发生良好或不良好的影响，那就执笔时不能

不审慎，而怀着责任感；同时，既知自己的写作将对许多人发生良好或不良好的影响，则明了自己所做的事关系远大，而引起浓厚的兴趣，因而把构思属文时的劳苦抵消了不少。邮局的信差似乎位卑而责轻，其实不然。如果他能够知道所任工作，即信件的递送，对于收信人可能发生的影响，那就自然要尊重自己的地位和责任，不能疏忽从事。因为他所经手送达的信件，其中对于收信人和发信人不免有重大的关系。由于疏忽而把某一信件遗失了固可能给收信人与发信人莫大的损害，即或送达过迟，也会给人很多不方便。在邮务办理得很好的国家，挂号信件在信件中占很低的比例，因为非挂号的平常信件极鲜有遗失或迟递的事实。此举有赖于管理与稽核之严密者，不如依靠信差的责任感之有效。信差如能明了他所任工作的目标，足以影响发信人及收信人的精神和权益，换句话说，他的工作系对社会服务，那就自尊之心油然而生，既感兴趣，又深知其责任之重大。此外，无论哪一行职业，只要是正当的职业，没有不会影响到社会福利的，而在其中从业的人，不论地位高低，其能尽责与否，对于社会福利总不免有多少良好的或不良好的影响。例如一个贩卖熟食的小贩，如果明了他的工作目标在以健康的食物供给于社会上任何人，其所供给的食物是否无碍于健康，与许多人的安全有关系，那就不会使用不洁的水，或随便把食物暴露，任由苍蝇把病菌传到食物上。又非职业性的工作，例如学校举行一次运动会，招待家长及社会人士，参加此次运动会的学生们，如果明了此举与学校及全体同学的荣誉攸关，自必严守运动规律，发挥运动家风度。如系与他校竞技，则获胜固然是全校的光荣，遵守纪律尤为必要的条件。所谓做事最先要明了目标者，即由于此。

“怎样做?”是指做事的计划，而不是做事的方法。后者却属于第六和第七两问题的范围。一件事要做得妥当，在其实施以前都应作相当的计划，试再以著作文稿为例：有些人写文章，固然可以顺笔发挥，但总不如先对题目思考一下，预将资料分配，定其先后次序，那就写起来更有系统，更为分明，而且可免重复或遗漏。这也就是计划。至于需要多人共同合作的任何事务，尤当作事前的计划，以期达成分工合作的效用。所谓分工是指以最长于某项工作之人任此项工作，俾可发展其长；所谓合作，是指分担同一工作各部分的人们互相配合衔接，既不使有过劳与过逸，尤力戒因不相衔接而中途停顿。因此，事前的计划更有其必要。

“用什么做?”是指处理事务所用的工具和材料。事无大小与不论性质如何，工具材料殆均不可缺。尤其是工具一项。因为工具是两手的伸张和辅助，自原始人以来，便已开始使用。例如原始人用以投掷野兽的石块和抵御野兽的木条，石棍及弓箭，借此而可使人类的肢体不与野兽的爪牙直接接触；使人类不至为野兽所消灭，得以繁衍至今日，且日渐加强其控制自然界的能力，都由这些原始工具开其端。人类强力不如狮虎，疾驰不如犬马，上不能飞，下不能潜，却能制胜一切其他生物，即因具有能使用工具之两手，故工具之关系人类的进化与文明最大。因此，人类无论做什么事，都有利用工具之必要。兹仍就著作文稿的简单事例而言。用打字机可比用笔更快捷而清晰，用复写纸可以一举手而得正副本数份。我国古语说得好：“工欲善其事，必先利其器。”现代的农工商业无不有种种便利工作的新工具，也就是此理。因此，凡担任一种工作，无论性质如何，都不免要选择适当的工具。

“用何人做?”这一个问题，在凡与别人共同担任的工作中自然关系很重要。例如与人合伙经营，固须选择能力相当与性情相投者，找人协助工作也须慎为选择，甚至向他人求职业，也当作“择主而事”的事前考虑。如果找不到理想的人来担任其事，不得已求其次，则必须先使其作补充的研究或训练，务期能胜其任。甚至由本人独自担任，也须本着“用何人做”的原则，先行检讨自己对当前的工作是否胜任，如绝对不胜任，自以不要冒昧担任，以免失败为宜。即或略有缺点，不尽胜任，最好也要努力做一些补充的研究才好。

“需要多少钱?”这个问题几乎是处理任何事务所不能避免的。西方有一句俗语：“金钱是最好的奴仆，却是最凶的主人。”这意义是说，凡能操纵金钱者，金钱将为所利用；凡被金钱操纵者，金钱则大事捣乱。操纵金钱的方法，首先要有预算。无论做任何事，凡涉及金钱者最好都能先作预算。预算如能在事前指出所作的事不上算，换句话说，就是利少害多，则由于此事之不值得做，或者根本上便不做了。又如预算在事前指出其事还值得做，但必须有充裕的经费或资金，那就事前应作适当的准备，以免临时搁浅。至于涉及二人以上的事务，用钱方面不能不有会计，以清手续；甚至个人的收支，能作简单的会计处理也是有益的。至于有关生产的事业，不能不知道实在的成本，成本会计也有其必要。因此，预算会计及成本会计都是处理有关金钱的事务所需要，而在举办任何一事之初，尤其需有预算。

“怎样做得快?”人性无不好逸恶劳。同一件事如能在一小时内做完，断没有愿意延长到两小时的；因为一小时做完其事之后，第二小时便可自由休息，免除此项工作的束缚了。所以在完全为自己工作之时，无不尽可能加速工作。加速工作的方法，固然要工作时不躲懒；但是真正加速的动机，倒是为谋可以长久躲懒，而先行特别努力，以探求工作的简便方法，俾达一劳永逸之目的。古今来许多发明家无非以一劳永逸为出发点，孜孜然研究简便的方法，例如以蒸汽及电力而代人力，以机器代人手，以火车代人足，甚至还以计算机或机器脑等而代人脑。凡此种种都是朝着积极方面而说。

但也有本可加速，却不愿加速的消极例子，为数不少；那大都是受雇于他人，为他人而工作，其所得报酬系按工作时间的长短而计算，纵然对所任工作加紧努力，提前完成，但因约定的工作时间尚未度过，则一事完成后仍须继续从事于其他工作，不能如专为自己工作者于所事完成后得以自由休息，于是人类自私之心自然而然就迫使工作者走入于弛缓之途。雇主方面为着挽救此弊，便采行按件计酬的制度，那就不问所消费的工作时间多少，只要成品多则报酬亦多，借以鼓励工作者在工作时间内尽量努力，俾在同一时间内获得最大的成果。此法实行之初确也能收一时之效，但渐渐因为每件成品的报酬高低不一，失诸过低者固使工作者终日劳苦而不得一饱，失诸过高者，又使雇主增加非必要的负担。且各种工作成品之计酬既无一定的公平标准，在相互比较之下，不免使报酬标准过低者感觉不平。于是更进一步，按件之工作又改按每件应需之工作时间，就一个工作时间，就一个工作日应得的报酬而规定每件成品应得的报酬，因而按件计酬者仍需以按时计酬为根据。这样一来，按件按时的报酬又复连成一气，而报酬的公平标准便是按照应需的工作时间。不过问题又随而发生了。究竟应需的工作时间系属何种工作者的工作时间呢？在同一的工作，一个熟练的工作者需以完成之时间，辄较半熟练工作者为少，而半熟练工作者也较非熟练工作者为少。其理由即因任何简单的工作皆可分析为若干步骤，其中常常括有非必要的步骤，换句话说，就是可以节省的步骤。在非熟练或半熟练的工作者往往白费工夫，兼走这些非必要的步骤；但经过长期工作或熟练之后，自然会就经验之所得，而本着好逸恶劳的天性，渐渐会把那些非必要的步骤取消了，因此向来白费了的工夫可以节省，而工作的成果也就可以加速。此外，工作每一步骤的进行方式也有巧拙之不同。譬如走路，对于一个三角形的地段，括有三条路线，一是垂线，二是底线，三是弦线。在初走此路的人，往往通过底线和垂线然后达到顶点；但走惯了此路便会取巧，改走弦线，因为这是可以节省不少脚力的捷径。任何工作也都有此现象。所谓“熟能生巧”即是此意。

基于上述的原则，为着要获得适当的工作标准，以订定公平的报酬标准，现代从事于科学的管理者便采行所谓“动作研究”与“时间研究”。动作研究是将同一工作使熟练、半熟练与非熟练工作者分别担任，而观察其所分析的工作步骤，与采取的工作方式。对于非必要的工作步骤予以排除，对于笨拙的工作方式予以改善。如此研究的结果，不外是使非熟练或半熟练工作者模仿熟练工作者所习行的工作步骤和方式；但如熟练工作者所习行的工作，步骤和方式也有不尽善而当改善之处，则一并加以改善，使到大家都取法于此改善的工作步骤和方式。这便是动作研究的主旨和效用。至于时间研究，即按照动作研究所采定的工作步骤和方式，使用立止表，以计量一个熟练工作者在不过分紧张或懈弛的工作状态下所需要的时间，而决定完成此一工作所需要的理想时间，但因要使一般工作者皆能达到标准，对于上述所需要的理想时间增加若干成，而定为应需要的标准时间，然后就此标准时间在一个工作日内所占的成分，与每一工作日内工作者应有足以维持其生活的报酬合并考虑，对于按件计酬与按时计酬的工作，均可分别订定每件工作或每一时间单位的工作应得的公平报酬。依照这样的工作标准而订定的报酬标准，自然是合理、公平而可以实行的。其实行的结果可使从事工作者不必过劳，也不能躲懒，各尽其适当的努力，按照改善工作步骤与工作方式而从事工作，而获得公平的报酬。这样一来，工作定较平时做得更快。此法对于受雇为他人工作者，无论按件计酬或按时计酬均可适用，即对于为自己工作者，亦未尝不可本此原则酌量改善自己的工作步骤和方式，而收工作加速的效用。

怎样做得好？在集体工作时，为着求速之故，往往不免要牺牲了一些品质。为着挽救此弊，必须采取研究和考核的方法。“研究”是在事前观察、试验和思考如何可使成果的品质优良；“考核”是在事后检讨成果是否合乎品质的规格。在集体工作时，从事研究者与从事考核者应该是不担任实际工作的人，因此才能够以中立的态度，分担特殊的任务，而得以独立研究和公平考核。研究结果如获得改良品质的方法，便可以提供工作部门的采择；考核结果如发现成果的品质在规格以下，也可提出纠正，通知工作部门注意。由于研究和考核的任务须与实际工作分开，于是许多人便认为研究和考核只能施行于集体的工作，而不适用于个人的工作，即以同一人既从事实际的工作便不能兼任研究与考核。其实并不如是，依我的经验，个人担任的工作不能以另一人担任研究和考核者，都可以同一人在另一时间内从事于研究与考核。试举个人从事写作一部书稿为例。假定每星期以六日从事于写作，则星期日应当停止写作，而利用此一日的时间将六日间写成的稿通读一遍，加以考核，必要时随即修正。又如六日的写作是就已获得的资料而笔之于书，但新资料也有随时搜集之必要，俾所成之稿益臻完备，于是不妨在专供写作的六日中腾出一日或半日，以从事于新资料的搜集。这便是以同一人在另一个时间从事于研究，与刚才所说以星期日专事考核之原则正同。总之，在工作之前需有研究，工作之后需作考核，无论为集体的或个人的工作均有其必要，也均有其可能。所不同者，集体的工作应利用不同的人从事于研究与考核；个人的工作则只能利用不同的时间履行此研究和考核的任务而已。

以上七个问题，无论做任何事，如果都能就此一一解答，则对于所做的事，定然都能有较佳的效率。

（一九五四年一月为青年讲座播讲）

多做不错

我国政界中，近年普遍流行几句话，就是说：

“多做多错，少做少错，不做不错。”

这几句话象征着萎靡不振的风气，究其极不仅是人人不敢多事，以惹是非，甚至把分内应为之事，也尽可能窥避，因而公务废弛，更谈不到兴利除弊了。

我认为这种消极的风气必须予以纠正，因而在某一次公开际会中，我主张把这几句话作彻底的修正，我所修正的仍是三句话，只是略将文字变动为：

“多做不错，少做小错，不做大错。”

申言之，任何人负有公家的责任，自宜积极地兴利除弊；无论兴利，或是除弊，均不能不有所作为，而这种种的作为，都是责任上所要求，多做便是尽责，尽责当然是应有之事，自不能认为不合。即或因此种作为，可能偶有错失，然其动机出自尽责，绝对正当，既可问心无愧，即有多少错失，也只是君子之过，纵因此而负了一些责任，在法律和道义上讲，不能算是过错。

但如因顾虑太深，纵然不肯袖手而无任何作为，不过仍不敢放手作为，只是在严格保留之下，略有作为，认为聊胜于毫不作为。这也不能视为积极尽责，因此我称它为“少做小错”，其意义是说，凡不能积极尽职者，在责任上总不免有些欠缺也。

至于简直一无作为，便是完全放弃责任，在责任上不能不认为大错与特错。我所谓“不做大错”，便是指此而言。

我这修正的几句话，给报纸发表了，渐渐传到“陈副总统”辞修的耳际，居然承他赞许，并采用于其言论。某次他对我说句笑话，问我这几句话有没有著作权。我也笑着说，我对这几句话，正如我对于四角号码检字法一般，无条件公开于社会，只要有人采用，我便深感荣幸。有一日我又与陈先生闲谈及此，我认为原来流行的三句话“多做多错，少做少错，不做不错”固然是由于一般公务员之畏事与怠惰，但追溯原因，实亦政府的体制有以致之。由于政府重视防弊甚于兴利，机关首长，如果爱惜羽毛的话，是不敢放手做事的，例如用人和对于已用人员之奖惩，无不有种种限制性的规定；用钱亦复相同。机关中的人事人员与主计人员，表面上虽为所在机关首长的属员，法律上还要受命于其专业机关的首长，即铨叙“部长”与主计处长，除所在机关首长具有特殊影响者外，无不受其所属之人事人员与主计人员的限制。此外还有监察机关之调查与纠弹，“立法委员”之不时质询，尤足以掣肘。记得我在考试院时，有某“部长”因其属下某科员不服主管指导，紊乱秩序，一怒之下，下令将该员撤职，因而引致监察委员之干涉，使某“部长”不得不辞职。自此以后，“考试院”范围内之首长对其属员多不敢执行惩戒权。后来当我一次短期代理“院长”期内，有一位科员和科长打架，科长受有轻伤，那时候莫“院长”还有三日便可复职，在一般人定然把此事留待“院长”复职后自行处理，我却认为为代理一日，即应尽一日之责，不宜推诿。经考虑之后，即将该科长与科员均移送公务人员惩戒会，又因该科员动手伤及主管，情节较为重大，并即下令先行停职。当时有些人劝我，既经下令停职，则不宜于惩戒后听其复职，似当设法促使惩戒委员会予以撤职处分。我却不以为然：一因先予停职处分，系借此维持“考试院”风纪，二则惩戒应采何种，事属惩戒委员会职权，我不宜加以影响。后来惩戒结果系罚俸半年，而非撤职，该科员仍然复职，不仅不以我为忤，甚至因我未尝作任何过当的影响，使彼于罚俸后仍能复职，对我特加尊敬。平心而论，在我彼时本可不作为，留待莫“院长”消假后自行处理，我却采取相反的措施，未免自陷于多做多错之虞。但我坚认此次多做一事，既属应为，并没有错。总之，我只认定应为与不应为，而未尝顾虑于己身为利为弊也。

（一九六六年四月写）

公余进修

各位朋友：今天贵团排给我一个题目“公余进修”。我对此虽无宝贵意见，但贵团对人选的抉择，实堪佩服。诸位看我头上，找不出一丝黑发，因已年届七十，几十年来，苦学自修，从未懈怠！十三岁当过学徒，既不是进士举人，亦不是洋学士，博士。做过七八年的中学教员与大学教授，当过二十五年的全国最大出版公司商务印书馆的总编辑，在政府中做政务官亦有五年，现在兼任政治大学研究所教授，“中华民国”的第一位博士候选人在我指导之下进修。中间亦有几年时间专在家里从事研究。几十年来，自修教学和任事，但没有机会好好受教，不比各位都是大学或中学毕业。我很羡慕诸位有好的受教机会，但谈到读书，诸位也许要羡慕我。因此，要我来讲“公余进修”，是没有错，虽然我没有什么精辟的意见可以贡献。

现在以短短时间，要把“公余进修”讲好，时间实不允许，各位有机会可以看看我写的“读书常识”。现带有一本留送贵团，另外还有一本“我的生活片段”系由六篇文字编成，把从小读书，任事，如何克服困难，以及参政等，略按六个时代叙述，不敢称为自传。诸位把这两本书参考一下，对我讲“公余进修”的了解便详尽多了。

关于公余进修，也就是利用余暇读书，有几个要点应特别注意。第一要“立志”，第二要“定向”，第三要“定性”，第四要“析疑”，第五要“选题”，第六要“备忘”。

先讲“立志”。做任何事，都要立志，立志是一切事情的开端，读书亦不能例外。曾文正公曾论读书当立志说：“苟能发愤读书，则家塾可读书，即旷野之地，热闹之场亦可读书；负薪牧豕，均无不可读书。苟不能发愤自立，则家塾不宜读书，即清净之乡，神仙之境皆不能读书。何必择地？何必择时？但自问立志之真不真耳。”所以读书只要有志，终必成功。说到时间，现在许多人都说工作很忙，无暇读书。我现在给大家算算看，税务班的同学数字很好，比我算的当更精确。即以八小时睡眠，八小时工作，八小时休闲，所谓三八制来讲，亦有很多时间可用以读书。我今天早晨三时半即起床，每天如此，每天早起做了城里的乡下人，晚上八九时就寝。早起最清静，在你的世界里，没人打扰。我是每天睡七小时。姑且以八小时睡眠，八小时工作，还有八小时，再打个对折一半的四小时进修。诸位想想看，在学校里每日六小时课堂，六小时自修，加起来才十二小时，一个好学生每天才读书十二小时；你现在每天总可抽出四小时，四乘三为十二，即三年的自修时间，可等于在校一年，其实两年即够。在数学里有所谓几何级数的增加，求学亦是一样，有了根底进步就快，即四小时自修时间，起码等于在校的六小时，如此两年进修即等于在校一年。每个人平均二十岁离校，自修到老，其学问自然可观。况且现在人的寿命逐渐加长，我相信我自己起码会活到九十岁，诸位身体不比我差，从二十到九十中间有七十年，可供进修的时期，真是太多。如利用六年时期专攻一科，除去初期的二三十年不计，也不难兼通七八专科。但博而不专，未为尽善。我因骛广，曾自修许多专科，因此变成四不像的专家。我希望大家做真正的专家，在六七十年中读书会有很大成就。如说无时间读书，实在没有这回事。从前，我当学徒时，每天要工作十一、十二小时，但我有空就读书，老板骂我，我早起晚睡还是读书。因此足证曾文正公所说："何必择地？何必择时？但自问立志之真不真耳！"这句话，一点都不错。我到现在还是读书，可以一两天不吃饭，但不能一天不读书，我一面还加紧写作，更感时间不够用。在座各位平均年龄约为三十至四十，正如日方中升的时候。有人说我已到太阳下山时，但我还有上山的精神，各位正是上山的时候，当然更应具有这种精神。晚上读书固然可以，但早上更有精神，因为早晨空气最好，与其迟睡迟起，不如早睡早起，更有效力。我念过三四种学科，有人说我是科学管理专家，我不便推辞。科学管理旨在增进效率，在深夜精神疲乏，同是一点钟，早起比迟睡一小时，起码增加50%的效率。其次谈地点：在自己主宰的地方，无人骚乱固然很好；即在工作忙时，忙中还可偷闲读书。我现在身边有两个小孙，非常顽皮纠缠，但我并不怕骚扰，妨害不了我读书，习惯会成为自然。我选择早上时间读书，既不忙迫，亦很安静。再谈目的：曾文正公没提到目的，只讲到时间地点。我主张读书要先定目标，好知道为什么要读书研究学问。从前中国有句老话："书中自有黄金屋，书中自有颜如玉"，这目标未免太低了。还有一个目标，读书以希圣希贤，以天下为己任，这又未免太高了！因为圣贤，不是人人可得而为的。目标不要定的太高，亦不可太低。在现在比较切实的看法应该为的是"充实人生"。人生的充实要靠读书，以此为目标，人人可为，当会感到读书的好处。有一位三百年前的学者倍根 Francis Bacon（1561—1626）在其所著新工具里说："有三种小动物可作人类的老师，第一是蚂蚁，它辛苦地发现地上有什么东西，如果单独不能为力时，便集合许多蚂蚁将食物搬回巢里，不是等要吃时才去搜求，是先行储蓄，它是非常合群的小动物。第二是蜘蛛，它不靠外力，而靠自己放丝，造成一个机构网罗，以捕食小动物；这是全靠自发的。第三个老师更好，就是蜜蜂，因为蚂蚁只知搜集而不加工，蜘蛛光靠自己尚嫌不够，只有蜜蜂到花间采取原料，然后经过一种作用，酿成蜜糖，换句话说，是经过加工，成为有用的东西。”此外还有力量比人类远为强大者。许多大的动物如老虎、狮子，力大无比，不但强过许多小动物，且胜过人！但文明开始有赖于语言，人首先能够彼此通话，鸟兽虽亦能言，但没有人言有系统。除了说话，还能使用文字，相互传递知识。人类最大的优点，在于有文字，可以行远传久。上古人类的智力，虽不如蚂蚁、蜘蛛、蜜蜂三种小动物，强力虽不如老虎、狮子，但靠着有系统的语言，文字，可以传之后代。人类文明就从文字开始，有了文字，就能累积文化，步向文明！人类在上古时，生活非常艰难！为什么到现在生活能以充实丰富，就是由于继承了前人的文化基础，无论任何知识，学问，科学，都非一个人能够从头到尾创造完成的，是一代一代绵亘不断地研究，也就是把前人发明传布给后人，使后人不必从头做起，可以说是将前人所遗留下来的，再往前推进一步，等于算术上的一加一，逐渐逐级积累，就是文字的功用。读书就是充实人生，故无论大学者或一般人，做人都得生活的有意义，使人生和谐向上，不是无目标的。故读书目的与其高到希圣希贤，或低到黄金屋，颜如玉，实不如充实人生为宜。充实人生，使更丰富，正是读书的目标，希望在我们所居的世界上比以前更能增加一些东西，才对得起世界，否则空此一行。人生在世犹如旅行，中国人有个习惯，每在旅行到达之地涂字或刻石，以留纪念。在外国亦有相似情形，我在美国旅行到加尼福尼亚看到一处大树所在挂有许多名片，为白种人所留，印第安人亦有相似举动。人在世界上旅行数十年，亦要留下纪念，不独增加同时代人的见闻，尤要将前人所留学术加以补充。要立志不怕忙，不怕没有时间与合适的地点，尤要有正确的目标。

第二讲定向。中国有句老话：“图书浩如烟海。”浩瀚不过的大海，航行尚有目标，在空中则什么也没有。然而海上或天空不怕迷方向，那都是靠着指南针。读书的指南针是“目录学”，谈到目录学并不是什么专门学术，诸位在书店购书时，有书目单，在商店购物有货物单，这是很粗浅的东西。目录学就是编目录的学问，即是图书分类，在千千万万本书中，分出多少类别。旧日的目录学，是以经、史、子、集来分，大类底下还有小类。清代四库全书于经史子集四大类下，再分中小类，但把许多年代的书，分为一百余类，实不够用。清乾隆年间编四库全书，抄本分藏七馆，在大陆时尚存三部，现在迁台的故宫博物院有一部。乾隆以前，经史子集共得一万一千多种，到了现在更多了。目前因印刷进步，问世的书起码在三四万种以上，再以百十多种来分类，从算学上看，每类多至好几百，是不够详密，也就是不敷应用的，故分类必须再细。西洋分类较细，但开始亦很简单，希腊时代分三大类，即是哲学、史学、文学，还不如我们的经、史、子、集四分法。经学原括在文学内，汉代方专设六经部。希腊与我国周秦时代差不多。现在一般图书馆多按十进法，单位下再加小数，假如连小数共五位，那便构成万数。现在的十进法是美国人根据欧洲的方法而编成，但脱不了希腊的萌芽。由希腊的学术分类相传到美国成为十进分类法。就是大别为总类、哲学、宗教、社会科学、语文学、自然科学、应用科学、艺术、文学、史地等十类，每类下再分为十百千万类，比我国四部分类法详细得多。我刚才说充实人生，后人要胜过前人，以前总认为前人最高明，我认为古代的固要懂，但要比前人更进一步。希腊的三大类分法，到现在已增到千百万类。图书分类即学问分类，我不是要诸位当目录学家，但要读书，不能不懂其大概。我从前有一小小发明，“中外图书统一分类法”，在大陆上应用最广。大陆上新成立的小图书馆一千多所，都采用此法。学问不管中外新旧，均可用此分类法。知道图书分类法，读书才有方向，好像航行在海上必需罗盘。要找读书的方向，知向何处去找，便是所谓定向。对图书分类尽管非专家，但须要知其大概。除目录分类外，每本书应有提要，四库全书有提要，存目亦有提要，要读旧书，不能不看四库提要，知其要旨。外国书也都有提要。读书最好先看序言，如自序必把书中大意说一说，他人作序不免恭维一番，但亦不是凭空乱讲。序在书前，跋在书后，先看序跋，即可以知全书的大概。很奇怪的在美国也特别重视此点。美国哈佛大学古典丛书五十巨册中，序跋名作占其一册。我在二十年前搜集到一部抄本，不知作者为谁，内容约莫三千部图书的序跋，可谓集序跋的大成，作者很费一番工夫，死后留给后人真不枉旅行世界一次，我已为其出版，定名为“四部要籍序跋大全”，计二十册。

第三讲定性。各位知道化学里有定性分析，读书的定性即是将所读书籍的性质弄清楚，哪种书需多费时，哪种书可以快读。英哲倍根把书分成两大类，一类要细嚼慢咽，其他可以生吞活嚼，即所谓慢读或快读，略读或精读。我则分为四类，即闲读、精读、略读、摘读。闲读为消遣之书，像陶渊明的五柳先生传里所说：“好读书，不求甚解，每有会意，便欣然忘食。”英国有位文豪蓝浦·查尔Charles Lamb说：“人生的笑，是与灯火同时起的。”因为古人白天不点灯，晚上不办公而闲谈，定然感觉快乐。但是朋友有时不空，找一位三千里外，两千年前的朋友，而一叫即来，只有读古人书，读外国书，才可以上交古人，远交外友。其乐无穷。灯下读书消遣，即是陶渊明好读书不求甚解，无所用心之意。再讲精读，倍根所谓细嚼，就是百读不厌，不苟且。至所谓略读的书，则不妨快读，但对全文仍须知其大意。第四所谓摘读，是指对一本书不必精读或略读，只要知道其中一部分。外国书籍均有索引 index。读时，先看序言目录。知其大意，可看索引。我们中文书有序文目录，但多数没有索引，实属缺憾！一看索引，即可在几节几行找到要看的文字。我告诉诸位一件事，恐不易见信。我在商务印书馆担任了约莫十年总编辑，后来公司方面又要我兼任总经理，因为推辞不掉，我提出一个条件，要在就任后立即到外国看看工商管理。因此我就出国考察。先到美国，在各大图书馆里找材料，并参观企业，访问专家。因为集中研究一个题目，虽然时间很短，我比洋学士博士不见得知道的更少。我的科学管理知识，就是这六七个月在各国的收获。我有一次在华盛顿国会图书馆十一天中，涉猎了九百多本书，此种情形，在我国，甚至在英国，德国均不可能，但在美国可以做到。他们知道我是远客，尽量给我方便，给我一个研究室，样样俱全。我的目的专找科学管理书籍，当时直接间接发见约三千种，淘汰了二千多种，选定九百多种。又因其借书的方法，非常迅速，只要将需要的书号用空气压力机一压，三分之一英里距离的书库即刻接到。我从早到晚，除去吃饭时间，都在读书，所以十一天内，看了九百多种。都是先看目录，再找索引，就有关之部分阅读，这样读法，占了三分之二的书，还有三百本亦多是摘读，每本只要读一两章。大概普通读书的速度是一页书化费五分到十分时间，而且，可从相关方面，辨别新旧，决定取舍，因此丝毫不浪费时间，以极短时间，涉猎极多的书。

第四讲析疑。有疑必须求解。一是利用工具书（字典辞典）。我读中外书籍，全靠自修，我的老师就是字典。外国字典易查，我先专攻外文，再回头研读中文。英文由二十六个字母拼成，检查简便。中国字典向按部首排列，检字费时。康熙字典有四万余单字，而宋代的集韵有五万多字。我们常用的字，以小学六年中所学的二千字，初中五千字，高中六千字，大学七千多字为限。除非是中国古文学家，用字较多一点，现在一般排字架所收单字在七千二百左右。其中有些字罕用，但也有些新字，裁长补短，实际应用不过五六千字。有人说外国字少容易学，但牛津字典（Oxford Dictionary）就有五十多万字，然其中常用的字亦不过一万上下。说它不难学习，也不尽然，以读音言，如礼拜堂 Church 与君主 Monarch 二字末尾均为 ch 其读法便大异。所以字典内多注国际音标，以便正音。中国“说文”九千多字，其中七千多为形声字。以六书来讲，桐、铜两字，即为同音异义，可见中国常用字并不难辨音知义。但外国文容易的地方，在于翻检字典比较便捷，而我国文字，则部首既难查又费时。我从小到二十几岁，书读的虽多，音义弄错的亦不少，就是懒于查字典的缘故。到三十几岁以后深感中文查字之难，因此发愤解决自已和别人的困难，于民国十四年起经两三年的研究，发明了四角号码检字法。我知道政府现在编排户籍即用此法，检查一字，需时不到十秒，比按旧法，每字至少需时两分钟者，相差至远。诸位做研究时不妨大胆的假设，然后细细研究，小心求证。做学问懂得使用工具书（字典），是很方便的事。其次是善用思考，也是科学方法之一。中庸上有“博学之，审问之，慎思之，明辨之”，这四句话，代表现在科学治事治学的方法。在西洋科学方法开端于十七世纪，英国倍根的“新工具”与法国笛卡尔 Rene Descartes 的“方法论”为首先揭发之者！我国中庸一书，有谓孔门弟子所作，有谓汉代人所作，但都是在几千年以前的著作无疑。博学之就是尽量搜集材料，审问之就是仔细分析，慎思之就是运用思考推理，明辨之就是要有正确的结论。做学问首先要能怀疑，怀疑便要释疑。

因为时间已到，还有“选题”，“备忘”两目，未能触及，但期各位都能本此原则，利用公余，不断进修，以充实人生。有厚望焉。

（一九五七年二月十一日为台省训练团讲）

关于在职训练

我们常常感觉到现在的学校教育与社会有不切合的地方：学校出身的人，其学识不一定能合于实用。但虽有这样情形，我们却不能就因此而不信任学校教育的功用。我们应该在学校与社会中间搭起一座桥梁，以为过渡，就是要用讲习或实习的方法，使刚出学校的人可以获得在社会服务时应有的知能，实地做起事来，便可减少困难，增进效率。

在多年以前，商务印书馆就有这种办法。最早者为商业补习学校，先后招收小学及中学毕业生，予以一年的训练，以补充其学校教育之不足，总计办了七届。我们可以承认过去本馆很靠这补习学校出身的人相助。现在分馆经理、总馆各科长很多是出身于此；股长更差不多都是这些人。所以现在本馆的中级和中级以上的人才多半是这些补习生，他们都是先受学校教育，再受本馆特殊训练的。近几年来因为没有续办，旧的都已升了上去，而后起无人，不免感到此种人才的缺乏。同时因为我们认定这座过渡的桥梁是不可缺少的，所以今年又仿照前时的用意，招收一班大学毕业程度的练习员（取九人，试办期间有两人辞去）。不过从前商业补习班的程度浅一点，故所受的训练较严格，而这次所收的练习员是大学毕业生，在校修业时期较长，所以训练少些，而多靠他们自己实习和自修。练习期规定为一年，先轮流到各部分去实习，然后酌派较为固定之职务。练习期满升为职员。他们自八月一日进馆以来，已将渡过四个月了。除了这两种以外，我们并且想到已经进了本馆而办事称职的同事们，没有能受到实习生所受的训练，也没有像练习员那样受到长时期的学校教育，同时也没有到各部分实习的机会；所以我决意要对这一类的同人予以进修的机会，便决定举办业务讲习班。这是对于已在本馆服务几年的同人实施训练的第一回，也就是第一种（商业补习学校）和第二种（练习员）以外的第三种办法。第一种是初进本馆时就受训练的，第二种也是先受训练的，只是方式不同些；而第三种则系在本馆有了相当经验之后再受训练的。但以前也曾有过与业务讲习班相似的设施，就是在一二八以前不久所举办的工厂管理员训练班，其性质颇与现在举办的相近，不过那次只限于工厂管理一方面，是把在工厂服务的同人抽调训练，而现在则注意于业务，尤其是营业方面。所以业务讲习班是在业务训练方面的第一次，如果连同工厂管理员训练班计算，那就是第二次。

补习班出身的人，办事之成绩都表现得很好，已如上所讲。现时的练习员尚在学习之中，还不知道将来的成绩如何。工厂管理员训练班的同人多因一二八事变而星散，其中一部分现在工厂及其他部分任职，成绩也还好。所以我们很想能在不远的将来先看一看业务讲习班出身者的成绩。我们为要达到如我们预期的优良成绩，就不能不希望办理本届讲习班的诸位先生多费点精力，也就不能不希望诸位受训练的同人特别努力。

我一向感觉着学识与经验要相辅而行。初从学校出来的人进到社会里做事，往往格格不入，所以我们常感觉不满意。反过来说，如果单是用学徒制度，亦复不能奏大效。现时学校与社会的联络工作，不独在中国有令人失望之处，就是在外国也不容易做得很满意。所以学校的训练要和社会相联接，在中国固然是必要，在外国也很需要，尤以工业方面为甚。现在各国的训练制度，有的是将学生在校时期延长，上课与实习并重，如美国辛辛那特大学就试令工科学生五年毕业，一年在校上课，一年入厂实习，共计上课三年，实习二年。他们现时固然是尚在试验之中，将来的成绩究竟如何，此时还不能预料。不过从这一种情形看来，就可以知道主张工业教育和实用教育的人，都很注重学校与工厂商号联合的教育。又如国内外凡习医科的学生，非于毕业后在医院实习相当时期，不能算是毕业，学校也不给予证书。

学工学医要注重实习，学商业的又何独不然。现在的教育虽还未能与社会相适应，但我们不能因此就说学校教育失败，因而菲薄学校教育，只是要设法补助教育之不足。反之，单是有经验而无学识也是不成。所以经验要靠学识而补充，而在学校所得到的知识也要赖经验来补充。练习员已在大学毕业，具有相当学识，我们就要他们多注重实习，以增进其经验。诸位中或者未曾受过大学教育，或仅受过短期，但在本馆服务已有相当时期，已有了一些经验；所以我们就希望诸位在增加办事经验之外，对于学识方面多注重一点。世界上各种学问，都是一天天朝向新的方面发展。几年前所认为新的学问，到现在便已经陈旧了，因此任何想上进的人皆不能不时时刻刻去求新的知识。对于练习员，我认为他们当然也要继续不断地进修。不过他们的知识可说是已有相当程度，所缺乏的是经验；诸位是已经有了几年的经验，须对于知识方面特别注重，尽量多读些书。

本馆是一个出版家。我们的商品就是书籍，必得人家多读书，我们的营业才可望发展。更必须我们同人能读书，才能希望人家读书。要是从事书业的人不肯读书，怎能希望他人读书呢？即如肉店里卖肉的人都很肥胖，使人一望而知他们是吃肉的。又如卖香烟的人，他们自己也不免吸烟成瘾。那么诸位在书店里做事能不能对于读书也上一点瘾呢？吸烟不能算是好的习惯，读书却是好的习惯。诸位何去何从，能不能以身作则呢？

我最近在教育杂志的复刊号曾经写了一篇文，随意提出了几个教育上急切而重要的问题，现在许多教育家纷纷起来响应，其中有关于读书兴趣的一问题，我觉得我国人实在太不喜欢读书。全中国出版家一年的营业数字有多少？香烟的生意有多少？诸位恐怕不易猜出。据我的估计，全国一年的图书营业数还抵不上英美烟公司一家香烟生意十分之一。就以本馆营业最好的民国二十年来说，其总数约为一千三百万元，除去文具仪器等营业数，书的生意至多不过八九百万元。我们假定上海其他各书店书籍的营业总数和本馆相同，即加一倍，全国各地书店的营业数假定再加一倍，总共不过二千四五百万元。可是英美烟公司在中国一年的生意却多至银二万万两，合三万万元以上。所以我说全中国出版家的总营业还不及英美烟公司十分之一。为什么我国人不读书的情形到此地步呢？谁都不免惊讶罢！如果和日本人比起来，我国曾受教育者的读书欲，还够不上他们一二十分之一呢。中国人读书的只有两种人。第一种是被逼迫读书的，如学校教科书便是售给这种人的，因为教员不能不教，学生也就不能不读。第二种是有钱的人，买了大部书陈列起来，作为点缀品，并不真正去读。因此本馆所出的书，除教科书和大部的国学图书之类尚有销数外，他如一般人应读之所谓“杂书”——这名词实在不当，可是书业中很流行，足见其未获得重视——其销路却狭得可怜。我独认为惟有这一类书才是我们应该多出版的，生意虽然不大，出版者纵不免有所牺牲，还须要努力多编多印。本馆居出版界的领导地位，宁牺牲一时的利益，开辟一条大路，不应该盲从一般出版界。我们如能朝此正当的道路进行，终久是会成功的。

目前中国出版业的情形，即可反映出中国人不喜欢读书的现象。

已经读过书的人，一出学校便不读书，实在是教育界很不良的现象。我常说，我们不怕出版家多而怕出版家不多，不怕同业竞争的厉害，而怕没有竞争的对象。人民不喜欢读书，在国家方面看来，是很危险的事。我们为国家文化的发展计，不得不希望一般人多读书，尤其不能不希望经营书业的人多读书。从商的人不能不知道商品的内容，否则生意便不易做成功。一个顾客来向你买货，你当然不能回答不知道。但是一般店员以能回答得出就算完事，书业的店员却须更进一步。顾客有问即答，虽已尽店员的责任，毕竟属于消极方面。我们必须要积极的，即使顾客不问，我们也要向他们讲应该读什么书，买什么书。这样，我们必先要自己欢喜读书，能知道各书的内容，才可以做得到。

我国人不喜欢读书的原因，第一是学校没有养成学生读书的兴趣，第二是社会不注重读书，不重视人才，致令人有读书与否无大关系的观念。此外就要责备我们出版家没有用进攻的方法逼人家读书，没有用文化侵略的方法逼人去买书。卖香烟的人所用方法，就是侵略的方法。他们虽专为营利，但其手段是有效的，所以我们必需多做有效的宣传和推销。我们如能劝诱许多顾客买书和读书，那就无异从事民众教育的人指导一般民众读书，也等于办学校的人指导学生读书。一个人买了一本书，纵然不一定真正读完，但是平均每三个人买一本书，总有一人是真读的。这个人下次再来买书，我们可以更进一步，去推销其他的书了。试看香烟推销的结果，竟使全国各地连极偏僻的乡村中人都有了嗜好，我们难道就不能迎头赶上吗？常有人说，我国人民的购买力薄，买不起书籍，这话实在是错误的，如果说买书无力，何以买香烟便有力呢？

我在近两年本馆的万分困难中，不但把以前所出的书尽量恢复，并且每天还出新书一种至数种。今年出版的书，是本馆三十八年来最多的一年。这是我们出版家对于文化应有的贡献。但是本馆各事应当分工合作。我们编辑部处于后方，诸位营业人员好像是先锋队。我们编了书，要能畅销，才能继续编印。所以营业人员的责任，从对内而言，与编辑人员的责任是相等的；从对外而言，则比诸从事民众教育者，其责任一点都不稍轻。一般办学校和民众教育的人，不一定就能说有多大的功劳，除非他们能养成学生和社会上一般人的恒久读书兴趣；同样地，诸位营业员，除能用进攻的方法劝告购书的人该读何书及有何书可买，便不能认为对文化有何贡献。

诸位要想知道各种书的内容，劝人购读，就先要养成自己的读书兴趣。因此，诸位每天须分出一部分时间来读书，先知道各书的大意，一方面就自己性之所近的学问作深入的研究，一方面也要把本版各书的提要了然于胸中。

这次讲习班的功课，除直接与营业有关的学科外，有两种学程应特别注意。

第一，是关于图书馆的学程，应当知其大概。我们的事业与图书馆学很有关系。我们对于学术的分类，必须能知其大意，才能了解出版事业。况且现在各地办理图书馆，多苦于缺乏图书馆的人才，我们同人要是对这种学识能够相当了解，便可随时帮助他们，并指导他们应行购置的基本图书。因此，对于社会和本馆是两利的。

第二，是关于教育概论的学程，也应该作入门的研习。因为从这一学程，可以了解各种学制，教学法和教育思潮的大概，对于出版事业的经营不无小补。

我们不但要做生意，还要尽力帮助社会与促进文化；所以希望各位对所授课程都要加意研习，务在讲习期间得其概略，讲习结束后，还望继续自修。固然业余时间的利用，各人有其自由，不过我总希望任何从业人员，每日至少能抽业余时间的一部分去读书。一天有二十四小时，除了工作八小时，睡眠八小时外，其余的八小时假使能拨出半数来读书，那就两三年的自修，至少可抵得上在学校读书时的一年。如果说没有时间自修，那是搪塞的话。……

诸位存心读书了，对于读书的方法也须注意一下。本人以前是什么书都读，虽也比不读书好的多，但从时间的利用上考虑一下，实在是很不经济的。到了近年，我才开始放弃求博的念期，改而注意求专。大抵读书先找门径，便易达到时间的经济。一个人能够分清何书当读，何书应先读后读，自然有利于时间的经济。因此，有关读书指南一类的书，首先应一读。这不仅是从事专门研究者有其必要，即对于普通学识的研究，亦不可忽视。

（二十三年十一月二十日为商务印书馆第一届业务讲习班讲）

我的生活

我的生活好像是一条牛。这话说来很奇特，却含有充分的真实性，不知者会说我侮辱自己，知之者只怕还要说我夸奖自己呢！谁都知道牛食的是草，而靠着它的劳力结果，却产生了人们所食的米。就这一点看来，恐怕我还不能充分适合牛的资格；不过我常常把它作为模范，借以自勉而已。

关于食的方面：牛是不求美食的，我也正是如此。无论粗米粗面，没煮熟的饭，烧焦了的饭，或是隔宿的饭粥，以及任何菲薄的菜肴，我都可以果腹。牛是不因恶食或多食而不消化的；我也正与它相同。我常听说别人有胃病，起初延医服药还有多少效验，后来医药因常用而失效，终身便引以为苦。我呢？家常一顿饭的时间仅需数分钟，足见不能如卫生家所提倡的细细咀嚼，本来易致消化不良，可是我生平所感到的，只有偶然觉着这顿饭不吃也过得去。在这时候，便知是消化不良的征兆。此在他人，或者漠不关心，或者要吃些消化药；我却不如是。我在这个时候，便实行不吃主义，到了下一顿饭，如果仍有同样感觉，便继续不吃，直至非吃不可的时候，才恢复吃的作用。

关于住的方面：牛是不择安身之地的；我也有些与它相像。许多人因迁地不能安睡，因旅行不能安睡，因喧闹不能安睡，或因臭虫之扰不能安睡；我却不如此。迁地，旅行固然没有问题，喧闹亦复无碍，甚至扰人的臭虫亦无力阻止我的安睡。

关于工作方面：牛是最能耐劳苦的。在耕田方面，一只牛的效力抵得上许多人；我也很有与它相似之处。通常一个人每日的工作，经过八九小时之后，不免感觉疲劳，而有休息的必要；并且一星期工作了六天之后，在星期日势必休息，或向另一方面活动。我则不仅每日工作至少十四五小时；而且星期日亦不休息，即别方面的活动也极少。

以上所说，可证明我的生活有许多和牛相同或相似之处；但我的性情却有一点是和牛——至少和耕牛——绝不相同的。耕牛的工作由于人的驱策；我在工作方面的努力，则完全出于自动，生平尚未受过何种驱策。自信兴趣所到，备极劳苦而不辞；正义所在，任何牺牲而不惜。至于利禄的驱策，直到今日还没有影响到我的自由。或者我只可比诸大自然的一只野牛而已。哈哈！

（民国二十九年四月十二日为重庆读书通讯写）

七十年与五味

自由谈主编因我虚度七十，坚邀我写一篇感想或回忆的文字，固辞不获，偶然想得这一题目，顺笔写下，勉以应命。

七十年是人生的历程；五味是人生历程的经验。人生的历程并不是平淡的；于是历程的经验也就有种种不同的味。谁都知道，所谓五味，是指咸、酸、苦、辣、甜的五种口味。口味也可以推广适用于世味。请试为分析之。

咸，盐味也（韵会）。又苦也（尔雅释言）。人造曰盐，天生曰卤（广韵），地不生物曰卤（释名）。就口味而言，我生平嗜咸而不好甜。少年时视糖如苦口之药，强而不肯尝试；然对于盐则不患其多。在他人以为口味已够咸的，我往往认为太淡。中年以前，习惯以盐刷牙，四五十以后，才改用牙膏。到了现在，全副牙齿除拔去了一枚智慧牙外，没有任何损坏。因此，有人说这是由于数十年以盐刷牙之功。这固不尽然。但是多食糖而刷牙不很净，则牙齿容易损坏，当系事实。文明世界，糖的消费特多；遂有人说牙齿的病患是文明世界的病患。不过，话又说回来了。嗜好糖食者如能把牙齿洗刷得很洁净，不使遗留的糖分发酵，损及牙齿，则多食糖又何伤？现在推论到世味方面。我生于贫苦之家，好像是斥卤不生物之地。少年时处境颇苦，也颇合咸苦之义，壮岁以后，间亦幸处顺境，因不忘少年之苦，未尝稍变故习。且好景不常，时陷困厄，则亦处之泰然。比诸苦出身而善忘的阔人，因偶遇环境突变而重感痛苦者，自计堪称幸福。

酸，醋也（广韵）。又逊也，逊遁在后也，言脚疼力少，行遁在后，以逊遁者也（释名）。又寒酸也。又悲愤也，韩愈秋怀诗：作者非今士，相去时已千；其言有感触，使我复凄酸。我生于东粤，东粤人士多喜酸味，我却不然，转而酷嗜江浙的卤味。这是口味上对于酸的偏差，但在世味上，则我出身寒微，在许多场合中不免逊遁在后。不过我之所谓逊遁，只是屈于物质的条件，不免输人一等，却绝对不是心理上的自惭，致陷于所谓自卑感者。反之，我对于向无经验的事，假使不得不由我去担任，却绝不畏缩或自馁。只有在事前多作准备，临时则处以无畏的精神。记得我在十九岁时开始担任中国新公学的英文教席，以一个并无辉煌学历的青年，离开他的学徒生涯五年，骤然担任许多留日罢学返国学生的教师，而学生的年龄多较本人为高，尤其是学校的主办人员也就是学生的代表。记得我在上课的第一日，给许多学生问难，实际是考问，我却能滔滔不绝地应付裕如，因而建立了我在民元前后六七年间的教师生活。此后我主持编辑工作，出国考察，参加议坛，出席国际会议，从事向未经验过的政务，以及随时随地作无量数次的讲演，都能以不自卑的态度应付过去。至于悲愤之性，往往不能自制，则因正义感至浓，平时虽与人和气相处，然偶遇不合理的主张或行动，辄不惮斥责。在抗日战争初期，国府组织国民参政会，网罗各方代表，聚首一堂，讨论国事。其时［删 49 字。——编注］首先严词指斥，载在参政会纪录。此为最显明之一例；其他事例尚多。生平自矢未尝干过一件对不起他人的事，却无意中开罪了不少的人。

苦，味甘之对也。诗邶风：谁谓荼苦，其甘如荠。又勤也（集韵）。孟子：必先苦其心志。前者由口味而推及世味；无论为口味或世味，均寓有不愉快之感。我对于口味之苦，向未感觉至不快。记得多年以前，因服用金鸡纳，误把糖衣咬破，却丝毫没有不快。我也曾尝试过中药中的黄连，也不觉其苦。至于世味之苦，我也尝过不少。我常常认为苦具有刺激性，所谓苦其心，便是对于心志的不断刺激，使之奋发。我生平遭遇不少的挫折，在他人或不免灰心；我却视同苦其心志的一种机会，辄处以积极的态度。总算峰回路转，结果往往好转。我认为灰心就是放弃努力。天下事没有不劳而获的，无论劳的是心或是力。积极就是继续的努力，甚至加倍努力。努力固未必尽能收效，但不努力定然无效。我国有一句老话，吃得苦中苦，方为人上人。我固然不敢奢望人上人的地位，却自信是吃得苦中苦的。

辣。说文：辛甚曰辣。正韵：荤味也。风土记：元旦以葱、蒜、韭、蓼、蒿，杂和而食之名五辛盘。焦仲卿诗：昼夜勤作息，伶俜萦苦辛。正韵：苦辛取辛酸之意。李白诗：英豪未豹变，自古多艰辛。所谓苦辛、艰辛，都是辣字的注脚。以口味言，辣为葱、蒜、韭、蓼、蒿、芥之味，盖具有刺激、健胃与提神之作用者也。我对于五辛，纵然不尽嗜好，但五辛外之以辣著称者，莫如黔湘等省人民所嗜好的花椒，我确能尝试而不以为忤。对于世味之所谓苦辛艰辛，我简直视同家常便饭。在他人以安逸为愉快者，我宁代以辛劳。因之，在无所事事之时，辄想找些事做；但不是时时有适当之事可做，于是便把精力移注于读书方面。因为书是予取予求，没有限制的。在他人可以安逸度其光阴者，我则把单调的安逸，变为乐此不疲的读书消遣。两年以来，因为每日昧爽早起，成为一种坚定的习惯，在他人辗转不能久睡，以消遣长夜之际，我则披衣早起，从事读书笔述，自未明之三四时迄于常人起床之七八时，我已记下不少的文字，不知不觉，我的“昧爽录”已不下四五百万言。假我十年，纵不能尽读我国有用的古籍，至少亦可博闻而贯通。此或嗜好辣味的成果欤?

甜，亦作甘甛。说文：美也，从舌从甘，舌知甘者。博雅：甛，甘也。韵会：甘，五味之一。说文：甘，美也。徐曰，物之甘美者也。风土记：甘橘之属，滋味甘美。以上属于口味一方面。至以世味言，则一为言之悦耳者。左传昭十一年，币重而言甘。二为佞邪说媚，不正之名也。易临卦，六三，甘临无攸利。三为乐也（玉篇）。淮南子缪称训：故人之甘甘，非正为蹠也。注，人之甘甘，犹乐乐而为之。我对于口味，生平嗜咸而不好甜，六十以后始渐食甜物，然亦不甚爱好。对于世味，既不喜作甘言，亦不愿受甘言。对于佞邪说媚，嫉之尤甚。但我并不反对快乐，不过快乐须是出自内心的快乐，而不是外来的快乐。所谓内心的快乐，则心安理得，自然发生一种乐感；与仅仅外来之乐，内心转觉不安者迥异。

以上概述个人在过去七十年中对于五味尝试的大要。实则五味之中，除甜与苦相对外，所有咸酸辣均与苦有多少关联。总括起来，我总算是最能吃苦的。现请举一具体事实，以证明我之不怕吃苦，简直视苦如甘。我生七十年，除二十岁以前系对处世服务作准备外，其余五十年间，从事于出版事业者在三十年以上。即专就商务书馆的任务而言，恰好消费了这五十年的半数，即二十五年，那就是从民国十年开始担任该馆编译所所长之时起，迄于民国三十五年因参加政府而向该馆辞职之日止。其中最重要的一个关键，特别是在民国二十一年一月迄二十六年八月间五年有半的时期，兹从我前著“两年的苦斗”一文摘录其要点如左：

本文是以我个人的立场，叙述商务印书馆自民国二十一年一月二十九日遭日军炸毁以迄现在约莫两个年头的经过情形，这时期中，商务印书馆的经历最苦，而其奋斗也最力。结果便从一堆余烬中，造成一个新的局面。我个人在这时期的商务印书馆中总算是极有关系的人；因此，商务印书馆所受的苦，我也一一尝过；而且因为自然人是有情绪的，其所感觉的苦，当然远在法人之上……即如去年三月至七八月间，我为着解决商务的人事纠纷，受了旧同人方面很剧烈的攻击，后来又因为有些股东不很明白真相，以为我对于旧同人既能以公司的巨款接济，而于股东的利益却未能兼顾，因此也有对我深表不满的。我记得在那时期中胡适之先生从北平寄给我一封信，其中有一段说："南中人来，言先生须发皆白，而仍不见谅于人。"这真可以表现当时的景象。现在商务印书馆表面上渐复旧观，而且有许多事件反较遭难以前有进步。以前攻击我最烈的一部分旧同人，也不分畛域，重新进用，与我携手同为商务印书馆努力，而一般股东对于我的举措，已较前谅解。甚至本年三月间，商务印书馆股东会中，承主席提议，在场股东一致赞同，向我表示感谢。这真使我受宠若惊。同时有许多关心和同情于商务印书馆的人士，见其复兴迅速，往往过度归功于我，也使我受之有愧。总之，我从前种种挨骂，不见得因为该骂；后来受人恭维，也未必值得如此恭维。或者从前骂的过分些，后来也就不免恭维得过分些……我以为一个人要想做事，不独要吃得苦，还须要脸皮厚，不过那副厚脸皮以外，须有一个良心和它陪衬才好。

商务印书馆于二十一年一月被日军炸毁，停业半年，从事清理，于是年八月一日复业，迄二十二年十二月，我为东方杂志写"两年的苦斗"一文。就复业言，为时仅一年有半，即从开始清理之日起算，亦仅二年。然在此短短期内，商务的复兴工作竟产生了惊人的奇迹，现节录该文关于复兴后生产问题一段如左：

商务印书馆劫后，所有总厂的存书存料全部被毁。机器只有在第五厂的一部分幸存，不及原有机器总数十分之三，历年出版各书的母版，事前搬运于安全地点赖以保存的，不及原有母版总数十分之一，所以在复业以前和复业以后的最要问题，就是怎样恢复生产。而且因为存货罄尽，所需要的供应较前更多，故不仅要恢复生产能力，还须大大的增加生产能力。照常理说起来，增加生产能力当然要添置机器或是多用工人，但这件事均非钱不行。商务印书馆被毁后，既没有加招股本，也并未发行公司债，所赖以经营者只有劫后剩下的小小资金，和社会人士对商务印书馆的同情和信用。……本来要恢复往日的生产能力已自不易；可是自从去年十月以后，上海各工厂陆续成立，迄今不过一年又二月，商务印书馆现有的印刷力却等于一二八以前两倍有半；中文排字的力量，除委托外间代办者不计外，也倍于从前。此外还有许多种工作的生产力，均较前有增无减。截至本年度为止，所有被毁重版书籍多至三千余种，而劫后新出版者不下一千四百种。然而专就印刷一项而论，商务印书馆现有的机器仅当从前百分之五六十，工人不及从前之半，而生产能力却当从前之二倍有半。印刷工人的平均收入，按照本年七月份和十一月份的平均统计，较一二八以前增加至百分之四十二，制造成本却较前低减不少。这种种的事例，似乎是互相冲突的，现在却并行不悖，不独劳方资方两受其利，而且可用较少的资金，较少的设备，而得较多的生产。

那时候，我以总经理而兼任生产和编审两部部长。生产的擘画和改进固然是我的责任，但如复兴后没有一个健全的编辑计划，那是不能维持或光大一个出版家之业务的。我因为前此主持商务印书馆的编译所将及十年，对于此道当然较易着手。可是在重创以后，元气未复之时，过分积极的编辑计划似不是稳健者所当提出。但我却不如是。在复业之初，我首先拟定一个编印大学丛书的计划，以提高我国学术，促进革新运动的一助。经与全国著名大学及学术团体合作，组成大学丛书委员会，草拟大学校各院必要的科目，然后分别缓急先后，拟定于五年内编印第一期大学用书四百三十二种。此在我国尚属创举，以劫后的商务印书馆肩任此事，更觉不自量力。只以在商务印书馆遭难以后，益觉学术救国之必要，此举实不容缓。幸得各大学及学术团体的赞助，迄二十二年底，为时甫一年，已出版了大学丛书八十多种；迄二十六年中日战事发生，距五年之期尚差半载，而出版的大学丛书已近四百种，超过原定计划。此外自彼时起五年间的重要出版物，如丛书集成初编四千册，万有文库二集二千册，四库全书珍本千八百余册以及无量数之汉译世界名著及四库丛刊二三四编等皆陆续印行。计民国二十五年的一年间，全国出版新书九千余册，而商务印书馆一家占半数以上，计五千余册。文化界因此对我的蛮干颇表惊讶，我则仅自承为苦干而已。有人说，苦尽该是甘来的时会。因此，不少的亲友对我作此祝颂或期望。其实，所谓苦与甘多属于主观的。在不以苦为苦者，可能视苦为甘；反之，在不以甘为甘者，也可能视甘为苦。我但愿终我一生，能够保持过去耐苦的体力和吃苦的精神，则苦尽甘来，固未必为我所欣慕也。

（一九五七年八月十八日脱稿，交“自由谈”月刊发表）

为青年学生颂祷

本月十二日是学生杂志复刊后的第三个生日，依照习俗，做生日不免要请客吃寿面或寿糕，而贺客也不免要赠送礼物。但有些穷书生送不起礼物，只好以赠言代赠物，所谓秀才人情纸一张便是这个意义。

我接到学生杂志做生日的帖，也只好仿照秀才人情，对于学生杂志所代表的无量数青少年学生读者贡献我的颂祷。

我为着少年学生颂祷的第一事，是希望大家都具有一个野蛮的身体。处于今日号称文明的世界，野蛮二字是很不顺耳的，我竟以此怪难听的名词为无量数青年少年颂祷，似乎有失敬意。但是无论何人，没有不爱自己的。孔子说："己所不欲勿施诸人。"耶稣说："己所欲则施诸人。"由于我自己以一个野蛮的身体而自豪，那就无论照孔子或耶稣的说法，以野蛮的身体期望于无量数的青少年学生是没有错的。野蛮的身体这个名词恐怕是我所杜撰的。但是要描写一个能够适应困难境地的身体，恐怕没有比这个名词更切合。我们试一想像，在野蛮的民族中，缺乏了一切文明或半开化社会的组织和设备。一个人如果要不为自然所淘汰，而能继续生存，其身体当如何坚强而能耐苦。孟子勉励有为的青少年说："天之降大任于斯人也，必先苦其心志，劳其筋骨，饿其体肤。"越王勾践之谋复兴，则以卧薪尝胆为训练，其实比诸野蛮人所过的生活，艰苦的程度还是望尘不及。野蛮人之不能安居，不得温饱，无时无刻不得不与自然和野兽斗争，以保有其生命，其身体必须特别坚强与特别能耐劳苦，自系当然之事。我们现所处的世界，表面上日趋于文明，可是悬想到目前与今后［删 3 字。——编注］，较诸野兽择人而噬，尤为狠毒。我们要在这样的世界中求生存，其艰苦实较野蛮人在其未开化的世界中求生存且远过之。因此，现今的青年，特别是我国的青年，所需要的身体，其坚强与耐苦的程度自不能不与未开化世界的野蛮人看齐。本来天生人即赋以能够竞存的身体，只因社会渐渐开化，享用渐渐增进，身体娇养惯了，便渐渐丧失其耐劳苦的能力，随着也渐渐减低其坚强性。

我生于贫寒之家，少时习劳耐苦，与环境斗争，总算没有给环境所淘汰，故能具有一个半野蛮的身体，后来虽也曾靠自己的努力，爬到社会的上层，却没有为新的环境所移，虽以接二连三遭遇了意外的打击，却不知老之将至，仍能自食其力，且不减其乐。近来我每日工作十五六小时，多少年没有病过一日，食不求精，居不嫌陋，安步可以当车，劳作可以自助；治事之余，读书不辍。无病是福，身心泰然，劳苦之中，乐趣盎然。归根到底，不能不拜野蛮身体之赐；推己及人，故敢以此为无量数青少年学生颂祷。

我为青少年学生颂祷的第二事，是希望大家具有一个文明的头脑。文明二字多么好听，但也要配置得宜，如果把它误排在身体上，而变成文明的身体，那就是有脚不能走动，有手不能工作，而且不能挨一天的饿，尝半点的苦，成为一个工愁善病的人，纵然是书还读得不错，对于己身和社会究竟有什么好处。至于野蛮二字如果搬错了家，成为野蛮的头脑，其恶劣更不堪设想。所谓文明的头脑是指不仅能够继承，而且能够创造文化的头脑而言。文化是人类精神上的遗产，我们的祖宗辛辛苦苦创造与流传下来的文化，做子孙的如果不能继承这些遗产，实在是对不起祖宗，但如只能继承这些遗产，却不能使之发扬光大，换句话说，不能改善增进这些遗产，以适应现代的需要，那也是对不起祖宗的，我们的祖宗所能凭借者远较我们为少，尚能对文化有所创造，我们承前人的余荫，凭借既丰，当然更应有所创造。而且祖宗能够留给我们许多遗产，我们却不能给自己的子孙留下一些遗产，不仅无以对祖宗，更无以对子孙。创造文化的步骤，简言之，一要能读书，二要肯研究。读书是搜集古今中外先进留下的资料；研究是应用自己的思考与实验。光靠自己摸索，不免放弃了眼前的好资料，或者要重走先进者已走过的错路，不免要事倍而功半；光靠读书，不肯利用自己的思考与实验，又将养成依赖的习性，其结果至多只能承袭文化的遗产，而不能对这些遗产有所增进。因此，一个善于记忆而不能运用思考的头脑，还不能算是文明的头脑。

此外我要为青少年学生颂祷的，还希望他们具有敏捷的手足，高尚的目标，积极的精神，平正的思想等等。因限于时间，更恐限于篇幅，只好留待有暇时再为阐述一些我的意见。

（一九四五年五月为学生杂志写）

谈婚姻

古希腊一位喜剧作家亚里士多芬（公元前448—前380）说过一个具有深意的故事，谓诸神造人，初时是两性合一的，那就是一身而兼具男女两性。这种两性合一的人初时度着异常愉快与和谐的生活。后来不知何故开罪于神，神加以惩罚，把他分割为半体的两个人，一男一女。从这时起：人即变为半体的不愉快生物，无时不渴望复合为一体。但是一对的半体人往往结合错了，原来它们并不是从前给神从整体分割出来的两个半体。这样勉强而错误的凑合，自然会产生不安、不满和摩擦，于是结合之后，又不免要离异。但如两个的半体人配合得当，它们在本能上便立即认识其本来真相，于是充满了和谐与亲爱，成为美满的夫妻。

基于这样一个寓言，英美在习惯上通常称妻为“较优的半体”Better half。

又由于同一寓言，可以证明夫妻的关系当以爱情、平等及恒久结合为其主要条件。

爱情具有神秘性。英国文豪莎士比亚称它为“盲目的，爱之极者不可能察见自己的痴迷”。德国文豪贝灵豪森 Von Munch – Bellinghausen 则描写为：

“两个灵魂只有一个思想，

两条心作同一的跳动。”

前者形容痴情，后者极言深情，虽表面各有不同，然皆出自真情则无疑义。因此，婚姻的第一条件当为爱情。美国佛兰克令有一句名言“婚姻苟不基于爱情，则爱情将不属于婚姻”。于是夫妇之道苦矣。

关于夫妻的平等，则尽管许多外国人指摘我国重男轻女，但在夫妻的关系上，我国在很古的时候，已有相当的平等观念。“妻”字的意义，据说文为“与己齐者也”。礼记也有“一与之齐，终身不改”。又礼记哀公问：“妻也者，亲之主也，敢不敬与?”则因妻为父母所主婚，故有特别尊重之必要。其在另一方面，即中古以前的欧洲，习惯上妇女在幼年依赖父母，在青年依赖其夫，夫死则依赖其子；她如果没有儿子，则依赖其夫之男性最近亲属。此与中国旧日的三从又有什么不同？迟至宗教改革之时，马丁路德才开始说：“婚姻为生育与教养儿女的准备，而这些儿女是仿照上帝的形状而长成。”他强调：“父母之慈爱与上帝之慈爱相似，儿女即在此种慈爱之下发见圣心的肖像”。从此以后，夫妻的关系遂被认为具有神圣的使命，妻的地位才获得尊重。

所谓恒久的结合，则在我国易经序卦传称：“有夫妇然后有父子，有父子然后有君臣，有君臣然后有上下，然后礼义有所错。夫妇之道不可以不久也，故受之以恒。”其在西方，则新约马太篇有言：“凡上帝所已结合的，人绝对不要把它分裂。”在常用的祈祷书内，有专供结婚时的祈祷文，其中有“从今以后彼此结合，不论未来的环境较佳或较劣，资财较富或较贫，身体患病或健康，相亲相爱，永矢不渝，死而后已”。

以上是说婚姻的正轨，如果人人都能遵循正轨，自然是恒久的美满姻缘。不过人事未必尽能如意，好景亦往往不常。富勒·汤姆论婚姻说：“人不要对婚后幸福因过存奢望而陷于自欺。记取夜莺只在春时几个月歌唱，其在孵卵的时期通常是默不作声的。”英儒倍根

“论结婚与独身生活”中称：“妻是青年人的情妇，中年人的伴侣，老年人的护士。”其意殆谓择妻如纯粹以“美丽”为条件，则年老色衰，爱情随而变动，惟以爱情为主着，始能历久而不变。这些名言虽出自男性的立场，而以女性为对象，但倒过来说，改以女性的立场，而以男性为对象，也是可以通用的。

但是纯粹的爱情虽可贵，然由于婚姻的影响甚广，爱情还有特殊情形亦不能不受约束。芬兰哲学家魏斯达马克（E. A. Westermarch）（1862—1939）于其名著“人类婚姻史”中有言：“与其说家庭植根于婚姻，毋宁说婚姻植根于家庭。”其意盖谓婚姻之目的在成立家庭。本此目的，则婚姻是“对社会与种族的一种义务。因此爱情虽为婚姻的第一条件，却不是惟一条件，也就不得不受道德与理智的约束。我国向来主张同姓不婚，一般人以为是道德的问题，其实也寓有理智的意义。国语晋语：“同姓不婚，惧不殖也。”又白虎通：“不娶同姓者何法，法五行，异类乃相生也。”此与西洋生物学原理，谓血亲相婚，所生子女多为不健全者正同。不过同姓与血亲究有不同。西人只认血亲不宜相婚，疏远之同姓固无碍，实则周朝以前的殷人，亲属经过五世以后则可通婚。到了周朝推行得更严格，故礼记大传有“虽百世婚姻不得通，周道然也”。“我国现行民法”亲属编第九八三条规定：“与下列亲属不得结婚：（一）直系血亲及直系姻亲，（二）旁系血亲及旁系姻亲之辈分不相同者，但旁系血亲在八亲等之外，旁系姻亲在五亲等之外者不在此限；（三）旁系血亲之辈分相同而在八亲等以内者，但表兄弟姊妹不在此限。”是则依照“我国现行法律”，非同宗之同姓固可自由通婚，即同宗之同姓在八亲等之外者，亦不禁通婚。此项规定更合乎理智。至于直系姻亲与旁系姻亲在五亲等之内不得通婚，则完全由于社会道德的关系，而非受理智上之生物原理所拘束矣。

本着同样的理由，患有不治之疾病者，在结婚后，固当如常用的祈祷书所称，“不计身体患病与健康，永矢不渝”。然在结婚以前，却须审慎抉择，以免结婚后不能实现对社会与种族所负的义务。至于道德上有重大缺憾者，其严重性且较不治之病为尤甚，勉与结婚，不仅未能实现其对社会的义务，即爱情亦断难持久。但是话又说回来了，真正的爱情，断不是德性欠缺的人所具有，反之，德性欠缺者所表现的爱情定然不是真的。只要运用理智，细加体察，将不难发见爱情的真伪。自由结婚首需要男女双方都有高度的阅历与抉择的眼光，才不致受对方的欺骗，或为自己的感情所蒙蔽，致种下终身的大恨。

所谓阅历和眼光与年龄大致有关系。礼记内则规定“男子二十而冠，始学礼，三十而有室，始理男事。女子十有五而笄，二十而嫁，有故，二十三年而嫁”。在古代社会中，婚姻虽由父母之命，媒妁之言，然男子毕竟均有部分之抉择权，故年龄须稍长；女子因不具抉择之权，故年龄规定略低。现在男女均有同等择配之权利，故“现行民法”第九八一条规定未成年人结婚应得法定代理人之同意，即假定成年人才具有行为的能力，对于配偶的选择才能作适宜的考虑。又“同法”第九八〇条规定男未满十八岁，女未满十六岁不得结婚，则多分基于生理的关系，与抉择权无何关系，盖依“民法”第十二条规定，无论男女均以满二十岁为成年也。

现代男女教育渐趋于平等，经济也渐趋独立。为着对于生活水准渴想提高，男女双方辄将结婚时期尽量延缓，希望可借此达致其所渴想成立家庭后的生活水准。这固然有其好处，但是结婚过迟，则男女交际之勾心斗角，固耗时而枉费不少的心机，且不免陷于西谚所谓“老年才结婚，婚事冷如冰”之弊。总之，凡事过犹不及。结婚过早，固有选择未能审慎，家庭负担过早之虞；结婚过迟，也难免有蹉跎自误，与稽延其对社会应尽之责任。因此，无论男女在已达成年之若干年内，男子具有赡家之能力，女子具有合作维持家庭之能力，彼此均有相当的阅历，与抉择的眼光者，则遇有适当的对象而感情融洽者，随时运用理智与德性加以考核仍认为适当者，实亦不宜故意延迟其结婚时期。我以为，理想的结婚时期，无论男女，当为成年后五年至十年之间，固然由于特殊情形，男子自不妨有较多的例外也。

末了，我还想补充几句话，就是夫与妻既以平等为主要条件之一，在理想上自然以学问家世资财相等者为宜，但由于男子有负担家庭生计的更大责任，则学问资财较女子为优尚不成问题，至若女子的学问家世与资财优于男子者，往往产生不良的影响，特别是家世与资财方面。昔齐侯以文姜嫁与郑太子忽，太子忽辞谢；人问其故，太子忽曰："人各有耦，齐大，非吾耦也。"此中实含有至理。

（一九五四年二月为青年讲座播讲）

附录：王云五文论存目

一、岫庐论教育28目

中学之科学教育

最近三十五年之中国教育导言

与大学毕业生谈五育

青年训练之目标

明日的中国教育

解决升学问题

青年军事训练

教育家的孔子

科学方法与教育

国父与人民教育机会之平等

博士学位授予事与莫院长商榷书

为行政改革建议修订中小学课程标准

为行政改革建议改进中小学教科书供应办法

为行政改革建议改进研究所设置办法

为行政改革建议便利国外专才返国服务

台北市再兴小学首届毕业式致词

我国参加世运代表团授旗式致词

一九六〇年度留学生讲习班致词

第四次全国教育会致词

一九六二年度优良国语影片展览暨颁奖典礼致词

首届十大杰出青年颁奖会致词

教育发展与经济成长序

社会科学综合研究所设置计划

怎样才能消除国校恶性补习

与黄校长商榷消除恶补习

省立台北市第一女子中学毕业式致词

一九六四年度好人好事表扬会致词

嘉新特殊贡献奖授予式致词

二、岫庐论学53目

我的学校生活
怎样鼓起读书的兴趣
谈函授
怎样识字
怎样检字
科学方法与学习
学业与职业
读书与求学
公务员进修
四角号码检字法导言
中外图书统一分类法绪论
编纂中国文化史之研究
编纂中山大词典之经过
中文排字改革之报导
编纂中华大词典与张晓峰商榷书
科学方法与文学工作
科学方法与调查研究
科学精神与科学方法
我国博士学位授予之研究
博士考
对中华农学会等九学术团体联合会致词
汉译科学大纲序
少年百科全书序
译印化学工业大全序
印行中学文库缘起
新目录学的一角落序
战时英国序
旅渝心声序
王云五综合词典序
论语类编序
人物志研究序
增补历代纪事年表序
辑印万有文库荟要缘起
创编大学丛书致大学丛书各委员会各委员函
十年来的中国出版事业
国学基本丛书四百种目录
出版物的国际关系
五十年来的出版趋势
中西文化之交流
国家与文艺
我的书斋
我们应怎样纪念爱迪生
基金会与文化
专材与通材
孔门学说与现代思潮
四书通义序
四部丛刊初编缩本序
中华字源序

嘉新新闻奖讲评
中国共产党史稿序
五权宪法建制研究集序
民族英雄与革命先烈序
国父百年诞辰纪念大会致词

三、岫庐论政 65 目

物理与政治（上篇）
从历史与时代观察国父思想
响应蒋主席对参政会发表实施宪政之诺言
我国宪法上值得检讨的几个问题
宪法与教育
临时条款的存废问题
总统副总统选举罢免法中一个不成问题的问题
陆著美国联邦宪法论序
召集国民大会以前应有之准备
行将召集之国民大会的任务
行政效率
争取人民
谈回避制度
论公共行政——其发展划分组织与权责
行政组织
行政沟通
行政监督
对基层行政人员谈公务管理
目前行政上之问题及其解决办法
关于政治与社会的风气
理想的警察
行政制裁
对于人事主管的期望
从美国外交人事行政联想到我国
职位分类在中国
对于胡佛委员会报告之研究简述
科学管理与行政改革会
总统府临时行政改革委员会总报告导言
谈预算制度之改进
行政改革与动产担保交易法
行政改革绩效与今后应有之努力
五卅事件之责任与善后
关于高等法院以下各级法院改隶问题
我所期望于法官训练所结业诸生
初审与上诉
对犯罪原因研究之必要
简化行政法规为当务之急
民主与自由
我们需要哪一种生活

自由界限
自由的真谛
第九届自由日纪念大会致词
和平不能以自由为代价
经济动员计画委员会成立之意义
各国经济动员资料序
经济动员计画综合述要
苏俄经济动员资料序
战地政务与美国军政府
战地政务的主要原则
战地政务与戒严法
战地政务与司法
战地政务与教育
出版自由之演进
出版节忆旧
改善犯罪新闻的报导与社会风气的改进
新闻道德与新闻责任
争取侨民
我所望于处境不同的各侨团
共和四十二年中美初期国势比较
对于光复大陆后调整省区之意见
我对于反共救国会议的希望
苏俄在中国读后感
主计节勉主计人员
为防洪治本计画函陈兼院长
出国留学生的责任

四、岫庐论世局32目

战时英国简评
新土耳其鸟瞰
由最近三篇美国论著推想第三次世界大战
大战韩战与台湾
第三次世界大战写真序
一九五二年的世局
迟回瞻顾后的日本
苏俄足畏与不足畏
写在西德和平契约签订之后
南美洲之赤色威胁
苏俄控制外蒙及唐努乌梁海
火山边缘的印度
一九五三年
联合国宪章修正问题
提防苏联一种潜伏的武器
原子武器的优势与和战关键
一九五三年内的远东局势
一九五四年开始的世界大事
三十余年来的世界局势
怎样抵抗中共帮对联合国的侵略
围堵解放与共存

苏俄在中国读后感

从苏联人造卫星谈到国际局势

殖民主义与联合国

中东危机与其前途

我们为什么要临时变更对外蒙入会案的行使否决权

亚盟中国总会六周年纪念会致词

对各界支援被奴役人民大会致词

欧洲现势的分析

国际风云

国际现势的回溯

联合国中我国代表权问题

五、岫庐论经济20目

统一财经决策机构与行政业务划分议

加速经济发展计划大纲十九点与行政改革会建议案之关系

经济建设与繁荣东台湾

苏俄的工业

苏联工农业管理译序

职位分类与公营企业

谈研究与发展

一九六一年劳动节纪念会致词

鼓励投资促进资本形成以利经济发展建议案

对奖励投资法令讲习会致词

节约运动

节约运动答客问

毋忘在莒与社会风气

一九五九年国产商品展览会揭幕致词

台湾省第一次农业展览会揭幕致词

从限价到平价

废除现行无必要或不适用之有关经济管制办法建议案

经济动员计划概说

经济动员与战地政务

经济动员与精神动员

六、岫庐论管理18目

科学管理鸟瞰

科学管理与科学方法

科学方法一斑

科学管理的目标

科学管理几个重要原则

工作标准

科学方法与工商管理

美欧管理专家访问追记

工厂管理的基本问题

工程师与工业管理

一套复杂而公平的奖励制度
科学管理与行政效率
管理循环与行政三联制
人事管理
工厂人事管理
总务管理
科学管理与国防
英美的公营企业

七、岫庐论为人 11 目

与青年谈品德修养
三从四德与三爱四育
孔门学说与现代思潮
法治精神
自由日
好人好事
对出国留学生的期望
青年军事训练
老板主义
第三届十大青年评奖会致词
附：岫庐语录（王东平摘录）

［以上七书计存 227 目次，其所称之“中国”“我国”“国民大会”“总统”“主席”“院长”，所谓之“法令”“光复”“赤色威胁”“毋忘在莒”“反共救国”等等，因资料性质或为方便读者而基本上未做编辑处理；读者明鉴。——编注］